U0660764

新曲綫 New Curves | 用心雕刻每一本......

用心字里行间　雕刻名著经典

教育心理学

理论与实践

（第12版）

［美］罗伯特·斯莱文　著

刘红瑞　姚梅林 等译

人民邮电出版社

北　京

图书在版编目（CIP）数据

教育心理学：理论与实践：第 12 版 /（美）罗伯特·斯莱文著；刘红瑞等译 . -- 北京：人民邮电出版社，2024. 7. -- ISBN 978-7-115-64607-1

Ⅰ . G44

中国国家版本馆 CIP 数据核字第 2024RT6068 号

Educational Psychology: Theory and Practice, 12th Edition, by Robert E. Slavin

Authorized translation from the English language edition, entitled Educational Psychology: Theory and Practice 12e by Robert E. Slavin, published by Pearson Education, Inc, Copyright © 2018 Pearson Education, Inc.

All rights reserved. No part of this book may be reproduced or transmitted in any form or by any means, electronic or mechanical, including photocopying, recording or by any information storage retrieval system, without permission from Pearson Education, Inc.

CHINESE SIMPLIFIED language edition published by POSTS AND TELECOM PRESS CO., LTD. Copyright © 2024.

本书中文简体字版由 Pearson Education（培生教育出版集团）授权人民邮电出版社在中华人民共和国境内（不包括香港、澳门特别行政区及台湾地区）独家出版发行。未经出版者书面许可，不得以任何方式抄袭、复制或节录本书中的任何部分。

本书封底贴有 Pearson Education（培生教育出版集团）激光防伪标签，无标签者不得销售。

版权所有，侵权必究。

教育心理学：理论与实践（第 12 版）

◆ 著　　[美] 罗伯特·斯莱文

译　　刘红瑞　姚梅林 等

策　划　刘 力　陆 瑜

责任编辑　刘丽丽　赵延芹　余淑婷

装帧设计　陶建胜

◆ 人民邮电出版社出版发行　北京市丰台区成寿寺路 11 号

邮编　100164　电子邮件　315@ptpress.com.cn

网址　http://www.ptpress.com.cn

电话（编辑部）010-84931398　（市场部）010-84937152

北京奇良海德印刷股份有限公司印刷

新华书店经销

◆ 开本：889 × 1194　1/16

印张：34.25

字数：850 千字　2024 年 9 月第 1 版　2024 年 9 月第 1 次印刷

著作权合同登记号　图字：01-2012-7667

定价：228.00 元

本书如有印装质量问题，请与本社联系　电话：(010) 84937152

内容提要

《教育心理学：理论与实践》(第 12 版)由美国著名教育心理学家、约翰·霍普金斯大学的罗伯特·斯莱文教授撰写，是一部经典的教育心理学教科书，为明日之教师提供必要的基础知识和实用策略，使之成为有效的教育者。

与那些只讲述大量研究、冗长晦涩的教科书或泛泛而谈的教科书不同，本书兼具科学性和实用性，介绍了教育心理学领域的主要理论、基本概念、基本原理、教学策略和教学评估等，通过大量的真实案例将理论与实践有机地联系起来，教会读者如何将教育心理学的理论知识迁移到现实的课堂教学中，使其成长为一名"有意识的教师"。作者秉承了理论知识与实用策略并举、多元教学理念与方法并存的特色，每一章都以一个案例开始，阐释该章强调的实践问题，之后的"理论应用于实践"和"有意识的教师"专栏则提供了进一步的具体策略，以供教师用来改善学生的学习。本书具有极强的可读性，在写作风格上，作者努力做到让读者在阅读时有身临其境的感觉。

近年来，教育心理学和教育实践领域发生了大量变化，为反映这些变化，第 12 版对全书进行了修订，增补了新实例，精炼了语言，删除了过时的内容，全书引用文献多达 2000 余篇，其中 75% 出自 2000 年之后。本书既可作为高等院校教育心理学课程的教材或参考书，供心理学、教育学专业的教师、学生及研究者使用，也适合各类教育工作者参考阅读。

作者简介

罗伯特·斯莱文（Robert Slavin, 1950—2021）是美国约翰·霍普金斯大学教育研究与改革中心主任，也是“让所有人都成功”基金会主席。他于1975年在约翰·霍普金斯大学获社会关系学博士学位，一生撰写了300余篇关于合作学习、综合学校改革、能力分组、学校和课堂组织、废除种族隔离、纳入主流、研究评论以及循证改革等方面的论文和书中章节。斯莱文博士的著作（包括与他人合著）多达20部，包括《合作学习》（*Cooperative Learning*）、《学校和课堂组织》（*School and Classroom Organization*）、《针对高危学生的有效方案》（*Effective Programs for Students at Risk*）、《预防早期的学业失败》（*Preventing Early School Failure*）、《摆出证据：针对美国学校的已被证实有效且具有前景的项目》（*Show Me the Evidence: Proven and Promising Programs for America's Schools*）、《200万儿童：让所有人都成功》（*Two Million Children: Success for All*）、《拉丁裔学生的有效项目》（*Effective Programs for Latino Students*）和《问责制时代的教育研究》（*Educational Research in the Age of Accountability*）。1985年，斯莱文博士荣获了由美国教育研究协会颁发的雷蒙德·卡特尔（Raymond Cattell）早期职业项目研究奖；1988年，他因在美国教育研究协会主办的期刊上发表的文章而获得帕尔默·约翰逊（Palmer O. Johnson）最佳论文奖；1994年，获得查尔斯·达纳（Charles A. Dana）奖；1998年，获得美国国家教育委员会颁发的詹姆斯·布赖恩特·科南特（James Bryant Conant）奖；2000年，获得州首席教育官员联合会颁发的杰出贡献奖；2008年，他再次获得帕尔默·约翰逊最佳论文奖；2009年获得美国教育研究协会研究综述奖，并于2010年当选为该协会研究员。

纪念斯莱文教授

罗伯特·爱德华·斯莱文（Robert Edward Slavin，1950.9.17—2021.4.24.）是著名的美国教育心理学家、美国国家教育科学院院士，生前曾长期任教于约翰·霍普金斯大学，并担任该校教育研究与改革中心主任，期间也曾在约克大学创建有效教育研究所并担任主任。斯莱文教授荣获诸多殊荣，如美国心理学协会颁发的桑代克教育心理学职业成就奖、美国教育研究协会颁发的教育研究杰出贡献奖等。

斯莱文教授生前倡导循证式的学校综合改革，强调教育政策的出台及教育改革的推行应该基于可靠的科学研究证据，其研究成果为教育决策者提供了重要依据，提高了教育改革的实效性及可持续性。斯莱文教授等人开发的"让所有人都成功"（Success for All）项目通过提供个性化的学习支持、小组辅导、家庭参与等，实施早期干预，使数百万来自低收入家庭的学生受益，极大地促进了教育公平。此外，他还是合作学习模式的倡导者和推动者，其提出的一系列理论与方法在全球范围内得到了广泛关注及推广应用。

斯莱文教授一生著述颇丰，其中由新曲线引进出版的《教育心理学:理论与实践》一书在中国累积了良好的口碑。在该书第 7 版翻译期间，他曾与译者围绕教育心理学的研究与实践等进行了深度交流，其间谈及的循证教改、弱势群体学生的早期干预策略、高质量教师培养等，贯穿该书始终。时至今日，这些主题对中国教育改革仍具有重要启示意义。令人遗憾的是，斯莱文教授于 2021 年 4 月因突发心脏病离世，未能亲眼看到即将问世的第 12 版中译本。斯人已去，精神永存。

姚梅林

译者序

20年前，我们受北京新曲线出版咨询有限公司委托，翻译了罗伯特·斯莱文教授撰写的第7版《教育心理学：理论与实践》(*Educational Psychololgy: Theory and Practice*, 7th)，反响颇佳，令人欣慰。此后，我们又陆续翻译了该书的第10版及双语版，期间也曾拜访过斯莱文教授，就该书的翻译及对中国教育的潜在影响等进行了深入交谈。由衷感谢北京新曲线出版咨询有限公司独具慧眼，秉承初心，一直关注该书的更新进展并及时引介到国内，为国内读者奉献了一本质量上乘的教育心理学教科书。欣喜之余，我们也倍感遗憾和惋惜，斯莱文教授因突发心脏病不幸离世，未能亲眼看到最新版的中译本。

斯莱文教授是美国教育研究及改革领域的领军人物，积极参与美国教育政策的制定和出台。美国心理学协会（American Psychological Association, APA）和美国教育研究协会（the American Educational Research Association, AERA）也因其突出贡献，授予其多项殊荣。斯莱文教授主张基于证据的学校综合改革，致力于将科学研究成果运用于课程设计、教学实施、学习及教学成效评估、特殊需求学生的教学方案调整、家长投入等各个方面。作为基于证据的学校综合改革的典型代表，斯莱文教授等人开发的“让所有人都成功”（Success for All）项目使数百万来自贫困家庭的学生受益，为其未来发展奠定了良好基础。

循证教改的理念在本书中也得到彰显，从第1版到目前的第12版，本书始终如一地保持着教育心理学的基本原理与实用策略并重、多元教学理念与方法兼容并存的特色。斯莱文教授认为，教师应透彻理解经由严谨的实证研究所揭示的教育心理学基本规律，并在实践中有意识地加以整合、辩证运用，不能盲目跟风或非此即彼地简单套用某些术语、做法。教师不仅要知其然，还应知其所以然，不能热衷于一些浮华的雕虫小技而本末倒置。这些观点朴实无华，但大道至简，能引领教育工作者客观、辩证地思考和把握教与学的本质，回归本真。书中每章的“运用你的经验”“理论应用于实践”“有意识的教师”等专栏也以更为直观的方式示范了循证教改的理念及策略。尤为值得称道的是，该书为意欲获得教师资格证书或通过教师入职考试的读者提供了极具针对性的学习支架。虽然各国教师资格考试存在差异，但本书有助于读者将每章习得的知识、技能与相关的考评维度关联起来，通过自我评估来深化认知，提升解决问题的能力。

与前几版相比，第12版依旧保留了各版本原有的逻辑清晰、涵盖全面的内容框架体系，以及贯穿各章的规范有序的写作体例，这将有助于读者建构教育心理学这门学科的知识结构。与此同时，这一版基于教育心理学及相关学科的发展，对经典内容进行了适当拓展、引申，使之历久弥新。比如，在学习理论、学习动机、有效的学习环境、学生多元化与因材施教等经典主题上，都进行了更为精炼的阐述，并结合当下的教育现实进行了精透的解读。此外，本版还更新了大量文献，补充了教育心理学及相关领域的最新研究成果，回应了教育实践中的焦点问题。比如，围绕处境不利学生、网络欺凌及其应对措施、特殊需求学生的融入教育、性取向与性别角色、神经科学及其教育启示、思维模式、读写训练、增值性评估等主题，作者都进行了更为充分的介绍。

斯人已去，但作者为后人留下了宝贵财富。仔细研读并字斟句酌地翻译这版书稿，是我们的责任，也是向斯莱文教授致敬。该书的翻译是集体合作的结晶，也得益于前几版译稿的良好基础。直接参与此版翻译工作的主要人员有刘红瑞、朱文龙、邢慧琳、张骊凡、李静、郑爽、王嘉莹和姚梅林等，最后由姚梅林、刘红瑞对译稿进行了逐字逐句的校对与修改。在整个翻译进程中，北京新曲线出版公司的刘丽丽女士给予了我们大力支持，其专业素养及敬业精神令人钦佩，其辛苦付出让人感激！鉴于我们的学识与见识，翻译中难免有不当之处，敬请广大读者批评指正。

姚梅林　刘红瑞

2024 年 1 月 16 日

前 言

我最初着手撰写这本《教育心理学：理论与实践》时目的很明确：为明日之教师提供必要的基础知识和实用策略，使其成为有效的教育者。在我看来，当时已出版的大部分教科书无外乎两类：要么枯燥乏味，要么过于肤浅。乏味的教科书虽讲述了大量研究，但陈述冗长而晦涩，缺乏课堂气息，对实践鲜有指导作用。肤浅的教科书虽轻松活泼、易于阅读，但对研究中出现的困惑或智力难题很少涉及。这些书虽提供了各种“尝试性”建议，但并不在意是否有证据表明这些策略真的有效 。

我的目的是撰写这样一本书：

- 介绍全面且最前沿的信息。就如同高度关注研究的专著一样，但又具有可读性、实用性，案例丰富，对关键内容配有清晰的图示。
- 为实践活动提供直接源于课堂研究（结合常识）的各种建议。我相信，只要你尝试这些建议，它就有可能奏效。
- 通过大量的真实案例，将理论和实践明确地联系起来，帮助你把从教育心理学中学到的知识迁移到自己的教学中。尽管我从 20 世纪 70 年代中期开始就一直从事教育研究，但我发现，直到有人给我列举了令人信服的课堂实例时，我才真正地理解了教育中的理论或概念。我认为大部分同行（当然还有师范生）肯定也有同感。正因如此，“*例如*”这类词语在本书中出现了数百次。
- 能够吸引读者。因此，在本书的写作风格方面，我努力做到让你在阅读时有身临其境之感，似乎能听到学生的话语，闻到学校食堂午餐的味道。

从第 1 版至目前的第 12 版，我始终如一地强调上述目标。每次再版，我均会对全书进行修订，增补新案例，精炼语言，删除过时的或无关紧要的内容。在本版中，我竭尽全力跟进最新的研究进展，所以引用了 2000 多篇参考文献，其中 75% 是 2000 年之后的。此外，还更新了数百篇参考文献（当然，重要的经典文献仍被保留）。尽管有些读者可能不太关注参考文献，但我希望你能够知道哪些研究支持我提出的主张，以及从哪里获取更多信息。

近年来，教育心理学和教育实践领域都发生了巨大变化。在这一版中，我试图反映这些变化。例如，当今的共同核心州立标准与其他大学及职业准备标准所导致的问责性压力日益增加；但与此同时，也带来了更为深思熟虑的教与学，这在诸如写作、合作学习和实验等方面皆有所体现。我在整本书中都试图解释这些新标准，并展示它们是如何影响实践活动的，但我并未厚今薄古，舍弃之前的研究精华。在本书最初的版本中，我曾说过，不应该完全抛弃发现学习和人本主义的方法，尽管当时直接教学法十分流行。在后续版本中，我的呼吁恰好相反：不应该完全抛弃直接教学法，尽管以学生为中心的主动教学和建构主义教学法很盛行。我仍将继续倡导这种平衡的教学取向。无论教师的教育理念取向如何，经验丰富的教师都很清楚，他们必须精通多种方法，并且深思熟虑地、有意识地使用这些方法。

第 12 版介绍了关于许多主题的最新研究及实践应用。纵观全书，它充分反映了使教育心理学和教学脱胎换骨的“认知革命”。没有人能否认教师的重要性，或者教师的行为会对学生的成就产生深远影响。为了确保这一影响的积极效应，教师在把心理学的重要原理应用于教学实践中时，必须深入理解这些富有影响力的原理，同时对如何应用这些原理有清醒的认识。有意识的教师会经常反思自身的教学实践，在清晰认识教学实践如何影响学生的基础上做出教育决策。有效的教学既不是一些雕虫小技，也不是一套抽象的原则；相反，它是把已透彻理解的原理明智地应用于实践，以满足实践的需要。我希望本书能帮助你培养心智技能和实践技能，而这些都是你从事教育这一世界上最重要的工作所必需的。

本版新增内容

本版新增或扩充的许多主题和内容如下：

- 共同核心州立标准与大学及职业准备标准（贯穿全书，尤其是第 1 章和第 14 章）；
- 教育的未来（第 1 章）；
- 关于维果斯基理论的更多内容（第 2 章）；
- 从学前阶段开始的阅读能力的发展（第 2 章）；
- 促进社会情绪发展的更多内容（第 3 章）；
- 家长参与的更多内容（第 4 章）；
- 男同性恋、女同性恋、双性恋和跨性别的学生（第 4 章）；
- 社会经济地位、种族和英语学习者的研究进展（第 4 章）；
- 信息加工和神经科学的新兴研究（第 6 章）；
- 神经迷思与神经线索（第 6 章）；
- 同伴互动和合作学习的最新研究（第 8 章）；
- 项目式学习（第 8 章）；
- 差异化和个性化教学的更多内容（第 9 章）；
- 有关技术应用内容的大量更新（第 9 章）；
- 新增有关技术应用的“有意识的教师”专栏（第 9 章）；
- 为阅读困难的学生提供辅导和小组补习的新研究（第 9 章）；
- 思维模式的研究（第 10 章）；
- 内部诱因的更多内容（第 10 章）；
- 关于欺凌和班级管理的新内容（第 4 章和第 11 章）；
- 回应干预的拓展内容（第 12 章）；
- 自闭症谱系障碍的拓展内容（第 12 章）；
- 表现性评价的更多内容（第 13 章）；
- 共同核心州立标准与大学及职业准备标准的细节扩充（贯穿全书，尤其是第 14 章）；
- 共同核心评估的测验题目示例及解读指南（第 14 章）；
- 关于增值评估的补充内容（第 14 章）；
- 基于数据的教学的更多内容（第 14 章）；
- 对《每个学生都成功法案》政策变动的描述（第 14 章）；
- 循证改革的更多内容（第 14 章）；
- 计算机施测的更多内容（第 14 章）。

本书组织框架

本书围绕三个主题来编排:学生、教学和学习。每一章都论述了有关的重要理论，并列举了大量案例来说明如何将这些理论应用于课堂教学中。

本书强调明智地运用理论和研究成果，以改善教学。书中有关教学的章节约占全书内容的三分之一，而其他章节也都涉及理论和研究实践的意义。本书尽可能地介绍那些经过实践检验且被证明有效的具体方案和策略，而不是一味地建议你进行尝试。

本书特色

资格认证

本书一直非常注重帮助读者理解如何将教育心理学运用于诸如普瑞克西斯（Praxis）和美国国家评估系列等教师资格认证考试中。本版有多种工具帮助读者将所学内容运用到资格认证考试中。在每一章中，读者都可以识别和练习获得的知识及技能。

- “资格认证指南”列出了可能出现在资格考试中的内容，帮助读者评估自身的学习并为资格考试做准备。
- 在相关内容的页边空白处呈现对应的 InTASC 标准，这些标准与普瑞克西斯考试内容紧密对应，而美国许多州的教师资格考试都是以普瑞克西斯考试为模板的。
- 此外，每章最后均附有“自我评估：资格认证练习”，其设计在题型和内容上都与教师资格认证考试类似。
- 最后，附录列出了完整的“普瑞克西斯 II：学与教的原理考试”与本书内容的对应关系。

InTASC 标准 8

教学策略

有意识的教师

所有优秀教师都具有的一个共同特点是意向性，即出于某种原因而有目的地做事的能力。有意识的教师会不断思考他们想让学生达到什么样的学习结果，而自己所做的每项决策又是如何促使学生朝这些结果前进的。作为每一章的重要特点之一，专栏“有意识的教师”旨在帮助你形成和应用一系列策略来实现意向性。

专栏“有意识的教师”将帮助你整合各种知识经验，比如将你日益增长的教育心理学的理论知识、与学生互动的经验以及创造性结合起来，做出有意识的教学决策，以帮助学生成为热情而有效的学习者。

运用你的经验

每一章开篇都有一个案例来描述教师面临的某种真实情境。在整个章节的论述中，我都会提及案例中出现的问题。此外，在几个相关的特色专栏中你还可以对案例进行回应，例如每个案例后面的“运用你的经验”部分。这些专栏设有批判性和创造性的思考题以及合作学习活动，让你可以思考案例中出现的问题，激活先前知识，并对章节将要探讨的观点展开思考。

共同核心州立标准和 21 世纪的学习

对全书的相关专栏进行了大量修订，介绍了与每章主题有关的 21 世纪的学习以及共同核心州立标准。除此之外，在正文相关之处也适当论述了 21 世纪的学习技能和共同核心州立标准。

教育政策和教学实践通常落后于社会和经济的变化。强调 21 世纪的学习是为了帮助教育者更加深入地思考如何使自己所做的每一项决策——课程、教学方法、技术的使用以及评价等，不仅能够帮助学生在今日的标准下取得成功，而且也能在将来取得成功。

卡通漫画

我的同事詹姆斯·布拉沃（James Bravo）为这本书专门创作了一系列卡通漫画，以生动形象地阐明教育心理学中的关键概念。这些漫画不仅仅是为了幽默，也为了促人反思。

理论应用于实践

每一章的“理论应用于实践”可以帮助你获得和开发成为有效教师所需要的工具。这部分内容提供了可以在课堂上运用的具体策略。本版的“理论应用于实践”部分补充了许多新内容。

致　谢

在这一版中，我的助手 Susan Davis 扮演了极为重要的角色。她绘制了新图表，研究网站内容，并获得相关许可，检查书中的引文和参考文献，并校对了本书撰写过程中各阶段的稿件。我要感谢培生的编辑 Kevin Davis，策划编辑 Gail Gottfried，内容经理 Janelle Rogers，营运助理 Anne McAlpine，以及我的全方位服务机构项目经理 Kathy Smith。他们自始至终都给予了我极大的帮助。

我要感谢本版的审稿人：蒙特克莱尔州立大学的 Rosaria Caporrimo、东卡罗莱纳大学的 Lori J. Flint、纽约市立大学亨特学院的 Kimberly Kinsler、北得克萨斯大学的 Michelle Koussa、加州州立大学北岭分校的 Wilda Laija-Rodriguez、韦恩州立大学的 Claire J. McGauley 和特拉华大学的 Elizabeth Pemberton。

我还要感谢我的许多同事，他们是本书先前版本的贡献者和审稿人。

Thomas Andre
Wallace Alexander, Thomas College
Patrick Allen, Graduate College of Union University
Ted Batson, Indiana Wesleyan University
Richard Battaglia, California Lutheran University
Elizabeth Anne Belford Horan, Methodist College
Sandra Billings, Fairfield University

Curtis Bonk, Indiana University
Silas Born, Bethany Lutheran College
Curtis Brant, Baldwin-Wallace College
Camille Branton, Delta State University
Joy Brown, University of North Alabama
Doris Burgert, Wichita State University
Mary Jane Caffey
Renee Cambiano, Northeastern State University
William Camp, Luzerne County Community College
Ann Caton, Rockford College
Bette Chambers, Johns Hopkins University
Kay Chick, Pennsylvania State University–Altoona
Martha Cook, Malone College
Faye Day, Bethel College
Sandra Damico
Melissa Dark
Christiane DeBauge, Indiana University
Donna Duellberg, Wayland Baptist University
Nick Elksnin, The Citadel
Joan Evensen, Towson University
E. Gail Everett, Bob Jones University
R. Joel Farrell, Faulkner University
Susan Frusher, Northeastern State University
Donna Gardner, William Jewell College
Shirlyn Garrett Wilson, Chicago State University
Michele Gill, University of Central Florida
Stacie Goffin
Gordon Greenwood
Chuck Greiner
Jennifer Gross Lara, Anne Arundel Community College
Carole Grove
Andrea Guillaume, California State University–Fullerton
Raphael Guillory, Eastern Washington University
Felicia A. B. Hanesworth, Medaille College
Millie Harris
Jan Hayes, Middle Tennessee State University
James Hedgebeth, Elizabeth City State University
Mark Hopkin, Wiley College
John Hummel, Valdosta State University
Margaret Hurd, Anne Arundel Community College
Daniel Hursh, West Virginia University
Kathryn Hutchinson, St. Thomas Aquinas College
Karen Huxtable-Jester, University of Texas at Dallas
Gretchen Jefferson, Eastern Washington University
Carolyn Jeffries, CSU Northridge
W. Y. Johnson, Wright State University
Jeffrey Kaplan, University of Central Florida
Jack Kaufman, Bluefield State College
Johanna Keirns
Pam Kidder-Ashley, Appalachian State University
Raye Lakey, Instructional Designer
Robert Landry, Winston-Salem State University
Dorothea Lerman, Louisiana State University
Jupian J. Leung, University of Wisconsin–Oshkosh
Judith Levine, Farmingdale State University
Judy Lewandowski, Indiana University South Bend
Judith Luckett, University of Central Florida
Betty Mag juka, Gloucester County College
Laurell Malone, North Carolina Central University
Lloyd McCraney, Towson University
Melanie J. McGill, Stephen F. Austin State University
Lienne Medford, Clemson University
Janet Medina, McDaniel College
DeAnn Miller-Boschert, North Dakota State University
Greg Morris, Grand Rapids Community College
Anne H. Nardi, West Virginia University
Pamela Nesselrodt, Dickinson College
Joe Nichols, Indiana University–Purdue University Fort Wayne
E. Michael Nussbaum, University of Nevada, Las Vegas
Kathryn Parr, University of Florida
Kathy Picchura-Couture, Steton University
Jonathan Plucker, Indiana University
Catherine Polydore, Eastern Illinois University
Dr. John L. Rausch, John Carroll University
Linda Robertello, Iona College
Steve Ross
Carrie Rothstein-Fisch, California State University–Northridge
Paul Rufino, Gloucester County College
Lisa Ruiz-Lee, University of Nevada, Las Vegas
Carol Scatena, Lewis University
Tom Scheft, North Carolina Central University
Diane Serafin, Luzerne County Community College–Shamokin
Joshua S. Smith, University of Albany

Donald Snead, Middle Tennessee State University
Louise Soares, University of New Haven
Elizabeth Sterling
Robert J. Stevens, Pennsylvania State University
Theresa Sullivan Stewart, University of Illinois at Springfield
Larry Templeton, Ferris State University
Leo Theriot, Central Bible College
Jane Thielmann-Downs, University of Houston Downtown
Melaine Timko, National University
Diana Treahy, Point Loma Nazarene University
Kathleen Waldron-Soler, Eastern Washington University
George Watson, Marshall University
Roger Webb, Southern Illinois University
Kathryn Wentzel, University of Maryland
Roberta Wiener, Pace University
Betty Wood, University of Arkansas at Little Rock
Priscilla Wright, Colorado Christian University
William Zangwill
Ronald Zigler, Pennsylvania State University–Abington
Wilkins-O'Riley Zinn, Southern Oregon University

简要目录

目　录

第 8 章 教学的学生中心取向与建构主义取向 199

第 9 章 分组、差异化教学与技术 227

第 10 章 激发学生的学习动机 263

WavebreakMediaMicro/Fotolia

第1章

教育心理学：教学的基础

本章提纲

学习成果

学完本章后，你应当能够：

1.1 识别有效教师的特征；

1.2 描述教育研究在指导课堂实践中的作用；

1.3 讨论如何成为一名有意识的教师。

埃伦·马西斯是一名新手教师，她正在尝试教三年级的学生如何进行创造性写作，但教学效果不尽如人意。学生们的作文不仅篇幅短，而且缺乏想象力，还错误连篇。例如，她最近给学生布置了一篇作文，题目是“我的暑假”。其中一个学生全篇只是写了“暑假，我养了一条狗，我们一起去游泳，我被蜜蜂蜇了”这样的句子。

埃伦想知道，学生们是否还不具备写作的基本能力，或许他们需要用几个月来学习诸如大小写、标点符号和惯用法等基本的写作技能，然后才能布置下次写作任务。然而有一天，埃伦注意到张贴在莉娅·华盛顿老师所教班级外面走廊里的几篇作文。莉娅所教的三年级学生与埃伦的学生水平相当，但他们的作文写得极好！学生们就一系列惊悚和敏感的话题写了好几页生动有趣的内容。那天下班时，埃伦在走廊里遇见了莉娅。她问道：“你是如何让学生写出如此棒的作文的？”

莉娅解释说，她首先让学生写他们自己关心的主题，然后逐步引入“微型课”来帮助学生更好地写作。她让学生以小组形式合作，互相帮助构思作文。之后，学生们再互相对作文草稿进行评判、修改，直至最后“发表”成稿。

莉娅提议说：“我会告诉你怎么做。我把我的下节作文课安排在你备课期间，你过来看看我们的课堂活动吧。”

埃伦欣然应允。当莉娅上作文课时，埃伦走进了莉娅的班级，她被眼前的情景震撼到了。孩子们并没有正襟危坐地写作文：他们或坐在地板上，或坐在课桌前，或围坐成一圈。许多人都在与同伴交流。莉娅正在一个一个地与每个孩子个别交谈。埃伦越过孩子们的肩头看到：一个学生在写她的宠物；另一个学生在写一个关于僵尸的惊悚故事；还有一个学生在写一场梦；一个西班牙裔学生在写她的二年级老师学说西班牙语的趣事；还有一个学生正在写一个关于暑假的精彩故事！

放学后，埃伦和莉娅见面，她满腹疑问：“你是如何让学生进行诸如此类的写作的？你如何协调课堂上的嘈杂和写作活动？你又是怎么学会这样做的？”

“我确实参加了一系列关于写作教学的工作坊，”莉娅说，“但如果你仔细思考一下就会明白，其实我所做的一切都符合基本的教育心理学规律。”

埃伦很吃惊：“教育心理学？我上大学时选修了那门课，还得了A！但我并没有发现教育心理学与你的写作教学有什么关系。”

“好吧，我们来分析一下，”莉娅说，“首先，我应用了从教育心理学中学到的许多动机策略。例如，今年我开始进行写作教学时，我给学生读了几篇其他班级学生写的引人入胜的故事，从而激发了他们的好奇心。通过让学生写自己想写的东西以及举办‘写作庆祝会’，激发了他们的写作热情。在写作庆祝会上，学生们把自己的作文读给全班同学听，以赢得赞许和好评。我的教育心理学教授总是说要适应学生的需求，我也是这样做的。我与学生交谈，帮助他们解决遇到的具体问题。我最初是在教育心理学课程中了解合作学习的，后来又参加了一些关于合作学习的工作坊。我利用合作学习小组，让学生们对他们的写作互相给予及时反馈，让他们相互示范有效的写作方法，互勉共进。小组合作可以让学生专注于写作任务，同时也可完成许多常规的课堂活动，这也解决了我许多的课堂管理问题。我记得在教育心理学课上还学到了有关评价的问题，我使用了非常灵活的评价形式。每个学生的作文的最终成绩都是A，但前提是他们的作文达到了很高的标准，这可能需要经过多次修改。”

埃伦颇有感触，她与莉娅安排了几次相互观摩的活动，交流所见所想。最后，埃伦班上的学生的写作水平几乎可以与莉娅班上的学生比肩了。但最令埃伦印象深刻的是这样一种观念，即教育心理学可以在日常教学中发挥作用。她翻出了以前的教育心理学教科书，发现那些当时在教育心理学课上看起来有些理论化和抽象的概念，实际上对她思考当前面临的教学挑战大有裨益。

运用你的经验

创造性思维 根据莉娅对其写作教学的解释，请你与一个或多个同伴进行头脑风暴，讨论教育心理学是什么，这个学期你将学到哪些东西。指导原则：（1）产生的观点越多越好；（2）借鉴他人的观点，并将各种观点汇总起来；（3）暂不评价这些观点。在这一学期中，经常回顾、评价这些观点，甚至补充一些新观点。

教育心理学（educational psychology）是什么？教育心理学是对学习者、学习和教学的研究。然而，对于那些身为教师或希望成为教师的学习者而言，教育心理学远不止于此。它是累积的知识和智慧，凭经验形成的理论，每个教师都应该掌握，以有效解决日常教学中的问题。教育心理学不能告诉教师应该做什么，但可以为教师提供做出正确决策的原则，提供一套规范性语言，供教师们探讨他们的经验和思考（Ormrod, 2016; Woolfolk, Winne, & Perry, 2015）。请思考上面提到的埃伦·马西斯与莉娅·华盛顿的例子。任何一本教育心理学教科书都不可能确切地告诉教师如何教三年级的学生进行创造性写作，然而，莉娅应用教育心理学的概念来思考如何进行写作教学，如何解读和解决她遇到的问题，以及如何向埃伦解释她所做的事情。教育心理学家对学生的特性、有效的教学方法等进行研究，帮助教育工作者理解学习的原理，并为他们提供所需的信息，使他们能批判性地思考自己的教学技能，并做出适合自己学生的教学决策。

InTASC 标准 3
学习环境

InTASC 标准 8
教学策略

InTASC 标准 10
领导力与协作

怎样才是称职的教师

每个人都知道好的教学很重要。例如，一项研究发现，跟随一名杰出（排名前 5%）的教师学习一年，学生的一生收入可增加 5 万美元（Chetty, Friedman, & Rockoff, 2014）！然而，是什么让一名称职的教师如此有效？是热情、幽默以及关心学生和重视学生多样性的能力吗？是计划、勤奋努力和自律吗？抑或是领导才能、热忱、好学的感召力和言语表达能力？大部分人会认同，所有这些品质都是成为称职的教师所必需的。确实如此，但仅有这些品质还不够。

了解学科内容很重要（但教学技能也重要）

有这样一个古老的笑话：

问题：你需要知道什么才能去教一匹马？
答案：比马知道的多。

InTASC 标准 4
学科内容知识

InTASC 标准 5
学科知识的应用

这个笑话表明了显而易见的观点，教师首先必须具备学习者所不具有的某些知识或技能；教师必须了解他们要教的学科内容。但是，如果教师考虑驯马（或教儿童），他们很快就会意识到，尽管学科知识是必要的，但这是不够的。牧场主对一匹马应该如何行动以及应该能做什么可能很清楚，但如果他不具备把一匹未经驯化的、受惊的和不友善的野马变成良驹的技能，他最终的下场只会是筋断骨折。儿童比马聪明得多，也更宽容一些，但教儿童与驯马有共同之处：知道如何传授信息和技能至少与了解信息和技能本身同等重要。我们都遇到过这样的教师，他们在自己的专业领域内才华横溢、知识渊博，但却不会教学。埃伦·马西斯或许和莉娅·华盛顿一样知道优秀的作文该是什么样的，但就如何让三年级学生学会写作，埃伦还需要学习很多东西。

对有效教学而言，掌握学科知识并非需要教师成为“行走的”百科全书。汗牛充栋的图书馆和神奇的互联网使得海量的知识唾手可得，所以如今对“行走的”百科全书的需求并不大。有效的教师不仅了解学科知识，而且能够将知识传递给学生。在洛杉矶的某个街区，著名的高中数学教师杰米·埃斯卡兰特在给学生讲授正数与负数概念时是这样解释的：当你挖一个洞时，你可以把挖出来的这堆土称为 +1，把这个洞称为 −1。当你把土填回到洞中时会得到什么数？是“0”。埃斯卡兰特这种将正数和负数的抽象概念与日常经验联系起来的能力就是一个例证，表明传授知识的能力绝非限于简单地了解知识而已。

掌握教学技能

教师希望学生达到的学习效果与学生的实际学习情况之间的联系称为教学（instruction）或**教学法**（pedagogy）。有效的教学绝非是一个拥有更多知识的人将其知识传递给另一个人那么简单（Baumert et al., 2010; Gess-Newsome, 2012）。如果讲述就是教学，那么也就不需要这本书了。相反，有效的教学需要运用许多策略。

InTASC 标准 2

学习差异

InTASC 标准 6

评估

InTASC 标准 7

教学计划

譬如，假定葆拉·威尔逊要给背景各异的四年级学生讲授统计课程。为此，葆拉必须做许多相关的事情。她必须确保课堂秩序井然，学生知道他们应该做什么。她必须了解学生是否拥有某些必备的技能，比如，学生需要先掌握用加法和除法来计算平均数。如果有人尚做不到，葆拉就必须寻找某种方式给学生传授这些技能。她必须让学生参加一些能引导他们理解统计知识的活动，如让学生掷骰子、玩纸牌，或从实验中收集数据。她还必须应用教学策略来帮助学生记住所学的内容。课程还必须考虑到四年级学生的心智与社会性等方面的特性，以及本班学生的心智、社会性与文化等方面的特点。葆拉还必须确保学生对所学的课程感兴趣，有学习统计知识的动机。为了了解学生是否掌握了授课内容，她可以提问，或进行小测验，或让学生做实验并对实验结果进行解释，以证明其理解程度。当这些考评结果表明学生的学习存在某些问题时，她必须对此做出适当的反应。在统计课程的教学结束后，她应该时常引导学生进行复习，以保证学生牢记、掌握了这些知识。

激励学生、管理课堂、评估知识储备、有效地传递观点、考虑学生的各种特性、评估学习结果、复习相关内容等，所有这些任务，对于校内外各级各类的教育来说都是必做的。它们不仅适用于阅读教学，也适用于宇航员的训练。然而，如何完成这些任务，又因学生的年龄、教学目标和其他因素的不同而有很大差异。

要成为一位称职的教师，就必须具备完成有效教学所涉及的各项任务的能力。温暖、热忱、关爱都必不可少（Cornelius-White, 2007; Eisner, 2006; Marzano, 2011b）；同样，了解学科知识、理解学生是如何学习的也很重要（Baumert et al., 2010; Carlisle et al., 2011; Wiggins & McTighe, 2007）。但是，成功地完成所有教学任务方能称得上是有效教学。

链接 1.1

关于有效教学的更多论述，请参见第 7 章。本书专栏“有意识的教师”也对有效教学策略进行了阐述。

有效教学可以传授吗

有人认为优秀教师是与生俱来的，他们有时似乎具有某种魔力，一种常人难以企及的魅力。然而，研究者已经开始探讨是哪些特定行为与技能塑造了有“魔力”的教师（Borman & Kimball, 2005）。优秀教师所做的事情没有一件是其他教师做不了的——这只是一个了解有效教学的原则以及如何应用这些原则的问题。举个简单的例子：在一堂高中历史课上，坐在教室后面的两个学生正在交头接耳，他们并不是在讨论老师所讲的《巴黎条约》！老师一边继续讲课，一边慢慢地朝他们走过去，但并没有盯着他们。这两个学生不再交头接耳，而是开始专心听讲。如果你不知道你应当留意什么，就可能会错过一次简短但关键的师生互动，并认为教师就是有办

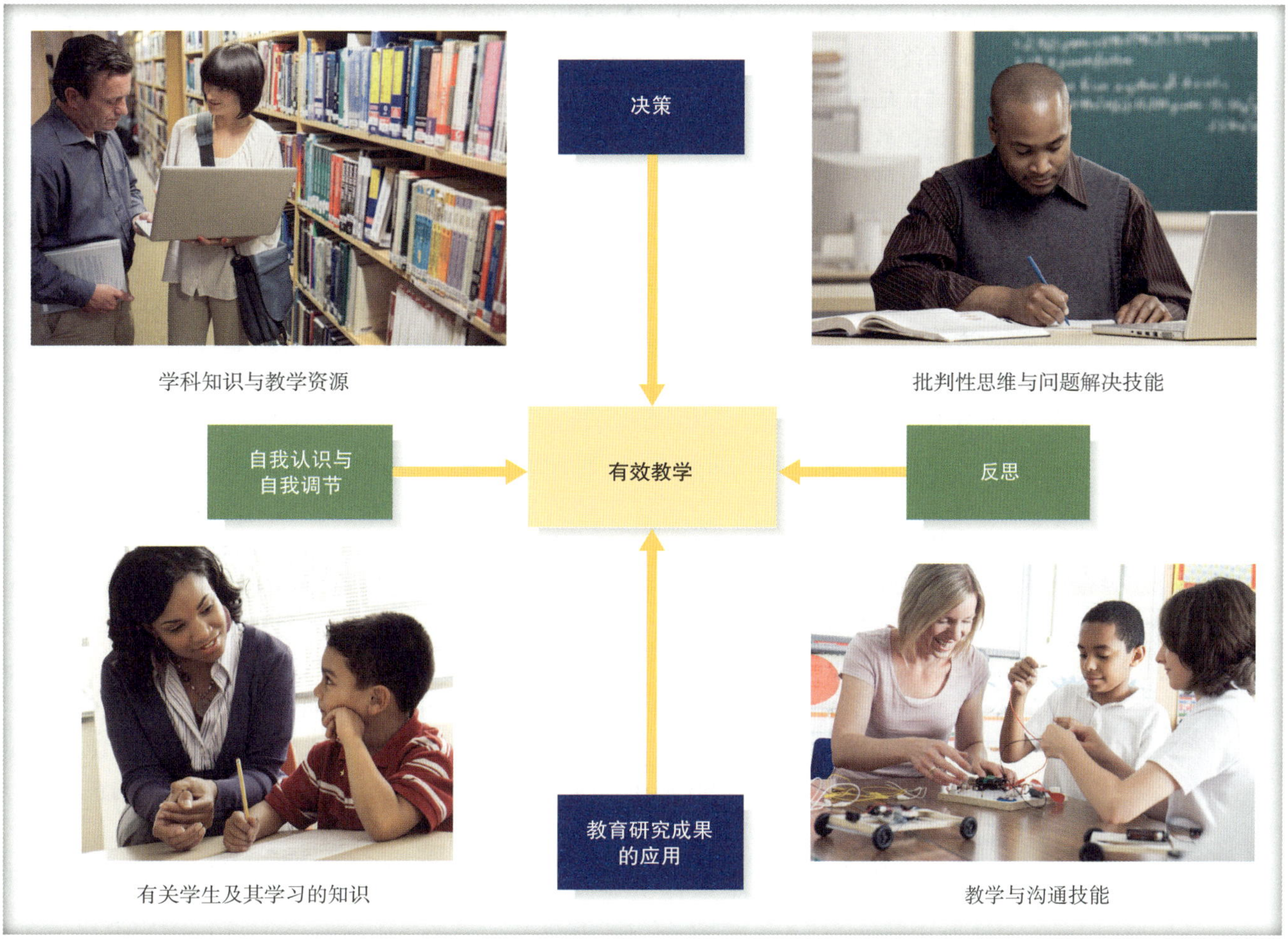

决策

学科知识与教学资源

批判性思维与问题解决技能

自我认识与
自我调节

有效教学

反思

有关学生及其学习的知识

教育研究成果
的应用

教学与沟通技能

图 1.1　有效教学的主要成分

法与学生相处，有保持学生注意力的诀窍。但事实上，教师只是简单地运用了任何人都可以学会的一条课堂管理原则：上课时要专注于学习，使用温和但起作用的干预方式来处理学生的行为问题，在萌芽状态就把问题解决了。当杰米·埃斯卡兰特用挖洞的例子来说明正数与负数的概念时，他也是在应用几项重要的教育心理学原理：通过多种事例使抽象概念具体化，将教学内容与学生的已有经验相联系，陈述法则，举例，然后再次陈述法则。

有效教学可以传授吗？毫无疑问，答案是肯定的（Ball & Forzani, 2010）。有效教学必须通过观摩和实践来领会，但有效教学的原则是教师首先需要了解的，然后才能应用于课堂中。图 1.1 简要概括了有效教学的主要成分。

“假如我拿到我的教育心理学课本就好了……”

有意识的教师

不存在什么可套用的有效教学的公式，也不存在成为年度最佳教师的七步路径。教学包括计划与准备，以及之后每时每刻做出的诸多决策。然而，有一种特质似乎是优秀教师所特有的：**意向性**（intentionality）。意向性是指有原因、有目的地做一些事情。有意识的教师（intentional teachers）不断地思考他们希望学生达到的学习效果，以及他们所做的每一项决策如何促进学生朝向这些效果前进（Fisher & Frey,

InTASC 标准 1

学习者的发展

InTASC 标准 2

学习差异

InTASC 标准 5

学科知识的应用

2011）。有意识的教师明白，最大程度的学习不是偶然发生的。当然，儿童的学习的确始终不具有计划性，甚至许多儿童从最杂乱无序的课程中也能学到一些东西。但要真正地挑战学生，让他们全力以赴，帮助他们实现概念上的飞跃、组织和保存新知识，教师就需要有意识地进行教学：有目的、深思熟虑、灵活变通，永远不忽视他们为每个孩子设定的目标。

教师做事情总应该有个理由，这一点似乎不言自明。然而，在实践中，教师很难始终确保所有学生都参与到能带来重要学习效果的活动中。经由反思，教师们会意识到自己常陷入误区，经常使用一些只是在消耗时间的策略，而不是进行有重要意义的教学活动。例如，一位各方面表现都出色的三年级教师曾经给一个阅读小组布置这样的作业：给学生两张写有单词的纸，每个单词写在一个方格内。学生需要从其中一张纸上剪下方格，然后将这些方格一一贴在另一张纸上相应的同义词上。当学生正确贴完所有的单词后，所粘贴的方格的边线将勾勒出一只猫的轮廓，然后学生再给它涂上颜色。一旦学生贴对了几个方格，这个图案就变得一目了然了，所以他们不需要关注单词本身就可以将剩余的方格正确地粘贴上去。在近一个小时的宝贵课堂时间里，孩子们快乐地剪切、粘贴和涂色——对三年级的学生来说，这些技能并非需要优先学习。当然，教师可能会辩解说，活动的目的是让学生学习或练习同义词；但事实上，这项活动并不能提高学生的这项技能。与此类似，许多教师都会让某个学生在黑板上费力地解题，而班级中的其他同学则在下面无所事事。一些中学教师花费大部分的课堂时间来讲评家庭作业和课堂作业，致使讲新课的时间所剩无几。同样，这些教师在其他方面可能很出色，但有时却忽视了他们正在努力实现的目标以及如何实现这一目标。

有意识的教师经常反躬自问，他们及其学生试图达到什么目标？课程的每一部分是否适合学生的已有知识、技能和需求？每一项活动或作业是否与要达到的重要结果明确相关？是否明智而有效地利用了每分钟的课堂教学时间？在努力帮助学生掌握同义词时，有意识的教师可能会让学生两两配对来掌握一组同义词，为后续的个人测验做准备。有意识的教师可能会让所有的学生做同一道题目，并让一名学生在黑板上做，这样所有的学生就可以一起比较答案和策略。有意识的教师可能会快速给出家庭作业的答案，让学生自我检查，并让答对的学生举手示意，然后只复习和重教那些大部分学生做错的题，从而留出时间来讲新课。有意识的教师应用丰富多样的教学方法、经验、作业和材料来确保学生逐渐达到各种认知目标，从知识到应用再到创造；同时，确保学生日益习得重要的情感目标，如对学习的热爱、对他人的尊重以及个人的责任感，等等。有意识的教师总是不断反思自己的教学实践及其效果（Fisher & Frey, 2011; Marzano, 2011b）。

研究发现，教师对学生影响的最有力预测因素之一是：教师对自己所做的一切能够产生影响、带来改变的信念。这种信念称为**教师效能感**（teacher efficacy）（Thurlings, Evers, & Vermeulen, 2015; Woolfolk-Hoy, Hoy, & Davis, 2009），这是成为一名有意识的教师的核心所在。如果教师认为学生的学业成功几乎完全取决于天赋、家庭环境或者教师无法影响的其他因素，那么，与那些认为自己的努力对学生的学习至关重要的教师相比，这些教师的教学表现就很可能差强人意。有意识的教师拥有较强的效能感，更倾向于付出持续的努力，知难而进，竭尽全力地使每个学生都成功（Farr, 2010）。有意识的教师通过各种方式来获得效能感：不断地评估自己的教学效果，如果最初的教学效果不理想，则会不断尝试新的教学策略，不断地从同事那里获得意见，从书籍、线上资源、杂志、工作坊以及其他各种资源中寻求灵感，以丰富和巩固其教学技能（Corbett, Wilson, & Williams, 2005）。这种效能感是教师进行创新并拥抱变化的主要因素之一（Thurlings et al., 2015）。集体效能感对学生的学业成绩具有极其显著的影响（Woolfolk-Hoy et al., 2009）。教师群体，如某所小学的全体教师或某中学学术部的所有教师，也可以通过各种方式来获得集体效能感，例如一起考察教学实践与教学成果，寻求专业化发展，互助并进（Borko, 2004; Sachs, 2000; York-Barr, Sommerness, & Hur, 2008）。在帮助所有学生取得成功方面有所建树的国家，会为教师提供机会，使他们能相互协作、共同担负起培养学生的重任（Sahlberg, 2012; Sawchuk, 2012; Stewart, 2010; Tucker, 2012）。

本书最重要的宗旨就是在研究、理论和实际教学技巧等方面，为明日之教师打下坚实的知识基础，这些都是你成为一名有意识的、高效的教师所需要的。为了计划并实施有效的授课、讨论、研究课题和其他学习活动，教师需要掌握丰富的知识。除熟知所教学科之外，教师还需要了解学生的发展水平及其需要；了解学习、记忆、问题解决技能和创造性是如何获得的，以及如何促进获得它们。教师需要知道如何设定目标，如何组织旨在帮助学生实现这些目标的活动，如何评估学生在实现这些目标过程中的进步。教师需要知道如何激发学生的学习动机，如何有效地利用课堂时间，如何根据学生的个体差异给予反馈和指导。有意识的教师会不断地尝试各种策略来解决教学问题，观察他们教学的结果，以考察这些策略的效果（Schunk, 2016）。他们会关注有效教学方面的研究，并将研究成果运用到自己的日常教学中（Fleischman, 2006）。正如本章开篇介绍的莉娅·华盛顿老师，有意识的教师经常将教育心理学的原理、他们的实践经验以及创造性有机地结合起来，以做出教学决策，帮助学生成为热爱学习的有效学习者。

本书重点介绍了教育心理学及其相关研究的核心观点，同时还列举了许多实例来说明如何将这些观点应用于实际教学中，重点介绍那些已被评估和证明有效的教学实践，而非只局限于理论或建议。本书旨在帮助读者形成对教学的**批判性思维**（critical thinking）技能，即对教育实践和研究中的诸多矛盾与困境进行符合逻辑的系统探讨。任何一本书都不能为教学提供所有的正确答案，但本书致力于提出恰当的问题，并通过阐述各种现实可行的备选做法及其背后的理念和支持性研究来引人入胜。

许多研究考察了专家型教师与新手教师之间、高效教师与低效教师之间的差异。这些研究贯穿的一个主题是：专家型教师是批判性的思考者（Hogan, Rabinowitz, & Craven, 2003; Mosenthal, Lipson, Torncello, Russ, & Mekkelsen, 2004; Shulman, 2000）。有意识的教师会不断地提升、检验自己的教学实践，通过阅读和参加研讨会来学习新理念，并根据学生的反应来指导自己的教学决策。有句老话是这样说的：有些教师拥有 20 年的教学经验，而有些教师有的只是重复了 20 次的 1 年的教学经验。每年都在进步的教师，正是那些乐于吸纳新思想、批判性地审视自己的教学活动的人。或许本书最重要的目标就是让教师养成善用明智的反思的习惯，以成为明日之专家型教师。

当你思考未来 10~20 年的教学将会发生的变化时，有意识的教学和批判性思维的重要性就会更加凸显。到 2030 年，教师的工作将会彻底转变（Berry et al., 2011）。在你的教学生涯中，科技的作用将发生巨大的变化，随着互联网的进一步普及尤为如此。突破物理空间限制的新的学校教育形式，以及将科技和传统教学加以融合的教学形式已经出现，并将不断扩展。研究的作用必然会越来越大，在未来几年里，教师将能够从一系列经过科学评估并被证实有效的研究课题中进行选择（Slavin,

2013）。教师职前和在职培训的新模式将变得司空见惯（Cochran-Smith & Power, 2010; Rose, 2010）。教师对学生的学习将担负越来越多的责任（Danielson, 2010; Darling-Hammond et al., 2012; David, 2010b; Schmoker, 2012; Stumbo & McWalters, 2010）。所有这些变化意味着：2030 年的教师必须具有变通性、心理韧性，以及具备运用新方法解决新问题的能力（Christenbury, 2010; Steele, 2010）。在过去很长一段时间里，教师总是可以借助自己作为学生时的经验，像自己的老师那样进行教学。但是，那个时代一去不复返了。

21 世纪所需的技能

在我小时候，人们认为 21 世纪与 20 世纪是完全不同的。例如，动画片《杰森一家》（*The Jetsons*）给我们勾画了这样一幅场景：汽车在空中行驶，家家户户都使用机器人，还有各种令人惊叹的先进技术。严谨的未来学家的预期也都大同小异。事实证明，与预期相比，21 世纪的现实情况有些平淡，尽管如此，科学技术的发展和全球化极大地改变了经济和社会的核心特征。尤其是经济安全，无论对于个人还是国家，比以往任何时候都更依赖于创新、创造力和规划设计。随着“脑力”工作日益取代传统的“体力”工作，与他人合作的能力、采用多种方法解决问题的能力、灵活应对快速变化的能力等，都将成为成功的关键因素。

所有这些变化都对教育产生了深远的影响。这导致教育者高度重视更类似于新兴劳动力素质的技能、态度和工作方式。无疑，学生需要运用现代技术的丰富经验，但仅有这些是不够的。他们还需要拥有越来越多的团队协作、问题解决、批判性阅读与创造性思维等方方面面的经验（Beers, 2011; Marzano & Heflebower, 2012）。颇具讽刺意味的是，这类经验恰恰是杜威等人倡导的进步教育哲学的核心，可以追溯到 20 世纪初（Rotherham & Willingham，2009）。所不同的是，这些想法不再是可有可无的选择，因为它们是如此符合当今的需求。此外，从行政办公室到车间，这些技能是当今社会每个人都必须掌握的。

遵循以上思路，美国成立了 21 世纪技能合作联盟（Partnership for 21st Century Skills），旨在促进相关政策的制定，以界定和支持符合当代需要的学生的学习结果（P. Johnson, 2009; Partnership for 21st Century Skills, 2009）。该联盟综合了来自美国各级各类教育的数十个利益攸关方团体的建议，建立了一套参照标准，将 21 世纪所需的技能概括为四种类型：

1. 核心学科和 21 世纪的主题（如语言艺术、数学、科学、全球意识和金融素养）（Cutshall, 2009; Hersh, 2009; Trefil & O’Brien-Trefil, 2009; Zhao, 2009）；
2. 学习与创新技能（如创造性、批判性思维和问题解决）（Azzam, 2009; Graseck, 2009）；
3. 运用信息、媒介和技术的技能（Barab, Gresalfi, & Arici, 2009; Ferriter, 2009a, b; Sprenger, 2009）；
4. 生活和职业技能（如主动性和自我导向）（Gerdes & Ljung, 2009）。

共同核心与大学及职业准备标准

多年来，期待每个孩子在特定年龄对特定科目应该掌握的内容以及能够掌握的程度，美国各州都有自己的标准。各州也有自己的达标评估，通常采用选择题测试，自行考查学生是否达标，并设定本州的通过标准。但这些选择题测试本身就因其只评估最基本的技能而饱受诟病，并且标准和评估的多样性导致了各州在州测试通过率上存在巨大差异。

所有这一切都在发生变化，而这些变化将对教师产生重大影响。许多州已经采用了**共同核心州立标准**（Common Core State Standards, CCSS），这些标准的确立在很大程度上是基于前述的 21 世纪所需的技能。两个大的州联盟已经采取了与共同核心州立标准相符的具体评估方法，即智能平衡（Smarter Balanced）与大学及职业准备测评联盟（Partnership for Assessment of Readiness for College and Career, PARCC，参见第 14 章的描述）。其他州也制定了自己的大学及职业准备标准，通常与共同核心评估类似。这些评估旨在表明，学生如何在大学及职业生涯中取得成功，并推动教师和学校采取创新的教学方法，以使学生为在 21 世纪的大学及职场中获得成功做好准备。这些标准强调以下几点（Kendall, 2011）：

- 灵活、创造性地解决问题；
- 运用技术的能力；
- 积极参与一对一、小组和班级讨论的能力；
- 注重写作、演讲和小组辩论；
- 与大学及职业准备标准相一致；
- 经典著作阅读与新的、多元文化著作阅读并重；
- 在数学学习中注重现实情境中的问题解决、数学推理、精确性和论证。

共同核心州立标准和其他的**大学及职业准备标准**（college- and career-ready standards）是存在争议的，它们可能关系到学生的学习，也可能无关紧要（see Barton, 2010; Loveless, 2012; & Schmidt & Huang, 2012 for opposing views），但这些标准对教师和管理者来说非常重要，对那些基于这些标准而构建评估系统的州而言尤为如此。在准备共同核心与其他的大学及职业准备评估的过程中，各州和各地区正在进行大量的专业研发（Silver, Dewing, & Perini, 2012），出版商正在修订教科书和教学软件以符合这些标准。这些变化将在第 14 章中进行讨论。

本书的大多数章节都包含一个专栏，介绍了共同核心与大学及职业准备标准的相关信息，以及它们是如何与该章主题相关联的。此外，对共同核心与大学及职业准备标准的讨论也适时地贯穿于本书的正文部分。

教育政策和实践通常滞后于社会和经济的变革。对共同核心与大学及职业准备标准的强调，旨在帮助教师更深入地思考他们在课程、教学方法、技术运用和评估等方面做出的每项决策是如何帮助学生获得成功的——不仅是今日之标准下的成功，而且是在未来世界的成功。

研究在教育心理学中有何作用

有意识的、具有批判性思维的教师很可能是带着教育心理学研究的知识进入课堂的。年复一年，教育心理学家不断发现或完善教与学的原理，这些原理对一线教师很有用。其中一些原理是有证据支持的常识，但还有一些则让人耳目一新。教育心理学家面临的一个问题是，几乎每个人都对教育心理学这一学科有自己的观

InTASC 标准 1

学习者的发展

InTASC 标准 2

学习差异

链接 1.2
有关如何有效处理学生不良行为的更多讨论，请参见第 5 章。

链接 1.3
有关能力分组的更多讨论，请参见第 9 章。

点。大部分成人都曾在学校里就读多年，目睹着教师的所作所为，再加上还会学习一些有关人性的知识，瞧！每个人都是业余的教育心理学家。因此，专业的教育心理学家经常受到指责，被认为只是研究一些众所周知的常识而已（Ball & Forzani, 2007）。

然而，正如我们吸取的惨痛教训那样，众所周知的常识并非总是正确的。比如，大部分人认为，如果根据学生的能力来分班，那么班级中学生的能力会相对接近，这样教师就可以更好地根据学生的具体需要来调整教学，从而提高学生的成绩。然而，这一假设被证明是错误的。许多教师认为，训斥学生的不良行为将有助于改善学生的行为举止。许多学生因受到训斥，其行为表现确实有所好转；但对有些学生而言，训斥则是对其不良行为的一种奖励，实际上反而助长了他们的不良行为。有些“众所周知”的常识实际上是彼此矛盾的，例如，大部分人都同意这样的观点，即学生听教师讲的效果比自学的效果要好。这一观点支持以教师为中心的直接教学策略，即教师把班级作为一个整体进行主动教学。然而，大部分人也认同，学生经常需要那些能满足其个别化需求的教学。这一观点也是正确的，但它要求教师将其时间分配给不同的个体，或者至少分配给有不同需求的学生群体，结果就是，一部分学生要独立地学习，而另一部分学生会得到教师的密切关注。如果学校可以为每个学生都配备指导教师，那就不会存在这样的冲突了，直接教学与个别化教学就可以共存。然而，在现实中，每个班级通常有 20~30 名学生，结果，教师采用较多的直接教学（首要目标）几乎总是意味着较少采用个别化教学（次要目标）。因此，有意识的教师的任务就是：根据特定学生的需求和具体情境来平衡这些相互冲突的目标。

教育心理学研究的目标

教育心理学研究的目标是深入探讨那些众所周知的以及不太为人所知的问题，使用客观的研究方法来检验关于学习影响因素的各种观点（Levin, O'Donnell, & Kratochwill, 2003; McComb & Scott-Little, 2003）。研究的结果则表现为各种原理、规律和理论。**原理**（principle）解释了因素之间的关系，如不同的评分系统对学生学习动机的影响。**规律**（law）是被充分检验并广泛适用于多种情境的简单原理。**理论**（theory）则是一套相互关联的原理和规律，用于解释学习、行为或其他兴趣领域的广泛方面。没有理论，研究所发现的事实和原理就像画布上散乱的斑斑点点。理论可以将这些事实与原理联系起来，为我们呈现完整的图景。然而，对于同样的事实和原理，不同的理论家可能有不同的解释。正如任何其他学科一样，教育心理学的进展也是缓慢而曲折的。某项单一的研究很难取得突破，但随着时间的推移，相关主题的研究证据积累起来，理论家们也就能够逐渐完善和扩展他们的理论。

教育心理学研究对教师的价值

教师获得的最重要的知识可能是在实习期间、见习期间或在第一年的教学实践中学到的。然而，教师每天要做出数百个决策，而且不管教师是否意识到这一点，每项决策都依托于某种理论。这些理论的合理性、准确性和实用性最终决定了教师的成功。例如，一位教师根据“奖励出勤将会提高出勤率”这一理论，对出勤次数最高的学生给予奖励；另一位教师则根据“出勤率低的学生最需要诱因奖励”这一理论，对出勤情况有最大改善的学生给予奖励；第三位教师不对学生的出勤进行任何奖励，而是试图通过教更有趣的内容来努力提高学生的出勤率。哪位教师的做法更容易成功？这在很大程度上取决于每位教师是否有能力来理解那些形成其课堂特点的各因素的独特组合，从而运用最恰当的理论。

教学中的决策

教育心理学研究的目的是对指导教师以及其他教育从业者行为的各种理论进行检验。教师会在许多常见的情境中应用教育心理学的理论，比如下面这种情境。

哈里斯先生教八年级的社会课。他遇到了难题：他的学生汤姆经常表现出不良行为。今天上课时，汤姆折了一个纸飞机，趁哈里斯先生转过身去的时候，他把纸飞机抛向了空中，引得全班同学哄堂大笑。

哈里斯先生应该如何应对？

作为有意识的教师，哈里斯先生考虑了解决该问题的一系列方法，每种方法都源自一种理论，每种理论对汤姆表现出不良行为的原因、可以激励其表现出适宜行为的措施等都有相应的解释。

处理方法	理论依据
1. 训斥汤姆。	1. 训斥是一种惩罚形式，汤姆会为了避免惩罚而规范自己的行为。
2. 忽视汤姆。	2. 关注可能是对汤姆的一种奖励，忽视则意味着剥夺了对他的奖励。
3. 让汤姆去教师办公室。	3. 被叫到教师办公室是一种惩罚，这也剥夺了同学对汤姆（表面上）的支持。
4. 告诉全班同学：每个人都有责任维持良好的学习环境，如果任何人有捣乱行为，则全班的课间休息时间将减少 5 分钟。	4. 汤姆的捣乱行为是为了获取同学的关注。如果全班同学因其行为而损失了课间休息，则同学们将让他收敛自己的行为。
5. 向全班同学解释：汤姆的行为干扰了正常的课堂秩序，其行为违反了开学初全班同学制定的课堂规则。	5. 汤姆在课堂上的行为表现以及同学对其行为的反应与班级行为标准相冲突。教师通过提醒全班同学去关注自己的需要（学习课程）以及开学初制定的课堂规则，让汤姆明白全班同学不会真正支持其行为。

上述应对措施都是对不良行为的常见反应。但究竟哪种理论（以及相应的处理方法）是正确的呢？

问题的关键可能在于，当汤姆表现出捣乱行为时，同学们都哄堂大笑。同学的反应是一条线索，表明汤姆在寻求他们的关注。如果哈里斯先生训斥汤姆，这可能会提高汤姆在同学心目中的地位，从而奖励他的捣乱行为。如果某个学生试图以捣乱行为来引起教师的关注，那么忽视该行为可能是一个好主意。在这个例子中，汤姆显然是在寻求全班同学的关注。让汤姆去老师办公室确实可以分散同学对他的关注，因此这一措施或许有效。但是，如果汤姆正想方设法离开教室而逃避学习，那该如何是好？如果他因为得到同学的支持而趾高气扬地挑战老师的权威，那又该怎么办？让全班同学为每个学生的行为负责，很可能会使汤姆失去同学的支持，促使他改善自己的行为；但有些学生可能会认为，因个别同学个人的不良行为而惩罚他们，这是不公平的。最后，如果全班同学确实很看重学业成就和良好行为，那么提醒全班同学（包括汤姆）关注班级的学习兴趣以及常规的行为规范或许会奏效。

教育学和心理学方面的研究直接关系到哈里斯先生必须做的决策。发展心理学的有关研究表明，随着学生进入青春期，同伴群体对他们而言变得极为重要，他们经常以破坏或无视规则的方式来确立自己的独立性，摆脱成人的控制。行为学习理论的基础研究表明，当某种行为反复出现时，一定是有某种奖赏在强化该行为。如果要消除这一行为，首先要识别出该奖赏究竟是什么，然后予以消除。该研究还提示哈里斯先生可以考虑使用惩罚（如训斥）来阻止学生不良行为的发生。有关具体课堂管理策略的研究也发现了一些行之有效的方法，既包括如何避免像汤姆这类学生做出捣乱行为，也包括一旦学生出现捣乱行为该如何应对。最后，对规则制定和课堂纪律的研究表明，学生参与规则的制定有助于每个学生确信：全班都重视学业成就和良好的行为表现，这样的信念有助于让每个学生都遵守班级规则。

哈里斯先生如果具备这些知识，就可以根据对汤姆这样做的原因及可利用哪些策略来解决这一问题的理解，选择某种措施来应对汤姆的捣乱行为。他的决策可能对，也可能错，但由于他知道几种可用来解释汤姆行为的理论，他将能够观察到他所采用策略的效果。如果没有效果，他可以从中吸取教训，再尝试其他可行的方法。这些研究并未给哈里斯先生提供具体的解决方法，他需要依据自己的经验和判断做出选择。但是，这些研究确实让哈里斯先生了解了有关人类行为的一些基本概念，这有助于他理解汤姆行为背后的动机，以及一系列可能解决这类问题的有效方法。利用研究成果帮助自己做出教学决策，这是哈里斯先生获得教师效能感的一种方式。

研究 + 常识 = 有效教学

正如哈里斯先生这个案例所表明的那样，没有什么理论、研究或书籍可以告诉教师在特定的情境下应该做什么。正确的决策依赖于许多因素，如问题产生的背景、教师心中的目标等，并且所有这些都必须基于有科学依据的常识来进行评估。例如，针对数学教学的研究通常发现，快节奏的教学可以提高学生的成绩（Good, Grouws, & Ebmeier, 1983）。然而，教师也可以合理地放慢教学速度，在非常关键的概念上多花些时间，或者让学生自己去发现数学原理。通常情况下，直接教给学生技能或信息要比让学生自己去发现更加高效（即花费的时间更少）；但如果教师希望学生对某一主题有更深入的理解，或者想让学生学习如何独立地发现信息、解决问题，那么关于教学速度的这一研究结论就暂不适用了。

问题的关键是，虽然教育心理学的研究结论有时可直接应用于课堂教学，但是教师最好在运用这些原理的同时，具备大量的常识，并清楚地知道自己的教学对象和教学目标。

有效教学方案的研究

教育心理学研究不仅为有效的教学原理提供了证据，而且也为具体的教学方案或教学实践的有效性提供了证据（Fleischman, 2006）。例如，在本章开篇案例中，莉娅·华盛顿运用了一种特定的方法来进行创造性写作教学，作为一个整体，这种方法已被广泛评估（Harris, Graham, & Pressley, 2001）。换言之，有证据表明，与接受了传统写作教学的儿童相比，那些接受了创造性写作教学的儿童在写作方面通常有更好的表现。从具体学科的教学方法到整个学校课程的改革策略，几十种被广泛使用的教学方案经研究证明是有效的。有效教育策略资料中心（What Works Clearinghouse, WWC）和最佳证据百科全书（the Best Evidence Encyclopedia）回顾了涵盖所有学科和年级的现有研究。有意识的教师应该关注与自己所教学科及年级的教学方案有关的研究，应该寻找专业化发展的机会，掌握一些经研究证明可以有效促进学生发展的方法。

InTASC 标准 1

学习者的发展

理论应用于实践

教学中的决策

如果没有教育问题需要解决，那么教师就没有必要充当专业人士发挥作用了。专业人士与非专业人士的区别部分表现在，前者必须做出影响其工作进程的决策。

教育者必须就下列问题做出决策：（1）如何识别问题与争议；（2）如何从多视角来审视情境；（3）如何调用相关的专业知识来制定行动方案；（4）如何采取最恰当的行动；（5）如何评判行动结果（Silver, Strong, & Perini, 2007）。

比如，在奥哈拉女士的社会课上，有一名叫沙妮卡的学生。大部分时间里，沙妮卡都相当安静和孤僻。然而，她长期的成绩记录表明她具有相当不错的课业学习能力，仅凭偶然的观察是很难了解到这一点的。奥哈拉女士向自己提出了如下问题：

1. 在这种情形下，我觉察到了什么问题？沙妮卡是因为无聊、疲倦、兴致索然或害羞，还是因为我或其他人正在做的事情或未做的事情限制了她的参与？我可以考虑教育心理学的哪些理论？
2. 我想知道沙妮卡在这门课上有何感受。她感到受排挤吗？她对学科学习上心吗？她在意我或者其他人对她不参与课堂活动的看法吗？为什么？什么样的动机理论有助于我做出决策？
3. 我从理论、研究或实践中了解到的哪些知识可以指导我的行动，使沙妮卡能够更积极地参与到课堂活动中来？
4. 在这种情形下，我到底该如何做才能提高沙妮卡的参与度？
5. 我怎样才能知道自己是否成功地解决了沙妮卡的问题？

如果奥哈拉女士能够提出这些问题并试图予以回答——当然不仅是针对沙妮卡的个案，也包括其他学生的有关问题——那么她将会因此而增加了解自己工作的机会。哲学家杜威曾讲过，教师面临的问题，恰是促使其进行反思性探究的自然刺激。有意识的教师积极接受这些挑战，并进行建设性的思考（Marzano, 2011b）。

资格认证指南

要通过教师资格认证考试，需要展示为了改进你的教学，你知道如何获取专业文献、如何参加专业协会以及如何参与专业发展活动。

InTASC 标准 7

教学计划

InTASC 标准 9

专业学习与道德实践

InTASC 标准 10

领导力与协作

理论应用于实践

怎样成为教育心理学研究成果的明智实践者

假定你想要买一辆新车。在花掉辛苦赚来的钱之前，你可能会查看各种消费者研究报告的结果。你可能想了解各种车型在碰撞测试中的表现，哪种车型油耗最小，或者特定车型的折旧价等。在进行这项重大投资之前，你希望明智地做出决策。假如你以前遇到过类似的情形，你或许还记得你进行的所有调查研究都帮你做出了明智的决策。

现在，既然你打算选择教学这一职业，你就需要在自己的决策中采用类似的消费者取向（Andrews, 2014; Fleischman, 2014）。作为教师，你每天都需要做许多决策。你购车的决策会受到可靠的研究结果和常识的影响，而你关于教与学的决策也应该遵循同样的模式。教与学是受多种因素影响的复杂概念，因此，你对有关这方面研究知识的了解将有助于你做出明智的选择。

对简单的公式“研究 + 常识 = 有效的教学”的了解，如何有助于你更明智地汲取教育心理学研究的成果？下面这些建议向你展示了怎样将该公式付诸实践。

1. 汲取相关领域研究的成果。你不可能应用那些你不了解的信息，这是不言自明的。作为专业人士，你应该了解并获取与自己工作相关的研究知识。除了教科书这一理想资源，你还应该熟悉你所在领域的专业期刊，这些对你未来而言都是很好的资源。例如，《教育领导力》（*Educational Leadership*）、《斐德塔卡帕》（*Phi Delta Kappan*）等以教师为导向的期刊包含了易于阅读的研究摘要。此外，你还可以参阅《年刊：教育心理学》（*Annual Editions: Educational Psychology*），它是每年各类专业期刊文章的选编。你也不要忽视与其他教师进行面对面交流或互联网交流的重要性。埃伦・马西斯和莉娅・华盛顿的例子有力地证明了合作有助于扩充知识面，让你掌握有用的知识。
2. 有意识地教学。如本章前文所述，并不存在构成常识性教学方法的成分配方，然而，我们可以尽可能做出有意识的教师应有的行为。有意识的教师是深思熟虑的，正如哈里斯先生一样，你应该从多个角度考虑课堂情境。当采取行动时，你要有明确的意图，并思考这样做的原因。如同其他有意识的教师，你可以仔细地反思自己的行动，评估自己的行为以确定是否产生了预期的结果。你在高中时或许学过“科学方法”，有意识的教师会在教学中使用这种方法，根据观察结果和已有经验来提出对当前情况的假设，搜集数据以检验假设，有效地组织和分析数据，基于这些资料得出正确的结论，并根据结论采取一系列的措施。对许多有经验的教师而言，这一过程是自动的和内化的。当系统地执行这一过程时，这些实践活动可用来验证研究结论和有关理论，从而夯实你不断发展的专业知识的基础（Schoenfeld, 2014）。
3. 分享你的经验。当你把研究知识与专业的常识结合起来时，你会发现自己在从事更为有效的实践。当你和学生取得成功时，请与他人分享你们的经验。传播的途径有很多，除在专业期刊、行业新闻通讯等传统媒体上发表文章外，你也不要忽视全校示范、在各级专业会议上展示论文以及向学校管理层呈递报告等其他途径的重要性。此外，互联网也为你提供了各种线上专题讨论社区，教师可以在那里对自己的工作进行持续的讨论。

研究对教育实践的影响

教育心理学研究对教师实际工作的影响甚微，这令很多研究者和教育者扼腕叹息（Kennedy, 2008）。确实，教育研究对教育实践的影响，远不及医学研究对医疗实践的影响（Riehl, 2006）。但毋庸置疑的是，即使教师并未意识到这一点，教育研究也对教育实践有着深刻的间接影响。教育研究影响着教育政策、教师专业化发展培训方案的制定以及教学材料的选编。比如，“田纳西班级规模研究”（Finn, Pannozzo, & Achilles, 2003）发现，班级规模对低年级学生的学业成绩有重要影响，这一研究结论直接影响了各州和联邦政府缩小班级规模的提案（Wasley, 2002）。有关儿童起步阅读的研究（National Reading Panel, 2000），显著地改变了阅读这门学科的课程、教学以及教师的专业化发展。对高中开设职业专科课程作用的研究（Kemple, 1997）也导致了这类教学方案的显著增加。

“根据对班级规模的研究，
我们不是在翘课，
而是在帮助我们的同学
获得更好的教育！”

对教育者来讲，最重要的是明智地汲取研究成果，而不是将每一个发现或每一位专家的意见都奉为真谛（Fleischman, 2006; Gibbs, 2009; Slavin, 2011）。

如何成为一名有意识的教师

想想你曾经遇到过的最好的、最有意识的老师，他们看起来自信、有爱心，教学技能娴熟，对他们所教的学科充满热情。他们最初学习教育心理学时，对于成为一名教师，很可能就像今天的你一样，有些许恐慌、不确定和茫然。然而，他们坚持不懈，最终成为了令你难忘的优秀教师。你同样也可以做到。

教师资格认证

在成为一位有意识的教师之前，你先要成为一个有资质的教师。美国的每个州、郡对这一资质都有自己的要求。虽然也有其他认证机构，不过在美国的大多数地方，你至少需要读完四年制的大学，并选修特定课程。你还需要令人满意的教学实习经验。然而，在美国大多数州，拥有这些还不够，你还必须通过教师资格认证考试（teacher certification test）或执照考试。许多州将其要求建立在图 1.2 列出的十项有效教学原理的基础上。不论这些考试是由州际教师评估与支持联盟（Interstate Teacher Assessment and Support Consortium, InTASC），还是由美国教育考试服务中心（Educational Testing Service, ETS）或各州的教育部门开发，InTASC 提出的这十项教学原理，构成了大部分教师资格考试的基础（Darling-Hammond, 2008）。

由美国教育考试服务中心开发的“普瑞克西斯考试系列：新任教师专业评估”（the Praxis Series™ Professional Assessments for Beginning Teachers），是各州最常采用的教师资格认定测试（ETS, 2012）。普瑞克西斯考试系列包含三类与教师发展的关键阶段相关的评估：普瑞克西斯 I 是一种学业技能评估，用于评估那些进入教师培训项目的候选人；普瑞克西斯 II 是一种学科专业评估，用于评估那些拟获得教师入职资格的候选人；普瑞克西斯 III 是一种课堂表现评估，用于评估任教一年后的教师。普瑞克西斯 II 评估了一般教学技能和学科知识，涵盖了从农业到世界文学的 120 多个主题。这是新任教师完成教师预备课程培训后要参加的测试。

有关普瑞克西斯考试系列的详细信息可以到 ETS 官方网站上查询。在该网站上，

标准＃1：学习者的发展
教师理解学习者是如何成长和发展的，认识到在认知、语言、社会性、情感和生理等各领域内及领域间，学习者的学习与发展模式都存在着个体差异，需要设计和实施具有发展适宜性和挑战性的学习活动。

标准＃2：学习差异
教师利用对个体差异以及对多元文化和社区的理解，确保创设出包容性的学习环境，使每个学习者都能够达到高标准。

标准＃3：学习环境
教师与他人协作，共同创设这样一种环境：支持个人学习和合作学习，鼓励积极的社会互动，让学生主动参与学习并自我激励。

标准＃4：学科内容知识
教师理解所教学科的核心概念、结构及探究工具，并设计学习活动，使学科内容变得易于理解、有意义，以确保学习者掌握所学内容。

标准＃5：学科知识的应用
教师知道如何建立概念间的联系，并从不同的视角出发，吸引学习者就本地和全球性的真实问题进行批判性思维、创造性活动和协作式问题解决。

标准＃6：评估
教师理解并运用多种评估方法来促进学习者的自身成长，监控学习者的进步，并指导教师和学习者做出决策。

标准＃7：教学计划
教师利用所掌握的学科内容、课程、跨学科技能和教学法等知识，并基于对学习者和社区背景的了解来制订教学计划，支持所有学生达到严格的学习目标。

标准＃8：教学策略
教师理解并使用多种教学策略，以鼓励学习者深入理解所学内容及各内容间的联系，并培养学习者以有意义的方式应用知识的技能。

标准＃9：专业学习与道德实践
教师参与持续的专业学习，并运用证据不断地评估其教学实践，尤其是他/她的选择和行为对他人（学习者、家长、其他专业人士和社区）的影响，进而调整实践以满足每个学习者的需求。

标准＃10：领导力与协作
教师寻求合适的领导角色和机会来对学生的学习负责，与学习者、家长、同事、其他学校专业人士及社区成员合作，从而确保学习者的成长，并提高自身的专业水平。

图 1.2 州际教师评估与支持联盟（InTASC）的示范性核心教学标准

资料来源：Council of Chief State School Officers. (2011). *The Interstate New Teacher Assessment and Support Consortium (InTASC) Model Core Teaching Standards: A Resource for State Dialogue*. Washington, DC: Author.

你可以访问测验概览网页，上面有测验的主要框架、配有最佳答案解释的例题和应试策略等。同时，你还可以看到每个州的要求，以确定各州使用普瑞克西斯考试的哪类考试（如果使用的话）。请注意，即使所在的州并没有此项要求，个别大学也可以使用普瑞克西斯考试。

链接 1.4
若想获取更多有关准备职业资格考试的帮助，请参看本书的附录部分。

每一个使用普瑞克西斯考试系列的州、郡或院校都设定了自己的通过标准。每个州所设定的各测验的及格分数可以在网站上或者从你收到的测验成绩报告的小册子中找到。

包括加利福尼亚州、得克萨斯州、佛罗里达州及纽约州在内的很多州都已经开发了自己的教师资格认证测验。这些测验所包括的内容与普瑞克西斯的学与教的原理部分非常相似。

你会发现，本书为教师资格认证测验可能涉及的主题都提供了应对建议。各章节中的旁注“资格认证指南”强调了各州教师资格测验（包括普瑞克西斯的学与教的原理部分）中经常出现的知识点。另外，请参见本书的附录部分，该附录将各章的内容与普瑞克西斯测验中学与教原理部分的相应主题加以对应。

资格认证指南
教师资格认证考试包括教师专业化的部分。其中一个重要的方面是能够阅读、理解关于当前教学实践的观点与争论的各种研究报告。

资格认证之外的其他方面

获得教师资格证书是成为一名有意识的教师的必要条件，但非充分条件。从教学实习开始，一直到你的第一份工作，你都可以通过多种方式、创设或利用各种机会来发展有意识的教师所需具备的技能。

寻求督导　那些经验丰富且有意识的教师是你最好的资源（Nieto, 2009）。他们不仅高效，而且能够理解和描述他们正在做的事情（并且，理想的情况下，他们也能帮你学会做这些事情）。与学校里经验丰富的教师交谈，观摩他们是如何教学的，请他们听你的课并提出建议，就像本章开篇案例中的埃伦·马西斯那样。许多学校都会在新教师入职的头几年为他们提供就职指导。即使你所在的学校不提供这样的指导，你也可以为自己寻找有经验的、能提供帮助的督导。

寻求专业发展　学区、大学、各州的教育部门以及其他一些机构，都会为教师提供各种类型、多种主题的专业发展工作坊。要抓住每一个机会去参加这些工作坊。最佳的专业发展包括接受某种形式的教练辅导或追踪随访，即请熟悉某种方法或方案的人到你的班级中来，观察你如何实施教学方案，并让他们提供相应的反馈（Darling-Hammond & Richardson, 2009; Hirsh & Hord, 2008; Neufield & Roper, 2003）。与同校的许多教师一起参加工作坊，大家有机会分享成功的经验、讨论面临的挑战，这种方式也非常有效（Calderón, 1999）。

InTASC 标准 9
专业学习与道德实践

交流教学　与你的同事、以前的同学、教书的朋友甚至那些不教书的朋友交谈，分享你在教学过程中成功的经验、失败的教训以及存在的问题。如果教学只涉及你和你的学生，那么它会成为一种令人孤独的体验。抓住每一个交流想法的机会，从富有同理心的同事那里获得支持（Nieto, 2009）。你还可以参加读书俱乐部，与大家讨论有关教学的文章和书籍（Hoerr, 2009）。

InTASC 标准 10
领导力与协作

专业出版物与协会　有意识的教师会进行大量的阅读。你所在的学校可以订阅一些面向教师的期刊，或者你自己也可以选订一些读物。例如，教师可以翻阅《教师杂志》（*Teacher Magazine*）、《从理论到实践》（*Theory Into Practice*）、《学习》（*Learning*）、《幼儿》（*Young Children*）、《斐德塔卡帕》（*Phi Delta Kappan*）、《教育领导力》（*Educational Leadership*）等；或者订阅具体学科类的杂志，如《教师阅读》（*Reading Teacher*）和《数学教师》（*Mathematics Teacher*）等。

另外，你还可以查询你所教学科或感兴趣的相关领域的专业协会。美国的教师协会，如美国教师联合会（the American Federation of Teachers，AFT）和美国教育协会（the National Education Association，NEA），都会发行一些出版物并举办各种工作坊，还提供其他资源，从中你会受益匪浅。你所在州的教育部门、地区教育实验室或学区办公机构也可能有一些可用资源。下面是一些有用的协会和机构：

资格认证指南
普瑞克西斯Ⅱ中的教师专业化部分以及其他教师资格认证考试，可能会要求你熟知某一教学领域的一些专业期刊名称（如《教育心理学杂志》《教育领导力》《斐德塔卡帕》）。

美国教育研究协会

资格认证指南

教师资格认证考试可能会要求你了解哪些专业协会能够组织相关的会议、发行相关的出版物、提供与其他教师对话的机会等（如美国教育研究协会、国际阅读协会、美国教师联合会、美国教育协会）。

美国教师联合会
加拿大教育研究协会
美国特殊儿童委员会
国际阅读协会
美国双语教育协会
美国幼儿教育协会
美国黑人学校教育者协会
美国社会研究协会
美国英语教师委员会
美国数学教师委员会
美国教育协会
美国文学研究所
美国中学协会
美国科学教师协会

本章概要

怎样才是称职的教师

称职的教师了解自己所教学科的内容，并掌握教学技能。在完成有效教学涉及的所有活动时，他们总是态度温和，充满热忱，持有关爱之心。他们是有意识的教师，运用教育心理学的原理指导自己的决策和教学。他们能够将教育心理学的研究成果与常识结合起来。

研究在教育心理学中有何作用

教育心理学是对学习者、学习和教学的系统研究。教育心理学的研究关注课堂中师生之间交流信息、技能、价值观和态度的过程，以及心理学原理在教学实践中的应用。这些研究影响着教育政策的制定、教师专业发展培训和教学材料的选用。

如何成为一名有意识的教师

在成为一名有意识的教师之前，你首先要取得教师资格。针对受教育程度、教学实习和资格考试等，每个州都有各自的要求，其中主要包括教学知识测试、普瑞克西斯考试系列等。你可以通过寻求督导、寻求专业发展、与同事和朋友交流经验等来进一步发展技能，从而成为一名有意识的教师。

关键术语

教育心理学
教学法
意向性
教师效能感
批判性思维
共同核心州立标准
大学及职业准备标准
原理
规律
理论

自我评估：资格认证练习

指导语：本章开篇案例中涉及了州教师资格认证考试中常见的一些评价指标。请重读本案例，回答下列问题。

1. 在案例的第一段，埃伦·马西斯不清楚为什么她的学生在写作上缺乏创造性和想象力。根据教育心理学的研究，埃伦最有可能欠缺下面哪种素质？
   a. 课堂管理技能
   b. 学科内容知识
   c. 意向性
   d. 常识
2. 莉娅·华盛顿与埃伦·马西斯谈论如何让学生写出有趣的作文。下面哪种描述概括了莉娅的写作教学方法？
   a. 选择适合学生并具有动机激发作用的教学方法、学习活动和教学材料。
   b. 让能力相当的学生一起学习，这样教师能够调整教学以满足不同能力组的学生的不同需求。
   c. 在开展写作活动时，把教师看作教学活动的中心。
   d. 个别化是教学的首要目标，直接教学是次要目标。
3. 根据对专业技能发展的研究，有哪些特征可以将新手教师与专家型教师区分开来？
   a. 新手教师倾向于依赖通用的教学法，因其学科内容知识不如专家型教师丰富。
   b. 专家型教师的思维活动更为复杂，故比新手教师有更多的短时记忆加工活动。
   c. 新手教师需要不断地提升和检验自己的教学实践，而专家型教师采用“最佳实践”教学法。
   d. 专家型教师是批判性思维者。
4. 人们经常指责教育心理学家研究一些众所周知的常识问题。但教育心理学家很清楚，众所周知的常识未必是正确的。下面除一个选项外，其余都是人们熟知但未得到研究证实的常识。请找出有研究支持的那个正确选项。
   a. 根据学生的能力水平进行分班可以提高其学习成绩
   b. 训斥学生的不当行为可以改善其行为
   c. 整班教学比个别化教学更有效
   d. 有意识的教师能够根据特定的学生需求和情境来平衡一些难以兼顾的目标
5. 莉娅·华盛顿与埃伦·马西斯讨论了她使用的许多教学策略。显而易见，莉娅把教学视为决策过程。她能识别出各种问题以及可能的争论，从多个角度来分析情境，运用专业知识来制定行动方案，并且能够：
   a. 选择最恰当的活动方式并评估其效果。
   b. 选择与其个人的教学观相一致的教学策略。
   c. 咨询专家型教师和管理者的意见，寻求对其活动方案的支持。
   d. 允许学生根据自己的兴趣和需求做出教学决策。
6. 研究成果通常表现为原理、规律和理论。莉娅·华盛顿在与埃伦·马西斯谈论如何教学生写作文时，讲到了许多教育心理学的原理和理论。首先，请描述让埃伦·马西斯陷入困境的一种教学行为（例如，埃伦给所有学生布置相同的作文题目），然后描述她可以应用哪些原理和理论促使学生参与有趣且有意义的课堂活动。

7. 有意识的教师了解专业学习的可用资源。他们会不断改进自己的教学，以满足所有学生的需求。假定你所教的是英语水平有限的学生，请举出四种寻找相关信息的方法来助益自己的教学。

GagliardiImages/Shutterstock

第2章

认知发展

本章提纲

儿童是如何发展认知的
- 发展的不同方面
- 有关发展的各种争论

皮亚杰是如何看待认知发展的
- 发展是如何发生的
- 皮亚杰的发展阶段论

人们今天如何看待皮亚杰的研究
- 对皮亚杰理论的批评和修正
- 新皮亚杰主义的发展观

维果斯基是如何看待认知发展的
- 发展是如何发生的

布朗芬布伦纳是如何看待发展的

语言和读写能力是如何发展的
- 学前阶段语言和读写能力的发展
- 中小学阶段语言和读写能力的发展

学习成果

学完本章后，你应当能够：

2.1 描述皮亚杰的人类发展理论，并讨论如何将其应用于课堂；

2.2 描述维果斯基和布朗芬布伦纳提出的发展理论，并讨论如何将其应用于课堂；

2.3 描述语言和读写能力的不同发展阶段，并解释如何设置课堂活动以促进读写能力的发展。

帕翠莎·温深为自己所教的三年级班级而自豪。她的学生在州统考中表现优异，所有科目均取得了佳绩，尤其是她最喜欢的科学科目。所以她决定给学生们布置一项他们真正喜欢的挑战性任务。帕翠莎·温对学生们说："同学们，你们在科学科目上的表现很棒，我非常高兴！今天，我会给你们安排一个需要小组合作来解决的问题。这个问题具有一定的挑战性，但我相信你们能够完成。"

"每张桌子上都有一个单摆、几个砝码和一个秒表。你们可以变换单摆上砝码的重量、绳子的长度、推动砝码开始摆动的力量，以及其他你们想变换的任何方面。我的问题是：什么因素决定了单摆在一分钟内摆动的次数？"

学生们立刻兴奋地开始尝试。他们试着增加或减少砝码的重量、加大或减小推动单摆的力量、增长或缩短绳子。每个小组都有一个计时员，记录在每种条件下单摆一分钟内摆动的次数。学生们相互讨论着："是重量！""是推力！""是绳子！"各个小组的成员都非常努力，但似乎有些茫然无序。最终没有一个小组得出正确答案（只有绳子的长度是决定因素）。

帕翠莎感到很意外。学生们有着丰富的科学知识，努力做了各种尝试，小组合作得也很好，但却未能解决这个问题。

运用你的经验

批判性思维 你认为帕翠莎·温班级的学生为什么未能解决单摆问题？针对为什么教师在教学中要考虑学生的发展阶段这一问题，上述案例对你有何启示？

在生命初期的 18 年里，儿童经历了一系列惊人的变化。其中大部分变化是显而易见的，例如长大了，更聪明了，人际能力更强了，等等。然而，发展的许多其他方面并不那么明显。每个儿童的发展方式和速度各不相同；发展会受到个体的生物特征、所处文化、父母的教养方式、所受教育以及其他因素的影响。每位教师都需要了解儿童是如何发育和发展的，以便更好地理解儿童是如何学习的，教师是如何有效教学的（Comer, 2005）。

儿童是如何发展认知的

发展（development）是指人一生的成长、适应和变化的过程，主要包括个性发展、社会情绪发展、认知发展（思维）和语言发展。本章首先介绍两种被广泛认可的主要的认知发展理论：皮亚杰的发展理论和维果斯基的发展理论（Bee & Boyd, 2010; Berk, 2013; Mahn & John-Steiner, 2013; McDevitt & Ormrod, 2016; Woolfolk & Perry, 2015）。

发展的不同方面

InTASC 标准 1

学习者的发展

儿童不是小大人。儿童的思维方式及看待周围世界的方式都与成人不同。有效教学的一个首要前提是，教师要理解学生是如何思考以及如何看待周围世界的。有效的教学策略必须考虑学生的年龄及所处的发展阶段。一个聪颖的三年级学生从表面看似乎能掌握任何数学知识，但实际上其认知还不成熟，还不具备学习代数所需的抽象思维。在开篇的案例中，帕翠莎·温班级的学生既聪颖，又有强烈的求知欲；然而，有些思维类型通常要到青少年期才会出现，单摆就是这类思维的一个典型例子。到了青少年期，大多数儿童都获得了逻辑思考此类问题的能力，并能有条不紊地寻求解决方案。

有关发展的各种争论

几十年来，发展心理学家在两个核心问题上一直争论不休：一是发展在多大程度上会受后天经验的影响；二是发展是否存在阶段性。

天性与教养之争　发展在个体出生时就由遗传和生物因素预先决定，还是受后天经验和其他环境因素的影响？目前，大多数发展心理学家（Bee & Boyd, 2010; Berk, 2013; Feldman, 2012; Woolfolk & Perry, 2015）认为，天性与教养共同影响着个体的发展，生物因素在发展的某些方面发挥着更大的作用，如身体发育。

关于天性与教养、遗传与环境的争论，至少可以追溯到古希腊时期。环境论者华生（Watson, 1930, p82）是这样阐述其观点的：

> 我可以保证，随便挑一个孩子，我都能将其训练成……医生、律师、艺术家、商界领袖，是的，甚至是乞丐或窃贼，不管他 / 她的才能、爱好、倾向、能力、职业及祖先的种族如何。我承认我在夸大事实……但持有相反观点的人也罔顾事实几千年了。

资料来源：*Behaviorism* by John Broadus Watson. Published by W. W. Norton & Company, © 1930.

尽管如今很少有科学家像华生那样极端，但关于基因和环境孰轻孰重的问题仍存在很多争论，其中一个难题就是关于两者的相互作用。例如，如果一个孩子在很小的时候就比其他孩子在运动方面略胜一筹，那么他 / 她可能会在运动方面获得更多的练习、鼓励和训练，从而成为一名优秀的运动员。如此一来，这样的结果是源于天性还是教养？同样，很早便在科学方面展露出潜力的孩子可能会得到很多鼓励，使其产生学习科学的动机，并寻求与科学相关的活动体验。这是由天性决定的还是教养决定的？显然，就任何特定的个体或人群而言，天性与教养的作用是交织在一起的。对于教育工作者来说，关键的一点是，虽然他们对孩子的基因无能为力，但在创设环境以提升其技能、动机和自信心等方面还是大有可为的。毫无疑问，无论孩子的遗传倾向如何，教师及家长对孩子的学习都起着举足轻重的作用。

连续与不连续之争　第二个争论围绕着发展变化如何发生而展开。**连续发展理论**（continuous theory of development），如信息加工模型（information-processing model）认为，随着技能的发展，以及在与照护者和环境的互动中获得各种经验，儿童以平稳推进的方式发展着（Halford, Baker, McCredden, & Baine, 2005; Munakata, 2006）。连续发展理论更强调环境而非遗传在发展中的决定作用。

另一种观点则认为，儿童的成长必须经过一系列可预测的固定发展阶段。按照这一观点，当儿童发展到一个新的阶段时，将会出现重大变化。该观点认为，虽然不同儿童的发展速度存在差异，但所有儿童都是以相同的顺序来获得各种技能的。儿童在每个新的阶段获得的能力并非只是“量的增加”；相反，在每个阶段，儿童的理解力、能力和信念都有质的飞跃。虽然在某个时期同一个儿童或许同时表现出数个阶段的行为特征，但是跳过某一阶段几乎是不可能的（DeVries, 2008）。与连续发展理论不同，**不连续发展理论**（discontinuous theory of development，又译为发展的阶段理论）在解释个体随着时间的推移而发生的变化时，更注重先天因素而非环境的影响。环境因素或许能够影响发展的速度，但各个发展阶段之间的顺序基本上是固定的。根据这种观点，帕翠莎·温班级中的 9 岁儿童无论习得多少知识都无法解决单摆问题，因为他们尚未发展到能同时思考多种因素来解决问题的思维发展阶段。

持阶段论的心理学家，如皮亚杰和维果斯基，都认为个体发展存在着可识别、可描述的不同发展阶段。然而，他们的理论在阶段的数量及其具体细节方面存在明显不同（DeVries, 2008）。

皮亚杰是如何看待认知发展的

1896 年，皮亚杰出生于瑞士，他是心理学史上最具影响力的发展心理学家之一（Wadsworth, 2004）。在获得生物学博士学位之后，他对心理学产生了浓厚的兴趣，基于对自己三个孩子的仔细观察，形成了他的早期理论体系。皮亚杰认为自己把生物学的原理和方法运用到了发展心理学的研究，他将生物学的许多术语直接引入到了心理学。

皮亚杰探索了心理能力为何以及如何随时间的推移而发生变化。他认为，发展在很大程度上取决于儿童对周围环境的操纵以及与周围环境的积极互动。他认为知识来源于行动（DeVries, 2008; Wadsworth, 2004）。皮亚杰的**认知发展**（cognitive development）理论指出，儿童的智力或认知能力的发展经历了四个不同的阶段，而新的能力和新的信息加工方式的出现是每个阶段的主要特征。后人的研究对皮亚杰理论中的诸多细节提出了质疑。特别突出的是，我们现在已知，皮亚杰所描述的认知功能的很多变化出现得要比他所描述的更早，至少在某些情况下是如此。但不管怎样，皮亚杰的工作为我们理解儿童的发展奠定了重要的基础。

发展是如何发生的

链接 2.1
若想了解更多与信息加工和记忆有关的图式理论（与图式相关的主题），请参见第 6 章。

图式　皮亚杰认为，所有儿童天生都具有与周围环境互动并理解周围环境的本能倾向。年幼儿童表现出的行为或思维的模式，称之为**图式**（scheme），年长的儿童和成人在应对现实世界中的客体时也运用这些图式。我们运用图式来探索周围的世界并采取行动，每个图式都以相同的方式来应对所有客体和事件。当宝宝遇到一个新客体时，他们会如何全面地了解它呢？根据皮亚杰的理论，宝宝会运用他们已经建立的图式去探究：敲击那个客体，听发出的声音是响亮还是柔和；尝一尝是什么味道；看看是否能出奶水；落地时是否会发出“砰”的声音（见图 2.1）。

同化与顺应　根据皮亚杰的观点，**适应**（adaptation）是个体通过同化和顺应的方式来调整图式，以对环境做出反应的过程。**同化**（assimilation）是个体根据已有图式来理解新客体或事件的过程。如果你给小婴儿一些以前从未见过但似乎又有些熟悉的小物品，那么他们很可能会抓、咬或敲击它们。换言之，他们试图用已有的图式来了解这些未知的事物（见图 2.1b）。同样，一名高中生或许形成了这样一种学习图式：把知识写在卡片上，记住卡片上的内容。他 / 她可能使用该图式在一门学科中取得了成功，然后将相同的图式应用到多个学科中。

有时，当原有的方式在探究世界的过程中不再奏效时，儿童或许会根据新信息或新经验来修改已有的图式，这个过程称为**顺应**（accommodation）。例如，假定一个宝宝具有敲击小物品的图式。如果给他一个鸡蛋，显然他也会敲击那个鸡蛋（见图 2.1c）。然而，宝宝的敲击图式将会发生什么样的变化，这一点表现得并不明显。由

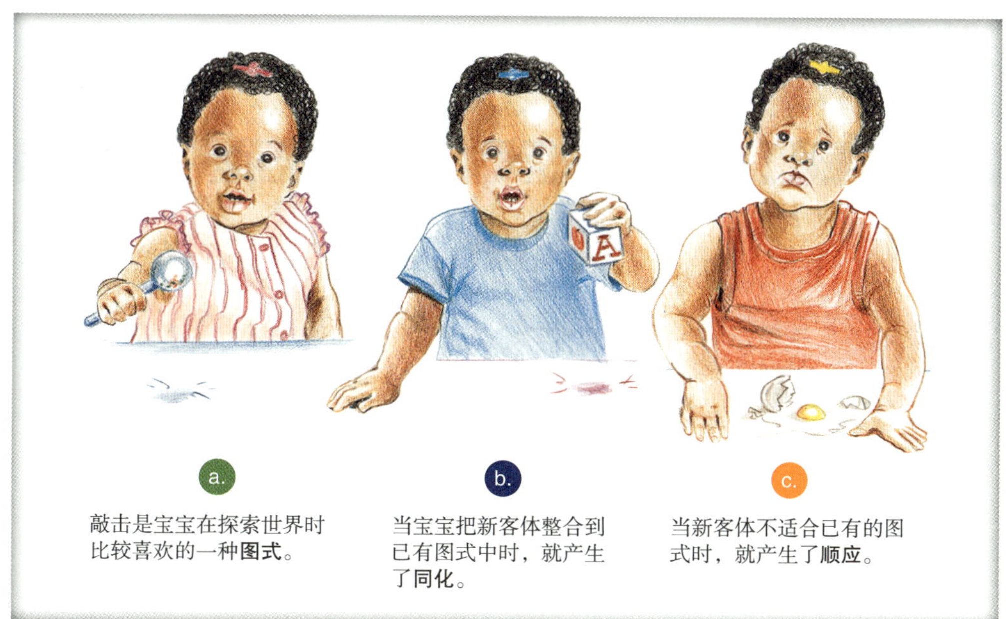

a.
敲击是宝宝在探索世界时比较喜欢的一种**图式**。
b.
当宝宝把新客体整合到已有图式中时，就产生了**同化**。
c.
当新客体不适合已有的图式时，就产生了**顺应**。

图 2.1 图式

宝宝运用被称为图式的行为模式来了解周围的世界。

于敲击鸡蛋后产生了意想不到的结果（即鸡蛋破了），这个宝宝或许会改变自己已有的图式。他以后或许会重击某些物体而轻触另一些物体。仅靠背诵来学习的那位高中生可能会尝试使用不同的策略去学习那些背诵不太奏效的学科或主题，例如，与朋友讨论较难理解的概念。

资格认证指南

建构主义的学习观强调了学习者在形成自己的理解这一过程中的主动作用，大部分的教师资格认证考试都要求你必须对此有所了解。

无论是敲击鸡蛋的宝宝，还是死记硬背的高中生，都会遇到这样的情形：已有的图式不能充分地应对眼前的问题。基于皮亚杰的理论，这就造成了一种不平衡状态，即已有的经验和遇到的问题之间产生了不平衡。人们会很自然地试图减少这种不平衡，于是去关注导致不平衡的刺激，建立新的图式或者调整原有的图式，直至达到一种新的平衡。这种重建平衡的过程被称为**平衡作用**（equilibration）。根据皮亚杰的观点，学习依赖于这个过程。只有平衡被打破，儿童才有机会去成长和发展。最终，儿童形成了看待世界的具有质的不同的新思维方式，由此迈入一个新的发展阶段。皮亚杰认为，亲身体验以及对环境的操纵是产生发展性变化的关键所在。然而，他也相信，同伴间的社会互动，尤其是争论和讨论，有助于他们厘清思维，使其最终更加合乎逻辑。有研究强调，让学生置身与他们已有的世界观相矛盾的体验或资料中，是促进其认知发展的重要方式。让学生与同伴一起解决不平衡是特别有效的方法（Slavin, 2014）。

皮亚杰的发展理论体现了**建构主义**（constructivism）的思想，即视认知发展为儿童通过亲身经验和互动，主动地建构意义系统和对现实的理解的过程（Berk, 2013; Schunk, 2016）。按照这种观点，儿童通过对新信息的不断同化和顺应来主动地建构知识。

皮亚杰的发展阶段论

皮亚杰将儿童和青少年的认知发展划分为四个阶段：感知运动阶段、前运算阶段、具体运算阶段和形式运算阶段。他认为，所有的儿童都会依次经历这四个阶段，没有谁可以跳过某个发展阶段，尽管不同儿童经历这几个阶段的发展速度可能不尽相

表 2.1　皮亚杰的认知发展阶段

根据皮亚杰的观点，从出生到成年，人们依次经历四个认知发展阶段。每个新阶段到来的标志是新的心智能力的出现，这使得人们能够以更复杂的方式来理解世界。

阶段	大致年龄	主要表现
感知运动阶段	从出生到 2 岁	"客体永久性"概念形成，逐渐从反射行为发展到目标指向行为
前运算阶段	2~7 岁	发展了运用符号来表征周围世界客体的能力，思维仍带有自我中心和集中化倾向
具体运算阶段	7~11 岁	逻辑思维能力有所提高，新的能力包括可逆性运算的使用；思维开始去集中化，问题解决的自我中心倾向减弱，但还不能进行抽象思维
形式运算阶段	从 11 岁到成年	可以进行抽象思维和纯符号思维，能够应用系统化的实验来解决问题

同。同一个体或许能同时进行不同阶段的活动，这在从一个阶段进入到下一个新阶段的过渡期表现得尤为明显。表 2.1 概述了皮亚杰关于儿童和青少年经历四个阶段的大致年龄以及每个阶段的主要表现。

资格认证指南

资格认证考试的案例分析题有可能要求你根据皮亚杰的认知发展阶段理论来辨析教学行为的适宜性。

感知运动阶段（从出生到 2 岁）　最早的阶段被称为**感知运动阶段**（sensorimotor stage），因为这个阶段的宝宝或年幼儿童通过他们的感官和动作技能来探索周围世界。随着在感知运动阶段的发展，婴儿会发生巨大的变化。最初，所有的婴儿都有本能的**反射**（reflexes）行为。碰触新生儿的嘴唇会引发其吮吸行为；把你的手指放在婴儿的手掌中，婴儿会抓握它。这些行为以及其他一些本能行为是婴儿形成最初图式的基础。

不久，婴儿就学会了运用这些反射行为衍生出更有趣、更有目的性的行为模式。最初，这种学习是偶然发生的，以后则表现为更有目的性的试错努力。在皮亚杰看来，当感知运动阶段结束时，儿童解决问题的方式已从最初的试错法发展为更具计划性的方法。他们第一次能够对客体和事件进行心理表征。此时，我们所谓的"思维"便出现了。这是一个关键性的进步，因为它意味着儿童能够深入思考和规划其行为了。例如，假设一个 2 岁的儿童正在厨房里看母亲准备晚餐。如果他知道折叠凳放在哪里，他或许会要求把它撑起来，以便能站在上面更好地看到台子上的东西，也有机会尝上一小口。他不是无意中发现这种方法的，相反，他思考了这个问题，发现或许可以用折叠凳来解决它，并在头脑中尝试了这种方法，而后才付诸行动（Trawick-Smith, 2014）。

感知运动阶段的另一项标志性发展是**客体永久性**（object permanence，也译作客体恒常性）。皮亚杰认为，儿童必须认识到客体作为物质是稳定存在的，即使它不在眼前。例如，如果你用毛巾把婴儿的奶瓶盖起来，婴儿可能不会把毛巾移开，而是认为奶瓶不存在了。2 岁时，儿童理解了即使客体不在眼前，它们仍然存在。一旦儿童意识到不在眼前的客体仍然存在，他们就开始在头脑中用符号来表征这些事物，从而能思考这些事物（Cohen & Cashon, 2003）。

前运算阶段（2~7 岁）　在**前运算阶段**（preoperational stage），儿童具有了更强的能力来思考事物，并能运用符号表征事物（Massey, 2008; Ostroff, 2012）。他们的语言

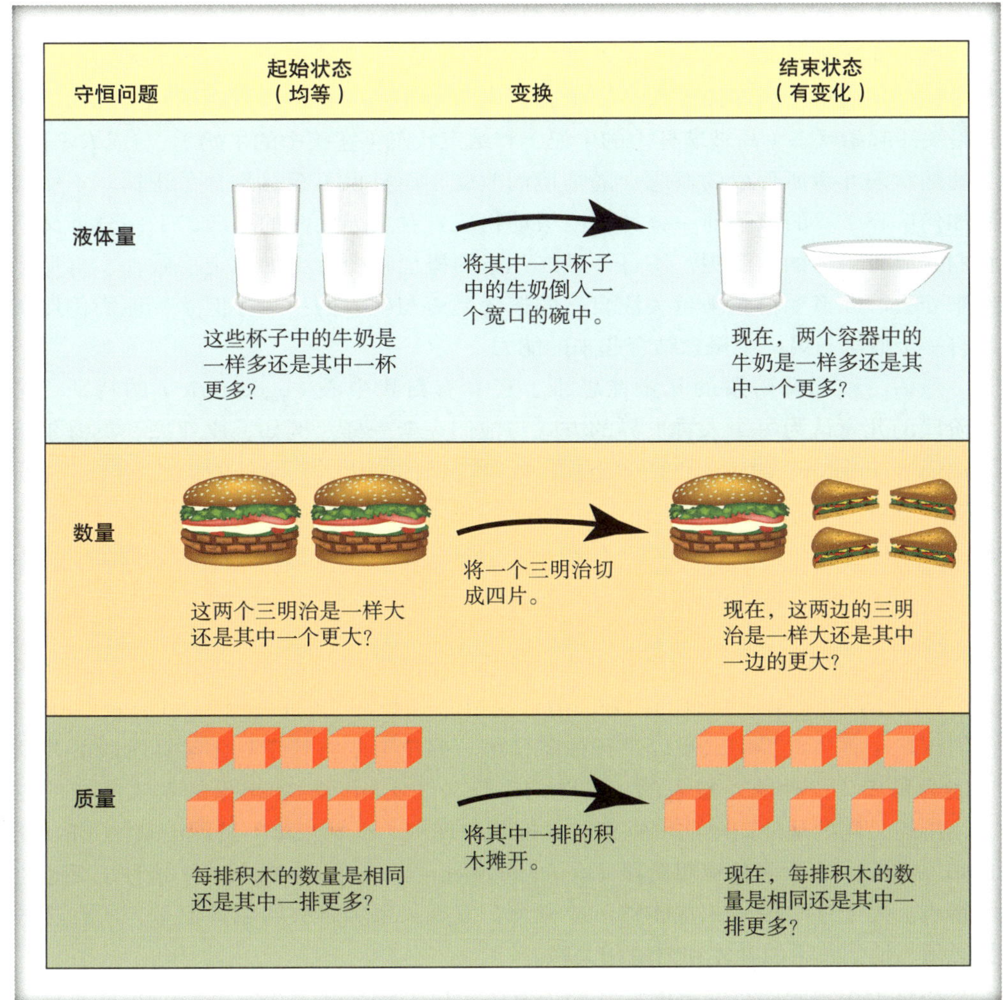

图 2.2　皮亚杰的一些守恒任务

前运算阶段的儿童还不能完成守恒任务。进入具体运算阶段，儿童才能逐步掌握这些任务。大多数儿童在 6~7 岁获得数量、质量和液体的守恒，在 8~10 岁时获得重量守恒。

和概念以惊人的速度发展着。然而，他们的思维仍相当原始。皮亚杰最早也是最重要的一项发现是年幼儿童不能理解**守恒**（conservation）原理。例如，你当着一个处于前运算阶段的儿童的面，把牛奶从一个高而窄的容器中倒入一个矮而宽的容器中，儿童会坚信高杯子中的牛奶更多（见图 2.2）。类似地，处于同一发展阶段的儿童可能认为切成四片的三明治比整块的更多些；即使在被告知两排积木的数量相同之后，他们也会认为摆放松散的一行积木比摆放紧凑的一行积木数量更多。

在前运算阶段，儿童的思维所具有的几个特征可以解释他们在守恒任务中出现的错误。一个特征是**集中化**（centration）：只关注情境中的某一个方面。在图 2.2 展示的例子中，儿童可能会声称被倒入更宽的容器后，牛奶变少了，这是因为他们只聚焦了牛奶的高度而忽视了其宽度。在图 2.2 的最下面一栏，儿童只关注了一行积木排列的长度，而忽视了其排列的密度（或积木的真实数目）。

可逆性（reversibility）是指改变个体的思维方向从而回到起点的一种能力，这是前运算阶段的儿童尚未形成的另一思维特征。例如，作为成人，我们知道如果 7 + 5 = 12，那么 12 − 5 = 7。如果我们将 5 件物品添加到 7 件物品中，然后再拿走这 5 件物品（与我们刚才所做的相反），那么仍然会剩下 7 件。如果前运算阶段的儿童能以这样的方式进行思考，那么他们就能在头脑中逆转倒牛奶的过程，并意识到如果把牛奶重新倒回那个高的容器中，其总量是不变的。

处于前运算阶段的儿童，其思维的另一个特征是只关注状态。在上述的牛奶问题中，把牛奶从一个容器倒入另一个容器中。学前儿童忽视了倒牛奶这个过程，而只是关注起始状态（高玻璃杯中的牛奶）和结束状态（宽碗中的牛奶）。与成人不同，年幼的学前儿童所形成的概念会随情境而改变，而且也不会总是合乎逻辑。不然我们如何解释 2 岁的孩子前一分钟把毛绒动物玩具看成无生命的东西，下一分钟又把它们看成有生命的东西呢？不过，最终儿童的概念将变得更加稳定一致，不再那么变来变去。儿童变得越来越关注自己的概念是否与他人的一致。但是，他们仍然缺乏将一个概念与另一个概念结合起来的能力。

最后，前运算阶段的儿童在思维上还具有**自我中心**（egocentric）的特征。这个阶段的儿童认为每个人看世界的方式与他们完全一样。例如，皮亚杰和英海尔德（Piaget & Inhelder, 1956）让儿童坐在三座山模型的一边，要求他们描述坐在对面的洋娃娃所看到的三座山的景象。六七岁以下的儿童描述洋娃娃所看到的景象与他们自己看到的是一样的，尽管对成人来说事实显然并非如此。因为前运算阶段的儿童无法从他人的视角看问题，他们往往完全以自己为参照来解释事件。

具体运算阶段（7~11 岁） 在心智能力方面，虽然具体运算阶段的小学儿童比前运算阶段的学前儿童有了显著的提升，但是他们仍不能像成人那样思维（Davis, 2008）。他们深陷于具象世界中，难以进行抽象思维。弗拉韦尔将处于具体运算阶段的儿童描述为采用“一种缺乏想象的、具体的、只关注实际问题和结果的解决问题的方法，持续关注的是他们眼前可觉察、可推断的现实。小学儿童不是理论家”（Flavell, 1986, p.103）。术语**具体运算阶段**（concrete operational stage）就反映了这种缺乏想象的特点。处于该阶段的儿童能够形成概念、发现关系和解决问题，但是，所有这些都必须与他们熟悉的客体和情境相关联。

在整个小学阶段，儿童的认知能力发生了巨大的变化。小学阶段的儿童面对守恒问题不再感到困惑，因为他们已经获得了可逆性的概念。例如，他们能够认识到矮而宽的容器中的牛奶与高而窄的容器中的牛奶一样多；因为如果将牛奶重新倒入高而窄的容器中，就一定会达到原来的高度。前运算阶段的儿童与具体运算阶段的儿童之间的另一根本差异是，前运算阶段的年幼儿童对外显表象进行反应，而处于具体运算阶段的年长儿童则对事实进行反应。弗拉韦尔（Flavell, 1986）用实验证实了这一观点。他先给儿童展示一辆红色的玩具汽车，然后当着儿童的面，将汽车置于滤镜之下，使之看起来像是黑色的。当被问及汽车的颜色时，3 岁儿童的回答是“黑色的”，而 6 岁儿童的回答则是“红色的”。处于具体运算阶段的年长儿童能够对**内隐实质**（inferred reality）做出反应，即使背景改变仍能看清事物；而学前儿童只能理解他们眼睛看到的，几乎没有能力去推断所见事物背后真正的意义。

在具体运算阶段，儿童的一项重要任务是学习**序列化**（seriation），即按照一定的逻辑顺序排列事物，例如按照从小到大的顺序排列木棍。为了完成这类任务，他们必须能够根据某一标准或维度（比如木棍长度）对客体进行排序或归类。一旦儿童习得了这种能力，他们便能掌握一种相关的技能，即**传递性**（transitivity）。传递性是指在了解两个客体与第三个客体之间的关系后，据此推断两个客体之间关系的能力。例如，如果你告诉处于前运算阶段的儿童，汤姆比贝基高，贝基又比弗雷德高，则他们不能得出汤姆比弗雷德高的结论。尚未达到具体运算阶段的儿童还不能进行此类逻辑推理。在具体运算阶段，学龄儿童具备了进行两种需要可逆性思维的心理转换的能力：第一种是逆运算（+A 的逆运算是 –A），第二种是互换性（A < B 与 B > A 是可互换的）。到具体运算阶段末期，儿童便具备了学习加、减、乘、除运算的心智能力；能够按照大小顺序排列数字；并能根据任意多条标准将客体进行分类。只要客体在其视线范围内，儿童就能够进行“如果……会发生……”的思考。例如，“如果我先拉弹簧，然后放开它，将会发生什么？”此时的儿童可以很好地理解时间和空间，这足以让他们画出从家到学校的地图，并且他们也正在形成对过往事件的理解。

小学阶段的儿童也正在从自我中心思维向去自我中心或客观思维发展。去自我中心思维使儿童能够注意到他人具有与自己不同的感知。例如，他们能够理解不同的儿童可能会把云彩看成不同的东西；能够了解到事件会受物理定律的支配，比如万有引力定律。这些变化并非是同时发生的，相反，它们是在整个具体运算阶段逐渐发生的。

InTASC 标准 1

学习者的发展

形式运算阶段（从 11 岁到成人）　在青春期开始前后的某个时候，儿童的思维开始发展到形式运算阶段，形式思维是成人思维的主要特点（Horn, Drill, Hochberg, Heinze, & Frank, 2008; Packard & Babineau, 2008）。青春期前的儿童开始具备抽象思维能力，他们能够理解各种可能性，而不受眼前具体情形的限制。这些能力的发展一直持续到成年。随着进入**形式运算阶段**（formal operational stage），个体开始出现应对潜在或假设情境的能力；这时，形式与内容便相互分离了。

英海尔德和皮亚杰（Inhelder & Piaget, 1958）描述了一项具体运算阶段的小学生与形式运算阶段的青少年会以不同方式操作的任务，就是我们前面讲过的帕翠莎·温布置给她的三年级学生的单摆问题。研究人员给儿童和青少年一个由末端拴有砝码的绳子构成的单摆。他们可以改变绳子的长度、砝码的重量、单摆摆动的高度以及推动单摆的力量。他们要解答的问题是：找出影响单摆摆动频率（每分钟摆动的次数）的因素。事实上，只有绳子的长度影响单摆摆动的频率，即绳子越短，单摆每分钟摆动的次数越多。实验如图 2.3 所示。已达到形式运算阶段的青少年可能会以非常系统的方式来操作该实验，一次只改变一个因素（比如，保持绳子的长度不变，尝试不同重量的砝码）。例如，在英海尔德和皮亚杰的实验中，一个 15 岁的孩子先

图 2.3　问题解决能力测验

单摆问题使用了一根长短可变的绳子和一系列不同重量的砝码。在确定是什么因素决定单摆运动的频率（单摆每分钟来回摆动的次数）时，具体运算阶段的儿童解决该问题的方法不如形式运算阶段的青少年那样具有系统性。（答案：只有绳子的长度影响单摆运动的频率。）

选用 100 克的砝码、一根长绳子和一根中等长的绳子进行尝试；之后又用 20 克的砝码、一根长绳子和一根短绳子进行尝试；最后用一个 200 克的砝码、一根长绳子和一根短绳子进行尝试。由此他得出如下结论："绳子的长度影响单摆运动的快慢，而砝码的重量不起任何作用"（Inhelder & Piaget, 1958, p.75）。相比而言，10 岁的儿童（通常处于具体运算阶段）则以一种混乱的方式进行试验，同时变化多个因素，并固守先入为主的观念。例如，一个男孩同时改变砝码的重量和推力这两种因素；之后又同时改变砝码重量、推力和绳子的长度；然后又同时改变推力、砝码重量以及单摆摆动的高度，如此这般地一通操作。他起初得到的结论是："砝码重量和推力的变化引起了单摆运动速度的变化，绳子的长短肯定不起作用。"

传递性问题也说明了形式思维所带来的认知能力的提高。回想一下那个处于具体运算阶段的儿童，当告诉他汤姆比贝基高而贝基又比弗雷德高时，他能理解汤姆比弗雷德高。然而，如果这个问题用以下方式表述："贝基比汤姆矮，但比弗雷德高。三人中谁最高？"那么只有进入形式运算阶段的年长儿童才能够解决该问题。处于具体运算阶段的年幼儿童在处理"比……高"和"比……矮"关系的组合时可能会不知所措。处于形式运算阶段的青少年能够想象贝基、汤姆和弗雷德身高之间的几种不同关系，并确认每种关系的正确性，直到得出正确答案。这个例子也表明，达到形式运算阶段的青春期前的和青春期的个体具备了另一种能力：他们能够监控或者反思自己的思维。

链接 2.2

若要了解关于思考自己的思维或元认知的更多内容，请参见第 6 章。

从可用信息中生成抽象的关系，然后将这些抽象的关系相互比较，这是完成许多任务必备的一种基本技能。通过完成这些任务，青少年的能力也会得到提高。皮亚杰（Piaget, 1952a）描述了这样一项任务：给处于具体运算阶段的学生呈现 10 条谚语以及与之意思相同的一组陈述句，要求学生将每条谚语与对应的陈述句进行配对。具体运算阶段的学生能理解任务要求并选择答案。然而，因为他们通常不能理解谚语描述的是一条普遍原则，所以他们的答案常常是错误的。例如，当要求他们解释"覆水难收"（Don't cry over spilled milk.）这条谚语时，有的学生或许会解释为"一旦牛奶撒了，没什么可哭的"，但是他们可能无法理解这条谚语泛指的含义。他们可能会将这条谚语作为对撒了牛奶的具体情境的反应，而不是理解这条谚语蕴含的意义，即"不要沉溺于无法改变的往事中"。青少年和成人在解决这类任务时则不存在什么困难。

资格认证指南

资格认证考试中的案例分析题有可能要求你为青少年群体设计一堂具备发展适宜性的课。

假设的情形 皮亚杰和其他研究者从年轻的青少年身上发现的另一种能力是对没有经历过的场景和情形进行推理的能力。为了辩论或讨论，青少年能够接受任意的、不清楚是否存在甚至明知与事实相反的条件。青少年并不受限于他们自身的实际经验，所以他们能够将逻辑推理应用于任意一组给定的条件。我们可以在正式的辩论中看到这种对假设情形进行推理的能力。在辩论时，不管辩手个人具有什么样的情感或经验，他们都必须做好准备去为某个论点辩护，辩护成功与否是根据其论证和逻辑的一致性来判断的。例如，要求四年级和九年级的学生提供论点来支持这种主张：学校应该每周上 6 天课，每年上 48 周课。通过比较两个年级学生的不同反应，就可以生动地证明：在暂时抛开自己原有观点的能力方面，儿童和青少年存在明显差异。青少年比儿童更可能搁置自己的观点，并找到理由证明为什么上更多天的课是有益的。抽象思维、检验假设以及形成不受现实世界制约的概念，这些构成形式运算思维的能力对获得高阶技能至关重要。比如，学习代数和抽象几何时要运用形式运算思维，理解自然科学、社会科学以及其他科目中的复杂概念时也是如此。

形式运算阶段的思维特征通常出现在 11~15 岁，但也有许多个体从未达到这一阶段（Niaz, 1997; Packard & Babineau, 2008）。多达三分之二的美国高中生未能成功完成皮亚杰的形式运算任务（Meece & Daniels, 2008）。大部分人倾向于在某些情形中运用形式运算思维，而在其他情形中则不然，直到成年后依然如此。

人们今天如何看待皮亚杰的研究

皮亚杰的理论对人类发展的研究具有革命性意义，至今在许多方面仍占据主导地位。然而，近些年的研究对皮亚杰理论中的一些基本原理提出了质疑，现代的一些发展理论对他的许多观点进行了修正（Feldman, 2012; Schunk, 2016）。

对皮亚杰理论的批评和修正

皮亚杰理论的一条重要原理是发展先于学习。皮亚杰认为，发展阶段基本上是固定的，诸如守恒这样的概念并不能提前教给学生。然而，研究已经发现了很多不同的情况，在这些情况下，研究者可以将皮亚杰的任务在儿童早期发展阶段便教给他们（Feldman, 2012）。一些研究者发现，如果将皮亚杰所用的任务简化，那么在年幼儿童达到能够解决该类任务的阶段之前，他们也能被教导成功地完成任务（Gelman, 2000; Kuhn, 2006; Siegler & Svetina, 2006）。比如，皮亚杰认为，儿童不会突然从非守恒者变为守恒者。相反，儿童通常在掌握重量守恒定律（把一个粘土球压平并不会改变其重量）前的一两年，就掌握了数量守恒定律（重新排列后的积木块，数量仍然相同）。这一观察结果使得既定发展阶段概念更加难以确证（Miller, 2011）。相似地，在简单、真实的情境中，研究者发现儿童表现出了考虑他人观点的能力（Siegler, 2006）；婴儿在某些方面表现出客体永久性的时间要比皮亚杰预期的早很多（Baillargeon, 2002）。

这些研究结果表明，儿童所具有的能力要比皮亚杰最初所认为的更强，尤其表现在实践知识方面，儿童自身的经验加之外部的直接教学，共同影响着儿童的发展速度（Feldman, 2012）。皮亚杰（Piaget, 1964）对此的解释是，儿童只有接近于下一个发展阶段时才能表现出这种能力。然而事实表明，即使儿童远远小于通常自发地完成皮亚杰认知任务的年龄，他们也可以被教会去完成这些任务。

另一种批评直指皮亚杰“阶段”理论的核心。目前，许多研究者怀疑是否存在一类宽泛的发展阶段影响所有类型的认知任务；相反，他们认为儿童的技能在不同的任务中是以不同的方式发展的，并且他们的学习经验（包括在学校或其他地方接受的直接教学）对发展进程有显著影响（Miller, 2011; Siegler, 2006; Trawick-Smith, 2014）。强有力的证据表明，儿童可以被教导在测查形式运算的皮亚杰式任务中表现良好，比如图 2.3 所示的单摆任务。很明显，学习经验对发展有重要影响。我们来看智力正常的成人是如何学习航行的：最初，在系统地开始学习如何根据风向和航向调整船舵和帆（属于形式运算阶段的思维）之前，他 / 她可能会表现出许多具体运算水平的行为，并以混乱的顺序尝试做各种事情。

新皮亚杰主义的发展观

链接 2.3
若想了解更多关于信息加工的内容，请参见第 6 章。

新皮亚杰主义理论是对皮亚杰理论的修正，以试图克服皮亚杰理论的某些局限，解决批评者指出的某些问题。具体而言，新皮亚杰主义已证明，儿童在特定阶段的操作能力很大程度上依赖于其操作的具体任务（Massey, 2008）；训练以及包括社交互动在内的后天经验能够加速儿童的发展（Birney, Citron-Pousiy, Lutz, & Sternberg, 2005; Flavell, 2004; Siegler, 2006）；文化对发展具有重要影响（Gelman, 2000; Greenfield, 2004）。

新皮亚杰主义者用特定类型的任务而不是笼统的发展阶段来解释认知发展。例如，被视为具体运算思维指标的不同任务会出现在不同的年龄阶段（Cohen &

InTASC 标准 1

学习者的发展

InTASC 标准 2

学习差异

理论应用于实践

皮亚杰理论对教育的启示

皮亚杰的理论对教育理论及实践产生了极为重要的影响（DeVries, 2008; Hustedt, Epstein, & Barnett, 2013; Ostroff, 2012; Schunk, 2016; Seifert, 2013）。这些理论促使人们关注**发展适宜性教育**（developmentally appropriate education），它强调环境、课程、材料和教学要与学生的身体条件、认知能力以及社会和情感需求相适应。我们在第 8 章中介绍的建构主义学习模型也是受到了皮亚杰理论的影响。伯克（Berk, 2013）概括了皮亚杰理论对教学的几点重要启示：

1. *不仅要关注儿童的思维结果，还要关注其思维过程。*除了检查儿童答案的正误之外，教师还必须了解儿童得出答案的思维过程。适宜的学习经验要以儿童当前的认知功能水平为基础；只有当教师理解了儿童得出某一特定结论的方法时，才有可能给儿童提供适宜的学习体验活动。
2. *认识到儿童自发地、积极地参与学习活动的关键作用。*依循皮亚杰理论的课堂教学不主张给儿童呈现现成知识，而是鼓励儿童自发地与环境互动，自主地发现知识。因此，教师不要进行说教式的教学，而是提供丰富的活动，让儿童在活动中与现实世界直接互动。
3. *不对儿童进行成人化的思维训练。*皮亚杰把“我们如何才能加速儿童的发展？”这个问题称为“美国人的问题”。在他曾到访过的许多国家中，美国的心理学家和教育工作者似乎对“运用什么技术可以加速儿童在各阶段的发展”这一问题最感兴趣。以皮亚杰理论为基础的教育项目也接受了皮亚杰的坚定信念：过早地对儿童进行教学可能比什么都不教更有害，因为前者会导致儿童肤浅地接受成人的行事方式，而没有获得真正的认知理解。
4. *承认发展过程中的个体差异。*皮亚杰的理论认为，所有儿童按照相同的发展顺序经历各个阶段，但每个儿童的发展速度不尽相同。因此，教师必须尽力安排针对学生个体和小组的教学活动，而不是安排全班活动。此外，因为存在个体差异，所以评价儿童的学业进步时应当考虑每个儿童之前的发展状况，而不应以其他同龄儿童的成绩作为参照来评估。

Cashon, 2003; Halford & Andrews, 2006）。新皮亚杰主义者提出了“辩证思维”，即看到现实生活中的问题不一定只有一种解决方法的能力（Sternberg, 2008）。受维果斯基的影响（见下一节），新皮亚杰主义者要比皮亚杰本人更加强调文化、社会背景和教育对发展进程的影响（Crisp & Turner, 2011; Maynard, 2008）。

维果斯基是如何看待认知发展的

列夫·维果斯基（Lev Semionovich Vygotsky）是俄国的一位心理学家，于 1934 年逝世。虽然皮亚杰和维果斯基从未谋面，但他们处于同一时代，并且彼此都了解对方的早期工作（DeVries, 2008）。然而，直到 20 世纪 70 年代，维果斯基的著作才被译成英文传播到西方，自此其理论在北美的影响力逐渐增强。目前，维果斯基的理论是发展心理学中的一支强大力量，他在 70 多年前对皮亚杰观点的许多批评至今仍令人瞩目（Daniels, Cole, & Wertsch, 2007; Gredler & Shields, 2008; John-Steiner & Mahn, 2003; Winsler, 2003）。

维果斯基的研究基于两种主要观点。首先，他认为只有根据儿童经历的历史和文化背景才能理解其智力发展。其次，他认为发展依赖于个体成长过程中习得的**符号系统**（sign systems）。这些符号由文化创造，用于帮助人们思考、交流和解决问题。例如，某种文化的语言、书写系统或计算系统等。他认为，只关注西方的符号系统，大大低估了不同文化中儿童的认知发展（Mahn & John-Steiner, 2013; Trawick-Smith, 2014）。与皮亚杰不同，维果斯基认为认知发展与他人的信息输入密切相关。

发展是如何发生的

回想一下皮亚杰的理论，该理论主张发展先于学习。换言之，在进行某种类型的学习之前，个体需要先发展出某种特定的认知结构。而维果斯基的理论则认为学习先于发展。在维果斯基看来，学习包括通过从他人那里获得信息，以及经由有目的的教学来获取符号。发展意味着儿童将这些符号加以内化，从而能够在没有他人帮助的情况下思考并解决问题。这种能力叫作**自我调节**（self-regulation）。

自我调节和独立思考的能力若想获得发展，第一步要认识到动作和声音都是有意义的。例如，婴儿逐渐了解到朝某物伸手的过程被别人解释为他 / 她想要此物，朝够不着的某物伸手则被解释为他 / 她想要获得帮助以得到此物。就语言习得而言，儿童先要学习建立特定的声音与意义之间的联系。形成内部结构和自我调节的第二步是练习。婴儿练习那些能够获得关注的手势；学前儿童通过与他人交谈来掌握语言。最后一步是在没有他人帮助的情况下，自己运用符号进行思考和解决问题。此时，儿童可以进行自我调节，符号系统已经内化。

链接 2.4
若想获得更多关于自我调节学习的信息，请参见第 8 章。

自言自语　维果斯基认为，儿童吸收他人的言语，然后运用这些言语来帮助自己解决问题。**自言自语**（private speech）现象在年幼儿童身上很普遍，尤其是面临困难的任务时，他们会频繁地自言自语（Corkum, Humphries, Mullane, & Theriault, 2008; Flavell, 2004）。之后，自言自语转变为不出声的默默言语，但仍然非常重要。研究发现，大量使用自言自语的儿童比其他儿童能更有效地学习复杂任务（Al-Namlah, Fernyhough, & Meins, 2006; Emerson & Miyake, 2003; Schneider, 2002）。

最近发展区 维果斯基（Vygotsky, 1978）认为，儿童在**最近发展区**（zone of proximal development）内的学习是最有效的学习。最近发展区内的任务是指那些儿童尚不能单独完成，但可以在成人或更有能力同伴的帮助下完成的任务。也就是说，最近发展区描述的是儿童尚未学会但在特定时间能够学会的任务。一些教育工作者用“可教时刻”（teachable moment）来描述一个儿童或一群儿童恰好处于准备接受某一特定概念的时刻（Berger, 2012）。维果斯基进一步认为，在个体具备更高一级的心理机能之前，这种机能通常存在于个体之间的交流与合作中。

“抱歉，斯考特小姐，这个问题超出了我的最近发展区。”

中介 维果斯基认为，诸如推理和问题解决等复杂技能是经由成人和高技能的同伴**中介**（mediation）而形成的（Vygotsky, 1978; Wertsch, 2007）。也就是说，年长儿童和成人通过解释、示范，或者将复杂的技能、知识或概念加以分解，从而帮助学习者学习。通过这种方式，他们帮助学习者获得心理工具，比如当孩子们在玩电脑游戏时互相给予忠告或模仿使用辩论策略。知识水平更高的同伴或成人可以帮助学习者进行下一步的学习，但也充实了学习者的“文化工具包”（cultural tool kit）。例如，假设有两个年轻的朋友驾车外出，开车的那个朋友（下意识地）在转弯处发出尖叫声。乘车的朋友说:“为了防止出现这种状况，我在转弯时总是会放慢车速。”这一刻，来自同伴的这条建议可能是有意义的，它不仅能帮助驾车者更好地转弯，而且丰富了其有关驾驶问题解决方案的“文化工具包”——在西方社会中，这丰富的可是一项有重要文化意义的掌控感。在传统文化中，青少年是需要参加成年礼的，同伴们可能会分享如何为成年礼做准备，例如在丛林中独自生存的方法。正如开车的例子所示，这种分享丰富了学习者的“文化工具包”，只不过这是为某种文化所设计的不同的工具包。维果斯基的观点是，每种文化都通过中介过程为其每个成员配备了这样的工具包，进而将知识、技能和经验从年长者传递给社会中的年轻成员。

提供脚手架 维果斯基的社会学习观的一个重要概念是**提供脚手架**（scaffolding）（John-Steiner & Mahn, 2003; Rogoff, 2003），即由更有能力的同伴或成人提供的帮助。通常情况下，“提供脚手架”意味着在儿童学习的早期阶段为他们提供大量的支持，然后再逐步减少这种支持，在儿童具备相应能力后尽快让其独立承担越来越多的学习责任。脚手架可以被视为有意提供的一种中介，即有计划地帮助学习者从当前的技能水平发展到具备能够使用新技能的独立能力。父母教孩子玩新游戏或系鞋带时，经常运用脚手架法。与提供脚手架有关的一个概念是**认知学徒**（cognitive apprenticeship），它描述了示范、辅导、提供脚手架和评估的整个过程，通常在一对一的教学中就能看到（John-Steiner & Mahn, 2003; Rogoff, 2003）。例如，在《密西西比河上的生活》一书中，马克·吐温描述了自己是如何在他人的教导下成为一名汽船引航员的。最初，一位经验丰富的引航员指导他通过河流的每一处弯道，然后慢慢让他自己想办法去做每一件事情，只有当船快要搁浅时，那位经验丰富的引航员才会出手援助。

链接 2.5
有关提供脚手架与合作学习的更多内容，请参见第 8 章。

合作学习 维果斯基的理论为合作学习策略的使用提供了支持，在合作学习策略中，学生们相互帮助、共同学习（Slavin, 2014; Webb, 2008）。因为同伴之间的认知加工通常处于彼此的最近发展区，因而他们经常相互提供水平稍高的思维模式（Gredler, 2009）。另外，合作学习能让同伴了解彼此的内部言语，从而更好地理解彼此的推理过程。也就是说，学生们可以从彼此的“出声思维”中受益，尤其是当小组成员在解决一个问题时自言自语或相互交谈。

理论应用于实践

维果斯基的理论在课堂上的应用

维果斯基的教育理论在课堂上具有重要的实践意义（Hustedt et al, 2013; Schunk, 2016; Seifert, 2013）。最近发展区的概念表明，只有在最近发展区内进行教学和开展活动，学生才能学有所得。过易或过难的教学内容均无益于学生学习（见图 2.4）。同时，根据维果斯基的教学法，教学必须重视为学生提供脚手架，学生在自己的学习中逐渐承担起越来越多的责任（Berger, 2012; Daniels et al, 2007; Ostroff, 2012）。最后，安排不同能力水平的学习者合作学习能让学生受益。由能力稍强的同伴进行辅导，可以有效地促进学生在最近发展区内的成长；同样，在解决复杂任务时学生的互动也同样有效（Roth & Lee, 2007）。

你可以运用维果斯基关于最近发展区的观点，按照下列方式组织课堂活动：

- 设计教学活动，为单个儿童或群体儿童提供在最近发展区内练习的机会。例如，在预评估阶段，那些对儿童有帮助的示意和提示可以构成教学活动的基础。
- 脚手架（John-Steiner & Mahn, 2003）可以在不同水平上为学生提供建议和提示。在提供脚手架的过程中，成人并没有简化任务，而是“通过教师的分级干预”简化了学习者的角色。
- 设计合作学习活动，让不同能力水平的儿童互助学习（Slavin, 2014; Webb, 2008）。

提供脚手架与最近发展区的概念直接相关联。例如，在儿童学习单词中的字母发音时，可以用硬币代表某个单词中的每个字母的发音（例如，三枚硬币分别代表“man”这个单词中的三个字母的发音）。为了让儿童掌握这个单词，可以要求他们在桌子上放一枚硬币来代表该单词中一个字母的发音。直到最后，在不使用硬币的情况下，儿童也能识别发音。硬币实际上为儿童提供了一个脚手架，帮助他们从利用外部辅助来完成任务过渡到自己独立完成任务（Rogoff, 2003）。在高中的实验科学课上，老师可以提供这样一个脚手架：实验前，就如何进行实验对学生进行详细指导；然后，提供实验大纲，以供他们组织实验；最后，要求他们完全独立地开展实验。

InTASC 标准 1

学习者的发展

InTASC 标准 8

教学策略

资格认证指南

教师资格认证考试中可能会出现与维果斯基的理论有关的问题。你需要知道最近发展区是指刚好在学生现有机能水平之上的发展水平，以及为什么最近发展区对教师和学生来说都很重要。

布朗芬布伦纳是如何看待发展的

心理学家尤里·布朗芬布伦纳（Urie Bronfenbrenner）出生于俄国，儿时随父母迁居美国。他描述了人类发展的“生物生态学”模型（Bronfenbrenner & Morris, 2006），图 2.5 总结了这一模型。该模型关注社会和制度对儿童发展的影响，从家庭、学校、礼拜场所和社区，到更广泛的诸如大众媒体和政府等社会和政治方面的影响。

布朗芬布伦纳的主要贡献在于揭示了每个层面上的因素是如何影响发展的。布朗芬布伦纳对皮亚杰的观点提出了批评，认为它只关注了儿童（即微观系统，microsystem）而忽视了儿童之外的因素。他指出了家庭和家人对儿童发展的巨大影响，以及儿童和家人之间的相互影响。中观系统（mesosystem）将孩子与父母、学

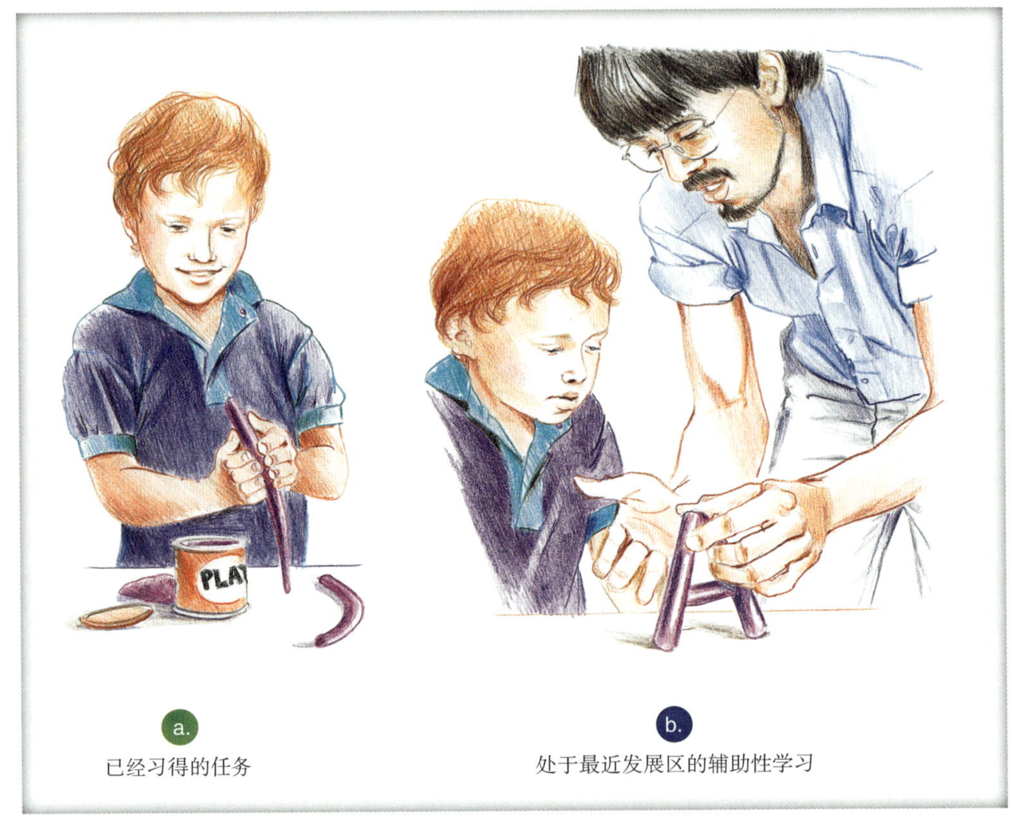

图 2.4 基于维果斯基理论的教学模型

在（a）中，儿童正在操作已经习得的任务；在（b）中，与该儿童互动的教师或同伴正在帮助他学习操作新的且可习得的任务，使其进入一个新的最近发展区（在学习者能力范围内但还未学过的任务）。

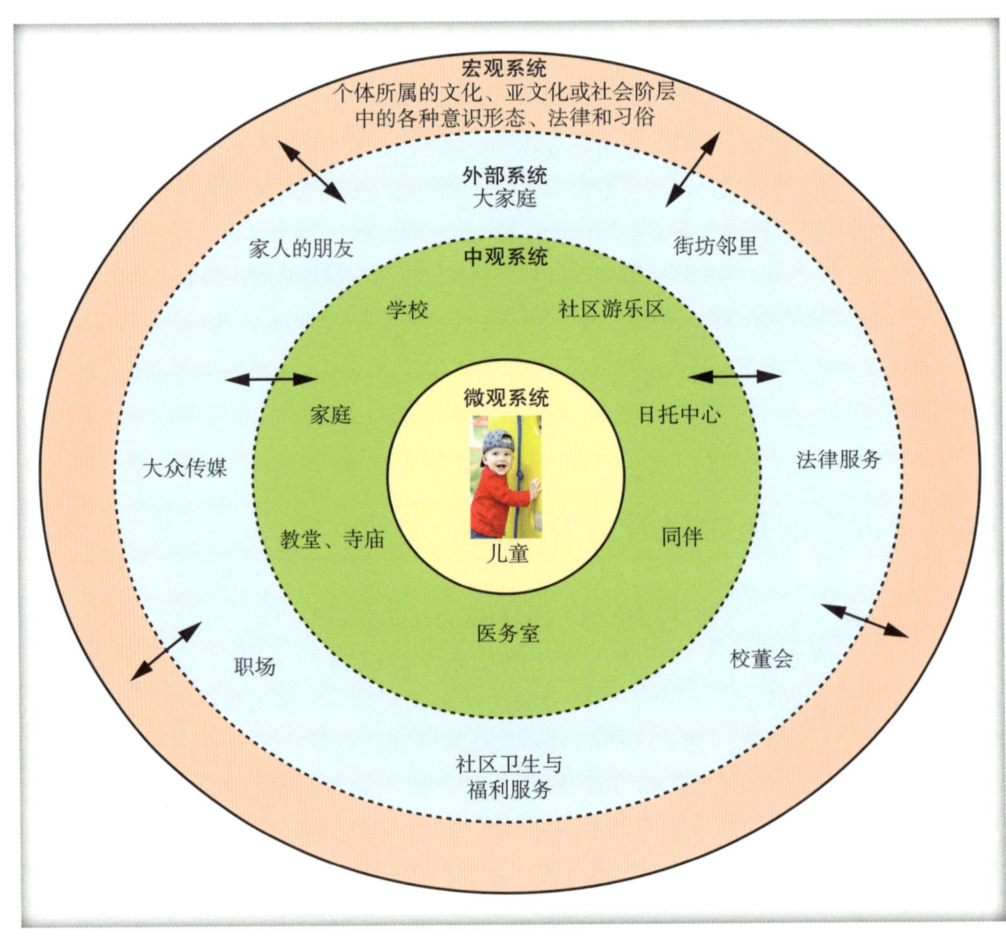

图 2.5 布朗芬布伦纳的生物生态学理论

尤里·布朗芬布伦纳认为，儿童的发展会受到社会和制度的影响。

资料来源：Bronfenbrenner, U. (1999). Environments in developmental perspective: Theoretical and operational models. In *Measuring environment across the lifespan: Emerging models and concepts*（1st ed., pp. 3–28). Washington, DC: American Psychological Association。

生与老师、朋友与朋友紧密联结在一起。外部系统（exosystem）（如社区、地方政府等）既可以直接影响儿童的发展，也可以通过家庭来影响儿童的发展；而包括文化、宗教价值观以及大众媒体在内的宏观系统（macrosystem）为所有的发展提供了重要的背景。最后，时序系统（chronosystem）由流逝的时间及那些即时的历史事件组成，这些事件改变了儿童周围的所有因素。布朗芬布伦纳强调，所有这些因素都是不断变化的，而儿童自身也对其中的许多因素产生影响，尤其是对其家庭。

生物生态学取向（bioecological approach）的重要性在于它强调影响儿童发展的诸多因素之间的相互关联性。诸如离婚或失业等家庭变故不仅直接影响孩子，还可能导致孩子的邻里、学校、礼拜场所和朋友等发生变化。

生物生态学取向是描述性的、哲学性的，并没有像皮亚杰的理论或维果斯基的理论那样具有广泛的实证研究支持。然而，它在维果斯基对社会文化因素强调的基础上，建构了一个不局限于生物因素的、更为完整的儿童发展影响模型（Bronfenbrenner & Evans, 2000）。

语言和读写能力是如何发展的

可以说，教育工作者最关心的方面是语言和读写能力。词汇量大且能够很好地听、说、读、写的儿童很可能在学校和以后获得成功（Owens, 2016）。虽然语言和读写能力的发展是教学的一个主要目标，但在所有文化背景下，都存在着随时间推移而表现出的特征性发展模式，这些发展模式并不是教学的直接结果。

学前阶段语言和读写能力的发展

尽管儿童习得语言能力的速度存在个体差异，但无论学习何种语言，所有儿童语言能力发展的顺序是相似的。大约 1 岁时，儿童开始说出单字句，比如“拜拜”和“妈妈”等，这些单词通常代表了对儿童具有重要意义的事物和事件。在出生后的第二年，儿童开始将单词组成双词句，例如“多奶”（More milk）。在学前阶段，儿童的词汇量在增加，他们也掌握了更多关于口语规则的知识。当入学时，儿童已经掌握了语言的大部分语法规则以及多达几千的词汇量。

口头语言 口头语言（或口语）的发展不仅需要学习词汇，而且还需要学习构词规则和句法结构（Gleason & Ratner, 2009; Owens, 2016）。例如，在入园之前，儿童要学习复数的构成规则。在一项经典研究中，伯科（Berko, 1985）给学前儿童呈现了一幅虚构的小鸟图片，并告诉他们这只鸟叫“Wug”，然后又给这些儿童呈现两幅一样的图片并说道：“现在又多了一只，一共有两只。那么现在有两只______。”孩子们轻松地回答：“Wugs。”这表明他们能将一般的复数构词规则应用于新情境中。与此类似，儿童也能学会给动词加“*-ed*”和“*-ing*”。

有趣的是，儿童通常会学习不规则动词的正确形式（例如，“He broke the chair.”），可是后来，他们又基于一般的构词规则，以错误的单词形式来代替正确的单词［“He breaked（或 broked）the chair.”］。一个 4 岁的儿童说：“I flew my kite！”紧接着他想了一会儿，断然地做出了修改，振振有词地说：“I *flowed* my kite！”这些错误是语言发展过程中的正常现象，成人无须刻意去纠正。

与学习构词规则一样，儿童也学习句法规则。他们最初说出的句子通常只包含两个单词，比如“要奶”（want milk），“看鸟”（see birdie），“杰西外面”（Jessie outside）。但是，他们很快就学会说出更复杂的句子，并且通过改变语调来表达疑问，如“狗去哪儿了？”（Where doggie go?），或表示强调“要饼干！”（Want cookie!）。3 岁的儿童通常能表达相当复杂的想法，即使他们的句子里仍然缺少“a”“the”和“did”等虚词。

资格认证指南

在教师资格认证考试中，你应该知道年幼儿童将语法规则过度泛化是正常的，无须纠正。

学前儿童经常玩语言游戏，或者尝试变换语言模式和规则。这类尝试通常包括改变发音、变换语言模式及其含义。恼怒的家长对 3 岁的孩子说：“You're impossible！”（你真让人受不了！）孩子却回答说：“No，I'm impopsicle!”（不，我是冰棍！）。这个孩子还说他刚出生的小弟弟本杰明（Benjamin）是个大男人（man），因为弟弟是“Benja-man”。儿童经常重新排列单词的发音，以此来发明新的单词、韵律和滑稽的句子。手指谣、无意义的韵律以及苏斯博士（Dr. Seuss）绘本书的流行都表明，儿童非常喜欢玩语言游戏。

家长与儿童交谈的数量和质量会显著地影响儿童口头语言的发展。哈特和里斯利（Hart & Risley, 1995）开展的经典研究发现，中产阶层的家长与孩子的交谈远远多于工薪阶层的家长，而且这两个阶层的孩子的词汇量也相差甚远。家长说话的数量与家长的社会经济地位同样重要，如果低收入家庭的家长能够经常和孩子对话，那么他们的孩子也同样能够掌握大量的词汇。大量研究还表明，旨在扩展词汇量的学校教改方案非常有效（Hindman & Wasik, 2012; Marulis & Neuman, 2013）。

虽然无论使用何种语言，儿童的语言发展都是相似的；但是在美国学校中，那些说英语以外语言的孩子却面临着更多挑战。辅助第二语言发展的教学策略将在第 4 章中讨论。

InTASC 标准 2

学习差异

阅读　在小学低年级，学会阅读是所有发展任务中最重要的一项。因为所有的学科都需以阅读为基础；同时，也因为在我们的社会中，学业成功往往与阅读成功密不可分。到三年级时仍不能较好地学会阅读的儿童很可能会面临长期的问题（Lesnick, George, Smithgall, & Gwynne, 2010）。儿童通常拥有复杂的语言技能，这些技能对阅读起到了关键作用；如果给儿童读书，那么他们学习阅读的过程就会开始得比较早（Giorgis & Glazer, 2009）。有关**读写萌发**（emergent literacy，学前儿童所具有的与阅读有关的知识与技能）的研究发现（Morrow, Roskos, & Gambrell, 2015; National Institute for Literacy, 2008），儿童进入学校时已经拥有了大量的阅读知识，这有助于他们在正式的阅读学习中取得成功。例如，年幼儿童经常了解到一些印刷品的概念，比如书面文字是从左往右排列的，单词之间留有空格是有意义的，而且看书时要遵循从前往后的顺序阅读。许多学前儿童通过对每页上的图片进行解释，可以从头到尾地把一本书“读”完。他们能够理解故事情节，通常还可以预测简单故事接下来会发生什么。儿童能够识别熟悉的商店和产品的标识。例如，即使年龄很小的儿童通常也知道 M 代表麦当劳（McDonald's）。如果父母在家读书给儿童听或者教他们学习字母，那么儿童在阅读学习的起始阶段就会具有一定的优势（Hood, Conlon, & Andrews, 2008）。如果儿童就读的幼儿园比较重视在课堂上进行阅读和讨论，那么所有的儿童都能获得关于图书、情节以及其他的前阅读概念（Chambers, Cheung, & Slavin, 2016; Diamond, Justice, Siegler, & Snyder, 2013; Hindman & Wasik, 2012; National Institute for Literacy, 2008）。同样，教师可以训练儿童学会辨别单词中的特定发音（此技能被称为语音意识），这将有助于他们以后的阅读学习（Anthony & Lonigan, 2004; National

Institute for Literacy, 2008）。通过在一个又一个的上下文情境中指认生词，进而抓住扩展儿童词汇量的每一个潜在机会，这也非常重要（Neuman, 2014）。

书写　儿童的书写也遵循一定的发展顺序（MacArthur, Graham, & Fitzgerald, 2015; Morrow et al., 2015; Tolchinsky, 2015）。起初，儿童只是胡乱涂画，随意地将字母分散在页面各处，这一特点反映了他们并没有完全理解单词的边界，而且在书写字母时也不能在心中将它们置于一条线上。儿童根据单词的发音并将这种发音与他们认识的字母联系起来，从而拼读出单词。在试图将听到的单词表达出来时，他们通常是根据字母而不是字母在单词中的发音来拼写的，短元音很容易被忽略掉，因为它们与字母本身的发音没有直接联系（Morrow, 2009）。例如，一个幼儿在恐龙（dinosaur）的图片上标注了“DNSR”。

理论应用于实践

促进年幼儿童读写能力的发展

有两大类关于儿童读写能力发展的研究为教育实践提供了诸多启示：一类是关于家长和教师促进儿童口语能力发展之行为的研究；另一类是对那些在没有正式课堂教学的情况下学习阅读的幼儿进行的研究。最常见的建议包括：给儿童读书；在儿童活动区域摆放书籍和其他读物；提供各种书写用品；鼓励儿童进行阅读和书写；积极回应儿童提出的有关字母、单词和拼写方面的问题（Casbergue & Strickland, 2015; Florez, 2008; Morrow, et al., 2015; National Institute for Literacy, 2008; Pianta et al., 2015）。

教师可以在教室里使用各种道具，如戏剧表演区的办公空间。可以在教室里留出一块地方作为书写中心，并配有便于使用的有文字处理程序的计算机、字母形状的磁铁、黑板、铅笔、蜡笔、记号笔和纸张。

教师可以利用多种方式鼓励儿童读书，比如让儿童以小组形式进行阅读、让志愿者单独给儿童读故事，或者让儿童自己选择要读的书。这种亲历的阅读体验能让儿童学会自己翻书，学会停下来看看插图或提问，并跟着成年人朗读。

诸如《三只小猪》（*The Three Little Pigs*）和《有个老婆婆吞了一只苍蝇》（*There Was an Old Lady Who Swallowed a Fly*）等儿童可预测情节的故事书，可以使初学阅读者利用已有的读写知识来学习发音与字母之间的关系。如果儿童能够记住作者将要说什么以及是如何表述的，那么他们就可以预测故事的发展。重复的结构、韵律和节奏以及图文匹配都能提高故事的可预测性。

如果成人着重指出阅读材料的重要特征，那么儿童对读写的理解能力将有所提升。“我们应该从前面开始读，而不是从最后面开始”；“请把你的手指挪开，你把字挡住了，我看不到就没法朗读了”；“应该指着你读的每个单词，而不是每个字母，就像这样”……诸如此类的话语有助于阅读过程的明晰化。教师应该指出阅读材料的重要特征，并引导学生注意字母组合、发音组合或短语的模式。

研究发现，那些鼓励父母和学龄前儿童一起阅读的项目能够让儿童从中获益匪浅。其中一个突出的例子是项目“培养爱读书的人”（Raising a Reader）（Anthony et al., 2014），该项目旨在帮助父母与年幼的孩子一起阅读。

中小学阶段语言和读写能力的发展

在中小学阶段，儿童的语言和读写能力会快速发展。例如，格雷夫斯（Graves, 2007）估计学生的词汇量平均每年会增加 3000 个。当然，因为学生的动机、兴趣、文化和同伴群体会产生巨大的影响，所以他们掌握的具体单词类型也存在差异。例如，如果一个女孩与朋友或家人谈论各种运动、参加各种体育活动、阅读有关体育运动的信息、在电视上看体育比赛，那么她就会掌握非常丰富的与运动有关的词汇。如果一个女孩喜欢科学，她的家人和同伴也经常与其谈论科学，那么她就会掌握非常丰富的与科学有关的词汇。哪种词汇会出现在 SAT 中，是运动类的还是科学类的？显然，就孩子的兴趣和社会环境来看，喜欢科学的女孩更容易在学校中展现出优势。

儿童的读写能力在中小学阶段也会迅速发展。虽然小学低年级学生的学习重点是自然拼读以及阅读的流畅性，但从二年级开始，学生会越来越注重发展理解、词汇量和学习技能（Deshler, Palincsar, Biancarosa, & Nair, 2007; Kamil, Borman, Dole, Kral, & Salinger, 2008）。熟练的阅读者会使用诸如预测、复习、总结、提出自己的问题等策略；如果将这些策略直接教给中小学生，那么他们的阅读理解能力就会得到显著提高（Biancarosa & Snow, 2006; Block & Duffy, 2008; Gersten, Chard, Jayanthi, & Baker, 2006）。

理论应用于实践

教儿童阅读

小学教育中曾流传这样一种说法：“数学是教出来的，阅读是靠兴趣点燃的。”然而，过去 20 多年的研究表明，阅读能够并且必须被明确地、有计划地、系统地教授。不管如何教阅读，有些学生确实“喜欢”阅读，但是对于很多学生（也许是大多数人）而言，教他们学会阅读是非常重要的（Allington, 2011; Hunter, 2012; Schwanenflugel & Knapp, 2015）。

2000 年，美国国家阅读委员会（National Reading Panel）发表了一份颇具影响力的报告，其中总结了阅读教学的五个关键组成部分，每一部分都须成功教授。

1. 音素意识（或语音意识）是识别单词中的语音的能力。例如，学龄前和幼儿园的儿童可能学会把口语单词“tower”“tag”和“time”归为同一类，因为它们都以 /t/ 发音开头。他们可能知道，若没有 /d/ 的发音，“dog”会变成“og”。他们也可能会认识到“cat”和“pack”各有三个发音，而“milk”和“child”各有四个发音（Blachman et al., 1999; Center, 2005; Temple, Ogle, Crawford, & Freppon, 2016）。
2. 自然拼读包括正确进行字母发音并将其组成单词的能力，这个过程通常被称为“解码”（Blevins, 2011）。儿童在这一过程中需要知道字母的发音（声音—符号对应），然后将它们组合成单词。例如，幼儿园或小学一年级的儿童可能学会了字母“m”“a”和“n”的发音，但是他们能把这些字母组合在一起构成单词“man”吗？声音组合可以通过教学和练习来掌握，这样学生就可以快速地读出单词。这

（续）

使他们能够专注于单词的意义（Center, 2005; Hunter, 2012; Rasinski & Zutell, 2010; Temple et al., 2016）。

3. 理解，即掌握文本的意义，这是阅读的最终目的。学生必须能够流畅、快速地识别单词，这样才能达到较高的理解水平。然而，即使是非常擅长自然拼读的学生也可能在阅读理解上感到吃力。除了进行自然拼读的解码和流畅地识别单词，学生还可以通过听别人阅读大量书籍、自己阅读大量书籍、与同学和其他人讨论书中内容等方式，成为有效的理解者（Duke & Carlisle, 2011）。教师可以教给学生使用“元认知策略”，如预测故事如何结尾、总结或陈述段落的主要观点，以及学习处理不认识的单词或困难内容等策略（Gambrell, Morrow, & Pressley, 2007; Guthrie, 2008）。解码教学通常在低年级就可以完成，而理解能力的提升则贯穿学生的一生，尤其需要通过阅读多种主题和题材的图书来实现。升入小学高年级和中学的学生尤其需要学习阅读诸如科学和社会研究等学科领域的内容，提升阅读和理解事实性、叙事性材料的能力，批判性地阅读，并享受阅读（Guthrie, 2008）。
4. 我们的词汇量由那些我们已经掌握了其含义的单词构成。一个人的词汇量在很大程度上是通过日常生活、媒体接触以及与朋友和家人的讨论而逐渐积累起来的。然而，有大量的词汇不太可能出现在日常生活中。科学、数学、社会研究、艺术、音乐或文学领域的专属词汇就不太可能在操场上被听到，但是它们依然非常重要。通过为学生提供阅读不同主题的内容并进行讨论的多种机会，特别是采取小组合作的方式，可以使他们实现词汇量的扩展（Scott, Skobel, & Wells, 2008），尤其应该让学生有机会阅读他们非常感兴趣的各种主题，以增加他们的词汇量（Rasinski & Zutell, 2010）。结合上下文语境教单词的含义，并且最好用图片或动作来表示单词的含义，这是非常有效的做法（Beck, McKeown, & Kucan, 2002; Blachowicz & Fisher, 2006; Graves, August, & Carlo, 2011; Hiebert & Reutzel, 2010）。

   对于英语学习者而言，在学习英语词汇时会面临一些额外的困难，但基本的学习策略并没有太大的差异。英语学习者需要大量的机会在合作学习小组和其他同伴环境中使用英语，结合上下文语境并借助图片来学习单词，以及阅读多种体裁的内容（August & Shanahan, 2006a; Calderón & Minaya-Rowe, 2011）。这些内容将在第 4 章进一步讨论。
5. 流畅性是指学生解码和理解内容的速度。阅读的流畅性很重要，因为阅读速度慢的读者往往无法理解内容，容易丧失阅读动机（Temple et al., 2016）。通过为学生提供许多大声朗读的机会、让学生相互计时并尝试提高阅读速度等方式，可以提高他们的阅读流畅性。但流畅性绝不应该被置于比理解更重要的地位；不应要求学生快速阅读而忽视文本内容的意义。但快速阅读是一项可以并且应该被传授的技能（Center, 2005; Temple et al., 2016）。

有意识的教师

根据认知、语言和读写能力的发展原理进行教学

有意识的教师利用他们知道的关于认知、读写和语言发展的可预测模式来做出教学决策。

- 他们知道自己所教的那个年龄段的儿童现在能做什么，也知道他们在发展的下一阶段又能做什么，并为学生提供形成新思维方式的机会。
- 他们通过观察以及正式的测量来评估学生的思维过程，以了解学生的认知水平以及制约其成长的因素。
- 若发现教学对学生而言缺乏挑战性，不利于其概念的发展，或者发现许多学生由于发展准备不足而处于挣扎状态，他们便会调整教学内容。
- 他们为学生提供与不同的同伴一起学习的多种机会，这样学生就能经常体验到认知水平略有差异的同伴是如何解决问题的。
- 他们给学生提供解决复杂的实际问题的机会，促使学生面对适合其发展水平的认知问题，如令人困惑的科学实验和有趣的数学问题。
- 在教学中，他们会考虑到文化、家庭和社区等因素，而不是以这些因素为借口来降低对某些学生的要求。
- 他们主动邀请家长和社区成员参与到教学中来，这样学生就可以看到学校、家庭和社区对其期望是一致的，因而家庭和社区成员也可以更好地强化他们共同为孩子所确立的学校目标。

本章概要

儿童是如何发展认知的

大多数发展心理学家认为天性与教养共同影响认知发展。连续发展理论主要关注儿童的社会经历，而不连续发展理论则强调先天的因素而非环境的影响。

皮亚杰是如何看待认知发展的

皮亚杰认为，从出生到青年期，个体的认知发展会经历四个阶段。人们通过同化和顺应等方式来调整图式，以应对外部世界。皮亚杰的发展阶段包括感知运动阶段（从出生到 2 岁）、前运算阶段（2~7 岁）、具体运算阶段（7~11 岁）和形式运算阶段（从 11 岁到成年期）。在形式运算阶段，年轻人形成了应对假设情境和监测自己思维的能力。

人们今天如何看待皮亚杰的研究

人们对皮亚杰理论的批评主要集中于两点：一是皮亚杰认为，所有儿童的发展都完全要经历宽泛的、固定的、顺序化的阶段；二是皮亚杰低估了儿童的能力。相对而言，新皮亚杰主义理论更强调社会和环境对认知发展的影响。然而，皮亚杰的理论对教育具有重要意义。皮亚杰理论中的一些原理已被运用于课程和有效的教学实践中；受皮亚杰理论影响而产生的概念，如认知建构主义和发展适宜性教学，都在教育改革中发挥了重要作用。

维果斯基是如何看待认知发展的

维果斯基把认知发展视为社会性发展的自然产物，源于个体与他人或环境的相互作用。中介学习发生在儿童的最近发展区内；只有在教师或同伴的帮助下，儿童才能完成力所能及的新任务。儿童将学习活动内化，形成自我调节，通过出声或不出声的自言自语来解决问题。教师需要为儿童提供交互性情境，如合作学习、中介和脚手架，以帮助学生理解那些与发展相适宜的技能。

布朗芬布伦纳是如何看待发展的

布朗芬布伦纳创建了一个生物生态模型来描述家庭、学校、社区和文化因素是如何影响儿童发展的。

语言和读写能力是如何发展的

学前阶段

由于年幼儿童使用语言和玩语言游戏，他们的语言遵循可预测的发展模式。早期读写能力的发展取决于儿童在家中的经历以及他们对书籍与字母的了解。

中小学阶段

学生在词汇和阅读理解方面飞速进步。动机对这两方面而言都至关重要，同样重要的是与同伴一起以新的形式去运用新词和阅读技能的机会。

关键术语

发展
连续发展理论
不连续发展理论
认知发展
图式
适应
同化
顺应
平衡作用
建构主义
感知运动阶段
反射
客体永久性
前运算阶段
守恒
集中化
可逆性
自我中心
具体运算阶段
内隐实质
序列化
传递性
形式运算阶段
发展适宜性教育
符号系统
自我调节
自言自语
最近发展区
中介
脚手架
认知学徒
生物生态学取向
读写萌发

自我评估：资格认证练习

指导语：本章强调了州资格认证考试中经常出现的一些评价指标，请回答下面的问题。

1. 根据皮亚杰的理论，为什么处于前运算阶段的儿童会认为切成块儿的三明治比一整块的三明治多？
2. 根据维果斯基的理论，为什么合作性活动有助于儿童的学习？
3. 根据布朗芬布伦纳的理论，父母离异会如何改变儿童的认知发展？
4. 请运用本章中各理论家的观点，简要描述以下某一年级学生的典型特征：幼儿园至一年级、二至五年级、六至八年级、九至十二年级。
5. 请列出适合以下某一年级学生的教学策略：幼儿园至一年级、二至五年级、六至八年级、九至十二年级。

第 3 章

社会性、道德和情绪发展

本章提纲

个性和社会性发展的理论观点

埃里克森的心理社会发展阶段

埃里克森理论的意义与局限

道德发展的理论观点

皮亚杰的道德发展理论

科尔伯格的道德推理阶段

对科尔伯格理论的批评

儿童在社会性与情绪方面是如何发展的

学前阶段的社会情绪发展

小学阶段的社会情绪发展

中学阶段的社会情绪发展

学习成果

学完本章后，你应当能够：

3.1 讨论关于社会性、情绪和道德发展的不同理论观点；

3.2 识别儿童的社会性和情绪发展的阶段；

3.3 运用有关社会性、情绪和道德发展的知识来考虑如何解决课堂上的问题；

3.4 描述社会性、道德和情绪发展的有关知识如何指导有意识的教学。

在小学初中一体化的帕伦学校，教师鼓励八年级学生做一年级学生的辅导员，即由高年级学生帮助低年级学生学习阅读、数学以及其他科目。山姆·史蒂文斯参加了这项活动，他辅导比利·埃姆斯一个月了。

"嗨，小个子！"一天，山姆在辅导课上遇到了比利。

"嗨，山姆！"像往常一样，比利很高兴见到自己的大朋友。但今天，友好问候之后，比利表现出惊讶的表情，问道："你嘴唇上戴的是什么？"

"你没见过唇环？"

比利觉得很了不起："太酷了！"

"很多人都戴这个。"

"嘴唇上穿个洞不痛吗？"

"有点痛，但我很坚强！不过，要是我妈妈知道了，她会发疯的。所以回家前，我必须把唇环摘掉；然后在上学的路上再戴上。"

"可你妈妈不是……"

"好了，别啰嗦了！你还有许多数学题要做呢。我们开始吧！"

山姆和比利的对话反映了儿童世界与青少年世界的巨大差异。13 岁的山姆是一个典型的青少年。他自愿做比利的辅导员，关心比利，并对比利负责。这些都表明山姆是一个理想主义者，对积极的事情热情很高。但同时，山姆又违背母亲的意愿，通过戴唇环等方式来表现自己的独立性。然而，这种独立性得到了同伴群体强有力的支持，所以其实质还是一种依赖，只不过依赖的对象从父母和教师转向了同伴。他戴唇环的主要目的：着意彰显自己遵从同伴而非成人所认可的风格与标准。然而，在做出影响未来的重大决策时，山姆仍然需要父母和其他成人给予建议和支持；他在家里会摘掉唇环，以免与父母发生严重的冲突。

比利则生活在一个不同的世界里。他钦佩山姆的大胆，但他绝不会像山姆那样去做那些事情。在比利的世界里，规则更简单。山姆竟敢戴唇环，这让他感到震惊。同样令他震惊的是山姆竟敢直接违背母亲的意愿。比利也许会表现出不良的行为，但都是些小打小闹。他确信规则就是规则，而且完全相信违反规则就会受到惩罚。

运用你的经验

批判性思维 青少年常常以同伴群体支持但父母并不认可的方式来表达自己的独立性。鉴于此，你预计在中学课堂上可能会发生怎样的冲突？你打算如何解决这些冲突？你可以使用什么策略来预防冲突的发生？

个性和社会性发展的理论观点

随着儿童认知能力的提高，他们的自我概念、与他人互动的方式以及对世界的态度也在不断发展。理解儿童的个性和社会性发展，对教师激励、教导不同年龄的学生以及成功地与他们交流都至关重要（Berk, 2013; Boyd & Bee, 2012; Feldman, 2012; Squires, Pribble, Chen, & Pomes, 2013）。像认知发展一样，儿童的个性和社会性发展也常常被划分为不同阶段。我们常说"可怕的两岁娃"，而不说"可怕的一岁娃"或"可怕的三岁娃"；当有人表现得不可理喻、自私自利时，我们就会批评该人"像个两岁的孩子"。在西方文化中，青春期少年（adolescent）和青少年（teenager）与叛逆、同一性危机、英雄崇拜和性觉醒联系在一起。这些联系反映了每个人都会经历的发展阶段。这部分内容聚焦埃里克·埃里克森提出的个性和社会性发展理论，该理论是对伟大的精神病学家弗洛伊德发展理论的修正和完善。埃里克森的理论讲述了心理和社会性发展的原理，因此常常被称为**心理社会理论**（psychosocial theory）。

埃里克森的心理社会发展阶段

像皮亚杰一样，埃里克森没有接受过正规的心理学专业教育，但年轻时他接受过弗洛伊德的精神分析训练。埃里克森认为人的一生会经历八个心理社会阶段。每个阶段都有需要解决的危机或关键问题。大部分人会成功地解决每个阶段的**心理社会危机**（psychosocial crisis），并将之抛在身后，以迎接新的挑战；而有些人未能很好地解决某些危机，不得不在之后的人生中继续应对它们。例如，许多成人仍未解决青少年期的“同一性危机”，于是他们在四五十岁时还觉得有必要买辆摩托车。

埃里克森的心理社会发展阶段　埃里克森认为，个体在成长过程中都要面对一系列的心理社会危机，这些危机塑造着人格或个性。每一次危机都聚焦人格的某个特定方面，并涉及个体与他人的关系。

阶段 1：信任对不信任（从出生到 18 个月） 婴儿期的发展目标是建立对世界的基本信任。埃里克森将基本信任定义为“对他人的必要信赖以及自己也值得信赖的基本感觉”（Erikson, 1968, p.96）。母亲或母性角色通常是儿童世界中的第一重要人，她必须满足婴儿对食物和情感的需要。假如母亲表现得不一致或拒绝孩子的需求，那么她将会成为婴儿挫败的根源而不是快乐的源泉（Cummings, Braungart-Rieker, & Du Rocher-Schudlich, 2003; Thompson, Easterbrooks, & Padilla-Walker, 2003）。假如母亲的行为使婴儿对其所处世界产生了不信任感，那么这种不信任感可能贯穿其整个儿童期，并殃及其成年期的发展。

阶段 2：自主对怀疑（18 个月到 3 岁） 到 2 岁时，大部分幼儿学会了走路，并掌握了足以与他人进行交流的语言。“可怕的两岁娃”不再想完全依赖他人；相反，他们努力追求自主性，也就是自己做事的能力。儿童对权力和独立性的渴望常常与父母的意愿相冲突。埃里克森认为，这一阶段的儿童同时具有依赖父母和让父母放手的双重愿望。那些足够灵活的父母在为孩子随时提供引导的同时，允许他们自由探索、独立自主地做事，以鼓励他们建立自主感。而那些过分严厉和保守的父母则会使孩子产生无力感和无能感，让儿童感到羞愧，怀疑自己的能力。

阶段 3：主动对内疚（3~6 岁） 在这一阶段，儿童的运动和语言技能日渐成熟，这使他们在探索物理环境和社会环境时变得更加积极主动、精力充沛。3 岁儿童的主动性日益增强。父母和其他家庭成员或照护者通过允许孩子跑动、跳跃、玩耍、滑行或投掷等行为来激励儿童的主动性。“儿童深信自己是一个独立的个体，现在必须探索自己可能要成为什么样的人”（Erikson, 1968, p.115）。对孩子的主动探索进行严厉惩罚的父母，会让孩子对自己天性中的强烈需求感到内疚，而这种内疚感将持续影响这一阶段以及后续阶段的发展。

资格认证指南

在教师资格认证考试中，你可能需要回答埃里克森的个性和社会性发展阶段。你应当知道，对自己身体和社会行为进行积极探索，这是处于第三阶段（主动对内疚）儿童的典型行为。

阶段 4：勤奋对自卑（6~12 岁） 入学后，儿童的社交生活得到了极大拓展。对他们来说，教师和同伴的作用越来越重要，而父母的影响则降低了。这一阶段的儿童希望去做些事情。成功会带来勤奋感，使儿童对自己以及自己的能力感觉良好。失败则会使儿童产生消极的自我意象，即一种可能阻碍其未来学习的不胜任感。这种“失败”不一定是真正意义上的失败，可能仅仅是无法达到自己或父母、老师、兄弟姐妹等人所设定的标准。

阶段 5：同一性对角色混乱（12~18 岁） 在青少年期，“我是谁？”这一问题越发变得重要起来。为了回答这个问题，青少年逐渐背离父母而转向同伴群体。埃里克森认为，青少年经历了生理上的急剧变化，加之承受着需要对未来教育和职业做出决策的压力，致使他们产生了质疑和重新界定早期阶段形成的心理社会同一性的需要。青少年期是一个充满变化的时期，他们尝试各种性角色、职业角色和教育角色，试图发现自己是谁、能够成为什么样的人。这种新的自我感，即“自我同一性”（ego identity），并不仅仅是自己先前所扮演各种角色的简单汇总，而是一种重新组合，即“基本驱力（自我）与禀赋（先前危机的解决）及机遇（需要、技能、目标、青少年期和即将到来的成年期的需求等）的结合”（Erikson, 1980, p.94）。

阶段 6：亲密对孤独（成年期早期） 一旦年轻人知道了自己是谁以及要成为什么样的人，那么他们就准备好迈入与他人分享自己生活的阶段了。他们已经准备好与另一个体，如一个“友伴、性伴侣、竞争与合作的伙伴”，建立一种新的信任和亲密关系。这种关系应增强双方的同一性，而不是抑制任何一方的成长。不去寻求这种亲密性或反复经历失败的年轻人，有可能会退缩到孤独状态。

阶段 7：繁衍对停滞（成年期中期） 繁衍是“对生养和指导下一代的兴趣”（Erikson, 1980, p.103）。通常，人们通过养育自己的孩子来实现繁衍。然而，这一阶段的危机也可以通过其他具有生成性和创造性的方式来化解，例如教学。在这一阶段，人们应当继续成长，否则就会产生一种“停滞和人际匮乏”感，导致自我沉溺或自我放纵（Erikson, 1980, p.103）。

阶段 8：整合对绝望（老年） 在心理社会发展的最后一个阶段，人们回顾自己的一生，解决最终的同一性危机。坦然接受自己的成就、失败和最终的局限性，使人获得一种整合感或完整感，并且意识到一个人的一生由自己负责。个体也必须面对和接纳死亡的宿命。那些对自己过往的生活方式或目前的生活现状感到后悔的人，则会产生绝望。

埃里克森理论的意义与局限

与皮亚杰的发展阶段论一样，并非所有人都以相同的程度或在同一时间经历埃里克森所描述的各种危机。埃里克森理论列出的每个阶段的年龄范围可能代表了解决某一危机的最佳时机，但并不是唯一的时机。例如，那些出生在不能提供足够安全感的混乱家庭中的孩子，在他们被领养或被带到一个比较安稳的环境后，仍可以建立信任感。那些在学校中因负面经历而产生自卑感的人可能会发现，进入职场后，他们有能力学习，并且确实拥有重要的技能，这一认识有助于他们最终解决勤奋对自卑的危机，尽管别人可能在小学时期就已经解决了这种危机。埃里克森的理论强调，环境既是危机产生的重要原因，也在如何化解危机中起重要作用。个性和社会性发展的各个阶段是个体在与他人及整个社会的不断互动过程中完成的。在前三个阶段中，儿童基本上是与父母及其他家庭成员进行互动的；而在阶段 4（勤奋对自卑）和阶段 5（同一性对角色混乱），对大部分儿童而言，学校发挥着主要作用。

埃里克森的理论描述了人们一生中面临的基本问题，但他的理论并没有解释人们如何或为何从一个阶段发展到另一个阶段，并且这一理论也难以用研究来验证，因而遭到了一些批评（Miller, 2011）。

道德发展的理论观点

“不以规矩，不能成方圆。”规则告诉人们在通常情况下如何与他人沟通、如何避免伤害他人，以及在生活中如何融洽相处。如果你经常与儿童相处，你可能会注意到，他们对规则的看法常常流于刻板，事情非对即错，没有中间状态。回想中学时代，你可能会想起当初自己对于某些发现感到惊讶：人们有时会故意违反规则，或者适用于某些人的规则可能并不适用于其他人。诸如此类的经历可能改变了你对规则的看法。当你了解到法律是如何制定的，你对法律的看法也可能会改变。人们聚集在一起开会、辩论和投票；法律也可能朝令夕改。你了解到的越复杂，你发现的存在就越多。正如儿童在认知和个性发展方面不同于成人一样，他们在道德推理方面与成人也存在差异。首先，我们看一看皮亚杰描述的道德推理的两个阶段；接下来，我们将讨论劳伦斯·科尔伯格提出的相关理论。皮亚杰指出，认知发展水平和道德推理能力之间存在相关。科尔伯格认为，对提高道德判断和道德推理而言，皮亚杰提出的逻辑结构的发展虽不是充分条件，但却是必要条件。

皮亚杰的道德发展理论

皮亚杰的认知发展理论包含一个关于道德推理的发展理论。皮亚杰认为，认知结构和认知能力首先得到发展，之后认知能力决定着儿童对社会情境的推理能力。皮亚杰认为，就像认知能力发展一样，道德发展也是按照可预测的阶段进行的，从非常自我中心的道德推理阶段，逐步发展到基于合作和互惠的公正性系统阶段。

皮亚杰的个性和道德发展阶段 随着认知能力的发展，人们对道德问题的理解也变得更加复杂。在是与非的看法上，年幼儿童往往要比年长儿童和成人更加刻板。

为了探讨道德发展，皮亚杰给年幼的和年长的儿童呈现了两个故事。在第一个故事中，一个男孩纯属意外地打碎了 15 个杯子；在第二个故事中，一个男孩在试图偷饼干时打碎了 1 个杯子。皮亚杰询问儿童：哪个男孩更淘气，更应该受到惩罚？5~10 岁的年幼儿童根据行为后果作出判断，而不会考虑两个男孩的意图。他们认为，第一个孩子打碎的杯子更多，所以他更淘气。这种类型的推理被称为*他律道德*。在皮亚杰的实验中，年长儿童则能够根据行为意图作出判断，认为偷吃饼干是不好的行为，所以第二个孩子更淘气。这种类型的推理被称为*自律道德*。皮亚杰指出这两个推理阶段是部分重叠的。

近些年来的研究发现，当给儿童呈现类似的故事时，5 岁的孩子回答：“他们都是坏孩子，因为他们打碎了杯子。”而 10 岁的孩子则答道：“第一个男孩不是有意的。”表 3.1 概括了皮亚杰提出的他律道德和自律道德的特征。

为了理解儿童的道德推理，皮亚杰花费了大量时间观察儿童玩弹球游戏，并询问他们游戏的规则。他首先发现：在大约 6 岁前，儿童会按照自己独特的、自我中心的规则玩游戏。皮亚杰认为，非常年幼的儿童不能以合作的方式互动，因此无法进行道德推理。

皮亚杰发现，到 6 岁时，儿童能够意识到规则的存在，但他们尚不能一贯地遵守规则。经常可以看到，几个孩子好像在玩同一个游戏，但他们遵循的游戏规则却各不相同。这个年龄段的儿童也不能理解游戏规则具有人为性，可由团体自己决定。相反，他们认为规则是由资深的权威人士强加的，并且是不可改变的。

表 3.1 皮亚杰的道德发展阶段

他律道德	自律道德
硬性规则是由警察、父母和老师等权威人物制定的	行为的意图比结果更为重要
规则是永恒不变的、不可更改的，是必须遵守的	有时规则是可以被打破的
儿童期的自我中心导致儿童认为他人对遵守规则的看法与自己相同	人们可能对“什么是正确的”持不同看法
惩罚的程度应取决于一个人的行为后果的严重程度	惩罚的程度应取决于不当行为的意图和严重程度
行为不当总会受到惩罚。例如你做坏事时摔伤了膝盖，那是因为你做了坏事。这就是所谓的“内在正义”	不会将偶然的坏结果视为对不当行为的惩罚

皮亚杰（Piaget, 1964）把道德发展的第一个阶段称为**他律道德**（heteronomous morality）阶段，也称“道德现实主义”阶段或“强制道德”阶段。他律意味着服从他人强加的规则。在这一时期，父母和其他成人一直在告诫年幼儿童应该做什么，不应该做什么。儿童相信违反规则必然要受到惩罚，坏人最终都将受到惩罚。皮亚杰还指出，这一阶段的儿童根据行为的结果来判断行为的道德性。他们认为，如果某一行为导致了负面后果，即使行为者的初衷是好的，其行为也是不好的。

皮亚杰发现，直到 10 岁或 12 岁，即能够进行形式运算时，儿童才自觉地运用和遵守规则。这一年龄段的儿童遵循相同的规则进行游戏。儿童认识到，规则是为了指导如何开展游戏的，尽量减少游戏者之间的纠纷。他们明白，规则是大家通过协商制定的，因此，假如每个人都同意改变规则，那么规则就可以被改变。

皮亚杰还观察到，这一年龄段的儿童倾向于根据行为者的意图而非行为的结果作出道德判断。儿童经常对有可能影响规则的假设情境进行讨论。这就是道德发展的第二个阶段，即**自律道德**（autonomous morality）阶段或“合作道德”阶段。随着儿童社会交往面的扩大，接触到的同伴越来越多，他们开始进入第二阶段。通过与其他儿童的互动与合作，儿童对规则的看法开始改变，进而相应的道德观念也开始改变：现在规则是由我们自己制定的；违反规则也不一定必然受到惩罚，必须考虑到违规者的意图和情有可原的情形。

根据皮亚杰的观点，儿童从他律道德阶段发展到自律道德阶段，不仅仅是由于认知结构的发展，也得益于儿童与地位平等的同伴之间的互动。他认为，解决同伴之间的冲突削弱了儿童对成人权威的依赖，也促使他们更明确地意识到规则是可变的，并且只有达成共识，规则才有存在的价值。

对皮亚杰理论的有关研究基本上支持了他的观点，但在一个重要的问题上还存在争议。研究者认为，皮亚杰低估了年幼儿童在判断行为时考虑意图的程度。尽管如此，许多研究都证实了儿童发展的进程是从关注结果到关注意图。

科尔伯格的道德推理阶段

科尔伯格（Kohlberg, 1963, 1969）的道德推理阶段理论是对皮亚杰理论的精炼和完善。正如皮亚杰一样，科尔伯格也研究了儿童（和成人）是如何对规则进行推理的，

资格认证指南

教师资格认证考试可能会要求你了解科尔伯格在理解儿童道德推理发展方面的理论贡献。

这些规则约束着个体在特定情境中的行为。科尔伯格并未研究儿童的游戏行为，而是考察了儿童对一系列结构化情境或**道德困境**（moral dilemmas）的反应。其中最著名的道德困境如下：

> 在欧洲，一位妇女罹患癌症，生命危在旦夕。当地一位药剂师刚发明的一种含镭药品，或许能挽救其生命。药剂师每剂药要价 2000 美元，这个价格是该药品实际成本的 10 倍。病妇的丈夫海因茨四处求亲告友，筹借钱款，但最终也只凑够了 1000 美元。他告诉药剂师，他的妻子快要病死了，并恳求药剂师将药品便宜点卖给他，或者让他赊账，但是药剂师拒绝了。海因茨感到绝望，于是夜里破窗潜入药房，偷走了药品。海因茨应该这么做吗？为什么？（p.379）
>
> 资料来源：*Handbook of socialization theory and research in stage and sequence: The cognitive-developmental approach to socialization* by L. Kohlberg, D. A. Goslin. Published by Rand-McNally, © 1969.

通过分析人们给出的各种答案，科尔伯格提出人类的道德判断或道德推理需经历六个发展阶段。表 3.2 是对科尔伯格的道德发展水平和阶段的概括。他将六个阶段又分为三个水平：前习俗水平、习俗水平和后习俗水平。这三个水平是根据儿童或成人如何界定什么是正确的或道德的行为而确定的。与其他阶段理论一样，该理论中的每个阶段都比前一个阶段更加成熟、更加复杂，并且大部分人都以同样的顺序经历这些阶段（Colby & Kohlberg, 1984）。像皮亚杰一样，科尔伯格也不太关注儿童给出的答案，而是更关注答案背后的推理过程。儿童和青少年经历表 3.2 列出的各发展阶段的具体年龄可能存在较大的个体差异。实际上，同一个体有时会表现出符合

表 3.2　科尔伯格的道德推理阶段

根据科尔伯格的观点，当人们考虑道德困境时，重要的是他们的推理过程，而非他们的最终决定。科尔伯格推测人们的道德推理能力发展会经历三个水平。

1. 前习俗水平	2. 习俗水平	3. 后习俗水平
规则是由他人制定的。 阶段 1：惩罚与服从定向。行为的实际结果决定行为的好坏。 阶段 2：功利的相对主义者定向。任何能满足个人需要和偶尔能满足他人需要的行为都是对的。公正和互惠的成分有所体现，但个体解释它们的方式多是“你帮我做什么，我就帮你做什么”。	个体接受规则，有时会使个人需要服从群体需要。无论直接而明显的结果如何，家庭、群体或国家的期望本身都被视为有价值的。 阶段 3：“好孩子”定向。能够取悦他人或帮助他人，并得到他人认可的行为都是好的行为。个体通过“好”的表现来赢得他人的赞许。 阶段 4：“法规和秩序”定向。所谓对或正确是指尽义务、尊重权威及维护既定的社会秩序。	人们根据自己选择遵循的伦理规则来界定自己的价值观。 阶段 5：社会契约定向。根据个体的一般权利和全社会认可的标准来界定何为对与错。与阶段 4 不同，法律不再是“僵化不变”的，而是可以为了社会利益而改变。 阶段 6：普遍伦理原则定向。根据自主选择的道德准则，凭良心来界定对与错。这些准则是抽象的、合乎道德的（如黄金法则），而不是具体的道德律令（如十诫）。

资料来源：*Handbook of socialization theory and research*, by L. Kohlberg and D. A. Goslin. By Rand McNally & Company (Chicago), Copyright © 1969 reprinted with permission of Rand McNally & Company (Chicago).

某一阶段的行为，有时又会表现出符合另一个阶段的行为。不过，大多数儿童到 9 岁时都已经从前习俗水平阶段进入习俗水平阶段了（Kohlberg, 1969）。

阶段 1 处于**道德的前习俗水平**（preconventional level of morality），这一阶段在形式和内容上都与皮亚杰的他律道德阶段十分相似，儿童服从权威人物只是为了免遭惩罚。在阶段 2，儿童自身的需要和愿望变得很重要，但是他们也能意识到他人的利益。具体而言，儿童在作出道德判断时能够权衡各方利益，但依然会先为自己着想。**道德的习俗水平**（conventional level of morality）始于阶段 3。在这一阶段，儿童依据与同伴的合作来界定道德，就像皮亚杰的自律道德阶段一样，这一阶段的儿童毫不怀疑地认为“己所不欲，勿施于人”。由于伴随具体运算阶段的自我中心倾向有所减弱，儿童在认知上具备了设身处地为他人着想的能力。他们在作出道德决定时能考虑他人感受，而不再只是做出可免遭惩罚的行为（阶段 1）或者令自己感觉良好的行为（阶段 2）。在阶段 4，社会规则和法律取代了同伴群体的规则，个体的道德判断不再取决于对社会赞许的渴望。遵守法律不成问题，而违反法律则是绝对错误的。大部分成人可能都处于这一阶段。阶段 5 标志着个体进入了**道德的后习俗水平**（postconventional level of morality），根据科尔伯格的说法，只有不到 25% 的成人能达到这一道德推理水平。处于该水平的人意识到社会的法律和价值观在一定程度上是人为决定的，并且仅适用于某个特定的社会。法律对于维持社会秩序以及保障生活和自由的基本权利来说是必要的。在阶段 6，个体的道德准则是个体自我选择的，建立在诸如正义以及人类权利的平等和价值等抽象概念的基础之上。人们可以且应该拒绝遵守有悖于这些准则的法律，因为“正义高于法律”。晚年的科尔伯格（Kohlberg, 1978, 1980）认为，阶段 6 与阶段 5 并未有实质性的不同，故建议将两者合并。

科尔伯格（Kohlberg, 1969）认为，道德困境可用来提升儿童的道德推理水平，但一次只能提升一个阶段。他推测，与比自己高一个或至多高两个推理水平的人进行互动，可以促使儿童从一个阶段发展到下一个阶段。教师可以通过将关于公正和道德问题的讨论融入课堂，尤其是针对发生在课堂上或社会大环境中的事件进行讨论，帮助学生在道德推理方面获得发展（Sternberg, 2011）。

科尔伯格发现，在美国、墨西哥和土耳其，人们几乎是按照同样的顺序、在大约相同的年龄经历他所提出的道德推理发展阶段。尽管道德推理和道德行为会受到文化的显著影响，但世界各地的其他研究也发现，道德推理能力是按照大致相同的阶段顺序发展的（Nucci, 2009）。

对科尔伯格理论的批评

后来的一些研究普遍支持科尔伯格关于道德发展的阶段顺序（Boom et al., 2001; Dawson, 2002; Nucci, 2009），但也有许多批评。科尔伯格早期工作的局限之一是，其研究对象几乎都是男生，一些关于女生道德推理的研究发现，女生的道德推理发展模式与科尔伯格提出的模式有所不同。男生的道德推理主要围绕着公正问题，而女生的道德推理则更关注对他人的关怀和责任（Gilligan, 1982; Gilligan & Attanucci, 1988; Haspe & Baddeley, 1991）。例如，卡罗尔・吉利根认为，男性和女性使用不同的道德标准：男性的道德推理关注个人权利，而女性的道德推理更关注个体对他人的责任。这就是为什么她认为在解决道德困境时，女性倾向于提及利他主义和自我牺牲，而非权利和规则（Gilligan, 1982）。后来，科尔伯格（Levine, Kohlberg, & Hewer, 1985）

根据这些批评修正了其理论。不过，大部分研究并未在道德成熟度方面发现任何性别差异（Bee & Boyd, 2010; Jaffee & Hyde, 2000; Tangney & Dearing, 2002）；也没有令人信服的证据表明，女性比男性更有爱心、更具合作性或更乐于助人（Turiel, 2006; Walker, 2004）。

对皮亚杰和科尔伯格工作的另一种批评是，年幼儿童对道德情境进行推理时采用的方式往往比阶段理论中描述的方式更成熟、更复杂（Arnold, 2000）。例如，在评价行为时，尽管年幼儿童常常认为结果比意图更加重要，但在某些情境下，三四岁的孩子就能根据意图来评判他人的行为了（Bussey, 1992）。另外，处于他律道德阶段的 6~10 岁的儿童，也能对由父母制定并要求执行的规则与由个人或同伴认可的规则做出区分（Keenan & Evans, 2010）。最后，图列尔（Turiel, 2006）指出，年幼儿童能够区分道德准则与社会习俗规范。前者基于公正原则，如不能撒谎和偷窃；后者则基于社会共识和礼节，如不能穿睡衣上学。研究支持了这一观点，发现 2.5~3 岁的儿童就能区分道德规则和社会习俗规范。

科尔伯格理论最大的局限性在于，它只涉及了道德推理，而没有研究实际的道德行为（Arnold, 2000）。许多处于不同道德推理发展阶段的人具有相同的行为方式，而处于同一阶段的人又常常会表现出不同的行为方式（Walker, 2004）。另外，情境在道德两难问题中也很重要。例如，埃纳森（Einerson, 1998）的一项研究发现，与虚构人物相比，当道德困境中涉及的是名人时，青少年会采用较低水平的道德推理。此外，儿童的道德推理与其道德行为之间的联系也尚不清晰。例如，默多克、黑尔和韦伯（Murdock, Hale, & Weber, 2001）的一项研究发现，中学生的作弊行为会受许多因素的影响，比如学业动机、学业成就和师生关系，而这些因素均与道德发展的阶段无关。

儿童在社会性与情绪方面是如何发展的

教师不仅要对学生的学业成就负责，而且还要努力培养在社会性及情绪方面都健康发展的年轻一代（Comer, 2010; Hamre & Pianta, 2010; Parke & Clarke-Stewart, 2011; Squires, Pribble, Chen, & Pomes, 2013; Weissberg & Cascarino, 2013; Yoder, 2014）。同其他方面的发展一样，社会性和情绪的发展虽依赖于学校和家庭为个体提供的各种经验，但也遵循可预测的发展模式。下面将讨论这两个关键方面的发展。

学前阶段的社会情绪发展

年幼儿童的社交生活以相对可预测的方式逐步发展（Cummings et al., 2003; McHale, Dariotis, & Kauh, 2003）。社会关系的发展遵循这样的过程：先是与父母或其他监护人建立亲密关系，然后与其他家庭成员、非亲属关系的成人和同伴等建立关系。社会交往从家庭延伸到邻里，从幼儿园或其他儿童看护场所延伸到学校。埃里克森的个性和社会性发展理论表明，在学前阶段，儿童必须解决主动对内疚的人格危机。儿童成功地解决了这个阶段的危机，将会产生一种自主感和抱负，而这种自主感和抱负又通过儿童对成人允许的事情形成合理理解来调和。在儿童期早期，教育者可通过提供机会使儿童发挥主动性、接受挑战并取得成功，促进儿童解决这个阶段的危机（Denham, Zinsser, & Brown, 2013; Squires, Pribble, Chen, & Pomes, 2013）。同时，强调儿童的自我调节也十分重要（Goodwin & Miller, 2013）。

同伴关系　在整个学前期，**同伴**（peers，即同龄的其他儿童）在儿童的社会性和认知发展中开始发挥越来越重要的作用（Hay, Payne, & Chadwick, 2004; Ladd & Sechler, 2013）。儿童与同伴的关系在一些方面明显不同于他们与成人的互动。同伴游戏使得儿童能与发展水平和自己相似的其他儿童进行互动。当发生争执时，要想使游戏继续下去，他们就必须做出让步，协商解决争执；与儿童—成人间的争执不同，在同伴争执中，没有人能宣称自己有绝对的权威性。同伴冲突也让儿童认识到，他人的思想、情感和观点等有可能与自己的不同。冲突也能提高儿童对自身行为会对他人产生影响的觉察。通过这种方式，同伴关系有助于儿童克服皮亚杰所描述的前运算思维阶段特有的自我中心倾向，使儿童意识到他人的想法可能与自己的有所不同。

链接 3.1
若要了解推荐的合作学习活动，请参见第 8 章。

亲社会行为　**亲社会行为**(prosocial behavior)是指自愿对他人做出诸如关心、分享、安慰和合作等行为。对亲社会行为产生的根源进行研究，有助于我们了解儿童的道德和社会性发展。有一些因素似乎与亲社会行为的发展相关联（Eisenberg, 2001），主要包括以下几方面：

- 父母的管教方式：强调儿童的某种行为给他人带来的后果，并且在一种温暖的、回应式的亲子关系中实施管教；
- 让儿童多接触关心他人的成人，这些成人能使儿童明白采用攻击性方法解决问题是不被社会接纳的，并为儿童提供可被社会接纳的替代办法；
- 让儿童多与那些当他们表现出色时会给予积极评价（“你真是个乐于助人的孩子！”）的成人接触。

游戏　学前儿童与同伴之间的交往大多发生在游戏中（Hughes, 2010）。然而，在学前阶段，游戏中涉及其他同伴的程度有所提高。在针对学前儿童开展的一项经典研究中，米尔德里德·帕滕（Parten, 1932）将游戏划分为四种类型，其社会互动水平以及复杂程度依次递增。**单独游戏**（solitary play）是指儿童自己玩的游戏，通常是儿童自己摆弄玩具，不受其他儿童所做事情的影响。**平行游戏**（parallel play）是指儿童各自玩同样的游戏，但彼此间很少交流或鲜有相互影响。**联合游戏**（associative play）很像平行游戏，但是儿童间的互动水平有所提高，表现为分享、回合制、对他人所做事情普遍感兴趣等。当儿童联合起来实现某一共同目标时，**合作游戏**（cooperative play）就出现了，比如要建造一座大城堡，每个儿童负责其中的一部分。随着儿童年龄的增长，他们所玩游戏类型的复杂程度也在提高，从简单的平行游戏发展到复杂的假想游戏，在假想游戏中，儿童共同策划和开展活动（Berk, 2013; Hughes, 2010）。

游戏对儿童来说非常重要，因为游戏锻炼了他们的语言、认知和社会技能，有利于儿童个性的全面发展（Berk, 2013; Hughes, 2010; Johnson, Sevimli-Cellik, & Al-Mansour, 2013; Weisberg, Hirsh-Pasek, & Golinkoff, 2013）。在玩游戏时，儿童会运用他们的心智，因为他们在游戏中的所思所为似乎是另外一个人。当他们进行了这种转换时，其思维就不再局限于具体的客体，而是向抽象思维迈进了一步。游戏还与创造性有关，尤其是与个体思维中少些刻板、多些灵活性的能力有关。维果斯基的发展理论也强调游戏的重要作用，因为游戏能使儿童自由地探索那些高于其现有机能水平的思维和行为方式（Bodrova & Leong, 2007）。维果斯基（Vygotsky, 1978，p.102）曾写道：“在游戏中，儿童的表现总是超越其所属年龄群体的平均水平，超越其日常行为表现；在游戏中，他们好像要比现实中的自己略胜一筹。”

学前儿童的游戏似乎受到很多因素的影响。例如，学前儿童与同伴的交往方式和他们与父母的交往方式有关（Hughes, 2010）。与缺乏安全亲子关系的儿童相比，那些与父母建立了温暖养育关系的 3 岁儿童更愿意参与社会假想游戏，能更好地解决与同伴的冲突。此外，儿童与熟悉的以及同性别的同伴游戏时会表现得更好。为儿童提供与其年龄适宜的玩具和游戏活动，能促进其游戏能力以及与同伴交往技能的发展。

链接 3.2
若想更多地了解维果斯基的理论，请参见第 2 章。

小学阶段的社会情绪发展

进入小学，儿童已经形成了更复杂的思维、行动和社会影响的技能。在此之前，儿童基本上是以自我为中心的，他们的整个世界不过是家庭和家人，可能还包括幼儿园或日托中心。小学低年级将要完成的发展任务是解决埃里克森理论（Erikson, 1963）中第四个阶段的危机，即勤奋对自卑。假定儿童在婴儿期建立了信任，在幼儿期形成了自主，在学前期形成了主动，那么，儿童在小学阶段的经历将有助于他们获得勤奋和成就感。在这一阶段，儿童开始努力证明自己“长大了”；实际上，该阶段通常称为“我自己能行”阶段，儿童可以干一些力所能及的事情。随着儿童专注力的不断增强，他们可以在选定的任务上花更多时间，并且通常以完成任务为乐趣。这一阶段的儿童还表现出独立行动能力增多、与团体合作，以及以社会可接受的方式表现出对公平游戏的关注（McHale et al., 2003）。

整体而言，社会—情绪因素会导致学生成就方面的显著差异。例如，米勒等人（Miller, Connolly, & Macguire，2013）以北爱尔兰 7~11 岁学生为样本开展研究，发现了心理适应、学校适应以及同伴和家庭关系对学生成就的影响。同样，班纳吉等人（Banerjee, Weare, & Farr, 2013）对英国学生的调查发现，若教师深入开展社会性和情绪方面的学习（Social and Emotional Aspects of Learning, SEAL）项目，那么学生的学习成绩要优于那些在课堂中较少注重社会—情绪学习的学生。

自我概念和自尊　对于小学生而言，个性和社会性发展还包括两个重要方面，即**自我概念**（self-concept）和**自尊**（self-esteem）的发展（Swann, Chang-Schneider, & McClarty, 2007），而这些方面的发展会受儿童在家庭和学校中的经历以及周围同伴的重要影响。自我概念包括我们对自己的优势、弱点、能力、态度和价值观的感知方式。自我概念的发展始于出生，并不断受到后天各种经验的影响。自尊反映了我们如何评价自己的技能和能力。

随着个体在儿童期中期的发展，他们的思维方式变得不再那么具体，而是更具有抽象性。这种趋势也明显地体现在自我概念的发展中。学前期的儿童会根据自己的身体和拥有的物质等特征来描述自己，比如高矮、性别和所有物。相比之下，到了小学低年级，儿童在描述自己时开始关注更加抽象的、内在的特质，例如智力、友善。他们也能区分个人的、内在的我与公开的、外在的我。这一点变得尤为明显，因为在解释自己和他人的行为时，儿童更多地依赖意图和动机，较少地依赖客观行为。

在儿童期中期，他们开始通过与他人比较来评价自己。一位学前女童在描述自己时可能会说：“我喜欢打棒球。”而几年之后，她可能会说：“我比萨利更喜欢打棒球。”根据**社会比较**（social comparison）信息来评价自我，这种倾向似乎与学业自尊的发展变化相一致。学前阶段的儿童与年幼儿童都倾向于对自己作出非常积极的

理论应用于实践

促进自尊的发展

InTASC 标准 2

学习差异

我们的社会倡导这样一种观念：每个人，包括学生，都具有同等的价值。这也是开展课堂教学的前提。然而，学生具有同等的价值并不意味着他们具有同等的能力。有些学生擅长阅读，有些则擅长数学，有些学生有体育特长，有些则有艺术天分。

有些课堂活动会给某些学生留下这样的印象：作为个体，他们不如其他同学或优于其他同学。在课堂上，不适当的竞争、刻板地按照能力分组可能会教给学生错误的观念（Battistich, 2010; Slavin, 2011）。

这类研究能帮助教师避免那些可能让学生感到气馁的做法。然而，提升自尊是否会带来更高的学业成就尚无定论。事实上，已有研究更有力地表明：当学生在学校任务中变得更有能力时，其自尊也会提高；而不是提升自尊能提高能力（Chapman et al., 2000; Ellis, 2001b）。

我们没有必要歪曲事实，谎称所有学生都同样擅长阅读和数学。然而，教师要认可学生的进步而非能力水平，表扬学生的努力以及能力的提高。当学生在学校体验到成功时，他们自然就会感到自己赢得了自尊（Roeser, Eccles, & Sameroff, 2000）。

评价，而这种评价与学业成绩以及其他客观因素无关。但是，到了二年级或三年级，学习困难的儿童往往会产生较差的自我概念（Chapman, Tunmer, & Prochnow, 2000）。这就开始了螺旋式的恶性循环。在小学低年级，那些学业成绩较差的儿童很可能会形成消极的学业自我概念，随后在小学高年级和中学阶段继续表现得较差（Guay, Marsh, & Boivin, 2003）。

进入小学后，很多儿童第一次有机会与他人进行比较，第一次在家庭以外的成人的指导下学习和游戏。这些成人必须为儿童提供机会，使其体验成功，自我感觉良好，并保持热情和创造性（Battistich, 2010; Comer, 2010）。

当论及个性和社会性发展时，常用的一个关键词是*接纳*。实际上，儿童的能力确实有高低强弱之别。不论教师怎么做，到小学结束（通常更早）时，学生们便已清楚孰强孰弱。然而，学生如何看待这些差异？当成绩差的学生自知永远不可能成为班级明星时，他们把学习的价值看得有多重？在这些问题上，教师会对学生产生举足轻重的影响。

同伴重要性的增强 由于父母在态度和行为方面为儿童树立了榜样，作为儿童早期发展主要影响因素的家庭，其影响还将持续存在。此外，儿童与兄弟姐妹的关系也影响他们与同伴的关系；并且在步入校门之后，儿童在家中培养的常规要么得到强化，要么必须被克服。然而，同伴群体的重要性逐渐增强。在谈及儿童步入家庭以外的世界时，艾拉·戈登指出了同伴的重要性：

> 假如世界是莎士比亚所说的舞台，那么儿童和青少年的主要观众就是他们的同伴。同伴坐在前排和包厢里；而教师和家长则被挤到了后排和楼厅处（p.166）。

资料来源：*The social system of the high school: A study in the sociology of adolescence* by Calvin Wayne Gordon, Published by Free Press,© 1957.

在小学低年级，同伴群体通常由同性别、年龄相仿的儿童组成。儿童的这种偏好可能是由年幼儿童间的能力和兴趣的差异所致。但是到了六年级，同伴群体中通常会既有男生也有女生了。无论同伴群体的构成如何，它们都让儿童有机会将自己的能力和技能与他人作比较。同伴群体中的成员也相互展示各自不同的世界，儿童通过分享彼此的态度和价值观，从中学会了如何鉴别并形成自己的态度和价值观。

儿童期中期的友谊　在儿童期中期，儿童对友谊概念的理解渐趋成熟。友谊是儿童期同伴间社会关系的核心形式，并且在成年之前，友谊的形式会经历一系列变化（Scharf & Hertz-Lazarowitz, 2003）。儿童对友谊的理解是随年龄的增长而变化的（McHale et al., 2003）。在 3~7 岁，儿童通常将朋友看成暂时的玩伴。这一年龄阶段的儿童放学回家后，也许会激动地说："我今天交了个新朋友！杰米让我和她一起玩她的布娃娃。""比尔不再是我的朋友了，因为他不和我一起玩积木。"这些言辞都表明，儿童将友谊看作与特定情境有关的暂时关系，而不是基于共同的兴趣或信念。进入儿童期中期后，友谊变得更加稳定和互惠。在这一阶段，儿童通常会根据个性特征来描述朋友（如"我的朋友玛丽非常友善"），友谊建立在相互支持、关心、忠诚以及相互付出和回报的基础上。

友谊对儿童来说非常重要，其中有几方面的原因。在小学阶段，朋友是一起玩耍、一起做事的同伴，也是儿童重要的情感资源：在新环境中，或者当家庭或其他方面出现问题时，朋友能为儿童提供安全感。当朋友相互传授和示范具体的智力技能时，他们也是彼此的认知源泉。个体也在友谊关系中习得了约束行为举止的社会规范和社会交往技能，也学会了如何成功地解决冲突（McHale et al., 2003）。

同伴接纳　在儿童期中期，同伴关系中的一个重要方面是同伴接纳或在同伴群体中的地位（Parke & Clarke-Stewart, 2011）。受欢迎的儿童是那些最常被同伴提名为喜欢、最少被提名为不喜欢的儿童。相反，受排斥的儿童是那些最常被同伴提名为不喜欢、最少被提名为喜欢的儿童。还有一类儿童，就是那些被忽视的儿童，他们既不常被提名为喜欢，也不常被提名为不喜欢。另一方面，有争议的儿童经常被某些同伴提名为喜欢，但也经常被另一些同伴提名为不喜欢。普通儿童是指那些被提名为喜欢或不喜欢的次数均为中等的儿童。

在小学阶段，那些不被同伴接纳或是遭到排斥的儿童身处风险之中（Ladd & Troop-Gordon, 2003; Wentzel，Berry, & Caldwell, 2004）。与那些被同伴接纳的儿童相比，这些儿童更有可能辍学，做出违法乱纪的行为，在青少年期和成年期出现情绪和心理问题（Ladd & Troop-Gordon, 2003）。有些被排斥的儿童往往会表现出强烈的攻击性；有些则极其被动和退缩，可能会成为被欺凌的受害者（Pellegrini & Bartini, 2000）。无论是具有攻击性还是表现得退缩，被排斥的儿童出现问题的可能性都是最高的（Wentzel et al., 2004）。

有许多特征似乎与同伴接纳有关，比如外表吸引力和认知能力（Wentzel et al., 2004）。被同伴接纳且受欢迎的儿童往往具有合作精神，乐于助人，关心他人，很少表现出捣乱和攻击行为；而不被同伴喜欢的儿童往往表现出很强的攻击性，缺乏亲社会行为和解决冲突的能力。那些被忽视和有争议的儿童其行为方式不太明显，并且他们在群体中的地位通常会在短时间内发生变化（Parke & Clarke-Stewart, 2011）。

链接 3.3

想更多地了解如何系统地强化亲社会技能，请参见第 5 章。想更多地了解关于思维模式、坚持性和努力的内容，请参见第 10 章。

理论应用于实践

发展社会—情绪技能

很多种方法可以帮助儿童和青少年发展社会—情绪技能（Blazar & Kraft, 2015; Durlak et al., 2011）。其中一些方法尤为注重合作学习，教给学生有效的同伴互动策略以及解决人际问题的方法。关爱社区（Communities That Care, CTC）便是一个典型的例子（Hawkins et al., 2008; Hawkins, Kuklinski, & Fagan, 2012），它关注合作学习、积极的课堂管理和社会技能的发展。一项长期的追踪研究发现，与对照组相比，在中学时期参加过这个项目的人在 20 多岁时拥有更高的受教育水平和学术成就。其他关注社会—情绪学习和直接教社会—情绪策略的成功项目还包括：詹姆斯·科默的学校发展项目（School Development Program）（Brown, Emmons, & Comer, 2010）、提高可选择性思维策略项目（Promoting Alternative Thinking Strategy, PATHS）（Domitrovich，Cortes, & Greenberg, 2007）和 4Rs（Reading, Writing, Respect and Resolution）干预项目（Aber et al., 2010）。

另一种有助于提升学生成就动机的社会—情绪技能培养方法是帮他们建立一种思维模式，让他们确信是努力而非仅仅依靠智力，可以让他们有机会获得成功。有几项研究发现，若教师关注努力，认为所有努力的人都有成功的可能性，则会对学生的动机和学习产生积极影响（Dweck, 2006, 2010, 2013; Snipes, Fancali, & Stoker, 2012）。另一种颇有成效的方法强调培养学生的坚持性，也就是“毅力”；教师可以引导学生在困难任务中坚持下去，直至找到完成任务和掌握所学内容的方法（Duckworth, Gendler, & Gross, 2014; Duckworth & Steinberg, 2015）。

鉴于同伴接纳是预测当前和日后个体长期适应性的一个强因素，因此，努力提高儿童的社会交往技能是非常重要的（Carney et al., 2015; Hamm & Zhang, 2010）。这可以通过为学生树立榜样以及称赞他们的亲社会行为（如助人和分享）来实现（Austin & Sciarra, 2010）。

中学阶段的社会情绪发展

在青少年期，儿童的社交和情绪生活也发生了巨大变化（Rice & Dolgin, 2008）。在某种程度上，由于其生理和认知结构的变化，小学高年级学生寻求更快的成长。他们希望家长别再像以前那样对待他们，但许多家长并不愿意改变对待他们的方式。他们还报告说，尽管相信父母是爱他们的，但总觉得父母并不理解他们。对于小学高年级的男生和女生来说，成为某个群体中的一员通常能增强他们的自我价值感。不被同伴接纳会导致严重的情绪问题。这也成为青春期前的儿童与父母关系发生改变的主要原因：并不是他们不太在意父母了，只是朋友变得比以往任何时候都更重要了。这种对同伴接纳的需要有助于解释青春期前的学生在穿着打扮上非常相似的原因。本章开头山姆戴唇环的故事就说明了青少年如何通过独特的穿着或行为方式来表达他们对同伴群体的归属感。

在初中阶段，师生关系通常也会发生一些变化。在小学，儿童很容易认可并依赖教师。在小学高年级，这一关系变得比较复杂（Roeser et al., 2000）。有时，学生愿意将一些他们不会跟父母说的个人隐私告诉老师；有些青春期前的学生甚至把老师选作他们的角色榜样。但同时，也有些青春期前的学生会以几年前他们想都不敢想的方式与老师顶嘴，还有一些则公开与老师作对。另外，也有些学生极力疏远学校，开始了一种可能会导致犯罪和辍学的行为模式（Austin & Sciarra, 2010）。

同一性发展　进入青少年期早期的首要标志之一是**反思**（reflectivity）能力的出现，即思考自己头脑中正在想什么并探究自我的一种倾向。青少年开始更进一步地审视自我，并以有别于以往的方式来界定自己。他们开始认识到自己的想法、感觉与实际行为之间存在差异。运用不断发展的智力技能，青少年能够考虑各种可能性，这使得他们很容易对自己产生不满。他们评判自己的个性特点，将自己与他人进行比较，并试图改变自己的现状。

“校服！这将会抹杀我们的个性！”

青少年也想知道他人看待世界的方式、对世界的看法是否与自己相同。他们开始更明确地意识到自己独立于他人，是具有独特性的个体。他们也意识到他人并不能完全了解自己的想法和感受。“我究竟是谁，有什么特点”这一问题在青少年的个性发展中占据主导地位。根据埃里克森的理论，青少年关注的主要问题是同一性。

詹姆斯·马西亚的四种同一性状态　基于埃里克森的理论，詹姆斯·马西亚（Marcia, 1991）通过对青少年进行深入的访谈，识别出了同一性的四种状态。这些状态反映了青少年在宗教信仰、政治信念和职业选择等方面作出坚定承诺的程度。

1. 同一性早闭：**早闭**（foreclosure）状态的个体从未经历过同一性危机。相反，他们根据父母的选择而非自己的选择过早地确立了自己的同一性。他们对某种职业和理想信念作出了承诺，但这些承诺更多地反映了父母和其他权威人士的看法，而未经他们自主的自我评价过程。同一性早闭代表了一种“虚假同一性”，通常过于僵化和刻板，以至于无法作为应对未来生活危机的基础。
2. 同一性弥散：处于**同一性弥散**（identity diffusion）状态的青少年既没有找到职业方向，也没有形成对任何理想信念的承诺，在这些方面几乎没有取得任何进展。他们或许体验过某种同一性危机，但即便如此，还是未能解决这一危机。
3. 同一性延缓：处于**同一性延缓**（moratorium）状态的青少年已经开始尝试可选的职业、选择某些理想信念，但是他们还不能对任何一种作出明确的承诺。这些青少年正处在同一性危机之中，也正在探索不同的生活选择。
4. 同一性获得：**同一性获得**（identity achievement）反映了同一性的巩固状态，在这种状态下，青少年在职业和理想信念方面作出了自觉、明确的决定。他们确信这些决定是自主且自由地做出的，反映了自己的真实本性和内心深处的承诺。

到了青少年期晚期（18~22 岁），大多数个体已经处于同一性获得状态。然而，青少年的情绪发展似乎与其同一性状态相关。例如，处于同一性延缓状态的青少年其焦虑水平往往最高，而处于同一性早闭状态的青少年其焦虑水平最低（Marcia, 1991）。自尊也与同一性的状态有关：处在同一性获得和同一性延缓状态的青少年报告了最高的自尊水平，而处于同一性早闭与同一性弥散状态的青少年则报告了最低的自尊水平（Marcia, 1991; Wallace-Broscious, Serafica, & Osipow, 1994）。

总之，青少年要想成功地确立自我同一性，那么他们必须不断尝试并保持灵活。通过尝试各种行为和思想，进而检验并改进它们，青少年可以选择最适宜的特性，并舍弃其他特性。为了做到这一点，青少年必须自信地去探索、去尝试，坦然地宣布某项尝试结束；去改变行为，果断地舍弃那些即使得到了他人支持却不适合自身的特性。拥有一个由父母、教师和同伴组成的稳定且具有接纳性的环境是非常有益的，他们能对青少年的探索给予积极的回应。

促进社会—情绪发展　促进儿童和青少年的社会—情绪发展的项目非常多。杜尔拉克等人（Durlak et al., 2011）的一篇综述研究（also see Bandy & Moore, 2011; Hsueh et al., 2014; Terzian, Hamilton, & Ericson, 2011; Yoder, 2014）发现，基于学校的社会—情绪学习（social and emotional learning, SEL）项目能明显促进学生在社会性和情绪方面的发展，并且在某些情况下，也能提升学习成绩。这些项目既包括课上项目，也包括课后项目；既有面向所有学生的预防性项目，也有面向那些已经遭遇困难学生的项目。可以说，它们覆盖了所有年龄段的学生和所有类型的学校。

聚焦社会—情绪发展学习能对儿童产生持久的影响。霍金斯等人（Hawkins et al., 2008）开展的一项研究（also see Kosterman, Haggerty, & Hawkins, 2010）发现，注重主动的课堂管理、互动式教学、合作学习，以及注重儿童社会技能发展与家长培训等内容的社会—情绪学习干预项目对儿童具有重要影响，即使在干预结束后的15年，也就是在学生20多岁时，其影响依然存在。接受干预的学生报告了更高水平的受教育程度和经济收入，以及更高的心理健康水平等其他积极结果。其他的社会—情绪学习干预项目，如关爱社区项目（Hawkins, Kuklinski, & Fagan, 2012）、回应式课堂（Rimm-Kaufman, 2010）、提高可选择性思维策略项目（Domitrovich, Cortes, & Greenberg, 2007; Sheard & Ross, 2012）和4Rs项目（Aber, Brown, Jones, & Roderick, 2010）等，都对多种社会—情绪学习和学业结果产生了积极影响。此外，社会—情绪学习也是詹姆斯·康墨的学校发展项目的核心特征（Brown, Emmons, & Comer, 2010）。

自我概念和自尊　随着儿童步入青少年期并经历整个发展过程，他们的自我概念和自尊也发生了变化。儿童的自我描述转向抽象始于儿童期中期，并在青少年期继续发展。青少年的自我描述通常包括个性特征（友好的、令人讨厌的）、情绪（沮丧的、兴奋的）、个人信念（自由的、保守的）等（Harter, 1998）。此外，他们的自我概念也变得更加分化。苏珊·哈特的研究识别出了青少年自我概念的八个不同方面：学业能力、工作能力、运动能力、外貌、社会接纳程度、亲密的友谊、异性吸引力和行为举止（Harter, 1998）。马什的研究（Marsh, 1993）确定了五种不同的自我概念：学术言语、学业数学、亲子关系、与同性朋友的关系以及与异性朋友的关系。

在青少年期，自尊也发生了波动和变化。当儿童进入初中，也就是**青春期**（puberty）开始时，其自尊水平最低（Jacobs, Lanza, Osgood, Eccles, & Wigfield, 2002）。早熟的女生往往会经历最严重的、持续时间最长的自尊水平下降。总体而言，在青少年期，女生的自尊要低于男生（Jacobs et al., 2002）。对整体自尊和自我价值感影响最大的因素似乎是外貌，其次是同伴的社会接纳。

提高自尊主要是让所有学生都获得一种受重视感和成功感（Goodwin, 2015; Yeager & Walton, 2011）。避免低期望，不与更成功的人进行比较也很重要。

社会关系　儿童进入青少年期后，友谊的性质也随之发生了变化。总体而言，他们与朋友相处的时间明显增多；青少年与同伴相处的时间多于与家庭成员相处或自己独处的时间。与那些缺乏支持性友谊的青少年相比，拥有满意和融洽友谊的青少年报告了更高水平的自尊、更低的孤独感以及更成熟的社交技能，并且在校表现更优秀（Kerr, Stattin, Biesecker, & Ferrer-Wreder, 2003）。

在整个青少年期，相互理解的能力以及认识到他人是有自己情感的独特个体，都十分有助于增加朋友之间的自我表露，增强朋友之间的亲密感和忠诚度。随着青少年期早期的儿童试图确立独立于父母的个人同一性，他们也更多地向同伴寻求安全感和社会支持。小学生还是向父母寻求这种支持，而到了七年级，他们寻求同性朋友的支持与父母的支持相当；到了十年级，同性朋友成为其社会支持的主要来源（Rice & Dolgin, 2008）。

同伴关系　除了亲密的朋友，大多数青少年也非常看重更大范围内的同伴群体，将其视为思想和价值观的来源，也是陪伴他们以及和他们一起娱乐的资源。

青少年时期同伴关系的本质体现了社会地位和同伴团体方面的一些特征。对青少年社会地位或被同伴接纳程度的研究，比照了在儿童期中期识别出的具有同等社会地位的学生群体的情况。和小学生一样，受欢迎和被同伴广泛接纳的青少年，倾向于表现出积极的冲突解决方式、良好的学业能力、亲社会行为和领导能力；而受排斥和不被接纳的青少年，则倾向于表现出攻击性、反社会行为和较差的学习成绩（Frey & Nolen, 2010; Wentzel et al., 2004; Zettergren, 2003）。这些在社交上受排斥的青少年将来面临学业和社交问题的风险似乎也更大（Frey & Nolen, 2010）。然而，温策尔（Wentzel, 2004）发现，在受排斥的初中生中，具有攻击性的初中生在校表现出了许多问题，而具有社交顺从性的初中生并未产生同样的问题。这些发现表明，被同伴拒绝，加之自身的消极行为，致使这些学生处于危险之中。

资格认证指南

大多数教师资格认证考试都要求你了解，学生某一方面的发展（如生理发展）是如何影响其另一方面的表现的（如社会交往）。

研究青少年期的同伴关系，考察青少年所处的小圈子和团体也是角度之一（Barber, Eccles, & Stone, 2001）。小圈子（clique）是由具有共同的兴趣、活动和朋友的成员所组成的相对小而亲密的群体。相对而言，团体（crowd）则是由其声望界定的较大群体。在青少年期，学生对加入的某个小圈子或团体忠诚是普遍的事情，但不一定能长久或稳定。虽然团体施加的服从压力非常强大，但是也只有那些渴望强烈归属感的青少年才会显著地受这些规范的影响。

情绪发展　大多数青少年都会在某些时候经历情绪冲突，这不足为奇，因为他们的身体形象、预期角色和同伴关系都在发生急剧的变化。从小学到初中或从初中到高中的转换，本身也可能给学生造成相当大的压力（Anderman & Mueller, 2010; Sparks, 2011a）。对于大多数青少年来说，情绪困扰是暂时的，能够得到妥当的处理；但对一部分人来说，压力会导致不良行为、吸毒甚至自杀企图（Fisher, 2006）。情绪健康也是在校获得学业成功的一个重要因素（Lowe, 2011）。

小学高年级儿童普遍存在与其生理、认知和社会性发展有关的情绪问题。尽管青春期前的儿童通常是乐观的、快乐的，但他们也有许多恐惧源，比如，害怕不被同伴群体接纳、没有知心朋友、被父母惩罚、父母离异或者学业不佳。

这一年龄段的儿童还会产生一些其他情绪，如愤怒（以及对无力控制愤怒的恐惧）、内疚、沮丧和妒忌。成人需要帮助青春期前的儿童认识到，这些情绪和恐惧只是他们成长过程中很自然的一部分，要鼓励他们把这些情绪和恐惧表达出来，尽管这些情绪在成人看来是无病呻吟。当儿童的行为（基于同伴群体的价值观）与父母的价值观相冲突时，他们多会产生内疚感。愤怒是这个年龄阶段的一种常见情绪，其强烈程度要大于其他许多情绪。正如经常告诉青春期前的儿童不应害怕一样，父母也经常告诫他们不要愤怒。不幸的是，即使对成人来说，这也是不太可能做到的。

青少年期的问题　对许多人来说，青少年期是一段充满风险的时期，因为青少年第一次能够做出可能带来长期不良后果的行为或决定（Hamm & Zhang, 2010; Rice & Dolgin, 2008）。

情绪障碍　中学教师应对青少年所面临的压力保持敏感，并应意识到情绪困扰是普遍存在的（Galambos & Costigan, 2003）。教师应当明白，抑郁、绝望和莫名其妙的愤怒行为可能是青少年需要帮助的信号，应该让这类学生与学校的心理咨询师或其他受过心理学专业培训的成人进行交流（Fisher, 2006）。有几种已被证实的方法可用来改善青少年的情绪适应（Bywater & Sharples, 2012）。

链接 3.4
若想了解更多有关情绪障碍的知识，请参见第 12 章。

欺凌　诸如嘲笑、骚扰和攻击比较弱小或缺少朋友的同伴这类现象在所有年龄群体中都会发生。但是，当儿童步入了青少年期早期，这种现象会变得尤为严重（Bluestein, 2011; Goodwin, 2011a, Lawner & Terzian, 2013; Rodkin, 2011）。实际上，学生们认为学校存在的欺凌行为的数量是预测其辍学的一个关键因素（Cornell, Huang, Gregory, & Fan, 2013）。关于减少欺凌的策略，详见第 11 章。

辍学　中学阶段的辍学会使青少年面临相当大的风险，因为在大多数情况下，辍学也就宣判了他们未来只能从事低端工作，面临失业及贫困（Freeman & Simonsen, 2015; Rumberger, 2011）的风险。当然，导致辍学的因素在学生求学生涯的初期就有所显现：学业失败、留级、被编入特殊教育班级、频繁缺课、表现出抑郁症状等都预示着学生将来有可能辍学（Quiroga, Janosz, Bisset, & Morin, 2013）。总体来看，辍学率一直在下降，这在非裔美籍和拉美裔学生群体中尤为明显，尽管他们依然面临着相对更高比例的辍学风险（Swanson, 2012）。学校通过一些项目，给予面临风险的学生个别关注，让他们担任有较高地位的角色，在学业短板上帮助他们，这些做法可以大大降低这些学生的辍学率（Battistich, 2010; Comer, 2010; Corrin et al., 2015; MacIver et al., 2010; What Works Clearinghouse, WWC, 2015）。在规模较小、更关注学业的高中，学生的辍学率往往低于其他类型学校的学生（Lee & Burkam, 2003）；旨在让学生参与亲社会活动的项目能够提高他们的毕业率（Balfanz, 2011; Porowski & Passa, 2011）。

药品和酒精滥用　在青少年中，物质滥用现象仍然很普遍。80% 的高中毕业生尝试过饮酒（Jung, 2010），31% 的学生尝试过吸食大麻（National Institute on Drug Abuse, 2005）。毋庸置疑，毒品和酒精滥用与学业失败有紧密联系，但学校中的社交和学业上的成功能极大地降低物质滥用的可能性（Fletcher, 2012）。

链接 3.5
若想了解如何预防违法，请参见第 11 章。

违法　青少年期最危险的问题之一就是开始出现严重的违法行为。这个问题在男生身上远比在女生身上更为普遍。违法者通常是那些成绩较差的学生，很难让他们相信沿着学校为他们铺就的道路前进就能取得成功（Hawkins et al., 2000; Thio, 2010; Tolan et al., 2013）。绝大部分青少年的违法是群体现象，大部分的违法行为都表现为团伙作案，或是受到不法小团伙的鼓动和支持（Austin & Sciarra, 2010; Goode, 2011）。因此，成功预防青少年违法和暴力行为的项目通常涉及团体干预（Coren et al., 2013; Griffin & Botvin, 2012; Haggerty & Kosterman, 2012; Hawkins, Kuklinski, & Fagan, 2012; Silvia et al., 2011）。

有意识的教师

在有意识教学中考虑学生的社会性、道德和情绪发展

有意识的教师能认识到所教学生的预期发展特征，并对学生的多样性保持敏感。他们能：

- 意识到学生正试图完成的关键性发展任务是什么（参见埃里克森的图式），并帮助学生成功地解决这些任务；
- 意识到学生的道德发展水平，并为他们提供与其年龄相符的讨论和解决道德困境的机会；
- 致力于创建这样的课堂实践：支持积极的社会—情绪发展，减少不必要的社会比较或不健康的竞争；
- 帮助学生发展积极的友谊关系，给学生提供在富有成效的团队中工作的机会，强化友好和利他的行为；
- 想方设法让家长参与到学校工作中来，整合家校间的努力，让所有的孩子都形成积极的社会—情绪行为；
- 密切注意学生间的欺凌行为以及其他的消极互动；同时，为防止此类行为发生，他们会及时介入，建立班级规范。

理论应用于实践

预防青少年问题

并不是所有的青少年都会遇到严重的问题，但对于那些处境不利的青少年来说，能在问题发生前就防患于未然，效果要好得多。许多方案通过将预防策略融入常规课程中而成功预防了一系列问题行为。例如，有多个方案通过引入“生活技能训练”，重点是教学生作出正确的决定和抵抗同伴压力等技能，减少了高风险行为（Stipek, de la Sota, & Weishaupt, 1999）。还有些方案则关注帮助学生建立合作、利他和社会责任感等规范（Battistich, Watson, Solomon, Lewis, & Schaps, 1999）。另一个被广泛推荐的方案是让社区机构参与到那些促进儿童亲社会行为的培养活动中来（Kidron & Fleischman, 2006）。全校范围内的综合性变革模式对预防初中生（Balfanz & MacIver, 2000）和高中生（Bottoms, Feagin, & Han, 2005; Darling-Hammond, Ancess, & Ort, 2002; McPartland, Balfanz, Jordan, & Legters, 2002; MDRC, 2013; Stiefel, Schwartz, & Wiswall, 2015）的风险行为，尤其是旷课和辍学等，具有积极的作用。

InTASC 标准 3

学习环境

资格认证指南

在教师资格认证考试中，有可能要求你回答学生的身体、社会性、情绪、道德和认知发展对其学习的影响。

怀孕的风险　对所有的女性青少年而言，尤其是那些来自低收入家庭的少女，怀孕和分娩都是极为严重的问题（Susman, Dorn, & Schiefelbein, 2003）。青少年期的男生有可能通过违法行为来彰显自己不受成人的控制，而女生则有可能通过发生性行为

且在多数情况下都会生育这种方式来迫使这个世界把她们看作成人。因为过早生育，这些女生很难将学业继续下去，也很难找到工作，这是造成贫困恶性循环的一个主要原因，许多少女妈妈自己就出生于贫困家庭。当然，怀孕涉及的另一方就是少年爸爸，少年爸爸通常在学校中也表现出许多行为问题和学业问题。许多教育方案旨在推迟性行为的发生，以及减少怀孕的可能性。对这些方案有效性的考察表明，与只强调节欲的方案相比，如果既强调节欲，又强调使用安全套或其他一些避孕方法的方案，则更为有效（Card & Benner, 2008）。

性传播疾病的风险 艾滋病和其他性传播疾病发生率的上升加剧了早期性行为的传统风险。艾滋病在青少年期依旧罕见（National Institute of Allergy and Infectious Disease, 2002）。然而，由于艾滋病有长达 10 年的潜伏期，青少年无防护措施的性行为、共用针头注射毒品以及其他的风险行为通常会导致成年期早期艾滋病的高发率。艾滋病的出现警示我们，及早且明确地进行性教育是非常关键的，这是涉及生死的重要问题。然而，光有知识还不够，性欲旺盛的青少年还必须能够获得安全套，并借助实际的、心理上的巧妙诱因来促使他们愿意使用安全套。

性别认同 在青少年期，人们开始探索自己的性别认同，其中包括开始认同男同性恋取向或女同性恋取向的年轻人。男同性恋、女同性恋、双性恋和跨性别的青少年承受着来自父母方面的巨大压力及困难（Robinson & Espelage, 2011）。他们尤其容易与同伴产生问题，这些同伴可能严守着反对同性恋的铁律，可能会对同性恋的学生进行嘲弄、排斥，甚至实施暴力行为（GLSEN, 2009）。教师需要做出接纳同性恋学生的示范，并严格执行学校规定，禁止不尊重任何人——无论是同性恋者还是异性恋者（Koppelman & Goodhart, 2008）。

本章概要

个性和社会性发展的理论观点

埃里克森提出了心理社会发展的八个阶段，每个阶段都由一个特殊的心理社会危机所主导，这些危机是通过与社会环境的互动而引发的。阶段 1：信任对不信任（从出生到 18 个月），目标是通过与照护者的互动建立起信任感。阶段 2：自主对怀疑（18 个月到 3 岁），儿童具有依赖父母和让父母放手的双重愿望。阶段 3：主动对内疚（3~6 岁），儿童通过探索环境来完善自我认识。阶段 4：勤奋对自卑（6~12 岁），儿童入学，学业上的成功和失败居于核心地位。阶段 5：同一性对角色混乱（12~18 岁），青少年转向同伴群体并开始寻找伴侣和发展事业。阶段 6（亲密对孤独）、阶段 7（繁衍对停滞）和阶段 8（整合对绝望）则发生在成年期。

道德发展的理论观点

根据皮亚杰的观点，儿童在 6 岁左右发展出他律道德（依据道德现实主义服从权威），之后发展为自律道德（基于道德准则的理性道德）。科尔伯格的道德推理阶段论反映了儿童对道德困境的反应。在阶段 1 和阶段 2（前习俗水平），儿童在遵守他人制定的规则的同时努力使个人利益最大化；在阶段 3 和阶段 4（习俗水平），个体遵守规则，相信法律和秩序，寻求他人的认可；在阶段 5 和阶段 6（后习俗水平），人们根据自主选择遵从的抽象道德原则来界定自己的价值观。

儿童在社会性与情绪方面是如何发展的

学前阶段

儿童期早期的社会情绪发展可以部分地用埃里克森的主动对内疚阶段来描述。皮亚杰将自我中心描述为前运算思维阶段的特征，而同伴关系有助于儿童克服自我中心倾向。亲社会行为包括关爱、分享、安慰和合作。帕滕区分出了四种游戏：单独游戏、平行游戏、联合游戏、合作游戏，它们的社会互动程度和复杂性逐渐升高。游戏可以训练儿童的语言、认知、社交技能和创造性技能。

小学阶段

在儿童期中期，儿童正在解决埃里克森的勤奋对自卑的心理社会危机。学校成为发展的主要影响因素，儿童在学校里建立公开的自我，学习社交技能，基于学业或非学业的能力建立自尊。在 9~12 岁的前青春期，同伴关系中的顺从、性别混合的同伴群体、挑战成人的权威会变得更加重要。

中学阶段

青少年在这一时期解决埃里克森的自我同一性对角色混乱的心理社会危机。他们在意其他人是如何看待自己的，探究过去经历，尝试不同角色，跟着感觉和信念行动，在同伴关系中逐渐寻求更多的自主性和亲密感。当个体过早地选择了一种角色时，就会发展为同一性早闭型；但到了青少年期晚期，大部分人都发展为同一性获得型。诸如辍学、物质滥用、艾滋病等许多因素，使青少年处于高风险之中。

关键术语

心理社会理论
心理社会危机
他律道德
自律道德
道德困境
道德的前习俗水平
道德的习俗水平
道德的后习俗水平
同伴
亲社会行为
单独游戏
平行游戏
联合游戏
合作游戏
自我概念
自尊
社会比较
反思
早闭
同一性弥散
同一性延缓
同一性获得
青春期

自我评估：资格认证练习

指导语：本章开头案例中强调了美国各州资格认证考试中常出现的一些评估指标。请重读开头案例，回答下列问题。

1. 在山姆和比利的互动中，我们注意到相差几岁的学生之间存在巨大差异。根据本章提供的信息，下面哪一种行为更可能是比利的而不是山姆的表现？
   a. 遵从父母的意愿
   b. 服从同伴的要求
   c. 表现独立性
   d. 理想主义
2. 根据本章提供的信息，下面哪一种行为更可能是山姆的而不是比利的表现？
   a. 遵守简单的规则
   b. 挑战传统
   c. 认为不服从就会受到惩罚
   d. 依赖父母
3. 一般而言，年幼儿童的社交生活是按照一种相对可预期的方式发展的，其社会关系网的发展顺序是从与父母或其他监护人的亲密关系发展到与：
   a. 无关的成人、同伴，之后是其他家庭成员。
   b. 同伴、无关的成人，之后是其他家庭成员。
   c. 其他家庭成员、同伴，之后是无关的成人。
   d. 其他家庭成员、无关的成人，之后是同伴。
4. 对于像山姆这样正在步入皮亚杰所说的"形式运算阶段"的学生而言，下面哪种教学策略与其发展相适宜？
   a. 教山姆在阅读时听单词的特定发音（音素意识）。
   b. 允许山姆根据对单词发音所做的判断，以及把读音和已知的字母联系起来，从而推想出单词。
   c. 帮助山姆解决主动对内疚的人格危机。
   d. 要求山姆写一篇包含辩论（从正反两方面讨论一个问题）的论文。
5. 青春期早期的最初标志之一就是反思能力的出现。反思是：
   a. 退回到自我中心的思维
   b. 主动性的发展
   c. 对自己的心智过程进行思考的能力
   d. 为了共同的目标而与他人合作
6. 设计一堂适合比利这个年龄段个体的课，并解释为什么你认为这堂课是适宜的。
7. 设计一堂适合山姆这个年龄段个体的课，并解释为什么你认为这堂课是适宜的。
8. 青少年最严重的问题之一是违法，违法者通常：
   a. 因无聊而产生违法行为的成绩优秀的学生
   b. 擅长通过社交来诱导他人犯罪
   c. 认为自己不可能取得学业成功的差生
   d. 晚熟的青少年
9. 根据科尔伯格的道德发展理论，教师如何帮助三年级学生超越"规则就是规则，没有例外"的认识？
   a. 用下一更高阶段的解释来挑战学生的推理
   b. 讨论道德困境问题
   c. 为学生朗读有关道德行为的书籍
   d. 让每个学生写一个关于不遵守规则之人的故事

Shutterstock

第 4 章

学生多元化

本章提纲

学习成果

学完本章后，你应当能够：

4.1 论述社会经济地位如何影响学生成就，并确定学校可以帮助低收入家庭孩子取得成功的方法；

4.2 论述种族、族裔和语言差异如何影响学生的学校生活，并确定在多元文化的学校中教学需要遵循的重要原则，以及帮助英语学习者在英语课堂中获得成功的方法；

4.3 描述性别偏见如何影响学校教育，并确定学校以平等和尊重的方式支持所有学生的方法；

4.4 描述关于智力与学习风格的常见定义和理论；

4.5 描述有关学生多元化的知识如何指导有意识的教学。

本章提纲（续）

多元文化教育

多元文化教育的维度

性别和性别偏见如何影响学生的学校生活

男性和女性的思维与学习

男生危机

性别角色刻板印象和性别偏见

性取向和性别认同

学生在智力和学习风格上的差异

智力的定义

智力的起源

学习风格理论

能力倾向—教学处理的交互作用

玛瓦·万斯和约翰·罗西是埃玛·拉扎勒斯小学新入职的教师。时下是11月，玛瓦和约翰相约在咖啡厅见面，谈论即将到来的感恩节庆典活动。这是一件令许多第一年执教的教师颇感头疼的事情。

“简直要把我逼疯了！”玛瓦开口说道。“我们班就像联合国一样。我该如何安排感恩节庆典活动呢？我的班上有3个纳瓦霍族学生，我应该让他们打扮成美洲原住民的样子吗？这样做会不会冒犯他们？班上的越南学生可能从未见过火鸡，而且吃那么大的‘鸟’，想来一定会让他们感到恶心。我想知道感恩节庆典活动对我的非裔美国学生意义有多大。我记得在以前的活动中，老师会让这些非裔美国学生担任幕后工作人员，因为她认为朝圣者中从来就没有非裔美国人！除此之外，我要怎么安排主持人呢？约瑟说他想当主持人，但是他的英语不太好。雷克莎的英语倒是很好，但是她经常要在校外参加辩论赛，可能会错过一些排练。我还在犹豫究竟让谁来扮演猎人。猎人都应该是男生来扮演吗？如果让男生扮演猎人、女生扮演厨娘，这难道不是一种性别刻板印象吗？马克怎么办？他坐轮椅，我能让他扮演猎人吗？”

约翰叹了口气，眼睛望向手中的那杯咖啡。“我能理解你所说的。我只是让班里的学生报名扮演庆典活动中的角色。结果，男生都报名当猎人，女生都报名当厨娘，那些美洲原住民……好吧，你知道的。当学生融入了他们的角色以后，也许我们对已形成的刻板印象再采取什么措施都为时已晚了。”

运用你的经验

批判性思维 花四五分钟的时间，为上面的案例写一个合理的结尾。玛瓦·万斯最终是如何做的？结果如何？

合作学习 4个学生组成一组，分角色扮演玛瓦和约翰。然后讨论他们提出的问题。6分钟后，向全班报告他们小组的结论。

学生千差万别。他们在种族、文化、社会阶层和母语等方面存在差异，性别也不相同。有些人身患残障，而有些人则在某一方面或某些方面有天赋或才能。他们的学业水平、学习速度和学习风格也多有不同。这些差异对教学、课程设置以及学校的政策和实施会产生重要影响。玛瓦和约翰会考虑学生的多元化，因为这关系到他们正在筹备的感恩节庆典活动。然而，学生多元化及其对教育的意义，并非仅仅局限于感恩节活动，而是每时每刻都很重要。在本章中，我们将探讨北美学生多元化的一些重要方面，以及教师在日常教学中接纳、适应和赞美学生多样性的一些方法。然而，多元化是一个如此重要的问题，以至于本书几乎每一章都会涉及。教师不仅仅是学生的指导者，他们和学生也都是未来社会的建设者。教师职责中的一个关键部分是，确保作为美国国家精神核心的“机会均等”理念能具体落实到每日的课堂活动之中。

文化对教与学的影响

InTASC 标准 2

学习差异

如果你到国外旅行过，你就会注意到人们在行为、态度、衣着、语言和饮食等方面的不同。实际上，旅行的乐趣之一就是发现**文化**（culture）上的差异，而文化是指一个群体共同的规范、传统、行为、语言和观念（King, 2002）。尽管我们通常认为文化差异主要是国家间的差异，但就文化的多样性而言，美国国内的文化差异似乎与美国和其他工业化国家之间的差异程度不相上下。美国或加拿大的中产阶级家庭的生活，可能与意大利、爱尔兰或以色列的中产阶级家庭更相似，而与居住在几公里外的本国低收入家庭有更大差异。然而，尽管我们很重视国家间的文化差异，但对我们自己社会内部的文化差异却往往不太重视。人们更倾向于重视主流上层社会群体的特征，而贬低其他群体的特征。

在入校学习时，儿童就已经汲取了其成长环境中文化的诸多方面，如语言、信仰、态度、行为方式和饮食偏好等。更准确地说，大部分儿童都会受多种文化的影响，因为他们同属于多个有交集的群体。每个儿童的文化背景都会受其种族、社会经济地位、宗教、母语、性别以及其他群体身份和经验的影响（见图 4.1）。在特定文化背景下成长的儿童所形成的许多行为都对课堂教学具有重要影响（Banks, 2015; King & McInerney, 2014）。例如，学校期望儿童能够说一口标准的英语。这对那些来自说标准英语家庭的儿童而言很简单，但对那些家庭说其他语言或明显偏离标准英语的方言的儿童来说就很难了。学校还希望学生们有很强的语言技能，用大部分时间进行独立学习，并与其他同学展开竞争，以获得好成绩和认可。然而，许多文化更看重合作和同伴关系，而不是独立和竞争（Boykin & Noguera, 2011）。因为学校文化反映的是主流的中产阶级的价值观，且大部分教师都来自中产阶级的家庭，因此，那些来自不同文化背景的儿童往往就会处于不利地位。无论是对于有效地教授学业课程和培养行为，还是实现学校的预期目标，了解学生的背景都至关重要（Asher, 2007）。

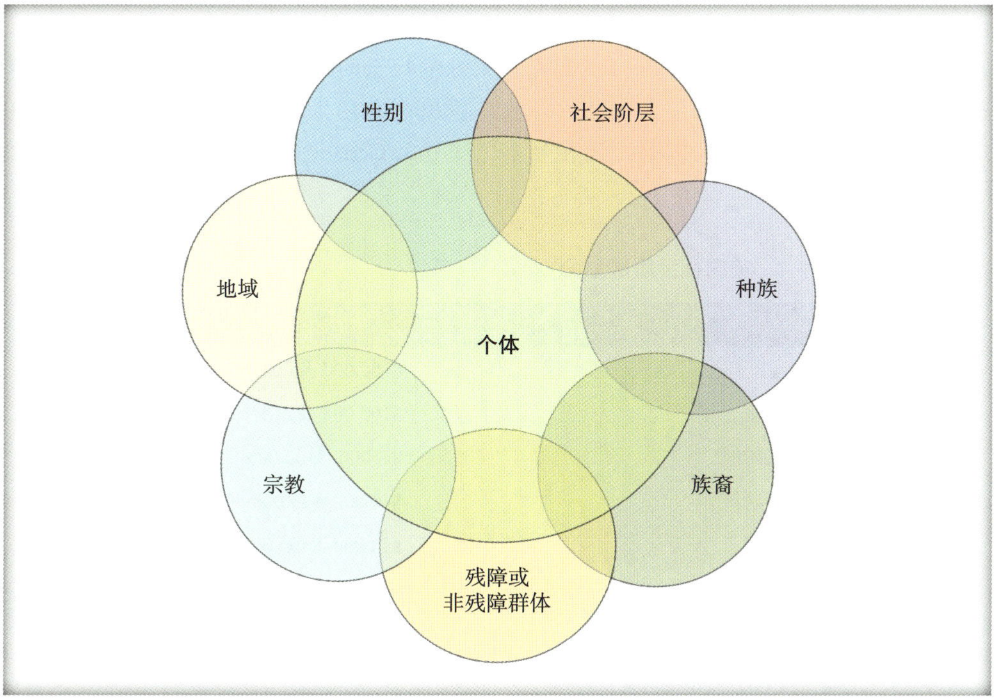

图 4.1 文化多样性与个体认同

资料来源：Reprinted with the permission of James A. Banks from James A. Banks, *Cultural Diversity and Education: Foundations, Curriculum, and Teaching* (5th edition). Boston: Allyn and Bacon Pearson, Figure 4.3 (p.77). Boston: Allyn and Bacon, 2006.

社会经济地位如何影响学生的成就

学生之间的一项重要差异是社会阶层的差异。即使在几乎所有人都有相同种族和宗教信仰的乡村小镇，银行家、医生和教师的孩子很可能与大多数农场工人或家政服务者的孩子经历不同的教养方式。

社会学家们根据个体的收入、职业、受教育程度和社会声望（Duncan & Murnane, 2014a, b; Entwisle, Alexander, & Olson, 2010; Thompson & Hickey, 2011）来界定社会阶层或**社会经济地位**（socioeconomic status, SES）。这些因素往往是密切相关的，因此研究者通常用个体的收入和受教育年限这两者的组合来评定社会经济地位，因为它们最容易被量化。表 4.1 展示了美国典型的社会阶层划分与家庭收入之间的关系。

在本书中，术语*中上层阶级*或*上层阶级*用于指这样一些家庭，其养家者从事的工作需要从业者具备高中以上的重要学历；*中产阶级*指这样一些家庭，其养家者从事的工作需要从业者具备高中以上的某些学历；*工薪阶层*是指那些养家者从事的工作相对稳定但不需要较高教育水平的家庭；*下层阶级*指的是那些居住在城市或乡下的社会底层的家庭，这些家庭的养家者经常失业，生活靠政府救济。

然而，社会阶层反映的不仅仅是收入水平和受教育程度，还伴随着与之相应的一系列普遍的行为方式、期望和态度，这些都与其他各种文化因素相互交织，并受其影响。学生出身于何种社会阶层，可能会对他们在校的态度和行为产生深远影响。与中产阶级家庭的学生相比，那些来自工薪阶层或下层家庭的学生在入学前很少会数数、认字母、用剪刀剪东西或对颜色进行命名；他们在学校里取得好成绩的可能性也不如那些来自中产阶级的儿童（Duncan & Murnane, 2014a, b; Entwisle et al., 2010; Sackett, Kuncel, Arneson, Cooper, & Waters, 2009; Sirin, 2005）。他们的父母不太可能与孩子的老师建立密切的关系或广泛参与学校事务（Nzinga-Johnson, Baker, & Aupperlee, 2009）。当然，这些差异只是针对平均情况而言的；许多工薪阶层和下层家庭的父母们在支持孩子学业方面做得相当出色，并且许多来自这些家庭的孩子们也取得了颇高水平的成就（Erberber et al., 2015）。每个社会阶层都包含不同的种族和族裔。平均来看，尽管拉丁裔和非裔美国家庭的社会阶层的确低于白人家庭，但这些家庭也有大幅度的交叉；在美国的低收入家庭中，白人家庭占了大多数，而且在中产阶级家庭中，非白人家庭也是相当多的（U.S. Census Bureau, 2013）。社会阶层

表 4.1　美国社会阶层划分

	家庭收入
前 5%	$186 000 及以上
上层阶级	$100 000 及以上
中上层阶级	$63 000~$100 000
中下层阶级	$40 000~$63 000
工薪阶层	$20 000~$40 000
下层阶级	$20 000 及以下

资料来源：U.S. Census Bureau, 2013 Annual Social and Economic Supplement to the Current Population Survey.

表 4.2　父母的受教育水平与八年级学生的 NAEP 阅读成绩（2015 年）

父母的受教育水平	达到或超过“熟练”等级的百分比（%）
大学学历	51
接受过高中学历以上的某些教育	14
高中学历	15
未完成高中教育	7

资料来源：Based on National Center for Education Statistics (NCES), 2015, *National Assessment of Educational Progress*, Washington, DC: Author.

的划分是基于收入、职业和受教育程度等因素，而不是基于种族或族裔。

表 4.2 呈现的是在 2015 年美国国家教育进步评价（National Assessment of Educational Progress, NAEP）中八年级学生的阅读成绩（National Center for Education Statistics, NCES, 2015）。从中可以看出，比较任意两行，父母受教育水平（社会阶层的一个关键要素）较高的孩子的阅读成绩比那些父母受教育水平较低的孩子要好。类似地，在那些有资格获得免费午餐或打折午餐（NAEP 用于衡量儿童家庭收入的一个指标）的四年级学生中，仅有 15% 的学生达到或超过了 NAEP 阅读部分的“熟练”等级，而在那些没有资格享用此类午餐的四年级学生中，达到“熟练”等级的为 42%（NCES, 2015）。

教养方式以及其他家庭因素的作用

造成儿童学业成就差异的主要原因是中产家庭和下层家庭父母在教养方式上的平均差异。这一说法的依据之一是，有很多证据表明，被中产家庭收养的那些下层家庭的儿童往往比其未被收养的兄弟姐妹（通常收入低）取得的学业成就水平高很多，但与那些由养父母生养的兄弟姐妹的学业成就相当（van IJzendoorn, Juffer, & Klein Poelhuis, 2005）。

许多研究非常关注一般的中产家庭与一般的工薪阶层或下层家庭在教养方式上的差异（Alexander, Entwisle, & Olson, 2014; Dickerson & Popli, 2012; Holmes & Kiernan, 2013）。与中产家庭的孩子相比，许多低收入家庭的孩子所受的家庭教育与学校要求的行为标准差距更大。当儿童入学时，在遵从指示、解释和理解原因、理解和使用复杂的语言等方面，中产家庭的儿童一般会表现良好，而工薪阶层或下层家庭的儿童很可能缺少这些方面的经验（Parkay, 2006）。贫穷家庭的儿童很可能难以获得卫生保健服务，罹患诸如铅中毒等与贫困相关疾病的可能性更大（Murphey & Redd, 2014）。他们更可能无家可归，也更可能从一所学校转到另一所学校（Fantuzzo et al., 2012; Voight, Shinn, & Nation, 2012）。他们的母亲通常也不太可能得到良好的孕期护理（McLoyd, 1998）。这些因素有可能造成儿童的认知发展滞后，进而影响他们的入学准备。不难理解，低收入家庭缺乏有助于他们的孩子获得成功的各种资源（Children’s Defense Fund, 2009; Ryan, Fauth, & Brooks-Gunn, 2013）。例如，贫困家庭的儿童更可能患未矫正的视力缺陷、听力问题、哮喘或其他健康问题，而这些会阻碍他们在学业上获得成功（Natriello, 2002; Rothstein, 2004）。那些来自非常贫困、混乱家庭的儿童可能会遭受“恶性应激”，这会影响他们的终生发展（Johnson, Riley,

Granger, & Riis, 2012; Shonkoff et al., 2012）。

存在于中产家庭与下层家庭之间的另一个重要差别体现在亲子活动方式上。中产家庭的父母倾向于对自己的孩子表现出高期望，并对孩子的智力发展给予奖励。他们能在语言应用方面为孩子树立良好的榜样，经常与孩子交谈，给孩子读书，并且鼓励孩子阅读或进行其他的学习活动。他们尤其会在家中为孩子提供各种各样的学习材料或设备，比如电脑、书籍和教育类游戏（Entwisle et al., 2010; Yeung, Linver, & Brooks-Gunn, 2002）。他们更可能在孩子入学之前就经常给孩子读书听（Hood et al., 2008）。这些父母还经常为孩子提供家庭之外的学习体验，比如带他们去博物馆、音乐厅、动物园等地方（Duke, 2000）。他们更可能有能力帮助孩子取得学业上的成功，也更可能参与到孩子的教育中（Heymann & Earle, 2000）。中产家庭的父母对孩子的学习成绩有着较高的期望与要求，而工薪阶层和下层家庭的父母更倾向于要求孩子举止得当和服从（Knapp & Woolverton, 1995）。帮助处境不利的父母与其子女进行更丰富的互动，这会对这些孩子的认知表现产生实质性的影响。例如，亲子家庭项目（Parent–Child Home Program, PCHP）为处境不利的母亲提供适合学步儿的玩具，并示范如何与孩子玩耍、交谈，以促进她们孩子的智力发展。研究发现，与父母未接受过亲子家庭项目服务的孩子相比，上述简便易行的干预活动对孩子的认知技能和学业成就具有显著而持久的作用（Allen & Seth, 2004; Levenstein, Levenstein, & Oliver, 2002）。

家庭收入与孩子暑期学习的关联

链接 4.1
若想了解更多关于暑期学习项目的内容，请参见第 9 章。

一些研究发现，虽然低社会经济地位家庭的孩子与高社会经济地位家庭的孩子在某学年中的学业成就都取得了相似的进步，但是在整个暑假期间，后者会继续取得进步，而前者则落后了（Allington et al., 2010; Borman, Benson, & Overman, 2005; Heyns, 2002; Slates, Alexander, Entwisle, & Olson, 2012）。这些研究结果表明，家庭环境不仅影响学生入学前的学业准备，而且也会影响他们整个学习期间的学业成就水平。中产家庭的孩子在暑期更可能参加类似于平时在学校中的活动，获得更多的学习资源；而工薪阶层和下层家庭的孩子在家中较少接受与学业有关的环境刺激，于是他们就更可能忘记在学校中学过的东西（Hill, 2001）。“暑假滑坡”现象也让许多学校为那些面临学业失败风险的学生提供暑期学习的机会。研究发现，这是一种有效的策略（Borman & Dowling, 2006; Kim & Quinn, 2013; Martin, Sharp, & Mehta, 2013; Zvoch & Stevens, 2013）。

学校作为中产阶级机构的作用

链接 4.2
若想了解更多关于合作学习策略的内容，请参见第 8 章。

来自主流中产阶级之外的工薪阶层或下层家庭出身背景的学生在学校里会遭遇各种困难，部分原因是这些父母在教养孩子的过程中强调的行为与学校看重的行为不同。独立性和未来取向正是其中两种典型的中产阶级价值观（Jagers & Carroll, 2002）。美国的大部分课堂教学都是基于这样一种设想：学生应该独立完成自己的工作，帮助他人通常被视为一种作弊行为。学校期望学生们为了成绩、为了获得老师的关注和表扬以及其他各种奖励而进行竞争。竞争与独立工作的价值观早已渗透到大多数中产家庭中。然而，与中产家庭的儿童相比，那些来自下层家庭的学生更不愿意参与竞争，他们对同伴合作更感兴趣（Boykin & Noguera, 2011）。这些学生小时候就学会了信赖自己的社区、朋友和家庭，总是互相帮助。不足为奇，那些最倾向于与他人合作的学生在与他人的合作中学得最好，而那些偏好竞争的学生则在竞争中学得最好（Slavin, 2011）。对于许多来自少数族裔和下层家庭的儿童来说，他们的合作倾向与学校所提倡的竞争倾向并不匹配。因此，许多研究者（Boykin & Noguera, 2011; Howard, 2014）指出，在传统的课堂中存在着一种不利于这些儿童的结构性偏见。他们建议教师们至少应拿出一部分时间让这些学生进行合作学习，使他们能够接受符合其文化取向的指导（Slavin, 2011; Webb, 2008）。

资格认证指南

教师资格认证考试可能会要求你识别出影响学生学习的校外因素，其中包括文化、家庭环境、社区环境、健康和经济条件。

学校和社区因素

通常，低收入家庭的儿童因其居住的社区和就读学校的特征而被置于学业失败的风险中（Aikens & Barbarin, 2008; Katz, 2015）。例如，美国大部分地区的学校所获资金都与社会阶层相关联；中产家庭的孩子更可能就读于拥有丰富资源、高薪教师（因此也更称职）以及其他优势的学校（Darling-Hammond, 2008）。除了这些差异，为低收入社区开办的学校可能不得不把更多的资金用于安全保障、服务有困难的学生以及满足其他各种需要，如此一来，用于常规教学的资金就相应地更少了（Weissbourd & Dodge, 2012）。资源的短缺会显著影响学生的学习成绩（Land & Legters, 2002; Rothstein, 2004）。在一些非常贫困的社区，犯罪、正面榜样的缺失、社会服务和健康服务的匮乏以及其他因素，可能会形成一种损害儿童学习动机、学习成绩和心理健康的环境。生活在极度贫困社区的孩子往往会频繁搬家，甚至有些时候居无定所，而这些无疑会对他们的学习产生毁灭性的影响（Murphy, 2011）。另外，教师可能对处境不利的学生抱有的期望较低，这也会影响学生的动机和成绩（Becker & Luthar, 2002; Borman & Overman, 2004; Hauser-Cram, Sirin, & Stipek, 2003）。

提升处境不利学生的心理韧性

当然，社会经济地位低并不意味着儿童就注定会失败。许多身处困境的儿童发展出了所谓的*心理韧性*，这项能力使他们在受到诸多不利因素影响时仍能取得成功（Borman & Overman, 2004; Erberber et al., 2015; Glantz, Johnson, & Huffman, 2002; Waxman, Gray, & Padron, 2002）。例如，博尔曼与奥弗曼（Borman & Overman, 2004）曾利用大型的美国国家数据库来考察那些数学成绩优秀但来自处境不利家庭的学生。在个体水平上，具备心理韧性的学生拥有高自尊、对学校态度积极和高学习动机等特征。更为重要的是，那些培养出有心理韧性的学生的学校，能够为学生提供富有支持性的学校共同体、安全且有秩序的环境及积极的师生关系。例如，具有心理韧性的学生更多地报告“我的多数老师会倾听我所说的事情”，而不同意诸如“在课堂上，我觉得老师看不起我”的说法。

其他研究者也发现了能够提升学生心理韧性的学校特征，其中包括高学业标准（Gorski, 2013; Jensen, 2014; Parrett & Budge, 2012）、规则明晰的结构化学校和课堂（Pressley, Raphael, & Gallagher, 2004）以及对课外活动的广泛参与（Wigfield, Byrnes, & Eccles, 2006）。

InTASC 标准 10

领导力与协作

学校、家庭和社区的合作关系

如果家庭背景是解释学业成就差异的一个关键因素，那么让家庭参与并支持孩子的学业活动自然可以成为解决方案的一部分。作为一名专业的教育工作者，教师可以通过各种方式接触学生家庭和其他的社区成员，以促进家校之间的交流和相互尊重，并教给家长一些策略来帮助自己的孩子取得成功。爱泼斯坦及其同事（Epstein et al., 2002）描述了学校在与学生家长的广泛合作关系中应强调的六种家长参与类型（also see Axford et al., 2012; Berger & Riojas-Cortez, 2016; See & Gorard, 2013; Walker & Hoover-Dempsey, 2008）。

1. *教养方式*：为家长提供教养方式和育儿技能方面的帮助，教会他们如何为儿童提供家庭支持、理解儿童和青少年的发展，以及创设适宜的家庭环境来促进不同年龄和年级学生的学习。了解学生家庭方面的情况，有助于学校理解儿童的家庭背景、文化以及家庭为儿童设立的目标。
2. *沟通*：通过家校之间的双向沟通，告知家长学校的计划和学生的进步。使用诸如电子邮件、脸书、推特和网站等各种科技手段，使学校与大多数家庭间的双向沟通成为一件易事（Rideout, 2014）。创设双向沟通的渠道，以便家长与教师和学校主管领导能够便捷地交流。
3. *志愿服务*：通过改进招募、培训、活动内容和日程安排，让家长以志愿者和听众身份，积极参与在学校或其他地方举办的活动，以支持学生的学习及学校项目的开展。
4. *在家学习*：促使家长参与孩子在家中的学习活动，包括孩子的家庭作业、目标设定以及其他与课程相关的活动和决策。鼓励家长给孩子读书，听孩子读书。
5. *参与决策*：通过家长—教师联合会（PTA）、校委员会、校董事会和其他家长组织，使家长参与学校的决策、管理和倡导的活动。帮助家长代表从他们所代表的家庭中获取信息并为那些家庭提供信息。
6. *与社区合作*：与社区的企业、机构、文化组织和民间组织、学院或大学以及其他团体协商互助（Price, 2008）。使学生能为社区服务。

关于家长参与的相关研究清楚地表明，那些亲自参与孩子教育的家长，其孩子的成就水平比其他的孩子更高（Flouri & Buchanan, 2004; Lee & Bowen, 2006; Van Voorhis et al., 2013）。然而，针对促进家长参与的学校项目的作用，尚存在更多争议。许多研究表明，家长和社区参与的学校项目，尤其是那些强调家长扮演子女教育者角色的项目，已取得了良好的效果（Comer, 2005; Epstein et al., 2002; Hood, Conlon, & Andrews, 2008 ; McElvany & Artelt, 2009; Patall, Cooper, & Robinson, 2008; Sanders, Allen-Jones, & Abel, 2002; Zigler, Pfannenstiel, & Seitz, 2008）。然而，也有不少研究未能发现这类促进作用（Mattingly, Prisllin, McKenzie, Rodriguez, & Kayzar, 2002; Pomerantz, Moorman, & Litwak, 2007; Schutz, 2006）。值得一提的是，在一个名为“护士—家庭合作关系”（Nurse-Family Partnership）的项目中，训练有素的护士为处境极为不利的母亲提供定期帮助，这一做法已被证明可

“罗杰斯太太，我认为这种让家长参与的想法有点过分了！”

以给家长和孩子带来诸多方面的改善，其中包括孩子学习成绩的提升（Miller, 2015; Olds et al., 2007; Pinquart & Teubert, 2010; U.S. Administration for Children and Families, 2014）。

塞尼察尔等人（Sénéchal & Young, 2008）对从幼儿园到三年级的亲子共读研究进行了综述，发现在亲子共读的过程中，那些认真地教孩子阅读的家长对孩子的影响远远大于那些仅仅听孩子阅读的家长。另一项由杰恩斯（Jeynes, 2012）开展的综述研究则比较了不同类型的家长参与项目对城市学生的影响。结果发现，在提升学生学习方面，最有效的是那些强调亲子分享阅读的项目，以及那些强调父母和教师是解决学生学习和行为问题的合作伙伴的项目。金和希尔（Kim & Hill, 2015）研究发现，父亲参与和母亲参与所产生的积极影响是等同的。那些强调家校沟通和检查家庭作业的项目也对学生的学习产生了积极影响。姆布瓦纳等研究者（Mbwana, Terzian, & Moore, 2009）关于该主题的另一项综述研究发现，亲职技能培训项目和亲子共同参与项目也具有积极效果，但是，如果项目没有为家长提供练习新技能的机会，那么该项目的效果会大打折扣。

研究认为，与家长建立积极的关系，教给家长帮助孩子取得学业成功的可行方法，这些对于提升所有孩子的成就和适应性都很重要。

支持低收入家庭儿童的成就

在促进低收入家庭的儿童取得学业成功方面，学校可以大有作为（Borman, 2002/2003; Carter & Darling-Hammond, 2016; Duncan & Murnane, 2014b; Gorski, 2013; Neuman, 2008; Parrett & Budge, 2012; Ryan, Fauth, & Brooks-Gunn, 2013; Slavin, 2002）。艾肯斯等人（Aikens & Barbarin, 2008）开展的一项研究发现，尽管社会阶层对儿童在幼儿园的起点水平是一个强有力的预测指标，但从那时起，儿童在阅读方面的进步则更多地取决于其所受学校及邻里的影响。此外，现在还有许多强化干预方案，旨在促进儿童早期的认知技能发展，并帮助其父母更好地为他们做好入学前的准备工作（Chambers, de Botton, Cheung, & Slavin, 2013; Reynolds, Magnuson, & Ou, 2010; Traylor, 2012）。对这些项目成效的研究表明，它们对成长在极度贫困家庭中的儿童具有长期的积极作用；当这类项目一直延续到小学低年级时，效果尤为明显（Conyers, Reynolds, & Ou, 2003; Duncan & Murnane, 2014b; Ramey & Ramey, 1998; Reynolds, Temple, Robertson, & Mann, 2002; Zimmerman, Rodriguez, Rewey, & Heidemann, 2008）。例如，针对学习吃力的一年级学生的一对一或小组辅导项目，可以使那些面临风险的学生的阅读成绩得到实质性的改善（Chambers et al., 2011; Slavin & Madden, 2015; May et al., 2015; Slavin, Lake, Davis, & Madden, 2011; Vernon-Feagans & Ginsberg, 2011; Wanzek et al., 2013）。小组数学项目也能显著提高数学学习困难儿童的成绩（Fuchs et al., 2013; Gersten et al., 2015; Rolfhus et al., 2012）。“让所有人都成功”项目（Borman et al., 2007; Rowan, Correnti, Miller, & Camburn, 2009; Slavin, Madden, Chambers, & Haxby, 2009）融合了有效的教学方案、辅导以及家庭支持服务，对特困学校儿童的学习成绩产生了实质性的持久影响。其他的全校范围内的变革模式，如学校发展项目（School Development Program; Comer, 2010）、美国的选择（America's Choice; Glazer, 2009）和人才发展高中（Talent Development High School; Balfanz, Jordan, & Legters, 2004），也都在特困学校中取得了积极的成果（Cohen et al., 2014）。研究还发现，大幅缩小班级规模对特困小学中的儿童特别有益，至少在低年级中是如此（Finn

资格认证指南

教师资格认证考试可能会要求你列出，为了在家校之间建立联系以促进学生的学习，作为一名教师，你会采取哪些具体行动。

et al., 2003），并且这些影响是持久存在的（Konstantopoulos & Chung, 2009）。对学习吃力的中学生进行小组干预也是有效的（De Vivo, 2011; Slavin, Cheung, Groff, & Lake, 2008; Vaughn & Fletcher, 2011; Wanzek et al., 2013）。高质量的暑期学校项目（Borman & Boulay, 2004; Borman, Goetz, & Dowling, 2009）能为那些面临风险的学生提供迈向成功的机会。事实上，一项大规模的随机实验发现，仅仅是为处境不利的学生提供可在暑期阅读的书籍，就能显著提升他们的阅读成绩（Allington et al., 2010）；尽管其他研究并没有发现这一益处（Wilkins et al., 2012）。上述及其他一些项目和实践表

理论应用于实践

家长参与

父母以及其他家庭成员对孩子的学业成就会产生相当大的影响。如果教师与家长建立了积极的联系，则教师就能帮助家长认识到支持学校教育目标的重要性。例如，为他们的孩子提供整洁、安静的场所做家庭作业。教师越明确地向家长表达学校期望他们在孩子的学习中扮演的角色，家长就越可能去扮演那种角色。例如，如果教师希望学生每天晚上做关于阅读训练的家庭作业，那么给家长一张表格，要求他们就孩子每晚的学习情况签字并确认，这样就能让家长意识到此项活动的重要性。其他一些让家长参与到孩子学习活动中的策略如下（Berger & Riojas-Cortez, 2016; Kraft & Dougherty, 2013; Mendler, 2012; Ramirez & Soto-Hinman, 2009; Ridnouer, 2011; Walker & Hoover-Dempsey, 2008）。

1. *家访*。在学年伊始，对学生进行家访是很有用的。了解学生来自何种环境，有助于教师更全面地理解可能影响学生认知和情绪发展的支持性因素及限制性因素。
2. *经常给家长发送简报*。告知家长孩子将要学习的内容，以及他们在家中如何支持才能提升孩子的成就。如果班级中有英语学习者，请用他们的母语来撰写简报，这对促进家校交流以及表示尊重都很重要。
3. *家庭工作坊*。邀请父母或其他家庭成员走进课堂，便于给家长解释学习计划和教师期望，帮助家长们了解如何支持孩子的学习。
4. *给家长报喜*。家长听到关于自己孩子学业或行为方面的好消息，有助于他们建立一种具有建设性的正强化循环，进而增加学生良好行为持续发生的可能性。这种做法对那些曾在学校中有消极经历的家庭成员尤其有帮助。
5. *邀请家长做志愿者*。邀请家长来班级分享他们的专业知识、兴趣或爱好，这既能帮助班级，也让家长体验到价值感。他们可以介绍自己的职业、分享文化传统、协助校外参观学习或其他特殊的活动项目。这样做除了能得到家长提供的各种帮助，还能向学生传递这样一种信息，即教师重视家长们分享的各种各样的知识和专长。
6. *让家长成为教师的合作伙伴*。教师告诉学生的父母和其他家庭成员，大家是一个团队，共同努力来促进孩子的成长。这会让教师的工作变得更轻松，并极大地改善家长对学校的态度，使他们更愿意与教师并肩作战，同甘共苦（Epstein et al., 2002; Mendler, 2012）。

明，底层家庭中的儿童的低学业成绩并非不可避免。学校通过运用一些现有的策略便可大大提高学生的成绩（Datnow, Lasky, Stringfield, & Teddlie, 2005; Jensen, 2013; Parrett & Budge, 2012），且研究者经常发现并介绍那些能让学生取得高成就的特困学校（Center for Public Education, 2008; Chenoweth, 2009）。

处境不利儿童成就问题的校外解决方案

理查德·罗斯坦（Richard Rothstein）在其 2004 年出版的一本书中，描述了针对中产家庭儿童和处境不利家庭儿童的成就差距所进行的一系列重要观察。他指出，导致两者成就差异的主要原因往往源自学校无法掌控的问题，而这些问题可以通过明智的政策来解决。下面是他探讨的一些例子（also see Garcy, 2009; Joe, Joe, & Rowley, 2009; Ryan et al., 2013）。

视力　罗斯坦指出，贫困儿童严重视力受损的发生率是正常发生率的 2 倍。令人惊讶的是，少年犯视力受损的比例尤其高。罗斯坦引用的有关数据表明，超过 50% 的少数族裔儿童或来自低收入家庭的儿童存在影响其学业的视力问题。一些儿童需要佩戴眼镜，另一些则需要进行视力恢复治疗。科林斯等人（Collins et al., 2015）开展的一项研究发现，与对照组相比，那些来自处境不利家庭存在视力问题的二年级和三年级学生，如果能获得免费眼镜，其学习成绩会有很大程度的提升。研究者还发现即使低收入家庭的孩子获得了配镜处方，他们也常常无法得到眼镜。即便他们有了眼镜，可能也并不会佩戴眼镜去学校，或者他们的眼镜可能丢失或损坏，却又没有可替换的眼镜（Collins et al., 2015）。

听力　处境不利家庭的儿童比中产家庭的儿童有更多的听力问题，其中一个特别重要的原因是耳部感染却无法获得医治（Rothstein, 2004）。

铅接触　处境不利的儿童更可能生活在空气中弥漫着废旧含铅涂料粉尘或者被腐蚀管道中的铅导致饮用水污染的环境中（Sanburn, 2016）。即使少量的铅摄入也会导致认知功能下降和听力受损。研究已经发现，贫困家庭儿童的血铅水平是中产家庭儿童的 5 倍（Brookes-Gunn & Duncan, 1997）。

哮喘　市区贫困儿童罹患哮喘的比例尤其高（Joe et al., 2009）。研究者在纽约和芝加哥地区开展的研究（Whitman, Williams, & Shah, 2004）发现，四分之一生活于市中心的非裔美国儿童患有哮喘，这一比例是全美儿童患病率的 6 倍。哮喘是导致学生长期缺课的主要原因；并且即使去了学校，若得不到治疗，也会干扰学生的学业表现。

医疗保健　与中产家庭的儿童相比，处境不利家庭的儿童获得充分医疗服务的可能性要小得多。这会引发一系列的问题，如旷课、因健康状况不良导致的学习动机不足，以及前文提到的视力、听力和哮喘等问题（Joe et al., 2009）。

营养　尽管严重的营养不良在美国并不多见，但是不健康的饮食在处境不利儿童中却屡见不鲜，这会影响他们的学业表现（Joe et al., 2009）。一项研究（Neisser et al., 1996）发现，仅仅给儿童补充维生素和矿物质就能提高其测验分数。

罗斯坦（Rothstein, 2004）认为，上述以及其他与贫困相关的问题若能得到解决，对低收入家庭儿童的学习成绩就会有十分重要的影响。尽管有专门的卫生机构和社会服务负责解决这些问题（Wulczyn, Smithgall, & Chen, 2009），但学校的优势在于每天都能接触到学生。学校实行的一些简单的改革（例如改善学校的午餐或提供在校使用的免费眼镜）所产生的效果可能与单独辅导或特殊教育等成本较高的干预方式产生的效果相同，况且那些高成本的干预可能无法解决儿童问题产生的根源。

社会经济多元化对教师的启示

入学时，儿童在引导他们走向成功的入学准备的程度上是不同的。同样，他们的行为、态度和价值观也各不相同。有些儿童最初并不知道学校期望他们做什么，而且他们入学时具备的技能也比其他儿童少；然而，仅凭这些并不意味着他们注定要遭遇学业失败。尽管在社会阶层与学业成就之间存在适度的正相关，但不要假定该结论适用于所有低社会经济地位家庭的儿童，也有许多例外。许多工薪阶层和下层家庭能够且确实为自己的孩子提供了有助于他们在学校取得成功的家庭环境。那些最终摆脱贫穷、获得成功的人在自传中，如《生命如何分叉》（Moore, 2010），经常提到坚强的父母和角色榜样的影响，这些父母或榜样持有高标准，他们不仅期望自己的孩子要做到最好，而且竭尽所能地帮助孩子实现目标。尽管教师应该关注许多处境不利学生面临的困难，但也应当避免将此转化为刻板印象（Jensen, 2009）。事实上，有证据表明，中产阶级的教师对来自工薪阶层和下层家庭的学生的期望通常较低（Borman & Overman, 200），而这些低期望很可能成为自我实现的预言，导致这些学生的实际表现低于其本应具备的水平（Becker & Luthar, 2002; Hauser-Cram et al., 2003）。

族裔和种族如何影响学生的学校生活

学生文化背景的一个主要决定因素就是族源。**族群**（ethnic group）是由具有共同认同感的人组成的，而共同的认同感通常是因为他们有着共同的发源地（比如瑞典裔、波兰裔或希腊裔美国人）、共同的宗教信仰（比如信奉犹太教或天主教的美国人）或共同的种族（比如非裔或亚裔美国人）。需要注意的是，**族裔**（ethnicity）与种族有所不同；**种族**（race）只反映身体特征，如肤色。即使在身体特征方面，种族之间也具有明显的差异，这种观点正在受到越来越多的质疑，而且种族之间显然没有明确的界限，尤其是随着多种族人群的增加（Williams, 2009）。族群通常共享一种文化，而这并不适用于同一种族的所有人。例如，从尼日利亚或牙买加移民到美国的非裔美国人，其族裔背景与那些世代居住在美国的非裔美国人截然不同，即使他们有着相同的身体特征（King, 2002; Mickelson, 2002）。越来越多的美国人认同自己属于不止一个族群，这对他们的自我认知产生了十分重要的影响（Shih & Sanchez, 2005）。

大多数美国白人认同一个或多个欧裔族群，如波兰人、意大利人、爱尔兰人、希腊人、斯堪的纳维亚人或德国人。对这些族群的认同可能会影响一个家庭的传统习惯、节假日、饮食偏好，并在某种程度上影响其世界观。他们可能都曾经历过歧视和苦难，但如今白人族群基本上已经融入了美国的主流社会，因此他们之间的差异对教育的影响并不大。

对于其他族群来说，情形则大不相同。尤其值得注意的是，非裔美国人（Loury, 2002）、拉丁裔美国人（Diaz-Rico & Weed, 2010）、美洲原住民（Castagno & Brayboy, 2008; Lomawaima & McCarty, 2006）还未完全被美国主流社会接受，而且（平均而言）他们还未像大多数欧裔族群和许多亚裔族群那样获得经济成功或经济保障。自 20 世纪 60 年代中期以来，来自这些族群的学生就一直是美国教育界中两个最具情绪色彩议题的焦点：反种族隔离和双语教学。下面的章节将探讨当今学校中不同族裔背景的学生的状况。

美国的种族和族裔构成

美国的人口结构具有多样性，包含不同族裔背景的人，并且非白种人和拉丁裔所占的比例逐年增长。表 4.3 呈现的是美国人口中不同族裔人群的预估百分比。值得注意的是，非拉丁裔白人的比例正在下降；就在 1970 年，该族群还占美国总人口的 83%，而 2015 年这一比例下降为 62%，预计到 2065 年将下降至 46%。与之相反，拉丁裔和亚裔人口的比例自 1990 年以来一直急剧增长，并且从 2000 年到 2010 年，这一比例以更快的速度持续增长。皮尤研究中心预测，至 2065 年，非裔美国人将占美国总人口的 13%，拉丁裔美国人将占 24%，亚裔美国人将占 14%（The Pew Research Center, 2015）。这种趋势是由移民模式和出生率的差异造成的，它将对美国教育产生深远的影响。美国正朝着愈加多元化的方向发展（Hodgkinson, 2008; Lapkoff & Li, 2007）。

弱势群体学生的学业成就

如果所有种族和族裔群体的学生能取得与欧裔和亚裔学生一样的学业成就，我们就无需担忧美国学校中存在的族群差异问题了。不幸的是，现实情况并非如此。事实上，在每次的学习成绩测验中，非裔学生、拉丁裔学生和美洲原住民学生的平均分都显著低于他们的欧裔同学和亚裔同学。这些群体的成员较少拥有经济保障和权力，因此他们有时被称为**弱势群体**（underrepresented group）。

表 4.4 呈现的是 2015 年美国国家教育进步评价（National Assessment of Educational Progress, NAEP）中不同种族和族裔学生的阅读成绩。在所有年级中，非裔学生、拉丁裔学生和美洲原住民学生的阅读分数都明显低于同年级的非拉丁裔白人学生或亚

表 4.3　2015—2065 年按种族和西班牙裔划分的美国人口预估百分比（%）

	2015	2025	2035	2045	2055	2065
非拉丁裔白人	62	58	55	51	48	46
非裔美国人	12	13	13	13	13	13
拉丁裔美国人	18	19	21	22	23	24
亚裔美国人	6	7	9	10	12	14

注：亚裔包括太平洋岛民。拉丁裔是一个多种族的总称。

资料来源：Pew Research Center (2015). *Modern immigration wave brings 59 million to U.S., driving population growth and change through 2065: Views of immigration's impact on U.S. society mixed*. Washington, D.C.: Author.

表 4.4 不同种族 / 族裔学生的 NAEP 阅读分数：四年级和八年级

种族 / 族裔	达到或超过“熟练”标准的四年级学生的百分比（%）	达到或超过“熟练”标准的八年级学生的百分比（%）
非拉丁裔美国白人	46	44
非裔美国人	18	16
拉丁裔美国人	21	21
亚裔美国人 / 太平洋岛民	57	54
美洲原住民 / 阿拉斯加原住民	21	22

资料来源：National Center for Education Statistics (NCES), 2015, *The Condition of Education*, Washington, D.C.: Author.

裔学生。在毕业率方面也存在上述趋势：约 80% 的白人学生和亚裔学生可以顺利从高中毕业；而拉丁裔学生的毕业率为 63%，非裔学生的毕业率为 59%，美洲原住民学生的毕业率仅为 53%（EPE Research Center, 2012）。这种差异与上述群体在平均社会经济地位上的差异非常一致，社会经济地位的差异转化为了学业成就的差异（回顾表 4.2）。

InTASC 标准 6

评估

非裔美国儿童、拉丁裔美国儿童和白人美国儿童之间的学业成就差距正在缩小，但速度缓慢。在 20 世纪 70 年代，这一差距曾大幅缩小；但自 20 世纪 80 年代初开始，在美国国家教育进步评价中，各群体儿童在阅读和数学成绩方面的差距一直在缓慢缩小（NCES, 2015）。

弱势群体学生学业成就的制约因素

为何许多来自弱势群体家庭的学生在成绩测验中的分数远远低于欧裔和亚裔美国学生？究其原因，既有经济、社会、家庭和文化方面的原因，也有学校应对不当的因素（Carter & Darling-Hammond, 2016; Duncan & Murnane, 2014b; Ladson-Billings, 2006; O’Connor, Hill, & Robinson, 2009; Parkay, 2006; Rowley, Kurtz-Costes, & Cooper, 2010; Warikoo & Carter, 2009; Wiggan, 2007）。其中最重要的原因是，在美国社会中，非裔美国人、拉丁裔美国人（尤其是墨西哥裔和波多黎各裔）和美洲原住民多处于社会经济阶层的低端。因此，他们中的许多家庭在教养孩子的过程中，无法像典型的中产阶级家庭那样为孩子提供适宜的环境刺激和学业准备。当然，族裔和经济地位并非一成不变。奥巴马总统就是一位由工薪阶层的单亲母亲抚养长大的非裔美国人，还有许多其他非常成功的人士，也都是在克服了巨大障碍后改变命运的。然而，各种制约因素确实存在。尽管有很多成功的事例，但不可否认这些弱势儿童从开始就未能享有平等的资源，这会影响他们的生存机会。特别是，弱势群体居住的许多社区存在众多长期失业、未充分就业以及所做工作薪资微薄的人们，家庭生活也因此受到了严重的负面影响，包括导致这些社区出现大量的单亲家庭（Duncan & Murnane, 2014a, b; U.S. Census Bureau, 2013）。

弱势群体家庭的学生面临的另一重要不利条件是，学校的教学质量不佳、学生人数过多（Barton, 2003; Tate, 2008）。美国各族裔的中产家庭和许多工薪阶层家庭通常不选择市中心的学校，而是搬到郊区，或者将孩子送到私立学校或教区学校，留下公立学校服务于那些因无力支付各种费用而别无选择的家庭。剩下的那些以少数族裔为主的孩子很可能进入美国教育质量最差、经费投入最少的学校（Biddle & Berliner, 2002; Ferguson & Mehta, 2004; Lee, 2004），而这些学校的教师通常素质很低，教学经验匮乏（Connor, Son, Hindman, & Morrison, 2004; Darling-Hammond, 2006; Haycock, 2001）。

通常，少数族裔学生的学习成绩差是因为他们接受的教育与其文化背景不一致（Banks, 2015; Boykin & Noguera, 2011; Jagers & Carroll, 2002; Lee, 2008; Ogbu, 2004; Ryan & Ryan, 2005）。少数族裔学生获得的优异学习成绩，可能被视为与其所在社区的接纳程度不一致。例如，奥布（Ogbu, 2004）、斯潘塞等人（Spencer, Noll, Stolzfus, & Harpalani, 2001）、斯廷森（Stinson, 2006）、泰森等人（Tyson, Darity, & Castellino, 2005）以及其他一些研究者都发现，许多非裔美国学生往往会指责那些努力学习的同伴是在"模仿白人"。相反，亚裔美国家长可能会将优异的学习成绩作为一种期望来加以强调，如此一来，许多（尽管不是全部）亚裔美国儿童在学校里都表现得非常出色（Ng, Lee, & Park, 2007）。非裔美国人（Boykin & Noguera, 2011; Jagers & Carroll, 2002; Lee, 2000, 2008）、美洲原住民（Castagno & Brayboy, 2008; Lomawaima & McCarty, 2002, 2006; Starnes, 2006）和墨西哥裔美国人（Padrón, Waxman, & Rivera, 2002）通常喜欢与他人合作，而且他们在合作条件下的表现，比在多数课堂采用的竞争条件下的表现更出色。如果学生的母语和方言得不到应有的尊重，也可能会降低他们对学校各项活动的投入。对少数族裔学生的低期望也会造成他们的低学业成就（Nasir & Hand, 2006; Ogbu, 2004; Tenenbaum & Ruck, 2007; Van Laar, 2001）。正如经常发生的那样，如果低期望导致用心良苦的教师或管理者不成比例地将弱势群体家庭的学生安置在低能力组或慢班，或让他们接受某种特殊教育，情况就更是如此了（O'Connor & Fernandez, 2006; Reid & Knight, 2006）。然而，值得注意的是，尽管非裔美国学生经常受困于教师和其他人对自己持有的低期望，但是他们的自我期望和学业自我概念却往往至少与白人同学同样高（Eccles, Wigfield, & Byrnes, 2003; Van Laar, 2001）。

链接 4.3
若想更多地了解影响少数族裔和低成就学生的动机因素，包括教师期望的作用和习得性无助现象，请参见第 10 章。

刻板印象威胁

假设你是一个左撇子。一个看起来很权威的人士告诉你，研究表明左撇子非常不善于解决那些涉及金钱的数学问题。然后给你一袋装有不同面值（包括 5 美分、1 角和 25 美分）的硬币，要求你在 60 秒内将袋中的硬币分成等值的几份。

对此你作何感想？面对该任务，你会怎么做呢？你可能很焦虑，试图避免证实关于左撇子的刻板印象（其实关于左撇子的上述说法在现实中是毫无根据的）。你可能会尝试用右手对硬币进行分类。最后，你在这项简单任务上的表现可能不如在你毫不知情时做得好。

这种现象被称为*刻板印象威胁*（stereotype threat）（Aronson & Steele, 2005; Dee, 2015; Devonshire, Morris, & Fluck, 2013; Huguet & Régner, 2007; Kumar & Maehr, 2010），它存在于多种情形中。当人们了解到有关自己所属群体的某种刻板印象时，他们会害怕证实这种印象，而且这种焦虑会导致他们的表现低于其真实能力。显而易见，当某族裔、性别或社会群体的成员觉得他们在特定的学业任务上并不被看好时，刻板印象威胁就成了最令人担忧的因素。久而久之，学生可能会干脆认为某项活动不适合他/她，正如女生觉得自己"不是学数学那块料"（Master, Cheryan, &

Meltzoff, 2016）。

为了防止或纠正刻板印象威胁，教师必须注意绝不能表达这样的观点，即某些人更容易掌握或更难以掌握某些技能，而应当给予所有学生机会，让他们在各种类型的任务中显露和展示自己的领导力。当然，不同学生的技能和兴趣各有不同，但教师绝不应该将学生在既定任务上的成功和失败归因于他 / 她所属的某个群体类型。

非裔美国儿童、拉丁裔美国儿童和美洲原住民儿童的低成就可能只是一个暂时问题。这种成就差异正在慢慢缩小（NCES, 2013），而且随着非裔美国家庭和拉丁裔美国家庭步入中产阶级，他们孩子的成就很可能也会变得与其他群体相当。在 20 世纪 20 年代，许多人认为来自南欧和东欧的移民（例如意大利人、希腊人、波兰人和犹太人）落后得无可救药，甚至可能智力迟钝（Oakes, 2005），而现在这些移民的后代与最初北美清教徒移民后代的成就不相上下。然而，我们不能坐等这种不公平的消失。学校具有打破贫穷的恶性循环之功能，它要做的就是为那些来自贫困地区或家庭的孩子提供成功的机会。眼下最迫切的事情是，那些为许多非裔美国儿童、拉丁裔美国儿童和美洲原住民儿童服务的学校，应当通过有效的教学方法以及做出有意义的承诺来确保所有学生取得成功，以提升他们的成就。

学校废除种族隔离的效果

1954 年以前，美国的 20 个州和哥伦比亚特区从法律上要求非裔美国学生、白人学生分校就读，拉丁裔美国学生和美洲原住民学生也经常被要求分校就读。而在美国其余各州，实行种族隔离政策的学校也比比皆是。来自弱势群体家庭的学生往往会远离就近的公立学校，乘坐校车到几英里以外的单独学校上学。然而，在 1954 年，美国最高法院在具有里程碑意义的“布朗诉托皮卡教育局案”中指出，隔离教育在本质上是不公平的，从而取缔了这项制度（Ancheta, 2006; Orfield, 2014; Welner, 2006）。“布朗诉托皮卡教育局案”虽然从法律上废除了种族隔离，但大规模的不同种族学生同校就读却是在许多年之后才真正实现的。20 世纪 70 年代，美国最高法院的一系列裁决发现，美国各地许多学校持续存在的种族隔离是以往种族歧视的后遗症。例如，刻意划定社区界限，以达到按种族划分学区的目的。这些裁决迫使当地学校必须采取各种必要措施，以消除学校中存在的种族隔离现象（Orfield, 2014）。

关于留出多少名额配给弱势群体家庭的学生，使其能被分到任一特定的学校，许多学区都有具体的规定。例如，若非裔美国学生的人数占学区总学生数的 45%，则该学区内的每所学校应允许 35%~55% 的非裔美国学生注册入学。为了废除种族隔离，一些学区仅仅是改变了学校的招生区域，其他学区则特设了一些非常有吸引力的专门学校（比如表演艺术学校、为有才华和有天赋的学生开设的学校或教授技术和科学的学校等），以吸引学生到自己所居住社区以外的学校就读。然而，在很多大城区中，按种族划分居民区的现象是如此普遍，以至于这些学区不得不用校车将学生送到其他居民区的学校就读，以实现学校内的种族平衡。学校废除种族隔离，就是让那些来自低收入弱势群体家庭的学生有更多的机会与追求学业成就的中产家庭的同学交往，从而提高他们的学业成就。然而，却经常出现这种情形：这些学生被送去的学校并不比他们离开的种族隔离学校更好。而且，中产家庭迁出城区（在开始用校车接送学生之前就已经开始了）通常意味着，与社会底层的非裔美国学生或拉丁裔美国学生同窗的只是那些境遇相似、同样处在较低社会阶层的白人

理论应用于实践

在文化多元的学校里教学

在种族和族裔多元化的班级和学校里，为促进学生之间的和睦相处、机会均等，教师可做的工作有很多（Boykin & Noguera, 2011; Carter & Darling-Hammond, 2016; Curwin, 2010; Hawley & Nieto, 2010; Nieto & Bode, 2008; Oakes & Lipton, 2006; Parillo, 2008）。

- 公平、公正地对待学生。学生绝不应有任何理由认为“像我这样的人（白人、非裔美国人、拉丁裔美国人、越南裔美国人）没有获得公平的机会”（Banks, 2015; Lee, 2014; Wessler, 2011）。
- 选用的教科书或教学材料中的人物形象，保证所有的族群都同样正面，无种族刻板印象。确保不存在对弱势群体的失实描述。所选主题不应带有任何偏见，来自弱势群体的个体应该以不具有种族刻板印象的、社会地位较高的形象出现（Banks, 2015）。
- 与学生家长和家庭保持联系，为他们提供与其语言和文化相适应的信息与活动（Lindeman, 2001）。避免沟通中的偏见，富有同理心地与他们坦诚地探讨种族或族裔关系，而不是佯装彼此间不存在差异（Polite & Saenger, 2003）。
- 避免对学生产生刻板印象，强调学生个体的多样性，而不是群体差异（Koppelman & Goodhart, 2008）。
- 要让学生知道，在课堂或学校不允许存在种族或族裔偏见，包括辱骂、奚落和取笑。通过制定惩戒措施来强制执行这一规定（Wessler, 2011）。
- 帮助所有学生学会评价本族以及其他族裔的文化遗产及其对人类历史和文明的贡献。同时，要避免仅从族裔饮食和节日等方面浅薄和刻板地描述文化。学生比以往任何时候都需要重视多元文化，获取更多有关其他生活方式的知识，学会欣赏不同的生活方式（Villegas & Lucas, 2007）。
- 用于装饰教室、走廊、图书馆 / 媒体中心的各种壁画、公告栏、海报、手工作品和其他材料，要能代表班级或学校里的各类学生或他们正在学习的其他文化（Manning & Baruth, 2009）。
- 避免种族隔离。按能力划分的快慢班倾向于将高成就者和低成就者隔离开来，而且因为历史和经济等方面的因素，弱势群体学生往往在低成就者中占比很高。鉴于这些以及其他一些原因，应避免使用快慢班教学（Ferguson & Mehta, 2004; Hawley & Nieto, 2010; Oakes, 2005; Tyson et al., 2005）。
- 要确保所布置的作业不会冒犯或挫败不同文化群体的学生。例如，要求学生描写对圣诞节的体验，这对非基督徒学生来说就不太适宜（Banks, 2015）。
- 为不同群体之间的互动提供条件。仅仅是距离上的接近还不足以促进不同种族和族裔学生之间的和睦相处。学生需要有机会了解作为独立个体的彼此，并为了共同目标而相互协作（Cooper & Slavin, 2004; Parillo, 2008）。
- 采用合作学习。研究表明，合作学习能够改善不同种族和族裔之间的关系（Cooper & Slavin, 2004; National Research Council, 2000）。合作学习体验带来的积极效果通常要比团队或小组本身更持久，并且可能会延伸到校外的人际关系中。合作学习有助于促进学生的学习成绩及和谐的社交（Slavin, 2013），而且还可以提高弱势群体家庭学生的活动参与度（Cohen, 2004）。

InTASC 标准 3
学习环境

InTASC 标准 5
学科知识的应用

InTASC 标准 8
教学策略

学生（Orfield, 2014）。另一点值得注意的是，因为存在居住区域的种族隔离以及对用校车接送学生的反对意见，大部分弱势群体家庭的学生仍就读于没有或少有白人学生的学校。而且在很多地区，种族隔离现象又有所抬头（Orfield, Frankenberg, & Siegel-Hawley, 2010; Smith, 2002）。非裔和拉丁裔美国家庭对通过校车接送来促成种族融合这一做法的支持度也大大降低，而且近些年来最高法院的裁决在很大程度上也消解了司法对废除种族隔离的推动作用（Orfield, 2014; Orfield & Frankenberg, 2007; Superfine, 2010）。

总体来看，废除种族隔离对弱势群体家庭学生的学业成就虽有积极作用，但成效并不大。然而，当从小学阶段就开始废除种族隔离，尤其是当用校车接送弱势群体家庭的学生入读中产家庭的学生占相当比例的好学校时，废除种族隔离确实能对弱势群体家庭学生的学业成就产生显著的积极影响（Benner & Crosnoe, 2011; Goldsmith, 2011; Mickelson, 2015; Orfield, Frankenberg, & Siegel-Hawley, 2010; Orfield, 2014; Welner, 2006）。这一效果的取得可能并非是由于种族隔离的废除，而是由于他们进入了一所更好的学校。废除种族隔离的一个重要结果是，与就读于种族隔离学校的非裔和拉丁裔美国学生相比，那些就读于废除了种族隔离学校的非裔和拉丁裔美国学生更可能进入那些废除了种族隔离的大学深造，有更多的机会在种族融合的环境中工作，也更可能获得较高的收入（Orfield, 2014）。

语言差异和双语教育如何影响学生的成就

InTASC 标准 7

教学计划

1979 年，在 5~24 岁的美国人中，仅有 9% 的人来自母语不是英语的家庭。可是到了 2007 年，这一比例增至 20%（Shin & Kominski, 2010），而且预计到 2026 年，将会有 25% 的学生来自母语不是英语的家庭。这些学生的家庭中约 65% 的人说西班牙语（NCES, 2004）。然而，许多学生讲的是亚洲、非洲或欧洲几十种语言中的某一种（Pang, Han, & Pang, 2011）。**语言少数族裔**（language minority）这一术语用于上述所有这些学生，而**英语水平有限**（limited English proficient, LEP）和**英语学习者**（English learner, EL）则用来指那些英语还不够熟练，无法在全英语教育中取得成功（Garcia, Jensen & Scribner, 2009）的少数学生（大约占美国学生总数的 9%，Murphey, 2014）。这些学生将英语作为第二语言来学习，并且他们可能会在学校里参加那些专门为英语学习者安排的课程。从幼儿园开始就熟练掌握英语的语言少数族裔学生，一般都能达到美国国家学业成绩标准（Kieffer, 2011）。但平均而言，那些不完全精通英语的学生往往会长期学业欠佳。

英语水平有限的学生给教育体系出了个难题（August & Shanahan, 2006a; Hakuta, 2011; Li & Wang, 2008; Murphey, 2014）。对学生而言，无论是在认知上还是实践中，能说多种语言本身就是一种资本（Adesope, Lavin, Thompson, & Ungerleider, 2009），而那些英语水平有限的学生需要学好英语才能很好地适应美国社会。然而，在这些学生熟练掌握英语之前，教师究竟应该用他们的母语还是英语来教数学课或社会研究课？应该用母语来教他们阅读吗？这些不只是教学问题，还具有政治和文化意义，从而引发了激烈的争论。许多拉丁裔美国家长为了保持其群体认同感和自豪感，希望自己的孩子能够接受西班牙语和西班牙文化教育（Díaz-Rico & Weed, 2010）。而那些母语既非英语又非西班牙语的家长通常也有同感（Arzubiaga, Noguerón, & Sullivan, 2009）。然而，另一些家长则强烈希望他们的孩子只接受英语教学。

双语教育

双语教育（bilingual education）一词是指专门为那些学习英语的学生设计的教学方案，这些方案在学生学习英语的同时，一部分时间也用学生的母语进行教学。英语学习者通常会接受下面四类教学方案中的一种。

资格认证指南

教师资格认证考试中的案例研究可能会要求你了解：对学生的母语和英语口语能力进行评估将是帮助英语学习者取得成功的第一步。

1. *沉浸式英语教学*。对英语学习者而言，最常见的一种教学法就是某种形式的沉浸式英语教学（English immersion），即主要或完全采用英语教学。通常，英语水平最低的学生会被安排到针对英语学习者的将英语作为第二语言的教学方案中，以培养他们的英语口语能力，帮助他们在全英文授课的课程中取得成功（Callahan, Wilkinson, & Muller, 2010）。沉浸式英语教学方案采用精心设计的策略来帮助学生掌握词汇，简化教学指导，并帮助学生有效地掌握课程内容（Clark, 2009; Díaz-Rico & Weed, 2010; DiCerbo, Anstrom, Baker, & Rivera, 2014; Echevarría, Vogt, & Short, 2013; Gersten et al., 2007）。这种模式通常被称为*结构化的沉浸式英语教学*。还有另一种方式，即英语学习者可能只是被纳入到常规的英语教学中，并被期望尽最大努力去学习。这种“任其沉浮”的方式在英语学习者人数较少且母语不是西班牙语的情况下比较常见。
2. *过渡型双语教育*。过渡型双语教育（transitional bilingual education）也是面向英语学习者的一种常见的英语教学方案，但这种教学方案的使用正在逐渐减少。在这种方案中，英语学习者在最初几年里用母语（在美国主要是西班牙语）学习阅读或其他科目，然后逐渐过渡到用英语来学习各科内容，这种过渡通常发生在小学二、三或四年级（Slama, 2014）。
3. *配对双语教育*。在配对双语教育（paired bilingual education）模式中，学生通常在一天中的不同时段分别以母语和英语来学习阅读或其他科目。
4. *双向双语教育*。双向双语教育（two-way bilingual education）模式是指同时用英语和另一种语言（在美国通常是西班牙语）来教所有学生。也就是说，这种教学模式旨在让那些熟练掌握英语的学生学习西班牙语，同时也让那些熟练掌握西班牙语的学生学习英语（Calderón & Minaya-Rowe, 2003; Estrada, Gómez, & Ruiz-Escalante, 2009; Lessow-Hurley, 2005; Lindholm-Leary, 2004/2005）。从英语学习者的角度来看，双向双语教学本质上是一种配对双语教学方案，因为学习者要在不同时段分别以母语和英语进行学习。

有关阅读教学中的双语教学策略的研究从总体上支持了配对双语教学法（Greene, 1997; Reljic, Ferring, & Martin, 2014; Slavin & Cheung, 2005）。这表明，英语学习者不需要花很多年去练习英语口语，而是可以凭借有限的英语口语水平来学习英语阅读，然后同时提高其阅读和口语能力（Slavin & Cheung, 2005）。然而，在一项为期 5 年的研究中，研究者将儿童随机分为两组：一组接受全英语阅读教学；另一组则在从幼儿园到小学二年级先接受西班牙语教学，然后再过渡到用英语教学。研究最后发现，两组学生四年级时的英语阅读能力不存在显著差异（Slavin, Madden, Calderón, Chamberlain, & Hennessey, 2011）。对于英语学习者而言，教学所使用的语言类型只是影响教育有效性的一个因素，教学质量（不论是全英语教学还是同时采用英语和另一种语言来教学）至少同等重要（August & Shanahan, 2006b; Calderón, 2011; Cheung & Slavin, 2012; Hakuta, 2011; Sparks, 2016; Valentino & Reardon, 2015）。

有关双语教育的研究越来越重视为那些语言少数族裔的学生寻找有效的教学方

InTASC 标准 3

学习环境

InTASC 标准 8

教学策略

理论应用于实践

针对英语学习者的教学

美国和加拿大各地的教师所教班级中有英语学习者的可能性越来越大。下面的这些通用原则有助于这些学生在英语课程中取得成功（August & Shanahan, 2006a; Calderón, 2011; Calderón & Minaya-Rowe, 2011; California Department of Education, 2012; Díaz-Rico & Weed, 2010; DiCerbo et al., 2014; Echevarría, Vogt, & Short, 2013; Farrell, 2009; Herrell & Jordan, 2016; Hill & Miller, 2013; Tong, Lara-Alecio, Irby, Mathes, & Kwok, 2008）。

1. *不要只是说出来，还要展现出来。*所有学生都能从阐释复杂概念的图片、视频、实物、手势和动作中获益，而英语学习者尤其能从包括视听线索的教学中获益（Calderón, 2007; Echevarría et al., 2013）。
2. *运用合作学习为使用学术英语提供适宜的机会。*许多英语学习者在课堂上出于害羞、怕被嘲笑而不愿意使用英语。然而，学习一门语言最好的方法就是使用它。教师应在学科学习的情境中为学生创设机会，让他们使用英语（Calderón, 2011）。例如，在提问时，先给予学生与一名同伴讨论答案的机会，之后点名让一对搭档共同回答问题。诸如此类的合作学习对学生学习英语尤为有益（August & Shanahan, 2006a; Bondie, Gaughrain, & Zusho, 2014; Calderón et al., 2004）。合作学习为英语学习者提供了不断培养自信和熟练使用英语的机会。
3. *拓展词汇。*所有学生，尤其是英语学习者，都能从对生词直接的显性教学中受益。给予学生机会，让他们多听具体语境中的生词，并用它们来造句。让学生有机会提出和回答问题、写新句子、与同伴讨论生词等，这些做法要比让学生学习字典中的定义更有用（Calderón, 2011; Carlo et al., 2004; Echevarría et al., 2013; Fitzgerald & Graves, 2004/2005; Lesaux et al., 2014; Snow, 2006）。
4. *教学要明晰。*英语学习者（及其他学生）通常是知道答案的，但他们往往对教师的要求感到困惑。因此，教师要格外注意，确保学生理解了作业和授课的要求。例如，可让学生复述教师的要求（Díaz-Rico & Weed, 2010）。
5. *指出同源词。*如果教师会说英语学习者的母语，则可以指出这类例子，即英语学习者所知道的某个词语与英语中的某个单词是相似的。例如，若班级中有许多学生是英语学习者，教师可以通过这样的方式帮助他们学习单词“*amorous*”（多情的）:（根据学生的母语）指出西班牙语和葡萄牙语中的“*amor*”、法语中的“*amour*”或意大利语中的“*amore*”与这个单词相似（Carlo et al.,2004; Dong, 2009）。
6. *不要当众纠正学生的英语以免使其难堪。*相反，应当表扬他们的正确答案，并正确地重述一遍。例如，说俄语的学生经常省略冠词“a”和“the”。如果一个学生说“Mark Twain was famous author”（马克·吐温是著名的作家），你可以说“Right! Mark Twain was a very famous author”（对！马克·吐温是一位非常著名的作家），而不是刻意让学生注意你新增了“a”这个冠词。为了鼓励学生使用英语，教师要在班级中确立一条规则，绝不允许取笑或嘲笑他人的英语错误。
7. *如果英语学习者在英语阅读方面吃力，可以提供小组干预。*大量研究发现，那些在英语阅读学习中吃力的英语学习者能从小组强化辅导中受益（August & Shanahan, 2006a; Cheung & Slavin, 2005; Gersten et al., 2007; Huebner, 2009）。
8. *让家长参与进来。*当家长支持学生的学业时，英语学习者可能会从中受益。家长参与孩子的学习有助于预防学生可能出现的学业问题；同时，也能让家长感到受欢迎，并体验到参与感（Lawson & Alameda-Lawson, 2012）。

式，而不再关注哪种语言是最好的教学语言（Baker et al., 2014; Burr, Haas, & Ferriere, 2015; Calderón, Slavin, & Sanchez, 2011; Cheung & Slavin, 2012; Christian & Genesee, 2001; Janzen, 2008; Maxwell, 2012; U.S. Department of Education, 2000）。合作学习方案不仅能非常有效地促进西班牙语的阅读教学，而且还能有效地帮助双语学生在小学高年级成功地过渡到全英语教学的课堂中（August & Shanahan, 2006a; Calderón et al., 2004, 2011; Cheung & Slavin, 2012）。美国语言少数族裔学生最多的加利福尼亚州于 1998 年通过了由全民公决的“227 号提案”（Merickel et al., 2003），该提案规定，英语水平有限的学生最多只能用一年的时间进行英语强化学习。自此之后，他们要进入主流的全英语课堂。这项法案使加利福尼亚州的双语教育明显减少，尽管家长仍然可以申请豁免，让他们的孩子接受母语教育。马萨诸塞州、亚利桑那州和其他州也通过了限制双语教育的法案（Hakuta, Butler, & Witt, 2000）。即使在那些没有禁止双语教育的州，双语教育的普及程度也在下降（Mora, 2009）。

多元文化教育

近年来，多元文化教育已成为美国教育界讨论的热门话题。**多元文化教育**（multicultural education）的定义很多，且各不相同。最简单的定义强调课程中要包括非欧洲文化的视角，比如，将非裔、拉丁裔、亚裔和美洲原住民作者的作品纳入英语课程，从美洲原住民的视角讲述有关哥伦布的知识，以及更多地讲述非西方社会的文化及贡献（Banks, 2015; Bennett, 2015; Gollnick & Chinn, 2017; Manning & Baruth, 2009）。班克斯（Banks, 2015）认为，多元文化教育包括学校可能用于改善教育成果的所有政策和实践，它们不仅针对不同种族、社会阶层和宗教背景的学生，而且也针对不同性别的学生和各种特殊儿童（例如智力落后、失聪、失明或天才儿童）。

多元文化教育的维度

班克斯（Banks, 2008）探讨了多元文化教育的五个关键维度。

内容整合（content integration）是指教师对不同文化中的事例、资料和信息的运用。这也是大多数人所认为的多元文化教育：给学生讲授不同的文化，以及不同文化中的个体所作出的贡献；课程应纳入包括女性在内的弱势群体成员的作品（Bettmann & Friedman, 2004; Gollnick & Chinn, 2017; Hicks-Bartlett, 2004）。

知识建构（knowledge construction）是指教师帮助学生理解知识是如何产生的，以及知识如何受到个体和群体的种族、族裔和社会阶层的影响（Banks, 2015）。例如，我们可能会要求学生从美洲原住民或非裔美国人的视角出发，写一篇有关美洲早期殖民史的文章。这样他们就会认识到，我们吸收的知识实际上会受我们自己的出身和观念的影响（Koppelman & Goodhart, 2008; Vavrus, 2008）。

减少偏见（prejudice reduction）是多元文化教育的一个关键目标。减少偏见既包括促进不同族裔的学生之间的积极关系（Cooper & Slavin, 2004; Stephan & Vogt, 2004），也包括培养更民主和更宽容地对待他人的态度（Banks, 2015; Gollnick & Chinn, 2017）。

公平教学法（equity pedagogy）是指采用一些教学法来促进不同族裔和社会阶层的学生获得学业成功。例如，有证据表明，某些族裔和种族群体的学生，尤其是墨西哥裔和非裔美国学生，通过主动学习与合作学习可以取得最好的效果（Boykin & Noguera, 2011）。

资格认证指南

为了通过教师资格认证考试，你应该认识到将教学与学生的文化经验联系起来的重要性。

赋权的学校文化（empowering school culture）是指学校的组织和实践有利于促进所有学生的学业成就和情绪发展。例如，具有赋权文化的学校可能会取消快慢班或能力分组，更加包容有特殊需要的学生（同时尽量少给学生贴标签），努力让所有学生都走上继续深造的发展道路，并始终对学生表现出高期望。个人决断推进项目（Advancement Via Individual Determination, AVID）就是赋权的学校文化的一个例子（Watt, Powell, & Mendiola, 2004），它将来自弱势群体、有学业失败风险的学生安排到大学预科班，为他们提供辅导和其他帮助，以助力他们顺利通过要求较高的课程。

性别和性别偏见如何影响学生的学校生活

儿童的性别是一种显而易见的、永恒的特质。跨文化研究表明，性别角色是个体早期学习的内容之一，所有社会对待男性与女性的方式都是不同的。因此，性别角色行为是个体后天习得的行为。然而，在不同的文化中，男性和女性扮演的角色范围又是十分宽泛的。所谓的两性自然行为实际上更多的是基于文化信仰，而非生理必然性。然而，生理差异和性别社会化在多大程度上影响着个体的行为模式和成就，这仍然是一个备受争议的话题。大量研究得到的共识是，尽管存在固有的生理差异，但我们所看到的男性和女性之间的所有差异（身体特征除外），几乎都与个体早期社会化经验的差异有明确的关系（Eliot, 2012; Sadker, Zittleman, & Sadker, 2013）。

男性和女性的思维与学习

尽管有许多证据表明男生和女生在气质和人格方面都存在差异（Else-Quest, Shibley, Goldsmith, & Van Hulle, 2006; Rose & Rudolph, 2006），但关于他们在能力倾向和成就方面的差异还存在很大争论。几个世纪以来，人们对智力或学业成就的性别差异问题一直争论不休，自 20 世纪 70 年代初以来，这一问题尤显突出。对于该争论，我们需要铭记于心的重要一点是，没有一位负责任的研究者曾声称，在任何一项智力测验上的性别间差异大于性别内差异。换言之，即使在某些方面疑似存在真实的性别差异，这些差异也非常小，而且不稳定，因此几乎不会产生什么实际影响（Eliot, 2012; Fine, 2010; Jordan-Young, 2010; Renzetti, Curran, & Maier, 2012; Sadker et al., 2013）。

InTASC 标准 1

学习者的发展

有一些差异值得人们注意。在美国的学术能力评估测试（Scholastic Assessment Test, SAT）的定量部分（Allspach & Breining, 2005）以及大学预修课程的数学测验中（Stumpf & Stanley, 1996），十二年级女生的得分明显低于男生。金（Kim, 2001）总结了 20 项重要研究发现，男生在数学测验中的得分高于女生，而在英语测验中的得分则低于女生。一项涵盖大多数发达国家的国际学生评估项目（Program for International Student Assessment, PISA）发现，女生在阅读方面的优势是男生在数学方面优势的 3 倍（Stoet & Geary, 2013）。之所以存在这些差异，最重要的原因是，我们的社会传统上并不鼓励女孩学习数学，因此，她们所学的数学课程比男孩少得多（University of Wisconsin-Madison, 2009）。事实上，在过去的 20 年里，随着女孩选修数学课程的增多，在 SAT 以及其他一些测试中的性别差异一直都在稳步缩小

（Allspach & Breining, 2005）。海德等人（Hyde & Mertz, 2009）开展的一项研究发现，男生和女生在美国各州数学评估或美国国家教育进步评价（NCES, 2011; Center on Educational Policy，2010）中的成绩并不存在显著差异。然而，尽管男生和女生在数学和科学测验中的差异逐渐缩小，但进入数学和科学专业领域的年轻女性的数量比年轻男性还是要少得多，尤其是在物理、工程和计算机科学领域（Ceci & Williams, 2009; Huebner, 2009; Warner, 2013）。

研究普遍发现，在一般性知识、机械推理和心理旋转等测验中，男性比女性得分高；而在语言测验，包括阅读和写作测验中（Robinson & Lubienski, 2011; Strand, Deary, & Smith, 2006），女性比男性得分高。在一般言语能力、算术能力、抽象推理、空间想象或记忆广度方面，不存在性别差异（Eliot, 2012）。在学习成绩方面，女生从一开始就比男生有优势，并且这种优势一直持续到高中。即使女生在数学和科学方面的测验成绩略低些，但她们在班里的成绩仍高于男生（Robinson & Lubienski, 2011）。年轻女性比年轻男性更可能获得学士学位（Beckwith & Murphey, 2016; Warner, 2013）。尽管如此，高中男生却倾向于高估自己的语言和数学能力（与标准化测验结果相比），而女生则会低估自己的能力（Herbert & Stipek, 2005; Pomerantz, Altermatt, & Saxon, 2002）。在小学阶段，男生比女生更可能出现阅读方面的问题（CEP, 2010; Lindsey, 2015），并且更可能存在学业困难或情绪障碍（Smith, 2001）。研究者还发现，幼儿园女孩的自我调节能力比男孩强，这会转化为她们在小学低年级取得更好的学习成绩（Matthews, Ponitz, & Morrison, 2009）。

男生危机

在过去的 30 多年里，尽管有大量关于女生在学校中未被充分关注的文章，但近些年来，人们却越来越多地关注“男生危机”（Beckwith & Murphey, 2016; Cleveland, 2011）。长期以来，男生一直比女生更可能被安排去接受特殊教育，被迫留级、退学以及触犯法律（Beckwith & Murphey, 2016）。事实上，年轻男性被监禁的可能性是年轻女性的 10 倍。女生比男生更有可能考入大学并顺利毕业，而且在许多男女同校的大学和学院中，女生的比例会占到 60% 甚至更高。尽管男生在一些能力倾向测验中具有优势，但上述差异依然存在。

仔细分析这些数据资料就会发现，“男生危机”的确存在，但并非对全体男生而言都是如此。非裔美国男孩比非裔美国女孩更可能处于风险人群之列（Kafele, 2009; Noguera, 2012; Schott Foundation, 2010; Thomas & Stevenson, 2009），而且学业困难和注意缺陷多动障碍在男孩群体中更常见，也更具破坏性。这些问题非常严重，需要引起关注，但这并不意味着我们对所有男孩都忧心忡忡就是合理的（Mead, 2006）。事实上，我们之所以感到“男生危机”，可能仅仅是因为那些曾经一度妨碍女生在学校取得优异成绩的做法被废除所致（Warner, 2013）。

性别角色刻板印象和性别偏见

如果说男女之间基于遗传的差异如此之少，那么为什么还会存在如此多的行为差异？这些行为差异源自男性和女性的不同生活经历，其中包括成人对不同类型行为的强化（Eliot, 2012）。

按照传统，男婴和女婴从出生起就受到了不同的对待。用粉色还是蓝色毛毯包

理论应用于实践

在教学中避免性别偏见

“在科学课上，老师从来不提问我，这让我觉得自己好像不存在一样。一天晚上我做了一个梦，梦见我消失了”（Sadker et al., 2013）。不幸的是，抱怨被老师忽视的不止这一个女生。学校在很多方面都表现出对女生的不公平对待，包括对性骚扰的视而不见、与女生的互动频率远低于男生等（American Association of University Women, 2002）。教师倾向于选择男生，提高男生的自尊，并且选用以男性为主角的文学作品。女孩和妇女的贡献及其经历在教科书、课程和标准化测验中仍然经常被忽视（Zittleman & Sadker, 2003）。

教师在课堂上通常会不自觉地表现出**性别偏见**（gender bias），这种偏见主要有三种形式：强化性别刻板印象，维持性别隔离，区别对待男生和女生（Koch, 2003; Maher & Ward, 2002）。这些不平等对待不仅给女生也会给男生带来消极影响（Sadker et al., 2013; Weaver-Hightower, 2003）。

避免性别刻板印象：教师应避免强化性别刻板印象。例如，在课堂上分配任务时不要涉及性别因素，避免主动任命男生为团队领导，而女生为秘书，不妨让男生和女生都参加体力活动。教师还应避免在言语表述中的刻板印象，如“男孩不哭”和“女孩不打架”等，避免给学生贴上诸如“假小子”之类的标签。当学生表现出对某种学习活动和职业的兴趣时，即使它们与社会文化中的性别刻板印象不符，如女生喜欢数学和科学，教师也应给予鼓励（King, Gurian, & Stevens, 2010）。当女生被引导认为自己并不擅长某项技能时，比如数学，她们实际上就遭遇了刻板印象威胁（Master et al., 2016）。永远不要以任何理由、让任何学生相信，像他们这样的人不擅长这样或那样的技能。

促进融合：造成性别刻板印象的一个原因是男生和女生（特别是在小学）往往只有少数几个异性朋友，并且大多数时候都是和同性伙伴一起参加活动（Lindsey, 2015）。教师有时会强化这种行为，比如，让男生和女生分开站队，不安排男女生同桌，分开组织男女生的体育活动。结果，学校中异性学生之间的交往远远少于同性学生之间的交往。而在那些鼓励男女生合作的班级里，儿童就很少形成关于男生和女生能力的刻板印象（Renzetti, Curran, & Maier, 2012）。

平等地对待女生和男生：很多时候，教师并没有平等地对待男女学生。对课堂互动进行的观察研究发现，教师与男生的互动多于与女生的互动；教师提问男生（特别是针对抽象问题）的次数多于对女生的提问次数（Sadker & Zittleman, 2009）。在一项研究中，研究者给教师播放一段课堂录像，然后让他们回答是男生还是女生参与得更多。大多数教师都报告说女生比男生发言多，而实际情形是男生比女生参与得多，男女生的参与比率为 3:1（Sadker & Zittleman, 2009）。研究者对该发现的解释是，这反映了教师对女生参与课堂活动抱有较低的预期，因此他们将女生的低参与率视为正常。无论是课堂参与、担任领导角色，还是参加各种各样的活动，教师都应该注意为所有的学生提供平等的机会（Bernard-Powers, 2001; Stein, 2000）。教师应当采用能同时激发女生和男生兴趣和观点的活动（James, 2007, 2009）。教师也需要鼓励女生学习数学和科学，并明确表示，老师会同等期待和重视女生和男生在这些学科上的优异表现（Halpern et al., 2007）。

裹婴儿，象征着从出生时迎接他们开始，孩子们便会有不同的经历。早期的研究发现，成人认为用蓝色毛毯包裹的婴儿（无论是男婴还是女婴）比用粉色毛毯包裹的同样的婴儿更好动。人们往往也将个体的其他男性特征归因于其出生时曾被用蓝色毛毯包裹过（Sadker, Zittleman, & Sadker, 2013）。有关婴儿脑可塑性的研究表明，对待男婴和女婴的不同方式，实际上可能会导致他们的脑发育存在差异（Eliot, 2012）。

尽管对性别偏见的意识已经开始对教养孩子产生了影响，但儿童确实在三四岁就能区分性别，并表现出性别偏好。因此，儿童入学时已通过社会化形成了符合公众期望的与其年龄相适应的性别角色行为（Delamont, 2002）。相比社会经济地位高的家庭，社会经济地位低的家庭所认可的两性性别角色差异往往更大（Sadker, Zittleman, & Sadker, 2013）。

这种被认可的**性别角色行为**（sex-role behavior）的社会化将持续一生，而学校教育也推动了该社会化过程。尽管社会化的经历与学业成就之间的相互作用非常复杂，且难以一概而论，但学校在很多方面表现出对两性的区别对待。总体来说，男生受到教师的关注要比女生多（Jones & Dindia, 2004; Koch, 2003）。男生受到教师的否定和责备也比女生多；但与此同时，男生与教师的互动也更多，比如得到老师的赞同、指导和倾听（Jones & Dindia, 2004; Koch, 2003; Maher & Ward, 2002）。教师倾向于对女生的攻击性行为给予更迅速且明确的惩罚。还有一些区别对待则非常微妙，例如，让女生在角落里玩，却给男生提供积木；或者在音乐课上，让男生敲鼓，却让女生敲击三角铁。

性取向和性别认同

我曾经就读的高中有 2 000 名学生，据我当时所知，没有任何一名学生是同性恋。当然，这里的重点是“据我当时所知”。后来我发现，我的一些同学是同性恋，他们在高中毕业后便出柜（come out of closet）了。那些知道或怀疑自己是同性恋的人隐藏了自己的性取向，因为在那个时代，这样的标签会招致戏弄、欺凌甚至更为恶劣的对待。

根据美国心理学协会（American Psychological Association, 2016）的观点，性取向是“一种对男性、女性或两性都有的情感的、浪漫的和（或）性吸引力的持久模式”。*跨性别者*（transgender）是指其行为或自我认同与其自身生理性别不一致的个体。他们可能会选择体现另一性别特征的穿着或行为方式（Savage & Harley, 2009）。总体来说，这些人通常称自己为**女同性恋者、男同性恋者、双性恋者、跨性别者**（lesbian, gay, bisexual, transgender, LGBT），或者自称为 LGBTQ（增加字母“Q”表示对自己的性取向尚存疑问）。大约 3.5% 的美国人认为自己是女同性恋者、男同性恋者、双性恋者或跨性别者（Keen, 2011）。目前，人们普遍认为性取向是与生俱来，且不可改变的（Bronski, Pellegrini, & Amico, 2013）。然而，性取向是一个从绝对异性恋到绝对同性恋的连续体，某些青少年可能会在一段时间内表现出某种特定的性取向，无论是异性恋还是同性恋。

现如今，学生对自己的性取向持更加开放的态度，在某种程度上，社会也更加包容。但是，那些行为表现不符合性别期望的学生依然经常会受到欺凌和骚扰（Gay, Lesbian, and Straight Education Network, 2011）。在性取向问题上，作为一名教师，最重要的是接纳学生的差异，向其他学生示范对待 LGBT 学生的适宜行为，并帮助那些可能正在对自己的性取向感到困惑的学生。

理论应用于实践

为 LGBT 学生提供支持

每位中学教师以及许多小学教师都有可能遇到到 LGBT 学生，因此需要做好准备以便为他们提供支持。

预防骚扰和欺凌 LGBT 学生经常会成为别人嘲笑、欺凌甚至是身体暴力的对象（Robinson & Espelage, 2012）。由同性恋和异性恋教育网络（Gay, Lesbian, and Straight Education Network, 2011）开展的一项问卷调查发现：81.9% 的 LGBT 学生自述曾因自身的性取向或性别认同遭受过言语骚扰，38.3% 的 LGBT 学生遭受过身体骚扰，18.3% 的 LGBT 学生在学校遭受过身体攻击。

许多骚扰和欺凌发生在社交媒体上。在社交媒体上，人们以匿名方式表达粗暴和伤害性的侮辱、威胁和谴责。约 63.5% 的 LGBT 学生表示在学校缺乏安全感，71.3% 的 LGBT 学生表示经常听到恐同言论。教师和其他教育工作者需要对所有形式的骚扰和欺凌表示零容忍，尤其是那些针对 LGBT 学生的骚扰和欺凌，因为这些学生受到的骚扰和欺凌尤其为甚。教师可以为所有学生创设友好的班级环境，以此来帮助 LGBT 学生，无论他们有何不同（Slesaransky-Poe, 2013）。改变学校规范的一种方式是，告诉学生他们有责任为那些正在遭受欺凌或骚扰的同学挺身而出。同时，避免使用激烈的竞争方式以及不将恐惧作为促动因素，也会减少学生因个人受挫而发泄在同学身上的倾向性。

在性教育中，教师应向学生传授一些有关性取向和 LGBT 认同方面的知识（McGarry, 2013）。这有助于揭开这个话题的神秘面纱，帮助学生认识到性取向和性别认同只是许多个体差异特征中的两个而已。引导学生接受差异是至关重要的。

学生在智力和学习风格上的差异

有些术语，每个人都认为自己理解了，但要给出相关的定义，却又无从回答。智力这个术语即是如此。在某种程度上，**智力**（intelligence）被界定为一种一般的学习能力倾向，或是一种获得和使用知识或技能的能力。斯滕伯格（Sternberg, 2008）关于智力的定义得到了大家的普遍认同，他认为，智力是个体通过有目的地以其所长补其所短来弄清楚如何从生活中获得自己想要东西的能力。

InTASC 标准 8
教学策略

当我们追问是否存在所谓的一般能力倾向时，最重要的问题便出现了（Plucker & Esping, 2014; Sternberg, 2008）。不少人非常擅长微积分，但若生活中需要他们写一篇美文、画一幅好画时，他们就无能为力了。还有一些人，当他们进入一个全是陌生人的房间时，能很快地推断出这些陌生人之间的关系和感情；而有些人则可能永远也学不会这类技巧。正如威尔·罗杰斯所说："人皆无知，只是表现在不同的方面罢了。"显然，个体在学习以某种特定的方式传授的任何特定类型的知识或技能时，其学习的能力倾向都各不相同。假定有 100 名学生去听关于某个主题的讲座，而此前他们对该主题一无所知。当他们听完出来时，每个人所学到的知识量、知识类型都会有所不同。之所以会产生这种差异，其中一个重要的原因是，每个人对这次讲座的具体内容及其讲授方法的学习能力倾向是不同的。但是，如果课程内容是关于其他主题的或者相同的内容，但是通过实际操作或小组学习的方式来呈现，那么从前面的那类讲座中学到最多知识的学生，是否还能一样学到最多的内容呢？

早在古希腊之前，人们就对智力的概念展开了讨论，但对智力的科学研究真正始于艾尔弗雷德·比奈（Alfred Binet）的工作，他于 1904 年编制了第一份智力测验（Esping & Plucker, 2015）。法国政府要求比奈寻找一种方法来鉴别那些在学业上可能需要特殊帮助的儿童。比奈的测量方法对儿童广泛的技能和表现进行了评估，但最后得出一个单一的分数，称为**智商**（intelligence quotient, IQ），其分值是这样确定的，即把法国儿童的平均智商定为 100（Hurn, 2002）。

链接 4.4
若想了解更多关于 IQ 测验的内容，请参见第 14 章。

智力的定义

比奈的工作极大地提升了智力评估的科学性，但这同时也促使人们开始形成这样的观点，即智力是单一的东西——那些“聪明的”人被期望在各种学习情境中都有出色的表现。自比奈以来，关于这个问题的争论一直很激烈。1927 年，查尔斯·斯皮尔曼（Charles Spearman）声称，人们在各项任务上的能力固然有所不同，但是在所有的学习情境中存在一种一般智力因素，即“g”因素。真的如斯皮尔曼所说只有一种智力？还是有多种不同的智力？

支持“g”因素的证据是各种能力之间具有相关性。擅长学习某一概念的人一般来说很可能也擅长学习其他概念。这些相关具有一致性，足以让我们说不存在上千种完全独立的智力，但是它们也还远不足以让我们说只有一种一般智力（Sternberg, 2008）。近些年来，关于智力问题的许多争论主要集中在确定有多少种不同的智力类型，以及如何描述每种智力。例如，斯滕伯格（Sternberg, 2008）描述了三种智力类型：分析性智力、实践性智力和创造性智力。莫兰等人（Moran, Kornhaber, & Gardner, 2006）描述了包含 9 种智力的**多元智力**（multiple intelligences），具体的类型和定义见图 4.2。

近些年来，加德纳（Gardner, 2004）的多元智力理论在教育领域非常流行，但仍存有争议。例如，沃特豪斯（Waterhouse, 2006）指出，几乎没有证据支持多元智力理论。他援引脑科学和智力测量的相关研究结果来论证，尽管存在不同的认知优势和人格，但这与一般智力的存在也并不矛盾（Watkins & Canivez, 2004）。陈杰琦（Chen, 2004）、加德纳等人（Gardner & Moran, 2006）主张，智力不只是通过智商测验测得的东西，但也承认多元智力存在的证据是间接的。

对教育工作者来说，智力的确切数量并不重要。重要的是我们要树立这样一种观念：在某一领域中的优秀或不良表现并不注定在其他领域中也有类似的表现。教师应该避免将学生看成是聪明的或不聪明的，因为聪明可表现在多个方面。令人遗憾的是，学校在传统上只认可极少的几种行为表现，主要根据加德纳分类法中的语言智力和逻辑 / 数学智力（只是 9 种智力中的 2 种）来简单地将学生划分等级。如果学校希望所有学生都变得聪明，就必须开展多样化的活动，奖励学生的多样化表现，而不是像过去那样单一狭隘。

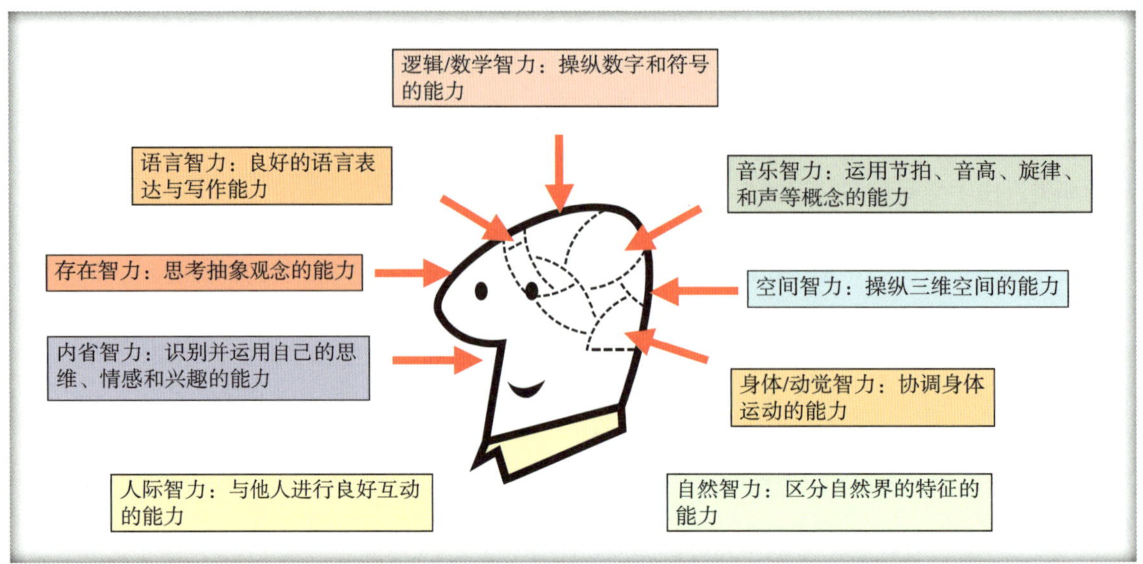

图 4.2　加德纳的多元智力

2006 年，莫兰等人认为，智力不是单一的实体，而是多种优势的组合。他们描述的智力类型如图 4.2 所示。

资料来源：Moran, Kornhaber, & Gardner (2006).

智力的起源

有关智力起源问题的争论已持续了数十年。一些心理学家（Toga & Thompson, 2005）认为，智力主要是遗传的产物——儿童的智力在很大程度上取决于父母的智力，并且在母亲怀孕时就已经确定了。另一些人（Rifkin, 1998）则坚持认为，智力主要是由个体所处的社会环境因素决定的，例如，给孩子读了多少书、和孩子说了多少话。而多数研究者认为，遗传和环境都能对智力产生重要影响（Petrill & Wilkerson, 2000; Plucker & Esping, 2004）。很显然，一般来说，如果父母是高成就者，则他们的孩子更可能成为高成就者，但是这既与遗传有关，也与高成就父母创设的家庭环境有关。正如本章前面提到的，有研究表明，与那些始终成长于较低社会经济地位家庭的儿童相比，那些虽出生于较低社会经济地位家庭但被较高社会经济地位家庭收养的儿童也会有更高的智商（van IJzendoorn et al., 2005）。支持环境论的一项重要证据是，学校教育本身能够显著地影响学生的智商分数。塞西（Ceci, 1991）在一篇综述中指出，学生的在校经历会对其智商产生显著而系统的影响。例如，荷兰的多项经典研究发现，那些因第二次世界大战而推迟入学的儿童其智商显著地降低了，尽管他们的智商在上学后有所提高。对密尔沃基市中心的智力落后母亲所生的孩子进行的一项研究发现（Garber, 1988），婴儿期的刺激方案和高质量的学前教育能够显著提高这些孩子的智商，而且这种良好效果至少能持续到小学毕业。对那些将婴儿刺激、儿童的全面发展和父母援助结合起来的启蒙教育方案的研究发现，早期教育对儿童的智商具有持久的影响（Ramey & Ramey, 1998）。这些证据以及其他证据都表明（Kristof, 2009; Neuman, 2007），智商并非个体的一种固定不变的特质，它会随个体对环境变化的反应而改变。

链接 4.5

研究表明，某些教育方案可直接改变智商，若想了解这方面的研究，请参见第 8 章。

资格认证指南

教师资格认证考试可能要求你设计一堂课，除了满足学生发展的需要，还要与学生的不同学习风格相适宜。

理论应用于实践

多元智力

根据加德纳的多元智力理论，教师应采用那些需调动多种智力的多样化方式讲解概念。几乎没有课程能包含与所有类型的智力都对应的内容，但是多元智力理论对课堂的一个关键建议是，在每堂课上采用多种呈现方式，让尽可能多的学生获得成功（Armstrong, 2009; Campbell, Campbell, & Dickerson, 2004; Kornhaber, Fierros, & Veenema, 2004; Moran et al., 2006）。

智力，无论是一般智力还是特殊智力，只是影响学生在某节课或某一课程中学到多少知识的众多因素之一。它可能远没有先前知识（学生事先对课程的掌握程度）、动机、教学质量和教学性质重要。在一些极端情况下，智力确实变得重要；当需要确定哪些学生是智力落后者以及哪些学生是天才时，智力就是一个关键的因素；但大多数学生都处在中等的智力范围，此时其他因素就显得尤为重要了。智商测验在教育中经常被滥用，特别是当它被不恰当地用来决定是否安排学生接受特殊教育、是否分快慢班或能力小组时。学生的实际表现远比智商更重要，也更直接地受到教师和学校的影响（Sternberg, 2008）。博伊金（Boykin, 2000）认为，学校应更专注于如何开发学生的天赋，而不是将天赋视为学生的固定属性。

学习风格理论

InTASC 标准 2
学习差异

正如每个学生都有不同的个性一样，他们也都有各自不同的学习方式。例如，想一想你是如何知道你所遇到之人的名字的。如果你看到一个名字被写下来，你是否更容易记住它？如果是，那么你可能是一个视觉型学习者，这类人通过看或读便能更好地进行学习。如果你通过听一个名字才能更好地记住它，那么你可能是一个听觉型学习者。当然，我们所有人都是通过多种方式来学习的，但有些人用某些方式进行学习比用其他方式能学得更好（Swisher & Schoorman, 2001）。

能力倾向—教学处理的交互作用

InTASC 标准 5
学科知识的应用

既然已有充分证据表明，不同个体在学习风格和学习偏好上存在差异，那么从逻辑上讲，不同的教学风格就会对不同的学习者产生不同的影响。然而，这一常识性命题却很难得到确凿的证明。有研究者曾试图将教师的教学风格与学生的学习风格进行匹配，但结果表明，这种匹配并非总能促进学生的学习（Kirschner & van Merrienboer, 2013）。不管如何，研究者对**能力倾向—教学处理的交互作用**（aptitude-treatment interaction）的探索仍在继续。从该领域的研究中得出的一条常识性结论是，教师应当留意学生学习方式的差异，并对此作出恰当的反应（Ebeling, 2000）。

理论应用于实践

理解多样的思考者

2004 年，北卡罗来纳大学的梅尔·莱文（Mel Levine）在其文章《赞赏多样的思维》（*Celebrating Diverse Minds*）中探讨了将赞赏“各种类型的思维”作为一种确保所有孩子都不掉队的方式的重要性。他提出了这样的问题：“那些因为缺乏满足既定学业成功标准所需的思维类型而自暴自弃的学生……未来将会怎样？”

莱文指出，学习上的差异会成为令人退缩的障碍，尤其是当人们没有意识到差异存在的合理性并有效地加一应对时。最重要的是，这些障碍会让我们错误地低估学生的价值，不公平地指责学生，甚至未能给他们提供足够的教育，从而扼杀了他们在学校和生活中获得成功的机会。

许多表现不佳的学生其实都有着特定的思维类型——他们的大脑能够熟练地完成某些特定任务；但是，当需要完成其他的任务、满足其他的预期时，他们的大脑又显得拙笨起来。某个学生可能在视觉图像化方面表现得很出色，但在言语表达方面却显得很笨拙；而另一个学生可能具有非凡的人际理解能力，但对句子的结构却不能很好地理解。

莱文提出了三种方式来解决此类问题。

- **拓宽学生评价的标准。**我们对学习差异的理解通常侧重于如何补短，而未能看到那些所谓的学习吃力者所具有的某种天赋或潜能。
- **重新审视课程。**探索新的教学实践和课程选择，以便为不同类型的学习者提供教育机会，为其成功的人生奠定基础。
- **为教育工作者提供专业发展的机会。**为教师提供关于脑科学研究启示的培训，帮助他们理解和支持学生的不同思维类型。

有意识的教师

基于学生的社会经济地位、族裔、语言、性别和智力差异开展教学

有意识的教师能意识到学生多种多样的背景及优势，并在教学中加以考虑。

- 他们能意识到学生之间的差异并予以尊重，但不以此为借口来降低对某些学生的期望。
- 他们积极寻求专业化发展和其他帮助，运用从已有研究中学到的策略，如合作学习、个人和小组辅导以及全校范围内的变革模式，来改善不同学生的学习成效。
- 他们让家长和社区成员参与到学校活动中来，在教学中结合在校学生的文化背景和语言资源。他们寻求社区志愿者的帮助，对学生实施个别化教学。

（续）

- 他们分析学生学业成就数据，并据此做出教学决策，有效利用包括自身时间在内的各种资源。
- 他们利用技术为多样的学习者提供有益的个别化教学。
- 他们对所有学生都抱有期望，不放弃每一个人，同时想方设法帮助学习吃力者达到具有挑战性的标准。
- 他们坚持平等对待每一个学生，不仅自己这样做，也要求班级所有学生都这样做。
- 他们学习和使用多元文化的教学法，欣赏所有学生的多元化资源并据此进行教学。

本章概要

文化对教与学的影响

文化对教与学有着深远的影响。文化的许多方面都有助于学生的同一性和自我概念的形成，并影响学生的信念和价值观、态度和期望、社会关系、语言使用和其他行为。

社会经济地位如何影响学生的成就

社会经济地位是根据收入、职业、受教育水平和社会声望而确定的，它显著地影响着学生对学校持有的态度、背景知识、入学准备情况和学业成就。工薪阶层和低收入家庭面临的压力影响着他们的教养方式和亲子沟通模式，并降低家长对孩子的期望，这些可能致使儿童在入学时遇到挑战。学校的中产阶级文化要求独立、竞争和目标设定，而来自低社会经济地位家庭的学生通常接受的常态文化与此不同。然而，低社会经济地位并不一定会导致学生的学习成绩差。教师可以邀请家长参与到儿童的教育中来，这样可以有效提高学生的成绩。

族裔和种族如何影响学生的学校生活

随着美国和加拿大人口日趋多元化，弱势群体的人数急剧增多。某些弱势群体是根据成员的种族、宗教、族裔、出身、历史、语言和文化等自我界定的，如非裔美国人、美洲原住民、拉丁裔美国人，来自这些群体的学生在标准化学业成就测验中的得分往往低于欧裔和亚裔的美国学生。较低的分数与较低的社会经济地位有关，并在某种程度上体现了人们对弱势群体的歧视和随后产生的贫困所导致的遗患。长期以来，学校废除种族隔离是为了解决种族和社会阶层差异导致的教育不平等问题，但这一做法利弊参半。持续存在的问题还包括确保公正、平等的机会，促进种族之间的和睦相处，防止种族隔离。

语言差异和双语教育如何影响学生的成就

英语学习者通常会接受四类教学方案中的一种，这四类方案分别是沉浸式英语教学、过渡型双语教育、配对双语教育和双向双语教育。双语教学方案使用学生的母语和英语对学生进行教学。研究表明，双语教学，尤其是配对双语教育对学生是有益的。最近，美国各州的立法对双语教育产生了寒蝉效应。

多元文化教育

多元文化教育要求在学校弘扬多元文化、提倡教育平等和社会和谐。多元文化教育包括内容整合、知识建构、减少偏见、公平教学法和赋权的学校文化。

性别和性别偏见如何影响学生的学校生活

人们观察到的男女两性之间的许多差异都与早期社会化经验的差异有明显的关联。在早期社会化过程中，儿童习得了被认为适合自己性别角色的行为。当前的研究显示，在思维和能力方面，基于基因的性别差异很小。但课堂中的性别偏见，包括教师对待男女学生行为的细微差异以及那些含有性别角色刻板印象的课程材料，显然影响了学生的选择和学业成就。由此造成的结果就是在数学和科学科目中出现了性别差异,尽管这种差异正在逐步缩小。女同性恋、男同性恋、双性恋和跨性别的学生会经历很多骚扰和欺凌，学校需要营造一种接纳的氛围以预防此类现象的发生。

学生在智力和学习风格上的差异

学生在抽象思维、问题解决和学习等方面的能力各不相同。他们在许多具体的智力上也存在差异。因此，要准确地评估智力，应当兼顾个体更多样化的表现，而不是仅仅依靠传统的智力测验。所以,教师不应该将他们对学生的期望只建立在智力测验的分数上。比奈、斯皮尔曼、斯滕伯格和加德纳等研究者在智力的理论建构和测量工具的开发等方面作出了重要贡献。智力是由遗传和环境共同决定的。研究表明，个体的家庭环境、学校教育和生活经历都会对其智商产生深远的影响。

学生在先前的学习经验和认知学习风格方面存在很大差异，个体对学习环境和学习条件的偏好同样也会影响其学业成就。

关键术语

文化
社会经济地位（SES）
族群
族裔
种族
弱势群体
语言少数族裔
英语水平有限（LEP）
英语学习者（EL）
双语教育
多元文化教育
内容整合
知识建构
减少偏见
公平教学法
赋权的学校文化
性别偏见
性别角色行为
女同性恋者、男同性恋者、双性恋者和跨性别者（LGBT）
智力
智商（IQ）
多元智力
能力倾向—教学处理的交互作用

自我评估：资格认证练习

指导语：本章开篇案例中强调了州资格认证考试中经常出现的一些评价指标。请重读开篇案例，回答下列问题。

1. 玛瓦·万斯和约翰·罗西讨论了学生在规范、传统、行为、语言和感知等方面存在的多样性。下列哪个术语最恰当地描述了他们谈话的要义？
   a. 种族
   b. 社会经济地位
   c. 智力
   d. 文化
2. 对于玛瓦·万斯和约翰·罗西所教的学生，下列关于社会经济地位的表述哪一项最有可能是正确的？
   a. 出身于工薪阶层或下层家庭的学生在学业上的表现与出身于中产家庭的学生一样好，甚至更好。
   b. 来自处境不利家庭的学生得不到充分的卫生保健服务的可能性较大。
   c. 暑假期间，出身于中产家庭的学生与出身于下层家庭的学生取得学业进步的可能性相同。
   d. 学校完全代表了工薪阶层的价值观和期望。
3. 玛瓦·万斯和约翰·罗西讨论了学生倾向于接受社会所赋予他们的刻板角色。根据相关研究，教师应该如何应对这种角色刻板印象？
   a. 允许学生选择自己的角色，即使他们最后选择了刻板印象角色。
   b. 尽可能以接近现实的方式来再现感恩节的场景：美洲原住民学生扮演原住民，女生扮演厨娘，男生扮演猎人。
   c. 活动主题不应带有偏见，来自弱势群体家庭的学生也可以不拘泥于刻板印象，扮演来自较高社会阶层家庭的角色。
   d. 写一个感恩节的剧本，将所有弱势群体作出的贡献都写进去。
4. 何塞是玛瓦·万斯班里的一名学生，他想担当感恩节庆典活动的主持人，但是他的英语不太熟练。根据关于双语教育有效性的研究，玛瓦·万斯可以采用哪种方式来提高所有学生的英语口语和写作技能？
   a. 尽量避免使用双语教育，因为研究发现，双语教育对学生的英语发展不利。
   b. 学习班里学生所讲的各种语言。
   c. 支持双语教育，因为研究发现，与接受全英语教学的学生相比，接受双语教育的学生最终会取得同样好甚至更好的英语成绩。
   d. 明确指出双语教育对学生自尊的不利影响。
5. 玛瓦·万斯和约翰·罗西讨论了感恩节庆典活动中存在的刻板性别角色问题。根据本章介绍的有关研究，教师应如何分配男女生在感恩节庆典活动中的角色？
   a. 鼓励学生选择自己感兴趣的角色，而不是选择社会期望他们扮演的角色。
   b. 减少男女生在感恩节庆典活动中的互动。
   c. 给男女生安排真实的角色：男生扮演猎人，女生扮演厨娘。
   d. 给所有学生安排与其自身原有的种族与性别不同的角色。
6. 什么是多元文化教育？教师、管理者和其他学校员工可采取哪些措施来帮助弱势群体的学生？

7. 学生先前的学习经验和认知学习风格各不相同。教师可以采取哪些策略以兼顾到所有学生？
8. 请列出 6 种切实可行的策略，让学生的父母或其他家庭成员参与进来，帮助学生发挥他们的潜能。

Blend Images/KidStock/Brand X Pictures/Getty Images

第 5 章

行为和社会学习理论

本章提纲

学习成果

学完本章后，你应当能够：

5.1 定义“学习”的概念，描述行为学习理论的原理及其对课堂实践的启示；

5.2 描述社会学习理论及其对课堂实践的启示；

5.3 解释行为和社会学习理论如何影响有意识的教学。

朱丽娅·埃斯特班是坦纳小学的一年级教师，她正尝试教给学生适宜的课堂行为。

一天，她对学生说："孩子们，我想跟你们谈谈咱们班存在的一个问题。每当我提问时，你们中的许多人会直接喊出答案，而不是先举手等我点名。谁能告诉我：当我向全班同学提问时，你们该怎么做？"丽贝卡迅速举起手，说道："我知道！我知道！举手，安静地等着！"

埃斯特班叹了口气，试图忽视丽贝卡，因为她的这一行为恰恰是老师刚才不让做的，但丽贝卡又是此时班上唯一举手的学生，并且你越不理睬她，她就会越发使劲地挥手并大声回答。

"好吧，丽贝卡。你们应该怎么做呢？"

"我们应该举手，不说话，等您点名。"

"既然你知道这个规则，那为什么在我点你的名字之前，你就大声回答了呢？"

"我想我是忘记了。"

"好吧，谁能提醒一下全班同学不准擅自发言的规则？"

四个学生举起手，一起大声说道：

"一次一个人回答！"

"按次序回答！"

"当别人发言时不要说话！"

埃斯特班再次要求学生要遵守课堂秩序。"你们这些孩子快把我逼疯了！"她说，"我们刚才不是说了应该举手等我点名吗？"

"但是，埃斯特班老师，"斯蒂芬甚至没举手就说，"丽贝卡并没有保持安静，你也叫她发言了呀！"

运用你的经验

批判性思维和创造性思维　思考一下，在这种情形下，埃斯特班女士可以采取哪些不同的做法来实现其目标。

合作学习　与你的同学讨论一下是哪里出了问题。也讨论你过去见过的、与此类似的强化不适宜行为的方式。和全班同学分享你的见闻。

儿童是优秀的学习者。然而，他们学到的可能并不总是我们想要教给他们的。埃斯特班女士试图教授学生在课堂上应该怎么做，但是通过对丽贝卡突发行为的关注，她实际上教给学生的恰恰与其本意相悖。丽贝卡渴望得到老师的关注，所以老师（即使是以一种恼怒的语气）点名让她发言的这种方式，又恰恰奖励了她未经允许而大声说出自己答案的行为。埃斯特班的做法不仅增加了丽贝卡未经允许就大声喊出答案的可能性，而且也使其擅自大声说话的行为成为其他同学的榜样。埃斯特班对学生所说的话，远不如她对学生的行为做出的实际回应重要。

本章的目的是对学习加以界定，之后介绍行为和社会学习理论，这些理论在解释学习时更强调可观察的行为。**行为学习理论**（behavioral learning theories）关注行为产生的愉快的或不愉快的结果如何随时间推移而改变个体行为，以及个体如何模仿他人行为。**社会学习理论**（social learning theories）关注思维与行为的相互影响。后面的章节会介绍**认知学习理论**（cognitive learning theories），这类理论强调人们在学习和记忆新知识或技能时所用到的不可观察的心理过程。然而，由于近些年来各学派相互吸纳和借鉴彼此的研究成果，行为学习理论与认知学习理论之间的界限也日趋模糊。

链接 5.1
有关认知学习理论的更多信息，请参见第 6 章。

什么是学习

什么是学习？如果认真思考的话，这似乎并不是一个简单的问题。斟酌一下下面这四个例子，它们是学习吗？

1. 一名幼儿迈出了她的第一步。
2. 一位青春期的男性感到自己被某些女性强烈地吸引。
3. 当一个儿童看到医生拿着针管走过来时，他感到焦虑。
4. 一个女孩在学会乘法很久之后，她发现了一个数乘以 5 的另一种计算方法：将此数除以 2 后再乘以 10（例如，428 × 5 可以这样计算：428/2 = 214 × 10 = 2140）。

学习（learning）通常被定义为由经验导致的个体的改变（Schunk, 2012）。迈耶（Mayer, 2008a）将学习定义为“学习者的经验所导致的其知识的持久改变”（p. 171）。发展引起的改变（如长高）并不是学习的例子。个体生来就具有的特性（如对饥饿或疼痛的反射和反应）也不是学习。然而，人类从出生那天（一些人认为更早）起就学习了如此多的东西，以至于不能将学习和发展截然分开。学习走路（上面的例 1）主要是一个发展进程，但也取决于爬行和其他活动的经验。青春期的性冲动（上面的例 2）不是习得的，但是学习也塑造着个体对理想伴侣的选择。

InTASC 标准 1

学习者的发展

一个儿童看到拿着注射器的医生就感到焦虑（上面的例 3），这肯定是习得的行为。这个孩子已经习得把注射器与疼痛联系了起来，当他看到注射器时，身体就会出现情绪反应。这种反应可能是无意识的或不随意的，但毫无疑问它是习得的。

第 4 个例子，女孩对乘法简便运算的顿悟，是内部生成学习的一个例子，也就是广为人知的思维。一些理论家或许并不称之为学习，因为它不是由环境直接引起的。但是它可能被认为是一种延迟学习的情况，其中教师有意识的乘法教学、女孩多年的数字经验，再加上其个人的心智努力，最终产生了这一顿悟。

学习可以通过多种方式进行。有时，学习是有意识的，比如学生获得课堂上呈现的信息或在互联网上查询某些东西；有时，学习是无意识的，比如上述儿童对注射器反应的例子。各种类型的学习每时每刻都在进行着。当你阅读本章时，你正在学习有关学习的内容。然而，你也正在了解教育心理学可能是有趣的还是枯燥的，有用的还是无用的。即使你意识不到，你也可能正在学习在页面的哪些位置找到某些信息。你也可能正在学习将本章的内容与阅读时周围环境中一些琐碎的方面联系起来，如图书馆里书的气味或者房间的温度。本章的内容、文字的编排版式，以及周围环境的气味、声音和温度等都是**刺激**（stimulus）。通常，你的感官对所有类型的刺激，也就是环境事件或状况都是完全开放的，但是在任何特定时刻，你只能意识到其中的一部分。

作为一名教师，你所面临的问题不是如何让学生去学习，因为学生在觉醒状态下的每一刻都在学习；而是如何帮助学生学习那些在将来的生活中有用的特定信息、技能和概念。我们如何给学生呈现适宜的刺激，使其集中注意力、发挥心智努力，进而获得重要的技能？这才是教学的核心挑战。

行为学习理论

相对而言，人们对学习的系统研究起步比较晚，直到 19 世纪末期，研究者才开始以科学的方式来研究学习。他们借用自然科学的技术手段，开始通过实验来理解人和动物是如何学习的。巴甫洛夫是早期学习研究中最重要的研究者之一；在后来的研究者中，斯金纳因对行为与结果之间关系的研究而具有举足轻重的地位。

巴甫洛夫：经典条件作用

资格认证指南

教师资格认证考试可能会涉及巴甫洛夫的理论。要知道铃声是他用来让狗在没有呈现肉的情况下分泌唾液的条件刺激。铃声之所以能成为条件刺激，是因为巴甫洛夫事先将其与肉进行过配对。

在 19 世纪末和 20 世纪初，俄国科学家巴甫洛夫及其同事研究了狗的消化过程（Borich, 2014; Ormrod, 2016）。在研究中，科学家们注意到了这些动物分泌唾液的时间和速率的变化。巴甫洛夫发现，如果将肉放在一条饥饿的狗的嘴里或嘴边，狗就会分泌唾液。肉可以自动地引起唾液分泌反应，而无需任何预先的训练或条件作用，因此这被称为**无条件刺激**（unconditioned stimulus）。同样，因为肉出现时狗会自动分泌唾液，也不需要任何训练或经验，因而分泌唾液的反应被称为**无条件反应**（unconditioned response）。

在没有任何先前经验或训练的情况下，肉会引起唾液分泌，但是，诸如铃声等其他刺激就不会引起唾液分泌。由于这些刺激对研究者所关注的唾液分泌反应没有任何影响，因此它们被称为**中性刺激**（neutral stimulus）。巴甫洛夫的实验表明，如果将中性刺激与无条件刺激配对，让它们同时出现，那么中性刺激就会成为**条件刺激**（conditioned stimulus），并能引发类似于无条件刺激所引发的反应。换言之，将铃声和肉配对呈现几次后，单独呈现铃声也会使狗分泌唾液。这个过程被称为**经典条件作用**（classical conditioning）。巴甫洛夫的经典条件作用可以用图 5.1 表示。在类似这样的实验中，巴甫洛夫及其同事证实了学习如何能够影响原先被认为是不随意的、反射性的行为，如唾液分泌。

斯金纳：操作性条件作用

人类的某些行为显然是由特定的刺激引发的。比如，像巴甫洛夫研究的狗一样，当我们很饿并且看到美味的食物时，也会分泌唾液。然而，斯金纳认为，反射性行为只能解释所有行为中很少的一部分。他提出了另一类行为，因为这些行为是在明显没有无条件刺激（如食物）的条件下对环境做出的操作，所以他称之为操作性行为（operant behaviour）。斯金纳的研究关注行为与结果之间的关系（Borich, 2014; Ormrod, 2016）。例如，如果个体做出某种行为之后紧随而来的是令其愉悦的结果，则该个体以后将会更频繁地做出这种行为。这种使用愉快的和不愉快的结果来改变行为的过程，通常被称为**操作性条件作用**（operant conditioning）。

斯金纳关注的主要问题是，把被试置于可控制的情境中，观察其行为结果的系统变化所引起的行为变化（Alberto & Troutman, 2013; Schunk, 2016; Walker, Shea, & Bauer, 2011）。斯金纳因发明和使用了**斯金纳箱**（Skinner box）而闻名。斯金纳箱是用于研究动物（通常是白鼠和鸽子）行为的一种非常简单的装置。用于研究白鼠的斯金纳箱的结构包括：易于被白鼠按压的杠杆、给白鼠分发食丸的食物分发器以及饮水分发器。白鼠看不到也听不到箱外的任何刺激，所以白鼠接受的任何刺激均受实验者控制。

资格认证指南

大部分的教师资格认证考试都会要求你了解：当教师强化学生举手发言的行为时，她就是在运用操作性条件作用。

在最早使用斯金纳箱进行的一些实验中，实验者首先是这样设置实验装置的：如果白鼠偶然按压了杠杆，它便获得一粒食丸。在几次偶然的按压杠杆后，白鼠将会频繁地按压杠杆，每次按压都会获得一粒食丸。食物奖赏影响了白鼠的行为，即强化了按压杠杆的行为，并削弱了其他行为（如在箱子里乱转）。运用此装置，实验者还可以进行其他几项操作。例如，控制白鼠必须按压几次杠杆才可获得食物；或者按压杠杆有时可以获得食物，有时则不能；或者按压杠杆后不再得到食物。在每

图 5.1　经典条件作用

在经典条件作用中，一个起初不能引发反应的中性刺激（如铃声）与一个无条件刺激（如肉）配对出现，进而能够诱发反应（如分泌唾液）。

种情况下，研究者都对白鼠的行为进行电子记录。斯金纳箱的一项重要优势是，它让研究者在可控的环境中对行为进行细致的科学研究。任何人使用这种装置都可以重复斯金纳所做的实验。

行为学习的原理

行为学习理论有其自己的语言，用来描述行为的结果是如何塑造之后的行为的（also see Alberto & Troutman, 2013; Rappaport & Minahan, 2012; Sarafino, 2012; Schunk, 2016; Walker, Shea, & Bauer, 2011; Zirpoli, 2016）。

行为结果的作用

斯金纳用白鼠和鸽子进行的开创性研究确立了一系列行为原理，并得到了许多以人类和动物为研究对象的研究的支持。行为学习理论最重要的一条原理或许是：行为根据其直接**结果**（consequences）而发生改变。愉快的结果强化行为，不愉快的结果减弱行为。换言之，愉快的结果增加了个体做出一种行为的频率，而不愉快的结果则减少了一种行为出现的频率。如果学生喜欢阅读，那么他们可能会频繁阅读；如果学生觉得故事很枯燥或难以集中注意，他们可能就会减少阅读，转而去选择其他活动。愉快的结果被称为强化物，不愉快的结果被称为惩罚物。

强化物

链接 5.2
课堂应用请参见第 11 章，其中包括应用行为分析。

强化物（reinforcer）是指任何能增强行为（即增加行为出现的频率）的结果。需要注意的是，强化物的有效性必须得到证明，在没有证据表明某一特定结果确实强化了特定个体的某种行为前，我们不能妄加推断该结果就是强化物。例如，对小孩子而言，糖果通常被看作一种强化物；但是一顿美餐之后，孩子可能不会再觉得糖果很诱人，而且有些孩子根本就不喜欢糖果。一位教师说："在数学课上，我用表扬来强化一位学生安静地坐在座位上的行为，但是不起作用。"如果没有证据表明表扬对该学生确实是一种强化物，那么这位教师则可能错用了强化这一概念。没有一种奖赏能被假定为是所有情境中所有人的强化物（Alberto & Troutman, 2013; Jones & Jones, 2016; Scheurmann & Hall, 2016; Zirpoli, 2016）。

一级强化物和二级强化物　强化物分为两大类：一级强化物和二级强化物。**一级强化物**（primary reinforcer）满足人类的基本需要，如食物、水、安全、温暖和性等。**二级强化物**（secondary reinforcer）通过与一级强化物相关联，或与其他已经牢固建立的二级强化物相关联，进而获得其强化价值。例如，只有当孩子了解到钱可以用来购买本身就是一级或二级强化物的商品时，钱对他们才具有强化价值。除非家长留意并看重孩子的好成绩，否则成绩对学生就没有价值。家长的表扬之所以有价值，是因为它与爱、温暖、安全和其他强化物相联系。二级强化物有三种基本类型。一种是社会强化物，如表扬、微笑、拥抱或关注。当埃斯特班女士注意到丽贝卡时，她无意中就给了丽贝卡一个社会强化物：老师的关注。另外两种二级强化物是活动强化物和代币（或符号性）强化物：活动强化物是指诸如可以玩玩具、做游戏或参加有趣的活动等各类活动；而代币（或符号性）强化物则指诸如钱、分数、小星星或个体可以用于换取其他强化物的积分等。

正强化物和负强化物　在大部分情况下，学校所使用的强化物都是**正强化物**（positive reinforcer），包括表扬、分数和小星星等。然而，还可以采取另一种方式

表 5.1 行为学习的结果

增强行为	减弱行为
正强化	无强化
例子：奖励或表杨	例子：忽视
负强化	移除性惩罚
例子：免除讨厌的任务或摆脱讨厌的情境	例子：阻止其接触喜欢的任务或情境
	呈现性惩罚
	例子：强迫其接受讨厌的任务或情境

来强化行为，即个体做出的某种行为能使其摆脱不愉快的情境或避免不愉快事件的发生。例如，如果学生完成了家庭作业，那么家长就可以不要求孩子去洗碗。如果洗碗被视为一项不愉快的任务，那么免于做此事就是一种强化。摆脱不愉快的情境被称为**负强化物**（negative reinforcer）（Sarafino, 2012; Scheuermann & Hall, 2016; Zirpoli, 2016）。

负强化物这个术语通常被误解为惩罚，比如“课间休息时我要求他留下，以对他的迟到行为进行负强化”（Martella, Nelson, Merchand-Martella, & O’Reilly, 2012）。若要避免此类术语的错误使用，一定要记住：强化物（不论正强化物还是负强化物）增强了行为，而惩罚旨在阻止或减弱行为（见表 5.1）。

普雷马克原理 行为的一条重要原理是，允许在完成一些不愉快的活动之后从事愉快的活动，借此促进行为。例如，一位教师可能会说：“只要你完成了作业，就可以出去玩”；或者“你先把这些东西收拾好，然后我再给你讲故事”。这些都是经典的**普雷马克原理**（Premack Principle）的例子（Premack, 1965），有时也称“祖母规则”，它源自古训：“吃完蔬菜，你才可以去玩。”教师可以应用普雷马克原理，安排学生交替参加不太喜欢的活动与比较喜欢的活动；学生能否参加自己喜欢的活动，取决于他们是否成功地完成了不太喜欢的活动。例如，在小学里，将多数学生都觉得有趣的音乐课安排在一门较难的课程之后，就是一种很好的做法，这样学生就会明白，如果他们上较难的课程时吊儿郎当，其代价就是音乐课时间缩减（Borich, 2014; Martella et al., 2012; Wheeler & Richey, 2014）。

资格认证指南

教师资格认证考试可能要求你了解：当一位教师说：“如果你明天的考试得了 A，那么这周剩下的时间你就不用做家庭作业了。”她正在使用负强化（避免不愉快的结果，前提假设是家庭作业是不愉快的！）。

内部强化物和外部强化物 通常，维持行为的最重要的强化物，正是参与活动本身带来的乐趣。譬如，大多数人都有某种爱好，可以不计报酬地、长时间地从事某种活动。人们喜欢画画、看书、唱歌、玩游戏、徒步旅行或游泳，原因无他，只因做这些事情本身的乐趣。这类强化物叫**内部强化物**（intrinsic reinforcers），人们因受到内部动机的驱使而从事某种活动。与内部强化物相对的是**外部强化物**（extrinsic reinforcers），也就是用于激励人们从事某种活动的表扬或奖赏，如果没有这些外部强化物，人们可能不会从事这种活动。有证据表明，就儿童无论如何都会做的某些行为而言，若给予外部强化，则可能会削弱其长期的内部动机（Deci & Ryan, 2002）。有关这一问题的研究表明，外部强化物的削弱效应仅发生于有限的若干情形中，在这些情况下，儿童参与没有任何成绩标准的活动，并从中获得奖赏；而且这些活动是儿童无需任何奖赏也会主动参与的（Cameron & Pierce, 1994, 1996; Eisenberger,

链接 5.3

若想了解更多有关内部动机和外部动机的内容，请参见第 10 章。

理论应用于实践

强化在课堂上的应用

对课堂实践而言，最有用的行为主义学习原理也是最简单的：强化你希望反复出现的行为。这个原理看似浅显易懂，但实际用起来并非易事。例如，一些教师认为强化是不必要的，理由是："我为什么应该给予他们强化？他们只是做了该做的事！"

课堂上使用强化来增强教师所期望的行为，可遵循以下几条指导原则（Alberto & Troutman, 2013; Jones & Jones, 2016; Martella, Nelson, Marchand-Martella, & O'Reilley, 2012; Scheuermann & Hall, 2016; Walker et al., 2011; Wheeler & Richey, 2014）：

1. 明确教师希望学生做出的行为，当这种行为出现时予以强化。例如，表扬或奖励学生的出色工作。如果学生没有尽力，则不给予表扬或奖励。当学生开始一项新的学习任务时，他们在整个过程中的每一步都应该受到强化。对于那些逐步接近教师所希望的最终目标的行为，必须给予积极的反馈。将新的行为（或课堂任务）分解为若干个较小的部分，并在整个过程中给予充分的奖励。
2. 告知学生教师期望的行为；当学生表现出期望行为时，给予强化，并告知原因。向学生呈现教师用来评价其表现的各项标准以及每项标准的分值。这样，学生就能从教师的反馈中区分自己的优势和不足。
3. 在恰当的行为出现后，即时强化。延迟强化的效果要弱于即时强化。评改作业时，应及时给予反馈。让学生了解自己在课堂上的表现是非常重要的，因此，改作业、评分不要拖延。每次布置作业时，教师都应考虑使用何种评分方案，以及需要多长时间才能给学生提供所需的反馈。

InTASC 标准 8

教学策略

InTASC 标准 6

评估

Pierce, & Cameron, 1999）。口头表扬以及其他类型的反馈都属于外部强化物，研究发现，它们非但没有降低内部兴趣，反而增强了内部兴趣。这一研究结论的实践意义是，对于学生会自发去参与的活动，教师应该谨慎地考虑是否为他们提供强化物。但是，就学校中的大部分任务而言，多数学生都不会自发地去做。因此，教师没有理由担忧外部强化物的使用会损害内部动机，尤其当外部强化物是社会性的强化物，且是对学生日益提高的掌握水平和独立性表达认可时更是如此。实际上，有人认为，假如在使用正强化可以有效地促进积极行为的情况下却没有使用它们，这是不道德的（Bailey & Burch, 2005; Maag, 2001）。例如，考虑一个可能因打架而被开除的学生。如果某项采用正强化来避免打架行为的矫正方案可能消除该生的打架行为，那么教师在采取开除等严厉措施之前，在道德上有义务先尝试这一矫正方案（或其他方案）（Rappaport & Minahan, 2012a, b）。

资格认证指南

在教师资格认证考试中，你可能需要了解：只有当一种不愉快的结果减少了行为再次发生的频率，该结果才可能是一种惩罚物。

惩罚物

能减弱行为的结果被称为惩罚物。请注意，在定义**惩罚**（punishment）这个概念时，研究者也面临着与定义强化时同样的问题：如果一个看起来明显不愉快的结果，实际上并未减少带来该结果之行为的频率，那么这种结果就不一定是一种惩罚

理论应用于实践

实用的强化物

儿童喜欢的任何东西都可以作为有效的强化物，但是课堂上应使用什么样的强化物，显然受现实条件所限。正强化所遵循的一条基本原理是，最好选择会起作用的、最简单或最无形的强化物。换言之，如果表扬、自我强化或对进步的反馈能奏效，就不要使用奖状；如果奖状能奏效，就不要使用小玩具；如果小玩具能奏效，就不要使用食物。确定使用何种强化物的一种方式是问问学生，他们自己所选的强化物更可能奏效（Jones & Jones, 2016; Zirpoli, 2016）。然而，如果要激励学生去做一些重要的事情，那么教师应当毫不犹豫地使用任何必要的实用强化物。特别需要注意的是，在尝试使用各种可能的强化措施前，不要考虑使用惩罚（后面将会论述）。下面列举了一些强化物的种类和对应的例子（also see Alberto & Troutman, 2013; Martella et al., 2012; Scheuermann & Hall, 2016; Wheeler & Richey, 2014）。这些类别是按照强化物有形化的程度由低到高排列的。

1. 自我强化。教导学生自我表扬、自我安抚，在表格上记录自己的进步情况，停下来小憩，或者以其他方式对自己完成任务或坚持任务进行自我强化（Schunk, 2016）。
2. 表扬。诸如“干得不错！”“就是这样！”“我知道你能做好！”这类措辞以及其他的口头表扬都是有效的，但通常微笑、眼神、竖起大拇指或者轻拍后背等方式也可以传达同样的信息。在合作学习和同辈辅导中，可以鼓励学生互相表扬对方的适宜行为（Walker et al., 2011）。
3. 关注。对许多孩子来说，自己看重的成人或同伴的关注是一种非常有效的强化物。聆听、点头或走近孩子，都可能为其提供他 / 她正在寻求的积极关注。对表现出色的学生或经较长时间终于达成目标的学生，可以给一段特定的时间，安排他们去拜访名人、在办公室帮忙或者和校长一起散步（Scheuermann & Hall, 2016; Wheeler & Richey, 2014; Zirpoli, 2016）。
4. 成绩和认可。好成绩和其他荣誉（例如成就证书）既是对学生努力的积极反馈，又可以此与家长沟通其孩子的进步情况，而家长们自身也会对好成绩进行强化，因此它们是有效的强化方式。公开展示优秀作品、来自校长的批注以及其他形式的表彰都具有相同的效用。与那种几个月才给一次的成绩单评定相比，小测验分数、行为等级评定以及经常给予各种形式的反馈可能会更有效。
5. 给家长打电话。给孩子的照护者打电话或发邮件来认可孩子的成功，是一种有力的强化手段。
6. 依托家庭的强化。在强化系统中，家长可以成为有效的合作伙伴。教师可以与家长一起制订强化计划，如果孩子达到了明确规定的行为或表现标准，他们就可以在家中获得某种特权。
7. 特权。孩子可以因良好的行为表现而获得自由时间、使用特殊设备（如足球或游戏）的机会，或者充当特殊的角色（例如为教师跑腿或协助教师分发材料）。表现好的个别学生或一组学生可以提前休息，或者享受其他方面的小特权。

（续）

链接 5.4

若想了解更多有关与家长一起强化学生行为的内容，请参见第 11 章。

链接 5.5

若想了解更多有关活动强化物使用的内容，请参见第 11 章。

8. *活动强化物*。在达到既定标准后，学生可以看录像、玩游戏或参加其他有趣的活动。活动强化物尤其适合作为团体奖励，如果同学们共同达到了某一标准，那么全班都可以获得自由时间或参加特定的活动（Scheuermann & Hall, 2016; Wheeler & Richey, 2014）。
9. *物质强化物*。孩子取得好成绩或有良好的行为表现可以获得积分，他们可以用这些积分换取小玩具、橡皮、铅笔、玻璃弹球、漫画书和贴纸等。当儿童可以在多种物质强化物中作选择时，物质强化物的强化效果通常会更好（Jones & Jones, 2016; Zirpoli, 2016）。
10. *食物*。葡萄、苹果、胡萝卜、酸奶或其他健康的小零食也可用作强化物。

物。例如，有些学生喜欢被叫到校长办公室或在教室外面走廊罚站，因为在他们看来，课堂是一种令人不愉快的情境，而罚站能使自己从课堂中解脱出来（Rappaport & Minahan, 2012a, b; Scheuermann & Hall, 2016）。有些学生喜欢被批评，因为这样他们便可以获得老师的关注，并且还有可能提高他们在同学中的地位。与强化物一样，惩罚物的有效性也不能想当然，必须以实际的结果来验证。惩罚有两种主要形式。

呈现性惩罚　**呈现性惩罚**（presentation punishment）的特点是使用不愉快的结果或厌恶性刺激（aversive stimulus），如批评一名学生。

移除性惩罚　**移除性惩罚**（removal punishment）的特点是撤销令人愉快的结果，比如丧失特权、剥夺课间休息时间、放学后留校等等。另一个例子是**反应代价**（response cost）（Landrum & McDuffie, 2008），即让那些表现出不适宜行为的学生付出代价，例如，学生在任务上分心多长时间，放学后就要留校多长时间。课堂上常用的一种移除性惩罚是**暂时隔离**（time out），即让犯错的学生坐在角落里或站在教室外的走廊待几分钟。当教师认为其他学生的关注有可能强化不良行为时，常会使用暂时隔离这种惩罚。暂时隔离使犯错的学生失去了此种强化物。人们普遍发现，在学生做出不良行为后运用暂时隔离这种惩罚，可以减少该行为的再次发生（Alberto & Troutman, 2013; Zirpoli, 2016）。

在一项经典研究中，怀特和贝利（White & Bailey, 1990）考察了体育课中使用“坐冷板凳”的惩罚效果。研究者告诉那些有不良行为的学生他们犯了什么错，然后给他们一个 3 分钟的沙漏计时器，让他们坐在一旁看着沙漏，直到沙子漏完。这个方案起初用于有严重行为问题的四年级和五年级学生所在的特殊班级。图 5.2 总结了该研究的结果。在基线水平，研究者观察到学生们在 10 分钟内有多达 343 起破坏行为，之后他们开始实施一项行为核查程序。教师评定每个孩子的行为，并把表现差的孩子叫到办公室或剥夺他们的一段自由时间。这种方式虽减少了不良行为，但未能彻底消除它们。然而，当采用“坐冷板凳”这种方式时，孩子们的不良行为几乎消失了。将这种方法用于某四年级常规班的体育课时，也得到了相似的结果。

是否、何时以及如何实施惩罚的问题，一直是行为学习理论家之间诸多争议的根源。有些人认为，惩罚的效果，尤其是呈现性（厌恶性）惩罚，只是暂时的；惩罚容易引发攻击性，并且惩罚会导致个体逃避曾在其中接受过惩罚的情境（Martin &

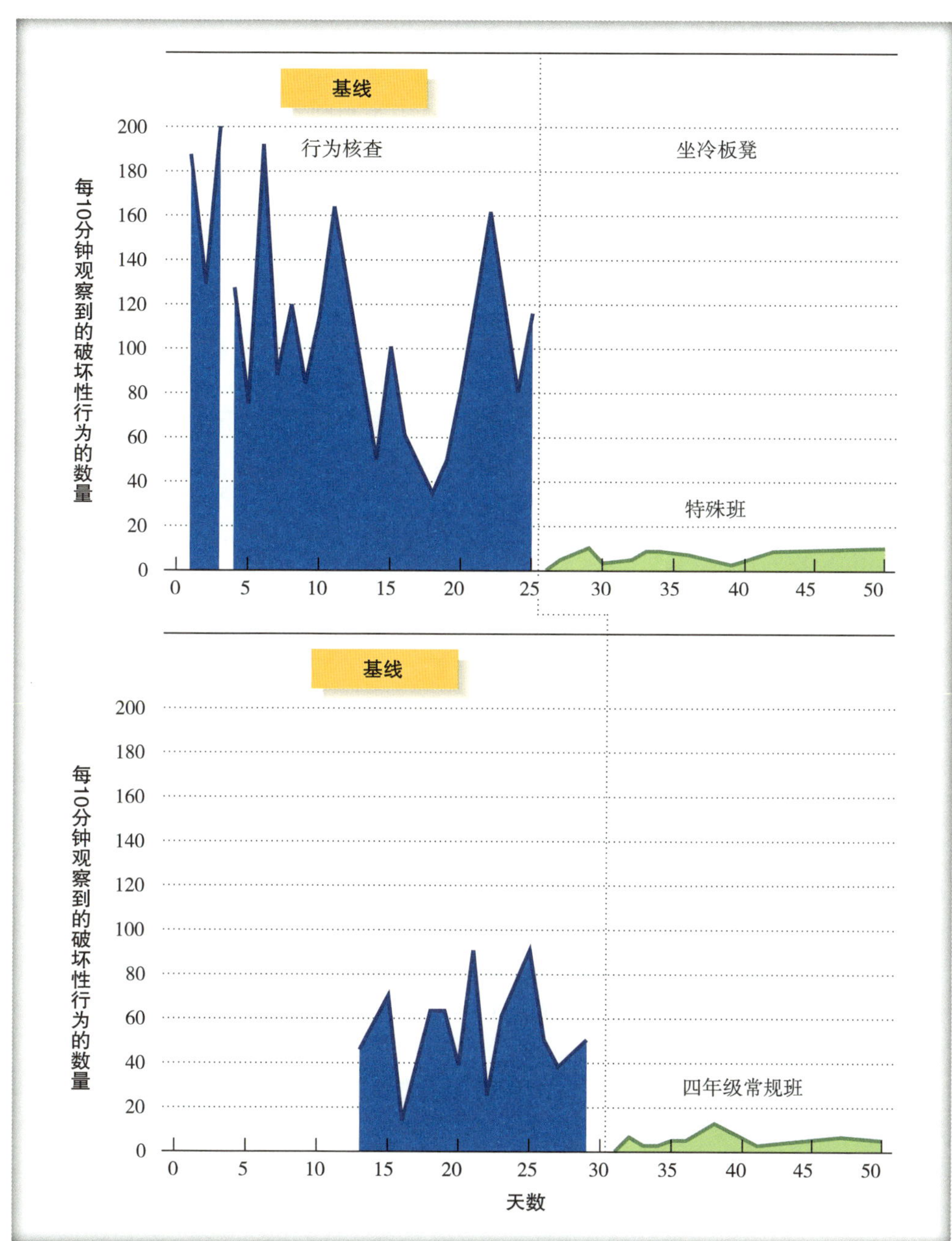

图 5.2　用“坐冷板凳”来减少破坏性行为

表中呈现的是每 10 分钟观察到的破坏性行为的数量。

资料来源：*Reducing disruptive behaviors of elementary physical education students with Sit and Watch*, by A. G. White and J. S. Bailey. By University of Kansas, Copyright © 1990 reprinted with permission of University of Kansas.

Pear, 2011; Wheeler & Richey, 2014; Zirpoli, 2016）。即使是那些赞同使用惩罚的行为学习理论家也同意这样的观点：只有当对适宜行为的强化不奏效时才诉诸惩罚；当确有必要使用惩罚时，应该尽可能采用温和的方式；惩罚必须是经过深思熟虑的设计方案的一部分，绝不能随心所欲、前后不一或出于教师的挫败感而使用。在大多数地方，在学校实施体罚（如打屁股）是违法的（Jones & Jones, 2016; Walker et al., 2011）。无论是基于伦理的还是科学的角度，行为学习理论家普遍反对体罚（Alberto & Troutman, 2013; Bailey & Burch, 2005; Kazdin, 2001; Rappaport & Minahan, 2012a, b; Scheuermann & Hall, 2016; Wheeler & Richey, 2014）。

行为结果的即时性

行为学习理论的一条非常重要的原理是，结果紧随行为及时出现远比延迟一段时间再出现更能影响行为。给予学生即时的表扬可能要比过些时候才给予其一项重要的特权奖励更为有效。即时给予的较小强化物通常比稍后给予的较大强化物能产生更大的效果（Alberto & Troutman, 2013; Scheuermann & Hall, 2016; Wheeler & Richey, 2014）。这一原理可以解释人类的许多行为。例如，它可以解释为什么戒烟或节食是如此之困难。尽管戒烟或减肥的益处极大且众所周知，但一支烟或一个甜甜圈产生的即时的小强化往往就能胜过重大但延迟的强化物对行为的影响。结果的即时性原理在课堂上也是很重要的。走近一个不遵守纪律的学生，拍拍其肩膀，或者做一个手势（例如，把手指放在唇边以示安静），这样做可能比下课之后再去批评或警告要有效得多（Jones & Jones, 2016; Zirpoli, 2016）。

即时反馈至少可以达到两个目的：第一，它使行为与结果之间的关系明确化；第二，它提高了反馈的信息价值。在应对不良行为时，教师也可以利用结果的即时性原理，即当学生没有表现出不良行为时，立即给予积极反馈，这实际上就是抓住学生表现良好的时机，给予即时的强化！

塑　造

强化的即时性对教学很重要，但是决定强化个体的什么行为也同样很重要。幼儿园教师是否应该一直等到孩子掌握了全部 26 个字母的发音后才给予强化？显然不是。更好的表扬方式是，在孩子认出一个字母时就给予表扬；接下来，在孩子能认出几个字母时也给予表扬；最后，等孩子学会了所有 26 个字母后再给予表扬。音乐教师应该在何时给予学生强化或表扬？是直至某个年幼的学生能完美地演奏整首曲目，还是在该生第一次能断断续续地演奏完一首曲目？大多数学生在学习的过程中都需要强化。通过强化学生们通往成功的多个不同阶段，进而引导他们实现最终目标，这种技术称为**塑造**（shaping）。

行为学习理论所使用的术语塑造是指，通过强化学习者逐步趋近期望目标（最终行为）的每一步，进而教给他们新技能或新行为（Alberto & Troutman, 2013; Scheuermann & Hall, 2016）。例如，教孩子系鞋带时，我们并不会仅仅向他们示范如何做，然后等着他们自己完成整个系鞋带的动作后再给予强化。相反，我们会在他们能打第一个结时就予以强化，然后再强化他们把鞋带系成两个环，如此对孩子每次的进步都给予强化，直到他们能完成整个任务。按照这种方式，我们强化朝向最终目标的每一步，由此来塑造孩子的行为。

在课堂教学中，塑造是一种重要的工具。假定我们希望学生能够写出一段包括一个主题句、三条支持性的论据以及一个总结句的文章。该任务包含了许多子任务：能识别任务，然后写出主题句、支持性论据和总结句；能正确地运用大小写字母、标点符号和语法写出完整的句子；能正确地拼写，等等。如果教师在一节课上教授了上述所有技能，然后要求学生写篇文章，并对文章的内容、语法、标点符号和拼写进行评分，那么大部分学生可能都会失败，并且很难从这样的练习中获益。

相反，教师应该分步骤教授这些技能，逐渐塑造出学生最终的写作技能。首先教学生如何写第一个主题句，然后再教他们如何写支持性的论据，最后教他们写总结句。开始时，教师仅要求学生注重段落内容；之后，可能会提高强化的要求，只有当学生的语法和标点符号也正确时才给予强化；最后，将拼写也纳为成功的标准，只有当拼写也正确时才给予强化。在每一阶段，学生都有很好的机会得到强化，因为所设定的强化标准并未超出他们的能力范围。这其中的一条原则是，应该强化学生的这类行为，即它们未超出学生当前的能力范围，但同时又能促使他们日益趋近新技能。（回忆第 2 章介绍的维果斯基提出的类似观点：在最近发展区内教学。）

消　退

从定义上看，强化物增强了行为。但是，当移除强化物时会发生什么呢？行为将会逐渐减弱，直至最终消失。这个过程被称为先前习得行为的**消退**（extinction）（Borich, 2014）。

一只正在经历消退的恐龙。

消退的过程很少是一帆风顺的。移除强化物之初，个体通常会在一段时间内提高行为的频率。例如，想象一扇门，你经常穿过它抄近道去某个地方。假如有一天这扇门打不开了。刚开始时，你可能会使劲地推和摇晃这扇门，左右旋转门把手，甚至踢上几脚。你可能会感到受挫和愤怒。然而，过了一会儿，你就会意识到门被锁了，然后便离开了。如果这扇门一直都被锁着（但你并不知道），你可能在随后的几天内还会试图开门，之后也许每个月试一次，直到最后你才会放弃。

你面对那扇锁着的门所做出的行为就是一种经典的消退模式。强化物移除之初，行为有所加强，然后快速减弱直至消失。但很长一段时间以后，行为仍有可能再次恢复。例如，一年后你可能又去试着打开那扇门，看看它是否依然锁着。假若门仍被锁着，你大概在相当长的一段时间里不会再去尝试开那扇门，但未必会永远不再尝试。

在消退的初期阶段，行为水平提高的现象称为**消退爆发**（extinction burst），这种现象对课堂管理有很重要的影响。例如，设想教师决定消退某个儿童直接喊出答案（而不是先举手，等待教师允许）的不适宜行为。教师的做法应该是忽视该儿童，直到她举手并安静等待。开始时，对这个儿童的忽视可能会增加她擅自说话的行为，这是一种典型的消退爆发。而教师可能错误地认为忽视的做法并不奏效。事实上，只有教师坚持下去，持续地忽视该儿童不适宜的擅自说话行为，这才是最适当的策略（Martella et al., 2012; Walker et al., 2011）。可惜的是，教师最终可能会放弃忽视，并在该儿童第 3 次或第 4 次擅自说话后，点名让她发言。此举可能会向儿童传达出最糟糕的信息：只要坚持，那么擅自大声说话终究会起作用。这可能恰恰会增加教师曾试图减少的那种行为，因为儿童学到了“如果你最初没有成功，那么就试试，再试试”（Rappaport & Minahan, 2012a, b; Scheuermann & Hall, 2016）。这便是本章开篇案例中的情况。埃斯特班老师起初忽视丽贝卡不举手就发言的行为，于是丽贝卡便以更大的声音喊叫。然后，老师点名让丽贝卡回答，这在不经意中给丽贝卡传递了这样的信息：只有不停地大声喊才会获得强化。

当某些刺激或线索提示个体那些曾经被鼓励的行为将不再得到强化时，先前习得行为的消退过程可能会加速。在上述锁门的案例中，“此门已锁，请绕行”的提示可能会大大减少你试图开门的次数。如果埃斯特班老师告诉全班同学，“除非大家都很安静并举手申请发言，否则我不会点名叫任何人”，同时忽视其他任何试图得到她关注的行为，那么学生擅自大声发言的行为将会更快地减少。

强化程序

强化对行为的影响效果取决于许多因素，其中最重要的一个因素是**强化程序**（schedule of reinforcement）（Alberto & Troutman, 2013; Borich, 2014; Miltenberger, 2012; Wheeler & Richey, 2014）。强化程序是指给予强化物的频数、强化机会之间的时间间隔以及强化的预期性。

固定比率（FR） 一种常见的强化程序是**固定比率程序**（fixed-ratio schedule），即做出一定次数的行为之后才给予强化物。例如，教师可能会说“只要你做完 10 道题就可以出去玩”。不论花多长时间，只要学生做完了 10 道题，就会得到强化。这是一个 FR10（10 次行为换得 1 个强化物）的例子。固定比率程序的一种常见形式是，每做出 1 次符合要求的行为就能够得到 1 个强化物，这种强化方式被称为连续强化（continuous reinforcement, CRF）或 FR1，即做出 1 次行为就得到 1 个强化物。把钱投入饮料售货机通常是一个连续强化的例子，因为做出 1 次行为（投币）就产生 1 个强化物（一瓶饮料）。学生在课堂上正确回答问题通常也是一种连续强化，学生给出正确答案，教师会说：“对！回答得很好！”

教学中的一个重要过程是逐渐提高强化比率。在一系列课的初期，强化学生的每一个正确答案是必要的，例如，在学生做对每道数学题时给予回应；然而，从长远来看，这样做的效率很低。当学生能正确地解决数学题时，可以改为每 5 道题（FR5）或每 10 道题（FR10）强化 1 次，以此类推。以这种方式降低强化频率，可以提高学生在没有强化的情况下独立学习的能力，并且使他们的学习行为不易受消退影响。最终，学生可能被要求独立完成整个项目，且在整个过程中不会得到任何强化，直到完成全部任务。

固定比率的强化程序能够有效地激励个体去做大量的工作，尤其是，如果从连续强化（FR1）的固定比率开始，激励个体着手去做，之后再逐渐提高获得强化的要求。强化的高要求比低要求更能提高行为的水平，原因之一是，太频繁的强化会逐渐削弱强化物的价值。如果学生每做对一道数学题就受到表扬，则很快就会厌倦表扬，表扬这种强化物就可能失去其价值。

可变比率（VR） 在强化的**可变比率程序**（variable-ratio schedule）中，尽管个体的行为最终一定会得到强化，但为获得强化所需做出的行为的次数是无法预测的。例如，老虎机就是按照可变比率程序运作的。有时也许只推一下就有回报，而下次可能推了 200 下才得到回报，个体无法预测究竟哪一次会获得回报。课堂上，当学生举手回答问题时，教师经常使用强化的可变比率程序。虽然学生永远不知道何时他们会因为回答正确而得到强化，但是他们可以预期，在 20 人的班级中，每人都有 1/20 的机会（VR20 程序）被点名回答问题，因为为了获得一次强化，每人平均需要做出 20 次行为。可变比率强化程序更易于产生高频率且稳定的行为。实际上，几乎所有的博弈类游戏都包含着可变比率程序，所以它们很容易让人上瘾。同样，经常随机地检查学生作业也有助于激励学生一以贯之地认真对待每次作业。

可变比率程序具有很强的抗消退能力。即使行为不再被强化，人们也可能在很长一段时间内都不会放弃做出该行为，因为他们已经认识到可能要付出很多努力才能得到回报，他们总以为也许下一次努力就有可能得到回报，从而不停地做下去。

固定时距（FI） 在强化的**固定时距程序**（fixed-interval schedule）中，只在特定的周期时刻给予强化。期末考试是固定时距程序的典型例子。固定时距程序会导致一种有趣的行为模式：在强化的时间点到来之前，个体可能做得很少，然后随着强化时间点的临近，个体才在短期内竭尽全力。用白鼠和鸽子做的固定时距实验证明了这种行为模式的存在，但这种模式更明显地反映在那些临时抱佛脚的学生身上，如临考前的死记硬背，或者赶写第二天就要提交的每月读书报告。固定时距强化程序的这些特征表明，频繁的小测验可能比几次大考的效果更好，可以促进学生持续地努力学习，而不是只有考前开夜车（Scheuermann & Hall, 2016; Wheeler & Richey, 2014）。

可变时距（VI）　在**可变时距程序**（variable-interval schedule）中，有时给予强化，有时又不给予强化，而且我们无法知道行为何时会受到强化。该程序的一个例子是教师对课堂上做作业的学生进行抽查，如果学生恰好在教师抽查时作业做得很好，那么该生将获得强化。由于学生无法预测教师何时会抽查他们，所以就必须始终努力去做好。人们可能出于对法律的尊重和公民的责任感而遵守交通法规，但交警随机抽查司机的守法情况也会对此有所帮助。使用测速仪的骑警通常隐蔽在立交桥上或道路斜坡后，以便对司机的驾驶行为进行随机抽样。如果交警总是待在显眼处，他们的存在就会成为司机小心驾驶的信号，如此在其他时间小心驾驶的必要性就会降低。

与可变比率程序相似，可变时距程序也能非常有效地将行为维持在高频率，而且使行为具有很强的抗消退性。例如，教师要求学生每天都交课堂作业，但并不会检查所有的作业，而是从中随机抽出 3 份进行检查。如果这些学生的作业做得很好，就给他们额外加分，那么该可变时距程序就可能会激励学生认真地做课堂作业。如果教师在学年中途悄悄地停止了抽查，学生也可能无从知晓，他们会认为只是自己的作业尚未被抽到，而不会意识到教师对所有人的强化都停止了。

表 5.2 对强化程序进行了界定，并对反应模式进行了描述。

维　持

消退原理表明，撤销对先前习得行为的强化，行为就会逐渐消失。这是否意味着教师必须一直强化学生的行为呢？

不一定。就斯金纳箱中的白鼠而言，强化的撤销无疑会导致其按压杠杆这一行

表 5.2　强化程序

强化和消退期间特定的反应模式反映了四类强化程序中每一种的特征。

程序	界定	反应模式	
		强化期间	消退期间
固定比率	做出固定次数的行为后获得强化	稳定的反应比率；强化后反应暂停	若做出所需次数的反应后没有获得强化，则反应比率快速下降
可变比率	做出不定次数的行为后获得强化	稳定的高反应比率	维持高反应比率，然后下降
固定时距	在固定的时间间隔后获得强化	反应比率不均衡，在每一时间间隔结束即将获得强化时，反应迅速增加	若固定时间间隔后未得到强化，则反应比率快速下降
可变时距	在不固定的时间间隔后获得强化	稳定的高反应比率	反应比率缓慢下降

为的消退。然而，人类生活的世界极为复杂，其中充满了各种自然强化物，它们强化着我们在学校中习得的大多数技能和行为。例如，起初我们可能需要经常强化那些能够引发学生阅读的行为。然而，一旦学生能够阅读，他们就拥有了开启整个书面语言世界的技能，这个世界对大多数学生具有很强的强化作用。达到某种程度后，就无须再对阅读行为进行强化了，因为阅读内容本身就足以维持阅读行为。同样，我们可能需要对那些写作业习惯比较差的学生进行细致、系统的强化。但一段时间后，这些学生就会发现，完成学校作业可以获得很多方面的回报，如好分数、家长的认可、课堂理解能力的提升、知识的增长，等等。与做作业相关联的这些自然强化物总是存在的，但只有当学生的作业通过更系统的方法得到提升后，学生才有可能体验到它们。

前面（在强化程序部分）讨论的抗消退的概念对理解习得行为的**维持**（maintenance）至关重要。如前所述，当学习一种新行为时，应以频繁的、可预测的方式来强化正确反应。然而，一旦习得了该行为，对正确反应的强化就应该适当减少，并变得相对不可预测。这样做的原因是，相比固定的强化程序或容易获得奖励的强化程序，可变的强化程序以及需要做很多反应才可以获得奖励的强化程序更容易阻抗消退。例如，如果教师对学生每做一道数学题都给予表扬，那么当停止表扬时，学生就有可能不再做数学题了。相反，如果教师逐渐提高学生获得表扬所需完成的数学题的数量，并按随机间隔（可变比率程序）给予他们表扬，那么即使在给予很少甚至不给予强化的情况下，学生也可能会维持长期做数学题。

先行事件的作用

资格认证指南

教师资格认证考试可能会要求你了解：教师举手吸引学生的注意力是一种提示线索，即先行刺激，它告知学生何种行为将得到强化。

我们已经知道，行为的结果极大地影响着行为。然而，并非只有行为之后的结果才起作用，行为之前的刺激也具有重要的作用（Borich, 2014; Schunk, 2016）。

线索提示

先行刺激（antecedent stimuli）是指行为之前的事件，也叫**提示线索**（cue），因为它们会告诉我们什么行为将被强化，以及什么行为将被忽视或惩罚。提示线索有多种形式，它们提示我们何时需要改变或者保持自己的行为。例如，在音乐课上，教师可能会要求学生大点声唱歌。在图书馆活动中，教师的期望显然是不同的。在某种刺激出现时，如“大点声唱歌”，个体会以某种方式做出反应；而在另一种刺激出现时，如“在图书馆里，你要小点声讲话”，个体则以另一种方式做出反应。这种对不同刺激做出不同反应的能力也就是所谓的*刺激辨别*（stimulus discrimination）。

辨别

何时是向老板提出加薪的最佳时机？是公司运转良好，老板看上去很开心，而且你刚好出色地完成了某项工作时，还是公司刚收到一份经营惨淡的报告，老板正在发火，并且你的失误使公司损失惨重时？显然，在第一种情形下，你更有可能成功。你对此是非常清楚的，因为你已经学会辨别何时是让老板为你做某些事情的好时机，何时是坏时机。**辨别**（discrimination）就是利用提示线索、信号或有关信息来确定行为何时可能被强化。公司的财务状况、老板的心情以及你近期的绩效都是与你能否成功加薪有关的辨别性刺激。例如，如果教师说“用完整的句子回答问题”，便是在建立一种辨别性刺激：“整句形式的正确答案将会被强化，而其他答案则不会被强化。”对学生而言，他们要学会辨别就必须获得有关自己的反应是否正确的反馈。有关辨别学习的研究普遍发现，学生需要知道他们的反应何时是正确的，何时是错误的（Schunk, 2016）。

学习在很大程度上是一个掌握越来越复杂的辨别的过程。例如，所有的字母、数字、单词和数学符号都是辨别性刺激。年幼的儿童学会辨别字母“b”和“d”；年龄较大的学生学会辨别单词“effective”（有效果的）和“efficient”（高效率的）；学习教育心理学课程的学生学会辨别负强化与惩罚。教师学会辨别学生的面部表情和言语线索，这些都表明了学生对一堂课是厌烦还是感兴趣，或者是介于两者之间。

将辨别性刺激的概念应用于课堂教学与管理是非常容易的：教师应该告诉学生什么样的行为会受到强化。从理论上讲，教师完全可以等到学生做出值得强化的事情后才给予强化，但这样做的效率极低。相反，教师提供给学生的信息实际上应该是这样的：“要想得到强化（如表扬、成绩或小星星），你们就必须做这些事情。”唯有如此，才有可能使学生免于将时间和精力浪费在错误的行为上。如果学生知道自己的所作所为将会得到回报，他们通常会努力的。

泛化　如果学生在数学课上学会了安静地坐在座位上认真做作业，那么他们在科学课上的行为是否也会得到改进？如果学生学会了 7 个苹果减去 3 个苹果的运算，那么他们是否也会计算 7 个橙子减去 3 个橙子的结果？如果学生能够解释莎士比亚所使用的象征手法，那么他们是否也能够解释非洲民间传说中所使用的象征手法？这些都是**泛化**（generalization）问题，泛化是指在一组条件下习得的行为向其他情境中的迁移（Borich, 2014; Schunk, 2016）。我们不能认为泛化会自然而然地发生。通常情况下，某种课堂管理方案在某种情境可能是成功的，但并不意味着在其他情境中学生的行为会自动改善。反而，学生学会了辨别不同的情境。即使年幼的儿童也很容易了解在幼儿园、自己家中或者不同朋友的家中哪些行为是被鼓励的，哪些是被禁止的。由于不同的情境中存在不同的规则与期许，所以儿童在不同情境中的行为可能非常不同。

若要使泛化发生，通常必须有目的地加以规划。在上社会课时成功使用的课堂管理方案或许能迁移到英语课上，以保证泛化的发生。学生可能需要学习各种文化中的不同作者对象征手法的使用，然后才能够获得解释象征手法的一般性技能。

显然，泛化最容易发生在相似的情境或相似的概念之间。某种新行为从阅读课泛化到社会课会比较容易，而从阅读课泛化到课间休息或家庭情境中则不太容易。然而，即使在看上去非常相似的情境中，泛化也不一定会发生。例如，许多学生可能表现得自己完全掌握了拼写和语法结构，但却不能将这些知识用于自己的作文中。教师不应该假设：因为学生在某种情境中能够做某事，所以他们在其他不同的情境中也能够有同样良好的表现。

促进泛化的策略　有许多技术可以提高在一种情境（如某门课上）习得的行为泛化到其他情境（如其他课或更重要的真实生活情境）的可能性（Alberto & Troutman, 2013; Martella et al., 2012; Walker et al., 2011）。其中一些策略包含着使泛化变得更容易的教学方式。例如，数学课上讲到有关钱的内容时，相比于仅仅纸上谈兵，如果教师使用真实的或模拟的硬币与纸币，那么学生可以更好地将所学知识迁移到现实生活中。促进泛化的另一种教学策略是使用来自不同情境中的多个例子。例如，在学习经济学的供求概念时，如果学生学习了多种事例，如日用品的价格、自然资源的价格、收藏品（如棒球卡片）的价格，以及为常规技能与稀缺技能支付的报酬等，那么他们就比只学习日用品的价格这种单一事例更易于将学到的供求概念迁移到新领域。促进泛化的一种显而易见的策略是“实战培训”：在将来可能使用该技能的真实环境中或模拟情境中教授某种技能。

完成最初的教学之后，教师可以用多种方法来促进泛化。一种方法是在不同情境中重复教学。例如，在数学课上教学生使用诸如“先易后难”的应试策略后，教师还可以创设机会让学生在科学课、语法课和健康课的测验中使用同样的策略。另一种方法是帮助学生将已经习得的新技能与情境中的自然强化物联系起来，以维持该技能。例如，当儿童学习阅读时，教师给他们布置的日常家庭作业可以是阅读自己非常喜欢的书籍或杂志，即使这些阅读材料并不是“优秀的文学作品”。起初，漫画类的书籍可能比文学名著更能维持儿童新习得的阅读技能，因为对某些儿童来讲，前者能更直接地将新技能与阅读乐趣联系起来，从而更容易泛化到校外的情境中。最后，直接强化泛化行为也是促进泛化的一种有效方式。例如，当某个学生能将新观点与不同情境联系起来或在新情境中运用一项技能时，则表扬该学生。

社会学习理论如何帮助我们理解人类的学习

链接 5.6
若要了解社会学习理论与意义的社会建构之间的关系，请参见第 8 章。

社会学习理论是传统的行为学习理论的一项重要产物。由阿尔伯特·班杜拉提出的社会学习理论吸收了行为学习理论的大部分原理，但在更大程度上聚焦提示线索对行为以及内部心理过程的影响，强调思维与行为的相互影响（Bandura, 1997, 2006; Schunk, 2016）。

班杜拉：模仿和观察学习

链接 5.7
若要了解社会学习理论与维果斯基和新皮亚杰主义的发展观的关系，请参见第 2 章。

班杜拉认为，斯金纳学派强调行为结果的影响，这在很大程度上忽视了**模仿**（modeling）和间接经验两种现象。模仿是对他人行为的仿效，间接经验是从他人的成功和失败中进行学习。班杜拉认为，人类的大部分学习并不是由行为结果所塑造的，而是更有效地直接学习榜样的过程（Bandura, 1986; Schunk,, 2016）。体育教师示范开合跳动作，学生对其模仿。班杜拉称之为*非尝试性学习*（no-trial learning），因为学生不需要通过塑造过程就可以立即再现正确的反应。

班杜拉把**观察学习**（observational learning）分为四个阶段（Bandura, 1997）：注意阶段、保持阶段、再现阶段和动机阶段。

1. *注意阶段*。观察学习的第一个阶段是注意榜样。一般而言，学生更关注那些具有吸引力的、成功的、有趣的和有名气的榜样。这也是如此多的学生仿效明星的衣着、发型和举止的原因。课堂上，教师可以通过呈现清晰而有趣的线索、使用新异和新奇的材料以及对学生进行激励等方式来吸引他们的注意力。
2. *保持阶段*。一旦引起了学生的关注，那么教师就可以示范其希望学生模仿的行为，并给予学生机会进行练习或重复。例如，教师先给学生示范如何写字母 A，然后学生自己通过尝试写字母 A 来模仿教师。
3. *再现阶段*。在这一阶段，学生尽力使自己的行为与榜样的行为保持一致。在课堂教学中，对学生学习的评价也主要在该阶段进行。例如，在观察了老师示范如何写字母 A 并练习了几次后，看看自己写的字母 A 与老师示范的是否相似？
4. *动机阶段*。观察学习过程的最后阶段是动机阶段。学生之所以模仿榜样的行为，

InTASC 标准 1
学习者的发展

是因为他们相信这样做能增加自身得到强化的机会。在课堂观察学习的动机阶段，教师要经常因学生模仿了榜样示范的行为而给予他们表扬或评分。学生注意榜样的行为，练习并再现这种行为，因为他们知道这是老师喜欢的，他们想取悦老师。当学生写出一个比较像样的字母 A 时，教师可以说："写得不错！"

间接学习 尽管大多数观察学习受到一种期望的激励，即正确地模仿榜样将获得强化，但是要注意的另一个要点是：通过观察他人因做出特定行为而受到强化或惩罚，人们也可以进行学习（Bandura, 1986; Schunk, 2016）。这就是商家总是把开心的获胜者放在他们的广告中，以诱使人们参与促销竞赛的原因。我们可能心知肚明，自己获胜的机会只是几百万分之一，但是看到别人得到了如此可观的强化，促使我们也想模仿参赛行为。

资格认证指南

教师资格认证考试可能会要求你了解：替代性学习是指通过观察或听取他人的经验而进行的学习。

教师在课堂上也一直运用**替代性学习**（vicarious learning，也译作间接学习）的原理。当某个学生无所事事时，教师常常选出那些认真写作业的学生，并对其良好表现给予强化。那些不好好学习的学生认识到认真写作业会得到强化，因此就会像人们希望的那样，回到学习活动中来。一些研究者（Broden, Hall, Dunlap, & Clark, 1970）对这种策略开展的系统研究堪称经典。埃德温和格雷格是二年级两个调皮捣蛋的学生，他们的座位挨着。教师先对他们的捣乱行为进行调查并确定基线水平；然后，开始关注埃德温，只要他集中注意力、做课堂作业，教师就表扬他。在这种情况下，埃德温的行为有了显著的改善。而更有趣的是，尽管教师并没有直接对格雷格的适宜行为进行具体的强化，其行为也有了显著的改善。显然，格雷格从埃德温的经验中学到了一些东西。在本章开篇案例中，其他学生看到丽贝卡不举手就大声回答问题的行为得到了埃斯特班老师的关注，所以他们就跟着模仿丽贝卡的行为。

链接 5.8

若想了解更多有关自我调节学习的内容，请参见第 8 章。

班杜拉所做的一项研究（Bandura, 1965）成为社会学习理论中的一个经典实验。在该研究中，他让儿童观看三部影片中的一部，每部影片中都有一个成人攻击充气玩偶。其中，第一部影片中的成人因其攻击性行为而受到严厉的惩罚；第二部影片中的成人因其攻击性行为而受到表扬和奖励；第三部影片中的成人没有受到任何奖

理论应用于实践

观察学习

你是否曾经试图教某人如何系鞋带？想象一下，不采用示范或模仿的方式向这个人解释如何完成这项任务！学习系鞋带就是一个观察学习发挥作用的例子。

通过观察他人的行为而获得新技能，这在日常生活中是很普遍的。在许多情境中，儿童观察他人的言行举止，也目睹了这些言行所产生的结果。这样的观察提供了行为榜样，榜样教给儿童可以在其他时间和地点使用的策略。

尽管观察学习研究主要关注具体行为，但也有研究表明，态度也可以通过观察学习而形成（Schunk, 2016）。教师和家长都很关心孩子所仿效的榜样，这些榜样具有的价值不只是他们所拥有的具体能力，还包括他们表现出来的态度。在课堂上，教师对学生有什么期望，自己的行为标准就必须与此期望相一致。例如，如果教师希望培养学生准时、礼貌的品质，那么教师自己就必须率先做到。

惩。在儿童看完其中一部影片后，实验者让他们玩玩具并观察其行为表现。结果发现，与那些看到榜样被奖励或者未受任何奖惩的儿童相比，那些看到榜样被惩罚的儿童在自己单独玩玩具时明显表现出更少的攻击性行为。

自我调节学习　**自我调节**（self-regulation）是社会学习理论中的另一个重要概念（Bandura, 2006; Boekaerts, Pintrich, & Zeidner, 2000; Schunk, 2016）。班杜拉（Bandura, 1997）认为，人们观察自身的行为，判断是否达到了自定的标准，并由此决定对自己的赏罚。我们都有这样的体验：不管别人如何评价，我们清楚自己出色地完成了某项工作，并感到欣慰。同样，当我们的表现不尽如人意时，我们自己是很清楚的。要做出这些判断，我们就需要对自己的行为表现有所预期。在百分制测验中，同样是得了 90 分，某个学生可能感到高兴，而另一个学生或许会感到非常失望。

教育者可以教学生使用自我调节的策略，并提醒他们在不同情境中使用这些策略，以使自我调节成为一种习惯。例如，可以要求学生设定目标，比如希望每晚学习多长时间，然后每天记录自己是否达标；也可以要求学习乘法的学生记录完成 50 道测验题的速度和正确率，然后尽力打破自己的纪录；还可以要求学生从内容、技术细节和组织等方面对自己的作文进行评定，看看自我评定与教师评定是否一致。研究者（Gureasko-Moore, DuPaul, & White, 2006）要求四名经常迟到、忘带材料和忘做家庭作业的 12 岁男生每天记录这些行为。他们每天都见面，一起为小组设立目标，渐渐地，所有人都开始按时上课并做好上课准备。这些策略中的每一种都让学生控制自己的学习目标，每一种策略都可能为他们确立和达成个人目标及标准而形成一个通用策略（Schunk, 2016）。

与任何其他技能一样，除非在多种情境中加以应用，否则自我调节的学习技能也可能只局限于某个特定情境。例如，儿童学会了在独自学习时为自己设定学习目标，但不一定会把这些技能迁移到小组学习情境或有教师参与的情境中（Schunk, 2016）。然而，如果教他们如何迁移或提醒他们进行迁移，那么他们就能很容易学会。同样，儿童可能不会将自我调节的策略从英语学习迁移到数学学习中，甚至是从数学运算迁移到解数学应用题中（Schunk, 2016）。鉴于此，学生需要有很多机会在不同情境中使用目标设定和自我评价策略，监控和强化自己的进步，并理解如何、何时和为何要进行自我调节。

梅肯鲍姆的自我调节学习模式

可以教学生监控和调节自己的行为。这类自我调节学习策略通常被称为**认知行为矫正**（cognitive behavior modification）（Borich, 2014; Harris et al., 2001; Schunk, 2016）。例如，梅肯鲍姆（Meichenbaum, 1977）曾提出一种策略来训练学生进行自我提问："我的问题是什么？我的计划是什么？我在执行该计划吗？我做得如何？"该策略也被用来减少各年级学生的破坏性行为（Jones & Jones, 2016; Martella et al., 2012; Veenman, 2011）。曼宁（Manning, 1988）指导那些表现出破坏性行为的三年级学生进行自我陈述，以帮助他们记住适宜行为并予以自我强化。以适时举手发言为例，可以指导学生在举手时进行自我陈述："如果我大声说出答案，就会打扰其他同学。我应该举手，等着教师点名。这对我有好处。看，我会等！"（Manning, 1988, p.197）。与此类似的一些策略已被成功地用于帮助学生监控自己的成就。例如，教阅读技能较差的学生在阅读时自我提问、概括段落大意，以确保他们理解文

链接 5.9
若想了解通过教自我提问策略以促进元认知技能发展的相关概念，请参见第 6 章。

章（Bornstein, 1985）。

梅肯鲍姆（Meichenbaum, 1977, p.32）描述了自我指导包含的步骤：

1. 一名成人榜样在从事某项活动时大声地自我陈述（认知示范）；
2. 儿童在成人榜样的指导下从事相同的活动（外显的外部指导）；
3. 儿童在从事活动时大声地自我指导（外显的自我指导）；
4. 儿童在完成任务的过程中小声地自我指导（渐隐的外显自我指导）；
5. 儿童通过自言自语来指导自己完成活动（内隐的自我指导）。

鼓励自我调节学习是训练学生思考自己思维的一种方法。自我调节学习策略不仅改善了学生在已学过的任务上的表现，而且这类策略也迁移到了其他的学习任务中（Hadwin, 2008; Harris et al., 2001; Schunk, 2016; Veenman, 2011）。

譬如，当给学生布置一项用时较长或者比较复杂的任务时，帮助他们进行自我调节学习的一种方法是，给他们提供一张用于监控其活动进程的表格。例如，若要求学生写一篇报告来描述黑人领袖马丁・路德・金的生活，教师可以发给学生如下的自我监控核查表。

任务完成情况核查表

- □ 在图书馆或网络上查找有关马丁・路德・金的材料
- □ 阅读这些材料并做记录
- □ 写出报告的初稿
- □ 检查初稿的文意
- □ 检查初稿的技术细节：
    - □ 拼写
    - □ 语法
    - □ 标点符号
- □ 将最终稿打印出来或者整齐地书写出来

这一表格背后隐含的观点是，将复杂的任务分解成较小的部分对学生来说是一种激励，这让他们感觉到自己正在向着更大的目标前进。每一步检查可以让学生给予自己精神鼓励，以强化他们的努力。当学生多次使用此类核查表后，教师就可以要求学生自己制作表格，学习如何以图表形式呈现自己的进步状况。例如，里德和利内曼（Reid & Lienemann, 2006）教一组有注意缺陷障碍的学生列出完成一项写作任务需要的所有步骤，然后在他们完成每一步骤后将其划掉，这样做使他们作文的篇幅和质量都得到了改善。与此类似，另一些研究者（Trammel, Schloss, & Alper, 1994）发现，让有学习障碍的孩子记录他们完成家庭作业的情况，并以图表的形式呈现，这种做法显著地提高了他们家庭作业的完成量。鲁滨逊等人（Robinson, Robinson, & Katayama, 1999）进行的一项综述研究发现，认知行为矫正策略具有重要作用，对减少多动、冲动和攻击性行为尤其有效（Binder, Dixon, & Ghezi, 2000），而且该综述中的一些研究还发现，这些效果具有持久性。

自我强化　在一项经典研究中，研究者（Drabman, Spitalnik, & O’Leary, 1973）设计了一个实验程序来教学生调节自己的行为，并对该程序进行了评估。他们要求教师每天评价学生的行为，并在学生获得高分评价时给予强化。然后他们改变了实验程序，让学生猜测教师给了他们什么样的评价，猜对的学生会得到强化。最后，逐渐撤销强化。结果表明，在强化和猜测条件下，学生的行为都有所改善。即使在该研究结束后的很长一段时间内，这种改善依然能够保持。研究者解释，那些被教导要与教师的评分相匹配的学生形成了他们自己适宜行为的标准，并对自己达到这些标准的行为进行了自我强化。

研究发现，了解自己行为方面的信息通常可以改变自己的行为，即使这类信息是由自己提供的。例如，研究者让儿童每隔几分钟就记录一次自己在刚过去的几分钟内是否在学习，这一做法显著增加了儿童专注于学习活动的行为（McCormick, Dimmit, & Sullivan, 2013）。我们中的很多人在学习时都使用过这一原理，我们会对自己说，只有看完一定数量的材料后才能去吃午饭；或者，如果我们能一直坚持去健身房锻炼，就给自己买巧克力。

链接 5.10

若想了解更多有关自我效能信念和学生成功的内容，请参见第 10 章。

行为学习理论的优势与局限

与任何其他心理学理论一样，行为学习理论也稳固地确立了多条基本原理，并在许多不同的条件下得以证实。这些原理对于解释人类的大部分行为都有用，而且对改变课堂行为尤为有用。

然而，行为学习理论是有其局限性的，认识到这一点很重要。除了社会学习理论家，行为学习理论家几乎都只关注那些可观察的外显行为。这也是本章所举的很多例子都涉及行为管理的原因之一（Schunk, 2016）。内在的学习过程，例如概念形成、课文学习、问题解决和思维都是难以直接观察到的，因此行为主义学习理论家较少对这些主题进行研究。这些学习过程更多地属于认知学习领域。社会学习理论作为行为学习理论的直接产物，在行为学派与认知学派之间架起了一座桥梁。

资格认证指南

教师资格认证考试中可能会涉及这样的内容，即行为学习理论最适用于可观察的行为（而不是思维，仅举一例）。

学习的行为理论和认知理论通常被视为互相竞争、对立的两种模型或学派。确实，在某些具体领域，两者的观点是对立的。然而，更为正确的做法是：将它们看成互补的而非竞争的，也就是说，它们是用来解决不同问题的（Borich, 2014; Miltenberger, 2012; Schunk, 2016）。

21 世纪的学习

自力更生

21 世纪，在高薪工作中能否取得成功，越来越依靠这样一种能力，即在没有上级密切监督的情况下独立工作，或与他人长期合作。学生比以往任何时候都更需要学习如何将一项任务分解成若干个子任务，并监控（和强化）自己的完成进度。那些学会自我激励的学生，拥有帮助自己成功应对学校或生活带来的一切挑战的技能。因此，基于“共同核心州立标准”（Common Core State Standards）的评价可能会强调更大的任务（而不是简单的单项选择题），以确保学生能够组织复杂的内容。

那些相信自己有能力使用元认知策略和自我激励行为的学生，可能具有很高的自我效能感，即一种认为成功或失败取决于自身努力程度（而非运气或他人，以及其他外部因素或不可控因素）的信念。除了能力，自我效能感可能是决定学生学业成功的最重要因素（Bandura, 1997, 2006; Schunk & Zimmerman, 2013）。

有意识的教师

运用行为学习理论和社会学习理论的原理来改善教与学

有意识的教师要了解行为学习和社会学习的原理，并能灵活地运用它们帮助学生成为富有成效的、有能力的学习者。他们：

- 能清楚地向学生阐明哪些行为是教师所期望的，哪些行为是应该避免的；
- 对学生做出的那些指向学业成功的行为予以强化；
- 将复杂的任务分解为若干个子任务，并强化那些日益趋向复杂目标的进步行为，以此塑造学生的行为；
- 尽可能地避免采用惩罚，永远不要体罚学生，并且避免通过应用行为矫正技术来过度控制学生；
- 在学生学习新技能的初期阶段，频繁强化学生的进步，而随着新技能的建立，逐步降低强化的频率和可预测性；
- 运用许多例子和真实生活模拟来帮助学生将所学知识从一种情境泛化到另一种情境，从学校泛化到实际应用当中；
- 教学生监控和强化自身行为，让学生成为自我激励、自我调节的学习者；
- 促使学生设定自己的标准，并学习如何组织工作和分解复杂的任务，进而达到这些标准。

本章概要

什么是学习

学习包括非先天能力的获得。学习依赖于经验，包括从环境中得到的反馈。

行为学习理论

有关学习的早期研究主要探讨了刺激对反射性行为的影响。巴甫洛夫提出了经典条件作用的观点，该观点认为，中性刺激通过与能引起反射的无条件刺激配对，可以获得诱发行为反应的性能。斯金纳继续研究了行为与结果之间的关系，提出了操作性条件作用，认为强化物和惩罚物塑造了行为。

行为学习的原理

强化物增加了某种行为发生的频率，惩罚物则减少了行为发生的频率。强化可以是一级强化或二级强化，可以是正强化或负强化。内部强化物是行为固有的奖励，外部强化物是他人给予的表扬或奖励。惩罚是通过引入厌恶性刺激或撤销强化物的方式来减弱行为。普雷马克原理指出，欲使个体更多地参加不太喜欢的活动，方法之一就是将这些活动与个体比较喜欢的活动联系起来。

通过对任务的每一步给予及时反馈来塑造个体的行为，这是基于行为学习理论而提出的一种有效的教学策略。消退是指随着强化的撤销，行为减弱并逐渐消失。

强化程序被用于增加所期望行为的发生概率、频率或持久性。强化程序的设计可根据反应比率或时间间隔来进行，强化程序既可以是固定的（比率或时间间隔），也可以是可变的（比率或时间间隔）。

先行刺激可以作为一种提示线索，表明哪种行为将受到强化或惩罚。辨别是指应用提示线索去察觉刺激情境之间的差异，而泛化是指对刺激之间的相似性做出反应。泛化包括从一种情境中习得的行为向其他情境迁移或转移。

社会学习理论如何帮助我们理解人类的学习

社会学习理论是基于对观察学习和自我调节学习的重要性的认识而提出的。班杜拉指出，通过模仿进行的学习分为直接学习或替代性学习，它们均包括四个阶段:注意、保持榜样行为、再现行为以及获得激励去重复行为。班杜拉提出，应该训练学生对自己的行为表现进行预期，并进行自我强化。梅肯鲍姆提出了自我调节学习的步骤，这是认知行为矫正的一种形式。

就教育心理学在课堂管理、课堂纪律、动机、教学模式和其他领域的应用而言，行为学习理论在其中起着核心作用。然而，行为学习理论也有一定的局限性，因为它们只探讨那些可以直接测量的可观察行为。

关键术语

行为学习理论
社会学习理论
认知学习理论
学习
刺激
无条件刺激
无条件反应
中性刺激
条件刺激
经典条件作用
操作性条件作用
斯金纳箱
结果
强化物
一级强化物
二级强化物
正强化物
负强化物
普雷马克原理
内部强化物
外部强化物
惩罚
呈现性惩罚
厌恶性刺激
移除性惩罚
反应代价
暂时隔离
塑造
消退
消退爆发
强化程序
固定比率程序
可变比率程序
固定时距程序
可变时距程序
维持
先行刺激
提示线索
辨别
泛化
模仿
观察学习
替代性学习（或间接学习）
自我调节
认知行为矫正

自我评估：资格认证练习

指导语：本章开篇案例强调了州资格认证考试中常出现的一些评价指标。请重读开篇案例，回答下列问题。

1. 坦纳小学的一年级教师朱丽娅·埃斯特班让那些不举手就随便发言的学生站起来回答问题，该做法与班级确立的课堂规则相违背。埃斯特班老师可以使用下面哪种条件作用来训练学生适宜的举手行为？
   a. 经典条件作用
   b. 操作性条件作用
   c. 模仿性条件作用
   d. 援助性条件作用
2. 在学生不举手就发言一事上，以下哪种说法最准确地指出了朱丽娅·埃斯特班老师的问题所在？
   a. 埃斯特班老师正在使用负强化而非正强化。
   b. 当学生违反举手发言的规则时，埃斯特班老师没有使用普雷马克原理。
   c. 埃斯特班老师让学生自己确定课堂规则，研究表明该做法是不成功的。
   d. 埃斯特班老师应该注意到愉快的结果（奖励适宜行为）会增加行为频率，而不愉快的结果会减少行为频率。
3. 根据行为学习理论的研究，埃斯特班老师可以使用哪种策略让学生先举手再发言？
   a. 奖励那些遵守规则的学生
   b. 惩罚那些不遵守规则的学生
   c. 忽视那些遵守规则的学生
   d. 在对破坏纪律的学生做出任何反应之前，先停顿片刻
4. 假定埃斯特班老师班上的学生很难改掉不举手就发言的习惯，那么她可以使用下面哪种技术去强化那些趋近期望目标的行为？
   a. 消退
   b. 维持
   c. 塑造
   d. 辨别
5. 如果埃斯特班老师在学生表现出预先确定的既定数量的适宜行为后才给予强化，但学生并不知道何时会受到强化，那么她使用的是哪种强化程序？
   a. 连续程序
   b. 固定比率程序
   c. 固定时距程序
   d. 可变比率程序
6. 请解释经典条件作用和操作性条件作用的异同，并分别举例说明。
7. 请描述班杜拉的社会学习理论。班杜拉将观察学习分为四个阶段，请分别描述每个阶段。

DGLimages/Shutterstock

第 6 章

认知学习理论

本章提纲

什么是信息加工模型

- 信息加工原理
- 执行加工
- 感觉登记
- 工作（或短时）记忆
- 长时记忆
- 增强长时记忆的因素
- 其他信息加工模型

脑研究告诉了我们什么

- 脑是如何工作的
- 脑发育
- 脑研究对教育的启示
- 脑研究在课堂教学中的应用
- 教育者需要了解的神经迷思与神经线索

记忆或遗忘的原因

- 遗忘和记忆
- 练习

如何教记忆策略

- 言语学习

学习成果

学完本章后，你应当能够：

6.1 理解人类认知信息加工模型的过程和成分；

6.2 解释脑的工作过程及方式，并概述我们从脑研究中学到的有关教育的知识；

6.3 识别影响记忆或遗忘信息的因素，并描述学生可用于记忆课堂内容的策略；

6.4 讨论元认知技能、学习策略和认知教学策略如何帮助学生学习；

6.5 描述认知学习理论如何指导有意识的教学。

本章提纲（续）

什么使信息有意义
- 机械学习与意义学习
- 图式理论

元认知技能如何帮助学生学习

有助于学生学习的策略
- 练习性测验
- 记笔记
- 画线
- 概述
- 以写促学
- 列提纲和画概念图
- PQ4R 法

认知教学策略如何帮助学生学习
- 激活先验知识，建立知识间的联系
- 组织信息

在生物课上，维罗娜·毕晓普正在讲关于人类学习这一单元的内容。一上课，毕晓普老师先与学生一起做了个实验。她用电子白板，将图 6.1 所示的信息加工模型示意图给学生呈现了 3 秒钟。之后，要求学生回忆刚刚看到的内容。有些学生说看到了框图和箭头，还有些学生说看到了*记忆*和*知识*等文字，并推断这张图与学习有关，甚至还有一个学生说看到了*思考*一词，尽管图中并没有这个词。

“好！”毕晓普老师说道，“你们看到的实际上比这还要多！你们或许没有注意到自己都注意到了什么。比如，你们闻到什么气味了吗？”

全班同学哄堂大笑，他们回忆起自己闻到了学校餐厅里烹制西兰花的气味。理解了毕晓普老师的提议后，学生们开始回忆自己注意到的与这幅模型图无关的所有其他细节：卡车驶过的声音、教室的各个角落以及身处其中的人们，等等。

讨论完后，毕晓普老师说：“脑是不是很神奇？仅在短短 3 秒钟的时间里，你们就接收到了大量的信息。尽管是在我的提醒下你们才知道自己注意到了西蓝花的气味，但不管怎样它都在你们的头脑里了。而且，在仅仅 3 秒钟内，你的大脑就已经开始解读图中的信息了。”谢里尔认为自己看到了“*思考*”一词，尽管模型图中根本就没有这个词。这是因为她看到了与“*思考*”有关的“*记忆*”一词，所以思维就跳到了思考这个词上。

“现在想象一下，你能把看图 3 秒内发生的所有信息——箭头、框图、词语、卡车、西兰花——永远记住。这样吧，想象自己能记住进入大脑的所有信息。那将会是什么样子？”

“会成为一个天才！”桑凡抢先说道。

“会发疯的！”贾马尔反驳说。

“我认为贾马尔更接近正确答案，”毕晓普老师说道，“如果你的头脑中塞满了这些无用的垃圾，你将会遇到大麻烦！关于学习，我们要了解的最重要的一点是，学习是一种主动的过程，即关注重要信息，筛去不重要的信息，并利用我们头脑中已有的知识经验来决定孰重孰轻。”

毕晓普老师再次利用电子白板将模型示意图呈现出来。

“当更详细地学习这个示意图时，你们将运用到有关学习、记忆、遗忘和图表等方面的已有知识来理解它。我希望你们能一直记住这个模型所展示的要点。也许过不了多久，你们将会忘记箭头和框图，甚至西兰花的气味也将从你们的记忆中渐渐消失。但是，图中那些对你们有意义的部分，以及那些能回答你们所关心的问题的部分，可能会终生留在你们的记忆里！”

运用你的经验

合作学习 简略写出两三种你努力记忆一些材料和学习新概念时所采用的方法。与其他同学分享你学习新知识时使用的有效策略。

合作学习 你对学习、记忆和遗忘有怎样的认识？请勾画出一个大致的框架图，然后与四五位同学一起基于各自的想法绘制出一份关于人类记忆和认知的简图。10 分钟后，与全班同学分享作品。

人类的大脑是意义的制造者。从你看到、听到、尝到或感觉到某物的那一瞬间开始，你就开启了一套判定过程：它是什么，它与已知的东西有何关联，它会因为重要而保留于头脑中，抑或应被丢弃掉。整个过程可能是有意识的，也可能是无意识的，或者兼而有之。本章将描述信息如何被大脑接收和加工，记忆和遗忘是如何起作用的，以及教师如何帮助学生理解和记忆关键的信息、技能和观点。本章也将介绍学习的认知理论，即与学习者头脑中进行的信息加工过程有关的理论，以及各种帮助学生更有效地利用大脑进行学习、记忆、运用知识和技能的方法。

什么是信息加工模型

InTASC 标准 1

学习者的发展

信息不断地经由感官进入我们的大脑，其中大部分信息几乎立即就被丢弃了，以至于我们可能从未意识到其存在。有些信息会在我们的记忆中短暂保留一段时间，然后被遗忘。例如，在找到剧场里的座位之前，我们或许一直记得门票上的座位号，但之后我们就会忘记它。然而，有些信息可以在我们的记忆中保留更长的时间，甚至余生都不会忘记。那么，人们掌握信息的过程是怎样的？教师如何利用这一过程来帮助学生记住关键的信息和技能？认知学习理论家们早已解决了这些问题，并提出了**信息加工理论**（information-processing theory），这是自 20 世纪 70 年代中期以来学习和记忆领域中的主流理论。

学习理论家们利用有关人类记忆的研究成果（Ashcraft & Radvansky, 2010; Kolb & Whishaw, 2011; Nicholls et al., 2012; Ormrod, 2016; Purves, 2010; Scalise & Felde, 2017; Schunk, 2016; Sousa, 2011; Watson & Breedlove, 2012）来描述信息被记忆（或被遗忘）的过程。多年来，学习过程的主流模型一直是阿特金森—谢夫林信息加工模型（Atkinson-Shiffrin model of information processing）（Atkinson & Shiffrin, 1968）。图 6.1 所示的是该模型的修正版。

信息加工原理

图 6.1 总结的模型包含三个主要成分：感觉登记、工作记忆（有时又称短时记忆）和长时记忆。来自五种感官的刺激进入感觉登记，在此大部分信息会被立即遗忘。随后，不管基于何种原因，那些对我们重要的刺激会被传递到工作记忆中，在那里，我们会根据长时记忆中的已有信息来评估这些新刺激。工作记忆是进行“思考”的地方，它是记忆系统中最为活跃的部分，也是我们尝试理解新刺激并将其与已有知识关联起来的地方。然后，如果新刺激被确定为有用，那么我们就会将其储存在长时记忆里，也许是永久储存。

执行加工

整个信息加工过程并非是一条自动将刺激转化为知识的传送带。恰恰相反，每个阶段的学习过程都由学习者控制。这种控制可能是非常有意识的，正如某人在品尝一种采用新配方的意大利面酱时，会关注它的味道、气味和口感（在感觉登记系统中）；然后，这些感觉会与来自长时记忆中的相关信息一起进入到工作记忆系统中，这些有助于评估新面酱的信息既可以是关于其他意大利面酱的，也可以是关于香料、

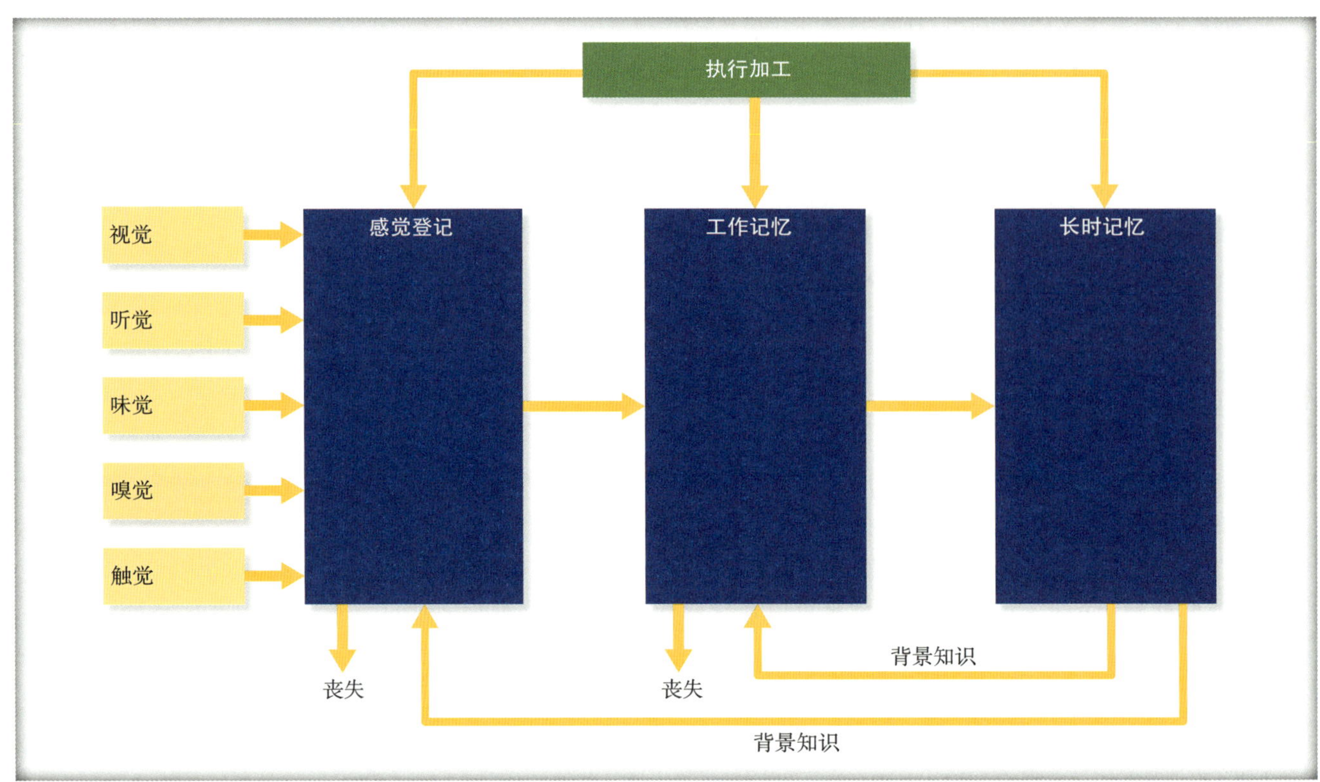

图 6.1　学习与记忆的信息加工模型（修正版）

要记忆的信息必须首先进入个体的感官，之后被注意到，并从感觉登记转移到工作记忆中，然后再经加工以转移到长时记忆里。

咸度或配料的。或者执行加工的意识性较低，譬如当一个人听说朋友得了麻疹。听到消息的人可能会马上思考这件事，把朋友得麻疹的这个新刺激（消息）带入工作记忆，同时将长时记忆中与麻疹有关的知识、与这位朋友和麻疹有关的情绪感受等一并带入工作记忆中。所有这些都会使其产生关于这个特殊朋友和麻疹这种特殊病例的长时记忆，而这些新记忆建立在个体先前关于麻疹（以及这位朋友）的一般性知识的基础之上。

无论是有意识还是无意识，有意愿还是无意愿，执行加工都十分重要（Ormrod, 2016; Schunk, 2016）。它决定了个体有意把什么内容放入长时记忆，继而也决定了个体对刺激和长时记忆中的信息投入何种程度的思考以形成新的持久记忆。当个体准备驾照考试时，执行加工就很明显：个体用其知道的最优学习策略来用心学习有关的内容。而当一个人不小心跌倒时，他 / 她在这个过程中所经历的方方面面仍然处于其控制之下。在撞到地面之前，他 / 她已经考虑了减少疼痛的方法；而跌倒在地时，他 / 她正在回忆方才跌倒的重要信息，并思考这次跌倒的原因或应该归咎于哪些方面。尽管执行加工发生得非常快，没有充足的时间让人深思熟虑，但它并不是自动化的！

学习者在面对每次学习机会时都带有一系列的动机和取向，这些动机和取向决定了学习者愿意投入多少精力到学习中。显然，外部诱因或惩罚可以增强人们投入精力去学习如何获得强化、避免惩罚的动机（Mazur, 2013）。内在兴趣也发挥着一定作用：一名学习者愿意投入精力学习烹饪，而另一名学习者则对运动更感兴趣。对学习的难易程度的预期也十分重要。相对于那些觉得自己更擅长数学而非语言的人而言，对外语学习有着积极自我概念的人可能会投入更多精力学习外语。如果让这两种人学习数学，情况恰好相反。对某一学科拥有大量背景知识的人会更关注进一步的信息，因为对他来说，这类新信息更容易学习。

执行加工类似于个体对其大脑发出的指令："大脑，密切关注即将出现的这类刺激；仔细寻找长时记忆中已有的相关信息和技能；融合新的刺激、知识和技能以创造新知识；将知识储存在一个我需要时可随时提取的地方；现在就去做，忽略其他所有事情，直至你完成任务！"这并不是说任何人真的会和自己的大脑进行这样的对话，但执行加工确实有意识地决定着什么值得个体投入精力，随后执行计划去学习个体自认为有用的内容。

下文描述了信息加工的关键要素和运作方式。

感觉登记

记忆系统中接收传入信息的第一个部分就是感觉登记，如图 6.1 所示。**感觉登记**（sensory register）接收来自各种感官（视觉、听觉、触觉、嗅觉、味觉）的大量信息，并将信息保留极短的时间，一般不超过几秒钟。如果暂时存储在感觉登记中的信息没有被进一步加工，那么这些信息很快就会丢失。事实上，在感官接收到的信息中，只有极小一部分能被回忆起来，哪怕只是一瞬间，这是因为任何我们未能有意识关注的信息都有可能丢失。作为作者，我在撰写这些内容时，能看到办公室里的每件物品，听到暖风扇的声音和走廊里的杂音，感受到架在鼻子上的眼镜，等等。但如果我没有撰写这些内容，这些信息将不会被我记住。如果我接到一个重要的电话，或收到一封重要的电子邮件，或者要同时应对很多刺激，那些没有参与眼前任务的感官并不会停止感知，但我也不会再去注意它们。

感觉登记的存在对教育具有两点重要启示。首先，人们如果要想记住一些信息，就必须对这些信息加以关注。其次，把一瞬间看到的所有信息带入意识需要花费一定的时间。例如，如果学生被一次性地"轰炸"太多的信息，但并未告诉或暗示他们应当注意信息的哪些方面，那么学生或许根本学不到任何内容（Bawden & Robinson, 2019）。

知觉　感觉器官接收到刺激之后，大脑就立即开始对其中的部分内容进行加工。因此，我们意识到的感觉表象与我们看到、听到或感觉到的刺激并不完全相同，它们是我们的感官所感知到的东西。对刺激的**知觉**（perception）并不像对刺激的接收一样直接。相反，知觉还涉及心理解释，这种解释会受我们的心理状态、过去经验、知识、动机以及其他多个因素的影响。

首先，我们依据一些规则来感知不同的刺激，这些规则与刺激固有的特征无关。比如，如果你坐在一栋大楼的某个房间里，你或许不会太注意甚至完全听不到远处消防车的警报声；如果你正在开车，你会比较注意这些警报声；如果你正站在着火的建筑物外面等待消防员的到来，你对此会更加注意。其次，我们感知到的刺激并非是我们看到或感觉到的那样，而是如我们所了解（或假设）的它们的真实状态那样。从房间的一头看过去，书架上的一本书看上去像一条细细的纸带，但我们可以推断它是由许多页纸构成的三维长方体。你或许只看到了一张桌子的边缘，然后在头脑中推想出了整张桌子。你的生活经验（储存于长时记忆中）会告诉你该如何解释刺激以及注意哪些刺激。人们并非生来就知道消防车的声音，但他们能迅速地搜寻记忆以识别声音并做出恰当的反应。

注意　教师说“集中注意”或者“竖起耳朵听”时，就是在恰当地使用“集中”和“竖起”这两个词来引起学生的注意。同金钱一样，**注意**（attention）也是一种有限的资源。当教师要求学生把有限的注意力集中在教师所说的任何内容上时，学生必须放弃对其他刺激的主动注意，调整优先顺序，以过滤其他无关刺激（Gregory & Kaufeldt, 2015）。例如，当人们正在全神贯注地倾听一场妙趣横生的演讲时，他们意识不到微弱的机体反应（比如痒或饥饿），也感知不到其他声音或视觉刺激的存在。有经验的演讲者很清楚，当听众看起来不耐烦时，他们就不再关注演讲内容了，而是可能转向考虑午饭或其他活动。一旦你的听众开始翻看手机，你便知道自己的演讲出问题了，而这恰恰是要重新吸引听众注意力的时刻（Bunce, Flens & Neiles, 2010）。

资格认证指南

教师资格认证考试可能会要求你详细说明引起学生注意的各种策略，如降低音量、使用手势、引发惊讶或增强材料的情感色彩。

引起注意　教师如何才能引导学生把注意力集中在当前课程上，尤其是最重要的课程内容上呢？如何才能让学生告诉自己的大脑：“好吧，大脑，这很重要！很有趣！值得了解！把精力投入到这项内容的学习上！”

有几种方法可以引起学生的注意，它们都遵循着引发学生的兴趣这一总体原则（Gregory & Kaufeldt, 2015）。一种方法就是应用某些暗示来表明“这是重要的”。一些教师会通过提高或降低声音来提示学生将要讲授重要内容；还有些教师通过运用重复、手势或身体动作来传达这一信息。

另一种引起注意的方法就是增强学习材料的情感色彩（Armony, Chochol, Fecteau, & Belin, 2007）。注意和情绪激活的脑区有重叠部分（Vuilleumeir, 2005），这或许可以解释为什么人们对肥皂剧和真人秀（大量的情绪投入）的注意多于对传统课堂教学（没有太多情绪投入）的注意。这也可以解释为什么一些报纸的标题试图用“参议院扼杀公共交通方案”而非“参议院投票否决公共交通方案”来吸引眼球。

不寻常、不一致或令人惊奇的刺激也能吸引注意力。例如，科学课教师经常在引入课程时运用演示或小魔术来激发学生的好奇心。

最后，明确地告知学生下面要学习的内容很重要，这种做法也能引起学生的注意。例如，教师通过告诉学生“明天的考试将涉及这些内容”来确保引起学生的注意。当然，学生可以自行判断哪些内容是重要的；而且，学生会学到更多他们认为重要的内容，因为他们对这些内容倾注了更多的关注。

工作（或短时）记忆

InTASC 标准 1

学习者的发展

个体感知和注意到的信息会被转入记忆系统的第二个部分，即**工作记忆**（working memory）（Ashcraft & Radvansky, 2010; Kolb & Whishaw, 2011; Watson & Breedlove, 2012）。工作记忆是一个存储系统，能将有限的信息保持约几秒钟。它是记忆的一部分，储存着人们正在思考的信息。我们在任何时刻意识到的想法都被保留在**短时记忆**（short-term memory）中。一旦我们停止思考，这些想法将会从我们的短时记忆中消失。短时记忆也称工作记忆（Ashcraft & Radvansky, 2010; Schunk, 2016; Unsworth & Engle, 2007; Watson & Breedlove, 2012）。工作记忆这一术语强调的是，短时记忆最重要的方面并不是它的保持时间，而是它是活跃的这一事实。在工作记忆中，大脑会对信息进行操作、组织，以便储存或遗弃它们，或者将其与其他信息联系起来。工作记忆是如此重要，以至于许多研究者都认为：工作记忆能力本质上与智力是相同的（Ackerman, Beier, & Boyle, 2005; Kane, Hambrick, & Conway, 2005; Nicholls et al.,

2012）。

正如图 6.1 所示，信息可能从感觉登记进入工作记忆，或者可能从记忆系统的第三个基本部分——长时记忆——进入工作记忆。这两种过程通常会同时发生。当你看到一只知更鸟时，它的形象会从你的感觉登记进入到工作记忆中。同时，你可能会（无意识地）从长时记忆中搜寻有关鸟类的信息，以便识别出眼前这只鸟就是知更鸟。伴随着这种识别过程而来的可能是许多有关知更鸟的其他信息，包括对知更鸟的过去经验或情感，所有这些信息都储存于长时记忆中，但是，通过对知更鸟这一视觉信息进行心理加工，储存在长时记忆里的那些信息会被提取到意识（工作记忆）中来（Gathercole, Pickering, Ambridge, & Wearing, 2004; Mazur, 2013）。

将信息保持于工作记忆中的一种方法是反复地思考或讲述该信息。你可能使用过这种策略来暂时记住某个电话号码。这种通过重复把信息保持在工作记忆中的过程称为**复述**（rehearsal）（Purves, 2010）。复述在学习中是很重要的，因为信息在工作记忆中保持的时间越长，转移到长时记忆中的可能性就越大（Greene, 2008）。一些研究表明，并不是重复的学习能够奏效，而是反复尝试记住信息会将信息带入工作记忆，然后在长时记忆中使之得到巩固（Karpicke & Roediger, 2007; Schunk, 2016; Watson & Breedlove, 2012）。未经复述的信息在工作记忆中保持的时间不会超过 30 秒。由于工作记忆的容量有限，这些信息也可能因被其他信息挤出工作记忆而丢失（Bawden & Robinson, 2009）。你或许有过这样的经历：查到一个电话号码，紧接着受到了一个暂时的干扰，之后你发现已经忘记了那个电话号码。

在课堂教学中，教师必须给学生留出一定的时间用于复述。急切地教给学生太多信息可能徒劳无益，因为，如果学生没有时间对每条新信息进行复述，这些信息很有可能被后来的信息挤出工作记忆。课堂上，教师可以停顿片刻询问学生是否有疑问，这也是在给学生时间进行思考并在头脑中复述刚才学过的内容。这有助于学生在工作记忆中加工信息，从而将其建立于长时记忆中。当学生学习较难的新材料时，复述这项脑力活动就尤为重要。

工作记忆容量　尽管一些研究表明工作记忆的平均容量更可能是 4 个信息单元（Cowan, 2001; Maehara & Saito, 2007），但通常认为工作记忆的容量是 5~9 个信息单元（Purves, 2010）。也就是说，我们一次（最多）只能思考 5~9 个独立的事物。但是，任何特定的信息单元本身就可能包含大量的信息。例如，想一想要记住下面的购物单有多难：

面粉	橙汁	辣椒	芥末酱
汽水	香芹	蛋糕	黄油
调料	蛋黄酱	牛至	番茄罐头
土豆	牛奶	生菜	糖浆
肉排	热狗	鸡蛋	洋葱
番茄酱	苹果	细面条	圆形面包

"李老师，我能歇会儿吗？我的工作记忆容量满了。"

这份购物单包含了太多的信息单元，全部记住并非易事。所有 24 项随机排列的食物信息并不能都被存入工作记忆中。然而，如果按照熟悉的模式来重新组织这份购物单，你就会相对容易记住它。如图 6.2 所示，你可以在头脑中创建三个独立的记忆文件：早餐、午餐和晚餐。你希望在每个文件中都可以找到对应的食物和饮料，在午餐和晚餐的文件中还有甜点。然后，你就能想起三个菜单上食谱中的每一个

图 6.2 组织信息以促进记忆的例子

如果将购物单中的 24 个项目随机排列，记忆起来会非常困难。如果将它们组织成少数熟悉的类别，回忆起来则比较容易。

早餐	午餐	晚餐
煎饼：	热狗：	意大利面：
■ 面粉	■ 热狗	■ 细面条
■ 牛奶	■ 圆形面包	■ 洋葱
■ 鸡蛋	■ 调料	■ 肉排
■ 黄油	■ 芥末酱	■ 番茄罐头
■ 糖浆	土豆色拉：	■ 番茄酱
饮料：橙汁	■ 土豆	■ 牛至
	■ 蛋黄酱	■ 辣椒
	■ 香芹	色拉：
	饮料：汽水	■ 生菜
	甜点：苹果	饮料：牛奶
		甜点：蛋糕

食品。按照这种方式，你能够回忆起要购买的东西，而你的工作记忆中也只需保持少量的信息单元。当你走进商店，就会想："我要买早餐、午餐和晚餐的食品。"首先，你会从长时记忆中提取早餐文件，它包括食物（煎饼）和饮料（橙汁）。你可能会思考制作煎饼的步骤，然后购买每一种原料，外加橙汁作为饮料。完成这些事情后，你可以从工作记忆中删除早餐文件，而代之以午餐文件。之后，重复同样的过程，用晚餐文件代替午餐文件。值得注意的是，你所做的一切就是用 3 个大的信息单元代替 24 个小的信息单元，然后再将这 3 个大的信息单元分解为各个部分。

资格认证指南

在教师资格认证考试中，你可能需要了解的是，将信息组织成熟悉的模式有助于学生记住概念和词汇。例如，若要帮助年龄较小的学生记住不同动物的名称，你可以帮助学生将这些动物分成宠物、动物园的动物和家畜等类别。

工作记忆可被看作一个瓶颈，外部信息通过它进入长时记忆（Maehara & Saito, 2007; Sousa, 2011; Watson & Breedlove, 2012）。工作记忆的容量是有限的，信息加工的这种特性对教学设计和教学实践具有重要意义（Kolb & Whishaw, 2011; Schunk, 2016; Wolfe, 2010）。例如，每次呈现给学生的信息不能过多，除非这些信息可以被很好地组织起来，并与学生长时记忆中的已有信息有着密切联系，以使工作记忆（在长时记忆的支持下）能容纳下它们，就像上文所讨论的购物单的例子一样。

工作记忆容量的有限性还带给我们另一点启示。梅耶（Mayer, 2011a）在一项研究中对比了有关"雷雨"的两堂课：其中一堂课包含了大量无关的词语、图片和音乐，另一堂课则没有这些无关内容。结果发现，课堂教学越精简，学生在迁移测验中的成绩则越高。显然，紧凑连贯的课堂内容能让学生更有效地利用工作记忆容量（Mayer, 2009, 2011a）。

工作记忆的个体差异 当然，在完成特定的学习任务时，不同个体在工作记忆容量上会存在差异。扩充工作记忆容量的一个主要因素是背景知识：个体对某方面知识掌握得越多，其吸纳和组织新信息的能力就越强（Schunk, 2016; Sousa, 2011）。然而，先验知识并不是唯一的影响因素。不同个体的信息组织能力也存在差异，可以教会他们有意识地使用一些策略以更有效地利用工作记忆容量（Bailey & Pransky, 2014; Wyra, Lawson, & Hungi, 2007）。本章稍后将讨论这些策略。

长时记忆

长时记忆（long-term memory）是我们的记忆系统中可以长时间保持信息的部分。一般认为，长时记忆的容量非常大，信息保持的时间非常长。事实上，很多理论家认为，我们永远不会遗忘长时记忆中的信息，只是可能会丧失从记忆中寻找信息的能力（Kolb & Whishaw, 2011; Sousa, 2011）。人们终其一生都填不满长时记忆。表 6.1 总结了感觉登记、工作记忆（短时记忆）和长时记忆的区别。

人们在长时记忆中不仅储存信息，而且还储存学习策略，以便调用（Kolb & Whishaw, 2011; Watson & Breedlove, 2012）。这种能力被称为长时工作记忆，它解释了专家们（如医疗诊断专家和教育家）所具有的非凡技能——他们必须把当前信息与长时记忆中的大量模式相匹配。

理论家们把长时记忆分为至少三个部分：情景记忆、语义记忆和程序记忆（Ashcraft & Radvansky, 2010; Nicholls et al., 2012; Ormrod, 2016; Sousa, 2011; Watson & Breedlove, 2012）。**情景记忆**（episodic memory）是个体对亲身经历的记忆，是对人们的所见所闻的心理再现。当你记起昨天晚饭吃的什么，或者在高中舞会上所发生的事情时，你其实就是在回忆储存于长时情景记忆中的信息。长时**语义记忆**（semantic memory）包括已知的事实和概括化的信息，也包括概念、原理或规则以及运用它们的方法，还包括问题解决技能和学习策略。课堂上学到的大部分内容存储于语义记忆中。**程序记忆**（procedural memory）是指“知道如何做”而不是“知道做什么”。例如，驾车、打字和骑自行车等技能都存储在程序记忆中。

情景记忆、语义记忆和程序记忆用不同的方式来储存和组织信息。情景记忆中的信息以表象的方式加以储存，这些表象是按照事件发生的时间和地点被组织起来的。语义记忆中的信息是以概念网络的形式组织起来的。程序记忆中的信息是以刺激—反应配对组成的复合形式储存的（Kolb & Whishaw, 2011; Sousa, 2011）。一些脑研究表明（Elias & Saucier, 2006），这三种长时记忆的加工过程分别发生在脑的不同部位。下面我们就此三种记忆的含义加以详细阐述。

情景记忆　情景记忆存储我们经历的表象，这些表象是按照事件发生的时间和地点组织起来的（Ormrod, 2016; Watson & Breedlove, 2012）。它由关于我们个人经历过且记住的事件等记忆所组成，这些记忆将感官信息、空间知识以及有关语言、情绪和运动的信息整合成一种个人故事。例如，思考这个问题：你在高中毕业舞会的当晚做了什么？大部分人会通过想象自己回到当晚并描述发生的事件来回答这一问题。你可能在头脑中扫视了一遍舞会现场，回忆起你看到的、听到的或闻到的，接着想起你体验过的情绪，所有这些都是一起被回忆起来的。某位心理学家要求研究生每

表 6.1　记忆成分的特征

	功能	容量	持续时间
感觉登记	接收初始刺激：视觉、听觉、味觉、嗅觉和触觉	潜在的大容量	非常短
工作（短时）记忆	整理新刺激和现有知识，以找出相关内容；整理新信息并将其与现有知识联系起来	5~9 个信息单元	大约 12 秒
长时记忆	存储知识、技能和其他类型的记忆内容，并加以组织以便提取	几乎无限大	非常长，可能永久

天到某个特定的地点待 1 小时，并尽力回忆其高中同学的名字。一个月后，学生们还能够继续回想出新的名字。有趣的是，他们运用了与情景记忆关联的时间和空间线索来想象一些事件，而这些事件又让他们能够回忆起有关的人名。例如，他们或许会记起社会研究课老师装扮成北极探险家来学校的那天，并由此在头脑中检索记忆，再现当时在场同学的面孔。

这些示例表明，表象在情景记忆中是很重要的，与时间和空间有关的一些线索有助于我们从情景记忆中提取信息。你或许曾在参加某场考试时自言自语："我应该知道这个答案，我记得读过这一部分，它就在那一页的左下角，并且右上角还有一张图表。"

情景记忆通常是很难提取的，因为我们生活中的大部分情景会频繁重复，以致后来的情景与以前的情景会在记忆中相互混淆，除非在某种情景下发生了一些难以忘怀的事情。例如，很少有人能回忆起一周前吃了什么样的午餐，更不用说回忆起几年前吃了什么样的午餐了。然而，有一种特殊的现象被称作**闪光灯记忆**（flashbulb memory），即某一重要事件的发生使得以视觉和听觉为主的记忆深深地印刻在脑海中。例如，有人碰巧在吃早饭时听闻 2001 年纽约世贸中心遭遇袭击的消息，那么这个人将永远记住这顿特殊的早餐（以及场景中的其他细节）。产生这种记忆的原因是，某个时刻所发生的令人难忘的事件让我们获得了与经常被遗忘的细节有关的情景（空间与时间）记忆。

教师可以特意去创造一些包含视觉或听觉表象的难忘事件来促进学生对概念和信息的保持。例如，教师可以借助投影、表演、模拟以及其他的主动学习形式给学生呈现生动的表象，学生能够记住这些表象，然后利用它们去提取当时一起被呈现的其他信息。与该观点一致的是，已有大量证据表明，课文中的插图有助于学生记忆课文内容，即使不再呈现插图时也是如此（Mayer, 2008b）。据推断，这些插图将语义信息和学生的情景记忆联系了起来，使得信息更容易提取。也有证据表明，学生通常能够创建自己的心理图像，以促进对所学材料的记忆（Mazur, 2013）。

语义记忆　语义记忆（或称陈述性记忆）与情景记忆的组织方式非常不同。语义记忆储存于由相互关联的观念或关系构成的心理网络即**图式**（schema）之中（Mayer, 2011a, 2011b）。回想一下，皮亚杰曾引入图式一词来描述个体用以组织知觉和经验的认知框架。类似地，认知加工理论家也用图式这一术语来描述存储在个体记忆中的概念网络，这种网络使得个体能够理解和整合新信息。一个图式就像一份纲要，各种概念或观念都可以被归入更高级的范畴。图式的各个方面又可能通过一系列命题或关系被组织起来。例如，图 6.3 呈现了"野牛"这一概念的简化图式，它表明了"野牛"这个概念是如何与记忆中的其他概念相互联系的。

链接 6.1
若想了解更多有关图式的概念，请参见第 2 章。

在图中，"野牛"与其他几个概念相互联系，而这些概念或许又与其他更多的概念相联系（例如，"平原印第安人如何猎取野牛？"），或者与更宽泛的范畴或概念相联系（例如，"环保主义者如何拯救许多濒危物种，使其免于灭绝？"）。图式理论认为（Anderson, 2005），我们按照类似于图 6.3 所示的心理路径来获取储存于长时语义记忆中的信息。比如，你的记忆深处可能藏匿着这样的观念：西班牙人将马匹引入北美，彻底改变了平原印第安人猎取野牛的方式。为了提取这条信息，你可能会开始思考野牛的特征，然后思考印第安人如何骑在马背上猎取野牛，之后回忆（或想象）他们没有马匹时是如何猎取野牛的。你可以通过许多途径来获取相同的信息。事实上，你提取信息的途径越多，且途径建立得越牢固，你就越能够有效地提取长时语

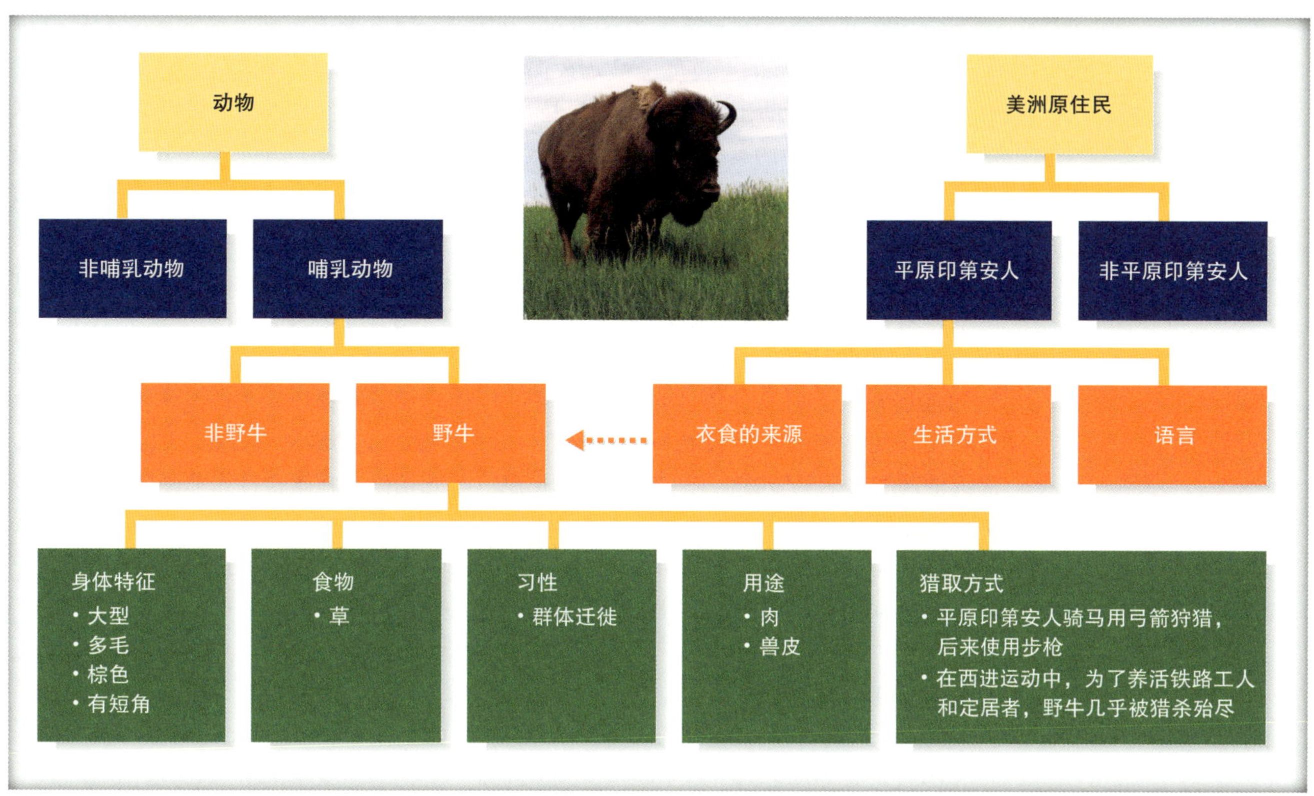

图 6.3 “野牛”的概念图式

长时语义记忆中的信息被组织在相关概念的网络中。例如，“野牛”这个概念隶属于更一般的“哺乳动物”和“动物”的概念，并与许多其他概念相关联，而这些概念有助于将“野牛”的概念与记忆中的其他概念区分开来。

资料来源：Olivier Le Queinec/Shutterstock.

义记忆中的信息。如前所述，长时记忆之所以出现问题，其原因并不在于信息丢失了，而在于我们找不到提取信息的途径了。

图式理论带给我们的一条明确启示是，与那些与图式不相匹配的信息相比，与已有的成熟图式相匹配的新信息更容易被保存。本章稍后将详细介绍图式理论。

程序记忆　程序记忆是回忆如何做事情，尤其是如何完成身体操作任务的能力。这种类型的记忆显然是以一系列刺激—反应配对的方式储存的。例如，即使你很久没有骑自行车了，但是一旦你骑上去，这种刺激就会唤起相应的反应。当自行车向左倾斜时（一种刺激），你就会“本能地”将身体的重心移到车的右边以保持平衡（一种反应）。书写、打字、跑步等技能都属于程序记忆。神经学研究表明，程序记忆存储的脑区不同于语义记忆和情景记忆：程序记忆储存在小脑中，而语义记忆和情景记忆储存于大脑皮层（Nicholls et al., 2012; Sousa, 2011; Watson & Breedlove, 2012）。

增强长时记忆的因素

与普遍的看法相反，人们能够记住在学校中所学的大部分知识。但由于信息类型不同，长时记忆的保持情况存在很大差异。例如，概念比名称保持的时间要长得多（Schunk, 2016）。一般来说，在教学的最初几周内，记忆的保持量会迅速下降，但之后会趋于平稳（Watson & Breedlove, 2012）。如果学生在教学后能够将信息保持12~24周，那么这些信息可能会被永久保持。

有一些因素有助于长时记忆的保持。学生的初始学习水平就是其中之一，这不足为奇（Purves, 2010）。有趣的是，能力对信息保持的影响尚不明确。虽然能力较强的学生在期末时成绩会比较好，但是他们对习得内容的遗忘程度通常与能力较低的学生相差无几（Schunk, 2016）。

促使学生主动参与课堂学习的教学策略有助于长时记忆的保持。在一项经典研究中，麦肯齐和怀特（Mackenzie & White, 1982）对比了八年级和九年级学生在三种条件下学习地理的情况：第一种条件是传统课堂教学；第二种条件是传统课堂教学外加现场调查；第三种条件是将传统课堂教学、现场调查以及对现场调查所获信息进行主动加工相结合。12周后（暑假后），主动加工组的学生仅遗忘了10%的信息，而其他两组的学生却遗忘了40%以上的信息。与此相似，施佩希特和桑德令（Specht & Sandling, 1991）对比了大学生在传统的讲解式教学和角色扮演式教学这两种教学条件下学习会计学的情况。结果发现，6周后，传统讲解组的学生的问题解决成绩下降了54%，而角色扮演组的学生的问题解决成绩仅下降了13%。

其他信息加工模型

阿特金森和谢夫林（Atkinson & Shiffrin, 1968）提出的信息加工模型（修正版见图6.1）并不是唯一得到认知心理学家们认可的模型。其他一些模型并未对阿特金森—谢夫林模型的基本假设提出挑战，而是对该模型的某些方面，尤其是那些可增加信息在长时记忆中保持机会的因素进行了详述和扩展。

加工水平理论　**加工水平理论**（levels-of-processing theory）是另一个被普遍认可的信息加工模型（Craik, 2000; Tulving & Craik, 2000）。该理论认为，人们会对刺激进行不同水平的心理加工，但只有加工水平最高的信息才可能被保留下来。例如，你或许感知到了一棵树，但几乎没有注意过它。这是最低水平的加工，所以你不太可能记住那棵树。另外，你也许会对该树进行命名，称之为“枫树”或“橡树”。一旦命名，那棵树就更有可能被记住。然而，最高水平的加工就是赋予该树以意义。比如，你或许记得曾爬过这棵树，或评价过这棵树的奇特形状，甚至好奇地遐想：如果这棵树受到雷击会不会倒在你的房子上。根据加工水平理论，你对刺激的细节关注得越多，你要进行的心理加工就越多，也就越有可能记住它。鲍尔和卡林（Bower & Karlin, 1974）的一项经典研究证明了这一点。他们让斯坦福大学的本科生观看耶鲁大学年鉴中的图片，并要求一部分学生按“男性”或“女性”将图片分类，另一部分学生按“非常诚实”或“不太诚实”将图片分类。结果发现，后者比前者能更好地记住图片上的面孔。据此可以推测，与仅仅评价性别相比，不得不评价诚实与否的学生需要进行的心理加工的水平要高得多，因此他们记忆面孔的效果会更好。在另一项经典研究中，卡普尔及其同事（Kapur et al., 1994）让学生阅读一系列的名词，要求其中一组学生识别哪些单词中包含字母“a”，另一组学生识别名词指代的是“生物”还是“非生物”。该研究得到的结果与鲍尔和卡林的研究以及其他许多研究的结果很相似，即那些进行“生物”和“非生物”识别的学生能回忆出更多的单词。脑成像研究则发现了一个更有趣的现象：进行“生物/非生物”识别的学生激活了与提高记忆成绩有关的脑区，而其他学生则没有激活这部分脑区。这个实验为证明“深层加工”和“浅层加工”的脑机制是不同的这一观点提供了重要证据（Craik, 2000）。

双重编码理论　与加工水平理论有关的另一个理论是派维奥提出的**记忆双重编码理论**（dual code theory of memory）。该理论假设信息在长时记忆中有两种存储方式：视觉的和言语的（分别对应情景记忆和语义记忆）（Clark & Paivio, 1991; Schunk, 2016）。该理论预测，同时用视觉和言语来表征的信息比只用一种方式表征的信息更易于回忆。例如，如果你知道一个人的名字，那么你会更容易记住那张面孔；同样，如果你能将一个名字与面孔联系起来，你就能更好地记住那个名字。

脑研究告诉了我们什么

过去在研究学习、记忆以及其他认知功能时所使用的方法并不直接触及脑本身。科学家们精心设计实验，根据被试对特定刺激或测验的反应，或是通过检查患有特殊脑损伤的个体，或是从动物实验中进行推论，据此来了解脑的功能。然而，近些年来，神经科学家已开发了功能性磁共振成像（fMRI）等脑成像技术来实际观察健康大脑的工作情况（Mitchell & Johnson, 2009; Sousa, 2011）。现在，科学家们可以观察到，当个体在听交响乐、读书、说第二语言或解数学题时，脑的哪些部分处于激活状态。这些技术的广泛运用，使得有关脑的研究迅速增多（Elias & Saucier, 2006; Kolb & Whishaw, 2011; Ormrod, 2016; Schunk, 2016; Sousa, 2011; Watson & Breedlove, 2012）。

人们很早就已经知道，特定的心理功能是由脑的特定部位执行的。例如，视觉功能由视觉皮层执行，听觉功能由听觉皮层执行（见图 6.5）。然而，新近的研究发现，脑的分工比人们过去所认为的更加精细化。你在思考不同的内容，比如面孔、椅子、歌曲或某种情感时，激活的脑部位是不同的。如果你是个双语者，既说西班牙语又说英语，那么当你说不同的语言时所激活的对应脑区也有细微的差异。大脑两个半球的功能也有些不同：左半球更多地与语言有关，而右半球更多地与空间和非言语信息有关。尽管脑的内部存在着精细分工，但我们完成的几乎所有任务都需要大脑两个半球及许多脑区的协同作用（Kolb & Whishaw, 2011; Nicholls et al., 2012; Purves, 2010）。

脑是如何工作的

人类的脑是一个约 1.36 千克重的谜团。它控制着我们的所有行为、知觉和感受。几百年来，哲学家、科学家一直致力于脑研究，但直到近些年才在理解脑以及与其关联的神经系统如何工作等方面取得实质性进展。脑研究还有很长的路要走，尚无法给予教育工作者具体的教学建议。然而，我们确实了解了很多关于脑如何工作的知识，并且这些知识还在逐年增多。让我们拭目以待吧！

神经系统最重要的成分是**神经元**（neurons）（Nicholls et al., 2012）。神经元是一种长细胞（见图 6.4）。它的一端是**树突**（dendrites），树突具有成千上万的细小分支。这些分支之间的空隙被称为**突触**（synapses）。神经元接收来自环境的刺激后，将其转化为电脉冲，然后通过突触将电脉冲传递到其他神经元，或传导至大脑。神经元末端的轴突将信息传递给其他细胞。

图 6.4 神经元的主要结构

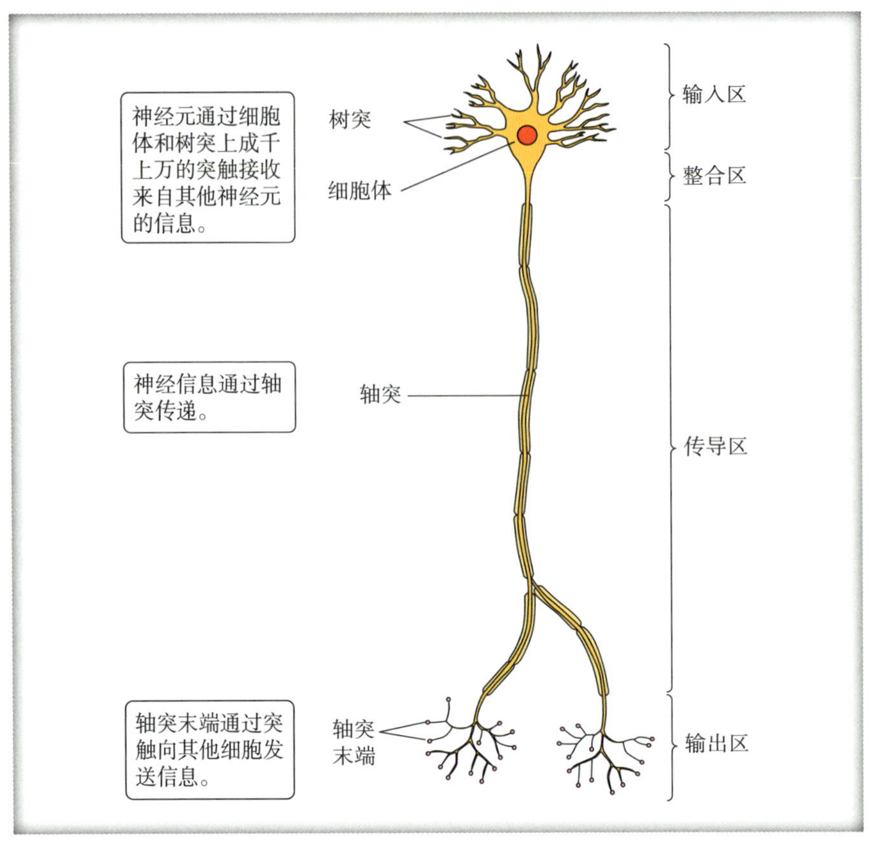

大脑接收来自身体所有神经元的刺激，并拥有庞大的内部联结。大脑由两个半球组成，像是一个核桃。各脑区具有特定的功能，但几乎所有的脑活动都会涉及多个脑区和两个半球（Nicholls et al., 2012; Purves, 2010）。图 6.5 展示了参与不同活动的特定脑区。人类的大脑是由内而外进化的。**脑干**（brain stem）是脑的一部分，控制所有动物共有的最基本功能。比如，它维持着心跳、体温和血压等。脑干有时也被称为“爬行动物脑”，因为它的功能就像爬行动物的大脑一样。

脑干的上一层是**边缘系统**（limbic system），它有四个重要的组成部分。所有来自感官的信息（嗅觉除外）都会到达**丘脑**（thalamus），随后再被传递到大脑的其他部位。

下丘脑（hypothalamus）控制着激素的分泌以维持身体平衡，它还控制着诸如睡眠和饮食摄入等功能。

海马（hippocampus）对学习尤为重要。它控制着信息从工作记忆到长时记忆的转移（回忆图 6.1）。海马受损的患者可以如常人一般生活，但却无法记住海马损伤后发生的任何事情。

杏仁核（amygdala）负责调节诸如恐惧、愤怒和饥饿感等基本情绪。

大脑皮层（cerebral cortex）约占脑重的 80%，是人类最为独特的脑区。它布满褶皱，有深深的沟壑。它执行最高水平的心理功能，尤其是其最外层。其中，**小脑**（cerebellum）负责协调运动，在思维方面也发挥着重要作用。

胼胝体（corpus callosum）连接大脑的两个半球，有助于协调整个大脑的功能。

图 6.6 展示了上述主要脑区。

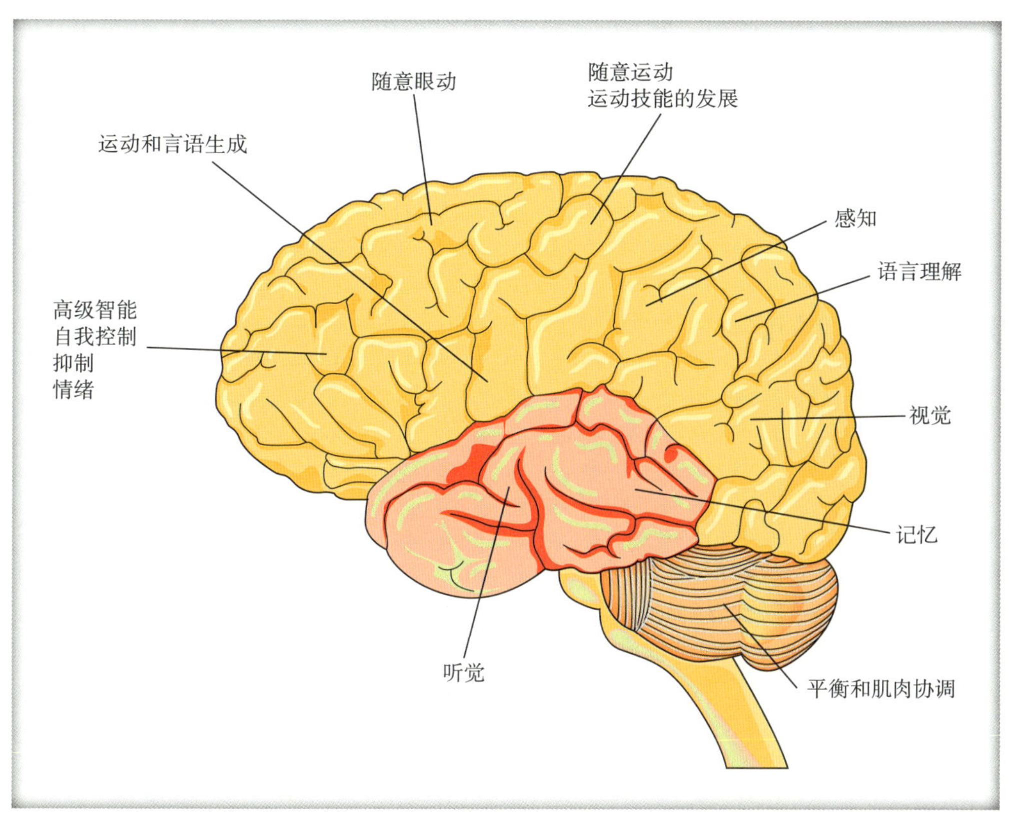

图 6.5　脑的生理结构与功能

脑的每一部位都有其特定的功能。

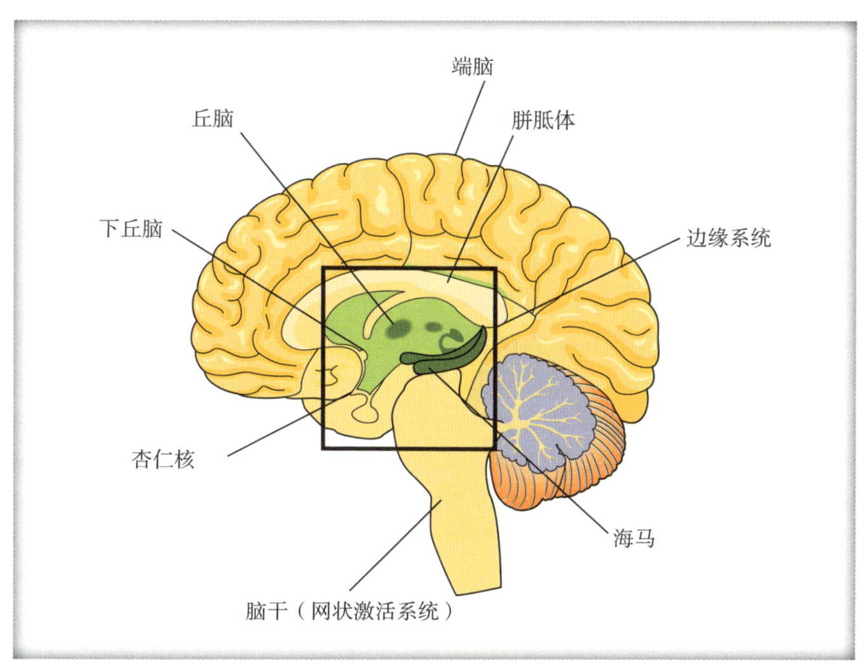

图 6.6　脑的主要分区

脑发育

脑发育始于孕期。在妊娠的头四周，胎儿会生长出约 2000 亿个神经元（Nicholls et al., 2012）。出人意料的是，早期脑的生长和发育并非那么简单、直接，其主要特征表现为神经元之间联结的建立，以及那些不能形成联结的神经元的凋亡。这一过程受到经验的影响。例如，先天失聪的孩子其听觉相关脑区的发展要远落后于其他孩子，但其视觉、触觉等相关脑区的发展要远优于其他孩子。越来越多的证据表明，处于极度匮乏环境（如没有人和他们说话或抚摸他们）中的孩子的脑发育会长期受损（Sousa, 2011）。

大部分研究者认为，大多数脑区具备终生的适应性。从这种意义上来说，个体参加那些强化特定脑区的活动可对其脑功能产生持久的影响。

脑研究对教育的启示

脑研究的许多发现对教育和儿童发展具有重要意义。与儿童早期发展有关的研究发现，儿童在早期发展阶段接触到的刺激量与神经联结点（或突触的数量）有密切关系，而突触是高级学习和记忆的基础（Purves, 2010; Watson & Breedlove, 2012）。脑容量不是儿童一出生就设定好的，而是会受他们早期经验的影响，这一研究结果对儿童早期研究以及教育政策的制定具有振奋人心的意义。此外，还有一些研究表明，大量的训练可以改变脑结构，这一结论同样适用于成人。例如，一项对伦敦出租车司机开展的研究发现，驾驶训练导致其处理方向的脑区更为活跃（Maguire et al., 2000）。其他研究也发现，那些接受强化阅读辅导的儿童，其脑结构会发育得像熟练的阅读者一样（Shaywitz, 2003; Shaywitz & Shaywitz, 2004; Temple et al., 2003; Turkeltaub, Gareau, Flowers, Zeffiro, & Eden, 2003）。然而，关于这些研究结论对教学意味着什么，尚存诸多争议（Hruby & Hynd, 2006; Shaywitz & Shaywitz, 2007; Willis, 2007）。

脑研究的另一个重要发现是，随着个体不断地获得知识和技能，其脑活动也变得越来越高效。例如，索尔索等人（Solso et al., 2001）对比了专业画家和新手的脑区激活情况。在一项画家非常熟悉的任务中，如画人的面孔，专业画家的大脑仅有很小一部分处于激活状态；而新手在执行这项任务时，其脑中的许多脑区被激活（见图 6.7）。在另外一系列研究中，研究者（Temple et al., 2003; Turkeltaub et al., 2003）比较了阅读障碍儿童与正常儿童在阅读时的脑激活情况。阅读障碍儿童激活了脑的听觉区和视觉区，他们似乎不得不吃力地将字母转化为声音，再把声音转化为意义；而熟练的儿童读者则完全省略了听觉这一步。然而，当阅读障碍儿童经过训练并成为合格的读者时，他们的脑功能就变得与从未有阅读问题的儿童相似。早期的研究已关注到自动化在专业技能发展过程中的重要性，**自动化**（automaticity）是指个体通过丰富的经验和广泛的练习而实现了看似毫不费力的表现。有关脑的研究揭示了在问题解决过程中，自动化是如何使脑省略某些步骤的。

资格认证指南

教师资格认证考试要求你了解，随着个体学习的知识增多，其大脑会变得越高效。这会导致自动化，即随着专业技能的发展，个体产生毫不费力的表现。

许多研究发现（Shaywitz, 2003; Sousa, 2011），熟练的读者主要激活了脑左半球的三个脑区。相反，阅读障碍者则过度激活了脑前端的布洛卡区，该脑区控制语言活动。换句话说，阅读困难者使用的是一条低效的通路（从文字到言语再到理解），而熟练的读者使用的是更为高效的通路（从文字直接到理解）。概括来说，研究发现，学习障碍患者的脑加工过程比正常学习者更低效（Blair, 2004; Halpern & Schultz, 2006; Worden, Hinton, & Fischer, 2011）。

上述发现以及其他许多脑研究的结果都支持这一结论：脑不是储存知识和技能的档案柜，而是组织信息以使其被更高效提取和使用的这一过程的参与者。摈弃联结、选择性忽略或排除信息的过程，以及在信息之间建立有序连接的过程，都与添加信息同样重要，甚至可能更重要。

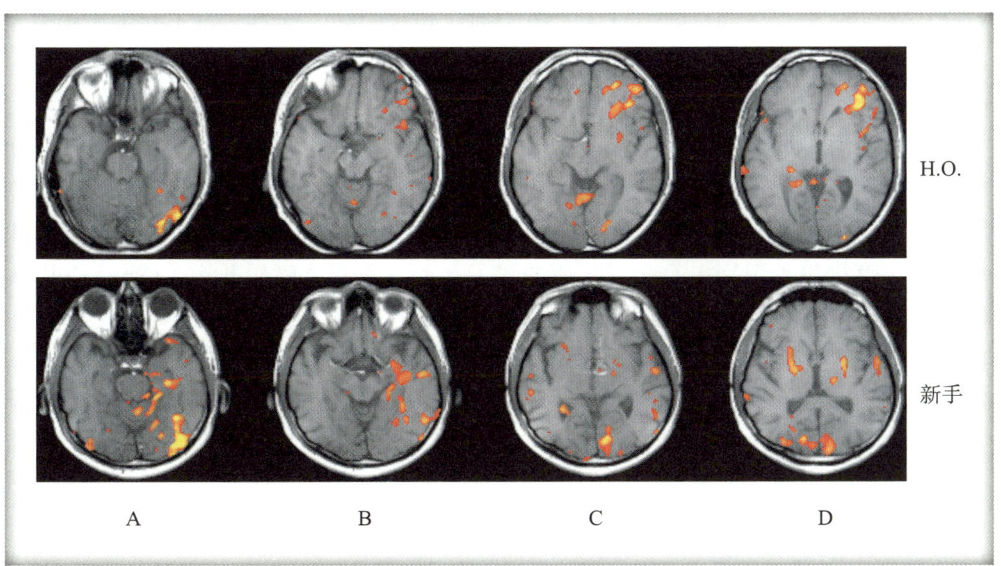

图 6.7　画家与新手绘画时的脑活动

运用功能性磁共振成像（fMRI）对颇有建树的画家 H.O. 和一名新手的右顶叶的活动进行扫描（见 A 列）。该脑区与面孔感知有关。在对面孔进行加工时，新手似乎要比 H.O. 耗费更多的能量。在 C 列和 D 列中，画家的右额叶区的血流量有所增加，这表明其对信息进行了高级的抽象加工。

资料来源：Solso Robert L., *Cognitive Psychology*, 6th Edition, © 2001. Reprinted by permission of Pearson Education, Inc., Upper Saddle River, NJ.

脑研究在课堂教学中的应用

脑研究的进展很自然地引发了将其应用于教育实践中的呼声。例如，威利斯（Willis, 2006）、苏泽（Sousa, 2011）和斯坦斯伯里（Stansbury, 2009）认为，脑研究证实了从线性的分层教学转变为复杂的主题式和整合式教学活动的合理性。加德纳（Gardner, 2000）认为，脑研究证实了早期刺激、学习活动以及音乐和情感的重要性。虽然这些主张或建议都有可能被证明是正确的，但就目前而言，即使有支持性证据，也主要来自传统的认知心理学研究，而并非脑研究本身。此外，来自脑研究的教育主张与哲学家杜威在一个世纪前提出的进步教育原则极其相似，而后者并未借助现代脑研究的支持（Ellis, 2001c）。或许在将来的某一天，脑研究能够证明杜威的教育主张是对的，或者为教育实践提出明确的建议。然而，迫不及待地根据脑研究对教育方法提出宏图大论的做法已受到许多研究者的质疑（Coles, 2004; Jensen, 2000; Verma, McCandliss, & Schwartz, 2008）。

威林厄姆（Willingham, 2006）提出，尽管神经科学得到了“突飞猛进”的发展，但一线教师们要想从这些进展中获得实质性的帮助，仍有待时日。他指出，虽然功能性磁共振成像（fMRI）的图像可以告诉我们，儿童在尝试阅读时大脑的哪些部分处于激活状态，然而这些信息并不能为教师提供任何切实有用的指导。他认为，“一些激动人心的研究正在进行……其中一些研究对于试图搞清楚脑是如何工作的认知研究者来说是很有趣的。但此类研究实际上还远不能给予教师有价值的指导”（Willingham, 2006, p. 177）。

威林厄姆（Willingham, 2006）告诫人们不要试图将新兴的神经科学的研究结果直接应用于课堂。相反，它们只是一块大型认知拼图的一部分。过去几十年来，这些数据已经进入了大众视野和有关教学方面的文献中，可见威林厄姆的提醒是必要的。例如，威林厄姆指出，对左脑和右脑功能偏侧化的研究常常被当作支持各种教学策略的证据，尽管脑成像研究现已证实，大脑左右半球在大部分认知任务中是协同工作的。他还提到，基于对刺激剥夺实验结果的错误解读，人们一窝蜂地为婴幼儿提供具有感官刺激的活动。不过，威林厄姆也指出，部分神经科学研究成果确实可以直接用于识别患有学习障碍的孩子，尤其是阅读障碍儿童（Espy, Molfese, Molfese, & Modglin, 2004; Lyytinen et al., 2005）。

尽管在探寻神经科学研究与课堂教学之间的直接联系方面，我们仍持保留态度，但毋庸置疑的是，学习所引起的心理、行为和认知方面的变化均与脑工作过程的变化相关（Worden, Hinton, & Fischer, 2011）。我们已经部分了解了这些变化是*如何*发生以及在*何处*发生的。神经科学处于行为科学的前沿，它一直在为“认知拼图”填补新内容。下面是一些公认的结论。

1. *并非所有学习都同样容易进行*。某些类型的学习会相对更容易。例如，人类很容易习得语言，并根据社会刺激调整语言。某些学习更直观化，或者说更简单。对人类来说，这类学习似乎包括习得语言，理解物体及其在空间中的运动、三维空间的几何特征以及自然数系，还有对生物和非生物的区分。另一些类型的学习可能与直觉相左或较难学习，包括掌握分数、代数以及牛顿物理学等（Mayer, 2011a）。

   当然，对课堂上的教师来说，这并不是什么新闻。他们可能十分清楚，对年龄较小的学生而言，语言和空间关系比高等数学概念要更容易学习。
2. *脑发育制约着认知结果*。如果大脑尚未准备好接受新经验对它的影响，那么个体是无法对其作出改变的。这是多年前皮亚杰提出的观点，他研究的是儿童认知，而非其大脑；但是我们今天已经知道，认知发展和脑的变化之间存在对应关系（Kuhn, 2006）。*然而，脑发育是需要很长时间的，经由学习而发生的行为改变无法超过神经结构的发育状态*。

   发展研究还表明，儿童和青少年的认知成就最好被概念化为特定领域。尽管大脑的左右半球似乎共同参与了大部分认知任务，但大脑并不完全是一个通用的问题解决者，无法有效地应对个体可能遇到的所有挑战。将大脑想象成一系列专门的问题解决者可能更为准确，它们各自拥有特定的脑区或回路，能很好地处理有限的几类问题，例如，找到回家的路（几何问题解决者）、理解语言（语言问题解决者）或“解读”社会信息（人际问题解决者）。

   正如威林厄姆（Willingham, 2006）所建议的，目前尚不清楚如何将这一点运用于课堂，但未来的研究可能会给教师带来启示，有助于教师激励学生在特定领域发展，以达到特定目标。
3. *某些脑区对于认知结果尤为重要，并会促进与学习和认知有关的某些神经活动*。额叶皮层已成为当代研究的一个主要关注点，该脑区被认为是行为计划和推理、注意过程、冲动控制以及计划和执行认知功能的中介，甚至在从事认知任务时有能力运用规则（Sousa, 2011）。总之，额叶皮层似乎就是我们所谓的*刻意的认知活动*发生的位置，而这种认知活动正是我们在课堂上试图鼓励的。

   有趣的是，即使到了青春期，这一脑区的结构也并未发育成熟（Steinberg, 2011）。额叶皮层的灰质大约在女性 11 岁、男性 12 岁时达到峰值（Giedd, 2004），而该脑区的白质体积一直到成年期仍在增长（Nicholls et al., 2012）。这一脑区与抑制冲动，权衡决策的结果，以及分清轻重缓急并制定策略等能力有关。简言之，就是与理性行事有关。直到成年期早期，该脑区一直在被重塑。

当你面对着满满一教室的学生时，这对你来说意味着什么？根据我们对脑发育和脑功能的了解，这意味着那些受教者不是等着被塞满知识、指令和技能的未成形空壳，但也不能说已经成形——受教者自身依然在不断经历变化和重塑。事实上，从神经系统的角度看，学习者是正在进步的作品，通过每一次新活动、每一次参与，以及每一次获得新技能和习得新知识来不断地改变自身。这种重塑的过程是连续而持久的。随着神经科学不断提供大量新的研究数据，并且这些数据正在与社会学家、行为科学家、心理学家和教育学家提供的证据交织在一起，我们确实会发现，脑研究为教师提供了无比珍贵的启示及有用的策略（Katzir & Paré-Blagoev, 2006; Sousa, 2011; Wolfe, 2010）。

教育者需要了解的神经迷思与神经线索

脑研究是如此振奋人心，发展又如此快速，以至于教育者迫不及待地想将其运用到课堂中去（Dubinsky, Roehrig, & Varma, 2013）。然而，令人遗憾的是，脑研究受到了普遍的误解，也经常被错误引用。对教育感兴趣的整个神经科学行业如雨后春笋般涌现出来，揭露那些**神经迷思**（neuromyths）或神经神话，即那些关于神经科学教育启示的陈述，而这些陈述要么尚未得到证实，要么完全不正确（Dekker et al., 2012; Hook & Farah, 2012; Howard-Jones, 2014; Pasquinelli, 2012）。下面列举几例臭名昭著的“神经神话”。

1. *右脑，左脑。*很长一段时间以来，人们一直认为大脑的左半球负责分析性思维（例如数学），而右半球则专门负责创造性、音乐和语言。事实并非如此。大脑的所有部分都会参与高级思维和活动。关于“左脑型人格”和“右脑型人格”的观点也是不正确的。人们在不同领域的技能水平确实存在高低差异，但这与他们大脑的优势半球无关。
2. *人们仅使用了脑容量的 10%。*人们无时无刻不在用脑。我们能学到比现在更多的东西吗？当然可以。但我们的脑中并不存在“未使用的容量”。
3. *人们具有以脑为本的“学习风格”，接受与该风格一致的教学才能学得更好。*几百项研究已经证明，如果教师以符合学生学习风格（听觉的、视觉的或动觉的）的方式进行教学，那么学生会学得更好。但高质量的研究未能证实上述结论。不同的学生确实具有不同的学习风格，但最好的应对方式是采用多种教学方法，而不是试图识别学生的学习风格并使教学与之相匹配。

有研究正在尝试查明参与美术、音乐和体育活动能否促进学习。也许这些是有效的策略，但目前并不清楚其效果是否与脑功能有关（Sousa, 2016）。

我们确实了解了很多有研究证据支持的成果，至少与我们对脑是如何工作的理解相吻合（Ormrod, 2016; Scalise & Felde, 2017; Schunk, 2016; Wolfe, 2010）。这些“神经线索”（neuroclues）为教师提供了以下指导原则。

1. *给予学生机会去巩固和复述新知识。*鉴于工作记忆的容量有限，给予学生机会去练习、思考和 / 或与同伴讨论新知识，均有助于将新知识从工作记忆转入长时记忆。

2. *使用简明的图表来强化学习。*运用视觉和听觉两种方式来学习课程内容比只用一种方式更容易保持。使用清晰直观、要点突出的简明图表能促进学习并保持记忆（Mayer, 2011b）。
3. *允许学生用表演的方式学习概念。*用动作表达数学概念（例如，在数轴上蹦跳）可能会促进学习，年幼儿童尤为如此（Howard-Jones, 2014a）。

总有一天，我们会根据脑研究了解更多关于如何教学生的知识，但我们也仍有很多东西需要学习！

记忆或遗忘的原因

为什么我们能记住某些事情而忘记另一些事情？为什么有时我们能记起几年前发生的一些琐碎事情，却忘记了昨天刚刚发生过的重要事情？大部分遗忘的发生是因为工作记忆中的信息未能转移到长时记忆中，但有时也可能是因为我们无法提取存储在长时记忆中的信息。

遗忘和记忆

多年来，研究者已经确定了几个影响信息记忆难度的因素（Bailey & Rransky, 2014; Ormrod, 2016; Schunk, 2016）。

干扰　遗忘的一个重要原因是**干扰**（interference）（Bawden & Robinson, 2009; Dempster & Corkill, 1999）。当要记忆的信息与其他信息相混淆，或受到其他信息的排挤时，就会出现干扰现象。当人们无法对刚学过的信息进行心理复述时，也会出现干扰现象。在一项经典的实验中，彼得森等人（Peterson & Peterson, 1959）让参与者完成一项简单的任务：记忆一系列由三个字母组成的无意义字符串（如 FQB）。然后再要求参与者立即做另一项活动，即从一个三位数开始连续减 3（例如，287，284，281……），这一项活动持续 18 秒。随后，要求参与者回忆识记过的字符串。进行连减活动的参与者遗忘的字母远多于那些没有进行连减活动而只是等待了 18 秒的参与者。究其原因，进行连减活动的参与者没有机会对字母进行心理复述，从而无法将它们保留在工作记忆中。诺贝尔奖获得者、心理学家丹尼尔·卡尼曼（Kahneman, 2011）在其研究中给出了很多相似的例子。本章前面我们也论述过，教师必须考虑到工作记忆容量的有限性，在进行下一步教学前，要留给学生一些时间去消化、练习刚学过的新信息（即进行心理复述）。

倒摄抑制　另一种形式的干扰称作**倒摄抑制**（retroactive inhibition），即先前习得的知识与些许相似的新知识相混淆，致使先前的知识被遗忘。例如，在学习字母“d”之前，年龄小的学生很容易辨认字母“b”，但由于这两个字母相似，学生在学习它们后经常会混淆。换言之，学习字母“d”干扰了学生对以前学过的字母“b”的识别。同样的道理，一位旅行者起初可以轻车熟路地在某座机场四处走动，但在去过许多相似的机场后，便在一定程度上丧失了这项技能。

在遗忘的所有原因中，倒摄抑制或许是最重要的。该现象可以解释为什么我们难以记住经常重复出现的情景，比如一周前的晚饭吃了什么。昨天的晚饭很快就会遗忘，这是因为之后晚饭的记忆对其造成了干扰，除非当时发生了一些特别的事件，能把它与后来的晚饭情景明显区分开来。

前摄抑制 当先前习得的知识干扰了后来的知识学习时，就会出现**前摄抑制**（proactive inhibition）。一个典型的例子是北美人在英国学习靠左开车。与具有丰富驾驶经验的北美人相比，一个不会开车的北美人在英国学习驾驶反而会相对容易些，因为前者已经根深蒂固地习惯了靠右行驶，而这在英国可能是致命的错误。

理论应用于实践

减少倒摄抑制

有两种方法可以帮助学生减少倒摄抑制：一是在教易产生混淆的相似概念时，时间间隔不宜太近；二是采用不同的方法来教相似的概念。在教易混淆或相似的概念时，教师应当在学生透彻地掌握一个概念之后再引入另一个。例如，教师要在学生能够熟练地辨认字母“b”后再开始介绍字母“d”。如果教这两个字母间隔的时间太近，那么这两种学习就可能会互相干扰。当介绍新字母时，教师必须详细地指出字母“b”与“d”之间的区别，并让学生练习辨别它们，直到他们能准确无误地区分这两个字母。

再举个例子，请看下面由西班牙语和英语单词组成的配对词组列表：

A	B
llevar——to carry	*perro*——dog
llorar——to cry	*gato*——cat
llamar——to call	*caballo*——horse

学习 B 列要容易得多。A 列中的西班牙语单词之间非常相似（它们都是动词，都以“*ll*”开头，以“*ar*”结尾，并且有相同数量的字母和音节），这使得学习者难以将它们区分开来。A 列中的英语单词也不太容易区分，因为它们都是以“c”开头的动词。相对而言，B 列中的词比较容易区分开来。由于受倒摄抑制的影响，在同一节课中呈现 A 列中的所有词对是一种糟糕的教学策略。这三个西班牙语单词的拼写很相似，学生很容易混淆它们。因此，教师应该在学生透彻地掌握上一个词对之后，再引入下一个词对。

另一种减少倒摄抑制的方式是采用不同的方法来教相似的概念，或者针对每个概念调整教学的其他方面。例如，在社会学课程的教学中，教师可以运用讲解和讨论的方式来传授关于西班牙的知识；运用团队任务的方法来传授关于法国的知识；以播放影片的方式来传授关于意大利的知识。这样有助于学生避免将各个国家的内容相混淆。

大部分被遗忘的内容都是由于在最初学习时就没有牢固掌握。若要保证学生长久地记住学校所教的内容，最好的方法就是确保学生掌握了这些内容的本质特征。这意味着要经常评估学生的理解程度，如果结果显示学生没有达到足够的理解水平，则需要重新进行教学。

抗干扰能力的个体差异 1999年，登普斯特和科基尔（Dempster & Corkill）在一篇文章中指出，关注主要信息、摒除干扰的能力是认知表现的核心成分。他们回顾了许多领域的研究（包括脑研究），注意到抗干扰能力的各项指标与个体的在校表现有密切关系。例如，在智商水平相当的儿童中，那些有学习障碍的儿童在抗干扰能力的各项指标上得分都很低（Forness & Kavale, 2000）；而患有注意缺陷多动障碍（ADHD）的儿童排除无关刺激的能力特别差。如果你想一想“心不在焉的教授”的刻板印象，你就会明白，将注意力集中在某个问题上并排除其他所有干扰因素的能力，可能是数学家、科学家或作家具备的那种卓有成效的心智能力的标志。

促进 值得注意的是，先前学习的知识往往有助于之后学习其他相似的知识，这就是**前摄促进**（proactive facilitation）。例如，先学习西班牙语有助于母语为英语的学生去学习另一种相似的语言，如意大利语。学习第二语言也可以促进对已掌握语言的理解。仍以语言为例，母语为英语的学生常常会发现，学习拉丁语有助于他们更好地理解自己的母语。这就是**倒摄促进**（retroactive facilitation）。

这里再举一个教学方面的例子。我们经常有这样的体验：学习如何教一门课程有助于我们更好地理解这门课程。因为后来的学习（例如，学习如何教分数的加法）促进了对先前所学知识（分数的加法）的理解，这是倒摄促进的一个典型例证。表6.2对倒摄抑制、前摄抑制与倒摄促进、前摄促进之间的关系进行了简要总结。

首因效应和近因效应 当人们学完列表上的一系列单词后立即进行测验时，他们对开头和结尾处单词的学习效果往往要好于中间部分，这是教育心理学最古老的发现之一。对最先呈现的项目学得比较好，这种倾向称为**首因效应**（primacy effect）；对最后呈现的项目学得比较好，这种倾向称为**近因效应**（recency effect）。对首因效应最常见的解释是，我们对最先呈现的项目倾注了更多的注意力，投入了更多的心理努力。正如本章前面所提到的，将新信息存储于长时记忆中时，心理复述是很重要的。通常，人们对先呈现的项目进行的心理复述要远多于后呈现的项目（Anderson, 2005）。相反，近因效应则是基于这样的事实，即从呈现最终项目到进行测验之间，很少或没有其他信息对其造成干扰。

教师应考虑到首因效应和近因效应，这些效应意味着，在课堂开始和结束时所教知识比在一堂课的其他时段所教信息更易于保持。教师应利用这种规律来组织课堂教学：将最重要的新概念放在开始讲，然后在课堂快要结束时再加以总结。然而，

表6.2 倒摄型与前摄型的抑制和促进

倒摄型与前摄型的抑制和促进对记忆影响的总结。

	对记忆的影响	
对学习的影响	抑制（消极的）	促进（积极的）
后来的学习影响先前的学习	倒摄抑制（例如，学习字母“d”会干扰先前对字母“b”的学习。）	倒摄促进（例如，学习如何教数学对先前习得的数学技能有促进作用。）
先前的学习影响后来的学习	前摄抑制（例如，之前在美国学开车的经验会干扰在英国学开车。）	前摄促进（例如，先学习西班牙语有助于后来学习意大利语。）

许多教师总在一堂课的开始阶段进行许多与教学无关的活动，如点名、收午餐费、检查家庭作业等等。为此，更好的做法是推迟这些活动，从一开始就讲重要的概念，并将必要的事务性工作放在后面来做。

自动化　知识和技能可以存储于长时记忆中，但提取它们往往需要花费大量的时间或心理努力。因此，当提取速度至关重要时，这些信息的价值就较为有限了。这方面的一个经典事例就是阅读。一个孩子或许能读出一页纸上的每一个单词，但是，如果其阅读速度非常慢，读得非常吃力，那么这个孩子将难以理解文章，也不太可能从阅读中获得乐趣（National Reading Panel, 2000）。对阅读以及其他需要提高速度和减少心理努力的技能来说，仅有长时记忆是不够的，还必须达到自动化。自动化指完成某项任务或使用某种技能只需很少或不需要心理努力就能达到一定的速度和轻松程度。熟练的读者在加工简单的材料时，几乎不需要任何心理努力来进行解码。如前所述，神经学研究表明，当个体成为熟练的读者时，其大脑会变得更有效率（Temple et al., 2003; Turkeltaub, 2003）。患有严重学习障碍的阅读初学者在阅读时要同时用到大脑的听觉区和视觉区，费劲地读出每个新单词。相比之下，熟练的读者仅仅调用了大脑中与视觉加工有关的那一小部分定位明确的脑区。

自动化主要通过练习来获得，而达到自动化所需的练习量，远远超过了将该技能或信息存储于长时记忆中的所需（Moors & De Houwer, 2006）。一个足球运动员接受 10 分钟的指导后就会知道踢球的脚法，但是该球员只有通过成千上万次的练习后，才有可能使这种技能达到自动化。一位国际象棋选手很快就可以学会下棋的规则，但却需花一辈子的时间来练习如何快速识别有望取胜的棋局。布卢姆（Bloom, 1986）研究了自动化在天才的钢琴家、数学家、运动员和其他人的表现中的作用，并将自动化比喻为“天才的手和脚”。

练　习

InTASC 标准 5
学科知识的应用

InTASC 标准 7
教学计划

将信息存储在记忆中，其中最常见、实际上也是最普通的方法就是“练习”（practice）。通过练习，真的熟能生巧吗？

在学习的几个不同阶段，练习都很重要。正如本章前面所提到的，若要使信息在工作记忆中保持几秒钟以上，就必须进行心理复述。工作记忆中的信息必须经常得到练习，直到成功转入长时记忆中（Harmon & Marzano, 2015; Willingham, 2004）。

分散练习比集中练习的记忆效果更好
分散练习比集中练习的记忆效果更好
分散练习比集中练习的记忆效果更好
分散练习比……
J. BRAVO

集中练习和分散练习　将新学的知识集中起来进行练习，直到完全掌握，这种策略称为**集中练习**（massed practice）；而每天练习一点，连续练习一段时间，这种策略称为**分散练习**（distributed practice）。究竟是集中练习的效果好，还是分散练习的效果好？集中练习可提高初始学习的速度，但就大多数学习内容而言，分散练习（即使是短时间的）更有利于保持（Cepeda, Pashler, Vul, Wixted, & Rohrer, 2006; Greene, 2008; Rohrer & Pashler, 2010）。这在事实性知识学习方面表现得尤为明显（Willingham, 2006）；在考试的前一天晚上临阵磨枪，死记硬背事实性知识，这或许可以让你通过那场考试，但这些知识并不能很好地被整合到长时记忆中。分散练习可以大大促进对各种知识和技能的长期记忆。家庭作业的主要目的就在于此：在一段较长的时间内对新习得的技能进行练习，以提高长

期保持技能的概率。

亲历　我们都知道“做中学”（learn by doing，也译作干中学），而有关**亲历**（enactment）的研究也证实了这个常识性的结论。也就是说，在学习如何完成各种任务时，如果让个体身体力行地参与活动（亲历），其学习效果要优于简单地阅读材料或观看教师演示任务（Engelkamp & Dehn, 2000）。例如，在学习如何画立体几何体（比如正方体和球体）的课上，如果学生有机会亲自动手画，那么学习效果要好于仅仅看教师画。

生成　人们早就知道，与简单地复述现有的知识相比，当学生可以将新习得的知识用于创造某些东西时，练习将更有利于保持长时记忆。写总结、画概念图或将内容教给同伴，都比毫无任何创新的简单阅读或练习内容更加有效（Bertsch, Pesta, Wiscott, & McDaniel, 2007; deWinstanley & Bjork, 2004; Sahadeo-Turner & Marzano, 2015）。这一生成（generation）原理是有效学习策略的核心，本章稍后将对其进行讨论。

如何教记忆策略

InTASC 标准 8

教学策略

学生在学校所学的多是需要记忆的事实，它们为更加复杂的概念学习提供了基础框架。学生必须尽可能高效率、高质量地掌握事实性知识，以便留出时间和精力进行有意义的学习，如问题解决、概念性和创造性的学习活动。如果学生能更有效地学习常规内容，那么他们就能释放出更多的精力，用于完成理解性和推理性的任务。有些学习主要包括记忆事实，或事物间人为规定的联系。例如，法语中的“pomme”一词意为苹果，该词和实物之间就存在人为规定的联系。艾奥瓦州（Iowa）的首府得梅因市（Des Moines）也可以被称为艾奥瓦波利斯（Iowapolis）。学生通常把知识当作事实来学习，然后再上升为概念或技能来理解。例如，学生在学习圆柱体的体积公式时，最初是把它当作一条既定的事实来学习的，之后很久才会逐渐理解公式之所以然。

言语学习

心理学家开展了许多研究来考察**言语学习**（verbal learning）（Ashcraft & Radvansky, 2010; Bailey & Pransky, 2014; Schmidt & Marzano, 2015），比如要求学生学习一系列的单词或符号。研究者识别出了课堂上三种典型的言语学习活动，并对其进行了大量研究，它们分别是配对联想学习、系列学习和自由回忆学习。

1. **配对联想学习**（paired-associate learning）通常是指在要求记住的一系列词对中，当给出某个词对中的一个词时，个体学会反应出与其配对的另一个词。在典型的实验研究中，配对是人为设定的。在教学情境中，诸如学习美国各州的首府名称、南北战争中各场战役的名称和日期、加法表和乘法表、化学元素的原子量以及单词的拼写，都属于配对联想学习。
2. **系列学习**（serial learning）是指按特定的顺序学习一系列项目。识记五线谱上的音符，按原子量的大小顺序识记化学元素，识记诗词和歌词，这些都属于系列学习。

3. **自由回忆学习**（free-recall learning）是指按任意顺序识记一系列项目。比如，回忆美国 50 个州的名称，记住强化的类型和不同的写作体裁，回忆身体的器官系统等都是自由回忆学习的例子。

配对联想学习　在配对联想学习中，学生必须将每个刺激与对应的反应联系起来。例如，给学生呈现一张骨骼的图片（刺激），他们必须回答“胫骨”；或者给学生呈现一个元素符号“Au”，他们必须做出“金”的反应。影响配对联想学习的一个重要因素是学生对刺激和反应的熟悉程度。例如，对母语为英语的学习者而言，学习将外文单词与英文单词联系起来，例如 *dog—chien*（法文）或 *dog—perro*（西班牙文），要比将两个外文单词（如 *chien—perro*）联系起来容易得多。

表象　许多强大的记忆策略都是以**表象**（imagery）为基础的，它包括各种为了帮助记忆联系而形成的心理意象。例如，“击剑”（fencing）的法语单词是“l’escrime”，其发音是“le scream”。通过在脑海中形成如图 6.8 所示的心理意象，即一个击剑运动员被对手击中时发出尖叫（screaming）的画面，就很容易记住这个词对（*fencing—l’escrime*）。

系列学习和自由回忆学习　系列学习是指按特定的顺序理解事实性知识。比如，按照时间线来学习所发生的事件，学习长除法的运算步骤或矿物质的相对硬度，这些都是系列学习的例子。自由回忆学习是指学习一系列不需要按照特定顺序去记忆的内容，例如加拿大各省的名称。

位置法　古希腊人曾使用这种记忆术，即利用与一系列位置相联系的表象进行系列学习的记忆技巧（Anderson, 2005）。在运用**位置法**（loci method）时，学生可以在头脑中想出一组非常熟悉的位置，比如自己家中的房间，然后想象某个具体的位置上需要记忆的每项内容。应用生动或离奇的表象可以把要记忆的每一项内容与具体位置联系起来。一旦在需要记忆的项目与房间或其他位置之间建立起联系，学习者就能按顺序回忆起每一个位置及其对应的记忆内容。学习者可在头脑中清除位置对应的内容，并用同一组位置记忆不同的项目列表。但是，位置的顺序应保持相同，以确保记住所有内容。

图 6.8　运用表象帮助回忆的例子

一个母语为英语的学生在学习法语时，通过把英语单词“scream”和击剑者“screaming”的画面联系起来，就很容易记住“击剑”的法语单词“l’escrime”。

理论应用于实践

关键词记忆术

关键词法（keyword method）是应用表象和**记忆术**（mnemonic）（记忆辅助手段）进行配对联想学习的方法，也是被广泛研究的一种方法。关键词法最初主要用于教外语词汇，后来也被应用到许多其他领域中（Carney & Levin, 2002）。前文中应用生动的表象来记忆法语单词 “*l'escrime*” 就是关键词法的一个例子。在这个例子中，关键词是英语单词 “*scream*”（尖叫）。之所以称之为关键词，是因为它能够唤起学生对法语单词 “*l'escrime*” 与心理意象的联系。俄语中表示 “建筑物” 的单词是 “*zdanie*”，读作 “zdan'—yeh ”。运用关键词 “*dawn*”（黎明），并想象太阳正从一座有着洋葱型圆顶的建筑物后升起，这样学生就可以记住这个俄语单词。阿特金森和拉夫（Atkinson & Rough, 1975）在一项经典研究中采用两种方法让学生在三天内学习 120 个俄语单词：一组学生使用关键词法；给另一组学生呈现俄语单词的英文译文，让学生按自己的方式去学习。结果发现，使用关键词法的学生能回忆 72% 的单词，而未使用关键词法的学生仅能回忆 46% 的单词。该研究结果已在运用各种语言的类似实验中得到了数十次的重复验证（Crutcher & Ericsson, 2003; Wyra et al., 2007），其研究对象包括从学龄前儿童到成人等不同年龄阶段的个体。不过，年幼的儿童似乎还需要借助外界提供的能代表其心理意象的图片，但是年长的孩子（从小学高年级起）仅凭自己形成心理意象就能学得同样好（Willoughby, Porter, Belsito, & Yearsley, 1999）。此外，研究还发现，让学生两两配对或以小组合作的形式来使用记忆术，也能提高词汇的学习效果（Jones, Levin, Levin, & Beitzel, 2000）。

在关键词法中，学生使用的意像以生动形象为佳，若能包含一些互动内容，其效果会更好。例如，房间的德语单词是 “*zimmer*”（读作 “tsimmer”），可以用英语的 “*simmer*”（沸腾）作为关键词。想象一下，在一间大卧室里，一个情绪低落的人浸泡在一口热气腾腾的大锅里，这比想象在卧室墙角有一小壶沸腾的水的画面更令人印象深刻。第一种想象充满戏剧性和动作张力，情节古怪离奇，因而容易回忆；第二种想象则平淡无奇，不易于回忆。

类似地，拉梅尔等人（Rummel, Levin, & Woodward, 2002）给学生展示了许多图片，帮助他们回忆不同流派的智力理论家与其贡献之间的联系。例如，为了把比奈与他对高级心理过程的测量联系起来，拉梅尔等人给学生呈现了一张图片，上面画着一名戴着安全帽（bonnet）来保护脑（brain）的赛车手。但值得注意的是，大多数有关记忆策略的研究都是在人为条件（类似于实验室的情境）下进行的，所选用的学习材料也与这些策略尤为适配。对这些策略在课堂学习中的实际效用进行评估后发现，效果好坏参半，并且关键词法促进信息长时记忆的作用也受到了质疑（Carney & Levin, 1998; Wang & Thomas, 1995）。

词栓法 另一种用于系列学习的表象记忆术被称为**词栓法**（pegword method）（Krinsky & Krinsky, 1996）。使用这种记忆术时，学生必须记住与数字 one 至 ten 押韵的一组词栓，并创造出与根据特定词栓来记忆的项目相关联的心理意象。假定要按顺序记住美国前 10 任总统的名字，学生可以创造出这些表象：乔治 · 华盛顿正用他的木制牙齿吃

小面包（bun 与 one 谐音），约翰·亚当斯正在系鞋带（shoe 与 two 谐音），托马斯·杰斐逊正用双膝倒挂在树枝上（tree 与 three 谐音），等等。

首字母策略　另一种记忆策略涉及信息的重组：将一系列需要记忆的项目名称的首字母排列成一个更容易记忆的词或者短语。例如，许多人在三角函数课上学习过"SOHCAHTOA"这个假想的部落名，这些首字母的组合有助于我们回忆三角函数的内容：正弦（S）= 对边（O）/ 斜边（H），余弦（C）= 邻边（A）/ 斜边（H），正切（T）= 对边（O）/ 邻边（A）。类似的**首字母策略**（initial-letter strategies）可以用来记忆八大行星的名称，按照它们与太阳的相对距离依序排列为：水星（Mercury）、金星（Venus）、地球（Earth）、火星（Mars）、木星（Jupiter）、土星（Saturn）、天王星（Uranus）和海王星（Neptune）。若要记住这些行星，可以教给学生这样的句子："My very educated monkey just served us nachos"，该句中各单词的首字母正好是按顺序排列的各行星名称的首字母。

同样，首字母缩略词法还有助于人们记住各种组织机构的名称，例如 NATO（North Atlantic Treaty Organization，北大西洋公约组织），或者计算机中的组件，例如 ROM（read-only memory，只读存储器）。这种方法同样有助于学生记忆程序性知识，比如某个过程中的各个步骤。

什么使信息有意义

InTASC 标准 5　学科知识的应用

InTASC 标准 7　教学计划

InTASC 标准 8　教学策略

请阅读下面的句子。

1. Enso flrs hmen matn snoi teha erso iakt siae otin tnes esna nrae.
2. Easier that nonsense information to makes than sense is learn.
3. Information that makes sense is easier to learn than nonsense.

哪个句子最容易学习和记忆呢？很明显，是第 3 个句子（有意义的信息比无意义的信息更易于学习）。这三个句子所包含的字母相同，并且句子 2 和句子 3 的单词也是相同的。但若要学习句子 1，你就必须记住 52 个独立的字母；若要学习句子 2，你必须记住 10 个独立的单词。句子 3 最容易记忆，因为你只需要学习一个与"学习是如何发生的"的常识及先验知识相吻合的概念。你认识句子 3 中的每个单词，知道单词间的语法联系，并且头脑中已经储存了大量与该主题有关的信息、经验和观点。因此，你能自然而然地理解句子 3。

句子 3 描述的信息实际上就是本章所讨论的内容。人类的大多数学习，尤其是在学校中发生的学习，都包括理解信息的意义，有条理地将信息分类并存储在大脑，运用已有的知识同化新知识等活动。我们记忆机械性信息的能力是有限的，比如，你能把多少个电话号码记住一个月之久？然而，我们可以很容易地记住那些有意义的信息。我们前面所讨论的大多数记忆策略都是人为地赋予任意联系以某种意义，其目的就是充分利用这一优势，即有意义的信息更容易学习。

句子 3 所蕴含的信息对教学活动具有深远的意义。教师的重要任务之一就是让信息变得对学生有意义。为此，教师要以清晰、条理的方式来呈现学习材料，把新信息与学生已有的知识联系起来，确保学生真正理解所教的概念，并能将其应用到新情境中。

机械学习与意义学习

机械学习（rote learning）包括记忆某些事实或关系，比如乘法表、化学元素符号、外文单词，或者人体骨骼和肌肉的名称等。大多数机械学习的内容本质上是人为规定的各种联系。例如，金（gold）的化学符号“Au”也可以被定为“Go”或者“Gd”。与此相对，**意义学习**（meaningful learning）则不是人为规定的，它与学习者已有的知识或概念有关。例如，我们知道银是一种良好的导体，那么这条信息就与我们关于银和导电性的已有知识有关。再进一步，“银”和“导电性”之间的联系并不是人为规定的，银的确是一种良好的导体。虽然我们可以用其他方式或语言来陈述这一原理，但“银是一种良好的导体”这句话所表达的意义是不可能人为改变的。

机械学习的用途　有时，我们会有这样的印象：机械学习是“不好的”，而意义学习是“好的”。但事实并非如此。例如，当医生告诉我们胫骨骨折时，我们希望医生已经掌握了“胫骨”一词与股骨之间的机械联系。掌握外文单词是一种典型的机械学习。在教育情境中，机械学习之所以名声不佳，主要是由于它被过度使用。我们可能都还记得，曾被要求把有意义的事实性知识当作没有意义的机械性信息来死记硬背，如同鹦鹉学舌。很久之前，威廉·詹姆斯（James, 1912）就列举了一个生动的虚假学习案例。

> 我的一个朋友访问某学校时，受邀观摩一个低年级班级的地理课。她浏览了一下课本，问道：“假设你在地上挖一个几百米深的坑，你如何知道坑底比地面更热还是更冷呢？”见没有学生能够回答该问题，教师便说：“我确信他们是知道的，但我觉得你提的问题不太恰当。我来试试。”于是这个教师打开课本，问道：“地球内部处于什么状态？”大约半数的同学立刻回答道：“地球内部处在灼热的熔融状态。”（p. 150）
>
> 资料来源：*Talks to teachers on psychology,and to students on some of life's ideals* by William James. Published by Cornell University Library, © 1912.

很明显，学生确实记住了这一知识点，但是并没有真正领悟其意义。对他们来说，“灼热的熔融状态”是冗繁且难理解的文字。这种知识是没有用的，因为它未能与学生所掌握的其他信息联系起来。

惰性知识　学生所记住的诸如“灼热的熔融状态”这类知识就是布兰斯福德等人（Bransford, Barns, Delclos, & Vye, 1986）所说的**惰性知识**（inert knowledge）的例子。这类知识原本可以且应当运用于广泛的情境中，但实际上只能应用于非常有限的情境。通常，惰性知识由那些我们在学校习得却无法应用于生活的知识或技能所构成。例如，你或许遇到过这几类人：他们通过了高级法语考试，但在巴黎却无法进行正常的交流；他们能够在数学课上解决容积的问题，却不知道需要订购多少沙子可以填满一个沙箱。生活中出现的许多问题并不是因为我们缺乏知识，而是因为我们无法应用自己所掌握的知识。

珀费图等人（Perfetto, Bransford, & Franks, 1983）曾通过一项经典实验说明了惰性知识这个概念。在实验中，实验者向大学生提出如下问题：“以色列著名的超感学家尤赖亚·富勒能够在任意一场棒球比赛之前告诉你比分。他的秘诀是什么？”

在给学生呈现上述问题之前，先给部分学生呈现一系列要求他们记住的句子，例如，“任何比赛在开始前的比分都是 0:0。”这些句子明显有助于问题解决。在问题解决任务中，那些被告知可以将这些句子作为线索的学生的表现比其他学生好得多；而那些记住了线索但没有被告知使用线索的学生，其问题解决水平与那些没有看到线索的学生相比没有差异。这个实验表明，虽然知识存储于记忆中，但这并不能保证你可以在适当的时候将其提取出来并加以运用。事实上，你需要知道如何以及何时去运用你已有的知识。

教师可以帮助学生选择学习方式，使得信息对他们既有用也有意义。为进行有效的教学，教师需要理解如何帮助学生提取信息，以便他们将这些信息与其他知识联系起来，对信息进行思考，并将其应用于课堂以外的情境中（Willingham, 2003）。

图式理论

正如前面所提到的，有意义的信息是以相互联系的事实或概念网络的形式存储在长时记忆中的，这种网络就是图式。请回想图 6.3 对“野牛”这一概念的表征，这一表征反映了该概念是如何与更大范畴内的其他概念相联系的。**图式理论**（schema theory）（Anderson, 2005; McVee, Dunsmore, & Gavelek, 2005）最重要的原则是，与现有图式契合的信息比那些与现有图式不契合的信息更容易理解、习得和保持。以“野牛幼崽出生后不久就能跑”这句话为例，它包含的信息很容易被整合到你现有的“野牛”图式中，因为你知道：（1）野牛依靠快速奔跑来逃脱天敌的追捕；（2）你更熟悉的动物中也有依赖奔跑速度求生存的（例如马），它们的幼崽很早就会跑。如果没有这些先验知识，人们就很难将“野牛幼崽出生后不久就能跑”这句话同化到已有的认知结构中，并且更容易遗忘。

知识的层级结构　人们认为，大多数成熟的图式都是以类似于提纲的层级结构被组织起来的，即具体信息被归于一般类别，而一般类别又被归于更一般的类别。回忆一下图 6.3 中的这种结构。请注意，当你自上而下地阅读时，将会获得从一般（动物和美洲原住民）到具体（美洲原住民是如何捕猎野牛的）的知识。图 6.3 中的概念很恰当地内嵌于“野牛”图式中。与不易建立的图式相关的信息相比，或者与不附着于任何图式的机械性信息相比，任何与成熟的图式有关的新信息都更容易学习并整合到该图式中去（Schmidt & Marzano, 2015）。

图式理论带给我们的一点重要启示是，意义学习需要学习者的主动参与，因为学习者拥有大量的先验经验和知识，可用于理解和整合新知识（Bailey & Pransky, 2014; Sahadeo-Turner & Marzano, 2015）。你从任何经验中能学到什么，很大程度上取决于你应用于该经验的图式。

背景知识的重要性　你能从某件事情中学到多少，最重要的决定因素是你对这方面的信息已经了解了多少（Schmidt & Marzano, 2015）。日本的一项研究（Kuhara-Kojima & Hatano, 1991）清楚地说明了这一点。研究者教大学生有关棒球和音乐的新知识后发现，那些具有很多棒球知识但欠缺音乐知识的学生学到了更多的棒球知识；而那些有很多音乐知识但欠缺棒球知识的学生则学到了更多的音乐知识。实际上，在预测学生能学到多少知识时，背景知识比一般学习能力更为重要。那些对某一学科掌握了较多知识的学生拥有更良好的图式来整合新知识。毫无疑问，假如一个学

链接 6.2

我们曾在第 5 章中讨论过"模仿"一词，它与班杜拉的社会学习理论有关。

生对某一主题感兴趣，这将有助于该学生获得更多的背景知识，加深对知识的理解程度，并更愿意应用背景知识来解决新问题（Perfetti, 2003）。然而，学习者往往不会自发地运用以前习得的知识来学习新知识。因此，教师必须有目的地把新知识与学生已有的背景知识联系起来（Bruning et al., 2004）。

元认知技能如何帮助学生学习

InTASC 标准 7

教学计划

InTASC 标准 8

教学策略

元认知（metacognition）一词是指个体关于自身学习的知识（McCormick, Dimmit, & Sullivan, 2013; Ormrod, 2016; Schunk, 2016）或如何学习的知识。思维技能和学习技能都属于**元认知技能**（metacognition skills）。学生可以学习一些策略去评估自己的理解程度，规划完成任务所需的时间，选择有效的方案去主动检查或解决难题（McCormick, Dimmit, & Sullivan, 2013）。例如，读这本书时，你一定遇到过第一遍读不懂的段落。你该怎么办呢？或许你会放慢速度重读；或许你会借助图片、图表或术语表等线索来帮助理解；或许你会从本章的开头重读一遍，以便弄清楚是否因没有充分理解前面某处的内容而造成了现在的困难。这些都是元认知技能的例子。你已经学会了在自己不理解时如何去识别这种情况，又如何去自我纠正（McCormick, Dimmit, & Sullivan, 2013; Schunk, 2016）。另一种属于元认知策略的能力是预测将来可能发生什么，或者区分什么是合理的，什么是不合理的。例如，当你初次读到第 5 章中的"modeling"（模仿）一词时，你马上就能明白，这个词不是指制作飞机或轮船的模型，因为这个意思与上下文不符。

尽管大多数学生能够逐渐发展出足够的元认知技能，但是有些学生却不能。教给学生元认知策略能显著地提高其学习成绩（Schunk, 2016）。学生可以学会反思自己的思维过程，并在解决困难任务时运用具体的学习策略进行自我反思。**自我提问策略**（self-questioning strategies）是特别有效的。在自我提问时，学生在给定类型的任务中寻找共同要素，并就这些要素进行自我提问。教师可以先提出一些具体的问题，之后让学生自己去发现这些关键要素（Dunlosky et al., 2013）。例如，帕里斯等人发现（Paris, Cross, & Lipson, 1984; King, 1992），如果教会学生在阅读时向自己提出一些有关何人、何事、何处和如何等方面的问题，他们会理解得更好。恩格勒特等人（Englert, Raphael, Anderson, Anthony, & Stevens, 1991）为学生提供了列有问题的计划表，让他们在计划如何进行创造性写作时问自己这样一些问题：我写给谁看？打算描述什么？具体步骤是怎样的？本质上，其目的就是要训练学生在参与活动的过程中与自己对话，把平时由教师提出的问题变成自我提问或同伴互问。

有助于学生学习的策略

你是如何阅读这本书的？是否用记号笔在关键句子上涂色或在下面画线？是否记了笔记或总结了概要？是否与同学们讨论过主要观点或中心思想？是否在晚上把书放在枕头下面，希望知识能够以某种方式自动渗入你的大脑？自从人类发明了阅读，学生们就一直在使用这些策略以及许多其他策略，而对这些策略的研究也几乎同样久远，甚至亚里士多德也对这类主题有过论述。时至今日，教育心理学家们依然还在争论究竟哪些学习策略最有效。

对有效学习策略的研究，时至今日依然令人困惑。鲜有放之四海而皆准的策略，而总没效果的策略也很罕见。很显然，学习策略的价值取决于它们的具体特征和用途（Schunk, 2016）。对有效学习策略的一种概括性描述是：有效的方法能够使学习者重塑信息，而不只是复述（Callender & McDaniel, 2009）或者在未能清醒地找出最重要信息的情况下盲目地去强调一些东西。接下来，我们对一些最常见的学习策略研究作简要的介绍。

练习性测验

或许最有效的学习策略就是进行与即将到来的正式测验相一致的练习性测验（practice tests）。测验——尤其是那些除了选择题或填空题还包括主观回答题的测验——会使考生对学习内容进行高水平加工，从而增强理解和记忆（Bailey & Pransky, 2014; Carpenter & Pashler, 2007; Harmon & Marzano, 2015; McDaniel, Roediger, & McDermott, 2007; Rohrer & Pashler, 2010）。另外，练习性测验可以提醒学生哪些已经掌握，哪些还未学会，这样他们就可以最高效地集中精力学习。尤为有效的一种方法是建立学习小组，组内成员互相给对方设计练习性测验（Ashcraft & Radvansky, 2010）。

记笔记

在阅读和听讲时，一种常用的学习策略是**记笔记**（note-taking）。对某些类型的学习材料而言，记笔记是有效的学习策略，因为人们需要对主要观点进行心理加工，才能决定需要记下哪些内容。然而，研究发现，记笔记对学习效果的影响视具体情形而定。当学习比较复杂的概念性内容，并且核心任务是把握该内容的要点时，使用记笔记的策略最有可能产生积极作用（Dunlosky et al., 2013; Kobayashi, 2005; Peverly et al., 2007）。另外，比起只是简单地记下所读的全部内容，记笔记时若能进行一定的心理加工会更有效（Igo, Bruning, & McCrudden, 2005）。例如，布雷辛和库尔哈韦（Bretzing & Kulhavy, 1981）发现，以改写（用不同的词语来陈述要点）的方式记笔记，以及为准备再教别人而记笔记，这些都是有效的学习策略，因为这些活动都需要学生对信息进行高水平的心理加工。

为了让记笔记这种策略发挥出更大的价值，一种明显有效的方法是，教师在给学生讲课或让他们阅读前，先给他们提供部分笔记，从而给学生做个分类或模板，引导他们记笔记。一些研究表明，将这种教学方法与学生的记笔记和复习策略结合起来，能有效促进学生的学习（Robinson, Katayama, Beth, Odom, & Hsieh, 2004）。

画　线

最常见的一种学习策略或许就是画下划线或涂亮色（underlining or highlighting）。尽管这种方法得到了普遍的使用，但研究发现，画下划线对学习很少有促进作用（Gaddy, 1998）。主要问题是，大部分学生无法确定什么内容是最重要的，只是在很多处画线罢了。当要求学生画出一段文字中最重要的一句话时，他们确实能记住更多的内容。这或许因为在确定哪句话最重要的过程中，学生需要进行较高水平的心理加工（Harmon & Marzano, 2015）。

概　述

概述（summarizing）是指给出能表达所读信息主要观点的简短陈述。一种有效的方式是在学生读完每段后，让他们用一句话进行概述（Marzano, 2010b）。另一种方式是让学生写一篇可用于帮助他人学习的内容概述。这种方法之所以有效，部分原因是写概述的学生必须力求简明扼要，从而需要认真考虑哪些内容重要，哪些不那么重要（Bailey & Pransky, 2014）。

以写促学

让学生用书面形式解释正在学习的内容将有助于他们理解和记忆，这种观点得到了越来越多的证据支持（Klein, 1999）。例如，费洛斯（Fellows, 1994）要求六年级学生在为期 12 周的科学课“物质状态”单元的学习中，写出对其中几条概念的理解。控制组学习相同的内容，但不进行写作。后测时，写作组记住了更多的内容。这项研究和其他研究发现，针对具体内容进行的写作活动有助于儿童学习所写的内容。然而，关于针对性较弱的“日志式写作”，即学生像写日记一样记录自己的想法和观察结果，其有效性的证据远没有这么一致。

列提纲和画概念图

资格认证指南

在回答教师资格认证考试中的案例题时，可能要求你设计一堂课，其中包括运用画概念图来帮助学生学习观点之间联系的学习策略。

还有一类相关的学习策略，即要求学生以框架结构的形式呈现所学内容，这些策略主要包括列提纲、画网络图和概念图。**列提纲**（outlining）就是以层级的形式呈现材料的各项要点，其中每一项具体内容都被归于较高水平的类别之下。画网络图或**画概念图**（concept map）是指学生识别出主要概念，并用示意图绘制出概念之间关系的方法（Schmidt & Marzano, 2015）。例如，学生自己制作如图 6.3 所示的“野牛”概念的图式表征，即以网络的形式，对那些有关野牛及其对平原印第安人重要性的事实材料进行概括。

关于列提纲、画网络图和画概念图的研究是有限的，其研究结果也不一致。但是，总体上发现，作为学习的辅助手段，这些方法对学生是有帮助的（Nebsit & Adesope, 2006）。

PQ4R 法

PQ4R 法（PQ4R method）是广为人知的学习技巧之一，有助于学生理解和记忆所读的内容（Thomas & Robinson, 1972）。该方法是在 F.P·罗宾逊（F. P. Robinson, 1961）提出的著名的早期版本（SQ3R）的基础上形成的。首字母 PQ4R 分别代表预习（preview）、提问（question）、阅读（read）、反思（reflect）、背诵（recite）和复习（review）。

研究表明，PQ4R 法对年长儿童是有效的（Adams, Carnine, & Gersten, 1982），其原因似乎不言自明。遵循 PQ4R 程序可以使学生更关注有意义的信息组织，促使学生运用其他有效的策略，如提出问题、精细加工和分散练习（在一段时间内对知识进行多次复习）。

理论应用于实践

教给学生 PQ4R 法

按照以下指导原则，向学生逐步解释和演示 PQ4R 法。

1. 预习。快速浏览一遍材料，大致了解其基本框架、大主题和分主题。注意大标题和小标题，并确定你将要阅读和学习的内容。
2. 提问。阅读前先自我提问。根据标题用特殊疑问词来提问：何人、何事、为何以及何处。
3. 阅读。阅读材料，不要写太多读书笔记。试着回答你阅读前提出的问题。
4. 反思材料。尽量通过以下方式来理解和解释所学内容：（1）与已有知识联系起来；（2）将文中的各个分主题与主要概念或原理联系起来；（3）尝试解决所呈现信息中的矛盾之处；（4）试着利用材料本身来解决所提出的问题。
5. 背诵。通过大声陈述观点、提问和回答等方式来记忆信息。你可以根据标题、标记的关键词以及记录主要观点的笔记来提出问题。
6. 复习。这是最后一步，积极复习，集中精力自我提问；只有当你不确定答案时，才重读材料。

认知教学策略如何帮助学生学习

在《爱丽丝梦游仙境》中，白兔不知道如何为红桃杰克的审判作证，红桃国王给了它一些建议："从第一行开始吧……不停地读，一直到结尾，然后停止。""红桃王法"（King of Hearts method）是一种常用的授课方法，在中学或大学中应用得尤为普遍。但是，教师帮助学生理解课程内容的方法不限于此。教师还可以通过这几种方式帮助学生为学习新内容做好准备：提醒学生回想已知内容，向学生提问，帮助学生建立新旧信息间的联系并进行回忆（Bailey & Pransky, 2014; Schmidt & Marzano, 2015; McCormick, 2003）。第 7 章将介绍有效授课的多方面特征，下面我们主要从认知心理学的角度来讨论有助于学生理解、回忆和运用重要的信息、概念和技能的具体做法。

激活先验知识，建立知识间的联系

请阅读下面的一段文字。

> 利用被典当的珠宝换来的资金，我们的英雄英勇地击退了所有企图阻止他实施计划的嘲笑者。眼见未必为实。这个有待探索的星体更像一个蛋形物，而不是一张桌面。现在，三个执着的姐妹在寻找证据。在艰难的行程中，她们有时要跨越一望无际的平原，但更多的时候要穿过险象环生的山峰与峡谷，耳边还不时环绕着许多怀疑者散布的有关边界的可怕谣言。

InTASC 标准 2

学习差异

InTASC 标准 8

教学策略

链接 6.3
例如，参见第 7 章“如何进行直接教学”。

21 世纪的学习

学会学习

自我指导是 21 世纪的一项关键技能。共同核心州立标准也强调了这一点。人们可以很容易地从谷歌、维基百科等互联网上获取大量信息。问题是，学习者需要知道如何组织他们的思维，以便有效地利用所有这些信息。他们需要知道如何识别他们已知的关于某一主题的信息，以及还需了解哪些信息，而且需要拥有能够提炼相关信息的策略。教学生对自身的学习过程进行掌控，可以帮助他们高效地利用时间进行阅读以获取信息，无论阅读材料是纸质版还是电子版的。在这个信息爆炸、数据充斥的世界里，了解一些学习策略是十分有必要的，如使用图形组织者、列提纲和用层级框架来组织信息等。

> 日子就这样一天天、一周周地过去了。终于，带有羽翼的生灵不知从何方降临，这标志着巨大的成功。（Dooling & Lachman, 1971, p. 217）
>
> 资料来源：*Effects of comprehension on retention of prose* by James D. Dooling and Roy Lachman. Published by Journal of Experimental Psychology, © 1971.

现在，请根据下面提供的信息再重读上面这段内容：这段文字是有关克里斯托弗·哥伦布的。如果学生事先不知道上面的文字描述的是什么，那么这段文字对他们就没什么意义。他们只能理解其中的字词和语法，或许还可以推断出这个故事可能涉及一次探索之旅。然而，一旦学生知道了这个故事是关于哥伦布的，就可以利用对哥伦布的已有知识来帮助自己理解这段文字，而那些看似费解的指代似乎也变得有意义了。当学生知道这个故事描述的内容时，像“被典当的珠宝”（伊莎贝拉女王的珠宝）、“蛋形物”（地球的形状）、“三个执着的姐妹”（为“尼娜号”“平塔号”和“圣玛利亚号”的三艘船）以及“带有羽翼的生灵”（鸟）等词汇就很容易被理解了。

根据图式理论，“这个故事是关于哥伦布”这一预先信息可以激活学生脑海中与哥伦布有关的图式。之后，他们就准备好去理解有关哥伦布、伊莎贝拉女王和费迪南德国王以及船只等方面的信息，并将它们整合起来。这就好像学生有一个文件柜，其中一个抽屉上有写着“哥伦布”的标签。当学生得知将要听到关于哥伦布的故事时，他们就会在心中打开这个抽屉，里面装有名为“伊莎贝拉”“船只”以及“嘲笑者和怀疑者”的文件。现在，学生可以将新信息存入恰当的位置。如果学生了解到“圣玛利亚号”船在风暴中被毁坏了，他们可以在心中将这个信息放在“船只”的文件中。如果学生了解到文明世界中大部分人的观点都与哥伦布的一致，认为地球是圆的，那么他们可以将这种信息放在“嘲笑者和怀疑者”的文件中。然而，用“文件抽屉”与图式进行类比并不完全恰当，因为图式中的各个文件之间存在逻辑关系。并且，你会主动运用文件中的信息去理解和组织新信息。

先行组织者 戴维·奥苏伯尔（Ausubel, 1963）提出了一种被称为**先行组织者**（advance organizers）的教学法，即先向学生呈现一些引导性材料，将学生导向将要学习的内容，帮助学生回忆一些能够帮助他们整合这些新信息的相关信息。“先行组织者”是对将要学习主题的一个初步表述，它为新信息提供了一个框架，并将其与学生已有的信息联系起来（Joyce, Weil, & Calhoun, 2000）。例如，在一项经典研究中（Ausubel & Youssef, 1963），研究者要求大学生阅读一篇关于佛教的文章。在阅读前，给一部分学生提供了一个“先行组织者”，即有关佛教与基督教的比较信息，给另一部分学生提供的则是与佛教无关的文章。结果表明，被给予先行组织者的学生记住了更多关于佛教的内容。研究者认为，产生这种结果的原因是，先行组织者激活了大多数学生有关宗教方面的知识，使他们能够运用那些知识去整合不太熟悉的宗教信息。

许多研究表明，先行组织者提高了学生对某类材料的理解水平（Schwartz, Ellsworth, Graham, & Knight, 1998）。当教师教那些结构良好的内容，而这种结构对学生又不显而易见时，先行组织者的作用似乎最大。但是研究也发现，当要学习的学科涉及大量独立主题，或事实性内容无法形成清晰的组织结构时，先行组织者对学习的促进作用通常就不那么明显（Corkill, 1992）。此外，如果学生的先验知识薄弱或者缺乏相关知识，那么采用像先行组织者这类用于激活先验知识的方法可能会适得其反（Schunk, 2016）。如果学生对基督教知之甚少，那么把佛教与基督教联系起来可能会使学生感到困惑，不会有什么帮助。

使用先行组织者本身就是一种有效的策略，而有关先行组织者的研究也揭示了一条极为重要的普遍原理：激活先验知识能够促进学生对新知识的理解和保持（Pressley, Harris, & Marks, 1992）。除了先行组织者，其他策略也运用了这一原理。比如，在学习某个主题之前，让学生讨论与该主题有关的已有知识（Pressley, Tannenbum, McDaniel, & Wood, 1990），或让学生对将要学习的材料做出预测（Fielding, Anderson, & Pearson, 1990），这些方法都能促使学生有意识地运用先验知识。

资格认证指南

在教师资格认证考试中，可能要求你在特定情境下，提出一种策略来激活学生的先验知识。

类比　与先行组织者一样，运用解释性的类比（对比或平行比较）可以使学生将新知识与成熟的背景知识联系起来，从而增进对新知识的理解。例如，教师在讲授人体抵抗疾病的机制时，可以在课程的引入环节让学生想象一场战争，以此来类比人体抵抗疾病的斗争。同样，教师在讲白蚁社会的有关内容时，开始时可以先让学生思考某个王国的公民等级制度，并将其作为上述昆虫社会的类比。**类比**（analogies）可以把新信息与已知的概念联系起来，进而帮助学生学习新信息（Bulgren, Deshler, Schumaker, & Lenz, 2000）。

一项有趣的经典研究（Halpern, Hansen, & Riefer, 1990）发现，当类比的事物与被解释的事物非常不同时，类比的效果最好。例如，大学生在学习淋巴系统时，比起静脉中的血液流动，用水浸湿海绵的过程做类比更能促进学生的学习。很显然，做类比的事物应是学习者完全熟悉的，这比它们与正在讲的概念有任何直接联系更重要。

精细加工　认知心理学家用**精细加工**（elaboration）这个术语来指代这样的学习过程：把要学习的材料与学习者头脑中已有的知识或观念联系起来进行思考（Ormrod, 2016）。例如，斯坦等人（Stein, Littlefield, Bransford, & Persampieri, 1984）做了一系列的实验来说明精细加工的重要性。在实验中，研究者让学生学习清单上的短句，比如“头发灰白的男人拿着一个瓶子”。另一些学生也学习这样的句子，只不过其中内嵌了一个更精细的短语，如“头发灰白的男人拿着一个装有染发剂的瓶子”。结果发现，后者回忆语句的正确率高于那些没有接受精细加工的学生，因为附加的词语使得学生能够将句子与其头脑中已有的成熟图式联系起来。头发灰白的男人和瓶子之间的联结是人为规定的，如果用染发剂一词把它们联系起来，这种联结就有了意义。

经过精细加工的信息更易于理解和记忆，教师可以运用这条原理来帮助学生理解课程内容。教师可以要求学生找出观念之间的联系，或者把新概念与学生自己的生活联系起来。例如，学生在学习美国吞并得克萨斯州和加利福尼亚州的内容时，若能从墨西哥人的角度来考虑这些事件，或者将该事件类比为“一个朋友借了一辆自行车后决定不予归还”的情形，都将有助于学生对所学内容的理解。教师可以把精细加工作为一种技巧教给学生，以帮助他们理解所学内容（Schmidt & Marzano, 2015）。在讨论某篇故事或小说时，教师可能会不时地要求学生停下来，想象一下正在发生或将要发生的事情，这样做的目的是帮助学生在理解材料时进行精细加工。

组织信息

回忆本章前面讨论的购物单。当购物单中的内容以随机的顺序呈现时是很难记住的，部分原因是内容太多，不能同时保持在工作记忆中。但如果按照某种符合逻辑的方式将信息组织起来，它就是有意义的，因此很容易学习和记忆。比如，按照熟悉的食谱把特定的食物归类（如将面粉、鸡蛋和牛奶归于“松饼”类），并将其他食谱和食物分别归于“早餐”“午餐”和“晚餐”的类别中。

与组织不良的材料相比，那些组织良好的材料更易于学习和记忆（Schmidt & Marzano, 2015）。将具体问题归类于更一般的主题之下的层级组织方式似乎特别有助于学生的理解。例如，在鲍尔等人（Bower, Clark, Lesgold, & Winzenz, 1969）开展的一项经典研究中，研究者让第一组学生记忆 112 种按任意顺序排列的与矿物有关的

有意识的教师

基于脑功能知识的教学和学习策略

有意识的教师理解学习是如何发生的，并有计划地使用有效的策略，以促进学生对重要知识和技能的学习与记忆。有意识的教师会：

- 帮助学生了解自身的学习过程，进而更有效地学习；
- 理解工作记忆的有限容量意味着不应一次性给学生灌输太多内容，学生需要时间来对新概念和新技能进行加工；
- 使用激励策略来鼓励学生将精力投入学习中；
- 通过教给学生学习策略并鼓励学生主动学习来增强其长时记忆；
- 采用一些方法来减少对学生的心理干扰，例如避免同时讲授易于混淆的不同主题；
- 采用一些方法，例如指出先前习得的概念与新知识之间的共同点，以增强前摄促进与倒摄促进；
- 提供丰富的练习，以帮助学生在基本技能方面达到自动化；
- 教给学生有效的学习策略，并提供大量机会使用这些策略；
- 组织信息来帮助学生掌握新概念。

单词（如金属、合金、石灰石、钢、石头、稀有金属和砖石），让第二组学生记忆按四个层级水平组织的相同单词（总类别“矿物”被视为水平 1；水平 2 将“矿物”划分为“金属”和“石头”；水平 3 将“金属”划分为“稀有金属”“普通金属”和“合金”，将“石头”划分为“宝石”和“砖石”；水平 4 则提供了更为具体的标签，比如“白金”“钢”“红宝石”和“石灰石”等）。实验分四个时段进行：在第一时段，教给学生水平 1 和水平 2 中的单词；在第二时段，教给学生水平 1、水平 2 和水平 3 中的单词；在第三和第四时段，教给学生水平 1 至水平 4 中的所有单词。结果发现，第二组的学生平均能回忆出 100 个单词，而第一组的学生仅能回忆出 65 个单词，这表明连贯且有组织地呈现学习材料是有效的。在教复杂的概念时，不仅有必要对材料进行良好的组织，而且同样重要的是，组织框架本身也应清晰明了（Kallison, 1986）。例如，在教矿物时，教师可以呈现层级框架图，并经常提及该框架，指明从一部分到另一部分的转换，比如：

“回忆一下，合金是两种或多种金属的混合物。”

“我们已经了解了稀有金属、普通金属以及合金，接下来我们继续学习第二类矿物：石头。”

理论应用于实践

复杂学习的问题探索程序

布尔格伦等人（Bulgren, Marquis, Lenz, Deshler, & Schumaker, 2011）设计并成功验证了一种方法，帮助中学生学习复杂的课程内容。这一方法结合了几种已被证明有效的学习策略，包含三个步骤：提示（Cue）、行动（Do）和回顾（Review）。

提示：教师介绍课程主题，告知学生学习这一内容的重要性，并发放长达一页纸的“问题探索指南”（Question-Exploration Guide, QEG）来辅助记笔记（见图 6.9）。

行动：教师和学生按照首字母缩写为 ANSWER 的六个思维步骤完成此指南：

A（Ask a critical question）：提出一个关键问题；

N（Note key terms and basic knowledge）：记下关键术语和基本知识；

S（Search for supporting questions and answer them）：搜寻支持性问题并予以解答；

W（Work out a brief main-idea answer to the critical question）：简要概括关键问题的中心思想；

E（Explore the answer on a related area）：在相关领域探寻答案；

R（Relate the answer to today’s world）：将答案与当今的现实世界联系起来。

如图 6.9 所示，将关键信息记录在“问题探索指南”中。

回顾：学生回顾“行动”这一环节的所有要素，以确保自己理解了关键内容。

布尔格伦等人（Bulgren et al., 2011）在教师教“生物和化学武器”这一单元的内容时，通过将 QER 程序与传统的“讲授—讨论”法进行对比，对 QER 程序进行了评估。结果发现，使用 QER 的学生在所有形式的测评中的得分都远高于“讲授—讨论”组的学生，尤其是当学生必须构建自己的学习结果时。

使用提问技术 帮助学生从书面材料、讲义或其他资料中学习信息的一种策略是穿插提问，要求学生不时地停下来评估自己对教材或教师所讲内容的理解程度（Schunk, 2016）。在引入教学内容前向学生提问，或者让学生自己提出问题，这些做法均有助于学生掌握与所提问题有关的内容（Dunlosky et al., 2013）。

运用概念模型 另一种有助于学生理解复杂主题的方法是引入概念模型，即呈现某过程中各要素之间相互关系的图表。图 6.1 呈现的信息加工模型就是概念模型的一个经典例子。利用这种概念模型可以将信息组织和整合起来。许多主题都适宜使用概念模型，比如电学、力学、计算机编程以及法律获得通过的过程。当概念模型成为课程内容的一部分时，学生不仅能学到更多的内容，而且能更好地运用所掌握的知识去创造性地解决问题（Mayer, 2008b）。知识地图是概念模型的一个变式，它能用于教更广泛的内容。知识地图以图形的方式来展示一个学习主题中的主要概念以及概念间的联系。研究表明，在课后给学生呈现知识地图可以促进学生对课堂内容的保持（Nesbit & Adesope, 2006; O'Donnell, Dansereau, & Hall, 2002）。

研究发现，图形、图表、矩阵以及其他可以将信息组织成易于理解的视觉形式的方法都可以促进学生对知识的理解、记忆和迁移（Carney & Levin, 2002; Mayer, 2008a, b）。然而，如果其中包含太多无法用可视化手段快速传递的信息，这些方法就会失去效用（Butcher, 2006; Schnotz, 2002; Vekiri, 2002）。阿特金森等人（Atkinson et al., 1999）描述了一种把记忆术与图表结合使用的方法，以解决此类问题。为了教五年级学生学习各种鲨鱼的特征，教师制作了一些图表，用诙谐的图画把鲨鱼的名字及其特征联系起来。例如，角鲨生活在中等深度的近岸海域中，长着锯齿状的牙齿。利用记忆术可以这样来呈现：拿着锯的狗从停在浅水区的潜水艇中出现，想锯掉岸上写有“禁止狗入内”的标牌。与观看其他展示方式的学生相比，用这种方法学习的五年级学生能够记住更多关于 9 种鲨鱼的特征。

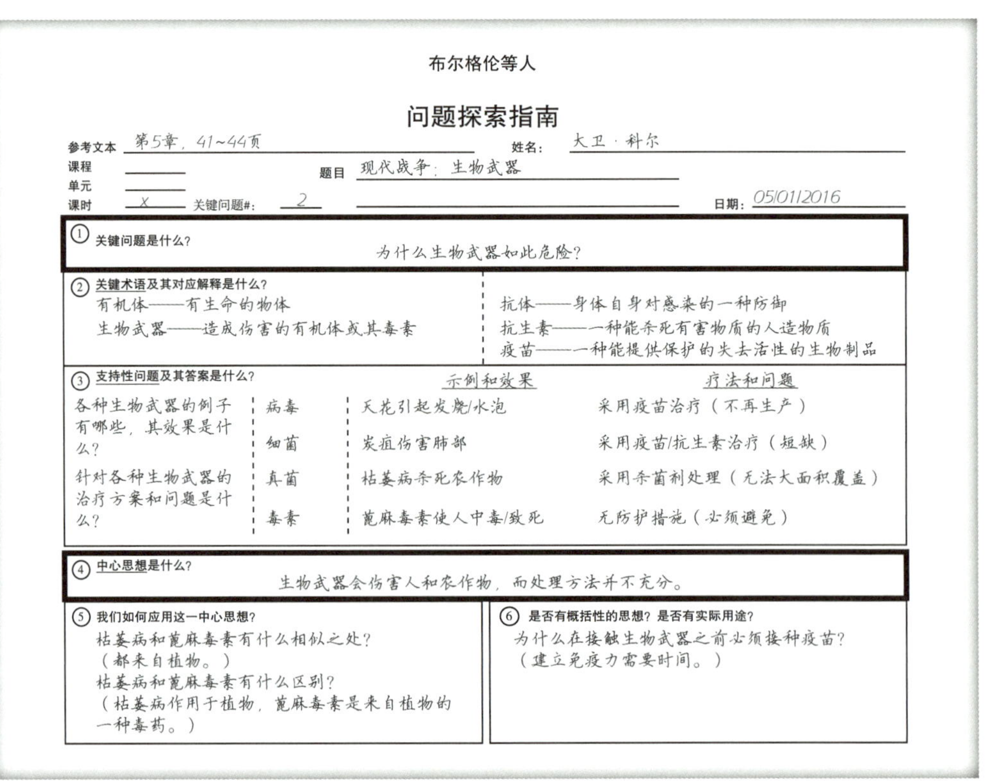
布尔格伦等人

问题探索指南

参考文本 第5章，41~44页　　姓名：大卫·科尔
课程 ____
单元 ____　　题目 现代战争：生物武器
课时 x　关键问题#：2　　日期：05/01/2016

① 关键问题是什么？
为什么生物武器如此危险？

② 关键术语及其对应解释是什么？
有机体——有生命的物体
生物武器——造成伤害的有机体或其毒素
抗体——身体自身对感染的一种防御
抗生素——一种能杀死有害物质的人造物质
疫苗——一种能提供保护的失去活性的生物制品

③ 支持性问题及其答案是什么？

		示例和效果	疗法和问题
各种生物武器的例子有哪些，其效果是什么？	病毒	天花引起发烧/水泡	采用疫苗治疗（不再生产）
	细菌	炭疽伤害肺部	采用疫苗/抗生素治疗（短缺）
针对各种生物武器的治疗方案和问题是什么？	真菌	枯萎病杀死农作物	采用杀菌剂处理（无法大面积覆盖）
	毒素	蓖麻毒素使人中毒/致死	无防护措施（必须避免）

④ 中心思想是什么？
生物武器会伤害人和农作物，而处理方法并不充分。

⑤ 我们如何应用这一中心思想？
枯萎病和蓖麻毒素有什么相似之处？
（都来自植物。）
枯萎病和蓖麻毒素有什么区别？
（枯萎病作用于植物，蓖麻毒素是来自植物的一种毒药。）

⑥ 是否有概括性的思想？是否有实际用途？
为什么在接触生物武器之前必须接种疫苗？
（建立免疫力需要时间。）

图 6.9 问题探索指南

资料来源："The Effectiveness of a Question-Exploration Routine for Enhancing the Content Learning of Secondary Students" by J. Bulgren, J. Marquis, B. Lenz, D. Deshler, and J. Schumaker in *Journal of Educational Psychology*, Vol. 103 No. 03, pp. 578–593. Published by Journal of Educational Psychology (APA).

本章概要

什么是信息加工模型

记忆的三个主要成分是感觉登记、短时记忆（工作记忆）和长时记忆。感觉登记是与感官相联系且存储时间非常短的记忆。感官接收的信息若不被注意，很快就会被遗忘。一旦信息被接收，脑就会根据我们的经验和心理状态来加工这些信息。这种加工活动就是知觉。

短时记忆（或称工作记忆）是一种存储系统，它可以同时容纳 5~9 个信息单元。信息可以从感觉登记进入工作记忆，也可以从长时记忆进入工作记忆。重复信息以使其保持在工作记忆中的过程称为复述。

长时记忆是记忆系统的一部分，可以长久地存储大量信息。认知学习理论认为，帮助学生把正在学习的知识与长时记忆中的已有知识联系起来是非常重要的。

长时记忆的三个部分是情景记忆、语义记忆和程序记忆。情景记忆存储我们的个人经历；语义记忆以图式的方式存储事实性和一般性知识；程序记忆存储如何做事的知识。图式是由相关概念构成的网络，能够指导我们的理解和行动。那些能与现有的成熟图式契合的新信息比那些不太契合的信息更容易学习。加工水平理论认为，学习者只能记住他们加工过的信息。当学生对信息进行操作、多角度审视和分析时，他们也是在对这些信息进行加工。双重编码理论进一步强调了运用视觉编码和言语编码来学习信息的重要性。

脑研究告诉了我们什么

科学家使用先进的技术手段来观察脑活动，这促进了脑科学的快速发展。脑研究揭示了大脑的特定部位与其他特定脑区协同加工特定类型信息的原理。随着个体专业化水平的不断提高，其脑功能变得更加高效。早期的脑发育是一个先增加神经联结再舍弃无用联结的过程。神经科学研究在脑工作方式方面有许多发现，但这些研究结果目前尚无法直接应用于教学中。

记忆或遗忘的原因

干扰理论有助于解释人们为什么会遗忘。它认为，当某条信息与其他信息相混淆或受到其他信息的排挤时，个体就会遗忘该信息。干扰理论提出了导致遗忘的两种情况：倒摄抑制和前摄抑制。倒摄抑制是指个体学习后一项任务使其遗忘了以前所学的内容；前摄抑制是指个体先前的学习干扰了其对后来所学内容的保持。首因效应和近因效应表明，人们最容易记忆一系列信息中最先和最后呈现的内容。要达到自动化就必须对信息和技能进行练习，而所需的练习量远远超出在长时记忆中保持它们所需的练习量，因此个体在使用达到自动化的技能时很少或不需要心理努力。练习加强了新获得的信息在记忆中的联系。分散练习（在一段时间内不断练习某项任务的各个部分）通常比集中练习更有效。亲历也有助于学生记忆信息。

如何教记忆策略

教师可以按照有组织的方式来呈现课程内容，或教会学生运用被称为记忆术的记忆策略，这些都有助于学生记忆事实性知识。言语学习有三种形式：配对联想学习、系列学习和自由回忆学习。配对联想学习是指当呈现配对项目中的一项时，个体能够以另一项来回应。学生可以通过运用各种表象策略（如关键词法）来促进配对联想学习。系列学习是指以特定顺序回忆一系列项目。自由回忆学习是指以任意顺序回忆一系列项目。位置法、词栓法和首字母法等方法都是有用的记忆策略。

什么使信息有意义

对学生而言，易于理解的重要知识比那些通过机械学习获得的惰性知识更有意义。根据图式理论，个体的有意义知识是由图式的网络和层级结构组成的。

元认知技能如何帮助学生学习

元认知通过思考、控制以及有效地运用自己的思维过程等方式来促进学生学习。

有助于学生学习的策略

记笔记、选择性地画下划线、概述、以写促学、列提纲和画概念图等策略都能有效地促进学习。一些策略强调有意义地组织信息，PQ4R 法是其中一例。

认知教学策略如何帮助学生学习

先行组织者通过激活先前的背景知识来帮助学生加工新信息。其他基于认知学习理论提出的教学策略包括类比、精细加工、组织化图式、提问技巧和概念模型。

关键术语

信息加工理论
感觉登记
知觉
注意
工作记忆
短时记忆
复述
长时记忆
情景记忆
语义记忆
程序记忆
闪光灯记忆
图式
加工水平理论
记忆双重编码理论
神经元
树突
突触
脑干
边缘系统
丘脑
下丘脑
海马
杏仁核
大脑皮层
小脑
胼胝体
自动化
神经迷思（或神经神话）
干扰
倒摄抑制
前摄抑制
前摄促进
倒摄促进
首因效应
近因效应
集中练习
分散练习
亲历
言语学习
配对联想学习
系列学习
自由回忆学习
表象
位置法
关键词法
记忆术
词栓法
首字母策略
机械学习
意义学习
惰性知识
图式理论
元认知
元认知技能
自我提问策略

记笔记　　PQ4R 法
概述　　先行组织者
列提纲　　类比
画概念图　　精细加工

自我评估：资格认证练习

指导语：本章开头案例中强调了州级资格认证考试中常出现的一些评价指标。请重读开头的案例，回答下列问题。

1. 根据信息加工理论，在 3 秒钟的实验中，维罗娜・毕晓普的学生首先运用的是记忆系统的哪一种成分？
   a. 感觉登记
   b. 短时记忆
   c. 工作记忆
   d. 长时记忆
2. 维罗娜・毕晓普问学生："想象自己能够记住进入脑的所有信息，那会是什么样呢？"一个学生回答："会成为一个天才！"另一个学生回答："会发疯的！"为什么毕晓普同意第二个学生的观点？
   a. 天才是一种遗传特性，与记忆无关。
   b. 天才与注意环境线索之间没有关联。
   c. 同时呈现过多信息将会降低学习效率。
   d. 患有心理疾病的人会比无心理疾病的人接收更多的环境信息。
3. 在 3 秒钟的记忆实验中，维罗娜・毕晓普要求学生回忆与屏幕上呈现的信息无关的事物。当学生回忆起气味、声音以及教室及其中的人等细节时，他们运用了哪种类型的记忆？
   a. 语义记忆
   b. 程序记忆
   c. 双重编码记忆
   d. 情景记忆
4. 学生谢里尔回忆说自己看到了"思考"这一单词，虽然它实际上并未出现。毕晓普是如何解释这种现象的？
   a. 毕晓普在实验期间确实说过这个单词，恰巧被谢里尔听到了。
   b. 人们倾向于记住所呈现的第一个和最后一个信息单元，因此谢里尔在实验后想到了单词"思考"。
   c. "思考"与"记忆"这两个词的关系非常密切，而后者确实被呈现过，在记忆中这两个词很可能紧密地储存在一起。当回忆出其中一个时，另一个也会被回忆出来。
   d. 学生仅有 3 秒钟的时间浏览信息，因此谢里尔对回忆的报告中含有猜想的成分。
5. 设想维罗娜・毕晓普班上的学生试图以随机的形式回忆屏幕上所呈现的信息，他们运用了哪种学习策略？
   a. 自由回忆
   b. 系列学习
   c. 配对联想学习

d. 过程学习

6. 维罗娜·毕晓普在总结实验时告诉学生，他们将会忘记实验中的一部分细节，但会记住另一部分细节。这是为什么？
   a. 根据加工水平理论，我们往往会保留那些被彻底加工过的信息。如果学生赋予信息以意义，就可能会记住它。
   b. 根据双重编码理论，视觉信息比言语信息更容易保持。学生更容易记住看到的信息而非听到的信息。
7. 请描述几种可以教给学生的记忆策略，以帮助学生记忆课堂上所学的事实、概念和观念。

Echo/Cultura/Getty Images

第 7 章

有效的课堂教学

本章提纲

直接教学

如何开展直接课堂教学

- 阐明学习目标
- 引导学生做好听课准备
- 复习先决知识和技能
- 呈现新内容
- 进行学习检测
- 提供独立练习
- 评价表现并提供反馈
- 提供分散练习和复习机会

直接教学法的研究对教学的启示

学生如何学习和迁移概念

- 概念学习与概念教学
- 为学习迁移而教

如何在教学中运用讨论

- 主观性和争议性的主题
- 复杂和新异的概念
- 情感目标
- 全班讨论
- 小组讨论

学习成果

学完本章后，你应当能够：

7.1 给直接教学下定义并描述如何使用直接教学法授课；

7.2 描述如何最好地实现为迁移而教；

7.3 确定可以使讨论发挥最佳效果的教学情境；

7.4 阐释有效授课的知识如何指导有意识的教学。

珍妮弗·洛根女士正在给八年级学生上物理科学课，气氛热烈而嘈杂。学生们以小组为单位，在实验台前做着实验。他们把水装入各种瓶子中，然后敲击瓶子，以弄清究竟是哪些因素影响声音的音调。其中一组摆好了一排完全相同的瓶子，并在每个瓶子中倒入不等量的水，然后依次敲击这些瓶子，简单的音阶就产生了。该小组的一名成员告诉洛根女士："只有瓶子里的水量会影响声音。"其他组员点头表示同意。另一个小组摆出各式各样的瓶子，然后仔细地在每个瓶子中注入等量的水。该小组的一个成员说："是瓶子的形状和厚度导致了声音的差异。"其他小组的实验更是缺乏章法，他们把不等量的水分别注入大小、宽窄和薄厚各不相同的瓶子里，然后敲击瓶子以辨别声音的差异。他们的推论简直天马行空，五花八门。

半小时后，洛根女士将全班同学召集在一起，让各小组成员描述所做的实验以及得出的结论。学生们大声地维护着本组的观点。"是水的多少！""是瓶子的高度！""是瓶子的厚度！""不，是瓶子的形状！""是敲打瓶子的力度！"洛根女士协调着大家的争论，但是她让学生们质疑各自的观点，并分别给出理由。

第二天，洛根女士给学生们讲授声音这一课。她解释了声音如何在空气中产生波，波又如何引起耳膜振动，从而将声音信号传递到大脑。她让两个学生拿着一根玩具弹簧，向全班演示声波是如何传播的。她问了学生许多问题，既想了解他们是否已理解，又想引导他们作进一步的思考。然后，她解释了为什么管状物越长，声波在其中产生的音调会越低。为了说明这一点，她用一根短笛和一根长笛进行演示。学生们豁然开朗，洛根女士也从学生们对问题的回答中看出，他们开始明白了。最后，她让学生们回到各自的小组，讨论刚才所学的内容，并尝试运用新知识来解决实验中的水瓶问题。

第三天上声学课时，学生们很兴奋，叽叽喳喳地说个不停。他们冲到实验台前，开始摆瓶子、注水、敲击，以验证前一天自己想出的理论。洛根女士在各小组间来回走动，悄悄听着他们交谈的内容。她听到一个学生说："并不是水量的问题，而是空气的量！"另一小组的学生说："不是瓶子，是空气！"她还帮助一个仍然毫无头绪的小组做实验。最后，洛根女士将学生们召集在一起，让他们讨论各自的发现和结论。一些小组的代表演示了他们所做的实验，以展示每个瓶子里的空气量是如何影响声音的。

洛根女士问："我们如何做一个巧妙的实验来证明只有空气的量才会影响声音的高低？"

学生们叽叽喳喳地相互议论着，然后决定在实验中使用所有的瓶子。他们摆了一排完全相同的瓶子，里面装满不等量的水。之后，为了证明是空气而不是水影响声音，他们又将等量的水装入大小不等的瓶子里。这样的实验已经足以证明，瓶子中留下的空气越多，声音就越低。

下课时，洛根女士布置了一项家庭作业：阅读教科书中关于声音的那一章。她告诉学生，他们会有机会进行小组合作学习，以保证每个成员都理解了声学课的所有内容，而且之后还会有一次小测验，每个学生必须独立完成，以证明他们能运用所学的新知识。她提醒学生，只有小组中的每个成员都掌握了所学内容，这个小组才能成为"超级团队"。

下课铃响了，放学了。学生们走在走廊上，仍兴奋地谈论着物理课上学到的知识。一些小组成员还约定在当天晚上互相打电话或发短信，一起准备第二天的小组学习内容。洛根女士看着他们陆陆续续地离开。虽然很累，但是她知道，这些学生将永远不会忘记在课上学到的有关声音和实验的知识。更为重要的是，他们不会忘记自己拥有理解复杂概念的能力。

运用你的经验

创造性思维 在一张纸的中间写下有效授课（Effective Lesson）这个短语，并将它圈起来。通过头脑风暴，列出你能想到的各种有效的课堂教学方法。完成这步后，现在请列出洛根老师运用的教学方法。

批判性思维 洛根老师是如何激励学生学习的？她运用了什么策略来鼓励学生对材料保持记忆？

课堂是教育生发的地方。学校教育的其他方面，从教学楼到校车，再到行政管理部门，都是为了支持教师进行有效的课堂教学；教师并不是在孤军奋战。如果你跟大部分教师一样，那么你也会将大部分课堂时间用于授课。通常，一位小学或中学教师每年可能要讲 800~1000 节课！

有效的授课是教师工作的核心。某些授课技法、教学经验只有在实际的教学工作中才能学到，称职的教师每年都会在这方面取得进步。教育心理学家已经对有效课堂的构成要素进行了广泛的研究，取得了大量可用于各年级和各科目的日常教学成果（Antonetti & Garver, 2015; Dean, Hubbell, Pitler, & Stone, 2012; Fisher & Frey, 2013; Good & Brophy, 2008; Goodwin, 2011c; Rosenshine, 2008; Sahadeo-Turner & Marzano, 2015; Schmoker, 2011; Silver, Perini, & Dewing, 2012）。本章以及随后的四章将阐述这些研究的主要发现，并运用这些研究成果来思考满足日常教学实际需求的方法。

正如洛根女士的课堂教学所展示的，有效授课会运用多种教学方法。她在同一主题的四堂课中分别运用了直接教学、课堂讨论、合作学习以及其他建构主义的教学方法。这些方法往往被认为具有不同的理念基础，而关于究竟哪种方法最有效的意识形态之争持续至今（Joyce, Weil, & Calhoun, 2004; Kirschner, Sweller, & Clark, 2006）。然而，绝大多数有经验的教师都承认：教师必须能够运用所有的这些方法，并且知道每种方法在什么情况下适用。

资格认证指南
教师资格认证考试可能要求你描述教学设计的相关技术，这些技术需要综合考虑学习理论、课程内容，特别是学生的发展水平。

本章关注的是教师向学生传授知识时所使用的策略，这些策略最适合帮助学生理解、整合并运用新的概念和技能。第 8 章则关注以学生为中心的教学方法，通过这种方法，学生可在自己以及与他人合作的建构式学习过程中扮演积极主动的角色。然而，这两章介绍的不同教学策略不宜被视为两种针锋相对的教育理念的代表，而应被看作在不同的时刻用于不同目的的互补策略。

直接教学

有时，最有效且高效率的教学方法是直接将信息、技能和概念呈现给学生（Borich, 2014; Estes & Mintz, 2016; Good & Brophy, 2008; Hollingsworth & Ybarra, 2009; Jackson, 2011; Rosenshine, 2008; Schmoker, 2012a）。**直接教学**（direct instruction）指的是这样一种课堂教学方式，即教师直接将信息传递给学生，分配课堂时间，尽可能高效地完成一套明确的目标。直接教学尤其适用于教那些所有学生必须掌握的定义明确的信息或技能（Dean et al., 2012; Frontier & Rickabaugh, 2014）。当需要将深层次的概念转换成一个目标，或者当教学追求的是探究、发现和开放式目标时，直接教学似乎就不太适用了。然而，有研究支持了这样的观点，即直接教学在促进概念发展方面比发现法更加高效。克拉尔和尼加姆（Klahr & Nigam, 2004）将两组三年级学生进行了比较，其中一组学生直接接受如何分离一个变量效应的实验教学，另一组学生则没有接受直接教学，而是自己进行实验。结果，那些接受了直接教学的学生在设计新实验时表现得更好。

20 世纪 70 年代和 80 年代进行的大量研究揭示了有效的直接课堂教学要素。尽管不同的研究者描述的要素各有不同（Evertson & Poole, 2008; Good & Brophy, 2008; Rosenshine, 2008），但研究者和教师普遍认同有效的直接课堂教学的标志性事件序列。首先，教师要让学生了解学习当天课程所需的任何知识和技能（例如，若今天的课程是昨天课程的延续，教师就需要带领学生对昨天所学课程进行简要的复习），并告知学生今天要学什么。其次，教师用大部分的课堂时间来讲解知识或技能，给予学生练习技能或运用知识的机会，并对学生进行提问或小测验，以检查学生是否掌握了学习目标。莱莫夫（Lemov, 2010）将这种过程称作“我 / 我们 / 你”。也就是说，我（老师）开始上课。接着，我需要你的帮助（#1：我们）。再接着，你需要我的帮助（#2：我们）。然后，你可以独立地做一部分（#1：你），最终，你能独立地完成整个任务（#2：你）。

下面简要描述一节采用直接教学法的课堂的各个部分。本章的下一节将对各部分详细论述。

1. 阐明学习目标，引导学生做好听课准备：告知学生将要学习的内容以及要达到的目标。通过告知学生所学内容的趣味性、重要性或与个人的相关性，以此激发学生的学习欲望。呈现一个令人惊讶或兴奋的开场白，会让孩子们渴望了解即将要学的内容 [这种开场白也称为“吊胃口”（the hook），Lemov, 2010]。
2. 复习先决知识和技能：带领学生回顾一下他们理解新课程所需的任何技能或概念。
3. 呈现新内容：讲授课程、呈现信息、举例、阐明概念，等等。
4. 进行学习检测：对学生进行提问，评估他们的理解水平，并纠正他们的错误概念。
5. 提供独立的练习：为学生提供独立练习新技能或运用新知识的机会。
6. 评价表现并提供反馈：检查学生的独立练习作业或进行小测验。结合正确答案给予学生反馈，如果需要，可重新讲授。
7. 提供分散练习和复习：布置家庭作业，让学生对所学的新内容进行分散练习。在后续的课堂教学中，让学生复习前面所学知识和技能，并提供有助于学生记住所学内容并将其运用于不同情境的练习机会。

如何开展直接课堂教学

InTASC 标准 4

学科内容知识

InTASC 标准 7

教学计划

链接 7.1

若想深入了解教学目标、写作课程计划和分类法的使用，请参见第 13 章。

课堂教学有基本的结构，而在不同的学科领域、不同的年级，其所采取的形式存在着很大的差异。高年级的老师可能要花几天的时间来完成每个步骤，最后还要对学生进行正式的测试或小测验；而低年级的老师可能在一堂课上就实施了所有的教学环节，并在最后对学生进行非正式评估。表 7.1 和表 7.2 呈现了两种截然不同的课堂教学案例，以说明如何在不同的学科和年级采用直接教学法。第一个案例中的“借位减法”是基本数学技能系列课程中的第一节课；第二个案例是“第二次世界大战的起因”，相比之下，这堂课旨在促进学生获得对重大历史事件及其发生原因和相互关系的高层次理解。请注意，第一节课（见表 7.1）的教学是循序渐进的，强调在学习过程中频繁地进行检测和独立练习，以帮助学生透彻地掌握概念；而第二节课（见表 7.2）的主要特征体现为以下活动的交替进行：传授新知识、讨论、通过提问来评估学生对主要概念的理解。

这两节课所列举的教学活动的顺序遵循着这样一条逻辑路径：从激发学生兴趣到呈现新信息，再到让学生练习新知识或新技能，最后进行评价。尽管其中的每一步及其实施方式会随着不同的科目和年级而有所不同，但对于任何学科和任何年级中的直接教学而言，这种有序的教学进程都是至关重要的。

表 7.1　基础数学授课案例：借位减法

授课环节	教师讲授
1. 阐明学习目标，引导学生做好听课准备	“班里有 32 名学生。假设我们要举办一次聚会，我打算给班上的每个同学准备一个纸杯蛋糕。但是有 5 名同学说不喜欢纸杯蛋糕，那么，我需要给喜欢吃蛋糕的同学准备多少个纸杯蛋糕呢？让我们像以前一样把问题写在黑板上，再标出十位上的数和个位上的数……” 十位　个位 3　2　学生总人数 –5　不喜欢纸杯蛋糕的学生人数 “好吧，我们来做减法：2 减去 5 是……嗨！我们没办法这么计算！ 5 比 2 大，那么怎样才能用 2 减去 5 呢？没法计算！所以这节课我们将学习在个位数不够减时如何做减法。当这节课结束时，你们将学会个位如何从十位借数来进行减法运算。”
2. 复习先决知识和技能	“我们一起复习一下个位够减时的算法。”将题目写在黑板上，让学生解答： 47　56　89 –3　–23　–8 23 的十位数是？____ 30 的十位数是？____ 给出正确答案，并就学生出现的共性问题进行讨论。
3A. 呈现新内容（第一个子技能）	分发给学生 5 捆木棍，每捆木棍由 10 根小木棍组成，再给学生 10 根单个的小木棍。借助投影仪讲解如何用木棍来代表 13、27 和 30。让学生在自己的课桌上用木棍来表示每个数字。教师来回走动检查学生操作的情况。
4A. 进行学习检测（第一个子技能）	让学生用木棍表示数字 23，检查他们的操作。然后让学生用木棍表示数字 40，检查他们的操作。继续进行练习，直到所有的学生都掌握了。
3B. 呈现新内容（第二个子技能）	借助投影仪或电子白板，讲解如何用木棍表示 6 减 2 和 8 减 5。然后用木棍表示 13，并且试着减去 5，询问学生如何完成这一任务。向学生展示过程：拆开 1 捆木棍，现在总共有 13 根单独的木棍，从中去掉 5 根。 让学生在课桌上练习该活动。教师来回走动检查学生的练习情况。
4B. 进行学习检测（第二个子技能）	让学生用木棍表示 12（检查），然后解开一捆木棍，从中拿走 4 根。然后让学生用木棍表示 17，再从中拿走 9 根。继续进行练习，直到所有的学生都掌握了。
3C. 呈现新内容（第三个子技能）	发给学生一张画有几份 10 根一捆的木棍和一些单根木棍的练习页，并解释如何进行借位减法：划掉一捆木棍，把它重写为 10 根单独的木棍，再划掉要减去的木棍。
4C. 进行学习检测（第三个子技能）	让学生做练习页上的前几道题，做一道检查一道，直到所有的学生都掌握了。
5. 提供独立练习	让学生自己继续完成练习页上的剩余题目。
6. 评价表现并提供反馈	在投影仪或电子白板上将练习题的正确答案公布出来。让学生给自己的试卷打分。询问多少人答对了第 1 题、第 2 题及后续题目，并和学生一起讨论许多学生都做错的题目。让学生把练习页交上来。
7. 进行分散练习和复习	布置家庭作业，并说明要求。在下节课开始时以及后续课程中复习本节课所学内容。

表 7.2 历史课授课案例：第二次世界大战的起因

授课环节	教师讲授
1. 阐明学习目标，引导学生做好听课准备	“今天，我们将开始讨论第二次世界大战的起因，第二次世界大战可以说是 20 世纪最重要的历史事件。当今世界的政治格局——欧洲的版图、美国的政治主导地位、曾受苏联影响的东欧国家的问题，甚至是中东问题——都能追溯到希特勒的上台及其引发的血腥斗争。我确信你们中有许多人的亲属曾参与过战争，或者他们的生活深受战争的影响。如果你的亲属或你熟知的人曾参加过第二次世界大战，请举手。” ● “如今的德国和平而繁荣。当年像希特勒这样的人是如何掌控大权的呢？为了理解这个问题，我们首先要了解第一次世界大战战败后的德国，以及为何一个落榜的奥地利画师居然能够领导德国这样一个欧洲大国。” ● “在这节课结束时，你们将会了解到导致希特勒上台的德国局势、希特勒得逞的原因以及他掌权过程中的主要事件。”
2. 复习先决知识和技能	让学生回忆上节课的内容： ●《凡尔赛条约》中的耻辱条款 — 赔款 — 鲁尔区的非军事化 — 丧失领土及殖民地 ● 德国缺乏民主经验
3. 呈现新内容	与学生讨论： ● 希特勒上台前的德国局势 — 魏玛共和国的失败 — 经济问题、通货膨胀以及美国经济大萧条的严重影响 — 将德国在第一次世界大战中的失败归因于政客的背叛这一普遍认知 ● 希特勒掌权过程中的主要事件 — 组建民族社会主义德国工人党（纳粹党） — 啤酒馆暴动及入狱事件 — 撰写自传《我的奋斗》 — 建立冲锋队组织（S.A.） — 参与选举和被任命为总理
4. 进行学习检测	在整节课上不时向学生提问，所提问题应能评估学生对要点的理解程度。
5. 提供独立练习	让学生独立地写出三条理由，说明为何 20 世纪 20 年代至 30 年代初期的德国局势有利于希特勒上台，并让学生准备好为自己的答案进行辩护。
6. 评价表现并提供反馈	随机点名，让学生就希特勒得逞的原因进行独立阐述与论证。对学生论证充分和不充分的原因进行讨论。让学生上交答卷。
7. 进行分散练习和复习	在下节课开始时以及后续课程中复习本节课所学内容。

阐明学习目标

资格认证指南

教师资格认证考试可能会要求你给出将课程目标与学生经验联系起来的技巧。

呈现课程的第一步就是在设计课程时阐明讲授和学习该课程的理由。在课程结束时，教师希望学生知道什么或者能做什么。教学框架能够很好地整合学生要掌握的信息、教学材料和学习活动，而在课程的开始阶段就确立学习目标是建立此类框架的必要步骤（Gronlund & Brookhart, 2009）。

理论应用于实践

设计一堂课

课堂教学的第一步是阐明学习目标或学习结果，这是大部分预先**课程设计**（Lesson planning）的精髓（Burden & Boyd, 2016; Dick, Carey, & Carey, 2015; Jackson, 2011; Reeves, 2011; Wiles & Bondi, 2015）。作为教师，在设计一堂课时，至少需要回答下面这些问题。

1. 学完课程后，学生知道什么或能做什么？将产生哪些学习结果？你如何知道学生是何时掌握这些学习结果或学习目标的？掌握的程度如何？（Gronlund & Brookhart, 2009; Moss & Brookhart, 2012。）
2. 要学习这些内容，学生需要具备哪些先决技能或必要的背景知识？你如何确保他们已具备这些技能和知识？
3. 你将给学生提供什么样的知识、活动和经验来帮助他们获得所需的知识和技能，进而实现学习目标？这需要多长时间？你将如何运用课内外的时间？如何利用课堂作业和家庭作业来帮助学生实现学习目标？（Dougherty, 2012）
4. 你将如何唤醒学生对学习内容的兴趣？如何激发他们的学习动机？如何对他们的学习进行反馈？
5. 你会选用什么样的教科书和材料来呈现课程内容？何时让学生对这些材料进行预习或检测他们的掌握情况，并制定一份学生使用指南？是否所有的材料都很准确，适合教学，具有文化公平性，内容恰当且适合学生的年级水平？
6. 你在教学中将综合运用哪些方法？例如，是否会运用阅读、讲授、角色扮演、录像观摩、示范或写作业等多种方式？
7. 你将采用什么样的课堂参与类型？全班讨论或小组讨论？合作学习小组、按能力分组还是独立作业？小组和个人要完成的学习任务是什么？你将如何组织、监控和评估小组的学习活动？

引导学生做好听课准备

在开始上课时，教师需要让学生建立起积极的**心理定势**（mental set），或准备就绪的态度："我已经做好了学习的准备。我渴望学习老师将呈现的重要知识或技能，并且我对我们将要学习的内容有大致的了解。"这种心理定势可以通过多种方式建立。首先，教师应当要求学生准时上课，并且在上课铃声响起时马上开始上课（Emmer & Evertson, 2012; Evertson, Emmer, & Worsham, 2009）。这会让学生建立起一种严肃的学习使命感，从课间的兴奋躁动中收心。其次，教师需要激发学生对所学课程的好奇心或兴趣。这在第一个课程案例（见表 7.1）中已有所体现，教师把借位减法当作一项在班级聚会中清点蛋糕数量的必要技能进行介绍，而且聚会对低年级学生来讲是一种相对真实而有趣的活动情境。在第二个课程案例中（见表 7.2），教师认为理解第二次世界大战的起因和事件将有助于学生理解当今社会发生的事件，并据此强调了该课程的重要性。教师还让学生联想参加过第二次世界大战或深受其影响的亲属，

"真倒霉！我还没有准备好上第 5 节课呢！"

理论应用于实践

向学生阐明学习目标

教师教育方案包括培训教师生成授课计划，而该计划的第一步就是考虑教学目标和学生的学习成果。和学生分享授课计划是个好主意，因为研究表明，了解学习目标能提高学生的成绩。下面是一些如何向学生阐明课程目标的实用建议（Moss & Brookhart, 2012）。

1. 向学生阐明的目标应当全面，足以覆盖所授课程的全部内容。研究表明，目标过于狭窄，有可能导致学生低估或者忽视课程中其他有意义的内容。此外，广泛的目标为教师提供了更大的灵活性，有助于教师在课堂教学中根据需要调整教学。
2. 向学生阐明的目标在内容上要足够具体，以便学生清楚学习成果——他们将会知道什么、能够做什么以及如何运用新的知识和技能。
3. 考虑通过口头和书面两种方式陈述目标。在授课过程中要经常提及这些目标，以提醒学生为什么要进行学习。教师要经常运用口头和书面的目标大纲或概要。给学生提供学习产品或学习成果的示范或模型也是有效的做法。例如，美术老师可以向全班展示运用了透视画法的学生作品，以此说明学生自己将来能够创作出什么作品；数学老师可以给学生展示一道数学题，学生一开始可能不会做，但在课程结束时就会解这道题了。
4. 可以考虑运用提问法来引导学生自己阐述学习目标或学习成果。他们的回答既体现了教师的授课计划，也为授课计划提供了有益的信息。有些教师还要求学生表达自己对如何实现学习目标或如何展示学习成果的想法，因为研究表明，那些参与课程设计并对自己的学习有控制感的学生会有更强的学习动机。

以此将课程与学生的个人生活体验联系起来。在本章开头介绍的案例中，在正式上课前，洛根女士先给予学生机会去做实验，从而激发了学生对声音的好奇心。

关于遗传学的课程可以按照下面的开场白导课：

> 你是否想过，为什么高个子父母所生的孩子其身高要高于普通的孩子，而红头发的孩子通常至少父母一方是红头发？想想你自己的家人。假如你的父母都比普通人高，那么你也很可能高于普通人。今天，我们要上一节关于遗传学的课，在这节课上，我们将学习父母的特征是如何遗传给孩子的。

这样的开场白可能会抓住学生的兴趣，因为它把教学主题与学生的个人生活联系了起来。

链接 7.2
若想获得更多有关激活学生先决知识和技能的重要性的信息，请参见第 6 章。

幽默感和戏剧性也有助于学生建立积极的心理定势。英语教师可以用一个高顶礼帽和一根魔术棒“变戏法般”地将形容词转换为副词（如把 sad 转换为 sadly），以此抓住学生的兴趣。诸如《芝麻街》等十分流行的具有教学功能的儿童电视节目，也会经常运用这种策略来吸引儿童的注意力，使儿童始终保持学习基本技能的兴趣。最后，在课程开始时，教师必须向学生提供路线图，其中需要标明课程的进程，以及课程结束后学生将学会什么。一条普遍的研究结论是，阐明课程目标有助于提高学生的成绩（Gronlund & Brookhart, 2009; Marzano, 2011）。提前给学生提供一份课程大纲也有助于学生整合新的知识（Bligh, 2000）。

复习先决知识和技能

课堂教学的下一项主要任务是，教师要确保学生已经掌握了必备或先决的知识和技能（prerequisites），并将学生已经掌握的信息与教师将要呈现的新信息联系起来。假如今天的教学内容是昨天课程的延续，并且教师确信学生理解了昨天所学的内容，那么在复习时可能只是让学生回忆起前面所学的内容，然后在开始讲新课之前先向学生提出几个简短的问题。例如，教师可以说："昨天我们学习了如何在以 *y* 结尾的单词后添加后缀 *-ed*。谁能告诉大家该如何添加？"

链接 7.3
若想了解先行组织者的定义，请参见第 6 章。

由于今天的课程内容——在以 *y* 结尾的单词后添加其他后缀——是昨天课程内容的延续，所以这种简短的提示就已经足够了。然而，假如你要引入的新技能或新概念依赖于学生很久以前所学的内容，那么就需要教师更详细地讨论学生的先决知识和技能并评估其掌握程度。

有时，教师需要在开始新课之前先对学生的先决知识和技能掌握情况进行评估。在第一个教学案例（见表 7.1）中，教师简短地检测了学生解决无须借位的减法问题的能力和计数技能，从而为开展借位减法教学做好了准备。如果学生对先决知识和技能掌握得较差，那么教师应该在开始新课之前先带领学生复习这些内容。

复习先决知识和技能的另一个原因是为学生提供先行组织者。正如在第 6 章中所定义的那样，先行组织者是教师所做的引导性阐述，可以使学生回忆起已有的知识，并给学生提供一个理解即将呈现新材料的框架。在第二个教学案例（见表 7.2）中，教师通过带领学生回顾当时促使希特勒上台的德国经济、政治和社会状况，从而为学生学习新内容（希特勒的掌权过程）做好了铺垫。

呈现新内容

自此，开始进入课堂教学的主体部分，教师将在这里呈现新知识或新技能。

课程结构　课程应该有逻辑地组织起来。那些结构清晰、组织良好的信息比那些不甚明了的信息更容易被记住（Good & Brophy, 2008; Rosenshine, 2008）。例如，有关美国政府立法机构的课程可以按如下方式呈现：

链接 7.4
若想了解对结构清晰、组织良好的信息的讨论，请参见第 6 章。

美国联邦政府的立法机构（第一课）

Ⅰ. 立法机构（国会）的职能和性质
- A. 通过法律条文；
- B. 审批行政机构的经费；
- C. 设有两个议院——众议院和参议院；

Ⅱ. 众议院
- A. 是最与人民切身相关的机构，选举产生的代表任期两年，各州按人口比例决定代表席位；
- B. 负责提出财税议案；

Ⅲ. 参议院

A. 使美国的立法机构具有更大的连续性，选举产生的议员任期六年，每个州有两名参议员；
B. 审批行政机构的任命和条约。

这可以作为第一课的内容；随后的授课内容可以讨论如何提出和通过法律，如何制衡立法权，等等。教师应该将清晰的课程结构明确地告知学生。例如，教师可以在第二个主题开始时稍作停顿："现在，我们准备学习国会中的下议院，即众议院。"这样有助于学生在心中形成一份大纲，以促进他们对材料的记忆。研究发现，清晰地展示课程结构，并对课程的结构作过渡性说明，可以提高学生对授课内容的理解。

课程重点　除了通过提示下一个要学习的分主题来讲清楚课程的组织结构，富有教学经验的教师还会明确地指出课程内容中最重要的部分，例如"尤其重要的是要注意……"。教师应重复要点，并在授课过程中根据需要不失时机地向学生提及。例如，在讲授政府立法机构中有关总统否决权的内容时，教师可以这样来讲：

"现在，我们再回顾一下前面讨论过的制衡制度的运作方式。行政机构可以否决国会通过的立法，而国会反过来也能控制拨付给行政机构的经费。记住，理解制衡制度是如何运作的，对于理解美国政府的运作机制至关重要。"

通过这种方式，教师强调了有关美国政府的一个核心概念，即行政机构、立法机构和司法机构之间的制衡制度。教师在任何必要的时候都要反复提到这一内容，并强调其重要性。

课程的清晰性　有效课堂教学的另一个典型特征是清晰性，即用直接、简洁和组织良好的语言来呈现概念（Borich, 2014; Burden & Boyd, 2016; Guillaume, 2016）。偏离主题、闲聊无关的话题或中断授课进程等做法，都有可能降低授课的清晰性。

解释　有效的解释是有效教学的核心。一篇关于解释的研究综述（Wittwer & Renkl, 2008）得出结论：有效的解释会考虑和联系学生已知的内容（Bolhuis, 2003; Leinhardt & Steele, 2005），而且更强调概念和原理，而不仅仅是事实和技能。教师可以运用一些策略（如嵌入式多媒体）做出有效的解释（Mayer, 2008a, b, 2009），帮助学生将复杂的观点形象化并加以组织，而且给予学生机会在合作学习小组中与同伴讨论自己当前的理解（Webb & Mastergeorge, 2003）。鼓励学生自行解释概念也可以提高他们的学习效果（Fonesca & Chi, 2011）。

研究发现，教学经验丰富的教师在教给学生新概念时，经常进行大量解释并运用解释性词汇（例如因为、为了、因此），还会经常使用**规—例—规**（rule-example-rule）的教学模式（Wittwer & Renkl, 2008），举例如下：

物质的形态可以改变，但永远不会消失。假如我点燃一张纸，纸看上去是消失了，但事实上它已与空气中的氧原子结合而变成了另一种气体（主要是二氧化碳）和灰烬。假如我们能在燃烧纸张之前和之后计算出纸张中的原子数和空气中的原子数，我们就会发现参与化合的物质并没有消失，而仅仅是改变了存在的形态。

请注意，在上述例子中，教师先陈述规则（"物质……永远不会消失"），然后给出事例，最后通过解释所给事例如何能证明规则的方式再次陈述规则。还要注意，这里正是运用了规—例—规的顺序来说明规—例—规模式的！

样例 样例是在教某些特定类型的问题解决时常用的一种既定策略，在数学教学中尤为常见（Atkinson, Derry, Renkl, & Wortham, 2000; Bokosmaty, Sweller, & Kalyuga, 2015; Renkl, 2011）。例如，教师可以先提出一个问题，然后通过白板或幻灯片向学生示范解题过程，并在解题的每个环节中解释自己的思路。通过这种方式，教师可以给学生示范专家在解决问题时运用的策略，这样，学生便能够独立运用类似的策略。有关样例的研究发现，将样例与让学生独立解决的问题交替呈现（例如，呈现一道例题之后再呈现几道同类的题目）是一种有效的做法（Atkinson et al., 2000）。指导学生在学习样例的过程中停下来向自己或同伴解释每一步的做法，可以增强样例的效果（Renkl, 2011）。对那些刚接触全新的主题或技能的学生而言，使用样例尤为有效（Bokosmaty et al., 2015）。

演示、示范和图解 认知科学理论家强调，学生要用自己的眼睛去看，或者在适当的时候通过动手操作来掌握概念和技能（Slavich & Zimbardo, 2012）。以视觉方式呈现的信息比仅以听觉方式呈现的信息更容易被保持在长时记忆中（Schunk, 2016; Sousa, 2011）。对于那些正在学习英语的孩子来说，直接演示比单纯讲述更为重要（August & Shanahan, 2006b）。回忆一下洛根女士如何既让学生动手做实验（注水和敲击瓶子），又给学生提供可见的类比物（表示声波传递过程的玩具弹簧），从而帮助学生对声音的主要原理形成了清晰而持久的印象。然而，如果教具（如数积木）与教师所教的概念并无明确的关联，那么其作用可能适得其反（Campbell & Mayer, 2004）。

嵌入式视频 视频、电视节目和 DVD 材料等早已被广泛用于教育领域。然而，一种新的使用方式正展现出独特的前景：将视频或 DVD 材料嵌入屏幕文本或课堂教学中，用以阐明关键概念。研究发现，嵌入式视频（embedded video）越易于理解、越能与主要内容明确地联系起来，就越能够帮助学生学习和保持信息（Mayer, 2008a, 2009）。例如，由钱伯斯及其同事（Chambers, Cheung, Madden, Slavin, & Gifford, 2006; Chambers et al., 2008）进行的长达两年的研究发现，添加简短的动画或木偶视频来说明字母发音和单词拼读，能够显著地推动一年级学生的阅读进步。

维持注意 平铺直叙、干巴巴的讲解让人感到枯燥乏味，而学生一旦厌倦，注意力很快就会从学习内容上转移，即使是最精心设计的课程内容也无济于事。因此，教师在教学过程中应当采用多样化的教学，用多种富有活力或幽默的方式活跃课堂气氛，维持学生的注意力。例如，研究发现，幽默风趣的课堂能提高学生的学习成绩（Badli & Dzulkifli, 2013; Jonas, 2010），用易于理解的图表来解释内容也有助于维持学生的注意（Mayer, 2008b）。但是，如果教学内容呈现方式的变化过于丰富，也可能分散学生对课程内容本身的注意，进而干扰其学习效果。尽管如此，一些研究发现，学生从充满激情、富有表现力的课堂中学到的东西要比从枯燥的讲授中学到的更多（Cooper, 2014; Patrick, Hisley, & Kempler, 2000）。从某种意义上讲，教学就是表演，我们从表演者身上寻找的某些品质实际上也有助于提升教师的教学有效性。

链接 7.5
若想了解更多关于注意在学习中的重要性的内容，请参见第 6 章。

内容覆盖面和教学节奏 影响有效教学的重要因素之一是课程所涵盖的内容量。

一般而言，教师教的内容越多，学生学到的也就越多（Jackson, 2011）。这并不一定意味着教师要加快教学节奏，因为节奏过快的教学显然会把学生远远地甩在后面。然而，有关教学节奏的研究确实表明，在不影响学生理解程度的前提下，大部分教师都可以加快教学节奏（Good & Brophy, 2008）。相对快速的教学除了能够扩展学科内容的覆盖面，还有助于课堂管理。

进行学习检测

假设一名弓箭手在射箭时，从来不知道射出的箭落在离靶心多远的地方，那么这个射手不仅在一开始时很难射准，而且将来也肯定不会提高射箭精度。同样，有效的教学也要求教师不断地关注自己的教学效果。然而，教师经常错误地认为，如果自己讲完了该讲的所有内容，而且学生看上去也注意听讲了，那么教学就大功告成了。学生们也经常认为，如果自己用心地听了一节有趣的课，也就了解了老师所讲的内容。但事实并非如此。如果教师不经常检测学生对所学内容的理解程度，就可能导致学生产生严重的误解或知识缺口（Marzano, 2013; McMillan, 2011; Safer & Fleischman, 2005）。

链接 7.6
若想了解更多关于时间对学生学习的影响，请参见第 11 章。

InTASC 标准 6
评估

学习检测（learning probe）这一术语是指运用各种方式要求学生对授课内容做出简短回应。学习检测能为教师提供关于学生理解水平的反馈信息，也让学生有机会来验证他们对新知识的理解是否正确。教师可以采用对全班提问的检测形式，如表 7.2 呈现的关于第二次世界大战的教学案例；也可以用简短的书面作答或动手操作的方式来检测学生的理解程度，如表 7.1 中的借位减法教学案例。

检查理解水平 无论是采用书面的、动手操作的还是口头的方式进行学习检测，其目的都是检查学生的理解水平（Black, Harrison, Lee, Marshall, & Wiliam, 2004; Brookhart, Moss, & Long, 2008; Fisher & Frey, 2014a, c; Reeves, 2011; Stiggins & Chappuis, 2012）。也就是说，教师进行学习检测的主要目的不是讲授或提供练习，而是检查学生是否理解了所学内容。教师可以通过学习检测来调整教学节奏，如果学生感到困难，教师就要放慢教学速度，讨论学生对知识的误解，帮助他们从错误中学习，并提供额外的解释（Miller, 2013）。如果所有的学生都掌握了所学内容，教师就可以继续新主题的教学。下面的对话反映了教师如何运用学习检测来了解学生的优势与误区，然后相应地调整教学。斯威夫特老师事先在交互式白板上写好了几个含有对话的句子，学生们正在学习如何正确地使用逗号和引号。

斯威夫特：现在，我们给这些对话加上标点符号。每个同学拿出一张纸，将句子“把罪犯带下楼来汤姆以居高临下的口吻说”抄下来，并在适当的地方添加标点符号。同学们都准备好了吗？……卡尔，你会怎么给这句话加标点呢？

卡尔：“把罪犯带下楼来”，汤姆以居高临下的口吻说。

斯威夫特：基本正确，但是你犯了人们在使用引号时最常犯的错误。玛丽亚，你是怎么加标点的？

玛丽亚：我想我刚才也犯了和卡尔同样的错误，但我现在明白了。应当是：“把罪犯带下楼来，”汤姆以居高临下的口吻说。

斯威夫特：好的。有多少同学第一次就加对了标点？（一半同学举起了手。）好，看来大家在这个例子上还存在一些问题。记住，逗号和句号要放在引号内。我知道，有时候这看起来并不合理，但如果英语总是合理的话，许多英语教师就要失业了！想象一下，引号就像包装纸，把对话、标点等都包裹在里面。我们再试着给另一个句子加标点：小心开车汤姆粗鲁地说。桑凡，你来给这句话加一下标点。

桑凡：“小心开车，”汤姆粗鲁地说。

斯威夫特：好极了！有多少人做对了？（除了一两个人，其他人都举起了手。）很好，我想你们都已经理解了引号和逗号的用法。引号“包住了”对话，还有它的标点。现在，我们再试一个难度稍微大一点的句子：我想知道汤姆试探性地询问，这句话是否要加上引号。

上述对话中有几处特征值得注意。首先，斯威夫特先生让所有的学生都试着给句子加标点符号，并让个别学生回答问题；然后，他询问所有的学生是否都加对了标点。这比只让一两个学生回答（如在白板上给句子加标点），而其他学生只在一旁观看效果要好得多，因为后者浪费了很多课堂时间。当所有的学生都被要求学会标点符号的用法，且都不知道斯威夫特先生将会叫谁回答问题时，他们都会积极地参与学习活动并检查自己做的是否正确，而且斯威夫特先生还可以快速地了解全班学生的掌握水平。

另一点值得注意的是，当斯威夫特先生发现有一半学生没有做对第一题时，他又采用不同于第一次的解释方式重新给学生讲解他们尚未理解的技能。他把引号比作包装纸，给学生提供了一个心理表象，帮助学生记住对话中标点符号的顺序。当几乎所有的学生都做对了第二题后，他又转向了下一步，因为全班学生显然已经掌握了第一步。

最后还要注意到，斯威夫特先生利用交互式白板呈现了大量事先准备好的句子，这可以节省写板书的课堂时间。学习检测应当是简短的，不应打乱授课的节奏。斯威夫特先生应用事先准备好的句子进行检测，可以提高学生的参与度并维持其兴趣。事实上，如果他将无标点的句子打印出来发给学生，减少学生抄写句子的时间，那么教学效果可能会更好。

提问 课堂上教师向学生提问有诸多目的（Decristan et al., 2015; Fisher & Frey, 2014b; Marzano, 2013; Shute, 2008）。教师运用苏格拉底式提问法，可以促使学生举一反三。例如：“我们知道了加热气体能使之膨胀，那么冷却气体将会产生什么结果呢？”教师也可以通过提问来鼓励学生对以前习得的内容进行深入思考，或者展开一场讨论。例如：“我们知道，水煮沸后将会变成水蒸气。水蒸气是一种无色、无味、无形的气体。既然这样，那为什么我们能看见水蒸气从茶壶中冒出来呢？”在教师的指导下，全班经过讨论得出了答案，即水蒸气遇到冷空气时会重新凝结，我们看到的气体是小水滴，而非水蒸气（McTighe & Wiggins, 2013）。教师会发现，让学生们构思问题并向自己或同伴提问是有益的（Brookhart, 2007/2008）。大量证据表明，学生能从自行构思的问题中获益，尤其是那些与他们对当前所学主题的现有背景知识有关的问题（Good & Brophy, 2008; Schmoker, 2011; Stiggins & Chappuis, 2012）。

最后，提问还可用于学习检测（Fisher & Frey, 2007）。事实上，从某种意义上讲，任何问题都是一种学习检测，因为回答的质量反映了学生对授课内容的掌握程度。有关提问频率的研究表明，与较少进行提问的授课相比，那些经常提出与当下授课内容相关的问题的授课将会产生更好的效果（Good & Brophy, 2008）。在各级学校中，事实类问题一般有助于学生掌握事实性技能，而鼓励学生思考概念类的问题则有助于形成概念性技能（Marzano, 2013）。

等待时间　引起诸多研究者关注的与提问有关的一个问题是**等待时间**（wait time），即教师在给出答案之前或点名下一个学生回答问题之前，等待某个学生回答问题的时长。研究发现，教师在等待学生回答问题时，往往很快就放弃那些他们认为学习成绩较差的学生，这种做法会让那些学生感到教师对他们几乎不抱什么希望（Miller, 2013）。

比起迅速放弃，教师向学生提问后等待大约 3 秒钟就能产生更好的教学效果（Borich, 2014）。而且，跟进那些没有回答问题的学生也能提高其学习成绩（Dean et al., 2012; Good & Brophy, 2008）。教师要等待学生回答，如果学生未能给出符合预期的回答，教师可以继续陪伴和等待。但另一方面，等待时间过长也是个问题。由迪尤尔（Duell, 1994）进行的一项研究发现，当教师等待时间长达 6 秒钟时，大学生的学习成绩会受到一定的负面影响。

点名顺序　在课堂提问中，**点名顺序**（calling order）是一个需要考虑的问题。请自愿举手要求发言的学生回答问题也许是一种最常用的方法，但这也会导致一些学生通过不主动举手，逃避参与课程学习（Good & Brophy, 2008）。常识告诉我们，当问题需要逐步解决才能得到答案时（如数学题），在点名个别学生回答之前，所有学生都应该尝试解决该问题。当问题可以立即得出答案时，最好向全班学生提问，然后随机选择学生（不一定是自愿回答者）站起来回答。有些教师甚至会从随身携带的班级花名册中点名，并标出已点过名的学生，或将学生的名字写在小木牌上，并把它们放入罐子中随机抽取，以确保所有学生都经常有机会回答问题（Freiberg & Driscoll, 2005; Weinstein, 2007; Weinstein & Mignano, 2007）。有一位教师将学生的名字写在卡片上，并在课前把卡片打乱，上课时随机抽取来决定向哪个学生提问。这种方式非常有效，直到有一天，一个学生在课后发现了这些卡片，并悄悄把写有自己名字的卡片拿走了！

在进行学习检测时，教师可能会发现，应当多提问那些学习成绩经常处于班级平均水平或中上、中下水平的学生，以确保所有学生都理解了课程内容，这一点尤其重要。

共同回答　当问题只有一个正确答案时，许多教师会要求学生**共同回答**（all-pupil responses）。例如，教师可能会说："同学们，在黑板上列出的单词（write, writing, wrong）中，wr 组合发什么音？" 当全班一起回答 "Rrrr!" 时，这种回答被称为**齐声回答**（choral response）。类似地，教师也可以在合适的时候让学生用手势来表示对或错，举起不同数量的手指来表示数学题的答案，或者在小黑板上写下简短的答案并根据提示举起来（Wiliam & Leahy, 2015）。研究发现，这类共同回答对学生的学习有积极影响（Good & Brophy, 2008; Rosenshine, 2008）。回忆本章前面提到的借位减法的例子，教师要求所有学生在课桌上用木棍表示数字，并来回走动检查他们的作业。全体学生的共同回答为他们提供了更多的回答机会，也有助于教师了解全班学生的知识掌握程度和自信水平。

理论应用于实践

以评促学

课堂教学中的形成性评价是被称为“以评促学”（Assessment for Learning）这场重要运动的核心，该运动是由两位英国研究者保罗·布莱克和迪伦·威廉发起的（Black, Harrison, Lee, Marshall, & Wiliam, 2003, 2004; Wiliam, 2007, 2007/2008, 2009; Wiliam & Leahy, 2015）。他们强调其中“促”（*for*）这个字眼的含义，因为他们认为，“对学习的评价”（assessment *of* learning）已经太多了，但是在授课过程中的评价还不够，不足以让教师和学生自己了解学生对所学内容的理解程度，而这种评价既有意义又及时，足以有助于改进教与学（Brookhart, 2010; Frey & Fisher, 2014; Lewin & Shoemaker, 2011）。“以评促学”运动提出了许多有助于学生理解成功标准的策略，包括提供反馈、同伴互相给出反馈，以及让学生评价并报告自己的理解水平等（Higgins, 2014; Wiliam & Leahy, 2015）。以下列举几例。

1. 在任何写作课上，给学生分发匿名的去年学生在课堂上创作的作品（例如，论文、实验报告、读书报告），并让学生评判这些作品的质量，之后，要求学生创作自己的作品。
2. 询问学生属于学习目标核心的“大问题”，并给学生留出时间互相交流，之后让他们面向全班分享。例如，数学老师可能会让学生列出 1/4 到 1/2 之间的分数，以此来了解学生对分数概念的掌握情况并促使其思考（Fisher & Frey, 2014a, c）。学生也许会完全偏离目标，也许会认为 3/8 是唯一可能的答案，但是学生在花时间思考并得到教师的提示后，最终可能会意识到 1/4 到 1/2 之间的分数有无数个。类似地，教师也许会问，为什么法国会支持拿破仑征服欧洲的战争，或者为什么许多植物的种子都被果实包裹着。
3. 避免让学生自愿回答问题（因为自愿回答的通常总是那几个学生）。相反，教师应将学生的名字写在小木牌或卡片上，随机点名（Weinstein, 2007; Weinstein & Mignano, 2007）。莱莫夫（Lemov, 2010）将这种做法称作“冷不丁点名”（cold calling），即无论学生是否举手都有可能被点名，这可以确保所有学生都在专心听讲。
4. 必要时，让学生立刻作答。可以将答案写在小黑板上，并适时展示出来；也可以通过举起字母卡片来回答选择题；还可以让学生一起齐声回答。
5. 使用“交通信号灯”。让学生评价他们自己对授课内容的理解，如果自己完全理解了，就举起一张绿卡；如果自己不确定，就举起一张黄卡；如果自己没有理解，就举起一张红卡。教师可以迅速扫视全班学生，如果绝大多数学生都举起了绿卡，就继续授课；如果有很多人举起了黄卡和红卡，就停下来重新讲解一遍（Wiliam & Leahy, 2015）。教师应采用合作学习的策略，让学生一起学习，帮助彼此掌握内容，互相评价彼此的学习，并引导彼此进行卓有成效的思考。

理论应用于实践

需要避免的提问策略

作为一名教师，你会提问很多问题，所以你很容易形成一些不好的习惯。下面列出了几个常见的误区（Freiberg & Driscoll, 2005; Good & Brophy, 2008; Walsh & Sattes, 2005）。

1. 诱导性问题。指教师的措辞能够给出或强烈暗示某一问题的答案，比如在“你认为朝圣者不相信宗教宽容，是吗？”这句话中，你的语气很容易泄露答案。如果学生知道他们能从你的提问中推断出答案，他们就无须专心听讲以做好回答问题的准备。
2. 总是提问同一批学生。许多教师只会提问那些他们认为可能会给出正确答案的学生，而不去提问那些反应较慢、不太可能答对问题或被提问时会捣乱的学生。然而，当学生知道自己不太可能被点名提问时，他们或许就不再认真听讲了，因此有必要让所有学生都相信他们随时都可能被点名提问。采用随机提问模式，例如把所有学生的名字写在小木牌上并随机抽取，不仅能确保所有学生都会被问，而且看着随机抽取名字的过程，他们就会清楚地意识到自己必须随时做好回答问题的准备。
3. 所提问题均处于同一难度水平。一些教师只提问事实类问题，另一些教师则从来不提问这类问题。提问时兼顾各种水平的问题非常重要：简单的和困难的、事实类的和概念类的问题均要涉及。
4. 让某个学生长时间参与，其他人却无事可做。教师提出问题后留给学生一些时间来思考复杂问题是很好的做法，但同时要避免让一个学生回答问题时其他学生却无所事事的情况。要做到这一点，教师可以问全班同学同一个问题，给他们时间去思考答案或让他们与同伴讨论，然后再随机点名学生回答该问题。根据某个学生的回答继续跟进，这有助于确保每个学生注意其他同学给出的答案，如下面这个例子所示：

教师：谁能举出一个生活在海洋中的哺乳动物的例子？……托尼能回答吗？

托尼：海豚？

教师：谢谢托尼。这是一个很好的例子。除了托尼的例子，还有谁能举出其他的例子吗？……纳塔利娅来回答。

纳塔利娅：鲸。

教师：又答对了！现在，除了这两种动物，如果同学们在海里看到了另一种动物，那么有哪些特征会表明它就是哺乳动物？

5. 不去纠正错误的答案。由于不想让学生难堪，有些教师选择不去纠正错误答案。虽然不让答错的学生感到丢脸很重要，但是也不应该让全班同学留下错误的印象。
6. 忽略其他学生的回答。每个知道教师所提问题答案的学生都想说出它。点名让很多学生回答并认可所有的回答，这会使学生感到用心准备回答问题是有回报的。

（续）

让学生与同伴进行简要的讨论，这样做能够确保即使教师没有点到每个人，所有学生都有机会与他人分享答案，至少可以分享好答案。

7. 询问太多是非题。有时，教师难免要提问一些只有对或错这两种答案的问题，但这种问题不应太多。学生猜对的概率是 50%，因此给出正确答案并不代表学生理解了知识。避免这一问题的方法是在学生给出正确答案之后继续追问，以此来了解学生得出正确答案的原因，来看下面的例子：

教师：　如果用一个小于 1 的分数乘以另一个小于 1 的分数，其乘积比第一个分数大还是小？……路易莎能回答吗？

路易莎：小。

教师：　同学们，同意路易莎的答案的请举手（大多数人都举起了手）。好的，大部分同学都同意。那么路易莎，现在请你告诉我为什么你觉得乘积会更小。

8. 所提问题不够清晰。有时，学生并不知道教师想问的是什么。例如，英语老师可能会指着一个句子问："这个句子有什么问题吗？"却并没有明确要求学生检查该句的语法、标点符号、表达或意义。

提供独立练习

独立练习（independent practice）是指学生在课堂上自己完成的功课，用于练习或展示新习得的知识或技能。例如，在学完一节解代数方程的课程后，学生需要独立解几道方程题的机会，这既有利于学生巩固新学的知识，也有助于教师评估学生的学习情况。在把新信息从工作记忆转移到长时记忆的过程中，练习是一个不可或缺的环节。

当学生学习诸如数学、阅读、语法、作文、看图解释或外语等知识或技能时，独立练习至关重要（Topping, Samuels, & Paul, 2007）。不经过练习，学生就不可能学会算术、写作或西班牙语，正如学生不可能光靠听讲就学会骑自行车一样。相比之下，对某些概念性的授课内容而言，如表 7.2 列出的关于第二次世界大战起因的内容或关于磁引力概念的科学课内容，独立练习就不是特别有必要。在这类课堂上，教师可以采用独立练习方式让学生自己复述有关的知识或概念，就像关于第二次世界大战的课堂案例中的教师那样，然而复述知识对这类课程来说并不像技能练习对减法课那么重要。

链接 7.7

若想了解更多有关工作记忆和长时记忆的内容，请参见第 6 章。

课堂作业　**课堂作业**（seatwork）是指学生当堂独立完成的练习。一些研究表明，课堂作业很容易被滥用和误用（Good & Brophy, 2008; Weinstein, 2007; Weinstein & Mignano, 2007）。一些研究者发现，学生花时间直接听课要比花时间做课堂作业更能促进其学习（Burden & Boyd, 2016; Good & Brophy, 2008; Rosenshine, 2008）。对那些缺乏动机、阅读技能或自我管理能力的学生而言，做课堂作业往往是浪费时间。然而，一篇关于对残障学生进行阅读教学的研究综述发现，他们花在课堂作业上的时间平均约为听课时间的 40%（Vaughn, Levy, Coleman, & Bos, 2002）。许多学生一遇到困难就轻易地放弃了，还有些学生则很少关心自己的答案是否正确，他们显然是将这一任务看成了只是完成作业，而不是学习新内容。

有效利用独立练习时间　根据埃弗森及其同事（Evertson et al., 2009）以及古德和布罗菲（Good & Brophy, 2008）的研究，建议参照以下原则有效利用独立练习时间。

1. 确定学生能够进行独立练习后再布置任务。这可能是最重要的一条原则。独立练习旨在练习，而非教学，学生应该能够独立完成练习中的大部分题目（Freiberg & Driscoll, 2005）。从认知角度来讲，练习作为复述的一种方式，可以促进信息从工作记忆转移到长时记忆。为了实现这种转化，信息必须首先存在于学生的工作记忆中（Ashcraft & Radvansky, 2010）。

   教师可以通过两种方式来实现学生独立练习的高成功率。第一，布置的任务应清晰明了，涵盖的内容应确保所有学生均能完成。第二，如果学习检测尚未表明学生能自行完成这些练习材料，那么教师尽量少给学生布置独立练习的试题卷。例如，教师可以用练习题中的第一部分题目对学生进行学习检测，一次做一道题目，并每次在学生自己先尝试解决后再进行讨论，直到所有或几乎所有的学生均正确地掌握了。教师可以准备一系列的问题，利用投影或交互式白板来呈现，并且每次只讲其中一个问题，直到班上的大多数同学都知道应该如何正确解答，再继续呈现后面的问题。
2. 缩短独立练习的作业时间。几乎没有证据表明冗长的独立练习是合理的。对大部分学习目标而言，大约 10 分钟的练习就足够了，但是大部分教师通常布置的练习所需的时间远不止此（Rosenshine, 1980）。集中练习（例如，一次性做许多题目）对保持记忆的作用是很有限的（Greene, 2008）。课堂上相对简短的独立练习，再辅以家庭作业这种分散练习，更有可能使学生受益（Cooper, Robinson, & Patall, 2006）。
3. 给予清晰的教学指示。确保所有学生都理解了教学指示，并且知道自己应该去做些什么。在低年级，教师有必要让学生大声读出或解释教学指示的内容，以确保他们已经理解。
4. 一旦学生开始练习，要避免打扰他们。当学生开始做独立练习时，教师应先在全班巡视以确保每个学生都开始了练习，然后再处理个别学生的问题或其他事务。一旦学生开始做练习，就不要再打扰他们。
5. 监督学生的独立练习。监督学生的独立练习很重要。例如，当学生做练习时，教师可以在班内来回走动。这有助于学生坚持做练习，也方便他们向教师提出问题。教师也能发现练习过程中遇到困难的学生，从而向他们提供额外的帮助。
6. 收集作业并将评分计入学生成绩。许多学生找不出努力做课堂作业的理由，因为课堂作业通常对他们的成绩影响甚微，甚至毫无影响。教师应该让学生知道课堂作业需要上交并计入他们的总成绩。为此，在每堂课结束前，教师最好用几分钟时间简要说明作业的部分答案，并让学生自己检查或与同学互查。之后，学生要上交作业，由教师进行抽查和记分。这一过程可对学生的课堂作业提供即时反馈，也能让教师不必每天批改全体学生的作业。注意，应尽量缩短检查时间，以免占用教学时间。

资格认证指南

教师资格认证考试可能会要求你选出对实现特定的课程目标最无效的教学策略。你应当知道，在刚刚学完一项技能时，效果最差的练习策略就是要求学生独立完成冗长的课堂作业却不给他们提供反馈。

评价表现并提供反馈

每堂课都应该评价学生对本课目标的掌握程度（Chappuis, 2015; Duckor, 2014;

Fisher & Frey, 2014; Marzano, 2010a; Mertler, 2014; Reeves, 2011; Tomlinson, 2014）。教师可以通过非正式的提问、布置独立练习、使用专门评估学生理解程度的答题器或其他电子设备，或者采用传统的小测验等多种方式进行评价（Magaña & Marzano, 2014）。然而，不管采用何种方式，教师都应针对课堂学习的有效性进行评价，并且尽快将评价结果反馈给学生（Magaña & Marzano, 2014; Safer & Fleischman, 2005; Stiggins & Chappuis, 2012）。有证据表明，测验本身就有助于学生加深对所学内容的记忆，因为测验过程提高了学生对信息进行深度加工的可能性（Chappuis, 2015; Haynie & Haynie, 2008; Higgins, 2014）。假如学生要根据反馈来改善其学习，那么他们就需要知道什么时候自己做对了，什么时候做错了。莱莫夫（Lemov, 2010）建议，教师在关键的授课内容结束时使用“出门券”，即可能包括 1~3 个问题的简短测试，其目的主要是确保所有学生都达到了预期的学习效果。除了评价每堂课的学习效果，教师还要不时地检查学生学习更大的知识单元的情况。总体来讲，测验越频繁，就越能提高学生的成绩，而且任何测验都比不测验更能促进学生学习（Good & Brophy, 2008）。给学生提供反馈很重要，给教师提供有关学生表现的反馈则更为重要（Heritage, 2011, 2014）。假如学生学会了教师所教内容，那么教师就有可能加快教学节奏。然而，如果评价结果表明学生存在着严重的知识误解，那么教师就要重新讲授课程内容，或者采取其他措施使学生重新回到正轨。如果一些学生已经掌握了授课内容，而另一些却没有，那么教师就有必要对后者进行更多的教学指导。

链接 7.8
若想深入了解有关学生评价的内容，请参见第 13 章。

提供分散练习和复习机会

长期的间歇性练习或复习可促进学生对多种知识保持记忆（Greene, 2008）。这对教学有几点启示。首先，复习和重新强调以前在课堂上所学的重要知识可以促进学习。学生尤其需要以较长的时间间隔（如每个月）对重要材料进行复习，以保持先前习得的技能。此外，家庭作业应涵盖大多数科目，对中学生而言更是如此。家庭作业让学生有机会在某种情境（家里）中练习曾在另一种情境（学校）中习得的知识和技能。家庭作业可以被看作一种形成性评价，它能给教师和学生提供关于学生当前对关键概念的理解水平的信息（Christopher, 2007/2008; Vatterott, 2014）。研究发现，家庭作业通常可以提高学生的成绩，如果教师检查学生的家庭作业并给出评语，其效果会更好（Cooper, Robinson, & Patall, 2006; Trautwein, 2007）。然而，家庭作业对小学生的作用不如对中学生那么明显（Cooper et al., 2006; Cooper & Valentine, 2001）。而且，如果教师布置的家庭作业题量过多或枯燥无味，反而会破坏学生的学习状态和动机（Corno, 2000）。让家庭作业变得既有趣又有意义对实现其价值至关重要（Darling-Hammond & Ifill-Lynch, 2006; Marzano & Pickering, 2007; Vatterott, 2014）。古德和布罗菲（Good & Brophy, 2008）建议，对四年级学生来说，每门课的家庭作业时间在 5~10 分钟为宜；对即将考大学的高中生而言，不少于 30 分钟为宜。家庭作业可以让父母建设性地参与到学生的学习中来（Epstein & Van Voorhis, 2001; Xu & Corno, 2003），但它也可能成为引发家庭冲突的重要因素，对于那些学习困难的学生而言更是如此（Walker & Hoover-Dempsey, 2001）。

InTASC 标准 5
学科知识的应用

InTASC 标准 8
教学策略

21 世纪的学习

利用技术加强课堂教学

让学生使用技术将习得的技能运用于课堂之外，这是共同核心州立标准的重点内容，运用技术将视觉与听觉内容整合起来就是对技术力量的最佳利用。在过去，几乎所有的教学都指向大脑的同一区域，即阅读和听讲所涉及的语义加工过程。在整个 20 世纪，只有偶尔使用的图片或视频指向了情景学习过程，而情景加工与语义加工实际上是同等重要的。到了 21 世纪，这种情况正在发生改变，交互式电子白板、DVD 和其他设备使得教师能够轻松地将简短的视频或静态图片融入他们的日常课程，从而提高学生的内部动机，也便于教师将图片与口语或文本材料配对呈现来加强学生的学习（Mayer, 2009, 2011b）。如果图片和视频分散了学生对教学目标的注意力（在这种情况下，它们是“诱惑性细节”），则不应使用；但如果它们能够促使学生实现主要目标，那么可能非常有用。现在的学生在课外正逐渐成为视觉型学习者，而教师也可以在课内利用这些技能。

问题

- 学生在课外体验过的哪些视觉学习活动可用于课堂学习？
- 如果这些活动能够提高学生的课堂学习效果，那么你认为给他们额外加分是否合理？

直接教学法的研究对教学的启示

本章讨论的大部分直接教学原则源于**过程—结果研究**（process-product studies），在这些研究中，观察者记录了其学生始终保持优异成绩的教师的教学实践，并将其与那些学生进步较小的教师的教学实践进行比较（Good & Brophy, 2008; Rosenshine, 2008）。

显然，直接教学法能改善某些基本技能的教学。但同样显而易见的是，关于何时以及如何应用这些方法等，诸如此类问题仍需进一步研究。对有效教师的研究得出的结论不宜全盘套用于实际的课堂教学中，也不应不切实际地期望它们能对学生的成绩产生实质性的影响。基于这些研究结论而形成的结构化、系统化的教学方案确实能显著地提高学生的基本技能水平，但我们需要记住，关于直接教学的大部分研究主要集中在小学阶段的基础阅读和数学活动方面。对于其他科目和其他年级，我们还缺乏充分的证据表明直接教学法能改善学生的学习（Arends, 2004）。

学生如何学习和迁移概念

InTASC 标准 1
学习者的发展

在所有课程中，概念教学占了相当大的比例（Senn & Marzano, 2015）。**概念**（concept）就是从具体事例中概括出的抽象观点。例如，一个红球、一支红铅笔和一把红椅子都说明了一个简单的概念“红色”，而一本绿皮书则不属于“红色”这一概念的例子。假如给你展示红球、红铅笔和红椅子，并让你描述它们的共同之处，你就会产生“红色物体”这一概念。假如绿皮书也包括在内，那你就必须使用更宽泛的概念，比如“物体”。

当然，许多概念远比“红色”更为复杂，也更难定义。例如，“正义”或许是人们需要用一生来理解的概念。本书主要关注概念教学，而事实上，此时此刻的你正在了解“概念”的概念！

InTASC 标准 2
学习差异

概念学习与概念教学

InTASC 标准 8
教学策略

概念学习通常有两种方式。我们在校外掌握的大多数概念是通过观察习得的。例如，儿童通过听别人指称某些交通工具为“轿车”，进而获得了“轿车”的概念。最初，儿童可能将卡车或摩托车都置于概念“轿车”之下，但随着时间的推移，直到儿童能清楚地区分“轿车”与“非轿车”，“轿车”这一概念才得以精确化。同样，通过观察和亲身体验，儿童学到了更复杂的概念，如“淘气”“清洁”和“乐趣”等。

儿童通常是通过下定义的方式获得其他概念的。例如，只是通过独自观察，很难学会“姑姑”或“叔叔”等概念。儿童即使观察了数百个“姑姑”和“非姑姑”个体，也未必能形成清晰的“姑姑”概念。在这类例子中，学习概念的最佳方式是了解定义：姑姑必须是女性，并且其兄弟（或兄弟的配偶）有孩子。根据这个定义，就很容易将“姑姑”和“非姑姑”的概念区分开了。

定义　就像学生可以通过两种方式来学习概念一样，教师也可通过两种方式来传授概念。教师可以给学生提供某一概念的正例和反例，然后让学生得出或推断出定义（Silver, 2010）。教师也可以给学生呈现一个定义，然后让学生识别概念的正例和反例。有些概念适合采用范例—定义的教学方式，而对学校所教的大部分概念而言，最有效的教学方式是阐明定义，并呈现几个正例（如果需要的话，还可以呈现几个反例），然后再对定义进行阐述，以表明这些正例是如何体现该定义的。例如，我们可以将“学习”这一概念界定为“由经验引发的个体变化”。正例可能包括关于技能、知识、行为和情绪的学习。反例可能包括自然成熟的变化，如青春期开始引发的行为或情绪的变化。最后，我们可以根据正例和反例来重新阐述和讨论定义。

范例　概念教学包括广泛而熟练地运用范例。首先，范例应该清晰地说明概念，然后是用于测试这个概念的极限的范例，并将例子与非例子进行对比（Burden & Boyd, 2016）。

以“哺乳动物”这一概念为例。简单的正例是狗、猫和人类，而反例是昆虫、爬行动物和鱼类。这些都没有问题。但海豚是不是哺乳动物？还有蝙蝠、卵生的蛇和袋鼠是否为哺乳动物？这些例子就属于“哺乳动物”这一概念下难以判断的正例或反例，它们与人们基于直觉经验的简单化观点相矛盾。人们通常认为，胎生的陆地动物才是哺乳动物，而水生动物、鸟类和其他卵生动物则不是哺乳动物。借助简单的范例（狗与鱼），学生可以形成笼统的概念，但要通过那些比较复杂的范例（蛇与鲸）才能明确概念真正的外延。学生在处理更复杂的例子之前，应该先透彻地理解简单的事例。

为学习迁移而教

InTASC 标准 5
学科知识的应用

InTASC 标准 8
教学策略

学生经常被考试牵着鼻子走，而教师又疲于教学生如何应试，以至于两者都忘记了学校教育的主要目的：教给学生必备的技能和知识，使他们成年后能有效地工作和生活。假如学生在语文考试中能正确地填空，但是却不会给朋友或未来的雇主写一封清晰的书信；或者能在数学考试中进行小数和百分数的乘法运算，却不会计算销售税，那么这个学生所受的教育就属于舍本逐末了。然而，屡见不鲜的是，有不少在学校或考试中表现优异的学生却无法将习得的知识或技能迁移到真实的生活情境中。

真实生活中的学习　从一种情境到另一种情境的**学习迁移**（transfer of learning）取决于个体在最初的学习情境中对知识或技能的掌握程度，也依赖于习得技能与概念的最初情境与应用情境之间的相似程度（Day & Goldstone, 2012; Hall & Greeno, 2008; Schunk, 2016）。这些自 20 世纪初就广为人知的原理对教学具有重要意义。我们不能想当然地认为，学生能够将他们在校习得的内容迁移到实际情境中。因此，我们必须教会他们在真实生活中可能遇到的情境或者我们期望能够发生迁移的情境中去应用技能。学生若想运用他们在学校里学到的大部分技能与知识来解决问题，就必须接受具体的教学指导，并积累各种问题解决的经验（Zmuda, 2010）。

关于学习迁移，最重要的是我们不能想当然地认为迁移会自动发生（Chi & VanLehn, 2012; Perkins & Salomon, 2012）。事实上，学生即使在某种情境或环境中掌握了一种技能或概念，也不能保证该学生在任何情况下都能将这一技能或概念运用到新情境之中，即使该情境看起来（至少对教师而言）与原情境非常相似（Schwartz, Chase, & Bransford, 2012）。典型的例子是有的学生在语法和标点测验中的成绩很好，却不能将这些技能运用到自己的作文中；有的学生在学校能解决各种各样的数学问题，却不能将其数学知识运用到真实的生活中。例如，莱夫（Lave, 1988）描述了一个实施减肥计划的男人，他要解决的问题是测量出一人份的干酪，即通常三分之二杯量的四分之三。这个通过了大学微积分考试的男人先量出三分之二杯的干酪，将它倒在砧板上使之成圆形，并在上面画了一个十字，然后去掉四分之一。可是他压根儿就没想到用 $2/3 \times 3/4 = 1/2$ 的乘法，而这几乎是任何一个六年级的学生都能在考卷上答对的数学题（但是很少有人将其运用到实际情境中）。

最初的学习与理解　不足为奇，影响技能或概念从一种情境迁移到另一种情境的最重要的因素之一是在最初的学习情境中对该技能或概念的掌握程度。当然，学生对教材的理解程度以及在多大程度上以有意义的方式教这些内容同样也十分重要（Perkins & Salomon, 2012）。换言之，通过死记硬背记住的知识是很难迁移到新情境中的，不管学生记得多么清楚牢固。

情境中的学习　如果学习迁移在很大程度上取决于最初的学习情境与后来的应用情境之间的相似程度，那么在学校中，我们应该如何实施教学才能使学生将习得的知识和技能运用到与学校大不相同的真实生活情境中？

迁移的一条重要原理是，在新环境中运用知识或技能的能力部分取决于我们学习或应用知识或技能时环境的多样性（Schwartz et al., 2012）。例如，与有多年驾龄且只开一种车型的司机相比，那些只工作了几周但具有驾驶多种车型经验的泊车员更容易驾驶全新且不同车型的汽车（至少在停车场是这样）。

概念教学　研究表明，教师在教学生新概念时，应先呈现相似情境中的概念示例，然后再提供各种情境中的示例。这种方法可以提高学生将概念迁移到新情境中的能力。

在教概念时，促使学生将概念正确地应用于新情境中的一种方法是：给学生提供各种各样情境中的示例。尼奇（Nitsch, 1977）开展的一系列经典实验就证明了这项原理。他先给学生呈现定义，然后再举例来阐明概念。一些学生学习的是同一情境中的几个示例，而另一些学生学习的是不同情境中的示例。那些只学习相同情境中的示例的学生能识别出该情境中的其他例子，但很难将概念运用到新情境中。相反，那些学习不同情境中的示例的学生在开始学习概念时有一些困难，但是一旦掌握了概念，他们就能将概念运用到新情境中。因此，最好的策略是将这两种方法结合使用，即开始时给予学生相同情境中的示例，然后再呈现不同情境中的示例。表 7.3 向我们展示了学习单词“flummoxed”的一个例子。

教师可以运用许多其他方法来提高学生将在一种情境中习得的知识或技能迁移到其他情境尤其是真实生活中的能力。例如，教师可以利用模拟的方法来创设接近真实生活的情境，如中学生可以通过与扮演面试官的教师或同伴进行模拟交谈，从而为以后的求职面试做准备。教师还可以将学生在一种情境中习得的技能引入新情境中，以此来促进学习迁移。一个很好的例子是，历史老师了解到语文老师正在教学生一些写作技能或语法规则，然后提醒学生将这些技能运用到历史课的论文写作中。

迁移与初始学习　教师为迁移而教面临的一个棘手问题是，一些能促进迁移的最有效的方法恰恰与初始学习的有效方法相对立。正如尼奇（Nitsch, 1977）的研究所发现的，在教学之初就利用各种情境来教某一概念，这很容易让学生感到困惑；但假如在学生理解了同一情境中的有关概念后再讲授各种情境中的示例，则可以促进迁移。这一原理对教学具有重要意义。在介绍一个新概念时，教师应该先呈现相似的示例，直到学生真正地理解了这个概念，然后再运用其他各种示例来阐明该概念的本质特征（Perkins & Salomon, 2012）。

以有关进化的一系列课程为例。在介绍“进化”这个概念时，首先，教师应该运用清晰的示例来说明动物是如何进化的，以及这些进化方式增加了它们在各自环境中的生存机会，例如海豹鳍状肢的进化或骆驼驼峰的进化等。其次，教师可以列举植物进化的例子（例如，沙漠植物蜡质表皮的进化），来稍微拓展一下进化的概念。

表 7.3　在相同语境和不同语境下教新单词

所教的概念：flummoxed 定义：困惑	
相同语境的举例	**不同语境的举例**
1. 魔术师的突然消失令观众感到困惑。	1. 拉珊德拉被操纵遥控车的那些按钮和开关搞得颇为困惑。
2. 当魔术师掀起锅盖，一只鸟儿从里面飞出来时，观众感到十分困惑！	2. 同一件商品上的两张价格标签令顾客感到困惑。
3. 当魔术师出现在观众席中而不是舞台上时，每个人都感到困惑：他是怎么来到这里的？	3. 哈罗德发现他的朋友们带他参加了一个令人惊喜的生日聚会，他感到有些困惑。

“我不是在复制。我只是在将知识从一种情境迁移到另一种情境中！”

再次，教师还可以讨论社交行为的进化（例如，狮子、狒狒和人类的合作行为）。最后，教师可以对某些类似进化过程的现象（例如，为应对自由市场经济的选择性压力而做出的商业调整）进行探讨。通过这种方式，教师首先在一种清晰的情境（动物）中确立了进化的概念，然后逐渐拓宽这一概念，直到学生能够明白选择性适应原理如何在各种情境中得以体现。如果教师一开始就将动物、植物、社会和商业等方面的内容混在一起讨论，就很容易让学生产生困惑。但如果教师仅局限于讲授动物的进化，那么学生就很难将进化的概念迁移到新情境中。学习了不同情境中的进化概念后，学生就更可能对概念的科学用法与隐喻用法加以区分，并将概念运用到全新的情境中，例如，社会变迁带来的艺术进化（Day & Goldstone, 2012）。

为迁移而教时，重要的是不仅要提供许多例子，而且要指出每个例子是如何体现概念的本质特征的（Chi & VanLehn, 2012）。教师在讲授“进化”这一概念时，要围绕进化的核心特征对每个具体案例进行解释。例如，狮子之间合作行为的发展体现了其社会性特质的进化过程，因为合作的群狮比独居的狮子更容易捕获猎物，更容易生存，也更能确保后代生存下来。指出每个例子中所体现的概念的关键特征，有助于学生将概念用于理解他们从来没有遇到过的新例子（Anderson et al., 1996）。类似地，通过对比不同的案例或情境来阐明某个概念，并指出它们之间的相似点和不同点，也能够促进学习迁移（Bulgren, Lenz, Schumaker, Deshler, & Marquis, 2002; Gentner, Loewenstein, & Thompson, 2002）。

迁移的显性教学 教师可以对学生进行显性教学，从而使他们学会将技能迁移到新情境中（Silver, Dewing, & Perini, 2012）。例如，富克斯及其同事（Fuchs, Fuchs, Finelli, Courey, & Hamlett, 2003）评价了三年级数学教学中的一种“显性迁移”技术。处于显性迁移环境下的学生能够学到迁移的含义，并会通过例子了解同一类应用题在措辞、情境和数字变换之后的不同表现形式。他们还学会了观察并判断这些应用题与他们以前做过的是否类似。例如，有这样一道应用题：为了得到 32 块柠檬糖，需要买几包（一包有 10 块柠檬糖）？之后，教师会用不同的措辞来表述同一道应用题，或增加相关的问题，或改变情境，等等。教会学生如何在应用题中寻找共同点，显著地提高了他们完成迁移任务的成功率。

如何在教学中运用讨论

InTASC 标准 8

教学策略

出于多种原因，教师可以将讨论作为教学的一部分。讨论适合澄清那些有争议的主题，解决可能有多种正确答案的问题，还有助于达成情感目标或态度目标。教师既可以主持全班范围的讨论，也可以安排由学生领导的小组讨论（Novak, 2014）。

主观性和争议性的主题

在许多学科中存在着答案并不唯一的问题。一道代数题可能有唯一的正确答案，一个德语动词在既定的情况下只有一种正确的变化形式。但是，在回答下面这些问题时是否只存在唯一的答案？例如，哪些原因引发了美国南北战争？莎士比亚生活的时代的政治背景对其作品有什么影响？基因工程是否因对世界健康造成威胁就应该被禁止？诸如此类的许多问题并没有明确的答案。因此，对学生来说，重要的是讨论和理解这些问题，而不是简单地接收和重复某些知识或技能。历史、政治、经济、文学、艺术和音乐等学科都包含了许多适合学生讨论并得出各种解释的问题。研究发现，讨论有争议的问题可以丰富学生关于该问题的知识，同时鼓励他们对一个问题的各方面有更加深入的理解（Johnson & Johnson, 1999）。

复杂和新异的概念

除了主观性和争议性的主题，讨论也有助于阐明那些有唯一正确答案但需要学生以不同方式来看待事物的复杂概念。例如，科学老师在一节课上可能只讲授了浮力和相对密度的有关知识。然而，教师所讲的内容与学生关于物体为什么能漂浮的朴素观点（“因为物体轻，所以能漂浮”）产生了冲突。因此，如果给予学生机会，让他们自己形成关于物体为何漂浮的理论并加以辩论，以及让他们解决这样的问题，如“假定物体漂浮是因为轻，那为什么战舰也能漂浮？”“假如你向湖里扔一些东西，它们沉入水中但并未沉到湖底。为什么它们会停止下沉？”那么学生对浮力和相对密度的理解可能会更准确。当学生共同去探寻解释此类现象的理论时，他们可能会对浮力和相对密度的含义有进一步的认识，而这种理解仅靠教师的讲解是无法达到的。

情感目标

当情感目标（与学生的态度和价值观有关的目标）非常重要时，教师也可以采用讨论的方法。例如，关于公民或政府的课程既包含了许多关于政府如何运作的知识，也涉及了需要传播的重要价值观，如公民的责任和爱国主义。教师可以讲授“投票选举之所以重要的六个理由”，但其真正目的并非要讲授投票选举的理由，而是想让学生逐步树立起对民主化进程的尊重，以及承诺在时机成熟时履行登记和投票义务。与此类似，当其他同学强迫某学生参与不健康的、不良的乃至非法的活动时，有关同辈压力的讨论可能会让这个学生具备说“不”的技能与意志。社会心理学的研究早已发现，小组讨论，尤其在小组成员必须做出公开承诺时，能更有效地改变个体的态度和行为，其效果甚至远远优于最具有说服力的讲座。

全班讨论

讨论有两种主要形式：一是全班共同讨论同一个问题，由教师担任讨论会的主持人（Connolly & Smith, 2002; Gunter et al., 2003）；二是学生分组讨论同一个主题（Novak, 2014）。**全班讨论**（whole-class discussion）与一般授课方式的区别是，教师在讨论中的主导作用较小。教师可以引导讨论，以免学生钻牛角尖，但也要鼓励学生提出自己的想法。下面的例子描述了一场由威尔逊老师引导（而不是主导）的探究式讨论，她希望学生能够运用最近所学的知识来探索和形成自己有关美国独立战争的观点。

威尔逊女士：在过去的几周里，我们一直在学习导致美国独立战争的主要事件。当然，因为我们都是美国人，所以我们倾向于站在革命者的一方，并用爱国者一词来描述他们；但乔治国王可能会使用贬义词。然而，许多殖民者是亲英分子，有时亲英分子的人数超过了爱国者。我们想象一下，亲英分子会如何反驳殖民地应脱离英国而独立的观点。

贝丝：　我想，他们可能会说乔治国王是一个好国王。

文尼：　但是他对殖民地居民所做的一切又怎么解释呢？

威尔逊女士：请举出一些例子来。

文尼：　比如五项“不可容忍的法案”。殖民地居民必须为英国驻军提供食宿，以及封闭波士顿港等。

塔尼娅：　但是这些都是为了惩罚“波士顿倾茶事件”中的殖民地居民。亲英分子会说是爱国者率先挑起了事端。

威尔逊女士：这个观点不错。

弗兰克：　我认为亲英分子会说：“你可以不喜欢他所做的一切，但是乔治国王仍旧是我们的国王。”

理查德：　亲英分子可能认为“自由之子”这个组织的成员是一伙暴徒。

威尔逊女士：我可能不会那样表述，但是我认为你说的是对的。他们做的什么事情让你有这样的看法？

拉蒙：　他们损坏财物、骚扰亲英分子和英国驻军。比如谩骂，用东西砸人。

威尔逊女士：你认为亲英分子对“波士顿惨案”会持什么看法？

贝丝：　他们可能会说那些暴徒自食其果。他们会认为是萨姆·亚当斯煽动了所有人。

威尔逊女士：我们换个角度来思考。我们住在加利福尼亚州，我们的首都华盛顿在3000英里以外。我们必须缴纳各种各样的税，大部分的税款用于帮助波士顿或巴尔的摩的人，而不是我们这里的人。政府所做的许多事情都让加利福尼亚的人民感到愤怒。我们有充足的食物，而且我们能够生产出我们想要的任何东西。那为什么我们不进行一场加利福尼亚独立战争以建立我们自己的国家呢？

萨拉：　但我们是美国的一部分！

塔尼娅：　我们不能那样做！军队会来镇压革命！

威尔逊女士：你们不认为亲英分子也会这样想吗？

文尼：　但是我们可以选举，而他们不能。

拉蒙：　对。无代表权也纳税！

贝丝：　我敢断定，许多亲英分子认为英国会赢得这场战争，所以他们认为最好站在胜利者一边。

在这场讨论中，威尔逊老师并没有期望学生们找寻有关美国独立战争的具体事实，而是尽力让学生们运用之前学到的知识从不同的角度来讨论问题。威尔逊老师让学生们自己确定讨论的走向。她的主要任务就是让讨论继续下去，让学生用具体的事实来维护自己的观点，确保多数学生都参与进来，并帮助学生避免钻牛角尖或陷入无意义的争论。

资格认证指南

在教师资格认证考试中，你可能会被要求展示你对各种教学策略的原理和技术的理解。例如，你可能会被要求写出适合全班讨论的课程目标，以及你将如何组织讨论以使其有效。

讨论前的知识储备　在开始讨论前，教师必须确保学生具有足够的知识储备。在讨论中，最让人沮丧的是参与者对主题了解不足。对美国独立战争进行讨论的基础是学生了解了战争前的主要事件。有时，教师可以在教学前组织讨论，以激发学生对所学主题的兴趣，但应该适时为学生提供相应的知识。例如，在本章开篇案例中，洛根女士不仅在正式讲课之前让学生讨论和做实验，而且在授课后也会这样要求已经拥有更多知识的学生。

小组讨论

在**小组讨论**（small-group discussion）中，每组有 4~6 个学生，大家一起讨论某个特定的主题，教师则在小组之间来回走动，协助学生讨论（Cook & Tashlik, 2004; Spiegel, 2005）。因为小组讨论要求学生在大部分时间独立学习，因此，年龄较小或者缺乏组织性的学生需要做好充足的准备。事实上，他们或许无法从讨论中获得任何收获。然而，四年级及以上的大部分学生均能从小组讨论中获益。

像其他形式的讨论一样，大部分小组讨论应通过教师主导的课程、书籍或视频来呈现知识，或者应在学生从图书馆或网上自行查阅相关知识之后进行。一旦学生对某一主题有所了解，他们就可以在小组中进行讨论，必要时还可以将课桌搬到一起，以便彼此交谈和倾听。

每个小组应当有一个由教师任命的学生组长。组长应当具有责任感且善于组织，但不一定是成绩最好的学生。所有小组可以讨论相同的主题，或者每个小组分别讨论一个全班正在学习的大主题下的不同分主题。例如，在“大萧条”这一单元中，一个小组可能主要讨论大萧条的原因，另一个小组主要讨论银行系统的崩溃，第三个小组主要讨论大萧条的社会后果，而第四个小组则主要讨论罗斯福新政。教师应该就各组的主题为每组提供一系列问题。例如，就银行系统的崩溃这一主题而言，教师可以给出以下问题：

1. 1929 年的股票市场崩盘与那么多银行的倒闭之间有什么联系？
2. 是什么原因导致储户对银行失去了信心？
3. 为什么银行没有足够的资金来支付那些想要取款的储户？
4. 为什么今天不太可能出现大范围的银行挤兑？

在每个讨论小组中，组长的任务是确保小组围绕着指定的主题和问题展开讨论，并确保所有小组成员都参与到讨论中来。组长可以指定专人将小组的观点记录下来。在讨论结束时，小组成员可以准备一份活动或结论报告，向班里的其他学生展示。

关于小组讨论的研究表明，如果学生进行了充分的准备，而且小组的任务组织良好，那么小组讨论活动比传统的课堂教学更能提高学生的成绩（Cohen & Lotan, 2014）。也有一些研究表明，如果鼓励学生讨论有争议的话题，那么小组讨论会对学生成绩产生更大的积极影响（Johnson & Johnson, 1999）。

资格认证指南

在教师资格认证考试中，你可能会被要求指出一项个案研究所用教学策略的优缺点。

本章概要

直接教学

直接教学是一种教学方式，它强调由教师主导大部分的课堂教学活动和结构化课程内容的呈现。直接教学方案的要素包括积极主动的教学，清晰的授课组织，各分主题之间的循序渐进，以及运用大量的例子、示范和视觉线索。

如何开展直接课堂教学

直接教学的第一步是阐明学习目标，引导学生做好听课准备。这一步有两个主要任务：一是确立心理定势，使学生做好完成功课和学习的准备；二是确立一份“路线图”，使学生了解授课进程。

第二步是复习先决知识或进行前测，以确保学生掌握了必备的知识和技能。复习可以作为课堂学习的先行组织者。

第三步是以有组织的方式呈现新材料，对授课内容进行解释和示范，以维持学生的注意力。

第四步是进行学习检测，引导学生就授课内容给出回答。该步骤能给教师提供反馈，也有助于学生对自己的观点进行检验。提问技巧很重要，主要包括等待时间和点名顺序等。

第五步是提供独立练习，又称课堂作业，从而让学生运用新习得的技能。研究表明，独立练习应当内容简短，要求明确，不干扰练习中的学生，并且只有在学生能够进行独立练习时才提供这一任务。教师应当监督学生的练习过程，收练习作业，并将其成绩计入考评。

第六步是评价表现并提供反馈。每堂课都应当评估学生对学习目标的掌握程度。

第七步是提供分散练习和复习的机会。通过家庭作业和复习可实现分散练习，当练习在一段时间内间隔地进行时，知识会保持的更好。

有意识的教师

运用你所知的直接教学法改善教与学

有意识的教师能够有目的地选择教学策略。他们会预先了解各种策略的优缺点，从而根据学生、教学内容和情境来选择策略。

- 他们根据心中的目标设计教学。例如，针对定义明确的目标和讨论活动，他们采用直接教学；而当教学目标不那么明确时，则采用项目式教学。
- 在直接课堂教学开始时，他们会让学生了解课堂目标并做好听课准备，然后复习先决知识或技能。若有必要，他们会根据课程早期阶段的反馈，包括学生对知识的掌握情况，调整教学计划。
- 当教新概念或新技能时，有意识的教师会实施多样化的教学，运用幽默、表演、实例、类比、可视教具和技术等，使其课程引人入胜、易于理解，同时能调动学生的积极性。
- 在教学过程中，有意识的教师会经常检测学生的理解情况，如使用形成性评价来确定学生是否正在学习他们所教的内容。
- 在提出主要观点后，有意识的教师会给学生提供练习的机会，即让他们采用有助于达成目标的方式练习所学知识和技能。
- 在授课结束时，有意识的教师会使用正式或非正式的方式了解学生是否已达到该堂课的预期成果。如果没有，他们会重新讲解关键概念。
- 有意识的教师会布置适宜的、有吸引力的、有趣的家庭作业，进而为学生提供分散练习新技能或应用新概念的机会。
- 有意识的教师不会满足于将学习局限于狭隘的具体的学校情境。他们的教学致力于促进学生从一个主题到另一个主题、从学校到真实生活的学习迁移。
- 有意识的教师会使用开放式讨论来补充直接教学，或在目标不甚明确、难以达成或涉及情感元素时取代直接教学。

关键术语

直接教学
课程设计
心理定势
规—例—规
学习检测
等待时间
点名顺序
共同回答
齐声回答
独立练习
课堂作业
过程—结果研究
概念
学习迁移
全班讨论
小组讨论

自我评估：资格认证练习

指导语：本章开篇案例中强调了州级资格认证考试中经常出现的一些评价指标。请重读开篇案例，然后回答下列问题。

1. 在本章开篇案例中，洛根女士在讲授声音的这节课上运用了多种教学策略。下面哪项陈述表明洛根女士运用了直接教学法？
   a. 学生们以小组的形式做实验。
   b. 在实验进行半小时后，洛根女士将全班同学召集在一起。
   c. 各个小组的代表演示他们所做的实验。
   d. 洛根女士讲授有关声音的课。
2. 假如洛根女士准备运用直接教学法来讲授科学课中的重力问题，那么第一步应该是：
   a. 学习检测
   b. 阐明学习目标
   c. 呈现新内容
   d. 提供独立练习
3. 根据直接教学的有关研究，为什么洛根女士在教声音的物理课上应进行学习检测？
   a. 促进课堂教学
   b. 让学生练习所呈现的概念
   c. 给教师提供有关学生理解程度的反馈
   d. 抓住不专心听讲的学生
4. 洛根女士用一根短笛和一根长笛演示声波如何通过空气传播。她希望这种演示能帮助学生理解用瓶子装水的实验。她运用了哪种教学原理？
   a. 交互式教学
   b. 分散练习
   c. 学习迁移
   d. 替代性评价
5. 学生分组完成关于声音的物理课后，洛根女士告诉学生要进行独立完成的测验，以考查每个学生的知识掌握程度。而且只有小组中的每个成员都掌握了所学内容时，这个小组才可以称为“超级团队”。她运用了何种教学策略？

a. 合作学习

b. 小组讨论

c. 直接教学

d. 探究学习

6. 运用直接教学法中的所有步骤设计一堂课。
7. 小组讨论和全班讨论各有哪些优缺点？

Robert Kneschke/Shutterstock

第 8 章

教学的学生中心取向与建构主义取向

本章提纲

什么是建构主义的学习观

建构主义的历史渊源

自上而下的加工

同伴互动

发现学习

自我调节学习

提供脚手架

学科领域中的建构主义方法

对建构主义方法的研究

如何在教学中应用合作学习

合作学习法

对合作学习的研究

如何教问题解决与思维的技能

问题解决的过程

教创造性问题解决的策略

教思维技能

批判性思维

学习成果

学完本章后，你应当能够：

8.1 理解建构主义学习观的关键概念及其对课堂实践的启示；

8.2 讨论如何才能最有效地在课堂上开展合作学习；

8.3 描述如何教给学生问题解决技能与思维技能；

8.4 描述学生中心取向和建构主义取向的教学法如何影响有意识的教学。

“大家都回忆一下，”邓巴先生开口道，“上周我们是如何学习计算圆的面积和立方体的体积的。今天我们将探讨如何计算圆柱体的体积。这次真正由你们自己去做。在你们面前的每一个实验台上都有5个大小不同、没有刻度的圆筒，还有一把尺子和一个计算器，你们还可以利用水槽里的水。但是，你们能用的最重要的资源是你们的头脑和身边的同学。记住，在活动结束时，各组的每位同学必须不仅能说出圆柱体的体积公式，而且能准确地解释该公式是如何被推导出来的。大家还有什么问题吗？好，你们开始吧！”

这是邓巴先生所教的中学数学和科学课程，他的话音一落，班上的学生们立刻活动起来。他们四人一组围坐在实验台旁边，其中的“智囊组”一开始就把所有的圆筒装满了水。

米格尔说：“好的，我们已经把所有的圆筒都装满水了。接下来该做什么了？”

玛格丽特建议道：“我们来测量它们吧。”她拿起尺子，并让戴夫记下她口述的测量结果。

“这个小的圆筒高36毫米，稍等一下……底的直径是42毫米。”

“那又说明了什么？”约兰达问道，“我们用这种方式是测不出体积的。我们最好先稍微思考一下，不要一上来就去测量。”

“约兰达说得对，”戴夫说，“我们最好先做个计划。”

“我明白了，”米格尔说，“我们来做一个假……假……那个词怎么说来着？”

“假设，”约兰达说，“对！我们来猜一猜应该如何解决这个问题。”

“还记得邓巴先生让我们回忆圆的面积和立方体的体积吗？我打赌这可能是一个重要线索。”

“你是对的，米格尔，”恰巧经过的邓巴先生说，“但是你们打算如何利用这个信息呢？”

“智囊组”的成员沉默了一会儿，戴夫大胆地说：“让我们试着算出其中一个圆筒的底面积。刚才玛格丽特说小圆筒的底部直径是42毫米，给我计算器……现在我们如何算出底面积呢？”

约兰达说：“我想应该是π乘以半径的平方。”

“应该是这样。那么42的平方是……”

“不是42，是21的平方。”玛格丽特插嘴说，“如果直径是42，那么半径就是21。”

“对，我知道了。那么，21的平方是……441，π大约是3.14，计算器上的得数是13847。”

“不可能，”米格尔说，“400乘3是1200，所以441乘3.14不可能有13000。我觉得你算错了。”

“我再算一遍。441乘3.14……你是对的，约等于1385。”

“那又说明什么呢？”约兰达说，“这个数字也不能告诉我们如何算出圆筒的体积！”

玛格丽特兴奋地跳了起来：“别着急，约兰达。我想，我们应该用底面积乘以水的高度。”

“为什么？”米格尔问道。

玛格丽特回答说：“是这样的，我们计算立方体的体积时，用长乘宽乘高。长乘宽是底面积，我猜想我们可以用同样的方式计算出圆筒的体积。”

“聪明的女孩！”米格尔说，“这个主意听起来不错。但我们怎么来证明呢？”

“我有个想法。”约兰达说。她把所有圆筒里的水都倒出来，然后在最小的圆筒里装满水。“这是我的想法。我们不知道这个圆筒的体积是多少，但我们知道它的体积是恒定的。如果我们将等量的水倒入四个圆筒中，然后用我们的公式都计算一遍，那么应该会得到相同的结果。”

“我们试试吧。”米格尔说。他将小圆筒里的水倒入一个大圆筒中，再把小圆筒装满水，然后倒入另一个稍大一点的圆筒中。

“智囊组”测量了每个圆筒的底面直径和水的高度，记下数据，代入公式。的确，对于等量的水，他们用这个公式计算出的体积都是相同的。激动无比的学生们让邓巴先生过来看看他们的工作。邓巴先生让每个学生都说说他们做了些什么。

“太棒了！”邓巴先生说，“你们不仅找到了解决问题的方法，而且小组中的每个人都参与并理解了这项活动。现在，我希望你们能帮我一下。有几个小组的同学对这个问题仍然很困惑，你们能否帮他们一下？不要告诉他们答案，而是给他们提供思路。约兰达和米格尔去帮助‘智慧组’，戴夫和玛格丽特去帮助‘梦幻组’。你们觉得怎么样？谢谢！”

运用你的经验

合作学习与批判性思维 阅读完上述案例后，随机选择或指定4~8人，组成建构主义“专家”研讨组，让他们坐在教室前面，解释为什么这种教学方法在邓巴先生的中学数学和科学课上如此奏效。（学生也可以自愿地参加研讨组。）作为听众的其他同学可以在研讨组的每位成员发言后进行提问。

批判性思维 反思邓巴先生的教学风格。你如何描述其特征（如属于皮亚杰学派还是维果斯基学派，是发现学习还是其他类型的学习）？他是如何设计任务，又是如何与学生互动的？从建构主义的视角来看，强调学生已有的知识和提问至关重要，为什么？

学习远不只是记忆。学生如果要真正地理解并能够应用知识，他们就必须努力地解决问题，自主地发现问题，并深入思考。邓巴先生原本可以告诉学生圆柱体的体积公式是 $\pi r^2 h$，学生通过练习也能将数字代入公式中并算出正确答案。但这对学生有多大的意义？他们又能在多大程度上把公式体现的原理应用于其他问题呢？教育的任务不是向学生灌输知识，而是用引人入胜的实用概念来激发学生的思考。本章的重点是考察实现这一目标的途径。

什么是建构主义的学习观

教育心理学最重要的一条原理是，教师不能只是把知识告诉学生，学生必须在自己的头脑中建构知识。教师可以通过多种教学方式来促进学生的建构过程，比如通过使信息变得对学生有意义并与其自身相关；通过给学生提供自主发现或应用某些概念的机会；通过教学生意识到并主动应用自己的学习策略。教师可以为学生提供通向更高层次理解的梯子，但学生必须自己攀爬（Guskey & Anderman, 2008; McCombs, 2010）。

InTASC 标准 8

教学策略

基于上述观点的学习理论称为**建构主义学习理论**（constructivist theory of learning）。建构主义理论的核心观点是，学习者要把知识和技能学到手，欲求自得，就必须自己去发现和转换复杂的信息（Anderson, Greeno, Reder, & Simon, 2000; Fosnot, 2005; Slavich & Zimbardo, 2012）。从建构主义理论的视角来看，学习者可以不断地对照已有的规则去检验新经验，并在已有的规则不再适用时对其进行调整。这一观点对教学具有深远意义，因为它强调，学生在自主学习中扮演的角色远比在许多传统课堂中更为主动。由于建构主义理论强调学生是主动的学习者，因此建构主义教学策略也经常被称为*以学生为中心的教学*（Barnes, 2013b; Cornelius-White, 2007）。在以学生为中心的课堂中，教师成为了“一旁的指导者”，而不是“讲台上的智者”，教师要帮助学生去发现意义，而不是一味地讲授或控制所有的课堂活动（Noddings, 2008; Weinberger & McCombs, 2001; Zmuda, 2008）。

建构主义的历史渊源

建构主义的变革在教育史中有着深厚的根基，在很大程度上借鉴了皮亚杰和维果斯基的研究（参见第 2 章）。两位研究者都强调，只有当先前的概念根据新信息经历一个不平衡过程时，认知改变才会发生。皮亚杰和维果斯基还强调学习的社会属性，两者都主张用混合能力学习分组来促进概念转变。现代建构主义思想在很大程度上借鉴了维果斯基的理论（Mahn & John-Steiner, 2013; Schunk, 2016; Seifert, 2013; Trawick-Smith, 2014）——该理论为强调合作学习、项目式学习和发现学习的课堂教学法提供了支持。维果斯基的理论有四条核心原理：社会学习、最近发展区、认知学徒制和中介性学习。

链接 8.1

对皮亚杰和维果斯基研究的讨论见第 2 章。

社会学习　维果斯基强调学习具有社会属性（Daniels, Cole, & Wertsch, 2007; Gredler & Shields, 2008; Hall & Greeno, 2008）。他指出，儿童通过与成人以及更有能力的同伴进行互动来学习。在合作学习中，如在邓巴先生的课堂上，学生听到并看见了同伴的思考过程。这种方法不仅使所有学生能获得学习成果，而且还使他们都能了解其他同学的思维过程。维果斯基注意到，成功的问题解决者在解决困难问题时经常自言自语（Corkum et al., 2008; Flavell, 2004）。在合作小组中，学生们可以清楚地听到这些发自内心的言语，从而了解到成功的问题解决者是如何自主思考的。

链接 8.2
想了解更多有关最近发展区的内容，请参见第 2 章。

最近发展区　维果斯基理论中的第二条核心原理是，儿童对处于最近发展区中的概念学习效果最好（Berger, 2012）。正如我们在第 2 章中所讨论的，最近发展区是指儿童无法独立完成但在同辈或成人的帮助下可以完成的任务范围。比如，当某个儿童不能自己找出一组数字的中位数，但在教师的帮助下可以找出时，那么找出中位数的能力就很可能处在该儿童的最近发展区内。当儿童在一起学习时，给定的任务对大部分儿童来说可能稍高或稍低于他们的认知水平，但这些任务仍处于每个儿童的最近发展区内。

认知学徒制　维果斯基理论中的另一个重要概念是**认知学徒制**（cognitive apprenticeship），这一概念强调学习的社会性和最近发展区（Wertsch, 2007）。这个术语是指学习者通过与某个专家的互动逐渐获得专业知识的过程，其中专家既可以是成人或年龄较大的儿童，也可以是比自己优秀的同龄人。在许多行业中，新手通常通过学徒制来学习如何工作。其间，新手紧密地辅助专家工作，专家向经验不足的新手提供示范和反馈，新手会在这一过程中逐渐地适应职业规范，掌握职业行为。学生教学，即“当小老师”，是学徒制的一种形式。建构主义理论家主张，教师应将这种历史悠久且高效的教与学的模式迁移到课堂的日常活动中来，如让学生参与复杂的学习任务，并帮助学生完成这些任务（就像高级电工帮助学徒重新给房屋布线那样）(Hamman, Berthelot, Saia, & Crowley, 2000)；或让学生参与组员能力各异的合作学习小组，其中较优秀的学生可以帮助其他学生完成复杂的任务（Slavin, 2011, 2013; Wentzel & Watkins, 2011）。

中介性学习　最后，维果斯基强调的提供脚手架或中介性学习（Berger, 2012; Mahn & John-Steiner, 2013）在现代建构主义理论中占有重要的地位。目前，维果斯基的理论中备受关注的一个观点是，应该给学生提供复杂、困难但贴近实际的任务，然后给予他们充分的帮助以完成这些任务（而不是只教给学生点滴知识，却期望有一天他们能依靠积累的知识完成复杂的任务）。这一原理在课堂实践中经常表现为多种形式，如小课题、模拟、社区探索活动、以真实读者为对象的写作以及其他的真实任务（Egan, 2008; Levy, 2008; Mahn & John-Steiner, 2013）。*情境学习*（situated learning）这一术语用来描述那些发生在现实生活真实任务中的学习（Anderson et al., 2000）。这一观点强调深度学习，而非那种浅尝辄止的学习。

自上而下的加工

建构主义教学观强调自上而下而非自下而上的教学。*自上而下*一词意味着学生首先要从解决复杂问题入手，然后（在教师的帮助下）发现解决这些问题需要哪些基本技能。比如，先要求学生写作文，然后再学习拼写、语法和标点符号的用法。这种自上而下的加工取向与传统的自下而上的教学策略形成鲜明对比：在自下而上的加工中，基本技能被逐步建构为更为复杂的技能；但在自上而下的教学中，学生一开始遇到的问题就是复杂的、完整的、真实的，换言之，这些问题并不是学生最终要完成任务的一部分或简化形式，而是真实的任务。下面介绍兰珀特（Lampert,

1986）描述的采用建构主义教学法的数学课程案例。在讲一位数乘两位数的乘法时（如 4 × 12 = 48），传统的自下而上的教学法是教学生用逐步法算出正确答案。只有当学生掌握了这些基本技能后，才会给他们呈现一些简单的应用题，如“桑德拉想买一些铅笔，每支铅笔 8 角 2 分。如果她买 4 支，一共需要多少钱？”

建构主义教学法恰好与此相反，它首先让学生从问题（通常由学生自己提出）入手，然后帮助学生弄清楚如何进行运算。图 8.1 展示的就是兰珀特的例子。在本章开头的案例中，邓巴先生用合作小组的方式帮助学生推导出圆柱体的体积公式。回忆一下，“智囊组”的每个成员是如何进行思维碰撞与交流的，如何尝试提出并放弃错误观点，最终又是如何发现解决方案并证明其正确的。没有一个学生能单独解决这个问题，所以小组合作有助于问题的解决。更为重要的是，倾听他人的观点，尝试提出解决方案，接受即时反馈，争论不同的推进方式，所有这些经验合在一起，给“智囊组”提供了认知脚手架。维果斯基、布鲁纳以及其他建构主义者都认为，认知脚手架对高阶学习至关重要（Fosnot, 2005）。

同伴互动

InTASC 标准 3

学习环境

建构主义教学法通常会充分利用同龄学生之间的互动，其理论依据是，如果学生可以互相讨论问题，那么他们会更容易发现并理解晦涩难懂的概念。此外，研究还发现，兴趣会受到社会因素的强烈影响，如果你的同伴对某件事感兴趣或支持你的兴趣，你很可能也会对此感兴趣（Bergin, 2016）。如前所述，强调学习的社会属性，强调小组成员示范正确的思维方式、暴露和挑战彼此的错误概念，这些都是皮亚杰和维果斯基的认知改变理论中的关键要素（Barnes, 2013a; Senn & Marzano, 2015; Webb, 2008）。同伴互动的方法又被称为合作学习，本章稍后将详加论述。

发现学习

InTASC 标准 5

学科知识的应用

InTASC 标准 8

教学策略

发现学习是当代建构主义教学法中的一个重要组成部分，也是教育改革的长期议题。在**发现学习**（discovery learning）中（Barnes, 2013a; Boss, 2015; Pahomov, 2014），鼓励学生通过主动探索概念和原理进行自主学习，鼓励学生多体验、做实验，以便自行发现规律。发现学习的重要倡导者杰罗姆·布鲁纳（Jerome Bruner）是这样论述的，“我们讲授某门课程不是为了生产记载该门学科知识的活文库，而是要让学生自己去思考……学生要像历史学家那样去思考，去参与获得知识的过程。理解是一个过程，而不是一个结果。”（Bruner, 1966, p.72）例如，一项研究表明，与直接将物理原理告诉高中生然后让他们实践这些原理相比，让他们自行发现这些原理更能提高他们的学习效果（Schwartz, Chase, Oppezzo, & Chin, 2011）。

发现学习在许多学科中都有应用。比如，一些科学博物馆里有许多大小和重量各异的圆柱体，其中有些是空心的，有些是实心的。鼓励学生比较这些圆柱体从斜坡上滚下来的速度。通过仔细的实验，学生可以发现决定圆柱体速度的基本原理。计算机模拟可以为学生创设探索科学原理的环境（De Jong, 2011）。创新科学项目（Singer, Marx, Krajcik, & Chambers, 2000）主要是基于发现学习的原理设计的。

发现学习可为学生带来多种益处，它可以唤起学生的好奇心，激励学生努力坚持，直至发现答案。学生还能学会独立解决问题及批判性思维等技能，因为他们必须分析和处理各种信息。然而，发现学习也可能会导致犯错和浪费时间。因此，指导性

老师：谁能举一个运用乘法算式 12 × 4 的例子?

学生 1：有 12 杯热巧克力，每杯里面有 4 块棉花糖。

老师：如果我对这个例子进行乘法运算，我能了解到关于棉花糖的哪些信息?

学生 1：你会知道你总共用了多少块棉花糖。

老师：太棒了! 我们画一幅图来帮助我们理解这道乘法问题。这是 12 个杯子，每个杯子里面有 4 块棉花糖。（在白板上展示图片，如左图所示）像往常一样，如果我们把杯子分组的话，就比较容易数出总共有多少块棉花糖。在考虑分组时，我们喜欢用的组数是多少?

学生 2：10。

老师：正确! 这 10 个杯子的每个杯子中都有 4 块棉花糖在里面（用圆圈将 10 个杯子圈起来）。谁能告诉我有多少块棉花糖在圆圈里?

学生 2：有 40 块棉花糖。

老师：你是怎么计算出来的?

学生 2：因为 10（杯）× 4（块）等于 40 块棉花糖。

老师：在圆圈外还剩下多少块呢?

学生 1：8 块。

老师：那么我们总共用了多少块棉花糖呢?

学生 1:48 块，因为在圆圈内有 40 块棉花糖，再加上剩下的 8 快。

老师：假如擦掉我画的圆圈，我们再重新看一下这 12 个杯子。有没有其他方法来分组这些杯子，以便用不同的方式来数棉花糖呢?

学生 2：你可以分为 3 组，每组 4 个杯子。

老师：如果我们圈出第一组的 4 个杯子，每个杯子里有 4 块棉花糖，这组一共有多少块棉花糖?

学生 1：16 块。

老师：你是怎么计算出来的?

学生 2：因为有 4 个各含 4 块棉花糖的杯子，所以 4 × 4 = 16。

老师：谁能告诉我和右边的图相匹配的乘法算式是什么?

学生 2：16 × 3 = 48。

老师：是的! 你是怎么想出来的?

学生 2：因为第一行有 16 块棉花糖，共有三行，也就是 16 × 3 = 48。

老师：这次得到的棉花糖数量和我们第一次把它们分组时得到的数量是一样的吗?

学生 2：是的，因为我们有相同数量的杯子，每个杯子里有相同数量的棉花糖。

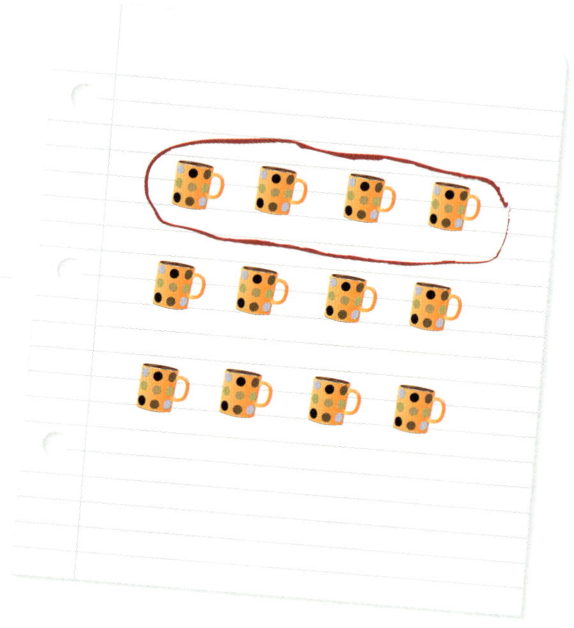

图 8.1 教学生乘法的数学课例

发现学习比单纯的发现学习更为常用（Drapeau, 2014; Kirschner & van Merrienboer, 2008; Marzano, 2011）。在指导性发现学习中，教师扮演着更为主动的角色，会给出线索，组织活动的各个部分，或者提供纲要。

自我调节学习

建构主义学习理论的一个关键概念就是将理想的学习者视为**自我调节的学习者**（self-regulated learner）（Barnes, 2013a; Greene & Azevedo, 2007; Hadwin, 2008; Veenman, 2011）。自我调节的学习者了解有效的学习策略，并知道如何以及何时应用这些策略（Bandura, 2001; Dembo & Eaton, 2000; Hadwin, 2008; Zimmerman, 2013）。比如，自我调节的学习者知道如何将复杂的问题分解为简单的几步或尝试其他解决方案（Hall & Greeno, 2008）；知道如何以及何时进行泛读，如何以及何时精读以获得深层理解；知道如何写作以说服他人，以及如何写作以提供信息（Graham, Harris, & Chambers, 2015; Zimmerman, 2013）。不仅如此，自我调节的学习者会受学习活动本身所激励，而非仅仅受分数或他人的赞赏所驱动（Boekaerts, 2006）。他们能够坚持一项长期的工作，直至完成。当学生不但拥有有效的学习策略，而且还有动机去坚持使用这些策略，直至满意地完成活动时，这些学生就很容易成为有效的学习者（Anderman & Dawson, 2011）。研究发现，教自我调节学习策略的项目能够提高儿童的学业成就（Cho & Bergin, 2009; Cleary & Zimmerman, 2004; Fuchs et al., 2003; Mason, 2004; Torrance, Fidalgo, & Garcia, 2007）。

链接 8.3
想了解更多有关自我调节学习动机的内容，请参见第 10 章。

提供脚手架

正如第 2 章所指出的，为学生提供脚手架是一种基于维果斯基的辅助学习概念的实践。根据维果斯基的观点，诸如有目的地进行记忆和注意的能力、利用符号思维的能力等高级心理机能都是中介性行为（DeVries, 2008; Mahn & John-Steiner, 2013）。通过文化的外部调节，这些行为以及其他行为内化为学习者头脑中的心理工具。在辅助学习或**中介性学习**（mediated learning）中，教师是文化的代理人，引导着教学，使得学生能够掌握并内化心理技能，以保证高级认知功能发挥作用。这种内化文化工具的能力取决于学习者的年龄或认知发展阶段。一旦获得了内化中介物，个体将会进行更深入的自我中介性学习。

从实践层面来看，提供脚手架可能意味着，教师要在课程的开始阶段给予学生更多的结构框架，然后逐渐地将责任移交给学生，让学生自己进行活动（Borich, 2014; Fisher & Frey, 2013; Jackson, 2009; Shepard, 2005; Wentzel & Brophy, 2014）。比如，教学生对他们正在阅读的材料提出自己的问题。在开始阶段，教师可以给学生提供各类问题的范例；之后，学生则应自己去提出问题（Fisher & Frey, 2013）。有关支架式教学的另一个例子请参见图 8.2。

链接 8.4
想了解更多有关提供脚手架的内容，请参见第 2 章。

学科领域中的建构主义方法

建构主义和以学生为中心的教学法目前已经在所有课程领域占据主导地位（Gabler & Schroeder, 2003; Henson, 2004; Loyens & Rikers, 2011; Pearson & Hiebert, 2015）。下面将描述阅读、写作、数学和科学教育中的建构主义方法。

图 8.2 提供脚手架

内森：这看起来并不像“g”。（沮丧地乱画。）

成人：你看上面是什么形状？（指着“g”的图片。）
内森：一个圆。
成人：你很擅长画圆圈。让我们看看你是怎么画圆圈的。
内森画了一个圆圈。

成人：现在你看看下面是什么形状？
内森：一个钩子。
成人：现在把钩子加到你的圆圈下面。（用手指着。）
内森添加了一个钩子，然后就成了小写的字母“g”

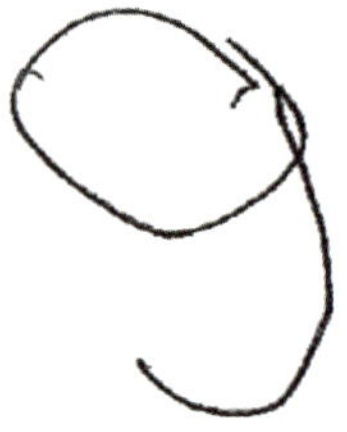

成人：所以在写“g”时，你要先画一个圆圈，再加上一个钩子。
内森再次尝试书写，一边写一边自言自语：“先画一个圆圈，然后再添加一个钩子”。

阅读中的建构主义方法

交互式教学 **交互式教学**（reciprocal teaching，也译作互惠式教学）是一种经过充分研究的基于问题生成的建构主义教学法（Palincsar & Herrenkohl, 2002）。采用这种方法，可以帮助中小学的后进生学习阅读理解，它要求教师与被分成小组的学生一起参加学习活动。开始时，教师先向学生示范在阅读时可能会提出的问题，接着指定某个学生来当“教师”，并让学生互相提问。图 8.3 呈现了使用交互式教学的例子。请注意例子中的教师是如何开始引导有关图书主题的对话，然后又将这一任务移交给玛丽萨的（在例子结尾处，玛丽萨又要将该任务移交给另一位同学）。教师先示范

图 8.3　交互式教学课程示例

老师：这个故事的题目是“吃六顿晚餐的锡德”。我们先进行一些推测。我首先猜想这个故事讲的是一只很能吃的猫。我为什么这样说呢？

学生 1：因为封面上有一只猫。

学生 2：而且题目中说它吃了六顿晚餐，六顿晚餐吃起来太多了！

老师：没错。大多数宠物一天只吃一两顿。现在，我们推测一下你可能会读到的关于锡德的内容。

学生 3：我们可能会读到它为何吃那么多晚餐。

学生 1：还有它晚餐会吃些什么。

老师：你们还想知道什么其他信息吗？（学生没有回答。）

老师：我想知道是谁给了它这么多的食物。你们对这件事怎么看？

学生 2：也许是它的主人，因为它饿了，所以主人不停地喂它。

学生 3：也可能是一群不同的人在喂养它。

老师：这些都是很有趣的想法，任何一种都有可能发生。我们先读前四页内容，看看我们的哪种推测是正确的。在这一部分，将由我来担任“老师”。（所有学生默读这一部分内容。）

老师：现在你们知道吃六顿晚餐的锡德是谁？

学生 1：一只吃六顿晚餐的猫。

老师：没错。所以我们推测锡德是一只吃了很多东西的猫是正确的。我们还猜对了什么？

学生 2：我们预测接下来会读到它吃什么以及不同的人喂它。

老师：到目前为止，我们已经对它了解很多了。我对第一部分内容的总结是，它描述了一只叫锡德的猫是如何哄骗 6 个不同的人每晚来给它喂食的。让我们继续往下读。（所有学生阅读下一部分。）

老师：谁来当下一部分内容的“老师”？玛丽萨？

玛丽萨：有人发现锡德吃得太多了吗？

老师：好问题！这又回到了不同的人喂它这一推测上。你选择谁来回答这个问题呢？

玛丽萨：贾沃恩。

贾沃恩：兽医发现锡德有六个不同的主人。

玛丽萨：兽医将其他主人的情况告知了每位主人，他们意识到他们中的每个人每晚都在给锡德准备晚餐。

老师：现在我们来总结一下。

玛丽萨：锡德的主人们就是这样发现彼此的。

老师：没错。这个故事接下来会告诉我们，主人们一致决定，以后锡德每天只能吃一顿晚餐。

玛丽萨：这个故事也告诉我们锡德有多喜欢吃六顿晚餐。所以我推测，接下来的几页内容将会告诉我们，它是如何再次努力吃到六顿晚餐的。我想让狄龙来当下一部分内容的“老师”。

老师：非常棒的推测。

自己希望学生能独立完成的行为；然后，随着学生开始提出实际问题，教师的角色就转变成促进者和组织者。有关交互式教学的研究普遍发现，这种教学策略提高了后进生的学习成绩（Sporer, Brunstein, & Kieschke, 2009）。

向作者发问　另一种用于阅读的建构主义教学法是向作者发问（Beck & McKeown, 2001; McKeown & Beck, 2004; Salinger & Fleischman, 2005）。通过这种方式，三至九年级的学生可以学会将事实性阅读材料的作者看作真实的、会犯错的人，并与作者展开模拟“对话”。在学生的阅读过程中，教师应不时地让他们暂停并提出一些问题，比如“作者试图说明什么？或者作者想让我们了解什么？”，随后教师还可以接着提

问，比如“这与作者前面所讲的是否吻合？”。最后，由学生自己就作者的意图以及要表达的意思提出问题。一项针对五年级和六年级学生的研究发现，使用这种方法的学生比对照组能够回忆起更多的课文内容，并且更可能将阅读目的描述为理解而非单纯的死记硬背（McKeown & Beck, 2004）。一项针对幼儿园和一年级后进生的研究同样发现，类似的策略对这些学生的词汇发展具有积极作用（Beck & McKeown, 2007）。

概念取向的阅读教学 概念取向的阅读教学（Concept-Oriented Reading Instruction, CORI）（Wigfield & Guthrie, 2010）是一种建构主义教学法，用于小学高年级的阅读教学。它强调五个关键要素。

- 内容目标。学生阅读的材料主要关注科学目标。
- 给学生选择权。学生能够自主选择要深入阅读的书籍和主题。这一做法是为了最大限度地激发学生的阅读动机。
- 与文本有关的动手实践活动。学生在动手实践中探索科学概念。这一做法旨在促进科学学习，但从阅读的视角来看，它将阅读活动置于一个有意义的驱动性情境中。
- 大量说明性（信息化）文本。
- 学生间的合作。学生以小组形式进行学习，讨论他们正在阅读的内容，并协作完成科学活动。

大量研究发现，CORI 会对儿童的阅读理解和动机产生积极的影响（Wigfield & Guthrie, 2010）。

写作中的建构主义方法 写作过程模式是一套被广泛用于教学生创造性写作的建构主义教学法（Graham, Harris, & Chambers, 2015; Murphy & Smith, 2015）：将学生分成同伴互评小组，让小组成员协作互助，从而完成构思、打草稿、修改、校对和“发表”作文等工作。也就是说，学生可以相互审阅对方的草稿，并就内容和细节（如拼写、标点符号的用法等）给出有用的改进建议，最终为实现某些真正的目的（如诗歌朗

理论应用于实践

交互式教学

在向学生介绍交互式教学时，教师可以这样开始：“在接下来的几周里，我们将齐心协力来提高你们的阅读理解能力。有时，我们只顾着弄清楚某些词语是什么，以至于忽略了这些词语和句子的意义。下面，我们将学习一种更加关注阅读内容的方法。我将教你们在阅读时完成以下活动：

1. 思考阅读内容中可能会被问到的重要问题，并确保能回答这些问题；
2. 概括阅读材料中最重要的信息；

（续）

3. 推测作者在下文中将要讨论的内容；
4. 指出文章中不清楚的地方或意义不明之处，然后看看我们是否可以理解它。”

“这些活动将帮助大家把注意力集中在阅读内容上，并确保大家能够理解。”

“学习上述活动的主要方式是在分组阅读中轮流充当教师的角色。当我做教师时，我将向你们示范我是如何认真阅读的。方法就是我一边阅读一边思考自己提出的问题，概括出文中最重要的信息，并推测作者接下来将要讨论什么。我还会告诉你们，如果我在阅读时遇到一些不清楚或令我困惑的内容，我是如何理解它们的。”

“当同学自己充当老师时，首先要向大家提出你在阅读时想到的问题。你要告诉大家，同学们的回答是否正确。你要概括出阅读时获取到的最重要的信息。如果你发现文章中有什么令人困惑之处也需要告诉大家。在阅读整篇文章的过程中，你还要进行多次推测，也就是说，你认为接下来的段落将要讨论什么。当你做老师时，大家将回答你提问的问题，并对你的总结做出评论。”

“我希望你们能够学会和应用这些活动，当然不局限在阅读课上。诸如在社会研究、科学或历史等课程中，只要你想理解和记住所阅读的内容，都可以采取这类活动方式。”

日常流程

1. 分发当天要阅读的材料。
2. 向学生说明，在第一时段由教师来主持教学。
3. 指导学生默读教师指定的段落。在开始阶段，逐段阅读对学生来说可能是最容易的。
4. 当每个人都完成第一时段的内容后，教师示范下面的流程。
   - “我觉得老师可能要提的问题是……”，要求学生回答老师的问题，必要时他们可以翻阅课文。
   - “我将以如下方式对这一段的重要信息进行概括……”
   - “从本文的标题来看，我推测作者将要讨论……”
   - 教师在适当的时候向学生示范如何质疑原文，“当我阅读这部分内容时，我发现接下来的内容是不清楚的……”
5. 让学生对教师的教学以及文章进行评论。可用如下问题引导：
   - “是否还有其他重要信息？”
   - “有谁可以对我的推测进行补充？”
   - “还有谁发现了其他令人困惑的内容？”
6. 布置下一时段要默读的内容。选择一名学生来充当该时段的小老师。先选那些言语能力较强、相对容易完成这些活动的学生。
7. 在整个活动中，应在必要时对充当教师的学生进行指导。鼓励其他同学参与对话，但始终要给予小老师机会来发起和引导对话。确保给小老师提供充分的反馈，对他 / 她的参与给予表扬。
8. 随着训练的进行，教师尽量逐渐减少参与学生的对话，这样，小老师就可以自己发起活动，由其他同学来提供反馈。教师的作用将仍是继续监督，确保学生按照流程进行活动，并帮助学生克服困难。但在整个训练过程中，教师也要参与轮流担当老师的环节，并在每次阅读活动中至少示范一次。

诵或文学评论）而呈现作品。通过对他人的作品提出建议，学生能够深入理解写作和修改的过程。

有关写作过程教学法的研究发现，这些策略产生了积极的效果（De La Paz & McCutchen, 2011; Harris, Graham, & Mason, 2006）。那些提供具体脚手架的策略尤为有效，比如，通过图表组织教学来帮助学生使用元认知策略对自己的工作进行计划和评估（De La Paz & Graham, 2002; Glaser & Brunstein, 2007; Graham, 2006; Harris, Graham, & Mason, 2006; Torrance & Fidalgo, 2011）。还有证据表明，在各学科领域教学生写作的同时也促进了学生对这些学科内容的学习（Bangert-Drowns, Hurley, & Wilkinson, 2004; Headley, 2008; Rijlaarsdam, et al., 2010）。

数学教学中的建构主义方法 在针对小学数学这一科目的建构主义方法中，学生们会以小组形式进行学习。教师提出问题，然后在各组之间来回走动以促进学生对策略的讨论。教师还会与学生一起对他们提出的策略进行提问，并在学生遇到困难时偶尔提供备选策略（Edwards, Esmonde, & Wagner, 2011）。建构主义方法大量使用实物、图像、言语和符号来表征数学概念，并给学生提供使用这类表征来解决复杂问题的机会，还会对同一概念的不同表征进行对比（Hiebert & Grouws, 2014）。认知导向教学（Cognitively Guided Instruction, CGI）极大地促进了小学数学教师的专业化发展（Carpenter, Fennema, Frank, Levi, & Empson, 2014），主要关注与其他教学方案相似的一些基本原则。有充分的证据表明，这一教学方式不仅提高了学生在数学高级思维评估中的表现（这是该方案的核心），同时还提高了学生的运算技能。

诸如此类的建构主义数学教学法强调的重点是，最初让学生凭直觉去解决现实问题，让学生利用已有经验以他们能采取的任何方式来解决问题（Edwards, Esmonde, & Wagner, 2011）。图 8.1（热巧克力和棉花糖）中的问题及其解决方案就描述了这种方法。只有到了教学过程的最后，当学生的概念化理解水平已经比较扎实时，教师才会教给学生关于数学问题解决过程的正式且抽象的表征，而这个过程学生刚刚已经体验过了。

科学教学中的建构主义方法 长期以来，科学教育一直强调发现、小组合作和观念转变，因此，许多中小学科学教育工作者崇尚建构主义理念就不足为奇了（Duschl & Hamilton, 2011; Harris & Marx, 2014; Olson & Mokhtari, 2010; Slavin, 2013; Slavin, Lake, Hanley, & Thurston, 2012; Thurston, 2014）。在这一学科中，建构主义表现为强调实际动手操作的、探究性的实验活动（Hoachander & Yanofsky, 2011; Pine & Aschbacher, 2006; Singer et al., 2000），强调识别错误的概念并应用实验方法予以纠正（Harris & Marx, 2014），强调合作学习（Baines, Blatchford, & Chowne, 2007; Thurston, 2010, 2014）和元认知技能教学（Zohar & Peled, 2008）。

对建构主义方法的研究

资格认证指南

在教师资格认证考试中，你可能需要选择不同的教学策略以达成特定的教学目标。

将建构主义教学法与传统教学法进行比较，这类研究得到的结果通常很难解释，因为建构主义方法本身是非常多样化的，况且，通常其目标结果也与传统教学法有质的不同。比如，许多研究者认为，在建构主义教学法中，技能和基本知识的获得必须要与可能发生的深度学习相平衡（Egan, 2008; Jensen & Nickelsen, 2008; Pahomov, 2014）。但何为恰当的平衡？其目的是什么？此外，关于建构主义教学法的多数研究都是描述性的而非比较性的。然而，一些研究表明，建构主义教学法可以提高学生在传统学业测验中的数学（Edwards et al., 2011）、科学（Duschl & Hamilton, 2011）、阅读（Fox & Alexander, 2011; Pearson & Hiebert, 2015）和写作（De La Paz & McCutchen, 2011）成绩。然而，也有研究发现，直接教学法比建构主义教学法的教学效果更好（Baker, Gersten, & Lee, 2002; Kirschner et al., 2006; Kirschner & van Merriënboer, 2013; Kroesbergen, Van Luit, & Maas, 2004）。研究者们还需要进行更多的研究来探明建构主义方法在哪种条件下能有效提高学生的成绩。当然，最为合理的方式是在直接教学和建构主义教学之间寻求一种平衡，从而利用两者的优势实现更多元化的目标（Huebner, 2008）。

如何在教学中应用合作学习

在使用**合作学习**（cooperative learning）教学法（或者同伴互助学习法）时（Rohrbeck, Ginsburg-Block, Fantuzzo, & Miller, 2003; Slavin, 2011, 2013; Webb, 2008），学生会以小组的形式一起学习，互相帮助。合作学习小组有许多不同的形式，最常见的形式是由能力不同的四个成员组成一组（Slavin, 2011, 2013），有些形式则是两两配对（Fuchs, Fuchs, & Karnes, 2001），还有一些形式中每组的人数各有不同（Cohen & Lotan, 2014; Johnson & Johnson, 1999; Kagan & Kagan, 2012）。通常情况下，学生会被分到各个合作小组中，一起学习几周或几个月。学生通常还会学习一些有助于促进合作的具体技能，如主动倾听、给予清楚的解释、避免贬损他人、学会包容他人，等等。

InTASC 标准 3

学习环境

InTASC 标准 8

教学策略

在授课过程中，合作学习可以发挥多方面的作用（Slavin, 2011, 2013; Webb, 2008）。回忆一下第 7 章开头的案例：洛根女士将合作学习用于三个不同的目的。一开始，学生组成发现小组进行活动，互相帮助，共同探讨如何通过瓶子中的水来揭示声音的原理。在常规课堂教学后，学生们又组成讨论小组一起活动。最后，学生还有机会分组复习，以保证所有小组成员都掌握了本节课程的全部内容，从而为小测验做好准备。在本章开头的案例中，邓巴先生也采用了合作小组的方法来解决复杂问题。

合作学习法

研究者提出了许多不同的合作学习法，并对此进行了研究。他们评估最多的是下面几种合作学习法。

资格认证指南

在教师资格认证考试中，你可能需要提出一种将参与案例研究的学生分配到合作学习小组中的恰当方式。

学生团队—成就区分法　用**学生团队—成就区分法**（Student Teams-Achievement Divisions, STAD）学习时，四名学生会被分为一队（Slavin, 1995a）。该团队学生的学业水平有高有低、性别有男有女、族裔也多样。教师先呈现课程，然后团队内的学生一起学习，以保证团队中的所有成员都掌握了这节课的内容。最后，所有学生都要参加针对这部分课程的个人测验，测验时学生不得相互帮助。

将学生的测验分数与他们过去的平均成绩进行比较，根据学生达到或超出自己以前成绩的进步程度，给予他们一定的积分，这些积分的总和即为团队分数。如果团队分数达到某一标准，团队成员就可以获得证书或其他奖励。与此相关的另一种

链接 8.5

想了解合作学习方法对促进文化多元化班级和谐的益处，请参见第 4 章。

方法是团队游戏竞赛（Teams-Games-Tournaments, TGT），即每个团队的成员与其他团队的成员进行比赛，为自己的团队赢得分数。

STAD 与 TGT 被广泛应用于从小学二年级到大学的各科目的学习中，如数学、语文、社会科学等。STAD 最适用于那些有明确目标的科目，如数学计算与应用、语言的用法与机制、地理与识图技能以及科学事实与概念等。当然，通过与其他开放式的评估相结合，如小论文或表现评估等，该方法也适用于那些目标界定不甚明确的科目。许多研究发现，STAD 对各学科的学习都能产生积极效果（Slavin, 2013）。下面的专栏“理论应用于实践”对 STAD 进行了更具体的论述。

合作统整阅读与写作法　**合作统整阅读与写作法**（Cooperative Integrated Reading and Composition, CIRC）是一种教小学高年级学生阅读与写作的综合性方案（Stevens & Slavin, 1995b）。学生在四人合作学习小组中学习，大家参与一系列的活动，包括轮流朗读与聆听、预测故事的结局、互相概括故事、写读后感以及练习拼写、解码和词汇。小组成员还会通过合作来掌握文章要点以及其他阅读理解的技能。在语言艺术这门课上，学生撰写草稿，相互修改和编辑对方的文章，准备出版小组书籍。有多项研究发现，合作统整阅读与写作法对提高学生的阅读技能有积极作用，比如提高了学生标准化阅读和语言测验的分数（Slavin, Lake, Chambers, Cheung, & Davis, 2009）。

拼图法　在课堂上使用**拼图法**（Jigsaw）教学时（Aronson, Blaney, Stephen, Sikes, & Snapp, 1978），学生会被分为六人小组，要学习的学科材料则被分成几部分。例如，某一篇传记可能被分成早年生活、才华初现、重大挫折、晚年生活和历史意义等几个部分。小组中的每个成员需要阅读自己负责的那一部分内容。然后，负责相同内容的不同组别的成员组成专家组，共同讨论他们负责的那部分内容。之后，大家分

理论应用于实践

学生团队—成就区分法（STAD）

学生团队—成就区分法（Slavin, 1995a）是一种有效的合作学习方法，它是包含教学、混合能力分组的合作学习和小测验的常规循环，并辅以对组员成绩大幅进步的小组给予认可或其他形式的奖励。

学生团队—成就区分法（STAD）包括以下常规教学活动。

- **教学**：呈现课程内容。
- **团队学习**：学生在团队中使用学习单来掌握所学材料。
- **测验**：学生独立完成小测验或接受其他形式的考评（如小论文或表现评估）。
- **团队表扬**：根据团队成员的分数来计算团队总分，并对取得高分的团队给予多种形式的表扬，如授予证书、在班级新闻或公布栏中予以公示。

下面的步骤描述了如何向学生介绍学生团队—成就区分法（STAD）：

（续）

1. 将学生分成每组 4~5 人的团队，最好是 4 人一组，只有当班级人数不能等分为每组 4 人时才安排 5 人组。为了将学生分组，应根据某项学业成绩（如过去的成绩、测验分数）的高低对学生进行排名，并将这份排名表分成四等份，如果不能等分，中间部分可以多包括些学生。然后分别从这四等份中各选一名学生组成一个团队，还要保证团队在性别、族裔等方面尽量平衡。多出来的（中等的）学生可以作为每个团队的第五名成员。
2. 结合所教的课程内容，设计一份学习单和一份小测验。告知学生，在团队合作学习期间（1~2 个课时），团队成员的任务就是掌握教师在课堂上呈现的材料，并帮助团队中的其他成员掌握这些材料。学生可以应用学习单或其他学习材料来练习教师所讲的技能，评估自己和其他成员的学习效果。
3. 让团队成员将他们的课桌拼在一起或者都移至团队桌前，给学生约 10 分钟的时间为自己的团队命名。然后分发学习单或其他学习材料（每个团队两份）。在学生开始前，确保他们理解了下列要点。
    - 建议每个团队中的成员两两合作或三人合作。如果团队任务是要解决某些问题（如在数学中遇到的问题），则团队中的每个人都应该解题，然后与搭档核对解法。如果有人不会解某道题，则团队成员有责任向其解释如何做。如果学生要解决的是简答题，那么他们可以相互测查，成员轮流拿着答案页互换角色来提问或回答问题。
    - 向学生强调，他们必须保证所有成员都能在测验中获得满分才算完成学习任务。
    - 确保学生明白，学习单是用于学习的，而不是用来填写完并上交的。这就是为什么学生在学习时必须对照答案页检查自己和同伴的学习单。
    - 让学生互相解释答案，而不只是根据答案页来核查彼此的答案是否正确。
    - 当学生有问题时，要求他们先向同伴提问，然后再问教师。
4. 当学生以团队方式进行活动时，教师应在班级中来回走动，表扬那些表现出色的团队，和团队成员坐在一起聆听，了解他们的进展。
5. 分发测验题或试卷，并给予学生足够的时间来完成它们。不允许学生协作完成测验，必须让他们独立地展现自己的掌握情况。如果可能的话，让学生将课桌分开。可以让不同团队的学生互评试卷；或者将试卷收上来，由教师课后阅卷。
6. 给出个人和团队分数。STAD 中的团队分数是根据团队成员成绩的进步程度来确定的。每次测验后，教师应尽快给出每个团队的分数，并写一篇班级快报（或准备一个班级公告板）来公布各团队的分数。如果可行的话，最好在测验之后的第一节课就公布团队分数。这样做可以使学生明确了解优良表现与得到认可之间的关系，进而增强其努力做好的动机。计算团队分数的方法是将团队成员提高的分数相加，然后用这个总分除以当天参加测验的团队成员的总人数。
7. 表扬团队的成绩。一旦算出了每名学生的分数以及每个团队的分数，教师应该对那些平均进步 20 分及以上的团队给予某种形式的表扬，比如可以给团队成员发放证书或在公告板上展示。帮助学生重视团队的成功是非常重要的，而教师本人对团队分数的热情和看重也有助于学生学会重视团队成功。如果一周的测验不止一次，教师应将各次测验的结果合并为一周的总分数。在实施 STAD 大约五六周后，将学生重新分组。这样可以使学生有机会与更多的同学一起活动，也有助于保持学生对该活动方式的新鲜感。

别回到各自的小组中，轮流为小组中的其他成员讲自己所负责的内容。因为除了自己学习，学生们学习其他部分内容的唯一方法就是仔细聆听小组中其他成员的讲解，他们被激励着去支持并表现出对彼此工作的兴趣。在拼图法的改进版——拼图法Ⅱ（Slavin, 1995a）中，每组由 4~5 个成员构成，这与学生团队—成就区分法的分组相似。小组中每个学生不是被分配独特的某一部分内容，而是阅读相同的文本，如书中的某一章节、一篇短故事或一篇传记。然后，小组中的每个学生都会拿到一个主题，并成为该主题的专家。负责同一主题的学生组成专家组共同讨论，然后他们回到各自的团队，将自己学到的知识传授给同组的其他成员。与学生团队—成就区分法一样，最后所有学生都需要参加小测验，并得到团队分数。

共同学习　**共同学习**（Learning Together）是由戴维·约翰逊和罗杰·约翰逊提出的一种合作学习模式（Johnson & Johnson, 1999），由 4~5 名学生组成一个异质小组，小组成员共同完成作业。最终每个小组都要递交一份作业，教师根据各小组作业的完成情况给予表扬和奖励。这种方法强调在开始共同学习之前先进行小组建设活动，小组内部也要对组员的合作情况进行定期讨论。

同伴互助学习策略　**同伴互助学习策略**（Peer-Assisted Learning Strategy, PALS）是一种结构化的合作学习法。在这种方法中，学生两两一组，轮流充当老师和学生，并使用特定的元认知策略。一些关于同伴互助学习策略的研究发现，这一方法对学生在阅读（Calhoon, Al Otaiba, Cihak, King, & Aralos, 2007; Mathes & Babyak, 2001）和数学（Fuchs, Fuchs, & Karns, 2001）方面的学习有积极效果。

合作性提要　许多学生发现，与同学一起讨论课堂上读过或听过的内容是很有益的。这一由来已久的做法已经成为一种正式方法，即学生两两配对，轮流对所学的材料进行归纳。当一方归纳时，另一方倾听并修正错漏，然后两个学生交换角色继续进行这种活动，直至学完所有要学的材料。对**合作性提要**（cooperative scripting）这种方法进行的一系列研究一致表明，使用这种方法的学生学到并记住的知识量远高于那些只是自己进行归纳或仅阅读了材料的学生（O'Donnell, 2006）。范·基尔和范德林德（Van Keer & Vanderlinde, 2013）的研究发现，与此相关的一种方法，即孩子们轮流阅读和归纳也很有效。一个有趣的发现是，虽然合作的双方都能从该活动中获益，但负责讲授的学生比那些充当听众的学生获益更大（Fuchs & Fuchs, 1997; Webb, 2008）。

非正式的合作学习策略　除上述方法外，还有许多非正式的合作学习策略，许多教师经常在教学实践中使用这些策略。卡根等人（Kagan & Kagan, 2012）对这些策略进行了总结。下面是一些使用较为广泛的非正式的合作学习策略。

给学生编号（或随机报告者） 在四人小组中，学生被分配到从 1 到 4 的秘密编号。他们一起学习，努力确保每个成员都能掌握学习内容。然后，老师让学生（比如所有的"2 号"）来回答问题。紧接着，他们需要在没有队友帮助的情况下作答。在老师发出指令后，他们同时举起自己的答案（如写在一个可擦拭的答题板上），或者由老师来指定某个"2 号"回答。如果指定的"随机报告者"能给出正确的答案，那么其所在的小组就会得分。这样做旨在激励小组成员彼此指导，并关注所有成员的学习情况，因为他们不知道谁将代表小组回答老师提出的问题。

思考—结对—分享　这类活动很简单，安排学生成对坐在一起。当老师提出问题时，要求学生进行思考并与同伴讨论，然后两人共同与全班同学分享答案。这一做法是为了让学生与同伴讨论他们当前对问题的理解。它可以确保的是，即使是非常害羞或不爱发言的学生也有机会参与讨论老师所教内容。

项目式学习　项目式学习法在教育领域由来已久。例如，在 20 世纪 20 年代，杜威就是该方法的主要倡导者。如今，项目式学习（project-based learning）可能是最为流行的一种合作学习形式（Cohen & Lotan, 2014; Larmer, 2014; Larmer, Mergendoller, & Boss, 2015; Senn & Marzano, 2015）。项目式学习很少被用作整个课程的主要策略，但它会不时地被用于实验、调查和研究报告中。

项目式学习采用的方法千差万别，但总的来说，学生都可以在自选小组中学习。每个小组可以完成自己的任务，而这些任务也可以是小组成员自行选择的。例如，在一系列与环境有关的项目中，有的小组可能选择关注水污染，有的关注空气污染，有的关注全球变暖，有的关注替代燃料来源，还有的关注动物栖息地减少等。每组可选出一名组长，或者由小组成员轮流担任。

小组的任务是生成一种代表该小组学习成效的产品。在上述有关环境的例子中，各小组可能需要编写一份简要文件，将其提交给拟出台改善环境之新政策的政府机构。小组成员可以将任务分成几部分。例如，有的学生负责概述所探讨环境问题的严重程度，有的学生负责撰写环境问题会如何影响人类，有的学生负责综述各国或各州已经尝试过的解决方案，还有的学生负责为改善学校所在地区的环境提出切实可行的解决方案。当小组成员在研究主题的每个部分时，他们应该与其他成员讨论他们的发现，分享他们在书中、互联网上或采访专家时发现的信息，然后起草各自所负责部分的报告。小组成员可以就各自部分的内容及形式互相进行反馈，然后所有的小组成员都参与修改，并形成最终报告。作为最后一步，小组向全班汇报他们的项目结论，所有小组成员都参与讨论，论述解决他们所关注领域中的问题的迫切需要，提出解决环境问题的主张，并提供事实和数据来支持他们的提议。他们可能会呈现幻灯片、地图、图表和实物等，甚至会播放访谈专家的录音。

项目式学习的理念是不局限于学习事实和技能，深入学习，与团队成员紧密合作。需要注意的是，在小组项目中，确保所有小组成员都有各自的角色和成果是非常重要的，避免仅由一两个学生完成所有的工作（Brookhart, 2013b; Larmer, 2014）。

对合作学习的研究

大多数将合作学习与传统教学法进行比较的研究都对小组学习方法进行了评价，如学生团队—成就区分法、拼图法Ⅱ、合作统整阅读与写作法以及共同学习法。100 多项研究对比了这些方法与传统的课堂教学法在学习成效方面的差异，这些研究至少持续了四周的时间（Slavin, 2013）。结果表明，只要满足两个关键条件，合作学习的效果一定优于传统的教学法。第一，对有学习成效的小组给予某种认可或小奖励，这样小组成员就会意识到帮助组内其他成员学习是有价值的。第二，实施个体负责制，即小组的成功必须依赖于小组所有成员的个人学习效果，而不是单一的小组成果。比如，可以根据小组各成员在个人测验或小论文（如在 STAD 中）中的平均得分来评定小组成绩。如果没有这种个体负责制，就可能出现这样的状况：某个学生承担了本应由其他人来完成的工作，或者有些学生因被认为对小组没做出什么贡献而被

链接 8.6

若想更多地了解有关合作学习方法如何促进有特殊教育需求的学生在普通教学课堂中的社会融合，请参见第 12 章。

排斥在小组互动之外（Chapman, 2001; Slavin, 2011, 2013; Webb, 2008）。

资格认证指南

在教师资格认证考试中，你可能被要求确定在何种情况下不适合采用某一特定的合作学习策略。

对合作学习方法的研究表明，开展合作学习时，若将小组目标和个体负责制结合进去，会对所有类型学校的二至十二年级学生在所有科目中的学习成绩产生实质性的积极影响（Ellis, 2001b; Rohrbeck et al., 2003; Slavin, 1995a, 2010, 2013）。一项对运用技术进行小组学习的综述研究同样发现，结构良好的方法可以产生积极效果（Lou, Abrami, & d'Apollonia, 2001）。针对所有年级以及所有类型的学习内容，包括从基本技能到问题解决，合作学习的积极效果都是相似的。尽管在通常情况下，合作学习方法只在学生的在校日以及学年的部分时间使用（Antil, Jenkins, Wayne, & Vadasy, 1998），但一项研究发现，那些几乎在所有科目中使用多种合作学习方法长达两年的学校，学生的学习成绩显著优于那些只采用传统教学模式学校的学生（Stevens & Slavin, 1995a）。研究普遍表明，合作学习对高、中、低成就者，或对男生、女生都具有同等的积极影响（Roseth, Johnson, & Johnson, 2008; Slavin, 1995a）。还有一些证据表明，这些方法对非裔美国学生和拉丁裔美国学生尤为有效（Boykin & Noguera, 2011; Calderón et al., 1998; Hurley, 2000）。罗尔贝克及其同事（Rohrbeck et al., 2003）在一篇有关同伴互助学习的综述中指出，这一方法对低年级的、城镇的和低收入家庭的学生以及少数族裔学生的影响最大。但是，那些缺乏小组目标和个体负责制的非正式的合作学习方法，通常不会产生积极作用（Chapman, 2001; Klein & Schnackenberg, 2000; Slavin, 1995a, 2011, 2013）。

除小组目标以及个体负责制外，课堂上的一些其他做法也有助于提高合作学习的有效性。比如，学会沟通和助人技能（Kutnick, Ota, & Berdondini, 2008; Prichard, Bizo, & Stratford, 2006; Senn & Marzano, 2015; Webb & Mastergeorge, 2003）或采取具体的、结构化的合作方式的小组成员，通常比常规的小组合作者学得更多（Baker et al., 2002; Emmer & Gerwels, 2002; Mathes et al., 2003; Saleh, Lazonder, & De Jong, 2007）。除此之外，教会学生元认知学习策略也能让他们比一般的合作学习小组中的学生学得更多（Friend, 2001, Jones et al., 2000; King, 1999; Kramarski & Mevarech, 2003）。比如，金（King, 1999）教给学生在学习过程中使用互相提问的通用问题形式，如"对照并比较____与____"，或者"____是如何影响____的"。使用这些话语模式进行合作学习的学生比采用其他合作学习形式的学生学得更多。大量研究表明，在合作小组中，与那些仅给出或接受简短答案或者没有给出答案的学生相比，那些给他人做出详细解释的学生会学到更多的内容（Webb, 2008）。

有关项目式合作学习对学生解决结构不良问题的学习效果的研究相对较少，但现有研究普遍表明，用于解决这类问题的合作学习方法取得了同样令人满意的结果（Blumenfeld er al., 1996; Cohen & Lotan, 2014; David, 2008; Thousand & Villa, 1994）。

那些整合了"建构主义冲突"的方法，即教学生以积极的方式对争议性问题进行辩论，也可以促进学生对所讨论问题的学习（Lin & Anderson, 2008; Nussbaum, 2008; Roseth, Saltarelli, & Glass, 2011）。

除了提高学业成绩，合作学习方法在改善组内关系（Slavin, 1995b）和对学校的态度，提高自尊以及对有特殊教育需求学生的接纳程度等方面也有积极的促进效果（Ginsburg-Block, Rohrbeck, & Fantuzzo, 2006; Roseth, Johnson, & Johnson, 2008; Slavin, 1995a）。研究发现，虽然合作学习已经得到了广泛应用（Antil et al., 1998），但最常见的合作学习形式仍然是那些缺乏小组目标和个体负责制的非正式方法，尽管研究已表明，这些方法的效果不如那些更为结构化的方法。

21 世纪的学习

合作学习

在 21 世纪，团队合作以及在团队中解决问题和学习的能力在职场中的重要性与日俱增。每个学生都应该知道如何与他人高效合作。有关美国共同核心州立标准以及其他大学入学准备标准和职业准备标准的论述都强烈鼓励合作学习。本章总结的大量研究表明，那些有小组目标和实行个体负责制的合作小组，能显著地促进学生对常规课业的学习。同时，他们还可能获得诸多同样重要的团队合作技能，如同伴之间相互教与学的能力、支持和鼓励同伴努力的能力、有礼貌地进行反驳并在不贬低他人的情况下坚持合理观点的能力，以及解决人际冲突和在团队中创设积极的工作环境的能力。所有这些共同的核心能力不仅有助于年轻人在当今的职场中茁壮成长，而且还能营造更加安宁和亲社会的环境。

问题

- 在学校积累的小组合作经验有助于你解决在职场中遇到的哪些问题？
- 更进一步地看一看政治派别之间的摩擦，想一想从合作学习小组中习得的哪些技能可用于解决更广范围内的冲突？

如何教问题解决与思维的技能

InTASC 标准 5
学科知识的应用

如果学生不具备运用知识和技能解决问题的能力，那么就不能说他们学到了什么有用的东西。比如，一个学生能够熟练地进行加法、减法与乘法运算，但却不知道如何解决这个问题："西尔维娅买了 4 个汉堡，每个汉堡 1.25 美元，两份炸薯条共 65 美分，三大杯饮料共 75 美分。如果她付了 10 美元，还应该找回多少钱？"

西尔维娅的这个问题在现实生活中并不少见，所涉及的计算问题并不难。然而，许多学生（甚至一些在其他方面有能力的成人）却难以解决这类问题。大多数数学应用题的难点并不在于计算，而在于个体不知道该如何确立问题以便解决它。不过，**问题解决**（problem solving）是一种可以被教和学的技能（Fuchs et al., 2006）。

问题解决的过程

问题解决的一般策略　教师可以教给学生一些经过深入研究的策略用于问题解决（Kirschner & van Merrienboer, 2008; Silver, 2010）。布兰斯福德和斯坦（Bransford & Stein, 1993）开发并评估了一种问题解决的五环节策略，以每个环节的英文首字母命名为 IDEAL：

I（Identify）：识别问题与机会；
D（Define）：界定目标和表征问题；
E（Explore）：探索可能的策略；

A（Anticipate）：预测结果并实施策略；

L（Look）：回顾整个过程并从中学习。

IDEAL 以及其他类似的问题解决策略的开始环节都是仔细识别需要解决的问题，明确可用的资源与信息，确定问题的表征方式（例如用草图、提纲或流程图等），然后将整个过程分解成一系列的步骤，最终形成解决方案。例如，第一步是识别目标，并清楚如何完成识别这一过程。

在解决西尔维娅的问题时，目标是计算出用 10 美元购买食物与饮料后将找回多少钱。我们可以将问题分解为几个子步骤，每一步都有各自的子目标：

1. 计算出西尔维娅花了多少钱买汉堡；
2. 计算出西尔维娅花了多少钱买薯条；
3. 计算出西尔维娅花了多少钱买饮料；
4. 计算出西尔维娅总共花了多少钱；
5. 计算出西尔维娅付了 10 美元后能找回多少钱。

手段—目的分析　为了确定问题是什么以及需要做什么，可以进行**手段—目的分析**（means-ends analysis）。要想学习解决问题，就要对那些需要思考的各种问题进行大量的练习。然而，尽管数学和其他科目的教科书会给出许多问题，但能够促使学生思考的问题却很少。比如，教材中的一系列应用题可能需要学生运用两个数相乘的方法来解决。学生很快就会发现，他们可以通过找到任意两个数字并将它们相乘就可以解决这类问题。然而在现实生活中，问题并非是以分门别类的方式呈现的。我们可能会遇到这样的问题："上周，史密斯的工资涨了 5%，多了 1200 美元。"如果我们想知道史密斯在涨薪前的工资，难点并不是数字的计算，而是需知道要计算什么。在现实生活中，这样的问题不可能被冠以"除以百分比"的标题赫然于纸上。学生学习解决的问题的类型越多，他们在解决问题时就越需要去思考，当遇到现实生活中的问题时，他们就更可能将习得的知识与技能迁移到新情境中。

抽取相关信息　现实问题很少是简洁而规整的，设想西尔维娅的问题以如下场景呈现：

> 西尔维娅与 3 个朋友在 6 点 18 分走进快餐店。他们买了 4 个汉堡，每个 1.25 美元，两份炸薯条共 65 美分，三大杯饮料共 75 美分。洋葱圈的促销价格是 55 美分。西尔维娅的母亲让她在 9 点前回家，但当她与朋友离开餐厅时已经晚了 25 分钟。她以平均每小时 30 英里的速度开车回到家中，路程为 3 英里。那么，西尔维娅在餐厅待了多长时间？

在解决该问题时，首要任务就是剔除无关信息，把握重要事实。手段—目的分析法表明，只有时间信息是重要的，所以所有的金钱交易以及开车速度等信息都可以忽略。仔细阅读问题后还可以发现：西尔维娅离开餐厅时是 9 点 25 分。这个时间与她到达快餐店的时间（6 点 18 分）就是解决问题的关键信息。一旦我们知道了哪些是相关信息，哪些是无关信息，问题就迎刃而解了。

表征问题　图形表征是解决许多问题的一种有效手段。亚当斯（Adams, 1974）在一项经典研究中所举的例子可说明这一点。

一位僧人要去一座高山顶上的寺庙朝拜，并在那里过夜。有一条通往山顶的盘山道路。僧人在日出时开始爬山，爬了一整天，终于在快要日落时到达了山顶。他在寺庙中祈祷了一夜。第二天日出时，僧人开始下山。下山的用时比上山少得多，中午刚过就到达山脚下。问题是：僧人下山和上山时是否会在一天中的相同时间点经过道路的某一处？

资料来源：*Conceptual blockbusting* by J. L. Adams. Published by Freeman, © 1974.

这个问题看起来似乎有些难，因为人们无论如何思考，都是从僧人上山和下山的角度来进行推理的。亚当斯提出的表征方式简化了这个问题：假定有两个僧人，一个是在日出时从山顶下来，另一个则在日出时向山顶攀登。他们能否相遇？当然会。

除绘制草图外，还可用许多其他形式来表征问题。教师可以教给学生绘制图表、流程图、列提纲，以及其他总结和描述问题的关键要素的方法（Jitendra et al., 2009; Van Meter, 2001）。

教创造性问题解决的策略

学生在学校中遇到的大部分问题都需要仔细阅读并进行思考，但很少需要创造性。然而，我们在生活中遇到的许多问题并非那么简单。需要创造性地解决问题的情况在生活中随处可见，比如如何在不伤害感情的前提下改变或结束某段关系，或者如何用曲别针来修理一台机器（Plucker, Beghetto, & Dow, 2004）。以下策略有助于教师教学生创造性地解决问题（Beghetto & Kaufman, 2013; Drapeau, 2014; Goodwin & Miller, 2013; Hetland, 2013; Senn & Marzano, 2015）。

酝酿　创造性地解决问题与解决上述西尔维娅问题时的那种循序渐进的分析过程截然不同。在创造性问题解决的过程中，一个重要的原则就是避免急于求成；相反，在选定行动方案前，先停下来反思问题，认真考虑或酝酿几种备选方案是非常有用的。请思考下面这个简单的问题：

罗杰花 45 分钟用烤箱烤制了 1 份苹果派。那么他烤制 3 份苹果派需要多长时间？

许多学生可能会草率地用 45 分钟乘以 3 份来解决这个问题。然而，如果他们花些时间思考一下，大多数人都会意识到，在同一个烤箱里同时烤制 3 份苹果派实际上与烤制 1 份苹果派用的时间是相同的！在教的过程中，教师一定要避免给学生施加时间压力。学生应该重视巧思、慎思，而不是速度。西奥和奥默罗德（Sio & Ormerod, 2009）一篇有关酝酿（incubation，留出时间思考问题）研究的综述发现，酝酿时间对解决那些有多种可能解法的问题影响最大，而这类问题正是最需要发挥创造性的。

暂停判断　在创造性问题解决的过程中，应鼓励学生暂停判断（suspension of judgment），在实施其方案之前充分考虑多种可能性。基于这一原则而产生的一种具体方法是头脑风暴（brainstorming），即两个或两个以上的个体针对某个问题提出尽可能多的解决方案，不管这些方案看上去是多么荒谬。只有在充分考虑了尽可能多的方案后，才去评估各种解决方案的可行性。过早地局限于某一种解决方案可能会忽视其他更好的解法，头脑风暴的关键就在于可以避免这种现象。

适宜的氛围 轻松、愉悦的环境有助于学生创造性地解决问题（Beghetto & Kaufman, 2013; Senn & Marzano, 2015）。也许更重要的是，在创造性问题解决的过程中，学生必须感受到他们的观点可以被接纳。与那些在创造性问题解决测验中表现较差的人相比，那些表现出色的人似乎更不怕犯错，也不怕显得愚笨。成功的问题解决者在面对问题解决情境时更为风趣自在（Drapeau, 2014），这意味着轻松、愉悦的氛围在问题解决过程中是很重要的。教师应该鼓励学生尝试各种不同的解决方法，而不应对其失败予以批评。

分析 一种常用的创造性问题解决方法就是分析并列举出某一问题的主要特征或具体要点（Chen & Daehler, 2000）。比如，仔细分析问题情境有助于解决下面的问题：

> 网球锦标赛要进行多轮比赛，每场比赛的获胜者可进入下一轮。如果某一轮比赛中的选手人数是奇数，则某选手（随机抽取）将自动进入下一轮。在一场有 147 位选手参加的网球锦标赛中，要经过多少场比赛才能决出最后一名获胜者?

我们可以用非常烦琐的方式（如画出各种匹配的图表）来解决这个问题。但是仔细分析一下问题情境就可以发现，每场比赛总要淘汰一名选手。因此，要淘汰 146 名选手（并决出最后 1 名获胜者）的话，则要进行 146 场比赛。

资格认证指南

在教师资格认证考试中，你需要了解哪些适宜的策略可以促使学生主动学习，进而促进其创造性问题解决技能的发展。

有吸引力的问题 在教学生解决问题时，关键的一点是要给学生提供能激发其兴趣并吸引他们参与其中的问题。同样的问题解决技能，既可以在枯燥的情境中，也可以在引人入胜的情境中教给学生，而这直接决定着学生对问题解决技能的掌握程度。例如，博特格（Bottge, 2001）的研究发现，如果让那些学习成绩很差且多数伴有严重学习障碍的中学生进行诸如搭建宠物笼或建赛车道等活动，就能使他们学会复杂的问题解决技能。将问题解决与实际生活或实际生活的模拟情境联系起来，可以激发学习动机，自从杜威在一百多年前提出这一主张，它的价值便得到了一次又一次的证明（Holt & Willard-Holt, 2000; Westwater & Wolfe, 2000）。例如，许多关于花园式学习（garden-based learning）的研究表明，在真实的花园环境中教学生科学、数学和其他学科，可以提高他们的学习成绩（Williams & Dixon, 2013）。

反馈 或许，教授问题解决技能最有效的方式就是让学生大量地练习解决各种问题，教师给予的反馈不仅针对解法的正确性，也包括学生寻找解法的过程（Fisher & Frey, 2014a）。带有反馈的练习对于解决复杂问题的重要性怎么强调也不为过（Hetland, 2013）。在本章开头的案例中，如果没有对简单问题经过数月的练习和反馈，邓巴先生班上的学生也很难找到解决问题的方法。

教思维技能

教育领域最古老的梦想之一是希望有某种方式可以使学生变得更聪明——不仅掌握更丰富的知识、更熟练的技能，而且能更有效地学习各种新信息（Costa, 2008）。也许将来某一天有人会发明具有这种功效的“聪明药丸”，但就目前来看，几个研究小组已经研发出了能够提高学生一般思维技能的教学方案并得到了验证。教学生思

表 8.1　思维技能：建构策略

策略建构的要素		
何时	策略步骤	方法
当你需要搞清楚在做什么或者要达到什么目标时……	**陈述……** 问题、问题情境或要达到的目标	• 识别问题情境的不同维度 • 识别问题情境中需要关注的焦点部分 • 准确地陈述想改变什么或想要什么结果 • 具体些！
当你需要全面地思考某些事情时……	**寻找……** 观点、选项、可能性、目的、特征、构想、原因、效果、疑问、维度、假设、事实或解释	• 头脑风暴 • 寻找不同的观点 • 从不同的角度看待问题 • 寻找隐藏的观点 • 参考他人的观点 • 应用分类来帮助你寻找
当你需要评定、估量或决定某些事物时……	**评估……** 选项、计划、观点、理论或目标	• 寻找各种原因 • 考虑眼前直接的和将来长远的结果 • 列举并关注正反两方面的意见 • 尽量客观，避免偏见 • 发挥想象：对他人将会产生什么影响？
当你需要考虑事物的细节时……	**精细加工……** 可能性、计划、选项、假设或观点	• 制订详细计划：说明每一步将会产生什么结果 • 详细地想象该事物看着 / 感觉上 / 好像是什么样子的 • 问问自己：可以利用哪些资源？ • 将会发生什么？ • 谁将受到影响？ • 需要多长时间？ • 考虑不同的部分 • 画图或书面陈述：想象向别人讲述此事

资料来源：Tishman, Shari; Perkins, David N.; Jay, Eileen, *The thinking classroom: Learning and teaching in a culture of thinking*, 1st Edition, © 1995. Reprinted by permission of Pearson Education, Inc., Upper Saddle River, NJ.

维技能的方法之一是，将思维技能融入常规课程及课堂体验中，从而创设一种“思维文化”（Costa, 2008; Ivey & Fisher, 2006; Ritchhart & Perkins, 2008; Sternberg, 2002; Swartz, 2009）。例如，蒂什曼等人（Tishman et al., 1995）描述了一场发生在课堂中的即席讨论，教师在此前已经教过本班学生问题解决的一般策略。围绕表 8.1 概括的四个步骤（陈述、寻找、评估和精细加工），该策略为曼德利女士所教的六年级学生提供了问题解决的框架，为他们讨论一个月前在植物栽培盒中栽种的植物开始枯萎的原因提供了帮助，启发他们现在又能做些什么来补救。学生已经学习了在表 8.1 中列举的步骤，并且老师还将这些步骤做成挂图以供学生参考。

曼德利女士：我们一起看看这张挂图，我们该如何制定策略来处理眼前的问题？我们可以用到哪些建构要素？

罗里： 我们应该运用“寻找”这一步，寻找问题的解决方法。
马克： 是的，但我们都还不太清楚问题是什么。我们不知道栽培盒中的植物枯萎究竟是因为浇水太多还是太少。
曼德利女士：马克，你认为我们还需要“陈述”这一步吗？
马克： （看了一会儿挂图后）需要，有两方面原因：我想我们需要陈述问题是什么以及目的是什么。
曼德利女士：听上去很合理。我们还可以运用其他哪些建构要素？
马克： 是的，这可能还不够。如果你细心照护但栽培盒中的植物还是枯萎了，又该怎么办呢？你们组的其他人一定想知道哪里出了问题。
曼德利女士：看来我们有两个目的，一是确定如何养护栽培盒中的植物，二是制订一份计划来记录具体的养护工作。

经过一番讨论后，同学们对想要的结果达成了共识，然后进入到“寻找”这一步。仔细阅读了挂图上的寻找方法后，他们决定使用头脑风暴法来形成大量不同的可能解决办法。曼德利女士将他们的观点记录在黑板上，偶尔也会提醒他们牢记某些关键方法：寻找隐藏的观点和不同的观点。学生们提出的一些想法如下：

1. 做一张签到表；
2. 由教师决定谁来浇水；
3. 由一个志愿者完成所有的活动；
4. 制定每组轮流负责的值日表；
5. 制定每组轮流负责的值日表，另外每周举行小组例会来讨论进展情况。

学生们对头脑风暴产生的一系列意见进行评估后，一致同意第五个选项是最好的，即轮流负责外加每周例会。

之后他们进入到第四步：精细加工并制订计划。他们为每个小组设计了轮流值日表，并在曼德利女士的帮助下确定了每周例会的时间。通过“精细加工”这一步，学生为每周的浇水负责人设计了详尽的核查单，这有助于跟踪可能影响植物健康的一些因素，如浇水量、浇水的日期、房间的温度等（Tishman et al., 1995）。

在讨论植物栽培问题的过程中，学生同时也是在学习一种适用于探讨和解决复杂问题的策略，这些策略具有广泛的适用性。曼德利女士通过在课堂上适时调用这些以及其他策略，不仅将有用的策略教给了学生，而且也传递了这样的观点，即策略使用是日常生活中正常且值得期待的一部分。

批判性思维

资格认证指南

在回答教师资格认证考试中的案例题时，你可能会被要求设计一堂课，其中包括教批判性思维技能的策略。

学校教育的一项关键目标就是提升学生的批判性思维能力，从而对其行为和信念做出理性决策（Abrami et al., 2014; Bonney & Sternberg, 2011; Marzano et al., 2001）。**批判性思维**（critical thinking）主要包括识别具有误导性的宣传，权衡相互矛盾的证据，以及识别论证中的假设与谬论。与其他教育目标一样，学习批判性思维也需要练习。为此，教师可以给学生提供多种两难问题、符合或不符合逻辑的论证、证据充分或具有误导性的广告宣传等。要想有效地教学生批判性思维，必须营造一种鼓励接受不同观点和自由讨论的课堂氛围（Epstein, 2008）。应该强调给出所持观点的理由，而非仅仅给出正确的答案。当学生在学习熟悉的主题时，最容易习得批判

有意识的教师

采用以学生为中心和建构主义的方法进行教学

- 有意识的教师知道如何采用以学生为中心和建构主义的方法来组织活动，以促进学生的学习。
- 他们通过项目式学习、讨论和开放式实验等方法，为学生提供大量创造和发现新知识的机会。
- 他们广泛使用有效的合作学习方法。在合作学习中，学生以小组为单位，在所有小组成员共同学习的基础上实现小组目标。
- 他们使用诸如交互式教学、写作过程以及数学与科学探究等具体方法，将学习的责任从自身转移到学生身上。
- 他们教学生问题解决的技能，这些技能可广泛应用于他们所教的学科中。
- 他们教学生批判性思维技能，帮助学生在开放和质疑之间保持适当的平衡，进而获得各种资源。

性思维技能。比如，如果学生对德国的历史以及 20 世纪 30 年代和 40 年代的文化了如指掌，他们就能从评论德国宣传的单元中学到更多。或许，批判性思维教学最为重要的目标就是培养一种批判精神，这种精神鼓励学生质疑其所见所闻，并反省自己思维中的逻辑不一致或谬误之处。

本章概要

什么是建构主义的学习观

建构主义者认为，获取知识是一个过程，学习者在此期间必须独立、主动地发现和转换复杂的信息，从而真正内化为自己所有。建构主义方法强调自上而下的加工，即学生从复杂的问题或任务入手，并逐步发现解决这类问题或完成这类任务需要的基本知识与技能。建构主义方法还强调合作学习，强调提问或探究策略以及其他元认知技能等。

发现学习和提供脚手架是基于认知学习理论的建构主义学习方法。布鲁纳的发现学习强调学生积极的自主学习、好奇心以及创造性的问题解决。基于维果斯基的观点而提出的为学生提供脚手架的方法则要求教师在学生学习的关键环节给予帮助。

如何在教学中应用合作学习

在合作学习中，学生被分成小组一起活动，相互帮助进行学习。在发现学习、小组讨论和评估性学习中均可使用合作学习小组。诸如学生团队—成就区分法（STAD）等合作学习方案是非常有效的，因为它们不仅奖励小组整体的努力与进步，也奖励小组中个人的努力与进步，而且小组对其每个成员的学习都负有责任。

如何教问题解决与思维的技能

教师可通过一系列步骤来教学生问题解决技能，比如手段—目的分析和表征问题。创造性地解决问题需要酝酿、暂停判断、适宜的氛围、问题分析、思维技能的应用和反馈等策略。思维技能包括计划、分类、发散思维、识别假设、识别误导性信息和提出问题等策略。教师可以通过结构化的教学方案教学生思维技能，在课堂上营造一种思维文化也是非常有用的技能。

关键术语

建构主义学习理论
认知学徒制
发现学习
自我调节的学习者
中介性学习
交互式教学
合作学习
学生团队—成就区分法（STAD）
合作统整阅读与写作法（CIRC）
拼图法
共同学习
同伴互助学习策略（PALS）
合作性提要
问题解决
手段—目的分析
批判性思维

自我评估：资格认证练习

指导语：本章开头的案例强调了州级资格认证考试中经常出现的一些评价指标。请重读本案例，并回答下列问题。

1. 邓巴先生在上“圆柱体的体积”这堂课时，要求学生通过实验找出测量体积的方法。他应用了下列哪种学习策略？
   a. 直接教学
   b. 经典性条件作用
   c. 发现学习
   d. 以教师为中介的讨论
2. 为什么邓巴先生不将圆柱体体积的计算公式 $\pi r^2 h$ 直接告诉学生？
   a. 他相信，如果学生能自主发现该公式将会获得更深刻的理解。
   b. 他认为，如果学生自己能够推导出公式，课堂上就可以节省时间。
   c. 他知道，发现学习远远优于直接教学。
   d. 他在应用斯金纳以及其他行为主义心理学家主张的教学策略。
3. 下面哪个事例说明邓巴先生在教学中展示了维果斯基的“最近发展区”这个概念？
   a. 邓巴先生说：“今天我们将探讨如何计算圆柱体的体积。”
   b. 邓巴先生让学生 4 人一组围坐在实验桌旁。
   c. 邓巴先生对“智囊组”说：“你是对的，米格尔。但是你们打算如何利用这个信息呢？”
   d. 邓巴先生表扬“智囊组”的学生自己发现了答案。
4. 邓巴先生在教学生圆柱体体积这堂课上有效地运用了合作学习策略。他没有做下面哪件事情？
   a. 当小组解决问题后，给予认可。
   b. 保证每个小组内各个成员的能力水平相当。

c. 确保每个小组成员都进行了学习。

d. 根据种族、族群、性别以及其他特殊需要将学生混合编组。

5. 邓巴先生应用了下面哪种合作学习策略?

a. 项目式学习

b. 共同学习

c. 拼图法

d. 学生团队—成就区分法（STAD）

6. 请举一个发现学习的例子。在发现学习的课堂中，教师的作用是什么？发现学习的优势与局限分别是什么?

7. 教师如何提高学生的问题解决能力?

Vicki Kerr/UpperCut Images/Getty Images

第 9 章

分组、差异化教学与技术

本章提纲

除了上好课，有效教学还包括哪些要素

卡罗尔的学校学习模型和 QAIT 模型

将学生分组以适应不同的成就水平

班级间能力分组

非分轨

为阅读课和数学课重新分组

班级内能力分组

留级

差异化教学的方式

差异化教学和个性化教学

同伴辅导

教师辅导

为身处风险的学生提供的教育方案

补偿教育方案

早期干预方案

学校综合改革方案

课后及暑期学校方案

学习成果

学完本章后，你应当能够：

9.1 描述适用于不同成就水平的不同类型的分组方法；
9.2 列出一些适用于不同学习者的差异化教学方法；
9.3 为面临学业困难的学生确定适合的教学方案；
9.4 描述如何在教育中有效地运用技术；
9.5 描述分组、差异化教学与技术如何影响有意识的教学。

本章提纲（续）

阿巴思诺特先生正在给四年级的学生上长除法课。他自我感觉良好，认为自己从未像现在这样讲得如此清晰、有趣，课堂组织得如此之好。当他向学生提问时，几个学生纷纷举手；点名让他们回答问题，也总能回答正确。阿巴思诺特暗自得意地对自己说："嘿！老兄，想不到你还真能教好这些孩子。"

下课前，阿巴思诺特搞了个小测验，想了解学生对长除法的掌握情况。阅完卷，结果却令他吃惊和大失所望：只有约 1/3 的学生做对了所有的题目，1/3 的学生没有做对任何一道题，剩下 1/3 的学生介于两者之间，只做对了一部分题目。"问题到底出在哪儿？"他想，"好吧，无论如何，我要使这种情况在明天的课上有所改观。"

第二天，阿巴思诺特准备得更加充分，运用生动的例子和图表来讲解长除法，整堂课的氛围生动活泼。他使用交互式白板来阐释关键概念。当他提问时，踊跃举手的学生更多了，而且回答也大多正确。但是，也有一些学生开始显得心不在焉，尤其是那些在昨天的测验中全部做对的学生，还有那些全部做错的学生。

下课前，阿巴思诺特又搞了个小测验。这次学生的整体分数有所提高，但仍有部分学生做错了所有的题，这令他感到很挫败："整堂课完全在我的掌控中，可为什么他们还是学不会呢？"

为了找出问题所在，阿巴思诺特对零分试卷进行了分析。他马上就发现了出错的规律。第二节课结束时，几乎所有的学生都能够正确列出长除法算式。可是，有的学生在做减法时却总是犯同样的错误，还有一些学生显然是忘记了乘法原理。所以，问题根本不是出在除法上，学生只是缺乏学习长除法所需的先决技能。

阿巴思诺特心想："不管怎样，我至少教会了一部分学生。"他突然想起了一个叫特雷莎的学生，她在第一节课后就能做对所有的题目，也许从她那里可以了解到一些情况。他找来特雷莎，问她为什么这么快就掌握了长除法。

"这很简单，"特雷莎答道，"我们去年就学过长除法！"

运用你的经验

批判性思维 列出可以帮助阿巴思诺特先生更有效地应对学生个体差异的所有教学方法。然后，列出阿巴思诺特先生能够用来有效满足学生需求的所有方法。

合作学习 四五个同学组成一个小组。给每个小组发一张纸，让小组成员思考该怎样帮助阿巴思诺特先生更有效地满足学生的需求，并将自己的想法写在纸上。一个同学写完后，将纸张传给小组中的另一个成员，依次进行下去。最后，将其中的某些方法分享给全班同学。

除了上好课，有效教学还包括哪些要素

如同阿巴思诺特先生在懊恼之余所明白的那样，有效的教学不仅仅需要高质量的讲授。尽管他的除法课教学很出色，但只适合部分学生，即那些具备先决知识和技能且尚未学过长除法的学生。若要保证他的课程对所有学生都有效，他就必须调整课程以满足全体学生的多样化需求。此外，如果不能激发学生的学习动机或者给予学生足够的学习时间，即使是全世界最好的课程也不会产生实际效果。

如果有效教学仅仅取决于高质量的讲授，那么，我们可能只需要直接找到世界上最优秀的讲师，将其讲授的课程录制下来，然后让学生观看录像即可。但如果考虑一下单独使用录像教学效果并不佳的原因，你就会发现有效教学远不只是把课讲好，还涉及更多其他的因素。首先，录像中的教师并不了解学生的已有知识。对某些学生而言，某节课的内容也许太难，也许太容易。其次，一些学生可能学得很好，而另一些学生可能因没有及时掌握某些关键概念而落后。录像中的教师无法知道哪些学生需要额外的帮助，而且无论如何也无法提供这种帮助。他们也无法通过提问来判断学生是否掌握了要点，以便重新教授学生尚未掌握的概念。再次，录像中的教师无法激发学生的动机，使其在课堂上保持专注或真正付出努力。即使学生注意力不集中，或者出现不良行为，录像中的教师也无能为力。最后，录像中的教师根本无法得知，课程结束时，学生是否真正掌握了所教授的主要概念或技能。

对录像教学的上述分析表明，教师除了呈现信息，还必须考虑到教学中的许多其他因素。教师必须知道如何调整教学以适应学生的知识水平。教师必须能激发学生的学习动机，管理学生的课堂行为，进行分组教学并评估学生的学习情况。

为了更好地理解有效教学的这些要素，教育心理学家们提出了有效教学的模型。这些模型阐述了高质量课程的关键特征，以及这些特征如何相互作用以促进学生的学习。

InTASC 标准 2
学习差异

InTASC 标准 3
学习环境

InTASC 标准 5
学科知识的应用

InTASC 标准 7
教学计划

InTASC 标准 8
教学策略

卡罗尔的学校学习模型和 QAIT 模型

约翰·卡罗尔的《学校学习模型》(Carroll, 1963, 1989) 是教育心理学领域至今最具影响力的论文之一。在这篇文章中，他从确保学生学习的时间管理、资源管理和活动管理等角度来描述教学。卡罗尔认为，学习是以下两个因素的函数：(1) 真正用于学习的时间；(2) 学习所需要的时间。学习所需的时间是由学生的能力倾向、先决知识和学习能力决定的，而真正花在学习上的时间则取决于可用于学习的时间、教学质量和学生的学习毅力。

斯莱文 (Slavin, 1995b) 重点关注了卡罗尔模型中的可变因素，即那些学校或教师能够直接改变的因素，并由此提出了另一种有效教学模型——**QAIT 模型** (QAIT model)。该模型从教学质量 (quality)、教学的适宜水平 (appropriateness)、激励 (incentive) 和时间 (time) 四个方面来诠释有效教学的影响因素。

1. 教学质量。知识或技能的呈现在何种程度上帮助学生轻松掌握这些材料。教学质量主要取决于课程质量以及授课内容的呈现质量。
2. 教学的适宜水平。教师在何种程度上确保学生准备好学习一门尚未学过的新课 (即具备学习新课程所必需的知识和技能)。也就是说，当新的授课内容对于学习者而言难易适中时，教学就是适宜的。

图 9.1 QAIT 模型

QAIT 模型中的每一个要素就像链条中的一环，整个链条的强度取决于最弱的那一环。

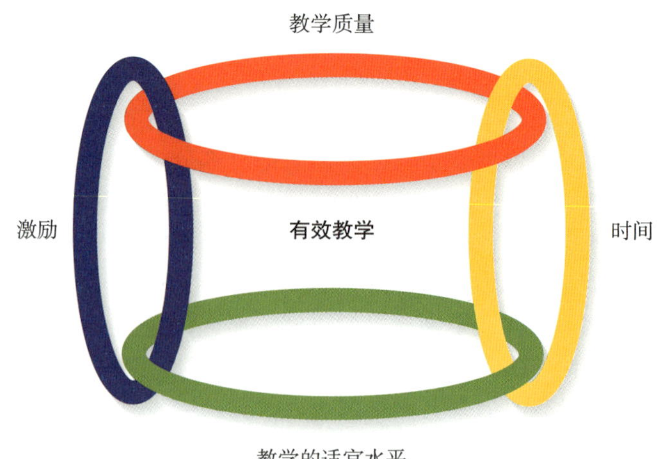

3. *激励*。教师在何种程度上确保学生具有完成学习任务、掌握所呈现材料的动机。
4. 时间。在何种程度上让学生有足够的时间学习所教授的材料。

要使教学有效，这四个要素缺一不可。如果学生缺乏必要的先决知识或技能，或缺乏学习的动机，或缺乏足够的学习时间，那么不管教学质量有多高，学生都不可能获得良好的学习效果。反过来，如果教学质量很低，那么无论学生储备的先决知识有多充足，学习动机有多强，学习时间有多充裕，他们同样无法获得良好的学习效果。图 9.1 呈现了 QAIT 模型中四个要素之间的相互关系。

教学质量 一提起教学，或许大多数人首先会想起一系列的活动：讲授、提问、讨论、指导学生完成课堂作业等，这些活动都与教学质量有关。让同伴作为朋辈导师或合作学习的伙伴可能会提高教学质量。技术（如视频、计算机图像、交互式白板或其他数字内容）也可能有助于提高教学质量，实践经验、实验室操作或计算机模拟等亦是如此。教学质量高就意味着所呈现的知识对学生来说是有意义的、有趣的，并且易于记忆和运用。

教学质量最重要的方面是课程对学生的意义。而要使课程有意义，教师就需要以有条理、有组织的方式来呈现知识，需要将新知识和学生的已有知识联系起来，需要运用例证、演示、图片和图表等工具，将所教授的内容生动地呈现给学生。教师可以运用一些认知策略，如先行组织者和记忆策略。有时，学生必须经过亲身发现和体验，或者经过与他人的讨论，才能够真正理解一个概念对其自身而言的意义。通过合作活动、创造新成果、模拟、游戏或技术等方式让学生投入到课堂学习中来，帮助学生理解和记忆所讲授的概念。

教学的适宜水平 组织课堂教学的最大难题或许就是应对学生在已有知识和技能、动机和学习速度等方面存在的巨大差异（Tomlinson, 2008）。这也正是阿巴思诺特先生在教学中面临的主要难题。学生的多样化要求教师提供水平适宜的教学。教有 30 名学生（或即使只有 10 名学生）的班级与一对一辅导有着本质区别，因为学生之间不可避免的差异会影响教学能否成功。每个教师都很清楚，给全班同学上同样的课，一些学生肯定会比另一些学生掌握得快。事实上，还有些学生可能完全学不会，因为他们缺乏重要的先决知识和技能以及足够的学习时间（如果给他们提供足够的时间，就会浪费学习速度较快的学生的时间）。认识到教学中存在的这些重大差异会促使许多教师去寻求个别化或差异化的教学方式，调整教学以满足学生的不同需求，或者按照学生的能力进行分组。某些教学方案通常用于适应学习速率方面的个体差异，但其本身也会产生问题，而这些问题可能比它们原本要解决的问题更为严重（Willingham & Daniel, 2012）。例如，教师也许会给全体学生提供适应各自需求的材料，允许学生自定步调地学习，并可能使用为此设计的计算机辅助教学软件。虽然这种方法解决了教学的适宜水平问题，但同时带来了严重的新问题：二三十名学生各自做着不同的事情，教师如何管理这些活动？另一种选择是，教师可能会根据能力差异将学生分组（比如分成红鸟、蓝鸟和黄鸟三组）。但这同样会产生问题，因为当教师指导红鸟组的时候，黄鸟组和蓝鸟组就要在没有督导或帮助的情况下自行活动。同时，低能力组的学生可能感到受辱，且缺乏积极的行为榜样。

为了适应学生的个别化需求，教师可能需要调整教学节奏，既不太快，也不太慢。例如，教师应经常提问，以了解学生掌握了多少内容。如果学生的回答表明他们能够跟得上授课进度，教师可以适当加快节奏。但如果学生的回答表明他们有些跟不上，那么教师就应该复习所讲授的部分内容，放慢速度，或者在其他时间为跟不上教学进度的学生提供额外的辅导。

激励　托马斯·爱迪生曾写道：“天才等于百分之一的灵感加上百分之九十九的汗水。”这种说法同样适用于学习，学习需要努力。但是，这并非意味着学习不是或不可能是有趣的、令人兴奋的——事实远非如此。不过，学生确实必须努力集中注意力，专心完成布置的作业或任务，认真学习，而且学生必须有动机从事这些活动。这种激励或动机，可源自任务本身的特征（如学习材料的趣味性），也可源自学生自身的特性（比如，对学习的好奇心或积极性），还可以来自教师或学校给予的各种奖励（如表扬、认可、成绩或证书）。

如果学生自己想了解什么，他们就会有动机付出必要的努力去学习。这可以解释为什么有些学生可以不假思索地说出芝加哥小熊棒球队每个球员的名字、击球率、本垒打次数以及其他各种相关的信息，却对科学、历史或数学等学科知识知之甚少。对于这些学生来讲，棒球知识非常有趣，所以他们愿意为之付出大量努力。某些信息会自然而然地引发部分或全部学生的兴趣，但教师也可以通过激发学生的好奇心或向学生展示如何将校内获得的知识运用于校外，从而使学生对所学主题产生兴趣。例如，如果棒球球迷能够认识到，若要正确地计算棒球的击球率，有关比例的知识是非常必要的，那么他们就有可能对这部分内容的学习更感兴趣。

然而，并不是每门课程始终都能够吸引所有的学生。为了全力以赴地学习那些当时看起来无关紧要，但对以后的学习至关重要的概念和技能，大多数学生都需要某种形式的认可或奖励。所以，学校可以运用表扬、反馈、分数、证书、彩星、奖品、参与趣味活动或其他奖励方式来增强学生的学习动机。

链接 9.1
若想了解有关奖励和动机的一般原则，请参见第 10 章。

时间　QAIT 模型的最后一个要素是时间。教学需要花费时间。教学时间长不一定能使学生学到更多，但在教学质量、教学的适宜水平以及激励水平都较高的情况下，增加教学时间就会使学生有更大的收获。可用于学习的时间主要取决于两个因素，第一个因素是**分配的时间**，即教师的计划教学时间及之后的实际教学时间；第二个因素是**投入的时间**，即学生集中注意力听课的时间。这两类时间都受到课堂管理策略和纪律维护策略的影响。如果学生表现良好，动机很强，对学习目的和学习目标有明确的意识，并且教师也准备充分，组织得当，那么不管教师想教什么内容，学

链接 9.2
若想了解有关课堂管理和纪律的原则，请参见第 11 章。

生都会有足够的时间进行学习。然而，许多因素，如干扰、行为问题、活动之间的不当转换等，都会侵占学习时间。

将学生分组以适应不同的成就水平

InTASC 标准 2

学习差异

从入学的第一天起，学生在知识储备、技能、动机以及对即将学习的内容的倾向性等方面就存在着个体差异。有些学生在幼儿园时期就已经开始阅读，而另一些则需要大量的时间和外界帮助来学习阅读。教师在上新课时通常会假定，一些学生对课程内容了解得比较多，一些学生可能了解得较少但能很快掌握新讲授的内容，还有一些学生在规定时间内可能完全无法掌握所教内容。一些学生可能具备学习新课程所需要的先决知识和技能，而另一些学生却不具备。这也正是阿巴思诺特先生遇到的难题：他班上的一些学生还没有做好学习长除法的准备，而另一些学生在他上课之前早已学会。一些学生缺乏学习长除法所必需的基本乘法和减法技能，而另一些学生在第一节课上就已经掌握了长除法，没有必要在第二节课中重学。因此，若阿巴思诺特先生中断授课，开始复习乘法和除法运算，那么，对已经掌握了该部分内容的学生而言，无疑是浪费时间；而如果他根据能力较强的学生的学习进程来调整教学，那么学习困难的学生可能自此再也跟不上进度。阿巴思诺特先生班上的学生的表现均在正常范围内，但他们在先决知识、技能和学习速度方面存在个体差异，阿巴思诺特先生怎样才能进行适合所有学生的有效教学呢？

链接 9.3

若想了解更多有关学生在一般智力、特殊能力倾向以及能力和学习风格方面的差异，请参见第 4 章。

为了适应学生的差异——异质性（heterogeneity）——而调整教学是教育最基本的问题之一，并且常常导致带有政治和感情色彩的政策（Atkins & Ellsesser, 2003）。有些人提议，可以直接让更多儿童停留在某个年级进行学习，直到他们的水平能够达到该年级的要求。例如，美国有许多州要求，那些到三年级时阅读能力还未达到相应水平的儿童必须留级（Robelen, 2012）。北美以外的一些国家会对 10~12 岁的学生进行测试，并据此将他们分流到不同类型的学校，试图以此来解决学生差异问题，而其中只有一类学校旨在为学生接受高等教育做准备。在美国，人们有时会采用一种类似的做法，即对中学生进行分轨制教育，将他们分到大学预科班、普通班或职业班，从而安排学生学习所属班级的一系列规定课程。然而，这种**分轨制**（tracking）在 20 世纪 80 年代和 90 年代迅速消亡。取而代之的是，大多数中学都按照学生在不同学科领域的能力水平进行分组。就理论而言，某个学生可能同时参加数学的高级班和英语的中级班或者初级班（Lucas & Gamoran, 2002）。许多中学都允许学生根据辅导老师的建议，在各学科选择适合自己水平的班级，如果感觉课程太难或太容易，还可以调班。这类策略使得同一班级中的学生的表现水平基本相当，是**班级间能力分组**（between-class ability grouping）的一种形式。这是初中和高中按能力分组的主要形式，有时也运用于小学。

在小学阶段，另一种适应学生个体差异的常用教学方法是**班级内能力分组**（within-class ability grouping），比如根据学生阅读水平的差异来划分不同的阅读小组（如蓝鸟组、红鸟组和黄鸟组）。教学要适应学生的差异，这一点非常重要，因此许多教育工作者主张教学应完全实现个性化，以便每个学生都能够自定学习进度。在这种观点的影响下，一些个性化的计算机辅助教学方案应运而生。

每种适应学生个体差异的教学方法都有其自身的优势，但也都会引发某些问题，有时甚至弊大于利。有些个体差异很容易应对（Jackson & Lambert, 2010; Pollock,

Ford, & Black, 2012; Tomlinson, 2014）。例如，教师可利用视觉线索增强口头讲解的效果，以适应学生的不同学习风格，如在白板上写字或展示图表来强调重要的概念（Mayer, 2008a）。教师也可以通过变换课堂活动，如交替活跃型与安静型任务或个体与群体活动，以此来适应学生在学习风格方面的其他差异。有时，教师还可以对学生进行单独辅导，根据他们的学习需求来调整教学——例如，提醒冲动型的学生不要着急；教给慎思型的学生一些策略，比如跳过不会做的题目，以确保按时交卷。

先决知识和学习进度方面的个体差异较难应对。有时，处理这些差异的最好方法是忽略它们，按照相同的教学节奏给全班授课，但可以为成绩落后的学生提供额外的辅导，并给那些常常快速完成任务的学生提供扩展性或培优性的附加活动（Guskey, 2011; Tomlinson, 2014）。为了适应不同的学生，教师可以有意识地变换每节课的例子或问题（Small, 2010）。教师也可以让那些在考试或其他任务中表现欠佳的学生重做，直到他们达到一定的水平（Wormeli, 2011）。恰当地运用合作学习，让不同水平的学生相互帮助，也是帮助全体学生学习的一种有效方法（Cohen & Lotan, 2014; Slavin, 2013; Webb, 2008）。有些科目比其他科目更适合采用统一的教学节奏。例如，社会科学、科学和英语课就不像数学课、阅读课和外语课那样强调要适应学生的成绩差异。在后几类科目中，新技能的学习直接建立在先前技能的基础之上，所以，如果教师按照相同的节奏来教授一个学生水平参差不齐的班级，则学困生和学优生都无法从中受益：学困生可能会因为缺乏必要的先决知识和技能而失败，而学优生则可能因教学节奏太慢而感到厌倦。

班级间能力分组

在教学过程中处理重要的学生差异时，最常用的方法或许是根据学生的能力差异而将他们分到不同的班级。这种班级间能力分组可采用多种形式。大部分初中和高中学校会根据学生在各科目中的能力差异进行分组，因此，某个学生可能既在数学的高级班，同时又在科学的中级班。在高中阶段，这种分班可以通过课程安排来完成。例如，某些七年级、八年级和九年级的学生可以学习代数 I，而不具有相应能力的学生则只需要学习普通数学。在小学阶段，学校可以采用多种策略对学生进行分组，其中也包括中学所采用的许多方式。通常，在小学的班会、社会科学和科学课中，学生会被分在一个混合能力班；而在阅读课和数学课中，学生则被按照能力差异重新分班（Lucas & Gamoran, 2002）。与经常采用班级间能力分组的中学相比，小学更有可能采用班级内能力分组，尤其是针对阅读课（Chorzempa & Graham, 2006）。然而，不论在中学还是小学，为那些有严重学习问题的学生以及有学习天赋的学生分别提供单独的特殊教育计划，都是班级间能力分组的常见形式。

链接 9.4
关于针对有天赋的和有特殊需求的学生的教学计划，请参见第 12 章。

资格认证指南
在教师资格认证考试中，你可能会被要求描述班级间能力分组的优点和缺点。你应当知道，大部分形式的班级间能力分组的效果并未得到研究证实。

班级间能力分组的相关研究　虽然班级间能力分组得到了广泛的应用，但是，这种策略的有效性尚未得到研究的支持。研究者发现，虽然能力分组会给分到高轨班（high-track classes）的学生带来些许益处，但也会对分到低轨班（low-track classes）的学生产生不利，如此一来，益处与不利便相互抵消了（Ireson & Hallam, 2001; Oakes, 2005; Slavin, 1987b, 1990）。

为什么班级间能力分组会没有效果呢？一些研究者对此进行了探讨。能力分组的主要目的是缩小教师必须应对的学生成绩水平的离散程度，以便能够根据某一能力水平相对同质的学生群体的需要进行更有针对性的教学。但是，分组的依据通常是学生在标准化测验或者其他一般能力测验中的分数，而不是他们在某一特定学科中的实际表现。所以，对某一水平的班级而言，那些真正重要的差异的离散程度几乎没有缩小，以至于能力分组不会产生太大的效果（Oakes, 2005）。另外，将低成就学生都集中到低轨班中的做法致使他们很少有机会向正面榜样学习，因此不利于他们的发展。再者，教师通常不喜欢教这样的低轨班，而且会微妙地甚至直接表达出对这些学生的低期望（Weinstein, 1996）。有研究发现，教师其实并没有根据低能力组学生的需求积极调整教学（Ross, Smith, Lohr, & McNelis, 1994）。一些研究还发现，与高轨班相比，低轨班的教学质量通常较低。例如，与高轨班的教师相比，低轨班的教师缺乏教学热情和组织性，并且教授的概念性知识较少，事实性知识较多（Gamoran, Nystrand, Berends, & LePore, 1995; Oakes, 2005; Raudenbush, Rowan, & Cheong, 1993）。低轨班更有可能被安排由新手教师授课（Kalogrides & Loeb, 2013）。那些未分轨的混合能力班级的教学更接近高轨班和中轨班的教学，而非低轨班的教学。

分轨制所导致的最严重的问题可能是对低轨班学生的污名化，因为把学生分到低轨班实际上是在向他们传递这样一种信息：他们没有能力取得学业上的成功（Oakes, 2005）。与那些能力相当但被分到中轨班或混合能力班的学生相比，被分到低轨班的学生更容易出现违法、旷课、辍学等问题（Oakes, 2005）。虽然低轨班的学生一开始的学习成绩较差是产生这些问题的部分原因，但这并不是问题的全部。例如，在初中被分到低轨班的学生会体验到自尊的快速丧失。斯莱文和卡维特（Slavin & Karweit, 1982）发现，城区小学五年级和六年级学生约有 8% 的时间在旷课。当这些学生进入到分轨制的初中后，这一比例会迅速升至 26%，而且旷课的学生主要来自垫底的低轨班。这一变化如此迅速，无法完全归因于学生的自身特征。初中的组织结构问题显然让相当一部分学生形成了这样的看法，即对他们而言，学校不再是一个值得去的地方。

分轨制最大的隐患之一是，低轨班的学生大多来自社会经济地位较低的家庭以及少数族裔家庭，而高轨班的学生则大多来自社会经济地位较高的家庭（Kalogrides & Loeb, 2013）。一项由约泽瓦、韦尔斯和塞尔纳开展的研究（Yonezawa, Wells, & Serna, 2002）发现，即使高中学生在理论上可以“自由选择”学业水平，低轨班中的非裔和拉丁裔学生所占比例仍然过高。分班的结果实际上常与社会阶层和种族密切相关，因此，在缺乏充足证据表明其在教育中必要性的情况下，这种分班并不合理。

虽然教师个人很难改变班级间能力分组的制度，但是应该清楚，相关研究并不支持在任何年级进行分班的做法，而且应当尽可能避免分班。然而，这并不是说所有形式的班级间分组都应该被抛弃。例如，有些加速教育方案被证明是非常有效的，比如，让那些有数学天赋的七年级学生学习代数 I，或者在高中提供一些大学预修课程（见第 12 章）。另外，有些中学生会选修其他学生不选的高级课程，因此在中学进行某种班级间能力分组也是不可避免的。然而，并没有研究证明，把同一门课程分成高、中、低三档可以帮助学生取得更好的成就。相比之下，在所有年级中，混合能力班都能够取得成功，尤其当教师同时运用其他更有效的、适应学生个体差异的教学方法时，效果会更明显。这些教学方法包括班级内能力分组，为低成就学生提供个别辅导或其他额外帮助，以及在混合能力分组中进行合作学习等。

链接 9.5
合作学习策略请参见第 8 章。

非分轨

多年来，各年级的班级间能力分组一直受到教育者和研究者的质疑。大量有关非分轨的指南以及非分轨教学的成功案例也相继出版（Burris, Heubert, & Levin, 2004; Fahey, 2000; Kugler & Albright, 2005; Oakes, Quartz, Ryan, & Lipton, 2000）。**非分轨**（untracking）强调把学生安置在混合能力的集体中，并给学生设定较高的标准，但同时为学生提供多种方法来帮助他们达到这些标准，比如给难以跟上整体进度的学生提供额外的帮助（Burris, Heubert, & Levin, 2006; Hubbard & Mehan, 1998）。建议经常采用适宜的合作学习和项目式学习等方法，从而开辟出更多有效的学习途径，帮助所有学生取得优异成绩（Slavin, 2013）。但是，要实施非分轨并非易事，尤其是在初中和高中（Cooper, 1998; Oakes et al., 2000; Rubin, 2003）。特别值得一提的是，非分轨经常遭到高成就学生家长的强烈反对。奥克斯及其同事（Oakes et al., 2000）以及韦尔斯等人（Wells, Hirshberg, Lipton, & Oakes, 1995）指出，非分轨需要转变人们对学生潜能的看法，而不仅仅是改变学校或者课堂实践。这些研究者认为，要实行非分轨，教师、父母和学生本人都必须认识到，学校教育的目标是为每一个学生创造成功的机会，而不是将学生分成三六九等（Oakes et al., 2000）。然而，这种观念层面的转变极其困难，这或许就是非分轨在中学推行起来比较缓慢的原因所在（Hallinan, 2004）。

链接 9.6
各种形式的合作学习及项目式学习请参见第 8 章。

为阅读课和数学课重新分组

在小学，一种常用的能力分组形式是**重新分组**（regrouping）。在重新分组方案中，学生大多数时间都待在混合能力班，但是，根据学生在具体科目（如阅读和数学）中的成绩，他们还会被分到不同的阅读班或数学班里。例如，上午 9 点半，某学校的四年级学生会去不同教师的班级，接受适合各自阅读水平的阅读教学。为阅读课进行重新分组的一种形式叫**乔普林计划**（Joplin Plan），它是一种跨年级的重新分组。例如，在一个四年级的阅读班里，第一学期的阅读课上可能会有三年级、四年级和五年级等多个年级的学生。

与全日能力分组相比，重新分组的一个主要优势是学生大部分时间还是在混合能力班中度过的。重新分组并没有将低成就者单独分出来，他们也就不会感到被污名化。鉴于这些原因，研究发现，重新分组方案，特别是像乔普林计划这样的方案，通常能够提高学生的成绩（Gutiérrez & Slavin, 1992; Slavin, 1987b）。

班级内能力分组

另一种适应学生能力水平差异的教学方法是在班级内对学生进行分组，这是小学阅读课的典型做法。例如，三年级的教师可以用 3-1（三年级第一学期）的课文教“火箭组”，用 3-2（三年级第二学期）的课文教“星星组”，用 4-1（四年级第一学期）的课文教“行星组”。

班级内能力分组在小学阅读课中十分常见（Chorzempa & Graham, 2006）。除阅读或数学外，其他科目的教学很少采用班级内能力分组。在阅读课上，教师通常会让每个小组从不同的角度来学习一系列的课文，并允许每个小组自定学习节奏。在大部分数学课上，教师会对全班进行统一教学，然后在其他学生做课堂练习时处理两个或多个能力小组的问题，以此来根据学生的需求强化所教技能或提供难度更高一级的培优内容。在一项名为“掌握学习”的策略中，教师讲完课后会组织一组学生进行额外的指导，对这些学生进行形成性评估，找出那些未达到掌握标准（正确

资格认证指南
在教师资格认证考试中，你可能会被要求描述一种在阅读课上对学生进行班级内分组以适应其阅读能力差异的方法。

率通常是 80%）的学生（Guskey, 2010）。为了使学生达到掌握标准，待“纠错式教学”后，教师会再次进行测试。

班级内能力分组的相关研究　对班级内能力分组的教学成效的研究主要集中于小学数学课堂。大多数研究表明，接受班级内能力分组教学的学生比不分组的学生掌握的知识更多（Slavin, 1987b）。优等生、中等生和后进生似乎都能够从班级内能力分组中平等受益。梅森和古德（Mason & Good, 1993）的一项研究发现，与采用固定的班级内能力分组的教师相比，根据学生的需求灵活分组和重新分组的教师能够取得更好的数学教学成效。令人不解的是，关于阅读分组的教学成效的研究很少，而且仅有的相关研究发现，阅读分组的益处非常有限（Nomi, 2010）。

研究表明，能力分组数目少比分组数目多的教学效果要好一些（Slavin & Karweit, 1984）。分组数目少有利于教师投入更多时间进行直接教学，减少做课堂作业的时间以及过渡时间。若有 3 个小组，课堂作业将至少占用三分之二的课堂时间。如果教师试图教授 3 个以上的阅读小组或数学小组，还有可能遇到课堂管理方面的问题。将班级分成 3 个以上的小组虽然能够减少每个小组内部的异质性，但往往得不偿失（Hiebert, 1983）。

赫梅莱夫斯基等人（Chmielewski, Dumont, & Trautwein, 2013）在一项有趣的研究中发现，最高轨班的学生比低轨班的学生有更积极的自我概念认知，但在班级内分组中情况恰恰相反，这表明班级内分组并不会导致在班级间分组中常见的污名化效应。

班级内能力分组的相关研究带来的主要启示是，此类分组的效果不一定理想，但当有必要进行某种形式的分组时，班级内能力分组要比班级间能力分组更可取。

留　级

是否应该要求低成就的学生留级，这是教育中最具争议的问题之一。2008—2009 年，美国约有 3.5% 的一年级学生留级，在二到八年级各有 1% 至 2% 的学生留级（Warren & Saliba, 2012）。这意味着大约有 14% 的学生会在高中之前的某个学段留级（Warren, Hoffman, & Andrew, 2014）。有几个州还通过了极具争议的法律，要求没有达到年级阅读水平的三年级学生留级（Robelen, 2012）。这一措施可能会导致这些州的留级率（retention rates）升高。

主张让低成就的后进生留级的人认为，留级“馈赠”给这些学生更多宝贵的时间以追赶其他学生，并为他们树立起必须努力达到的明确标准。被学校考虑留级的学生通常会获得在暑期学校中奋起直追的机会，或者接受额外的帮助以争取升学，或许，正是可能留级的威胁使得许多学生参与到这样的学习中来（March, Gershwin, Kirby, & Xia, 2009; McCombs, Kirby, & Mariano, 2009）。然而，反对留级者认为，留级的学生会丧失学习动机；事实上，留级是辍学的最有力的预测指标之一（Allensworth, 2005; Jimerson, Anderson, & Whipple, 2002）。留级的学生主要是少数族裔和 / 或处境不利家庭的男生（Beebe-Frankenberger, Bocian, MacMillan, & Gresham, 2004, Robelen, Adams, & Shah, 2012）。此外，许多留级决策使用的测验是否足够可靠和有效，也是一个值得质疑的重要问题（Penfield, 2010）。

留级究竟是有利还是有害？从短期来看，让学生留级通常会提高某学校或某学区的学生成绩，这并不是因为学生学得更多，而是因为他们参加测验时年龄更大了。

基于此，要求未达到既定测验标准的学生留级的新政策发布后，各州和各学区经常会报告当地学生的州测验成绩有了"显著提升"（Bali, Anagnostopoulos, & Roberts, 2005; McGill-Franzen, & Allington, 2006）。然而，长期研究表明，留级学生比那些成绩同样较差但未留级的同龄学生学到的东西只会更少，起码不会更多（Allensworth & Nagaoka, 2010; Burkam, Logerfo, Ready, & Lee, 2007; Hong & Raudenbush, 2005; Hong & Yu, 2007; Hughes, Kwock, & Im, 2013; Roderick & Nagaoka, 2005）。相比年龄更小的同班同学，留级学生起初具有的优势往往在几年内就会消失殆尽（Allen, Chen, Willson, & Hughes, 2009; Moser, West, & Hughes, 2012）。

解决低成就学生问题的最佳方案既不是留级，也不是"社会升级"（即不论学生的学业成绩如何，都让其升级）。相反，学校应当给予这些学生特别的关注、找出问题所在并进行强化干预（如单独辅导），直到他们的成绩提升到正常范围（Benson, 2014; Vaughn, Bos, & Schumm, 2014）。延长一年教育是一项非常昂贵的干预——花同样多的钱可以为学生提供更有效的帮助（Reeves, 2006; Slavin, Lake, Davis, & Madden, 2011）。

差异化教学的方式

作为能力分组的替代选择，许多被证明行之有效的策略可用以提高学困生的成绩。这直接关系到分组旨在解决的主要问题。在阅读方面，经过验证的方法尤其广泛，对阅读困难的学生而言，其中许多迥异的方法都是有效的（Connor, Alberto, Compton, & O'Connor, 2014; Galuschka, Ise, Kreick, & Schulte-Körne, 2014; Slavin, Lake, Davis, & Madden, 2011; Wanzek et al., 2013）。

InTASC 标准 2

学习差异

如果学校能够给每位学生配备一名教师，那么就可以彻底解决为所有学生提供适宜水平的教学问题。关于成人和学生一对一辅导的研究发现，该方式对学生的学习成绩能产生极大的积极作用（Slavin, Lake, Davis, & Madden, 2011），这一结果显然不足为奇。辅导之所以有效，一个主要原因是辅导者能够提供**差异化教学**（differentiated instruction），即准确地根据学生的需求调整教学。如果学生能够快速掌握所教内容，那么辅导者就可以继续教授其他内容；如果学生学得比较慢，那么辅导者可以找出问题所在，尝试其他的讲解方式，或者在这一内容上再多花些时间。

InTASC 标准 8

教学策略

在某些情况下，成人辅导既是可行的，也是必要的。跨年龄的同伴辅导（通常是年龄大的学生与年龄小的学生一起学习）也是非常有效的（Thurston et al., 2012）。此外，教育改革家长期以来一直试图通过个别化教学来模拟一对一的教学情境。教师们已经找到了各种方法，以因地制宜地满足异质班级中不同学习者的需求（Tomlinson, 2014b; Tomlinson & Moon, 2013）。二十世纪六七十年代，个别化教学法非常流行，这种方法允许学生按照自己的水平和节奏进行学习，而且在多种计算机辅助教学中得以延续。下面将讨论这些差异化教学策略。

差异化教学和个性化教学

差异化教学（Doubet & Hockett, 2015; Parsons, Dodman, & Burrowbridge, 2013; Silver, Jackson, & Moirao, 2011; Tomlinson, 2014b; Tomlinson & Moon, 2013）通过调整教学的内容、水平、节奏和预期结果以适应常规课堂中不同学生的不同需求。差异

化教学背后的原理强调所有儿童都能够达到较高的标准，只是部分儿童需要因人而异的帮助。近些年来，一个相关的术语，即**个性化教学**（personalized instruction）被广泛使用。个性化教学更加强调教学要适应学生的兴趣、价值观以及具体情况（Dobbertin, 2012; Powell & Kusuma-Powell, 2012; Richardson, 2012; Wolk, 2010）。计算机通常是个性化或差异化教学的核心要素，因为教师可以通过计算机以多种方式在不同水平为学生提供相同的学习内容，同时记录和跟踪所有学生的进步情况（Grant & Basye, 2014; Gura, 2016）。

以下是个性化教学的例子。教师可能会让一个多元化班级中的学生撰写一篇甘地的传记，但会根据阅读水平分别为学生提供甘地的相关材料。或者教师可能会为一个异质班级编一份通用的数学测验，但测验中包含一些专为数学基础较好的学生设计的“挑战题”。在做课堂作业时，教师可能会更加关注那些先决知识和技能有所欠缺的学生，或者在课前预先为他们提供相关知识和技能的教学指导。例如，因为分数概念对学习小数很重要，所以教师在开始教授关于小数的知识单元之前，可以额外安排一节课，与那些没有扎实地掌握分数概念的学生一起回顾分数的知识。

差异化理念中的一个观点是，尽管所有学生都需要达到相同的目标，但有些学生花费的时间较多，而另一些学生花费的时间较少。差异化课程可以让学生有机会重新学习那些尚未掌握的内容，而不是止步于得到低分（Guskey, 2011; Tomlinson & Moon, 2013; Wormeli, 2011）。

教师们正日益通过数字设备来提供差异化和个性化教学。本章稍后将进一步讨论该主题。

同伴辅导

InTASC 标准 3

学习环境

同学之间可以互助学习。**同伴辅导**（peer tutoring）就是由一个学生教另一个学生。同伴辅导主要有两种形式：一是**跨年龄辅导**（cross-age tutoring），即辅导者比被辅导者年长几岁；二是同龄辅导，即一个学生辅导另一个同班同学（Topping, Duran, & Van Keer, 2015）。相比较而言，研究者更常推荐跨年龄辅导，原因之一是高年级学生更有可能已经掌握了学习内容，再就是学生可能更愿意接受年长的学生而不是同班同学担任辅导者。有时，同伴辅导也用于那些需要特殊帮助的学生，比如，几个高年级学生与几个低年级学生一起学习。还有一些其他的辅导形式，比如，以班级为单位，五年级某个班的学生去辅导二年级某个班的学生（Thurston, Tymms, Merrell, & Conlin, 2012）。在这种情况下，一半的二年级学生被派到五年级的教室，而一半的五年级学生被派到二年级的教室。此外，在学校的餐厅、阅览室或者其他地点都可以进行同伴辅导。

同龄人之间的同伴辅导比较容易实施，且业已证实是一种比较有效的方式（Rohrbeck et al., 2003）。由年龄和成绩水平相当的同班同学轮流担任辅导者和被辅导者的交互式同伴辅导也是一种非常实用且有效的方法（Fantuzzo, King, & Heller, 1992; Greenwood, Terry, Utley, Montagna, & Walker, 1993; Mathes, Torgeson, & Allor, 2001; Van Keer & Vanderlinde, 2013）。

链接 9.7
若想了解更多关于交互式教学的内容，请参见第 8 章。

对辅导者进行适当的培训和督导是非常重要的。关于同伴辅导的实践指导，可参见托平等人的研究（Topping, Duran, & Van Keer, 2015）。一些研究发现，辅导者取得的进步甚至比被辅导者还要大（Rekrut, 1992）！正如许多教师曾提到的，透彻地学习某一知识的最好方法就是把它教给别人。

教师辅导

成人对儿童的一对一辅导是已知最有效的教学策略之一，它从根本上解决了教学的适宜水平问题。这种方法的主要缺点是成本比较高。然而，为那些在常规教学情境下有学习困难的学生提供成人辅导通常是可行的。辅导可以充分发挥学校教辅人员的作用（Brown et al., 2005; Madden & Slavin, 2015; Vadasy, Sanders, & Tudor, 2007），有些学区还会雇佣大量的专业辅助人员来促进此项工作的开展。事实上，研究发现，除非课堂助教开展一对一的辅导，否则他们对改善学生的成绩并没有多大的效果（Slavin, 1994）。那些愿意每天工作并在语音教学法上受到严格督导和培训的志愿者也能够促进学生的学习，尽管效果通常不如专业辅助人员那么好（Morrow-Howell et al., 2009; Roskosky, 2010; Tingley, 2001）。

在某些情况下，例如针对有阅读困难的一年级学生，运用这种高成本的一对一成人辅导是相当值得的。假如学生在小学低年级没有学会阅读，这将严重制约其以后的学业成就，因此，这种对可以避免阅读失败的辅导的投资是值得的。一项针对小学阅读困难学生干预项目的研究综述发现，各种辅导和小组干预策略都对学生的阅读学习有显著的积极影响（Slavin, Lake, Davis, & Madden, 2011）。

一项名为**阅读恢复**（Reading Recovery）的方案（Lyons, Pinnell, & DeFord, 1993）安排那些受过专门培训的教师给阅读困难的一年级学生提供一对一的辅导。事实证明，该方案使绝大多数面临学业风险的学生达到了正常的阅读水平，并且能保持长期的积极效果。目前，美国、加拿大、英国以及其他国家的数千所小学都在使用阅读恢复方案。尽管人们一致认可阅读恢复方案对有学业风险的一年级学生的阅读成就具有积极作用（May et al., 2015; Pinnell et al., 1994; Slavin, Lake, Davis, & Madden, 2011），但对于该方案的积极效应能否在一年级结束以后继续保持却存在不一致的发现。在伦敦开展的一项针对阅读恢复方案的长期评估研究发现，该方案存在强烈的即时效应，但这一效应在儿童 10 岁前已经消失（Hurry & Sylva, 2007）。此外，人们还质疑阅读恢复方案的成本效益（Hiebert, 1996; Shanahan, 1998），并质疑该方案对少数一年级学生的积极效应是否代表着原本用于整个年龄组所有儿童的有限资金得到了最佳利用（Hiebert, 1996; Schacter, 2000）。然而，如果把阅读恢复看作一系列干预措施的起点——这些干预措施旨在让处于学业风险中的儿童拥有良好的开端，而不是一劳永逸的解决方案——那么毫无疑问，在儿童发展的关键时期，阅读恢复能大大提高阅读成绩。

除了阅读恢复方案，其他几个方案借助认证教师、专业辅助人员甚至训练有素且接受高水平督导的志愿者的力量，也成功地提高了一年级学生的阅读成绩（Morris et al., 2000; Slavin, Lake, Davis, & Madden, 2011）。相比小组补救方案和不施加任何干预，一项名为“阅读救援”（Reading Rescue）的语音辅导方案更好地改善了一年级学生的学习效果（Ehri, Dreyer, Flugman, & Gross, 2007）。澳大利亚一项整合了课程改革、阅读恢复辅导、家庭支持以及其他元素的方案，显著地提高了一年级学生的阅读成绩（Crévola & Hill, 1998）。一项追踪调查发现，针对二、三年级学生的辅导方案对学生某些阅读表现的影响在 11 年后依然存在（Blachman et al., 2014）。

一对一辅导几乎总是非常有效，并且采用结构化语音教学法的辅导模式比其他辅导方法都更有效（Blachman et al., 2004; Brown, Morris, & Fields, 2005; Ehri et al., 2007; Slavin et al., 2011; Wanzek et al., 2013）。专业辅导人员采用专门设计的计算机化内容作为一对一辅导或小组辅导的补充，此类干预方案尤其有效（Chambers et al.,

理论应用于实践

有效运用同伴辅导以满足个体需要

同伴辅导是一种可以同时提高辅导者和被辅导者学习成绩的有效方法，而且没人怀疑这一策略在课堂上满足个别需要的价值。但是，若要通过同伴辅导来改善学生的学习效果，仅仅将学生两两配对还不够。

需要建立一项辅导方案，认识到辅导者和被辅导者都需要具备特定的技能。不管辅导者是同龄人，还是高年级的学长，甚至是成人，在选择他们时都要慎重。不但要考虑辅导者的知识基础（即他们对主题领域知识的掌握程度），而且还要考虑到他们能否将知识讲解清楚。

一般来讲，对辅导者的培训包括一些基本教学技能的训练，比如示范，引导被辅导者做出回应，运用校正反馈和表扬或强化，变换教学方法和材料（即应用多感官教学法），以及记录和报告学习进度。接受辅导的学生应该明确自己在辅导过程中的角色。强迫学生接受辅导会适得其反。所以，一开始只选择那些自愿和辅导者一起学习的学生。然后，逐渐将辅导扩展为班级或者学校固有学习活动的一部分。辅导者和被辅导者都必须明白，辅导活动的目标是让被辅导者获得对概念的清晰理解，而不仅仅是完成一项任务。为了使学生对辅导者这个角色有更充分的准备，教师可以在培训过程中开展各种角色扮演活动。先示范各种适宜的教学形式、反馈形式以及强化形式等，然后让参与者在教师的督导下进行练习。通过在这种受控环境中给参与者提供校正反馈，即使教师将来不直接对参与者进行督导，也仍可以对辅导者和被辅导者配合完成辅导活动抱有信心。

2008, 2011; Madden & Slavin, 2015）。此外，无论是否借助计算机，专业辅导人员实施的语音教学方案几乎与认证教师提供的辅导一样有效（Jenkins, Peyton, Sanders, & Vadasy, 2004; Markovitz et al., 2014 ; Vadasy, Sanders, & Tudor, 2007）。已有研究表明，对 3 到 8 个儿童组成的小组进行集体语音辅导，对学生的成绩只能产生较小的积极影响（Hempenstall, 2008; Mathes et al., 2003, 2005）。

资格认证指南

在教师资格认证考试中，你可能会被要求阐述你对恰当地应用跨年龄辅导的理解。例如，你可能被要求指出跨年龄辅导适合哪些课程目标，以及你将如何组织辅导以确保其行之有效。

志愿者可以成为有效的辅导者，但其辅导效果不如专业的辅导人员（Jacob, Armstrong, & Willard, 2015; Morrow-Howell et al., 2009）。招募、培训和监督志愿者需要花费大量时间，但邀请志愿者可能有助于建立社区联系。研究还发现，由成人实施的辅导，无论是一对一方式，还是两到三人的小组方式，对数学学习困难的小学生都会有效（Fuchs et al., 2008）。

为身处风险的学生提供的教育方案

InTASC 标准 2

学习差异

在学校中，任何儿童都有可能成功，也都有可能失败。至于是成功还是失败，这主要取决于学校、父母、社区机构以及儿童自己如何创设适宜学习的条件（Thomas & Bainbridge, 2001）。在儿童入学之前，我们无法准确地预测哪些儿童会成功或失败，但是，儿童家庭背景中的某些因素（一般而言）会增加其成功或失败的可能性。例如，那些来自贫困家庭或混乱家庭的学生、发育明显迟缓的学生以及有攻击性行为或退缩行为的学生，他们在学校中比其他学生更有可能出问题。这些学生通常被称为**风险学生**（students at risk）（Boykin & Noguera, 2011）。风险这个术语借用自医学领域，长期以来，它被用来指一个人未患上某种疾病，但比一般人群更容易患上这种疾病。例如，嗜烟者或者有肺癌家族史的人是患肺癌的高危人群，但并不是所有嗜烟者或有肺癌家族史的人都会患上这种病。同样，某个来自贫困家庭的学生或许在学校中表现良好，但平均而言，100 个来自贫困家庭的学生在学校中的表现可能显著差于 100 个来自中产家庭的学生。比起“风险”这个术语，博伊金（Boykin, 2000）更主张使用**身处风险**（placed at risk），以此来强调这样一个事实：往往是因为学校、家庭或社区不能适当满足儿童的需求，儿童才陷入了风险情境之中。例如，如果得到适当的教学、阅读辅导或者一副合适的眼镜，儿童就能顺利地完成阅读活动的话，那么在缺乏这些条件时，我们就说这个儿童身处风险之中。

在儿童入学之前，家庭的社会经济地位及家庭结构是预测风险的最有效因素。然而，儿童入学后，与家庭背景因素相比，诸如阅读成绩差、留级、行为问题等因素更能有效预测其日后的各种学业问题（如辍学）（Hernandez, 2012）。

针对风险学生的教育方案主要有三大类：补偿教育方案、早期干预方案以及特殊教育方案。来自低收入家庭或者就读于低收入社区学校的学生经常会出现一些学习问题，**补偿教育**（compensatory education）就是指用来预防或补救这些学生的学习问题的教育方案。某些干预方案针对的是身处风险的婴儿和学步儿，旨在预防将来可能需要补救的情况。其他一些干预方案主要是为了帮助某些学生能够继续留在学校学习。第 12 章将要讨论的特殊教育则主要服务于那些有严重学习问题以及身体或心理问题的学生。接下来我们将讨论补偿方案和早期干预方案。

InTASC 标准 10

领导力与协作

链接 9.8

若想更多地了解诸如贫穷、英语能力有限等可能使学生面临学业失败的风险因素，请参见第 4 章。

链接 9.9

若想更多地了解诸如儿童期或青少年期问题等可能使学生面临学业失败的风险因素，请参见第 3 章。

链接 9.10

第 12 章详细讨论了特殊教育。

补偿教育方案

补偿教育方案旨在解决在低收入社区中成长所带来的问题，是为那些在学校遇到困难或者被认为很可能遇到问题的处境不利学生提供的补充教育。开端计划主要是为来自贫困家庭的学龄前儿童而设置的，以使他们能够掌握顺利开始学校学习所需的技能。规模最大且最有可能影响到普通教师的补偿教育项目是**法案第一条款**（Title Ⅰ），该项目由联邦政府资助，要求学校为那些来自低收入家庭并在学校遇到困难的学生提供额外的教育服务（Borman, Stringfield, & Slavin, 2001; Manna, 2008）。

法案第一条款不只是规定联邦政府应将资金划拨到地方学区或学校。根据联邦政府的指导方针，这些资金必须用于“补充而不是替代”当地的教育投入。这就意味着，学区不能挪用这些资金来提高教师的工资待遇或购买日常用品。相反，这些资金必须拨给那些为许多处境不利的学生提供服务的学校，直接用于提高校内后进生的学业成绩。如果学校服务于处境极其不利的社区——在这些社区中，至少有 40% 的学生满足享受免费或低价午餐的条件——那么它们可以将法案第一条款的资金用于改善学校的整体状况（但仍然不是为了满足基本开销，而是为了改善结果）。

法案第一条款项目　法案第一条款有多种实施形式。最常见的做法是：由法案第一条款项目中的专业教师为阅读困难（在很多情况下也适用于其他科目）的学生提供补救性帮助（Borman et al., 2001）。然而，法案第一条款项目的资金也可用于购买技术，为教师提供专业发展支持，或者聘请专业辅助人员。

法案第一条款有效性的相关研究 20世纪80年代和90年代，有两项在全美范围内开展的重要研究考察了法案第一条款教育项目对学习成绩的作用。第一项名为“持续效果研究”（Carter, 1984），该研究发现，与未接受干预的同样低成就的学生相比，参加法案第一条款干预项目的学生在阅读与数学方面确实取得了更好的成绩，但是，这一效果还不足以使接受干预的学生赶上全美学生的平均水平。参加法案第一条款干预项目的学生中，进步最大的是一年级学生，而四年级及以上的学生则进步很小。

另一项重要的研究叫“前景研究”，考察了在法案第一条款资助下补偿教育方案的有效性。该研究同样将接受补偿教育服务的中小学风险学生与未接受该服务的风险学生以及非风险学生进行了对比。结果发现，参加法案第一条款干预项目的学生的学业成就并没有任何提高（Puma, Jones, Rock, & Fernandez, 1993）。博尔曼等人（Borman, D’Agostino, Wong, & Hedges, 1998）进行了更为细致的分析，所得结论同样令人失望，即使这些干预项目对那些处境并非很不利的学生以及仅阶段性接受补偿教育服务的学生有一定的积极作用。对那些处境极端不利、学习成绩也非常差的学生而言，补偿教育方案并没有缩小他们与处境较佳的同龄人之间的差距。

虽然前景研究并未发现补偿教育服务在总体上能够产生积极效果，但是，补偿教育在某些情况下确实具有积极作用。其中，一个极其重要的影响因素是法案第一条款服务与学校其他服务之间的协调程度（Borman, 1997; Borman, D’Agostino, Wong, & Hedges, 1998）。也就是说，那些能够将法案第一条款中的补救性或教学性服务与学校的主要教育方案有机整合的学校，尤其是利用法案第一条款的资金来加强全校项目中面向全体学生教学的学校，都从补偿教育方案中获得了最好的结果。这种融合性方法与将成绩较差的学生安置到补习班级的传统做法形成了鲜明对比：学生在补习班中接受的教学与其原先所在班级的教学非常不一致。

尽管一项对许多研究进行的综述的确发现，法案第一条款整体上具有积极效应（Borman & D’Agostino, 2001; Borman, Hewes, Overman, & Brown, 2003），但熟悉相关研究数据的人员都不会坚持认为该项目有多大的影响（Dynarski & Kaenz, 2015; Manna, 2008）。然而，包含法案第一条款在内的《每个学生都成功法案》（Every Student Succeeds Act, ESSA）空前地强调，应将法案第一条款的资金用于行之有效的方案和实践，如综合改革、辅导和有效的教学方法。这可能会大大提高法案第一条款的有效性（Slavin, 2013）。

早期干预方案

链接 9.11
若想了解更多有关预防和早期干预的内容，请参见第12章。

一直以来，法案第一条款以及其他补偿教育方案都过于强调对学生的补救。也就是说，通常只在学生已经落后时才为他们提供帮助。这类学生最终依然有可能需要接受特殊教育或者留级。在为面临学业失败风险的儿童提供服务时，注重预防和**早期干预**（early intervention）要比专注于提供补救更有意义（Chambers, Cheung, Slavin, Smith, & Laurenzano, 2010; Goodwin, 2012）。

研究发现，强调给婴儿提供刺激、对父母进行培训以及为从出生到5岁的儿童提供其他服务的方案，都对那些身处风险的学生的学业成功具有长期影响。护士—家庭合作项目就是一个例证。在该项目中，训练有素的护士去拜访贫困家庭的新手妈妈，帮助她们学习如何促进孩子在生理、情感和心理方面的发展（Miller, 2015）。另一个例证是卡罗来纳启蒙计划（Campbell & Ramey, 1994），通过让低收入家庭的子女从婴儿期到入学之前都接受密集干预，该方案对学生的学习成绩产生了长期的促进作用。

佩里学前教育计划也证明了密集干预对 4 岁儿童的长期影响（Schweinhart & Weikart, 1998）。其他方案也具有类似的效果（Chambers et al., 2010）。除了这类预防性方案，还有证据表明，早期干预可以防止儿童在低年级就表现出学业落后。例如，怀特赫斯特及其同事（Whitehurst et al., 1999）发现，一项强调发展音素意识（发音如何拼读为词的知识）以及其他识字前策略的早期干预方案对儿童的学习具有持久的影响。

关于预防策略的研究表明，如果我们能够在学业生涯的初期为身处风险的学生提供高质量的教学和密集干预服务，那么，这些学生就能获得成功（Slavin, 1997/1998）。早期干预还能够确保及早发现那些确实需要长期帮助的学生，并确保问题得到及早解决的学生不必再被安排接受特殊教育（Vellutino et al., 1996）。

学校综合改革方案

学校综合改革（comprehensive school reform, CSR）方案是在全校范围内进行的，它把那些基于研究的策略运用到学校职能的各个方面，包括课程、教学、评估、分组、针对学习困难儿童进行的教学调整、家长参与以及其他方面（Borman, Hewes, Overman, & Brown, 2003; Kidron & Darwin, 2007; Slavin, 2008a）。

许多学校综合改革模式在 20 世纪 90 年代和 21 世纪初广为流行，但迄今为止，应用和研究最为广泛的一种学校综合改革方案是**"让所有人都成功"**（Success for All）（Slavin, Madden, & Chambers, & Haxby, 2009），它面向处境不利社区的中小学，重在为这些学校的学生提供预防和早期干预。该方案为学前班、幼儿园以及一到八年级的儿童提供阅读教育方案；为有阅读困难的学生提供一对一辅导或计算机辅助的小组辅导；提供家庭支持服务；同时也对教学、课程、学校组织等方面进行改进，以确保学生在小学低年级不会掉队。有关该方案的纵向研究表明，接受该方案训练的学生在整个小学和初中期间的阅读水平要明显高于没有接受训练的对照组学生，而且他们被安排接受特殊教育或者留级的概率也小得多（Borman & Hewes, 2002; Borman et al., 2007; Muñoz, Dossett, & Judy-Gullans, 2004; Quint et al., 2015; Rowan & Correnti, 2009）。2015—2016 年，美国 46 个州约有 1000 所实施法案第一条款的学校都使用了"让所有人都成功"方案。

其他综合改革方案则面向高中，包括"人才培养高中"（Talent Development High School）（Belfanz & Legters, 2011; MacIver et al., 2010）、"学生成就研究院"（Institute for Student Achievement）（Academy for Educational Development, 2010; Bloom & Unterman, 2012; IMPAQ International, 2016），以及"每间教室，每一天"（Every Classroom, Every Day）（Early et al., 2016）。

课后及暑期学校方案

法案第一条款以及其他联邦、州立和地方教育机构，都在加大力度资助那些让学生在教学时间之外继续学习的各种教育方案。在这一背景下，课后方案和暑期学校方案正在迅速扩展。

课后方案通常会将某类学业活动（如家庭作业辅导）与运动、情景剧或其他文化活动相结合（Cooper et al., 2000; Friedman, 2003; Neuman, 2010）。针对课后方案的研究通常发现，要想提高学生的成绩，这些方案需要结合组织良好的课程活动，如个人或小组辅导，以延长学业学习时间（Fashola, 2002; McComb & Scott-Little, 2003）。然而，一项研究综述发现，在布什执政时期，由补充教育服务资助的课后补习方案并没有显示出稳定一致的良好效果（Chappell et al., 2011; Muñoz, Chang, & Ross, 2012）。

在学校里，作为让学生避免留级的最后机会，暑期学校课程越来越普遍。长期以来，暑期学校课程都被认为可以解决“暑期损失”（Summer loss）现象——暑期中，来自较低社会经济地位家庭的儿童很容易落后，而来自中产家庭的学生通常会取得进步（Cooper, Borman, & Fairchild, 2010）。关于暑期学校的研究一致发现，这种方案有益于学生成绩的提高（Borman & Boulay, 2004; David, 2010a; Smith, 2011/2012; Zvoch & Stevens, 2013）。金（Kim, 2006）和阿林顿等人（Allington et al., 2010）的研究发现，仅仅通过在暑期给四年级学生寄书并鼓励阅读便可以提高他们的阅读成绩。然而，对仅为处境不利学生提供书籍的暑期方案进行的更大规模的随机评估并没有发现这种结果（Wilkins et al., 2012）。

劳尔等人（Lauer et al., 2006）对暑期学校和课后方案这两类校外方案的研究进行了综述。他们发现，与没有接受校外方案培训的学生相比，接受了这些方案培训的学生的阅读和数学成绩有些许提高。当这些方案与辅导相结合时，其积极效应更为明显。课后方案与暑期学校方案二者相比，效果大同小异。这些发现的重要之处在于，它们表明通过延长对学困生的辅导时间，可以帮助他们提高学习成绩，当这些额外的时间用于有针对性的辅导活动时效果尤为明显。

有意识的教师

基于分组与差异化研究的教学

有意识的教师能从学生的需求出发进行备课、教学，而不是照本宣科。他们期望学生在不同的领域有其各自的优势，然后设计出能够满足不同学生需求的教学计划。他们细心地监督学生的进步情况，运用各种课外资源来满足能力不同的学生的不同需求。

- 他们考虑如何在课堂上平衡各种因素，如教学质量、教学的适宜水平、激励和时间因素，以使所有学生获得最大限度的成功。
- 他们谨慎使用班级间能力分组，当发现学生存在差异时，他们会尝试以其他方式来适应学生的差异。
- 他们会协调使用辅导、技术和其他支持来帮助学困生在常规课堂中取得成功，而不是依赖于能力分组、留级或特殊教育。
- 他们会采用差异化教学，为满足所有学生的不同需求而选择各种教学方式、教学内容和技术。
- 他们会想方设法地利用两种同伴辅导策略，即跨年龄辅导和同龄辅导，以帮助所有学生学习。
- 他们会积极寻求与教师、专业辅助人员和志愿者合作，从而更好地辅导学困生，让他们能够朝着成功的方向继续前进。
- 他们会合理地利用法案第一条款和其他补偿教育资源来预防问题并改进教与学。
- 他们提倡利用暑期学校方案和课后方案，以延长所有学生尤其是那些学困生的学习时间。

技术如何应用于教育

InTASC 标准 3
学习环境

InTASC 标准 8
教学策略

看看现在的孩子，无论处在哪个年龄段，他们都会热切地玩电子游戏，给朋友发消息，或者在互联网上查找信息。看到或亲身经历这些的成人会扪心自问，如此强大的技术力量改变了我们生活的方方面面，可为什么没能改变教育（Fisher, 2013; Maloy et al., 2014; Richardson, 2013; Roblyer, 2016, Rosen, 2011; Smaldino et al., 2015; Vander Ark, 2012）？这并不是说课堂教学没有用到技术。每所学校都在不同程度上应用计算机、交互式电子白板以及其他各种各样的技术，而且大多数中产家庭的学生至少在回家之后可以接触到各种技术产品。表 9.1 显示，截至 2015 年，在 13~17 岁的青少年中，87% 拥有台式或笔记本电脑，73% 拥有智能手机，58% 拥有平板电脑（Pew Research Center, 2015）。这些数字还在迅速攀升，并且随着平板电脑和智能手机的普及，可以肯定地说，互联网的普及也正在进行中。数字设备在 K-12 教室中的应用也越来越普遍（Watson, Murin, Vashaw, Gemin, & Rapp, 2011）。然而，在美国的学校中，技术对教与学真正的核心性改变是较为缓慢的（Daccord & Reich, 2015; Lever-Duffy & McDonald, 2015; Pahomov, 2014; Pitler, Hubbell, & Kuhn, 2012; Roblyer, 2016; Sousa, 2016）。

不久之前，“教育技术”主要指计算机辅助教学（CAI），作为常规课堂教学的补充，可为学生提供个别化的自我指导式学习。每周使用 CAI 的时间相对较短，因此，它对学生学习的影响相当小也就不足为奇了（Dynarski et al., 2007; Cheung & Slavin, 2012b, 2013）。如今，技术在学校里有很多不同的用途，再问“技术对学校的影响是什么？”已经没有什么意义了。相反，我们必须着眼于每一种技术应用可产生怎样的可能性，又如何与家庭和整个社会中迅速发展的技术应用相互作用，以及每一项应用的教育效果如何（Guernsey & Levine, 2015; Pitler, Hubbell, & Kuhn, 2012; Sousa, 2016）。有一种趋势是，学区和政府匆匆忙忙地就对技术进行投资，但并不清楚如何运用这些技术，它产生的结果又是什么（Schneider, 2011）。下面将讨论技术在当今学校中的主要用途，以及关于每种技术应用带来的学习成果的证据。

如今，技术在教育中的应用方式多种多样。例如，教师在课堂教学中采用技术来做教学计划、呈现教学内容。学生通过技术来学习和练习传统科目、进行各种探索、参与模拟和游戏、与他人进行交流，以及准备论文和报告。此外，教师与管理者可以采用技术来完成管理任务，如评估、记录、报告和管理（Gura, 2014; Roblyer & Doering, 2012; Thorsen, 2009）。下面将分别举例说明这三类技术应用。

表 9.1 美国 13~17 岁青少年中拥有数字设备的人数百分比

台式机 / 笔记本电脑	87
游戏机	81
智能手机	73
平板电脑	58
基础款手机	30

资料来源：Pew Research Center(2015). *Teen relationships survey*. Washington, DC: Author.

用于课堂教学的技术

如今，教师经常会使用数字化技术来提高其班级授课或小组授课的效果。

计算机和平板电脑 文字处理软件、电子表格和演示软件是教学中最常用的电子技术。教师可以使用文字处理软件完成大量的传统教学任务，例如准备学生的练习题、测验、指导语、教室里的标记和海报等。另外，文字处理中的“审阅”工具能够帮助教师通过“批改”和“新建批注”来向学生提供个别化反馈。利用简单的桌面排版工具，教师就能够运用颜色、图表和艺术效果来增强授课内容的吸引力。教师还能使用文字处理程序中的编辑工具更轻松地修改文档，以满足学生的特定需求。

电子表格可用来整理和计算数值型数据，以生成图表来描述信息。电子表格在教授数学和科学课时尤其有用，因为教师可以利用它们直观地呈现数据，如变量值变化所产生的影响。同时还便于展示学生的作业。

可供教师（和学生）免费使用或低成本使用的应用程序成千上万，可以满足任何能想到的目的。关于如何选择有效的应用程序，可参见 ISTE 教师标准（Ferlazzo, 2015）。

交互式电子白板与电子应答设备 **交互式电子白板**（interactive whiteboard）是一个全班学生都能看到的大屏幕，所有计算机屏幕上可以呈现的内容都能投在这块白板上面（Becker & Lee, 2009）。教师或学生还能用手指或一种特制的笔（取决于品牌）在白板上写字或对已有内容进行操作。另外，教师可以给学生提供**电子应答设备**（electronic response devices），或称**答题器**（clickers），学生可以通过这种设备以电子化的方式回答问题。之后，教师可以快速评估学生们对概念的掌握程度，并确定哪些概念还需要花更多时间进行讲解（Becker & Lee, 2009; Marzano, 2009）。

交互式电子白板能够帮助教师解决复杂授课内容的编排问题。所有授课材料都可以载入计算机并投屏在白板上，包括幻灯片、视频片段、静态图像、字母、词汇以及准备好的其他内容。此外，教师还能运用大量可获取的网络数字资源，生成、增加或修改课程。白板并不能取代教师，相反，它可以在合适的时候为教师提供视觉辅助，以促进实施有吸引力且多样化的有效课程。

研究发现，交互式电子白板的使用效果令人满意且颇具前景。皮塔德等人（Pittard, Bannister, & Dunn, 2003）以及史密斯等人（Smith, Higgins, Wall, & Miller, 2005）的研究综述指出，关于交互式电子白板的研究表明，这种方法可以对学生的学习产生积极影响。

有一种新型电子应答设备允许学生按照自己的水平和节奏进行学习。例如，在数学课上学习小数运算的学生，可以在他们的手持设备上获得关于分数、分数运算和小数数位的问题。学生用它做题，教师可以立即获得学生的学习水平、进度及错误等方面的信息，因此可以针对个别学生或小组提供额外的帮助。相关研究发现，该类设备对学习数学（Sheard & Chambers, 2011）和语法（Sheard, Chambers, Slavin, & Elliott, 2012）有积极的促进作用。

多媒体教学

将文本和可视化内容结合起来的技术日渐普及，如动画或视频。已有研究发现，只要文本和视觉材料直接互为补充，这种多媒体教学手段就能提高学生的学习成绩（Höffler & Leutner, 2006; Reed, 2006）。例如，有研究表明，添加图表或动画来展示闪电的产生过程有助于增强学生对文本的理解，但添加激励性而非解释性的材料（如一幅飞机被闪电击中的图片）实际上却会分散学生的注意力（Mayer, 2008b, 2009）。关于一年级阅读的一项研究发现，在教师主导的阅读课上增加有关字母发音、声音拼读和词汇的视频内容能够显著提升学生的学习效果（Chambers et al., 2006, 2008）。一项关于故事书阅读的综述发现，融入音乐和动画有助于学习，但游戏并没有这样的效果（Takacs et al., 2015）。

用于学习的技术

教师会出于各种目的而采用技术来帮助学生学习。学习技术的应用主要有以下几类：文字处理和排版、电子表格和数据库、计算机辅助教学、网络、多媒体、整合学习系统以及计算机编程（Fishman & Dede, 2016; Roblyer & Doering, 2012; Thorsen, 2009）。第 12 章则讨论了技术在特殊教育和回归主流教育中的运用（Lever-Duffy & McDonald, 2015）。

链接 9.12
若想了解更多有关残障学生使用电脑的内容，请参见第 12 章。

文字处理和排版　**文字处理**（word processing），或称**桌面排版系统**（desktop publishing），是一种最常见的计算机应用程序，尤其是在三至十二年级。如今，教师越来越多地要求学生在教室的计算机上写作文。与纸笔作文相比，文字处理的一个关键优势是易于修改（Hicks, 2015）。事实上，有证据表明，对作文的自动反馈可以提高学生的写作技巧和探究能力（Gerard et al., 2016; Roscoe & McNamara, 2013; VanLehn, 2011）。文字处理程序具有的拼写检查功能和其他实用功能使学生不必那么担忧技术细节，从而专注于文章的意义和结构。随着写作教学的重点逐渐转向强调修改和编辑的写作过程，这种能力就变得尤为重要。关于计算机技术在教学中应用的研究，对文字处理的研究可能是最为深入的。研究表明，与那些使用纸笔写作的学生相比，使用计算机写作的学生写得更多，修改得更多，而且也更加为自己的作品自豪。此外，当学生有机会使用文字处理程序时，他们的写作质量也会有所提高（Allen, Jacovina, & McNamara, 2015）。当每个学生都有一台笔记本电脑而不必多人共享少数几台计算机时，这种写作的积极效应可能还会增强（Lowther, Ross, & Morrison, 2003）。当然，文字处理本身已经成为许多职业的一项基本技能，因此，教会学生使用文字处理程序（例如，在高中的商学课程中）显然非常重要。

电子表格　正如文字处理程序一样，**电子表格**（spreadsheets）也是一种在教育中被广泛应用的软件。电子表格能将原始数据转换成图形、图表和其他数据汇总的形式，这样学生就能更容易地组织信息，并理解各种变量对结果的影响（见图 9.2）。例如，学生可以输入某个宠物动物园中每天来看小猪威尔伯的访客数量，通过对给定的一列数据设定公式，学生就可以自定义表格程序，按照每周中同一天的访客量、每天同时段的访客量、访客的年龄段等分类方式计算参观总次数。改变任何数字，行数据和列数据的总和都会随之自动调整。之后，电子表格程序就既能以原始的数值形式呈现数据，也能将数据转换成图表。现在，学生们开始越来越多地使用电子表格记录科学实验的数据，同时强化数学技能。

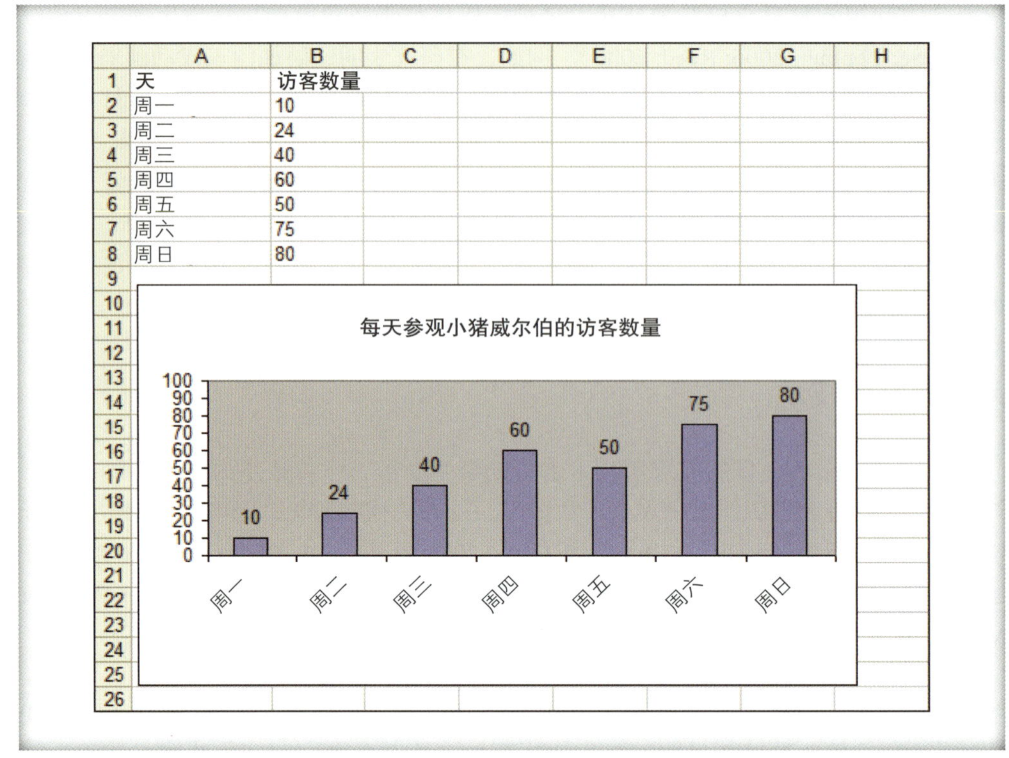

图 9.2 电子表格与结果图示例

数据库　**数据库**（database）是一种计算机程序，它存储了大量可供引用和操作的信息。学生可以学着搜索 CD-ROM（ROM 指只读存储器）数据库，如百科全书、地图册、线路图、目录等，以此来搜集信息达到不同的教学目标。网络上有现成的最新信息数据库。已存档或当前信息的数据库在项目式学习中尤为重要，因为学生由此可以更容易地获取大量信息，以完成开放式报告和其他课题。

在许多数据库中，学生可以通过点击单词或图片来使用**超文本**（hypertext）和**超媒体**（hypermedia）在数据库（如百科全书）中进行搜索。这使得学生能够了解与某部分文本相关的或更为详细的信息（见图 9.3）。超媒体同样能提供图片、音乐、视频片段或其他信息来阐释和扩展 CD-ROM 或在线数据库中的信息。令人兴奋的是，与传统文本相比，超媒体允许学习者遵循自己的兴趣学习，或更高效地填补在理解方面的断层。然而迄今为止，有关超媒体使用效果的研究发现，其效应有限且不一致，这主要取决于学习材料类型和学习者的特性（Kamil et al., 2000）。

计算机辅助教学　**计算机辅助教学**（computer-assisted instruction, CAI）的应用范围广泛，从简单的练习与实践软件到**复杂的问题解决程序**（complex problem-solving program），种类繁多。

练习与实践　计算机在教育中最常见的应用之一是为学生提供对知识和技能进行**练习与实践**（drill and practice）的机会。例如，许多软件程序能为学生提供数学事实或计算、地理、历史或科学等方面的练习机会。尽管计算机专家通常不太赞成练习与实践程序，称之为“电子翻页”，然而，用来代替个人课堂作业的练习与实践程序有几项重要的优点，包括即时反馈，保存记录，提供吸引人的图像，以及根据学生的反应来调整练习步调和题目难度。由此一来，学生进行练习的动机得以增强，否则

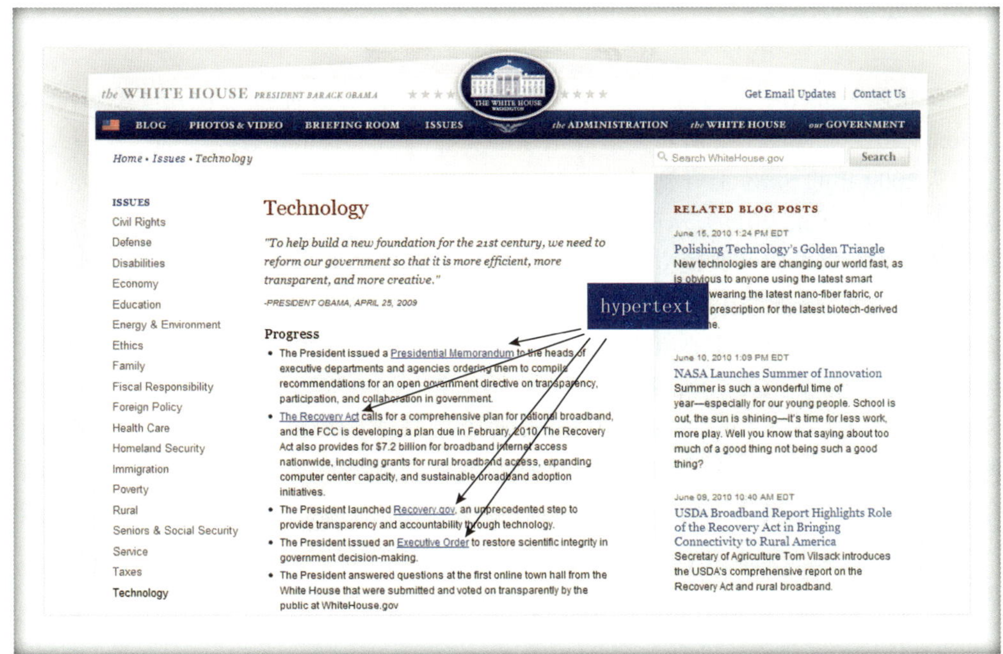

图 9.3　超文本示例

课堂练习可能会使学生感到无聊。练习与实践程序本身并不能进行教学，但它们能够强化学生以其他方式学到的技能和知识。

辅导程序　相比练习与实践程序，**辅导程序**（tutorial programs）或称“智能辅导系统”更加复杂，旨在教授新材料，并基于学生的反应进行适当的纠错和复习。最佳的辅导程序与耐心的人类辅导者几乎相仿。如今，辅导程序越来越多地采用语音和图像来吸引学生的注意并呈现新信息。学生通常会被问到许多问题，程序会根据学生的回答来选择下一步。如果学生回答错误就重新解释所学内容，如果学生回答正确则继续后续内容的学习。现在，人们正在开发能够模拟专家级人类辅导者行为的高度复杂的电脑管理程序，并将它们应用于多种情境（Roblyer, 2016），其中一些程序已经在评估中展现出积极的成效（Wijekumar et al., 2014）。然而，智能辅导程序对标准化测验成绩的影响很小（Kulik & Fletcher, 2016）。

教学游戏　大多数儿童最初都是通过电子游戏接触到了计算机，因此，许多教育者（和家长）都想知道，能否将儿童玩电子游戏的强度、动机和恒心带入到课堂学习中（Ash, 2012b; Basye, Grant, Hausman, & Johnston, 2015; Carlson & Raphael, 2015; Gaydos, 2015; Goldman et al., 2013; Guernsey & Levine, 2015; Toppo, 2015）。人们已经设计了许多**教学游戏**（instructional games），大多数只是简单地为练习与实践披上游戏形式的外衣，但也有一些更具创新性。阿布杜·贾巴尔和费利西娅（Abdul Jabbar & Felicia, 2015）的综述研究认为，游戏能否带来积极结果取决于游戏与课堂目标和教学支持的整合程度；塔卡斯等人（Takacs, Swart, & Bus, 2015）则发现，游戏可能会分散学生阅读故事书时的注意力。尽管如此，一项关于学校使用数字游戏的研究综述发现，数字游戏具有显著的积极效应（Clark, Tanner-Smith, & Killingsworth, 2016）。

对学生而言的网络

互联网（Internet）可能是美国学校中发展最快的一种技术应用（Roblyer & Doering, 2012）。如表 9.2 所示，世界上接触互联网的人数正在急剧增加，这一人数比例从 2000 年的 5.8% 上升到了 2015 年的 46.4%。几乎所有的美国学校都已接入互联网（Watson et al., 2011），从而能够获取大量的信息，包括任何能想到的主题数据库、世界各地的图书馆以及其他专业信息。这些信息能够帮助学生成为具有创造性的主动学习者（Gutierrez, 2013; Jackson et al., 2012）。例如，学生可以使用互联网开展“网络探究”，围绕给定的主题在互联网上进行检索。互联网还可以使学生跨越空间距离，与其他学校的学生交流。利用这项功能，学生可以创建国际化的课题，或与其他学校合作开展课题研究（Roblyer & Doering, 2012）。大多数学校都创建了自己的网络主页，许多学校还通过搜集并综合各种来源的信息，建立了自己的虚拟博物馆或百科全书。学生可以为**维基**（wikis，在线百科全书）、播客（podcasts）和其他虚拟出版物增加信息，这些资源同时能够给予他们真正的机会去交流成果（Dlott, 2007; Ohler, 2006）。

教育应用　目前，互联网上有成千上万种免费或低成本的应用程序。这些应用程序包括从单纯的电子游戏到蕴含教学理念的应用，再到完整的教学课程。对于想要使用这些应用程序的教师、家长和学生来说，如何从“数字化的狂野西部”中筛选出高质量且适宜的内容是一个难题。芝麻街工作室的琼·甘兹·库尼中心出版了一份有关读写计划的互联网探索指南（Guernsey & Levine, 2015）。

仿真软件　作为模拟现实的互动模型，**仿真软件**（simulation software）可以让学生在模拟环境中进行操作，由此从内部了解该环境。例如，在最早的仿真软件之一《俄勒冈之旅》（*Oregon Trail*）中，系统会给学生分配限量的食物、水、钱和马匹。为了成功地带领马车队到达西部，学生必须精打细算地使用这些资源。现代的仿真软件包括《模拟城市》教育版（*Sim City Edu*）、《国家的崛起》（*Rise of Nations*）、《神话时代》（*Age of Mythology*）、《文明》（*Civilization*）、《动物园大亨》（*Zoo Tycoon*）以及《祖比尼逻辑大冒险》（*Logical Journey of the Zoombinis*）等（Gee & Levine, 2009）。有证据表明，设计精良的仿真软件可以促进学习（De Jong, 2011; Goldman et al., 2013）。

表 9.2　1995—2015 年全球互联网用户数量

年份	用户	占世界人口的百分比
1995	1600 万	0.4%
2000	3.61 亿	5.8%
2005	10 亿	15.7%
2009	18 亿	26.6%
2010	19 亿	28.8%
2011	22 亿	32.7%
2012	24 亿	34.4%
2015	34 亿	46.4%

资料来源：世界互联网统计中心。

资格认证指南

教师资格认证考试可能会要求你提出一种运用技术的策略，以帮助学生达到各种教学目标。

网络探究　**网络探究**（WebQuest）与仿真软件类似，但它还可以让使用者在互联网上搜集信息，以提高他们扮演自身角色或参与讨论及协作产出成果的能力。例如，全球教育网站允许学生扮演与蒙古的土地沙漠化有关的任何一种角色。为了让自己的参与更有意义，学生需要开展研究，从自己所承担角色的角度来理解问题。在城市科学网站上，中学生可以通过了解城市规划、经济情况和社会政策来设计一座新城市。

多媒体项目　教师可以鼓励学生去完成自己的**多媒体**（multimedia）项目——一种小组报告的新形式（Palmer, 2015）。在项目式的多媒体学习中，学生可以设计、计划并创建出集图形、视频、动画和声音等媒体元素于一体的产品或演示成果。例如，某个七年级的班级从社会学科和科学的角度探究了黑死病并进行了多媒体展示，将这种瘟疫病毒如何攻击人体的动画与 14 世纪农民的观点进行了整合（Basye, Grant, Hausman, & Johnston, 2015; Gura, 2016）。

学生可以采用多种图像工具来创建多媒体演示文稿，包括**光盘只读存储器**（CD-ROM）、数码照片、概念图和图形组织器。CD-ROM 和在线数据库的内容包括剪贴画、照片、图片和音乐，有时还有视频。学生可以利用它们将音频、视频、音乐和图片结合起来，创建多媒体报告和课题或进行探索。**数码视频**（digital video）和**照片**（photographs）可用于激发写作创意，或用于描述课题。例如，学生可以在实地考察动物园的过程中拍摄动物的数码视频或照片。回到教室后，这些资料能够提醒学生他们看到了什么，也可用作实地考察报告的图解。

整合学习系统　学校经常会购买**整合学习系统**（integrated learning systems），即整套硬件和软件包，包括之前描述的大部分类型的软件。整合学习系统能提供许多相互联系且与计算机相连的终端，教师可以使用计算机来监控每个学生的学习情况（Lever-Duffy et al., 2003）。整合学习系统还设有网页版，并且增加了一项功能，即为那些需要其他不同教育的学生提供在线学习的机会。关于市场上销售的整合学习系统的有效性，相关研究发现，它们对数学成绩有一定的积极效应（Cheung & Slavin, 2013; Dynarski et al., 2007; Slavin & Lake, 2008; Slavin, Lake, & Groff, 2009; Texas Center for Educational Research, 2007），但对阅读成绩几乎没有影响（Cheung & Slavin, 2012b; Slavin et al., 2008; Slavin et al., 2009）。

理论应用于实践

帮助学生评判网络资源

人们很容易从互联网上获得信息（包括错误信息），这意味着学生需要成为具有批判性思维的读者，能够评判他们所查到的信息的真实性、公正性和有用性（Abilock, 2012; Badke, 2009; David, 2009; Richardson, 2009）。一般而言，如果在线内容的来源可靠，有引自其他可靠来源的内容，并显示出被他人编辑和审查的记录，那么相对来说它就更加可信（Abilock, 2012）。尽管维基百科和其他在线资源是免费的，但出于对互联网信息的可靠性和完整性的担忧，许多学校付费购买了数字化的百科全书，如《大英百科全书》(Ash, 2012a)。表 9.3A 和表 9.3B 展示了学生可用来评估研究来源的信息。

表 9.3A 确定在线资源的可靠性

通常，热门话题会得到很多人的核查，但冷门话题却不会。关于个人或公司的维基百科可能是由本人或公司编辑的，所以要小心！请使用以下清单来帮助你确定某个网站是否可靠。

作者

- 网站以 .gov 或 .edu 结尾
- 明确说明作者或组织
- 很容易找到关于作者的信息
- 作者是知名人物且受人尊重
- 提供了联系电话或通信地址

来源

- 提供了信息来源
- 提供了图片或照片的来源

内容

- 页面上没有广告或垃圾信息
- 该网站在过去三到六个月内进行了更新
- 网站的目的是提供事实，而不是观点
- 内容没有拼写或标点错误
- 该网站可链接到其他可信的网站

表 9.3B 按域名划分的信息源的潜在可靠性

域名后缀	域名归属	是否可靠
.gov	政府	可靠
.edu	大学或者学院	可靠
.org	非营利组织或特殊利益集团	较为可靠
.com .net .biz	公司或企业	可能值得信任，但你应小心。始终记得验证在这些网站上获得的信息。

Web 2.0

Web 2.0 指万维网（World Wide Web）的现代应用模式，用户可以利用一个模板输入评论和回复来进行免费的在线协作交流（Dunn, 2011; Knobel & Wilber, 2009; Reeves, 2009）。采用这种方式进行交流的人群被称为虚拟社区或社交网络的用户。

网络日志（博客） 网络日志，通常被称为博客，就像在线日记一样，作者或博主可以在上面发布想法和观点。你可以在博客网站上找到关于开通博客的教程和博客样例。在教育领域，博客可用于在线存储作业、课题以及学生需要下载的资源；还可以作为课堂用书的读者指南，或者学生创建或发布内容的地方。

维基 维基是一个访问者可以添加或修改网页信息的网站。Wiki 一词源自夏威夷语，意思是“迅速”。最有名的例子就是维基百科，它是一个免费的在线百科全书，由志愿者提交完整的文章或编辑现有文章（可不断更新）。在课堂上，维基可用于小组项目，以实现在线合作及整理小组的信息库。某条维基信息的生成或对已有维基信息的加工，都可视为小组、班级或者学校项目的成果（Reich, Murnane, & Willett, 2012）。你可以参阅教育维基（WikEd）之类的网站来访问各种教育资源。

RSS 订阅源　**RSS** 指的是**简易信息聚合**（Real Simple Syndication）或丰富站点摘要（Rich Site Summary）。当读者感兴趣的一些新内容被发布在博客、维基或支持 RSS 功能的网站上时，RSS 可以让他们知悉。例如，《教育周刊》（*Education Week*）能够提供教育 RSS 订阅服务，内容来自它的出版物、在线讨论区和关于多个主题的博客。

播客　播客是发布于互联网且可以在计算机和移动设备上回放的多媒体文件。播客有各种主题，包括电视新闻广播和大学讲座。教师可以在课堂上使用播客来补充所教课程。其中一处资源是教育播客网（Education Podcast Network），它按照年级水平和学科领域列出了相关播客内容。

网络社交　网络社交是指具有共同兴趣的人通过网站相互交流或见面，例如脸书（Facebook）和领英（LinkedIn）。网络社交耗费了儿童和青少年大量的时间，但其产生的影响尚不明了（Grimes & Fields, 2012）。最明显的一种负面影响是它提供了网络欺凌和访问不当内容的机会，我们将在本章后面部分对此进行讨论。

教学电视和嵌入式多媒体

教学电视这项传统技术正在以崭新的方式被使用（Guernsey & Levine, 2015; Shore, 2008）。研究早已证明，观看教育电视节目，如《芝麻街》（Fisch & Truglio, 2000; Mares & Pan, 2013）和《醒目的奥尔狮子家族》（Line-barger, Kosanic, Greenwood, & Doku, 2004），有益于学生的学习。研究显示，观看大量教育电视节目的儿童更擅长阅读，然而，那些观看大量非教育类电视节目的儿童的阅读水平却中等偏下（Ennemoser & Schneider, 2007; Wright et al., 2001）。

借助**嵌入式多媒体**（embedded multimedia）（Chambers, Cheung, Madden, Slavin, & Gifford, 2006），教师可以将简短的视频片段穿插到授课内容中。在两项大规模实验中，钱伯斯及其同事（Chambers et al., 2006, 2008）发现，在日常的阅读教学中加入 5 分钟的动画和木偶短剧来描述字母发音和拼读，可以显著地提高儿童的阅读成绩。一项研究综述对比了在课堂中使用动画和静态图片的效果，发现学生可以从动画内容中学到更多（Höffler & Leutner, 2006）。

辅助技术　如果学生有损害其目标技能表现的身体障碍（如听力受损或失聪、言语障碍、视力损伤或行动不便）和学习迟滞或认知迟滞，那么辅助技术能够给他们提供帮助（Carpenter, Johnston, & Beard, 2015; Marchez, Fischer, & Clark, 2015）。辅助技术包括自适应键盘、屏幕阅读器及屏幕放大器等。第 12 章将进一步讨论辅助技术。

计算机辅助教学　在小学低年级，教师通常会为因存在阅读困难而需要强化辅导的儿童提供一对一辅导或小组辅导，以帮助他们到三年级时能跟上进度。钱伯斯等人（Chambers et al., 2008, 2012）以及马登和斯莱文（Madden & Slavin, 2015）的研究发现，专业辅助人员在教学辅导中使用与教学内容密切相关的结构化计算机软件可以提高辅导的效果，并使一对六的计算机辅助教学与不借助计算机的一对一教学同样有效。

所有学生都能上网时的技术应用　教育领域中的技术应用正在发生重大变革。直到前不久，技术的使用依然受到严格的限制。因为无论何时，学校所提供的昂贵的电脑都只能供一小部分学生使用，而且只有少数学生的家里有电脑。出于以上原因，大多数学校仅能让学生轮流使用计算机实验室或教室里配置的电脑。教师无法布置需要使用网络的家庭作业。

在以中产阶级为主要服务对象的学校中，互联网已实现普及，同时也在所有学校迅速普及。有两种趋势正在加速互联网的普及。其一是数字设备，尤其是智能手机和平板电脑的迅速普及，以及入门级平板电脑成本的下降。其二是学区希望用（可能）便宜得多的电子文本取代昂贵的纸质文本（Larson, 2015; Tomassini, 2012）。当电子文本得到广泛普及且价格下降时，学校给孩子们提供电子平板电脑将比提供纸质课本更加划算（Journell, 2012; Tomassini, 2012）。

自带设备　许多学校都正在试验性地实施“自带设备”政策，要求学生每天把自己的设备带到学校，比如平板电脑、智能手机、笔记本电脑或其他可以上网的设备（这类学校会为缺少设备的学生提供租借服务）（Johnson, 2012; Schad, 2014）。然后，学生们再把这些设备带回家，从而使数字化家庭作业成为可能。得益于互联网的普及，教师可以采取以下几种教学策略：

混合式学习　**混合式学习**（blended learning）所采用的策略是将常规教学与广泛的互联网应用结合起来（Patterson, 2012），可能包括计算机辅助教学或者其他各种类型的应用程序。通过这种方式，学生可以在课堂上，在家里或者在线和面授相结合地进行学习。这种学习方式的益处尚不明确（Frey, Fisher, & Gonzalez, 2013; Kist, 2015; Means et al., 2010; Nolan, Preston, & Finkelstein, 2012; Smith, 2013 ; Staker & Horn, 2012）。对该学习方式的初步评估并没有发现其积极效应（Goodwin & Miller, 2013），但当教师学会有效使用翻转课堂时，这一情况可能会有所改变（Moran & Young, 2015）。

翻转课堂　混合式学习的一种形式是**翻转课堂**（flipped classroom）（Ash, 2012a; Fulton, 2012; Moran & Young, 2015; Sams & Bergmann, 2013）。在翻转课堂上，教师需要准备数字化的授课内容，以供学生在线学习。学生们可以在家中学习教师讲授的内容，或许还可以通过数字化的方式回答问题。这样一来，课堂时间就可以自由用于合作学习、项目式学习或需要同学和老师参与的其他活动。学校或家庭活动还可以充分利用技术来创作报告、视频或其他作品，访问信息资源，或联系其他学生——甚至可能是在远方的学生（Bergmann & Sams, 2012）。不过，这种主要用于中学的学习方式在使用中也暴露出了许多问题。并不是所有学生都有能力通过独自学习达到常规的学习目标，所以教师仍然需要利用课堂时间来复习和巩固知识。英国的一项大型研究发现，翻转课堂这种方法并没有对五六年级学生的数学学习产生积极的效果（Villanueva, Rudd, Elliot, Chambers, & Blower, 2016）。

数字化家庭作业　当所有学生都能在家使用网络时，教师就可以放心地布置需要利

21 世纪的学习

谨慎地使用技术

如今，几乎已没有必要去教大多数学生使用基本的计算机技术，他们多半对电脑已驾轻就熟。然而，对教师而言，在设计和实施课程时，越来越重要的是要求学生谨慎地使用技术去发现有用的信息，学习新技能，创建文档，创意设计和生成其他作品。谨慎地使用技术，意味着要运用批判性的阅读技能，以确定海量信息中哪些可能是真实的、有用的，使用“学会学习”的技能去规划信息检索，整理搜集到的信息，评价这些信息并从中进行选择，最后概括知识，并在概括的基础上生成报告或其他新材料。技术使人们很容易获得大量各种各样的信息，但也导致甚至鼓励了漫无目的的浏览以及无节制的娱乐。帮助学生把技术当作工具而不是玩具来使用，教给他们这个时代的必备技能（Daccord & Reich, 2015; Evans, 2015; McTighe & March, 2015）。

问题

- 你认为在课堂上讨论学生的负面网络体验，其效果是警示他们不要做某些事情，还是鼓励他们以从未想过的方式尝试技术，进而有可能将他们置于危险的境地？

用技术优势的作业了。既可以是传统的家庭作业，即学生提交后，在上课前可以得到自动审阅和纠正的作业；也可以是其他类型的作业，如电子报告及其他创造性活动。一个正在不断发展的应用程序名为**可汗学院**（Khan Academy）（Khan, 2012; Khan & Slavitt, 2013; Sparks, 2011b），它免费提供了涵盖多个学科的系列课程。课程内容包含教师的讲解及相应的练习。学生们可以按自己的节奏学习课程。该程序精心设计了一套奖品和奖章制度，用于奖励学生的进步。教师可以在可汗学院或其他程序上布置作业，以帮助学生巩固自己可能有些薄弱的技能。若学生们已经掌握了课堂上讲授的所有内容，也可以布置一些培优活动。

在线家庭作业不仅有助于满足不同水平学生的需求（如可汗学院等个别化方案），也可以兼顾学生的不同兴趣，从而丰富了学生作业的多样性。例如，学生可以从比学校现有书籍库更丰富的书籍库中挑选书籍，撰写读书报告，比如从当地的公共图书馆免费下载书籍（Valenza & Stephens, 2012）。还可以要求学生利用来自世界各地的海量信息资源，探索他们感兴趣的科学或社会学科主题，然后生成多媒体形式的报告。

整合技术带来的挑战

设定限制

网络欺凌　不幸的是，欺凌一直都是儿童关系中的一部分。而技术的普及增加了欺凌发生的可能性，因为技术使得匿名传播谣言、谎言、尴尬的照片或侮辱同学变得

更加容易。这些行为可统称为网络欺凌。**网络欺凌**（cyberbullying）通常表现为某人通过发送即时信息或电子邮件等方式对另一个人进行威胁或侮辱（Duggan, 2014; Englander, 2015; Hinduja & Patchin, 2011）。比如，学生可能会在其他人肯定能看到的地方发布侮辱或伤害受害者的信息。在朱沃宁和格罗斯的一项研究（Juvonen & Gross, 2008）中，72% 的 12~17 岁青少年表示曾遭受网络欺凌。应当鼓励受到网络欺凌的学生将那些攻击性信息打印出来，作为他们被骚扰的证据呈给老师或校长。如果可能，他们应当获取欺凌者的电子邮件地址。如果学生不知道欺凌者是谁，建议他们修改自己的用户名，并且只将其告诉值得信任的朋友（Duggan, 2014; Englander, 2015; Hinduja & Patchin, 2011; Thorsen, 2009）。

手机进入课堂 手机通话和短信发送功能的流行对课堂而言既有利又有弊（Trotter, 2009）。从积极的一面看，最新的技术使教师能够在屏幕上呈现即时信息，这使得整个班级都能从师生的即时信息交流中获益。文本信息还可以存档，使学生随后能够参考他们收到的链接或答案。从消极的一面看，发送短信可能会使学生在课堂上分心，传播计算机病毒，还可能被用来作弊，或变成网络欺凌的平台。考虑到这些缺点，教师需要对课堂上的手机使用加以限制。

学生的安全保障 学生在上网时可能会将自身置于危险的境地，从偶然接触到不当材料到与网络侵害者交往等，不一而足。仅仅只是花费大量时间上网，许多学生就会在不经意间留下“数字足迹”，给侵害者留下可乘之机（Ferriter, 2011）。

教师可以通过一些途径保护学生，避免他们浏览不适宜的网络内容（Online Safety and Technology Working Group, 2010）。尽管保护学生的最佳方式是让负有责任的成人予以监督，但儿童还是有可能无意中接触到不适宜的材料。互联网的过滤软件能够屏蔽很多不适合儿童浏览的网站。在涉及互联网的学校应用程序中，教师可以通过软件抽查学生的留言和下载情况，这是减少学生获取不宜内容以及接触网络欺凌的可取方法。

另外，作为一种涉及计算机的非法活动，网络犯罪的发生率有所上升。现在的罪犯通过网络诈骗获得的钱财比通过毒品交易获得的还要多（Vamosi, 2005）！更加令人担忧的是，研究表明，每五个学生中就有一个在一年内受到过网络性诱惑，而且当被问到家庭住址的时候，29% 的儿童都提供给了对方（Bitter & Legacy, 2008）。

为了让学生学会自我保护，远离网络犯罪和网络侵害者，教师可以向学生分享以下几条通用的网络安全准则。

- 绝不把个人信息透露给网上认识的人。
- 绝不与网上认识的人线下见面。
- 在网上永远不要说任何你不想让全世界听到的话，也不要展示任何你不想让全世界看到的照片。
- 回复电子邮件的时候，不要透露你的用户名或密码，或者任何财产信息，即使邮件看上去来自一家你认识的机构。
- 仅通过安全的网站或电话提供信用卡或账户信息。

表 9.4 列出了一些为保障安全上网，学生应遵守的附加规则。

表 9.4　网络安全提示

- 请勿将真实姓名用作网名或用户名。
- 除了父母或监护人，不要将你的密码告知任何人。
- 当你完成操作后，注销任何需要密码的网站。
- 不要从未知网站上下载任何内容。
- 永远不要泄露个人信息，比如你的全名、地址、电话号码或学校名称。
- 若不认识某些人，就不要和他们聊天！
- 在创建在线个人资料之前，请检查网站的隐私设置。成年人可以帮你确保你的个人资料安全，不被陌生人看到。
- 永远不要发布那些你不想让父母或老师看到的关于自己或他人的照片。

对教师而言的网络

网络可以为教师备课提供丰富的资源。依托于教师相关网站，教师们相互交换信息，彼此支持，分享想法和解决问题。教师可用的在线资源包括各种网络工具。

电子邮件　电子邮件在教学中的运用使教师能够便捷地与同行和家长进行沟通。从管理的角度来看，电子邮件能减少不必要的现场会议，因为教师可以通过邮件进行交流。一些学校会采用电子邮件记录出勤情况。

讨论区　在讨论区，人们可以回应彼此的评论，这点与电子邮件类似。然而不同的是，组织者会在空白的讨论区提出要讨论的主题，之后，参与者可以选择他们想讨论的主题。通过这种方式，教师能够促进学生对课堂相关问题的讨论，并为他们提供一个表达观点的论坛。

网上发布信息　教师可以将家庭作业、校历和一般信息发布在网站上供家长了解。此方式已逐渐成为一种惯例。

专业发展　技术正在改变教师的专业发展之路。如今，网络上通常都会提供有关专业发展的内容，从一小时的在职培训服务到长达一年的培训课程，各种类型都有。作为专业成长的一部分，教师可以参与在线聊天，也可以为维基贡献内容（Huber, 2010）。

用于管理的技术

教师可以采用多种技术来完成与工作相关的管理任务，如等级评定、生成报告、撰写班级通讯、发邀请函以及向家长发送个人说明等。教师可通过电子邮件便捷地与助教、管理者、学生家长和其他人进行沟通。整理、维护和检索不同类型的数据是每位教师工作的一部分，所涉及的范围颇为广泛，从创建学生花名册和记录他们的联系信息到随时跟进所属学区的语言艺术课程目标，不一而足（Archer, 2007）。教师可以采用档案袋评估软件记录学生的成绩。当需要向家长汇报时，这些程序能帮助教师收集和展示信息。

由于学校对学生成绩所承担的责任越来越大，学区正在通过数据库管理系统这种技术来监控学生个人、教师以及学校的发展状况。除了追踪学生的学习成绩，这些学校管理系统也允许学区监控入学人数、师生考勤以及学校支出等。数据管理软件还能使教师更容易输入、检索和更新记录，并据此为管理者或家长提交精确且专业的定制化报告。教师可以追踪每个学生的学科掌握情况，以便能更有针对性地为有需求的学生提供具体指导。

音频和视频会议　来自不同群体的人无论在世界的哪个角落，都能在各自的计算机前听到和看到彼此，正是音频和视频会议技术使这一想法成为现实（Thorsen, 2009）。对管理者而言，有了这类技术他们就不必经常出差到各地去开会了。课堂上，这类技术能够让学生见证许多历史性时刻，或与千里之外的某个专家就正在研究的主题进行对话。

数字鸿沟　教育技术的一个顽症是“数字鸿沟”（digital divide），即条件好的学生和条件差的学生在技术获取方面存在较大差异（Darling-Hammond, Zielezinski, & Goldman, 2014; Goodman, 2013; Johnson, 2015; Rideout & Katz, 2016）。无论是数字设备（如笔记本电脑、平板电脑或智能手机）的拥有程度，还是家庭宽带的订购情况，都存在这种差异。需要接入互联网才能完成的家庭作业、翻转课堂及其他任何需要互联网的教学策略都会遇到这个问题。比方说，哪怕有 90% 的学生都能上网，那也可能无济于事，因为老师不太可能安排其余 10% 的学生去做他们无法完成的活动。

一些学校通过向学生家里发送包含学习内容的闪存盘来解决宽带问题，但这也会让技术的使用受限；一些学校允许学生使用便携式“热点”；还有一些学校把设备借给有需要的学生，或者协助家长联系那些可帮助家庭获得高速、低成本互联网服务和电脑的组织机构。在美国，提供这项服务的一个全国性组织叫作 Connect2Compete，另一个名为 Everyone On 的组织会提供有关当地资源的信息。

本章概要

除了上好课，有效教学还包括哪些要素

教师必须了解如何调整教学以适应学生的知识水平。根据卡罗尔的学校学习模型，教学的有效性依赖于学习所需的时间（是学生的能力倾向和理解教学内容能力的函数）以及实际所用的时间（取决于用于学习的时间、教学质量以及学生的毅力）。

有效教学的 QAIT 模型确认了四种由教师直接控制的要素：教学质量、教学的适宜水平、激励和时间。该模型提出，缺乏四个要素中的任意一个，教学都将是无效的。

将学生分组以适应不同的成就水平

许多学校都采用班级间能力分组、分轨制，或者是在一天的部分时间内将学生重新分到不同的班级中接受某门科目的教学，以此来处理学生在能力和学业成就方面存在的差异。但是研究发现，班级内能力分组更为有效，尤其是在阅读和数学教学方面，且明显好于将低成就学生单独区分出来或令低成就学生感到被污名化的分组。非分轨方法就是将学生分到混合能力小组中。给学生设定较高的标准，并提供一些达到目标所需的必要帮助。在不分年级的小学中，不同年龄的儿童在同一间教室里学习。教师根据学生的需求和成绩水平对他们进行灵活分组。

差异化教学的方式

差异化教学、同伴辅导和教师辅导都是个别化教学的方法。研究结果均支持这些教学方式。

为身处风险的学生提供的教育方案

身处风险的学生是指那些由于自身条件或环境原因而在学业上有可能失败的学生。导致学业失败的原因很多，也可能包括贫困。

针对身处风险的学生实施的教育方案主要有：补偿教育、早期干预和特殊教育。例如，美国联邦政府资助的补偿教育方案包括：开端计划，旨在帮助贫困家庭的学前儿童做好入学的各项准备；法案第一条款，该条款规定，在那些大多数学生来自低收入家庭的学校中，为低成就的学生提供额外的教育服务，包括辅导、持续进步计划等。

许多预防措施和干预方案的有效性得到了研究的证实和支持，比如阅读恢复方案以及“让所有人都成功”之类学校综合改革方案 。

课后方案及暑期学校方案逐渐得到了美国联邦、州和地方教育机构的资助，以延长学生的学习时间。关于补偿教育方案的有效性，研究结果尚不一致。

技术如何应用于教育

在教育领域，技术可用于实现多种目标。首先，教师可采用诸如文字处理软件、多媒体、演示软件等技术来设计教学和呈现课堂内容。学生可采用诸如文字处理和 CD-ROM 软件等技术来学习和准备演示文稿。采用练习与实践、辅导、教学游戏、仿真游戏和互联网等形式的计算机辅助教学技术业已成为常态。教师和管理者还可以采用技术来处理相关的管理任务。相关研究显示，计算机辅助教学对学生的学业成绩有小至中等程度的积极效应。

有意识的教师

运用技术的教学

有意识的教师会运用技术来实现那些界定清晰但若无技术支持则难以实现的目标。他们知道，机器本身没有魔法，但技术可以改进其教学、评估、计划和记录，并有助于学生获得信息、资源以及与其他同学建立联系。教师的任务不是分发数字设备，然后坐等最好的结果，而是有计划地利用技术优势来提高学生的成绩。有意识的教师：

- 会运用技术来准备令人兴奋、引人入胜的授课内容，通过结合多种可以吸引和启发学生的视觉媒体，为学生提供直观的视觉内容以增强言语学习，并帮助学生组织概念；
- 会运用技术来取代传统的纸质活页练习题，给予学生即时反馈和补救，适应学生的学习水平和学习节奏；
- 会运用技术来评估学生的理解程度，既可以反馈给学生，又可以快速了解学生个体及整个班级对课程目标的完成情况；
- 会运用技术为学生赋能，让他们以小组或个人的形式准备多媒体项目或报告；
- 会运用技术吸引学生参与一些模拟活动，比如进行一些很难或不可能在课堂上实施的科学实验；
- 会运用技术来优化授课计划，包括在互联网上查找与授课内容有关的材料；
- 会运用技术与其他地方的老师取得联系，分享授课理念、内容及建议。

关键术语

QAIT 模型
分轨制
班级间能力分组
班级内能力分组
非分轨
重新分组
乔普林计划
差异化教学
个性化教学
同伴辅导
跨年龄辅导
阅读恢复
风险学生
身处风险
补偿教育
法案第一条款
早期干预
让所有人都成功
交互式电子白板
电子应答设备（答题器）
文字处理
桌面排版系统
电子表格
数据库
超文本
超媒体
计算机辅助教学（CAI）
复杂的问题解决程序
练习与实践
辅导程序
教学游戏
互联网
维基
仿真软件
网络探究
多媒体
光盘只读存储器（CD-ROM）
数码视频
照片
整合学习系统
Web 2.0
简易信息聚合（RSS）
嵌入式多媒体
混合式学习
翻转课堂
可汗学院
网络欺凌

自我评估：资格认证练习

指导语：本章开篇案例中介绍了在州级资格认证考试中经常出现的评价指标。请重读开篇案例，回答下列问题。

1. 在本章开篇案例中，四年级教师阿巴思诺特先生是如何将约翰·卡罗尔的学校学习模型融入教学中的?
   a. 试图将实际用于学习的时间与学习所需的时间相匹配
   b. 根据学生的能力水平进行分组
   c. 希望学生通过小组讨论和探究的方式来学习长除法的概念
   d. 将教学质量等同于教学时数
2. 假设阿巴思诺特先生打算把学生分成三组：掌握长除法的学生、了解一点长除法的学生、不了解长除法的学生。那么他是在使用哪种类型的能力分组?
   a. 三级能力分组

b. 高一低能力分组
c. 班级内能力分组
d. 班级间能力分组

3. 在案例的开头，阿巴思诺特先生讲了一堂引人入胜的长除法课程，然后针对学习内容对学生进行随堂测验。这属于哪种类型的评价？
   a. 常模参照评价
   b. 标准化评价
   c. 最低能力评价
   d. 形成性评价
4. 阿巴思诺特先生认为，自己一个人无法对所有尚未掌握长除法的学生进行个别化教学。他认为采取某种形式的辅导可以解决这个问题。根据相关研究成果，他应该选择下列哪种辅导方式才最为有效？
   a. 跨年龄同伴辅导
   b. 同龄同伴辅导
   c. 由获得资格认证的教师进行辅导
   d. 计算机辅导
5. 请描述为身处风险的学生提供的方案。
6. 谈谈阿巴思诺特先生是如何把技术整合到教学中的？基于计算机的教学的相关研究得出了什么样的结论？

WavebreakMediaMicro/Fotolia

第 10 章

激发学生的学习动机

本章提纲

学习成果

学完本章后，你应当能够：

10.1 描述有关动机的理论；

10.2 描述目标和归因是如何增强成就动机的；

10.3 讨论教师可以怎样提高学生的成就动机；

10.4 描述动机相关知识如何影响有意识的教学。

卡尔·刘易斯先生所教的十年级学生在上课铃响之前都已进教室就座，大家都急切地等着上美国历史课。铃声响后，刘易斯身着18世纪风格的服装，头戴扑粉假发，手拿法槌，装扮成美国首任总统乔治·华盛顿的模样走了进来。他庄重地坐下，敲了敲法槌，说道："现在，我宣布制宪会议开始。"

为了这一天，学生们已经准备好几周了。他们三三两两组成小组，各组分别代表美国最初的13个州。每个小组对他们所代表州的各方面情况以及殖民时代、美国独立战争和《邦联条例》下的美国进行了了解。两天前，刘易斯先生曾以各自"州长"的名义对每个小组下达了秘密指示，告知他们在核心利益相关问题上应秉持的立场。例如，新泽西州和特拉华州的代表团要坚决主张，人数少的州在政府中也应有足够数量的代表；而纽约州和弗吉尼亚州的代表团则要坚决主张严格按照人口比例来确定代表的数量。

在准备这场辩论时，每个代表团都必须保证任何一名成员都有机会代表整个团体的意见。为确保这一点，刘易斯先生为每个学生随机分配了号码1、2或3。当要求某一代表团发言时，刘易斯先生会喊一个号码，那么持有该号码的学生将代表小组发言。

刘易斯先生进入华盛顿的角色，就他们所讨论问题的重要性发表了讲话，然后宣布辩论开始。首先，他点名了佐治亚州的代表并随机选择了2号，由贝丝·安德鲁斯发言。贝丝是一个害羞的女孩，但是同伴们帮她做了充分的准备，她知道同伴是她坚强的后盾。

"伟大的佐治亚州希望出台《权利法案》。我们经历了专权的统治，我们强烈要求保障人民的自由！"

在贝丝继续阐述其代表团起草的《权利法案》的内容时，刘易斯先生边听边对她的演讲从历史的准确性、是否符合所代表的州的实际利益以及内容的组织和表述等方面进行了评分。在整个课程结束后，他会使用这些分数对每个小组进行评价。辩论仍在继续。北卡罗来纳州的代表认为，各州有权向西部扩张；而新泽西州代表则认为西部地区应该成立新的州。富裕的马萨诸塞州提出每个州征收的税款应由各州自行使用；贫穷的特拉华州则希望由国家统一管理税款。辩论间隙，各代表团有机会进行某种"政治交易"，即承诺投票赞成对其他州而言重要的提案，以换取对方对自己州的重要议题的支持。周五，全班对10个关键议题进行了表决。表决结束后，下课铃响了，学生们涌向走廊，此时他们还在继续争论着税收、代表权、行政部门的权力等问题。

放学后，另一位社会学教师瑞基·英格拉姆走进刘易斯先生的教室，说道："你今年又组织了一次制宪会议，看起来效果确实不错。但是你仅在宪法问题上就用了一个月的时间，你怎么能够教完整个美国历史呢？"

卡尔笑了，"我确实占用了其他单元的不少时间。但是，你看孩子们的兴趣多浓厚啊！"说着，他拿起南卡罗来纳州代表团写的一大摞笔记和关于立场的论文。"这些学生正在努力学习。而且，他们能够体验到历史是非常有趣和有用的。他们将终生铭记这次经历！"

运用你的经验

批判性思维 瑞基·英格拉姆老师似乎在担心刘易斯先生的教学无法做到覆盖所有的内容。你认为刘易斯先生所使用的教学策略有什么优点和缺点？又有哪些有趣或尚不清楚之处？

合作学习 与另一位同学交流某位社会学科或其他学科老师的故事，讲述他是如何使用与刘易斯先生类似的教学方法的。两人一同向其他组的同学复述你们的故事。

InTASC 标准3

学习环境

动机是有效教学中最重要的因素之一。只要学生愿意学习就能学会任何东西。但是，教师如何保证每个学生都愿意学习，并且都愿意付出努力去掌握复杂的内容？

刘易斯先生认识到了动机的价值，所以他所设计的这个单元利用了动机的许多方面。他让学生在小组中学习，并根据随机选定的小组成员的发言情况来对小组进行评价。在他创设的情境中，学生能够彼此鼓励，互相超越。这种社会性动机非常有效，尤其是对青少年而言。刘易斯先生依据清晰而全面的标准对学生的陈述进行评价，并且每天都会给学生反馈。通过让学生沉浸式参与辩论和选票交易，他将这一段重要的历史与学生的生活联系起来。这些策略不仅让历史课变得生动有趣，而且还从多个方面激发了学生学习和记忆所学历史内容的动机。刘易斯先生是对的，学生们可能永远也不会忘记在他课上的经历，而且在以后的生活中，他们都可能始终热衷于探寻有关独立战争和美国宪法的新资料，甚至可能对整个历史领域产生强烈的兴趣。

本章将介绍教师可用来提高学生学习动机的许多方法，以及每种方法所依托的理论和研究。

什么是动机

动机是学习中最关键的因素之一，也是一个最难测量的因素。什么因素促使学生想要学习？努力学习的意愿是许多因素共同促成的结果，包括学生的个性、能力，也包括具体学习任务的特征、学习的诱因、情境以及教师的行为等。

所有的学生都会受到动机的驱使，但问题在于，被动机驱使去做什么？某些学生更愿意参加社交活动或看电视，而不太愿意做作业。教育者的任务并不是增强动机本身，而是发现、激发并保持学生的动机，使他们去学习在学校和生活中取得成功所需的知识和技能，并参与到有助于这种学习的活动中。设想一下，如果刘易斯先生穿着 18 世纪的服装来上课，却没有为学生设置结构化的任务、对他们的表现给予结构化的评价，以鼓励他们学习美国历史，那么结果可能是:学生也会感到很愉快、很有趣，但我们不能肯定学生们会有动机去完成学习相关材料所必需的工作。

心理学家将**动机**（motivation）定义为激发、引导和在一段时间内保持行为的内部过程（Anderman, Gray, & Chang, 2013; Pintrich, 2003; Schunk, Pintrich, & Meece, 2008; Zimmerman & Schunk, 2011）。通俗地讲，使你开始行动、继续行动并决定行动方向的就是动机。

动机在强度和方向上各不相同（Ryan & Deci, 2000; Zimmerman & Schunk, 2011）。比如，两个学生都有玩电子游戏的动机，但其中一个学生的动机也许比另一个更强。或者一个学生玩电子游戏的动机很强，而另一个学生有同样强的动机去玩橄榄球。但实际上，动机的强度和方向常常是很难分开的。从事某一项活动的动机强度在很大程度上取决于从事其他活动的动机的强度和方向。如果一个人所拥有的时间和金钱，只允许他在看场电影和玩电子游戏中二选一，那么他从事其中一项活动的动机就会受到从事另一项活动的动机强度的强烈影响（Fries, Dietz, & Schmid, 2008）。动机不仅可以促使学生投入学习活动，而且同样重要的是，它也决定着学生能从进行的活动和接收的信息中学到多少知识。有学习动机的学生在学习时会运用更高级的认知过程，进而汲取和记忆更多的内容（Driscoll, 2005; Jetton & Alexander, 2001; Pintrich, 2003）。他们也更有可能将学到的知识和技能迁移到新情境中去（Pugh & Bergin, 2006）。

动机来源于很多方面（Stipek, 2002）。动机可以是一种人格特征，人们可能对学业、运动或社会活动等各类活动具有持久、稳定的兴趣。动机也可以来源于任务的内部特征：刘易斯先生通过将美国历史知识变得有趣，具有互动性，且能激发学生的主动性和参与性，从而使得学生渴望学习。动机还可以来源于任务的外部特征，刘易斯先生在模拟制宪会议中对学生的表现进行结构性评价就是一个例子。

动机理论

本章的前半部分将介绍当代的各种动机理论，这些理论试图解释人们为什么会产生进行某种活动的动机。后半部分将讨论如何在课堂中使用激励来促进学习，并给出了一些提高学生学习和完成作业动机的策略。

动机与行为学习理论

链接 10.1
想了解更多有关行为强化的内容，请参见第 5 章。

动机的概念与这样一条原则密切相关，即过去得到强化的行为比受到惩罚或没有得到强化的行为更有可能重复出现（Bandura, 2006; Borich, 2014; Dick et al., 2015; Levitt, List, Neckermann, & Sadoff, 2012; Schunk, 2016）。为什么有些学生在面对失败时会继续坚持，而有些学生却选择放弃？为什么有的学生为取悦老师而学习，有的学生为获得高分而学习，还有的学生出于对所学内容的兴趣而学习？为什么有些学生的实际成绩比依据其能力预测的成绩要高，而有些学生的实际成绩却远低于预期？也许从学生以往所受强化及强化程序的角度可以回答上述问题，但从满足不同需求的动机视角来进行解释通常会更容易令人理解。

奖励和强化　用个体过去所受到的强化来解释动机是不充分的，原因之一是人类的动机非常复杂且受到情境的制约。对于非常饥饿的动物，我们可以预测食物将是一种非常有效的强化物。而对于人类，即使是饥肠辘辘的人，我们也无法确定什么是强化物，什么不是，因为大部分潜在强化物的强化价值很大程度上是由个体因素和情境因素共同决定的。举个例子，假如有一份很轻松的工作，一个小时的报酬是 50 美元。大多数人都会认为 50 美元是一种非常有效的强化物，为 50 美元工作一个小时是非常值得的。但请考虑下面的四种情况。

1. 斯克罗格先生请比尔粉刷围栏，答应给他 60 美元。比尔觉得 60 美元的薪酬对这项工作而言非常丰厚，所以他在粉刷时尽心尽力。然而，任务完成之后，斯克罗格先生却说：“我认为你干的活不值 60 美元，给你 50 美元。”
2. 与上述情形相似，只是斯克罗格先生在开始时答应给比尔的薪酬换成了 40 美元。当比尔做完时，斯克罗格先生赞赏他干得很出色，并给了他 50 美元。
3. 戴夫和芭芭拉在一场聚会中相遇，双方一见钟情。聚会结束后，他们在月光下漫步了许久。当走到芭芭拉家的门口时，戴夫说：“芭芭拉，跟你在一起真的很愉快。这里有 50 美元，希望你收下。”
4. 姑姑拿出 50 美元给玛尔塔，让她下周六教小佩帕弹钢琴。然而，如果玛尔塔答应了，她将会错过参加学校棒球队选拔的机会。

在第 1 种、第 3 种和第 4 种情况下，50 美元并非有效的强化物。在第 1 种情况下，斯克罗格先生一开始把比尔的期望值提得很高，然后又使其破灭，即使比尔最终所得报酬与第 2 种情况相同。但在第 2 种情况下，比尔可能更乐于再次为斯克罗格先生粉刷围栏，因为他所得报酬高于之前的期望。在第 3 种情况中，戴夫给芭芭拉的 50 美元带有侮辱性，当然不会增强芭芭拉继续与他约会的兴趣。在第 4 种情况中，虽然对于玛尔塔来说，50 美元在大多数时候都可以说是很慷慨的报酬，但在这个特殊的周六却并非是一个足够有效的强化物，因为它与一次更有价值的活动冲突了。

确定激励的价值　上述情况说明了这样一个重要问题：不能想当然地认为某种激励具有动机价值，因为其动机价值是由许多因素共同决定的。当老师说“我希望你们都能按时上交读书报告，因为它们会计入科目成绩”时，其假定是：分数对大多数学生来说都是一种有效激励。但是，一些学生可能并不在乎分数，或许是因为他们的父母漠不关心，也或许是因为他们的学习成绩一直很差，慢慢地开始认为成绩并不重要。如果教师对刚完成任务的学生说：“做得不错！我就知道，如果你努力，就一定能成功！”这样的话语对于那些认为任务很难的学生来讲是一种激励，但对那些认为任务容易的学生来讲则是一种羞辱（因为这种表扬的潜在含义是，学生必须格外努力才能完成任务）。就像比尔和斯克罗格先生的例子一样，某种奖励的动机价值取决于学生对奖励的期望。而且，教师通常很难根据学生的行为来推断其动机，因为各种各样的动机都能影响行为。有时候，影响行为的动机明显属于某一类；而在另外一些时候，影响行为的动机是多样的（也许还会相互冲突）（Wentzel & Brophy, 2014）。

动机与人类需要

动机可以被看作一种满足需要的驱力，比如，对食物、安全、爱和保持积极自尊的需要。人们对各种需要的重视程度因人而异：有些人需要不断地证实自己是受人喜爱的或被赏识的，而有些人则更需要身体上的舒适和安全。同样，同一个人在不同的情况下也会有不同的需要：与吃完4道菜时相比，人在跑完4英里后更需要喝一杯水。

InTASC 标准 1

学习者的发展

马斯洛的需要层次理论　既然人有许多需要，那么人们无论何时都会努力去满足的是哪种需要呢？为此，马斯洛（Maslow, 1954）提出了一个需要层次模型（见图10.1）。他认为，一个人至少要在较低层级需要得到部分满足之后，才会寻求较高层级需要的满足。例如，一个饥肠辘辘或身处险境的人更需要的是获得食物和安全，而不是维持积极的自我意象。但是，一旦这个人不再饥饿或恐慌，其自尊需要就会变得至关重要。马斯洛引入的一个核心概念是区分缺失需要和成长需要。**缺失需要**（deficiency needs）是指那些对个体身心健康尤为关键的需要，包括生理需要、安全需要、爱和尊重的需要，必须得到满足。而这些需要一旦得到满足，个体继续满足它们的动机就会减弱。相反，**成长需要**（growth needs），如求知和理解世界的需要、审美需要、在他人的赏识中成长和发展的需要，永远也得不到完全的满足。实际上，人们求知和理解周围世界的需要被满足得越多，他们学习更多知识的动机就会越强。

资格认证指南

在教师资格认证考试中，你需要根据马斯洛的理论来识别哪些是缺失需要，哪些是成长需要。

自我实现　马斯洛的理论中有一个概念叫**自我实现**（self-actualization），他将其定义为“一个人成为自己能够成为的一切的那种渴望”（Maslow, 1954, p.92）。自我实现的特征是接纳自我和他人，自然，开放，与他人建立相对深厚但民主的关系，具有创造性，幽默，独立——从本质上讲，就是心理健康。

马斯洛的理论对教育的启示　马斯洛的理论对教育的重要意义在于它所阐述的缺失需要和成长需要之间的关系。显然，饥肠辘辘或身处险境的学生是很难把精力放到学习上的。学校和政府机构已经认识到，如果学生的基本需要得不到满足，其学习就会受到影响，因此，相关机构出台了一些免费的早餐和午餐计划。然而，最重要的缺失需要是爱和自尊的需要。那些没有感受到被人关爱或者感到自己无能的

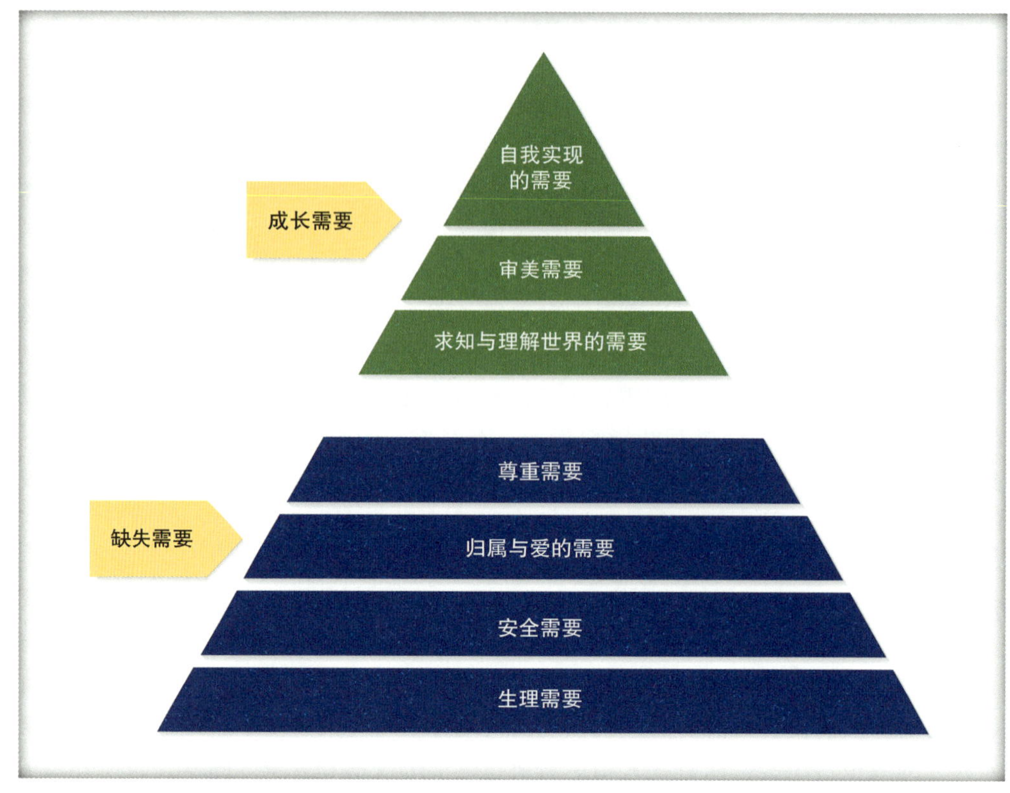

图 10.1 马斯洛的需要层次模型

马斯洛划分了两大类需要：缺失需要和成长需要。人们在满足高层次需要之前，首先要满足低层次的需要。

学生，不太可能有强烈的动机去实现较高水平的成长目标（Bergin, 2016; Martin & Dowson, 2009; Stipek, 2002）。假如学生不太确信自己的能力或价值，就会倾向于做出安全的选择：随大流，对学习知识不感兴趣，只是为了应付考试而学习，所写的文章平庸乏味、缺乏创造性，等等。如果教师能够使学生感到轻松，感到自己是被接纳和尊重的独立个体，那么（按照马斯洛的观点）学生就更有可能在教师的帮助下喜欢上学习，勇于参加创造性活动，乐于接受新观念。按照这种观点，一所看重社会—情绪学习的学校，其营造出来的环境不仅更有利于社会—情绪学习，而且也有利于学生的学业学习（Greenberg et al., 2003; Hoffman, 2009; Jennings & Greenberg, 2009）。

链接 10.2

关于影响有学业失败风险学生学业成绩的动机因素可参见第 9 章。

动机与归因理论

特雷莎的成绩一向很好，但她在新班级的第一次小测验中得了 D。这个成绩与她的自我意象很不符，她为此感到很不愉快。为了摆脱这种不愉快，特雷莎可能会决定更刻苦地学习，以保证自己不会再得到这么低的分数。然而，她也可能会为自己的低分找借口："这次考试的题目很有迷惑性。我当时身体不舒服。老师没有事先告诉我们要测验。我没怎么认真去考。天气太热了。"这些借口也许能帮助特雷莎宽慰自己——但是，假设她连续几次成绩都不理想，这些借口或许就不奏效了。这样一来，她也许会认为自己从来就没有喜欢过这个学科，或者教师偏爱班中的男生，或者评分较严。所有这些观点和借口的改变，都是为了避免两种矛盾想法"我是一个好学生"和"我在这门课上表现欠佳，都是我自己的错"。

特雷莎正在努力为这次的低分找一个借口，以保护自己作为好学生的自我认知不受冲击。她将自己的糟糕表现归咎于老师、授课内容以及其他同学——这些都是她无法控制的外部因素。或者说，即使她承认成绩差是自己造成的，也会认为这一定只是暂时的退步，因为自己在学习本单元时一时没有注意听讲或缺乏学习动机，而这种状况是可以调整的。

归因理论（attribution theory）（Hareli & Weiner, 2002; Weiner, 2000, 2010）试图理解这些解释与借口，尤其是阐明人们对成功与失败的自我解释（这是该理论最具教育意义之处,因为成功与失败是教育中反复出现的主题）。韦纳（Weiner, 2000）提出，个体对成功和失败的解释基本都具有三个特征：第一，原因是内部的（来自个体本身）还是外部的；第二，原因是稳定的还是不稳定的；第三，原因是可控的还是不可控的。归因理论的一项核心假设是：人们试图维持一种积极的自我意象。所以，当在活动中表现良好时，个体就倾向于将成功归因于自己的努力或能力；而当表现不佳时，个体就会认为失败源自一些自己无法控制的因素（Weiner, 2010）。那些经历了失败的学生尤其会试图寻找一种解释，从而在同伴面前保住面子（Juvonen, 2000）。研究表明，如果让一组人员完成同一项任务，然后随机地告诉他们是成功了还是失败了（事实上他们都成功了）。那些被告知失败的个体会认为自己的失败是由于运气不好，而那些被告知成功的个体会将其成功归因于自己拥有的技能和才智（Weiner, 2000）。

对他人行为进行归因也很重要。比如，如果学生认为，其他同学由于某种暂时的不可控因素（例如，在篮球赛中受伤）而求助，自己会更乐于提供帮助；如果学生认为其他同学因某种可控因素（例如，没有好好学习）而求助于自己，那么他们就不太乐于提供帮助（Weiner, 2010）。

成败归因　归因理论认为，人们对成就情境中成功和失败的解释主要有四种：能力、努力、任务难度与运气。能力和努力属于个体的内在因素，而任务难度和运气属于外部因素。能力被认为是相对稳定、不易改变的，而努力是可以改变的。同样，任务难度本质上是一种稳定的特征，而运气则是不稳定、不可控的。表 10.1 呈现了这四种成败归因及其代表性解释。

表 10.1 中展示了学生对成功和失败的不同解释方式。当学生取得成功时，他们会认为这是因为自己聪明（稳定的内部归因），而不是因为运气好或任务简单，甚至也不是因为自己努力了（因为“努力”并不能保证今后成功的可能性）。相反，失败的学生会认为自己运气不佳（不稳定的外部归因），这样下一次还会有成功的可能（Weiner, 2010）。当然，随着时间的推移，这些归因可能很难一直保持下去。就像前面特雷莎的例子一样，当学生某次考试的分数很低时，他们会将其归咎于运气不好或者其他不稳定的外部因素。但是，如果连续几次成绩都较差，不稳定的归因就难以成立了：一个人不可能在每次考试时运气都不好。所以，像特雷莎这样的学生可能会逐渐寻找某种稳定的但仍属外部的原因。例如，她也许会认为这是因为课程太难、老师评分不公平，或进行其他稳定的外部归因，从而避免形成一种会摧毁其自尊的稳定的内部归因：“因为我无能，所以才失败了”（Weiner, 2010）。她甚至会降低努力的程度，这样她就可以维持信念，即只要自己真的想成功，还是能够取得成功的。

链接 10.3
与自尊和同伴关系等社会情绪因素有关的成败归因，请参见第 3 章。

控制点和自我效能感　**控制点**（locus of control）是归因理论中的一个核心概念（Rotter, 1954）。控制点中的点指的是“定位”（location）。将控制点定位在内部的个体会认为成功或失败都是自己的努力或能力导致的。将控制点定位在外部的人则倾向于认为运气、任务难度或他人的行为等因素导致了自己的成功或失败。内部控制

表 10.1 成败归因

归因理论描述了个体对成功和失败的不同解释，并对这些解释的含义进行了分析。

		归因控制点		
		内部	外部	
稳定性	稳定	能力 “我很聪明” “我很笨”	任务难度 “很简单” “太难了”	期望
	不稳定	努力 “我很努力” “我没有努力”	运气 “我很走运” “我运气不佳”	
		价值（自豪）		

资料来源：“The development of an attribution-based theory of motivation: A history of ideas” by Bernard Weiner in *Educational Psychologist*. Published by *Educational Psychologist*, © 2010.

点通常被称为自我效能感（self-efficacy），即相信自己的行为起重要作用的一种信念（Bandura, 1997; Goddard, Hoy, & Woolfolk Hoy, 2004; Schunk & Pajares, 2004; Skinner & Greene, 2008）。控制点或自我效能感在解释学生的学习成绩方面有着很重要的作用。例如，一些研究者发现，在智力水平相当的学生中，内部控制点较强者会取得更好的成绩（Cappella & Weinstein, 2001; Caprara et al., 2008; Zimmerman, 2013）。研究已发现，控制点是学生学业成绩的第二重要的预测变量（仅次于能力）（Dweck, 2007; Pietsch, Walker, & Chapman, 2003）。原因很简单：如果学生认为成功是由运气、教师的个人行为或者其他外部因素造成的，他们就不太可能会努力学习，而是倾向于拖延或回避困难的任务（Steel, 2007）。相反，如果学生认为成功和失败都是由自己的努力决定的，那么就不难想见他们会付出努力（Bandura, 2012; Joët, Usher, & Bressoux, 2011; Pressley et al., 2003）。实际上，学生在某一科目中能否获得成功，既取决于努力和能力（内部因素），又取决于运气、任务难度以及教师的行为（外部因素）。不过，最成功的学生往往高估自身行为对成败的影响。一些实验研究发现，即使在成功和失败完全取决于运气的情况下，内部控制点较强的学生也会认为成败是由自己的努力决定的（Weiner, 2010）。

这里有必要强调一下，控制点会发生变化，并且在一定程度上取决于具体的活动和情境。在研究控制点对成绩的影响时，一个比较棘手的问题是：成绩对控制点有很大的影响（Bong & Skaalvik, 2003）。例如，一个学生可能在学业上具有内部控制点（因为学业能力较强），但在体育运动方面却具有外部控制点（因为运动能力较弱）。如果这个学生在一项新运动中获得了意想不到的技能，那么他 / 她可能会在这项运动中形成内部控制点（但在其他运动项目上可能依然是外部控制点）。

归因理论和自我效能感对教育的启示 在课堂上，学生会不断地接受有关自己学业表现的各种信息，这些信息要么是相对于其他人的学业表现，要么是相对于某种可接受的标准。这些反馈信息最终会影响学生的自我认知（Bandura, 2006; Schunk, 2016）。归因理论的重要性在于它能帮助教师更好地理解学生是如何解释和利用这些反馈信息的，也能为教师如何给出最具激励性的反馈提供建议（Tollefson, 2000）。归因理论特别表明，教师应该始终表扬学生的努力（由学生自己控制）而非其智力（无法由学生自己控制）（Dweck, 2007）。

动机与思维模式

归因理论最重要的启示是，学生具有用于解释成功或失败的内隐理论，即**思维模式**（mindset）。卡罗尔·德韦克等研究者（Carol Dweck, 2006, 2010; Lin-Siegler, Dweck, & Cohen, 2016; Yeager & Dweck, 2012; Yeager et al., 2016）进一步发现，现有的思维模式是可以改变的，并且这些改变会反过来影响学习和其他方面。尤其值得一提的是，德韦克及其同事开展了一系列“思维模式”实验，在这些实验中，学生们被明确地告知：智力并非人类固定不变的特征，而是努力的产物。例如，布莱克韦尔等人（Blackwell, Trzesniewski, & Dweck, 2007）报告了一项针对七年级学生的实验。在实验中，两组学生都接受了数学学习技能的培训，但其中一组还接受了一项干预，即让学生相信学业成功取决于努力而非天赋。结果发现，只接受技能培训的学生成绩下降了，而同时还接受“成功取决于努力”干预的学生成绩提高了。其他几项实验也在不同年龄的学生群体中发现了类似的结果（Yeager & Dweck, 2012）。

思维模式的相关实验极大地丰富了归因理论，因为这些实验表明，努力归因与取得成就之间的正相关不只是因为那些成绩优秀的人愿意相信自己的成功源自努力。如果思维模式可以改变，且这种改变会影响成就，那么这就有力地证明是思维模式影响成就，而不是成就影响思维模式（Lin-Siegler et al., 2016; Usher & Kober, 2012; Yeager, Walton, & Cohen, 2013）。

动机与自我调节学习

我们在第5章中讨论过自我调节学习，它是指“源于学生自我生成的想法与行为的一种学习，而这些想法与行为系统地指向学习目标的实现”（Schunk & Zimmerman, 2003, p.45）。这一定义明确表明，自我调节学习与学生的目标紧密相关。与其他学生相比，学习动机较强的学生更有可能有意识地规划学习，执行学习计划，并记住学到的内容（Efklides, 2011; Schunk & Zimmerman, 2013）。例如，具有较强阅读动机的学生更有可能自主阅读，并使用有效的理解策略（Miller, Partelow, & Sen, 2004）。这一动机可以有多种来源。比如，教师可以教给学生一些具体的自我调节策略，学生在这个过程中可以学会策略性思考，学会评估自己的努力和成果。这些策略已被证明可以促进学习（Germeroth & Day-Hess, 2013; Duckworth et al., 2016）。另一种来源是社会模仿（Zimmerman, 2013），比如见到其他学生使用自我调节策略，自己也尝试使用。还有一种来源是设立目标，即鼓励学生设立自己的学习目标。第四种来源是反馈，即让学生知道他们正在逐步地实现学习目标，如果反馈能够强调学生的努力和能力，那么效果尤佳（Zimmerman, 2013）。申克和齐默尔曼（Schunk & Zimmerman, 2013）认为，自我调节学习的动机与一般意义上的成就动机不同，因为自我调节学习要求学习者独立承担学习责任，而不仅仅是遵从老师的要求。弗雷德里克斯等人（Fredericks, Blumenfeld, & Paris, 2004）使用卷入（engagement）和投入（investment）这两个术语来描述促使学生进行自我调节学习的动机，自我调节学习并非只是按照要求完成作业和遵守规则。

链接 10.4
想了解更多有关自我调节的内容，请参见第5章。

链接 10.5
想了解更多有关建立自我决定的有效策略，请参见第12章。

动机与期望理论

作为一种动机理论，**期望理论**（expectancy theory）所基于的信念是：人们力求成功的努力程度取决于他们对奖励的期望。阿特金森（Atkinson, 1964）根据下面的公式提出了动机理论：

$$动机（M）= 成功的主观可能性（Ps）\times 成功的激励价值（Is）$$

这个公式被称为期望模型或**期望—效价模型**（expectancy-valence model）。因为在这个模型中，动机主要取决于个体对奖励的期望（Pintrich, 2003; Stipek, 2002; Wentzel & Brophy, 2014; Wigfield, Tonks, & Klauda, 2009）。该理论的意义是：个体实现某目标的动机取决于其对成功可能性的估计（成功的主观可能性，*Ps*）以及个体所认为的成功价值的大小（成功的激励价值，*Is*）。例如，假定马克说："我觉得如果我努力的话，我能够登上光荣榜，而且上光荣榜对我来说是非常重要的。"那么，他很可能会努力争取上光荣榜。不过，$M = Ps \times Is$这个公式的一个重要特征是相乘关系，这意味着如果人们认为成功的可能性是零或认为成功没有价值，那么，其动机水平就会是零（Trautwein et al., 2012）。如果马克非常想上光荣榜，但他又认为自己不可能成功，那么他就会缺乏动机。假如他上光荣榜的机会很大，但他并不看重上光荣榜，那么他也会缺乏动机。威格菲尔德及其同事（Wigfield et al., 2009）发现，在预测学生的成绩时，将学生认为自己是否有能力成功以及他们对学业成功的重视程度结合起来，比根据学生的真实能力去预测成绩更为可靠。

阿特金森（Atkinson, 1964）对期望理论作出了一项重要补充：他指出，在某些情况下，成功的可能性过高反倒会损害动机。如果马克的能力很强，对他来说，上光荣榜是轻而易举的事情，那么他就不需要尽最大的努力。阿特金森（Atkinson, 1958）对此做出的解释是：在成功的可能性和激励价值之间存在着某种联系，即在困难任务中获得成功的价值要大于在简单任务中获得成功的价值。由此推断，当成功的可能性为中等的时候，个体的动机最强。例如，当两个实力相当的网球运动员较量时，双方都会竭尽全力，而两个实力悬殊的运动员交手时则不会如此尽力。实力较弱的运动员虽然很想赢，但成功的可能性太小，因而不愿枉费努力；实力较强的运动员则认为这样的取胜并不具有太大价值，因此也不会竭尽全力。许多研究都证实了阿特金森的这一理论。研究发现，随着任务难度的增加，个体的动机也会不断增强——直到个体认为成功的可能性变得很小或者这个目标不值得付出那么多努力（DeBacker & Nelson, 1999）。这项研究及其他研究都表明，中等偏难（但并非不可能完成）的任务比简单的任务更有利于学习和激发动机（Wentzel & Brophy, 2014; Wigfield & Eccles, 2000）。

期望理论对教育的启示 期望理论对教育最重要的启示是：对学生来讲，任务既不能太难也不能太容易。这也是教育者的共识。如果一些学生认为不管自己做什么，评分都能得到A，那么他们的动机就不会得到最大程度的激发。同样，如果一些学生认为，不管自己做什么，最后的结果都是失败，那么他们的动机就会很弱。所以，理想的评分制度是：大多数学生获得A有难度但有可能做到，而那些不努力的学生则有可能得到低分。对所有学生来讲，成功都应当是可望而可及，但并非轻而易举的。

理论应用于实践

给予学生激励性反馈

如果学生认为自己过去的失败是由于缺乏能力，那么他们就会认为自己在其他类似的任务中也难以取得成功，因此也就不会付出太多努力（Juvonen, 2000; Weiner, 2000）。显然，认为自己会失败的信念将导致失败得到自我实现。由于持有这种观点，学生就会缺乏学习的动机，而这反过来又可能导致失败。因此，教师对学生最具打击性的评价就是："朽木不可雕"。

虽然很少有教师直接对学生这么说，但是这种看法会通过其他方式传达给学生，产生同样的后果。一种方式是使用竞争性评分制度（如曲线评分）并公布分数，强调学生的名次。这种做法使学生在学业成绩上的微小差距被过分放大，并且那些分数最低的学生可能会认为自己永远也学不好。

相反，一些教师会淡化分数和名次，并向学生传达一种（几乎总是正确的）期望：班上的所有学生都有能力学好。这种期望可能会帮助学生认识到，成功与否取决于自己的努力——一种可改变的内部归因，从而让学生可以预期如果自己尽了最大努力，将来就会成功。

将成功归因于稳定的内部因素（"因为我聪明，所以成功了"）也不太具有激励作用。有能力的学生也需要认识到，学业成功来自努力而非能力。如果教师强调努力程度是成败的主要原因，并且对学生付出的努力进行奖励，那么这要比只强调能力更有可能激发所有学生付出最大的努力（Goslin, 2003; Schunk, 2016; Yeager & Dweck, 2012）。对学生的努力（而不是对能力）进行奖励的规范方法包括：奖励学生的进步；进行差异化教学，这种教学认为成功的基础是学生基于自身水平所取得的进步；将学生的努力程度作为评分因素，或对学生的努力进行单独评分。

链接 10.6
想了解更多有关个别化教学的内容，请参见第 9 章。

影响学生的学习动机的因素

InTASC 标准 1
学习者的发展

在教育领域，最重要的一类动机是**成就动机**（achievement motivation），即力求成功并选择以目标为导向的成功（或失败）活动的一般倾向（Stipek, 2002; Schunk, 2016; Zimmerman & Schunk, 2011）。如果要求学生选择一个合作伙伴共同完成一项复杂的任务，成就动机取向的学生倾向于选择一个擅长该任务的伙伴，而亲和动机取向的学生（他们表达出了被关爱和被接纳的需要）更可能会选择一个友好的伙伴。即使遭遇失败，成就动机取向的学生也比成就动机较弱的学生坚持得更久，并且会将失败归因于缺乏努力（可改变的内部因素），而不是任务难度和运气等外部因素。简言之，成就动机取向的学生追求并期望成功，失败时他们会加倍努力，直至成功（Wentzel & Wigfield, 2009）。记者保罗·塔夫（Tough, 2011）认为，学生需要"坚毅"地克服生活中的许多障碍。而**坚毅**（grit）正是高成就动机的同义词（Hoerr, 2012, 2013; Usher & Kober, 2012）。

显然，成就动机高的学生在学校里更有可能取得成功（Stipek, 2002; Wentzel & Brophy, 2014）。但是，究竟是高成就动机导致了学业成功，还是学业成功（基于能

链接 10.7
想了解如何对学生的努力进行评分，请参见第 13 章。

力或其他因素）导致了高成就动机？目前尚无定论。最初，儿童的成就动机受到家庭生活经历的强烈影响（Turner & Johnson, 2003），但是当学生入学几年后，成功和动机就变得互为因果：成功诱发了对更多成功的渴望，而这种渴望又孕育了更多的成功（Bandura, 2012; Dotterer, McHale, & Crouter, 2009; Wentzel & Wigfield, 2009）。相比之下，那些在成就情境中没有体验过成功的学生往往会失去在这类情境中取得成功的动机，而将兴趣转向其他方面，比如社会活动、体育运动，甚至是违法犯罪活动（在这些活动中，他们有可能获得成功）。成就动机一般会随着学生年级升高而逐渐减弱，但这种趋势似乎不仅是由学生的自然发展导致的，也是由初中和高中教育的性质造成的（Dotterer et al., 2009; Hidi & Harackiewicz, 2000; Stipek, 2002）。

动机与目标定向

一些学生的成就动机指向**学习目标**（learning goals）（也称为任务目标或者掌握目标），而其他学生的成就动机则会指向**表现目标**（performance goals）（Wentzel & Brophy, 2014; Rolland, 2012; Senko, Hulleman, & Harackiewicz, 2011）。学习目标取向的学生认为，学习的目的是获得掌握学校所教技能的能力；表现目标取向的学生则认为，学习的目的是努力获得他人对自己能力的积极评价（以及避免消极评价）。努力实现学习目标的学生很可能会选择较难的课程，寻求挑战。与之相反，表现目标取向的学生则更关注能否取得高分，因而会选择简单的课程，避免挑战（Urdan & Mestas, 2006）。

学习目标与表现目标　学习目标取向的学生和表现目标取向的学生在整体智力水平上并无差异，但是他们的课堂表现却截然不同。遇到困难时，表现目标取向的学生很容易气馁，并且其表现会受到严重影响；相反，学习目标取向的学生会继续努力，其动机和表现实际上可能会有所提高（Schunk, 2016; Sins, van Joolingnen, Savelsbergh, & van Hout-Wolters, 2008）。学习目标取向的学生更懂得使用元认知策略和自我调节学习策略（Greene, Miller, Crowson, Duke, & Akey, 2004; Pajares, Britner, & Valiante, 2000; Senko et al., 2011; Usher & Kober, 2012）。在能力相当的情况下，学习目标取向的学生比表现目标取向的学生学到的更多（Huang, 2012; Shih, 2005）。但另一方面，学习目标取向的学生的考试分数未必能反映出其真实的学习状况，因为他们在学习时可能更关注自己感兴趣的内容，而不是那些可能会在考试中考到的内容（Hulleman, Durik, Schweigert, & Harackiewicz, 2008, Senko & Miles, 2008）。那些认为自己能力较低的表现目标取向的学生更容易陷入无助的状态，因为他们认为自己取得好成绩的可能性微乎其微（Senko et al., 2011; Usher & Kober, 2012）。有证据表明，这些学生更容易作弊（Murdock & Anderman, 2006）。那些认为自己能力较低的学习目标取向的学生则关心自己学到了多少，而不会将自己与别人的成绩进行比较（Senko et al., 2011）。遗憾的是，有证据表明，随着在校时间越来越久，学生的成就动机也会逐渐地从学习目标或掌握目标转向表现目标（Harackiewicz, Barron, Tauer, & Carter, 2000; Stipek, 2002）。不过，也有证据表明，如果教师强调班级的目标是学习和能力发展（而不是成绩），学生的学习效果会更好（Murayama & Elliot, 2009; Rolland, 2012; Usher & Kober, 2012）。

对学习目标和表现目标进行对比研究的最重要的意义在于，教师应该努力使学生相信，学业活动的目标是学习而不是分数（Wentzel & Brophy, 2014）。教师可通过

表 10.2　学习目标、表现目标及培养学习目标取向的教学

学习目标取向的学生	表现目标取向的学生	培养学习目标取向的教学
看重学习本身	看重分数、表扬和排名	增强内在兴趣；讨论了解和学习新事物的价值，而不是分数的价值
动机源于任务的挑战性和自身兴趣	动机源于要比别人做得更好的心态	布置有难度的、令人兴奋的挑战性任务
认为错误是学习过程中的一部分	错误会导致焦虑、自我价值受损	指出实实在在的错误有助于学习和成长
根据学生自身的标准以及新知识和新技能的价值进行评估	根据其他学生的表现水平进行评估	强调新知识、新技能的价值；鼓励学生为自己量身定制高学习标准
看重学习新知识和新技能的过程，而不仅仅是为了获得正确答案。看重创造力和多种解决方案	看重得到唯一正确答案的清晰路径	强调学习过程和获得优质答案及成果的多种方式。鼓励学习中的创造性和趣味性
看重与他人的协作和思想上的交流	看重自己是否比他人做得更好	采用合作学习；避免采用高度竞争性评分

强调学习内容的趣味性和实用意义，以及淡化分数及其他奖励来实现这一点。例如，教师可以说："我们今天将学习地球深处那些引起火山剧烈喷发的活动！"而不是"我们今天要学习火山。请注意听讲，这样你们明天才能考出好成绩。"教师尤其要注意避免使用高度竞争性的评分方式与激励制度。如果学生认为学业成功只有一种标准，而且只有少数人能够达到这个标准，那么，对自身能力缺乏信心的学生就很可能会提前放弃（Summers, 2006）。表 10.2 总结了学习目标取向的学生和表现目标取向的学生之间的成就目标差异，并总结出了教师可用来促进学生选择学习目标取向（即任务目标）的一些策略。研究表明，课堂上的任务类型对学生是否采用学习目标取向有很大的影响。具有挑战性、有意义且与实际生活相联系的任务更可能使学生形成学习目标取向（Cushman, 2006; Darling-Hammond & Ifill-Lynch, 2006; Gregory & Kaufeldt, 2015）。

习得性无助

避免失败动机的一种极端形式被称为**习得性无助**（learned helplessness），即一种认为不管自己做什么，都注定要失败或毫无意义的认知："我做什么都无济于事。"在学习情境中，习得性无助可能与个体对失败做出稳定的内部解释有关："我失败是因为我笨。这意味着我总是会失败。"反复经历失败的学生可能会形成一种"防御性悲观"，以保护自己免受消极反馈的影响（Martin, Marsh, & Debus, 2001）。

习得性无助可能来源于父母或教师给予的前后不一、不可预测的奖惩，这会使学生认为自己做什么也无法成功。例如，在面对失败时，有学习障碍的学生比其他学生更容易产生无助的行为反应（Pintrich & Schunk, 2002）。为了预防或减轻学生的习得性无助，教师可以：（1）给学生提供逐步成功的机会；（2）及时反馈；（3）对学生始终抱有期望，并持续跟进其学习情况。最后这一点最为重要。

资格认证指南

教师资格认证考试中的案例题可能会要求你提出一种恰当的策略，以此训练学生将成功归因为可控的因素（尤其是努力），从而提升学生的动机。

教师的期望与学生的成就

开学第一天，埃哈德先生正在点名。忽然，他看到了一个有点熟悉的名字，"韦

理论应用于实践

帮助学生克服习得性无助

InTASC 标准 8
教学策略

习得性无助的概念来源于这样一种理论：建立来自教师、在校经历、同伴以及自身的消极反馈基础上的条件作用过程可能会导致学生的学业失败。大量的研究发现，如果学生总是失败，那么他们最终就会放弃努力。习得性无助也将会成为他们的条件反应。

中小学教师可以通过各种方式帮助学生克服这类问题，如归因训练、目标重建、自尊方案、确保成功的手段、正反馈体系等。下面的一般性原则对所有学生都有帮助，尤其是那些表现出习得性无助倾向的学生（Jackson, 2011）。

1. *发扬优点。*首先要了解学生的长处，以此为起点。每个学生都有各自擅长的事情，但要注意，这些长处必须是真实的，而不是编造出来的。例如，一个学生擅长言辞，但拙于写作。那么，教师就可以先让他通过讲述而不是写作来完成作业。在该生的自信心得以重建之后，再逐步让其进行写作。
2. *克服缺点。*不要贬低学生的缺点，而是要关注如何帮助学生取得成功。在上述例子中，教师可以与该生谈谈写作的难点在哪里。接着让他针对写作中最困扰自己的问题制订一个提升计划。然后，与该生讨论计划，并拟定一份关于如何完成计划的合约。
3. *运用先行组织者或指导发现法，温故知新。*一些学生在学习不熟悉的概念、技能或观点时会感到有困难，但能更好地理解那些与自身经验有关的课程。例如，高中数学教师可以通过给学生呈现现实生活中的数学问题来开始教学，比如计算购买一台数字平板电脑所产生的销售税。教师还可以让学生把他们在校外遇到的数学问题带到课堂中来。全班都可以参与解决某位同学提出的数学问题。
4. *创办挑战性活动，让学生主动创造问题，并利用自己的知识和技能加以解决。*

InTASC 标准 9
专业学习与道德实践

恩·克莱门茨？”

“到！”

“你是不是有个哥哥叫维克托？”

“是的。”

“我记得维克托。他很让人头疼。我对你也要格外留意了！”

当快点完名的时候,埃哈德先生发现教室后面的几个男孩开始窃窃私语。“韦恩！我点名的时候，全班同学要保持安静。你难道没有听见吗？我就知道我须对你严加管教！”

这段对话说明了教师如何建立对学生的期望以及这种期望又是如何自我实现的。埃哈德先生并不知道，韦恩平时是一个表现不错且有责任心的学生，与他的哥哥维克托迥然不同。但是，埃哈德先生基于对维克托的了解，想当然地认为韦恩也是一个爱滋事的学生。当几个男孩都在交头接耳时，他单单批评了韦恩，使自己确信韦恩的确是个麻烦制造者。在韦恩受到若干次这样的对待后，我们可以想象，到头来他会表现得像埃哈德先生所预期的那样。

有关教师对学生的期望的研究普遍发现，学生的表现通常会提高（或下降）到教师对他们的期望水平（Hinnant, O'Brien, & Ghazarian, 2009; Jussim & Harber, 2005;

Rubie-Davies, 2007, 2008），尤其是当低年级教师对学生的真实成就水平了解甚少的时候。荷兰的一项研究发现，教师对 12 岁学生的期望在 5 年后仍然会影响学生的成就（研究控制了学生实际能力的影响）(de Boer, Bosker, & van der Werf, 2010)。此外，有证据表明，就读于教师持有高期望的学校的学生，其成绩优于其他学校的学生（Marks, Doane, & Secada, 1998）。当然，学生的自我期望与教师的期望至少是同等重要的。一项研究表明，自我认知高于当前表现的学生，他们后来的成绩一般会提高；而自我认知低于当前表现的学生，其成绩往往会下降（Anderman, Anderman, & Griesinger, 1999）。

表达积极的期望　重要的是，教师要向学生传递这样一种期望：学生都能够学好（Marzano, 2010）。而传递与之相反的期望（比如某学生根本就没有能力学好）显然是不明智的，当然也很少有教师会直白地这样做。下面是几种婉转地表达积极期望或避免消极期望的方法。

1. 等待学生作答。当对某学生有较高的期望时，教师也会更有耐心地等待他们回答问题。这种较长的等待时间可以向学生传达高期望，从而提高学生的成绩（Stipek, 2002; Wentzel & Brophy, 2014）。
2. 避免对学生进行不必要的成绩区分。评估结果和成绩应该是学生和教师之间的私密信息，不应公开。虽然学生一般都会知道谁的成绩比较好，谁的成绩比较差，但教师仍然可以成功地向所有学生传达这样的期望：不只是那些能力最强的学生，而是所有学生都有能力学习（Weinstein, Madison, & Kuklinski, 1995）。
3. 平等地对待所有的学生。教师要为不同成就水平的学生提供同样多的答题机会，并花同样多的时间与每个学生相处（Marzano, 2010）。尤其要防范偏见。

链接 10.8
想了解更多有关学生分组的内容，请参见第 9 章。

焦虑与成就

教育总是会造成焦虑。每个学生在学校生涯的某些时刻都会体验到某种程度的焦虑，但对于某些学生而言，焦虑严重阻碍了他们的学习或表现，尤其是在考试的时候（Cassady & Johnson, 2002）。

学生上学期间的主要焦虑源是对失败的恐惧以及随之而来的自尊丧失（Pintrich & Schunk, 2002）。成绩差的学生在学校中特别容易感到焦虑，但焦虑的绝不仅是他们。我们都知道，即使是能力强、成绩好的学生，也会因担心无法在每一项学业任务中都做到完美而感到非常焦虑甚至恐慌。

焦虑对学生学习的干扰表现在几个方面。焦虑的学生在开始学习知识时就遇到困难，难以运用或迁移已经学到的知识和技能，并且无法在考试中展现自己掌握的程度（Bandalos, Yates, & Thorndike-Christ, 1995）。焦虑的学生在表现情境中通常会过度关注自我，这会分散他们的注意力，使他们无法专注于当前任务（Tobias, 1992）。一种尤为常见的阻碍性焦虑是数学焦虑。许多学生（以及成人）在遇到数学题，尤其是应用题时，经常会感到束手无策（Everson, Tobias, Hartman, & Gourgey, 1993）。

链接 10.9
关于用来训练考试焦虑学生应试技巧的教学方案，请参见第 14 章。

教师可以使用多种策略来减少焦虑对学习和成绩的负面影响。显然，营造一种包容的、轻松的、非竞争性的班级氛围有助于减少焦虑。教师在学生交作业前给予他们改错或改进作业质量的机会也可以帮助到那些焦虑的学生，提供清楚明确的教学亦是如此（Wigfield & Eccles, 1989）。在考试时，教师可以采用多种方式来帮助焦虑的学生发挥其最佳水平。例如，避免制造时间压力，给学生足够的时间完成测验并进行检查。为了适应焦虑的学生，测验题目要从易到难，逐渐增大难度，答题格式也应标准一致。考试焦虑的学生可以接受考试技巧和放松技巧训练，这些都会对他们的考试成绩产生积极影响（Spielberger & Vagg, 1995）。

教师如何提高学生的学习动机

“学校董事会决定不给老师们加薪。我们不想损害他们的内部动机。”

学习需要付出努力。欧几里得是一位生活在公元前 300 年左右的希腊数学家，他撰写了世界上第一部几何教科书。一天，国王问他学几何有没有捷径，因为国王很忙碌，没有那么多时间去学习。“很抱歉，”欧几里得回答说，“学几何没有捷径。”学习其他任何学科也是如此：一分耕耘，一分收获。

基于前文所述理论，研究者评估了多种用于提高学习动机的策略，例如帮助学生认识到成功取决于努力而非智力（Dweck, 2006）。这类方法在增强动机和促进成就方面通常是成功的（Lazowski & Hulleman, 2016）。

本章剩余章节将讨论激励学生努力学习的方法和途径。

内部动机与外部动机

有时候，某门课程对学生很有吸引力，也很有用。这时，无须其他诱因，学生仅出于材料本身的趣味性就会愿意为之付出努力。例如，许多学生都愿意刻苦学习汽车维修和摄影，即使学习这样的课程不会得到学分或分数。对于这些学生而言，喜欢的课程本身就具有足够的**内部诱因**（intrinsic incentive）价值激励着他们去学习。还有的学生喜欢钻研某些专题，如运动、昆虫、恐龙或著名历史人物等，几乎不需要任何外界鼓励或奖励（Gottfried & Fleming, 2001; Schraw, Flowerday, & Lehman, 2001）。那些具有较强的“未来时间视角”（即愿意现在去做一些未来可能对自己有益的事情）的学生，其学习动机通常尤其强烈，即使没有当下直接的激励（Husman & Lens, 1999）。

但是，对大部分学生来说，学校要求学习的许多内容本身从短期来看并没有趣味性，或者也没有什么用处。学生每年要上大约 900 个小时的课，仅靠内在兴趣不足以使他们日复一日地对学习保持高度的热情。具体来讲，从小学低年级到中学，学生的内部动机整体呈下降趋势（Gottfried & Fleming, 2001; Sethi, Drake, Dialdin, & Lepper, 1995），而且每一个学年都会下降（Corpus, McClintic-Gilbert, & Hayenga, 2009）。因此，学校会使用多种**外部诱因**（extrinsic incentive），即学习材料本身无法提供的奖励（Wentzel & Brophy, 2014）。外部奖励包括表扬、分数、认可、奖品等。

在本章开篇案例中，卡尔·刘易斯试图提升学生的内部动机和外部动机。他模拟制宪会议是为了激发学生对学习内容的内在兴趣，而他对学生发言的评分和每堂课结束时提供的反馈，都是为了激发学生的外部动机。

莱珀的实验：奖励对动机的影响 动机研究中的一个重要问题是：提供外部奖励是否会削弱对活动的内在兴趣。在探究该主题的一项经典实验中，莱珀及其同事（Lepper et al., 1973）让学龄前儿童使用毡尖笔来画画，其中许多儿童在画画时的热情都非常高。然后，研究者将这些儿童随机分为三组：第一组儿童被告知，如果他们能够为参观者画一幅画，就会得到奖励（优秀画家奖）；第二组儿童虽未事先得知，但在他们画完后，也意外地得到了同样的奖励（与儿童画得好不好无关）；第三组儿童则没有获得任何奖励。在接下来的四天里，观察员记录了儿童的自由活动情况。结果发现，受到奖励的第一组儿童用毡尖笔绘画的时间约为第二组儿童和第三组儿童所用时间的一半。由此，莱珀等人指出，许诺对原本就很有趣的活动给予外部奖励，有可能削弱儿童的内在兴趣，因为这会诱导儿童期待获得他们先前并不会得到的奖励。后来的一项研究发现（Greene & Lepper, 1974），仅告诉儿童他们的活动会被观察（通过单向玻璃）就能破坏其内部兴趣，这与许诺提供奖励的影响类似。

奖励会破坏内在动机吗？　在理解相关研究结果的意义时，很重要的一点是要考虑研究的具体条件。参加上述实验的儿童是经过挑选的，他们对使用画笔原本就具有内在兴趣，而那些没有兴趣的儿童未参加实验。而且，用毡尖笔绘画这项活动也与学校中的大多数任务不同。许多儿童都喜欢在家里画画，但很少有儿童会独立地学习语法和标点符号、做数学题或者学习化学元素的原子价，即使是那些对学校课程非常感兴趣的学生。此外，许多创造力很强、自我激励程度很高的科学家在学生时代也经常因从事科学活动而受到各种形式的奖励，比如好成绩、科学竞赛奖、奖学金等，几乎所有成功的艺术家也都曾因其艺术创作而获得某种程度的奖励。采用更多类似学校的任务对高年级学生进行的研究通常无法验证莱珀等人（Lepper et al., 1973）的实验结果（Cameron & Pierce, 1994, 1996; Eisenberger & Cameron, 1998）。实际上，使用奖励通常可以提高内部动机，尤其是在下列情况中：奖励取决于表现水平，而不是参与活动就能得到奖励；奖励被看作对能力的一种认可（Rosenfield, Folger, & Adelman, 1980）；需要完成的任务不太有趣，或给予社会性奖励（如表扬）而不是物质奖励（Cameron, 2001; Cameron, Pierce, Banko, & Gear, 2005; Lepper, 1983, Ryan & Deci, 2000）。卡梅伦对外部奖励破坏内在兴趣的情况进行了总结，包括："任务本身具有较强的趣味性；奖励是物质的且予以预先告知；不管任务是否完成或者表现好坏都给予奖励"（Cameron, 2001, p.40）。但这些只是众多情形中的少数几种，班杜拉（Bandura, 1986, p.246）认为这几种情形"没有什么重要的社会意义，因为我们很少会不考虑人们的行为表现就给予奖励"。不过，德西等人在承认有多种外部奖励对动机具有积极或中性作用的同时，还提出："很显然，将奖励作为一种激发动机的策略是有风险的，所以我们仍然主张考虑采用能激发学生的兴趣并支持其自我调节学习能力发展的教育举措"（Deci, Koestner, & Ryan, 2001, p.50）。

有关外部奖励对内部动机影响的研究确实提醒了我们，如果没有奖励学生也会进行某项活动，那我们就要谨慎地使用物质奖励（Lepper, 1998; Sansone & Harackiewicz, 2000）。教师应该尽量使教学内容具有内在趣味性，避免使用不必要的物质奖励，但当确实需要时也应果断地使用外部奖励。通常情况下，在学生刚开始参与一项学习活动时，教师需要使用外部奖励；然而，随着学生开始体验到活动的乐趣并取得成功，就可以逐渐减少外部奖励了（Goodwin, 2012a; Stipek, 2002; Wentzel & Brophy, 2014）。同时也应牢记，在任何一个班级中，都有这两类学生：有内部动机从事某项活动的学生和没有内部动机的学生。若要确保所有的学生都能投入学习，策略性地使用内部和外部激励因素或许是很有必要的。

资格认证指南
在教师资格认证考试中，你应该认识到内部动机在促进学生终身成长和学习方面的重要价值。

提高内部动机

课堂教学应该尽可能地提高学生的内部动机。无论是否同时使用外部激励，提高内部动机对学习总是有益的（Kafele, 2013; Vansteenkiste, Lens, & Deci, 2006）。也就是说，教师必须努力让学生对所呈现的教学内容感兴趣，然后以一种有吸引力的方式呈现它，只有这样才能满足和提高学生对学习内容本身的好奇心。我们接下来将讨论一些具体的方法（Wentzel & Brophy, 2014; Stipek, 2002）。

营造支持性的课堂氛围　构建内部学习动机的一个方法是营造一种温暖、包容且积极的课堂氛围（Jackson & Zmuda, 2014; Marzano, 2011; Wentzel, 2010; Wormeli, 2014）。在这样的课堂中，学生努力学习或许是因为想要取悦令人尊敬的教师。而且，当他们在实践个人想法和选择智力挑战任务时会感到安全。适应所有学生的需要、传达出高期望并支持所有学生达到高学业水平的课堂策略也能够增强学生的内部动机（McCombs, 2010）。同样，重视文化多样性并使所有学生感到受欢迎和被支持，这样的课堂也能取得类似的良效（Curwin, 2010; Kumar & Maehr, 2010）。有证据表明，旨在改善课堂中的社会—情绪氛围的方案也能促进学习（Brown, Jones, LaRusso, & Aber, 2010）。

激发兴趣　很重要的一点是，教师应该让学生相信接下来要呈现的内容是重要的、有趣的，并向学生说明所学内容对他们的益处（如果可能的话）（Renninger & Hidi, 2011; Wentzel & Brophy, 2014）。例如，教师可以通过如下方式增强学生学习百分数的内部动机：

> 今天我们开始学习百分数。百分数在我们的日常生活中非常有用。例如，你在商店买东西时，售货员会计算你要交的消费税，这时使用的就是百分数。我们给服务员小费的时候，用的也是百分数。我们经常在新闻中听到类似“去年的物价上涨了百分之七”这样的消息。几年之后，你们中的许多人可能会在暑假里做兼职工作，如果这些工作需要经手金钱，那么你们有可能时时都要用到百分数。

把那些与学生的文化背景相关联的例子引入课程，尤为有效。例如，在面向有许多拉丁裔学生的班级讲授天文学的时候，教师可以说：“几千年前，墨西哥和中美洲的人们就已经有了历法，这些历法能精准预测未来几个世纪月亮和星星的运行情况。他们是如何做到这一点的呢？今天，我们就来学习行星、卫星和恒星是如何在可预测的轨道上运行的。”这种陈述的目的就是要激起学生对将要学习的内容的好奇心，由此增强学习的内部动机（Vacca, 2006）。

链接 10.10
有关学生的兴趣在创造性问题解决和其他建构主义方法中的重要性，可参见第 8 章。

另一种增强学生内在兴趣的方式是留给他们一定的选择余地，让他们自己决定学习什么内容，或用什么方式学习（Stipek, 2002; Wentzel & Brophy; 2014）。但并非毫无限制的自由选择才具有激励作用。例如，学生可以选择写一篇关于古代雅典或古代斯巴达的文章，也可以选择独自学习还是分组学习。

保持好奇心　有经验的教师在教学过程中会运用多种方式不断地激发、保持学生的好奇心（Goodwin, 2014; Wormeli, 2014）。例如，科学课的教师经常演示一些使学生感到惊奇或不可思议的场景，以此吸引他们探索其中的奥秘。一枚漂浮的硬币会使学生对液体的表面张力感到好奇，而“点燃”一张用酒精溶液浸泡过的钞票（不会损坏钞票）肯定也会激起学生对学习“燃烧产生热量”这部分内容的兴趣。格思里和科克斯（Guthrie & Cox, 2001）发现，通过科学活动，让学生获得切身体验，能够极大地促进学生对书本上相关主题的学习。鼓励学生保持好奇心，鼓励他们向自己、同学和老师提问，都可以增强学习动机（Engel, 2013）。

更常规的方法是向学生提出他们无法用现有知识解答的问题，这些问题会带给学生惊奇或挑战，能够激发学生的好奇心，进而激发其学习的内部动机（Bottge, 2001）。英国的一名七年级教师在教授等值分数时就运用了这一原则。首先，他要求学生将 8/13 和 12/20 进行两次二等分。通过两两合作，学生很快得出了答案，分别是 4/13 和 2/13，6/20 和 3/20。然后，这名教师让学生对 13/20 进行两次二等分。学生犹豫了一段时间之后，得出了 6½/20 和 3¼/20。“哎呀！”他说，“分数叠着分数让我很不舒服！难道没有另外一种方法来计算吗？”“四舍五入？”一名学生提议道。“用小数？”另一名学生也提出建议。最后，经过一番讨论和争论，学生意识到他们能够运用等值分数来得到答案：13/40 和 13/80。先让学生进入一个熟悉的情境，然后再打破这种模式，使所有的学生都兴奋起来，这比一开始就单纯地教授运算法则能更有效地吸引学生。让学生惊讶的内容对他们现有的知识水平构成了挑战，使他们对以前从未考虑过的问题产生了强烈的好奇心。

链接 10.11
关于学生对授课内容和呈现方式的兴趣的重要性，请参见第 7 章。

布置具有挑战性的任务，树立远大的目标 美国海军陆战队喜欢说“困难的事我们马上就做。不可能的事要花点时间。”

这就是教师希望在学生身上培养出来的精神。没有人会为完成常规、简单的任务或者实现舒适区内的目标而兴奋。只要教师相信学生，并保证在他们遇到问题时会与其同伴一起伸出援手，学生们照样会挑战那看似可怕的任务。只要能够看到一步一步实现目标的途径，即使面对看似不可能的目标，他们也会充满斗志（Jackson & Zmuda, 2014; Kafele, 2013; Pink, 2009）。

永远不要对学生说“这多简单呀”。相反，要向学生传达这样的信息：“这个有难度，但我相信你能拿下它。”二者有天壤之别！

使用多种有趣的呈现方式 除了使用有趣的材料，变换材料的呈现方式也能提高学生学习的内部动机。例如，教师可以通过交替运用录像、邀请嘉宾演讲、演示等方式来使学生保有对某门学科的兴趣。但是每种方式的使用都必须深思熟虑，以确保始终围绕教学目标，并补充一些其他活动。计算机游戏可以提高大多数学生学习的内部动机（Clark et al., 2013; Patterson, 2012）。若要增加所用材料的趣味性，可以考虑这样一些方法，如使用具有情感色彩的素材（如危险、爱、金钱、伤心、灾难等），使用具体而非抽象的事例，阐明材料间的因果联系，以及清晰地组织材料（Jetton & Alexander, 2001; Schraw et al., 2001; Wade, 2001）。

InTASC 标准 3
学习环境

一种增加学生兴趣的有效方式是使用游戏和模拟（Clark et al., 2013; Phillips & Popovic, 2012; Marzano, 2010）。模拟或角色扮演是指让学生承担某种角色，并从事与角色相适应的活动。卡尔·刘易斯就使用了模拟和角色扮演来教学生关于制宪会议的知识。现有的许多教学方案模拟的就是各种各样的政府活动。例如，学生可以作为立法委员进行谈判，与其他人就选票进行交易，以满足选民的利益；或者可以扮演微观经济领域里的角色（农民、厂商、消费者）。具有创造性的教师长期以来一直使用自行设计的各种模拟活动来教学。例如，教师可以让学生创办一份自己的报纸，设计、生产并销售某件产品，或者建立并经营自己的银行。特别是，让青少年在模拟情景中扮演成人的角色，可以提高他们的内部动机和投入程度（Allen & Allen, 2010）。

InTASC 标准 8
教学策略

非模拟游戏也可以提高学生学习某门学科的动机，拼字游戏就是一个很流行的例子。团队游戏竞赛（Teams–Games–Tournament, TGT）（Slavin, 1995a）是任何学科都可以采用的一种游戏方式。团队游戏的效果通常好于个人游戏。团队游戏是一种合作学习（见第 8 章），为团队成员提供了互相帮助的机会，并且避免了个人游戏中存在的一个问题，即通常是能力较强的学生获胜。如果所有的学生都被编排在混合能力小组中，那么大家就都有成功的机会。

帮助学生做出选择并设立自己的目标 关于动机的一条基本原则是：当目标是由个体自己设定而非他人强加时，个体通常会为之付出更多的努力（Anderman et al., 2013; Azzam, 2014; Ryan & Deci, 2000）。例如，学生可能设定自己课外至少读多少本书，或者期望在下次小测验中起码要达到多少分。在设定下一个目标时，教师可以与学生讨论过去目标的达成（或未能达成的）情况，然后为下周设定一个新的目标。在讨论过程中，教师可以帮助学生学习设定雄心勃勃但又现实可行的目标。当学生设定并实现了个人目标时，教师应给予表扬。这种目标设立策略能够提高学生的学业成绩和自我效能感（Page-Voth & Graham, 1999; Shih & Alexander, 2000）。同样，有大量证据表明，儿童在参与自己选择的活动时动机水平更高，即使这种选择仅仅是二选一（Patall et al., 2008; Vokoun & Bigelow, 2008）。

展示与汇报 你有没有注意到，学生们在为一次演出、一场音乐会或一场科学展览做准备时是多么的努力和投入！当有观众的时候，他们会希望尽力做到最好。教师可以采用更小型化的方式，充分利用学生的这一特点（Bergin, Bergin, Van Dover, & Murphy, 2013）。例如，学生可以准备并呈现小组多媒体报告、短剧和其他旨在让观众了解并感到愉悦的表演。这些活动都须精心设计，短小精悍，避免展示时占用大家太多时间。例如，每个小组都需要对本组的详细报告进行提炼，准备一份两分钟的概要，但只有一到两个小组（随机选择或基于两分钟的概要进行挑选）有机会展示他们的完整报告。或者，每个小组可以面向另一个小组而非全班进行展示与汇报，而教师则在小组之间来回巡视。

与职业生涯关联 如果学生明白了课程内容与理想的职业或其他重要的人生成就之

21 世纪的学习

内部动机

在传统教学中，使用诸如成绩和表扬等外部诱因一直都是有必要的，只有这样才能激励学生全力以赴。在将来，激励可能依然十分重要，但是新的课堂教学技术有助于提升学生的内部学习动机。录像、动画、演示和交互技术等都可以增强课堂的多样性和趣味性，并让学生扮演更为主动的角色。这不仅有助于学生学习学校课程，同时也能够使学生做好进入社会的准备。在这个社会里，他们日益需要在结构性更低、灵活性更高的职场承担起自我激励和保持高生产力的责任。

问题

- 鉴于目前你对内部动机和外部动机的了解，你可以用什么方法来激励学生学习技术应用?

间的联系，他们可能会更加努力学习（Fisher & Frey, 2014a）。一项名为“生涯开端”（CareerStart）的方案强调了初中课程内容与职业生涯的相关性，对该方案的评估发现，它对学生的数学成绩有积极影响（Woolley et al., 2013）。

提供学习的外部诱因的原则

教师要时刻想方设法提高学生学习的内部动机，但与此同时，在需要外部诱因时也应果断地使用（Borich, 2014; Levitt et al., 2012; Schunk, 2016; Wentzel & Brophy, 2014）。并非每门课程都能让所有学生产生兴趣，教师必须采取措施来激励学生努力学习那些有难度但又必须掌握的知识和技能。下面将讨论各种有助于激发学生学习动机的激励措施。

表达明确的期望 学生需要清楚地了解自己应该做什么、被如何评价，以及成功之后会有哪些收获。学生在某项任务中的失败通常是由于不知道自己到底要做什么（Jackson & Zmuda, 2014; Wentzel & Brophy, 2014）。将期望明确地传达给学生是很重要的。例如，教师可以这样布置写作任务：

> 今天的作文主题是：如果托马斯·杰斐逊还活着，他会如何看待当今的美国政府。我希望你们写大约六页纸，且作文中要对国家缔造者们制订的政府计划和现今政府的实际运作方式进行对比。作文的评分依据是你们对杰弗逊时代和当今美国政府在结构与功能方面的异同进行描述的能力，以及文章的独创性和观点的清晰性。这篇作文在你们这六周的成绩里所占比重很大，所以，我希望你们都能尽全力完成！

值得注意的是，这名教师明确地告诉了学生要写什么内容，篇幅应有多长，教师如何对作文进行评分以及这篇作文对成绩的重要性。这就很清楚地向学生表明，努力去写一篇好作文将会有所收获。如果教师只是说：“我希望你们写一篇作文，作文的主题是‘如果托马斯·杰斐逊还活着，他会如何看待当今的美国政府’。”那么，学生的作文也许会跑题，也许会写得太多或太少，也许只会强调“如果托马斯·杰斐逊还活着”会出现什么情况，而不对两个时代的政府加以比较。学生可能并不清楚，老师强调的究竟是文章的技术性细节还是内容。最后，学生也不知道他们付出的努力是否值得，因为这位教师没有说明这篇作文的得分在总成绩中占多大比重。

格雷厄姆等人（Graham, MacArthur, & Schwartz, 1995）的一项研究阐明了提出具体要求的重要性。他们要求成绩较差的五年级和六年级学生对作文进行修改，修改要求要么是“改进（你的作文）”，要么是“至少补充三项内容来充实你的作文”。结果发现，接受更具体指导的学生写出的修改稿内容更长、质量更高，因为这些学生更清楚自己应该做什么。

提供明确的反馈 **反馈**（feedback）这个词意指对某人付出努力的结果给予的信息。本书中的反馈既指学生收到的有关自己的各种表现的信息，又指教师获得的关于自己的教学效果的信息。反馈可以作为一种激励。对反馈的研究发现，在许多情况下，提供有关某人行为结果的信息可以作为一种适当的奖励。但是，要使反馈成为一项有效的激励因素，它必须明确、具体、及时（Schunk, 2016; Wentzel & Brophy, 2014）。这一点对所有的学生而言都很重要，对年幼的学生更是如此。例如，若要表

链接 10.12
有关反馈的内容，也请参见第 7 章和第 13 章。

扬学生某项任务完成得好，那就应该具体指明好在何处：

InTASC 标准 6

评估

- “干得不错！我很高兴你遇到生词能主动查字典。”
- “我喜欢这个答案。这说明你在深入思考我所讲的有关自由和责任的观点。”
- “这是篇优秀的作文。你首先陈述了自己的观点，然后列举了相关信息来支持自己的观点。你在拼写和用词方面也很仔细，我为你高兴。”

那些具体的反馈既提供信息，也激发动机（Schunk et al., 2008）。它告诉学生他们做对了什么，这样他们就知道以后应该做什么。具体的反馈还可以帮助学生对成功进行努力归因（“因为你勤奋努力，所以你成功了”）。相反，如果学生仅仅受到表扬或得到高分，却没有得到任何具体的说明，那么他们就难以从中获取以后该怎么做才有可能获得成功的信息，并容易形成能力归因（“因为我聪明，所以成功了”）或外部归因（“我成功一定是因为老师喜欢我，任务很简单或者我比较走运”）。正如本章开头提到的，归因于努力最有利于获得持久的动机（Pintrich & Schunk, 2002）。同样，如果针对错误或失败的反馈只关注表现本身（而不是学生的一般能力），并且与对成功的反馈交替进行，那么这样的反馈也能够提高学生的动机水平。

提供及时反馈 反馈及时也很重要（Curwin, 2014; Sparks, 2012; Zimmerman & Schunk, 2011）。如果学生在星期一完成的作业，直到星期五才得到反馈，那么反馈的信息价值和激励价值都会降低。首先，如果学生犯了错误，那么他们可能整个星期都会在类似的问题上延续这种错误，而这种情况原本可以通过反馈加以避免。其次，如果行为和结果之间的时间间隔较长，则学生难以将二者联系起来。对于年幼的学生来讲尤其如此，如果他们得到的分数是基于几天前的作业，那么他们也许根本就不搞清楚自己为什么会得到这样的分数。

经常提供反馈 教师应该经常给学生提供反馈，以使他们尽最大的努力去学习（Perks & Middleton, 2014）。例如，若不经常给学生提供反馈，还希望学生连续 6 周或 9 周都努力学习以改善成绩，这是不现实的。行为学习理论的研究证明，不管一种奖励多么有效，如果奖励不够频繁，这种奖励对改善行为就没有多大作用。频繁给予小奖励比偶尔给予大奖励更能促进学生的学习。对考试频率的研究发现，与其偶尔进行大测，不如经常使用一些小测验评估学生的进步（Borich, 2014）。研究还证明，教师在课堂中经常提问非常重要，这样学生就可以了解自己的理解程度，并因注意听讲而受到强化（如表扬、认可等）。

链接 10.13

若想了解评定进步和努力的方法，请参见第 13 章。

提高外部激励因素的价值和可获得性 本章前面所讨论的期望理论认为，个体对成功的重视程度和对成功可能性的评估共同决定了动机的强弱（Wigfield & Eccles, 2000）。该理论带给我们的一个重要启示是：只有当学生看重教师的激励时，它才具有激励作用。有的学生并不看重教师的表扬和分数，但可能很看重寄给家长的评语、适当延长课间休息时间，或者在班级中有某种特权。

期望理论带来的另一点启示是：虽然对所有的学生来讲，如果尽力了，他们都应该有机会得到奖励，但是价值最大的奖励对任何人都不应该是轻易可得的。而传统的评价制度与这一原则相悖，因为在传统的评价制度中，一些学生感觉很容易就能得 A 或 B，而另一些学生则认为，无论自己多么努力，都不太可能取得成功。在这种情况下，优等生和后进生都不可能尽最大的努力去学习。这就是比起只奖励取得高分，奖励学生的努力或进步更为重要的一个原因。例如，学生可以建立档案袋，放入自己的作文、设计方案、报告或其他成果，这样他们就能看到自己是如何一点点取得进步的。并不是所有的学生都能取得好成绩，但是所有的学生都能付出努力，超越自己先前的表现，取得进步。所以，依据进步、努力等标准进行奖励通常更为可取，也更为公正（见第 13 章）。

链接 10.14
想了解更多有关学生档案袋的内容，请参见第 13 章。

有效地运用表扬

表扬在课堂教学中可服务于多种目的，但主要是被用来强化恰当的行为，以及作为对学生的正确行为的反馈。总体来看，教育者应该经常使用表扬，尤其是在低年级和后进生较多的班级（Wentzel & Brophy, 2014）。但是，表扬的方式比次数更重要。只要表扬具有相倚性，而且是具体可信的，它就是一种有效的课堂激励因素（Sutherland, Wehby, & Copeland, 2000）。**相倚性表扬**（contingent praise）就是根据学生在某种明确定义的行为上的表现而给予的表扬。例如，教师说："请打开课本，翻到 92 页，完成 1 到 10 题"，然后只对那些听从指令的学生进行表扬。教师应当只对恰当的行为进行表扬。

链接 10.15
想了解更多有关表扬作为强化物的内容，请参见第 11 章。

具体性意味着教师对学生的具体行为进行表扬，而非简单笼统的称赞。例如，教师可以说："苏珊，我很高兴你开始按照要求写作了"，而不是"苏珊，你做得棒极了！"

可信的表扬是指真诚地表扬良好的表现。温策尔和布罗菲（Wentzel & Brophy, 2014）指出，当成绩差或爱捣乱的学生有良好的表现时，教师表扬他们的语气、姿势以及其他非言语线索往往显得言不由衷。除了表扬的相倚性、具体性和可信性，温策尔和布罗菲还列举了一些重要的原则，这些原则进一步强调了本章前面已论述过的主题。例如，原则 7 和原则 8 都强调，表扬应该针对那些优于学生自身平时水平的行为表现。也就是说，如果学生平常表现较好，那么教师就不宜对其达到平时水平的行为进行表扬；但当那些平时表现不佳的学生有进步时，教师应该给予表扬。这指的就是前面讨论过的表扬的可获得性原则。对学生而言，表扬既非唾手可得，也非难以企及。表扬努力而不是智力等学生无法控制的因素是非常重要的，原则 9 强调了这一点（Dweck, 2007; Yeager & Dweck, 2012）。

资格认证指南
在回答教师资格认证考试中的案例题时，你应该了解，提供相倚性的、具体的、可信的表扬可以提高学生的动机。

教会学生自我表扬

越来越多的证据表明，学生可以学会自我表扬，并且这可以促进他们在学业上的成功。例如，儿童可以学会在完成任务后对自己进行心理安抚，还可以学会定期留意自己的任务完成情况。这种策略是自我调节学习的一个关键成分（Duckworth et al., 2016; Germeroth & Day-Hess, 2013; Zimmerman & Schunk, 2011; Zimmerman, 2013）。

本章概要

什么是动机

动机是激发、引导和保持行为的一种内部过程。动机的种类、强度、目标与方向各不相同。

动机理论

在行为学习理论中，动机是强化的结果。但是，强化物的价值取决于许多因素，且学生的动机强度各有不同。

在马斯洛的需要层次理论中，个体必须先满足其低层次（缺失）需要，才有动力追求高层次（成长）需要。马斯洛对最高层次的需要——自我实现的定义是：一个人成为自己能够成为的一切的那种渴望。

归因理论力求理解人们对成功和失败的解释。归因理论的一个核心假设是：个体总是试图保持一个积极的自我意象。所以，个体会将正面事件归因于自己的能力，而将负面事件归因于自己无法控制的因素。控制点可以是内部的（成功或失败取决于个人的努力或能力），也可以是外部的（成功或失败取决于运气或任务难度）。会自我调节的学生比受外部动机驱动的学生表现得更好，前者能够有意识地计划和管理自己的学习，也因此能学到更多的知识和技能。

有意识的教师

运用你所了解的动机相关知识来改善教与学

有意识的教师很清楚，虽然学生的动机来源和动机水平各不相同，但每个学生都有动机。他们也知道，教师在很多方面影响着学生的学习动机，教师应当竭尽全力来激发学生的动机，并加以正确引导。他们能够通过教学帮助学生发现学习的意义，并使学生为自己的成功感到自豪。有意识的教师：

- 尽其所能地确保学生对舒适和安全的基本需求得到满足，这样学生就能把精力投入到学习中去；
- 不断地强化这样一种观念：学校和生活中的成功取决于学生自身可掌控的努力，而非智力等先天特征；
- 通过给学生提供独立学习的机会，教授诸如目标设定、自我评估及自我强化的学习策略，来教会学生自我调节学习；
- 对所有学生表达积极的期望，并规划如何帮助那些努力达到期望的学生；他们避免在学生之间进行比较，因为这会表明教师对某些学生的期望高，而对另一些学生的期望低；
- 布置的任务对所有学生来说都有难度且具有挑战性，但并非不可能完成；学生若完成这些任务，会感到自豪，并且认为这些任务值得自己付出努力；
- 通过使教学内容变得有趣、与学生切身相关、有益处和有吸引力，以此来增强学生学习的内部动机；
- 在必要时会提供学习的外部诱因，但尽可能提供象征性的而非物质性的诱因；
- 应用表扬来明确学生值得表扬的行为并认可其努力，教会学生认可自己的成功并进行自我表扬，而非依赖于教师或其他人的评价。

期望理论认为，个体实现目标的动机取决于其对成功的机会和成功的价值的评估。当成功的可能性为中等时，动机最强。期望理论对教育的一条重要启示是，学习任务既不能太难，也不能太简单。

如何提高成就动机

教师应该强调学习目标取向以及积极的或有能力感的归因。学习目标取向的学生认为，学校学习的目的是获得知识、发展能力，而表现目标取向的学生认为学习是为了获得积极评价和取得高分，前者比后者有更强的学习动机。习得性无助的学生认为他们无论做什么，最终都会失败。教师可以使用一些特殊的方案，如归因训练，帮助他们摆脱习得性无助。教师的期望会对学生的动机和成绩产生显著影响。教师应该表达积极的期望：期望学生学有所成并克服焦虑。

教师如何提高学生的学习动机

诱因是一种强化物，当个体做出特定的行为时，会期待得到这种强化物。内部诱因是指某些任务本身就具有足够的价值，足以激励学生自主地从事这项活动。外部诱因包括分数、彩星和其他奖励。教师可以通过激发学生的兴趣和好奇心，使用多样化的呈现，让学生设立自己的目标等方式增强学生的内部动机。提供外部诱因的方法主要包括：提出明确的期望；提供明确、具体和及时的反馈;提高奖励的价值和可获得性。表扬也是一种课堂奖励，具体、可信、相倚性的表扬最为有效。

关键术语

动机
缺失需要
成长需要
自我实现
归因理论
控制点
思维模式
期望理论
期望—效价模型
成就动机
坚毅
学习目标
表现目标
习得性无助
内部诱因
外部诱因
反馈
相倚性表扬

自我评估：资格认证练习

指导语：本章开篇案例强调了州级资格认证考试中常使用的一些评价指标。请重读开篇案例，回答下列问题。

1. 根据行为学习理论，卡尔·刘易斯的学生为什么具有学习制宪会议的动机?
   a. 为获得强化
   b. 为满足成长需要
   c. 为消除缺失需要
   d. 为使期望效应最大化

2. 刘易斯先生的学生明白，制宪会议这堂课的目标是学习美国历史。这是一种什么类型的目标定向？
   a. 表现目标
   b. 学习目标
   c. 期望目标
   d. 自我调节目标
3. 贝丝・安德鲁斯是刘易斯先生班上一个害羞的女生。她需要向会议成员陈述《人权法案》的内容。如果贝丝具有内部控制点，那么她很可能将自己的成功归因为下面的哪一个因素？
   a. 任务要求很简单
   b. 老师的偏爱
   c. 认真的准备
   d. 运气好
4. 刘易斯先生想让学生努力学习，而不管其能力水平如何或任务难度如何。他应该培养学生形成哪种类型的归因？
   a. 内部—稳定
   b. 内部—不稳定
   c. 外部—稳定
   d. 外部—不稳定
5. 在下面哪种情况中，刘易斯先生最应该避免使用外部诱因？
   a. 当学生在完成具有挑战性的任务时
   b. 当任务传递出针对学生能力的反馈信息时
   c. 当学生在没有外部诱因的情况下就有学习动机时
   d. 当学生经历了大量的失败时
6. 请从本章讲述的行为理论、需要理论、归因理论和期望理论的角度出发，对刘易斯先生的这堂课以及学生的参与意愿进行分析。
7. 请描述教师可以用来提高学生学习动机的方法。

Echo/Cultura/Getty Images

第 11 章

有效的学习环境

本章提纲

有效的学习环境

时间对学习产生的影响

- 利用分配时间进行教学
- 有效利用投入时间
- 过分强调投入任务时间
- 以学生为中心的课堂管理

有助于进行有效课堂管理的做法

- 创造良好的学年开端
- 确立课堂规则

管理日常不良行为的策略

- 最小干预原则
- 预防
- 非言语线索
- 表扬与不良行为相对的行为
- 表扬其他学生
- 言语提醒
- 反复提醒
- 运用后果法

学习成果

学完本章后，你应当能够：

11.1 了解时间对学习的影响；

11.2 讨论如何预防和管理学生的日常不良行为；

11.3 确定预防和应对学生行为问题的策略；

11.4 描述有效学习环境的相关知识如何启发有意识的教学。

本章提纲（续）

上课铃响了，伴随着铃声，朱莉娅·卡瓦略开始给十年级的一个班级上英语课。

“今天，”她说道，“你们将扮演小偷，甚至要扮演比小偷更坏的角色。小偷只是偷你的钱财，而你们——”（她环视全班，稍作停顿以示强调）“——将偷窃更有价值的东西。你们将偷窃作家的写作风格。一位作家字斟句酌，历经多年才能形成其独特的写作风格。剽窃某位作家的写作风格就像偷窃一个人花了很多年才创作出来的艺术品一样，这很卑劣，但是你们要做的就是去剽窃。”

正在学生们专心听老师讲课的时候，迟到的马克和格洛丽亚偷偷溜进了教室。马克做了一个“哎呀，我迟到了”的鬼脸，并以夸张的姿势踮着脚尖走向他的座位。卡瓦略女士没有关注他俩，同学们也没有。她继续给学生上课。

“你们将对谁实施这种卑劣的行径呢？当然是海明威老爹。就是写文章短小精悍，对事物细节格外关注的那个海明威。你们已经读过《老人与海》，也读了《太阳照常升起》和《丧钟为谁而鸣》的选段。”

在卡瓦略女士讲话时，马克用夸张的动作将书拿出来，并与他的同桌交头接耳。卡瓦略女士一边继续讲课，一边走向马克的座位。于是马克不再与同桌小声说话，开始听老师讲课。

“今天你们也可以当一回海明威。你们将窃用他的用词、他的节奏、他的韵律、他的明喻与隐喻，并将这些用在你们自己的文章中。”

卡瓦略女士首先让学生复习以前学过的海明威的写作特点。

“每个人都想想，海明威会如何描述一位老妇人在干了整整一天活后是怎么爬上楼梯的？梅，你有什么想法？”

梅对老妇人爬楼梯的情景进行了简短的描述。

“听起来相当不错。我很喜欢你对短句的使用和对老妇人肢体动作的描述。还有其他想法吗？凯文？”

卡瓦略女士让几个学生按照海明威的写作风格进行描述，以此来强调她的主要教学目的。

卡瓦略女士说：“你们马上就有机会成为欧内斯特·海明威。像往常一样，你们将按小组进行写作活动。但在开始前，请大家先回忆一下有效的小组学习的规则。谁能告诉我都有哪些规则？”

学生们踊跃列举了几条规则，如尊重他人、解释自己的观点、确保人人参与、维护自己的观点、讨论时保持低声等。

“很好，”卡瓦略说，“当我说开始时，你们就可以将桌子搬到一起，并开始构思文章了。准备好了吗？开始。”

学生们麻利地移动着桌子，然后开始写作。在学生们搬桌子期间，卡瓦略将马克和格洛丽亚叫到她的讲桌前，询问迟到一事。格洛丽亚给出了一条合理的理由，但是马克上课迟到、课堂捣乱已是家常便饭。

“马克，”卡瓦略说，“我对你的迟到行为和课堂表现很担心。我也向其他任课教师了解过了，你在他们课上的表现比在我的课上还差。放学后请到我办公室来一趟，咱们看看是否有办法解决这个问题。”

马克回到他的小组去写作。卡瓦略女士巡视每个小组，鼓励做得比较好的学生。当看见两个女生正在偷懒时，她走过去，将手搭在其中一个女生的肩上，同时看着她的写作提纲。“这开头写得不错，”她说，“咱们看看下课前你能完成多少。”

在剩下的时间里，学生们兴奋而有序地写着作文，尽情地享受着“剽窃”海明威写作风格的乐趣。教室就像一个蜂窝，学生们像蜜蜂一样忙碌着，投入地分享想法，互读草稿，并互相修改。放学后，马克来到了卡瓦略女士的办公室。

"马克，"她说，"对你的上课迟到和课堂捣乱行为，我们需要采取一些措施。你觉得我们该怎么解决这个问题？"

"格洛丽亚也迟到了。"马克辩解道。

"我们不谈格洛丽亚，现在只谈你的问题。你要为自己的行为负责。"

"好吧，好吧，我保证以后一定准时。"

"那还不够。我们以前也进行过类似的谈话，这次我们需要另想一项方案。我知道你有能力在这门课上做得很好，但是你现在的所作所为难以达到这个目标，而且还干扰了其他同学。"

"我们来做个试验，"卡瓦略女士继续说道，"我希望你每天都对自己的行为进行评价，同时我也会对你进行评价。假如每周结束时，我们双方都认为你上课准时、课堂表现良好，那就很好。否则，我必须请你的父母到学校来，看能不能跟他们一起另外设计一个方案。你愿意试一下吗？"

"好吧，我想可以。"

"太好了，我希望明天会看到一个不一样的马克。我相信你不会让我失望！"

运用你的经验

批判性思维　卡瓦略女士运用了哪些课堂管理方法？她在预防何种潜在问题？

创造性思维　假定马克仍然迟到。请设计一次与马克父母的会面。这次会面要达到的目的是什么？怎样实现这些目的？

批判性思维和创造性思维　列一个表格，分析年级水平和课堂管理策略这两个变量之间的关系。从分析卡瓦略女士的班级开始，在表格的横行中标出不同年级（例如，小学、初中和高中），在表格的纵列中列出通过头脑风暴产生的课堂管理策略。最后，考察在不同的年级，哪些课堂管理策略是有效的。

有效的学习环境

并不存在什么神奇的魔法或力量能使教师变成一名高效的课堂管理者。任何教师都可以通过学习并运用一系列教学技巧，创设有效的学习环境（Jones & Jones, 2016; Korpershoek et al., 2016; Poole & Evertson, 2012）。若要提供有效的学习环境，教师需要应用某些策略来创造积极的、成果丰富的课堂学习体验。这些创设有效学习环境的策略通常被称为**课堂管理**（classroom management），不仅包括预防和应对不良行为的策略，更重要的是，还包括如何有效利用课堂时间、营造有益于激发学生兴趣和探究欲望的课堂氛围，并组织各种活动促进学生积极思考、大胆想象（Cooper, 2014; Edwards, 2014; Levin, Nolan, Kerr, Elliott, & Bajovic, 2016）。绝不能认为班级中的学生没有行为问题就等于管理良好。

InTASC 标准 3
学习环境

InTASC 标准 8
教学策略

有效教学是最有效的课堂管理方法（Borich, 2014; Buffum, Mattos, Weber, & Hierck, 2014; Dean, Hubbell, Pitler, & Stone, 2012; Poole & Evertson, 2012; WWC, 2014a）。如果学生参与自己感兴趣且经过精心设计的活动，具有很强的学习动机，或者正在完成的学习任务既有一定挑战性又不超出其能力范围，那么他们很少会出现严重的课堂问题行为。卡瓦略女士的例子证明了这一点。她的课堂管理非常出色，并不是因为她的举止像教官一样严厉，而是因为她所教授的课程很有趣，激发了学生的想象力和活力，她还有效地利用了课堂时间，并传达了目标感、对学生的高期望以及能感染学生的热情。然而，即使在管理良好的课堂上，也会有个别学生表现不佳。尽管卡瓦略女士主要关注的是预防行为问题，但她也做好了在必要时进行干预的准备，以确保学生的课堂行为不逾越可容许的范围（Emmer & Stough, 2008）。对某些学生来说，教师的一个眼神、身体的接近或者将手放在其肩膀上这样的动作，都足以终止学生不适当的课堂行为。但对于另一些学生，也许还需要让他们承担后果。即使在这些情况下，卡瓦略女士也没有让学生的问题行为干扰课堂教学以及学生的学习活动。

本章的重点是课堂时间的有效利用、有效学习环境的创设、课堂管理和课堂纪律。创设有效的学习环境包括组织课堂活动、教学和学习材料，以加强对时间的有效利用，创造愉快且高效的学习环境，并尽可能减少对教学活动的干扰（Bluestein, 2014; Borich, 2014; Jones & Jones, 2016）。**课堂纪律**（discipline）是指用于预防行为问题或应对已经出现的行为问题的一系列方法，以降低此类问题再次发生的概率（Bender, 2015; Charles, Senter, & Charles, 2014; Levin, Nolan, Kerr, Elliott, & Bajovic, 2016; Losen, 2015）。

时间对学习产生的影响

InTASC 标准 3
学习环境

InTASC 标准 7
教学计划

显然，假如不花时间来教授某门课，学生就不可能学会。但在常规的教学时长内，时间分配方式的不同究竟会造成多大的差异？这业已成为许多研究关注的焦点（Farbman, 2012; Gabrieli, 2010; Kolbe, Partridge, & O'Reilly, 2013; Redd et al., 2012）。尽管在教学上花更多时间会对学生的学习成绩产生显著的积极影响，但是，这种额外的教学时间所产生的效果通常很有限，也并不一致（Kidron & Lindsay, 2014; Midkife & Cohen-Vogel, 2015）。课后辅导和暑期学校，甚至提供双倍的数学学习或阅读时长，这类额外延长学习时间的方案对学生学习效果的影响均好坏参半，而且通常只在为学困儿童提供有针对性的强化指导时才真正有所裨益（Berry & Hess, 2013; Kim & Quinn, 2013; Meyer & Van Klaveren, 2013; Nomi & Allensworth, 2013; Patall, Cooper, & Allen, 2010; Redd et al., 2012; Taylor, 2014）。

比起总的学习时长，更为重要的似乎是如何利用课堂时间。**投入时间**（engaged time）或称**投入任务时间**（time on task），即实际花费在学习上的时间，是有助于学习的最常见因素（Bodovski & Farkas, 2007; Rowan, Correnti, & Miller, 2002）。换言之，在有关时间的各方面中，最重要的是由教师直接控制的那部分，即课堂时间的组织和利用（Barnes, 2013b; Dean, Hubbell, Pitler, & Stone, 2012; Edwards, 2014; Jones & Jones, 2016; Manning & Bucher, 2013）。

利用分配时间进行教学

在学校中，时间是有限的资源。在一般的美国学校中，每年约有 180 天、每天 6 个小时的上课时间（Kolbe et al., 2013）。教育活动的时间也可以通过布置家庭作业，或者参加课后活动或暑期学校（对部分学生而言）来延长，但是教学总时长基本上是固定的。在每天大约 6 个小时的教学时间里，教师必须分配教授各种课程的时间，以及用于午餐、课间休息、体育运动、课程过渡、发布通知的时间，等等。在一堂 40 到 60 分钟的特定课程的课上，多种不同因素减少了可真正用于教学的时间。卡维特和斯莱文（Karweit & Slavin, 1981）观察了从二年级到五年级共 12 个班级的数学教学时间是如何使用的，结果如图 11.1 所示。

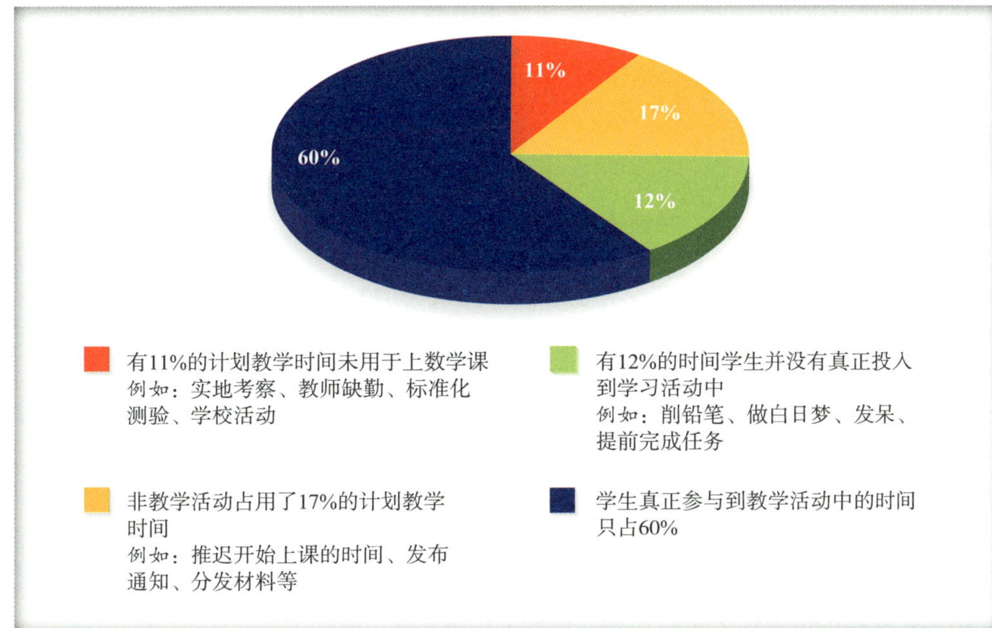
11%
17%
60%
12%
有11%的计划教学时间未用于上数学课
例如：实地考察、教师缺勤、标准化测验、学校活动
有12%的时间学生并没有真正投入到学习活动中
例如：削铅笔、做白日梦、发呆、提前完成任务
非教学活动占用了17%的计划教学时间
例如：推迟开始上课的时间、发布通知、分发材料等
学生真正参与到教学活动中的时间只占60%

图 11.1 时间都去哪儿了 对小学数学课的观察显示，学生在课堂上实际用于学习的时间仅占计划教学时间的60%左右。

资料来源：N. L. Karweit and R. E. Slavin, "Measurement and Modeling Choices in Studies of Time and Learning," *American Educational Research Journal*, 18(2).

卡维特和斯莱文（Karweit & Slavin, 1981）所观察的班级选自美国马里兰州的一个乡村小镇及其周边的学校。总体来看，这些班级的课堂活动组织良好，井然有序，而且教师非常敬业，工作努力。学生们普遍表现良好，尊重教师的权威。然而，即使在这类非常好的学校中，普通学生真正用于学习数学的时间也只占数学教学时间的 60% 左右。首先，大约有 20 个课时因标准化测验、学校活动、实地考察或教师缺勤而被浪费。其次，在进行教学的日子里，由于教师上课晚点，以及进行发布通知、分发材料、维持纪律等一系列非教学活动，实际的上课时间也会被消磨掉。最后，即使在教师教授数学时，许多学生也没有真正投入到教学活动中。一些学生在听课或完成课堂作业期间做白日梦、发呆或者削铅笔；还有一部分学生无事可做，一方面可能是因为他们已经提前完成了布置的作业，另一方面也可能是因为教师尚未布置任务。卡维特和斯莱文通过观察而得出的 60% 这个数字，多少有些高估了真正用于学习的时间。在一项规模更大的调查中，温斯坦和米尼亚诺（Weinstein & Mignano, 1993）发现，小学生真正投入到学习任务中的时间大约只占常规教学时间的三分之一（see also Hong, 2001; Meek, 2003）。

可利用的教学时间被称为**分配时间**（allocated time），即学生有机会学习的时间。当教师讲课时，学生能集中注意听讲。当学生有书面作业或其他任务时，他们能在做中学。下面讨论能使分配时间最大化的一些方法（Emmer & Evertson, 2012; Evertson & Emmer, 2013; Jones & Jones, 2016; Oliver, 2012）。

避免浪费时间 损失教学时间的一种情况是损失全天或者数节课的时间。受标准化测验以及恶劣的雨雪天气等事件的影响，其中很多教学时间的损失常常是无法避免的。我们当然也不希望仅为了争取几节课的教学时间而放弃重要的实地考察或者学校的集体活动。然而，频繁地损失教学时间会干扰正常的教学安排，最终导致学生没有足够的时间来掌握课程。

充分利用全部的课堂时间并不是说每年要挤出几分钟或几个小时的教学时间，而是要向学生传递这样的信息：学习是非常重要的事情，值得他们花费时间和精力。假如一名教师找借口不给学生上课，学生可能就会认为学习并不是一项严肃的事情。

萨格尼克（Salganik, 1980）在对巴尔的摩市中心一所非常优秀的小学进行调研时，描述了这样一个例子：一名三年级教师带学生去往学校图书馆，结果发现图书馆锁门了，于是她让一个学生去取钥匙，然后对其他等待的同学轻声说："让我们来练习同数相加。9 加 9 等于多少？ 6 加 6 呢？"学生们一起轻声地回答着。花几分钟来做加法运算能提高学生的成绩吗？当然不能。但这可能确实有助于学生形成这样的认识：学校是学习之地，而不是浪费光阴的地方。

避免迟到和早退　由于教师没有按时上课而损失的教学时间是惊人的。教师利落地按时上课非常有助于奠定目的明确的教学基调。假如学生知道教师不会准时上课，那么他们可能也懒得准时上课，而这种态度会使"准时上课"此后变得越来越困难。在卡瓦略女士的课堂上，学生知道，如果上课迟到，他们将错过一些有趣、好玩且重要的内容。因此，当上课铃响起时，几乎所有的学生都已进教室落座，并做好了上课的准备。

如果教师未到下课时间就提前结束教学，那么他们就欺骗了学生。与拖沓地开始上课或者不按时上课相比，提前结束教学的消极作用要小一些，但也应尽量避免。教师实际准备的授课内容可以比预先设想的内容稍多一些。

防止干扰　分配的教学时间遭受损失，其中一个重要原因是受到干扰。这种干扰可能是由外部因素引起的，例如发布通知或者需要填写由校长办公室发来的表格；也可能是由教师或学生自己造成的。干扰不仅直接占用了教学时间，还会中断课堂教学的进度，从而分散学生对手头任务的注意力。

可以采取一些措施来避免干扰。例如，有些教师会在教室门外张贴"正在上课，请勿打扰！"的告示，告知可能的打扰者稍后再来。还有一位教师在进行小组授课时戴了一顶特殊的帽子，提醒她教的其他二年级学生在此期间不要打扰她。有些教师不会立刻填写相关表格或处理其他"行政琐事"，而是让学生或他人将材料先存放在一个盒子中，以便等学生独立或分组做作业时或下课后再完成它们。

任何可以推到课后去做的事情，教师都应当尽量推迟。例如，如果教师已经开始上课，但有个学生迟到了，那么教师应当继续上课，等课后再处理那个学生迟到的问题。

处理日常事务　一些教师把太多的时间用于管理课堂常规。例如，一些小学教师在学生去吃午餐前或放学前让学生按名字排队，逐个点名，这就浪费了很多时间，而且这样做也没必要。在学生入学之初，许多教师就已经建立了规则，即只有当大家都安静下来并准备好了，才让学生列队。这样一来，列队去吃午餐所花费的时间便只需几秒钟，而不是几分钟。

除此之外，其他活动流程也应该规范化。例如，学生必须知道何时可以去洗手间、何时可以削铅笔，而在其他时间不能做这些事情。教师在收作业时，可以让学生从后向前传，或者从右向左传，或者让各组长去收作业。资料的分发也必须按照一定程序进行。究竟如何完成这些任务并不重要，重要的是学生清楚他们将要做什么。许多教师会合理、规范地安排学生助手来分发和收集作业、通报信息、擦黑板，以及完成其他常规工作。这些工作对教师来说可能是烦人的琐事，但学生却喜欢做。教师应当尽可能发挥学生的作用。

保持快节奏的教学　研究发现，如果教师在每节课上讲授的内容足够丰富，学生就会学到更多（Wentzel & Brophy, 2014）。快节奏的教学能够引起学生的兴趣，并能促使他们把更多的时间投入到学习任务中。

链接 11.1
若想了解更多有关时间利用以及时间管理在有效教学中重要性的内容，请参见第 9 章。

尽量减少维持课堂纪律的时间　维持课堂纪律的方法将在本章末详加讨论。但有一个方面需要在此强调一下：尽可能地避免因陈述或维持课堂纪律而打断正常的教学进程。对于经常遇到的轻微的课堂行为问题，这些方法通常较为有效：瞪学生一眼，不动声色地走向违反纪律的学生，或者做一个手势，如将手指放到唇上以提醒学生保持安静。而且，这些方法不会打断正常的课堂教学进程。例如，卡瓦略女士可以中断教学来训斥迟到的马克和格洛丽亚，但这样做会浪费时间，也会干扰全班同学的注意力。假如教师需要与违反纪律的学生谈论此事，可以在课后或者放学后进行，而不是在上课时间。假如黛安娜和马丁在要求安静默读时说话，那么教师最好说："黛安娜和马丁，下午三点钟到我这里来一趟。"而不是当场在全班同学面前大讲特讲安静默读的重要性。

有效利用投入时间

投入时间（或称投入任务时间）是指每个学生实际投入到所布置的任务上的时间。投入时间和分配时间是两个不同的概念，在分配时间里，全班学生都有机会投入到学习活动中；而投入时间因人而异，它取决于学生的专注程度和学习意愿。接下来的几部分内容将讨论最大化学生投入任务时间的策略。几项研究发现，基于以下原则的教师培训项目可以提高学生对学习活动的参与度，在某些情况下还能促进学生的学习（Epstein, 2008; Good & Brophy, 2014; Jones & Jones, 2016）。

InTASC 标准 3
学习环境

InTASC 标准 8
教学策略

进行有吸引力的教学　增加投入任务时间的最佳途径是教授有趣的、有吸引力的、与学生的兴趣密切相关的课程内容，这样学生就会关注这些内容，并渴望按教师的要求去做事（Borich, 2014; Dean et al., 2012; Emmer & Evertson, 2012; Evertson & Emmer, 2013; Hardin, 2012; Kauffman et al., 2011; Kratochwill, 2012）。为此，教师应该进行生动的、快节奏的教学，以各种各样的方式呈现教学内容，不断地给学生提供参与的机会，并且不过多地布置需要学生独立完成的课堂作业，尤其是没有任何检查与反馈的课堂作业（正如在小学阅读课的后续时段那样）。研究发现，学生在教师讲课时的投入程度要比独立做课堂作业时高很多（Evertson & Emmer, 2013）。在结构良好的合作学习项目中，学生的投入时间也要远远多于独立完成课堂练习的时候（Slavin, 2013）。而且如果给学生提供许多主动参与课堂学习的机会，学生的学习效果也会更好［What Works Clearinghouse (WWC), 2014a, b］。

过渡管理　过渡就是从一项活动向另一项活动的转换——例如，从听课转换到做课堂作业，从一门课转换到另一门课，或从上课转换到吃午饭等。研究发现，小学的班级中平均每天有 31 次主要过渡，大约占课堂时间的 15%（Burns, 1984）。过渡是课堂管理的弥合处，也是课堂秩序最容易瓦解的时刻。

链接 11.2
若想了解更多有关激发学生兴趣以及吸引学生注意的内容，请参见第 7 章和第 6 章。

以下是管理过渡的三条规则：

1. 过渡时教师应给学生一个明确的信号，并且在此之前已教会学生如何对这类信号做出反应。例如，在小学，教师用铃声或手势来提示学生应当立刻安静下来，听教师讲课。

链接 11.3
若想了解更多关于主动学习的内容，请参见第 8 章。

2. 过渡之前，一定要确保学生熟知听到或看到信号后该做什么。例如，教师可能说："当我说'开始'时，希望你们都把书收起来，拿出昨天开始写的作文。都准备好了吗？好，开始！"
3. 所有学生同时完成过渡。应当训练学生以班级或小组形式进行过渡，而不是每次一个学生单独进行（Evertson & Emmer, 2013）。教师应当对全班或者分好的小组给予指导："同学们，我希望你们都安静、迅速地收起实验材料，准备下课。我看见 3 号桌的同学很安静，并做好了准备。请 3 号桌的同学安静地排队。6 号桌的同学排队。1 号桌的同学……4 号桌。其他同学都安静地排好队。走吧！"

资格认证指南

在教师资格认证考试中，你可能会被要求讨论为什么教师认真设计过渡环节是重要的，并描述如果不认真设计过渡环节将会造成什么后果。

在课堂上维持团体注意　维持团体注意是指使用课堂组织策略和提问技巧，确保班上所有学生全程投入到课堂活动中来，即使只让一个学生回答提问也是如此。

提高全体学生参与度的一种方法是运用集体响应，比如教师让所有学生拿出自己的作业以便查看，并在学生中巡视了解他们正在做什么，以及让其他学生注意某个学生的任务完成情况（例如，"请大家看看苏珊娜在做什么，然后告诉我，你们是否同意她的回答。"）。虽然卡瓦略女士只请部分学生朗读自己的文章，但她让所有学生都写了一篇海明威风格的文章，以提高他们的参与度和**责任心**（accountability）。

这些策略所隐含的观点是，在课堂教学的每一个环节都要让所有学生保持投入。教师不仅要关注如何把所有学生吸引到课堂活动中来，而且要避免安排那些使大多数学生长时间沦为旁观者的活动。例如，一种极为常见的教学错误是，要求一两个学生在黑板或电子白板上解一道较费时的习题，或者朗读一篇很长的文章，而其他学生却无事可做。这种教学方法浪费了大量课堂时间，破坏了上课的节奏，并为学生的不良行为敞开了大门（Wentzel & Brophy, 2014）。

团体警示（group alerting）是指在讲授和讨论期间，教师用来维持所有学生注意力的提问策略。例如，在叫某个学生回答问题之前，先制造悬念："给定一个三角形 ABC，已知 A 边、B 边的长度以及角 AB 的大小，那么我们还能发现这个三角形的哪些信息……（停顿）……玛丽亚？"注意，这种策略可以让全班同学都进行思考，直到玛丽亚被点名。如果这样提问"玛丽亚，已知三角形 ABC……"，其效果将大相径庭，因为如此一来，只有玛丽亚会保持警觉。随机点名让学生回答问题是另一种团体警示，这种方式可以让所有学生明白，教师可能会就前一个同学的回答提出相关的问题。例如，教师可能在玛丽亚给出回答之后接着问："玛丽亚运用的基本原理是什么？……拉尔夫？"

在课堂作业期间维持团体注意　当学生在做课堂作业时，在场的教师应监督学生的作业活动，并当场随机检查个别学生的功课。这就意味着，教师应当在学生中巡视，了解他们的完成情况。这有助于教师及时发现学生遇到的任何问题，以免他们一误再误，浪费时间，或因受挫而放弃。假如学生是在合作小组中完成作业，他们可以相互检查，但教师仍需要经常检查每个小组，以确保学生都保持正确的学习方向。

课堂作业为那些难以跟上课程进度的学生提供了一个接受个别辅导的绝佳机会，但教师应控制住自己，不要在个别学生身上花太多时间。在学生做课堂作业期间，教师与学生的交流应尽可能简短，因为如果与一个学生的交流时间过长，那么班上的其他同学就可能分心，或陷入他们自己的问题。

一心多用　**一心多用**（overlapping）指教师在不中断上课或者其他教学活动的情况下，处理各种干扰或行为问题的能力。例如，在上阅读理解课时，老师发现一名学生正在看与课程无关的书。老师没有中断上课，而是走向这个学生，拿起他的书，合上，把书放在学生的课桌上，同时继续给全班学生讲课。如此一来，教师既处理了学生的不当行为，又没有放慢上课进度，而班里的其他学生几乎不会注意到这段小插曲。同样，卡瓦略女士只是走近窃窃私语的学生就终止了他们的不当行为，而授课仍能正常进行。

虽然干扰有时是无法避免的，但在保持主要活动的同时还能对这类问题处理得当，这种能力与整个课堂秩序及学生成绩密切相关（Wentzel & Brophy, 2014）。

资格认证指南

在教师资格认证考试中，你可能会被要求结合具体案例，给出能帮助学生把注意力集中在任务上的建议。

过分强调投入任务时间

投入任务时间很少的课堂肯定不是管理良好的课堂。然而，教师也可能会走向另一个极端：只强调投入任务时间，而不顾及其他方面。例如，一项关于小学数学课投入任务时间的研究发现（Karweit & Slavin, 1981），某位教师的课堂时间利用率几乎达到 100%。为了做到这一点，这位教师在课桌间来回走动，不放过任何一个学生注意力不集中的细微表现。结果，在学年结束时，这个班级的学生只学到了很少的数学知识。

几项研究发现，在学生行为表现相当良好的课堂里，增加投入任务时间并不能提高学生的成绩（Slavin, 1986; Stallings & Krasavage, 1986）。过于强调投入任务时间可能会从几个方面对学习产生不良影响。例如，与一成不变的简单任务相比，涉及创造性和不确定性的复杂任务往往会减少学生的投入任务时间（Evertson & Randolph, 1995; Weinstein & Mignano, 2007）。然而，如果只是为了保持较多的投入任务时间而不让学生参与复杂的或具有不确定性的任务，这显然是一种拙劣的教学策略。维持课堂秩序确实是教学的一个重要目标，但这仅是众多目标中的一个而已（Charles et al., 2014; Levin et al., 2016）。

以学生为中心的课堂管理

值得注意的是，有关课堂管理的研究大多是在常规课堂中进行的，在这种按照传统方式组织起来的课堂上，学生很少有机会选择自己可参与的活动，彼此间的互动也很少。而在更强调以学生为中心的课堂上，学生在大部分时间里都是一起学习，完成一些开放式课题，进行写作和实验。布卢斯坦等人（Bluestein, 2014; Evertson & Randolph, 1995; Freiberg, 2014）探讨了必须转变课堂管理观念以适应这类课堂。显然，在以学生为中心的课堂上，课堂管理应具有更强的参与性，比如让学生参与设定行为标准。同样明显的是，教师期望学生达到的行为类型也将会不同。比如，我们很难想象一个以学生为中心的课堂会是沉默的。然而，在其他方面，以学生为中心的课堂管理要求与传统的课堂大同小异。规则仍然是必要的，而且教师必须不断地向学生说明规则并始终如一地执行规则（Freiberg, Connell, & Lorentz, 2001; Freiberg & Lamb, 2009）。假如在以学生为中心的课堂上，学生被课堂活动的多样性、生动性以及社会性深深吸引且激励，纪律处分也就没那么必要了（Weinstein & Mignano, 2007）。当然，还是会有个别学生干扰他人学习的不良行为，这是不可避免的，而教师必须采取措施，帮助这些学生遵守由全班同学共同协商制定的规则。

有助于进行有效课堂管理的做法

InTASC 标准 7

教学计划

研究一致表明，基本的常规性计划以及基础工作有助于防止纪律问题进一步恶化。这些简单的措施包括：创造良好的学年开端、布置教室以利于有效教学、制定课堂规则和程序并向学生明确学校期望的行为（Curwin, 2013; Emmer & Evertson, 2012; Evertson & Emmer, 2013; Wentzel & Brophy, 2014）。此外，师生之间互相关爱关系的建立，有助于在班级内形成可减少纪律问题的合作氛围（Borich, 2014; Freiberg & Lamb, 2009; Hardin, 2012; Kauffman et al., 2011; Manning & Bucher, 2013）。

面对不同的年级和不同的学生团体，教师的管理重点有所不同。例如，对于年龄较小的学生，教师需要关注的是帮助他们熟悉学校规范与学校的期望行为（Evertson & Emmer, 2013; Weinstein & Mignano, 2007）。有些方法对改善小学儿童的行为非常有效，比如强调制定全校统一的行为标准，运用合作学习建立积极的人际关系并实现学业成功的项目（Burke et al., 2011; Freiberg et al., 2001; O'Donnell, Hawkins, Catalano, Abbott, & Day, 1995）。

初中生和高中生能理解规则和程序背后的基本原则，并且能够理性地同意遵守它们（Emmer & Evertson, 2012; Savage & Savage, 2010; Weinstein & Mignano, 2007）。但是同时，一些青少年会抗拒权威，更看重同伴间确立的规范。随着学生逐渐进入青春期，他们的攻击性行为、旷课以及违法行为也在增加。在高年级，分班、分轨和升班等事件或许会为班级管理带来挑战，尤其是那些习得性无助或者学业失败的学生。对于年龄较大的学生，教师更需要激励他们在遵守规则和程序以及学习课程材料等方面加强自我管理。强化规则的明确性以及规则执行的一致性、提高与家长交流的频率，诸如此类的策略可以有效改善青少年的行为（Hawkins, Kuklinski, & Fagan, 2012）。

创造良好的学年开端

InTASC 标准 3

学习环境

研究发现，开学的最初几天对建立整个学年的课堂秩序是非常关键的。相比无法在课堂上稳定地保证投入任务时间的教师，那些在整个学年都能保证将大部分课堂时间投入学习任务的教师更有可能在开学之初做以下这些事情（Curwin, 2013; Evertson & Emmer, 2013; Weinstein & Mignano, 2007; Wong & Wong, 2004）。

1. 高效的管理者有一套清晰、具体的计划，用来引导学生熟悉课堂规则和程序，并会花费必要的时间来执行该计划，直到学生知道如何排队、如何寻求帮助，等等。
2. 高效的管理者最初会与全班同学一起活动（即使他们计划之后要对学生分组）。他们始终会让全班学生参与其中，很少让任何一名学生处于无事可做或者无监督的状态。例如，高效的管理者很少只与个别学生一起活动，除非其他学生都忙于参与富有成效的活动。
3. 高效的管理者在开学之初会额外花时间来介绍程序，讨论课堂规则（经常鼓励学生自己提出规则）。至少在开学初的第一个星期里，这些教师每天都会提醒学生注意课堂规则。
4. 高效的管理者会教给学生具体的程序。例如，一些教师让学生练习快速而安静地排队；另一些教师让学生学习对铃声、闪灯、指令等提醒注意的信号做出回应。
5. 高效的管理者最初通常会安排简单而令人愉快的任务。第一堂课的学习材料是经过精心准备的，呈现清晰且内容多样。这些教师在开学第一天就会要求学生立即开始学习，并就学习步骤逐步地给予教导，这样就能避免学生一次性接受的信息超出负荷。

6. 高效的管理者能立刻采取措施，制止不良行为。

确立课堂规则

在开学之初，与课堂管理有关的主要任务之一是确立课堂规则。这个过程要遵循三条原则：第一，课堂规则不宜过多；第二，课堂规则对学生来说应该是有意义的、公正的；第三，要清楚地解释规则，并有意识地教给学生（Curwin, 2013）。清楚地解释课堂规则的主要目的是针对具体程序给出道德依据（Kagan, Kyle, & Scott, 2004）。例如，所有的学生都会理解和支持诸如“尊重他人财物”这样的规则。这条简单的规则既可用于禁止像偷窃或损坏材料等明显的不良行为，也可用于支持整理材料、清扫垃圾、不在教科书上乱做标记等行为。教师可以要求学生一起确立规则，或者直接给出规则，让学生举出相应的例子。在制定每个人都能够遵守的合理规则时，充分的课堂讨论可以让学生产生一种参与感（Brasof, 2011; Freiberg, 2012; Strout, 2005）。当全班都认可这些规则时，那些违规者就会知道，自己违反的是集体规范，而不是教师武断制定的规则。以下是一套通用的课堂规则。

1. *礼貌待人*。禁止打断他人讲话或在尚未轮到自己时插话，禁止取笑或嘲笑他人，严禁欺凌、打架等。
2. *尊重他人财物*。
3. *专注于功课*。教师或者其他同学讲话时要认真听，认真完成课堂练习，出现干扰事件时仍能专注于功课，上课铃响时坐回原位准备上课，以及遵从教师指示，等等。
4. *举手以获得许可*。禁止在未经许可的情况下大声叫喊或者离开座位寻求帮助。

管理日常不良行为的策略

本章前面部分讨论了多种用于组织课堂活动的方法，以最大程度地利用教学时间，并尽量减少处理诸如学生随便讲话、擅自离开座位以及注意力不集中等轻微干扰所需的时间。提供有趣的课程、有效利用课堂时间以及精心设计教学活动将有助于预防大部分此类轻微的行为问题，也可以预防许多较为严重的行为问题（Freiberg & Lapointe, 2006; Wentzel & Brophy, 2014）。若投入任务时间不够，则很容易产生严重的行为问题；许多行为问题源于学生在学校中的挫败感或厌倦感。能吸引全体学生积极参与并为其提供成功机会的教学计划可以预防此类行为问题。

然而，有效的课堂教学以及充分利用课堂时间并不是预防或处理这些不良行为的唯一手段。除了使课堂活动结构化以降低问题行为发生的频率，教师还必须掌握其他策略来处理当下发生的行为问题（Bender, 2015; Charles, Senter, & Charles, 2014; Korpershoek et al., 2016; Losen, 2015; WWC, 2014b）。

在讨论维持课堂纪律的各种策略之前，思考一下使用这些策略的目的是非常重要的。学生在学校里除学习读、写、算等基本知识和技能外，还应当学习更多的内容。

21 世纪的学习

有效利用时间

新兴技术为教师创设富有成效的学习环境提供了更多便利（Bluestein, 2014; Budhai & Taddei, 2015）。除了通过短视频、互动设备以及其他使课程变得有趣和有吸引力的手段来增强学生的内在动机，教师还可以利用电子应答设备不断获取关于学生学习水平的反馈信息，这样教师就能针对学生的具体需求安排授课内容，学生也能即时了解自己的学习水平。利用这些设备，所有学生可以同时快速地回答问题或表达自己的看法。教师可以将正确答案或答对人数的百分比以图表形式向全班展示。教师可以即时了解学生已经掌握或正在思考的内容，从而根据学生的学习情况来调整自己的课程内容。学生会知道他们的知识一定会得到评估，从而不再心存侥幸不被点名。诸如此类的技术能把课堂活动的重点放在最富有成效的内容和任务上（比如共同核心州立标准和其他大学及职业准备标准所强调的内容），还可以激励学生个人或小组成员专心致志、充满热情地进行学习。

问题

- 基于你希望教授的年龄段和科目，尽可能多地想出使用电子应答设备进行教学的方式。其中哪些方式看起来最有可能促进学习？哪些最不可能？

他们应该认识到，自己是有能力的学习者，认识到学习是一种享受，是能令人满足的。温暖而包容的支持性课堂环境有助于培养这种积极的学习态度。另外，全神贯注、非破坏性行为与学生的成绩之间存在显著的正相关（Wentzel & Brophy, 2014）。

假如学生不尊重教师或者教师不尊重学生，就不可能营造出健康的课堂环境（Curwin, 2013; Lemov, 2010; Mendler & Mendler, 2011）。尽管教师应当让学生参与制定课堂规则，并在组织课堂活动时考虑学生的需求与意见，但教师终究是确立并要求学生必须遵守规则的领导者。遵守这些课堂规则和程序应当成为学生的第二天性。那些在课堂上没有树立起威信的教师很可能要花费过多的时间来处理行为问题，甚至对学生大声训斥，进而影响其教学效果。此外，课堂结构和常规流程越清晰明了，就会给予学生越多的自由。接下来，我们将讨论处理典型纪律问题的有关策略。

最小干预原则

在处理常规的课堂行为问题时，最重要的原则是，教师应当运用那些最简单有效的干预策略来纠正不当行为（Jones & Jones, 2016; Kyle & Rogien, 2004）。许多研究发现，处理学生纪律问题所用的时间与学生的学习成绩呈负相关。教师处理日常不良行为的主要目标是，既能进行有效干预，同时又不至于对授课造成不必要的干扰（Charles et al., 2014; Jones & Jones, 2016; Poole & Evertson, 2012）。如果可能的话，在处理任何行为问题时，课堂教学都应该正常进行。表 11.1 列出了处理轻微不良行为的各种策略，这些策略对课堂教学的干扰程度依次递增。后文将分别讨论这些内容。

表 11.1　最小干预原则

步骤	程序	示例
1	预防	教师展现出热情，安排各种活动，保持学生的兴趣。
2	非言语线索	塔尼娅迟交作业后，教师皱起了眉头。
3	表扬与不良行为相对的正确行为	“塔尼娅，我听说你按时把科学展览的项目提交参评了。太棒了！”
4	表扬其他学生	“我发现大部分人今天都按时交了作业。对此我非常高兴。”
5	言语提醒	“塔尼娅，请按时提交下一份作业。”
6	反复提醒	“塔尼娅，按时交作业是很重要的。”
7	后果法	塔尼娅在课后用 10 分钟时间做下一份作业。

预　防

最容易处理的行为问题是那些从一开始就不会发生的问题。正如本章前面所述，教师可以通过呈现生动有趣的课程，明确课堂规则和流程，使学生忙于有意义的活动，或者运用其他有效的基本课堂管理技巧来预防行为问题（Jones & Jones, 2016; Landrum, Scott, & Lingo, 2011; Levin et al., 2016）。卡瓦略女士的课堂就是一个极好的例子。她的学生很少出现不良行为，因为他们对课程很感兴趣，并且积极参与其中。在整个学校中营造一种友好、热情、舒适的氛围也能降低不良行为的动机（Cross, Thompson, & Erceg, 2014）。

变换课程内容，运用不同的材料和方法，展示幽默和热情，以及运用合作学习或者项目式学习等教学模式，都能够减少因厌倦而引发的行为问题。教师可以将任务分解成几个更小的步骤，并帮助学生为其独立学习做好准备，以避免学生因材料过难或任务过重而产生挫败感。如果教师允许学生短暂的休息或进行体育活动（如伸展运动）、变换活动形式，或者让学生在精神比较饱满的上午来学习有一定难度的科目，也有助于减轻学生的疲劳感。

非言语线索

无须中断正常的课堂教学进程，教师运用简单的**非言语线索**（nonverbal cues）就能减少常规课堂上的许多不良行为（Levin et al., 2016; Poole & Evertson, 2012）。有时，与学生进行目光接触就足以制止其不良行为。例如，如果有两个学生正在交头接耳，教师只需看向这两个学生或其中一人就可以了。通常，教师走到学生身边也能制止其不良行为。如果以上方法不起作用，教师还可以把手轻轻放在学生的肩膀上（但对青少年要谨慎使用这种方式，因为他们可能对触碰很敏感）。这些非言语策略都明确地传递着同一种信息：“我看得见你正在做什么，我不喜欢你这样。请尽快将注意力转回学习上。”以非言语的方式传递这一信息的优点是不需要打断课堂教学的进程。相反，言语批评有可能引起涟漪效应：当一个学生受到批评时，其他学生也停止了学习活动（Wentzel & Brophy, 2014）。非言语线索只会针对行为不良的学生，而不会干扰到大多数学生的注意。就像本章前面所举的例子，课堂上，一个学生正在看与课程无关的书，教师一边不动声色地走向她并安静地将那本书合上，一边继续讲课。全班只有这一个学生注意到整个过程。

理论应用于实践

一致性管理与合作型纪律

一致性管理与合作型纪律（Consistency Management and Cooperative Discipline, CMCD）是在全校范围内得到广泛评估的课堂管理方法之一（Freiberg, Huzinec, & Templeton, 2009; Freiberg & Lapointe, 2006; Freiberg et al., 2001）。CMCD 强调让所有学生在班级中扮演领导角色，使用计时器来确保过渡活动能够尽快完成，并建立起可预测的例行常规，从而预防行为问题。学生有机会在班会上分享自己的观点并解决争论。老师在课堂提问时也可通过抽签来随机指定学生作答，以确保公平性。几项关于 CMCD 的研究发现，这种方法不仅能够改善学生的行为，还能够促进他们的阅读和数学技能（Freiberg et al., 2009; Freiberg et al., 2001）。

表扬与不良行为相对的行为

对许多学生来说，表扬是一种强有力的激励措施。减少课堂不良行为的一种策略就是：当学生表现出与教师希望消除的不良行为相对的行为时，务必予以表扬。也就是说，在学生做得正确时当场表扬。例如，如果学生经常擅自离开座位，那么当他们能够马上坐在座位上认真学习时，教师就应当立即表扬（Jones & Jones, 2016）。

表扬其他学生

表扬其他学生的良好行为常常可以促使某个学生也表现出类似的行为。例如，波莉正在做小动作，这时教师可以说：“我很高兴看到很多同学都在认真学习——杰克做得不错，卡罗尔注意力很集中，何塞和米歇尔也做得很好……”最后，当波莉也开始学习时，教师应当既往不咎，同样给予表扬：“我看见詹姆斯、沃尔特和波莉都在全神贯注地做作业。”

言语提醒

如果不能使用非言语线索，或者非言语线索并未奏效，那么简单的言语提醒有助于使学生的注意力回到学习活动上来。当学生表现出不良行为时，教师应马上给予提醒，延迟的提醒通常是无效的。如有可能，提醒时应当说明学生应该做的事，而不是追究此刻做错的事。例如，教师最好说：“约翰，请自己独立完成作业。”而不是说：“约翰，别抄阿尔弗雷多的作业。”与反面提醒相比，正面提醒更能表达教师对学生未来行为的积极期望（Evertson & Emmer, 2013）。此外，提醒应当对事不对人。尽管学生的某种行为可能令人难以容忍，但学生本人在班级中始终都应当是被接纳的、受欢迎的。

反复提醒

在大多数情况下，应用非言语线索、表扬其他学生的良好行为或者予以简单的言语提醒，这些措施都足以终止轻微的不良行为。然而，有时学生会故意不按教师的要求去做，不停地辩解，找各种借口，以此来试探教师的决心。随着时间的推移，如果学生了解到教师说话算数，并且将会采取适当的措施来营造一种有序、高效的课堂环境，那么他们慢慢地就会放弃这种试探。

当学生不听从简单的提醒时，教师可采用的首选策略就是反复提醒，不接受学生给出的任何无关的理由或辩解。坎特（Canter, 2014）将这种策略称为重复法（broken record）。如果学生有一个合理的问题需要讨论，教师可以进行处理，但是学生的辩解或理由常常不外乎是一种因不愿坐下来学习而与教师胡搅蛮缠的手段（Walker & Gresham, 2013）。例如，回顾一下，卡瓦略女士在处理马克的行为问题时是怎样避开与他讨论格洛丽亚迟到一事的。

运用后果法

当上述所有的做法都不能使学生服从明确而合理的要求时，最后一招是让学生做出选择：要么服从，要么承担后果（Benson, 2014; Bender, 2015; Levin et al., 2016; Losen, 2015）。比如让学生待在“暂时隔离”区，剥夺学生的部分休息时间或其他权利，让学生放学后留下或者请学生家长来学校。不服从教师要求的后果应当具有这样的特点：让学生感到些许的不愉快，持续时间短，并且在行为发生之后尽早出现。后果的必然性远比后果的严重程度更为重要。学生必须知道，不良行为必然会导致某种后果，如同白昼之后是黑夜一样。实施严厉的或者长时间的惩罚（如剥夺一周内的休息时间），其弊端之一是容易引发学生的仇视心理与敌对态度。此外，教师有时也难以将一项严厉的或长时间的惩罚执行到底。轻微但必然的后果实际上向学生传递了这样的信息：“我不能容忍这种行为，但我很关心你，希望你准备好后能尽快回到班级中来。”

在让学生承担不服从要求的后果之前，教师必须确保能够实施该方法并会在必要时坚持到底。当教师说“你要么马上学习，要么用 5 分钟的课间休息时间做作业”的时候，必须确保有人能监督该学生在课间休息时写作业。含糊或空泛的威胁（如“马上停止，否则你会后悔的！”或者“马上学习，否则让你停学一个月！”）不仅是徒劳的，而且容易引发更多的问题行为。假如教师并没有打算坚持使用后果法，那么学生也就学会了不予理睬。此外，后果的不确定性还会引发权力斗争（Mendler & Mendler, 2011）。一定要保证规则简单且明确。

实施后果法后，教师要尽量避免提及此事。例如，当学生在教室外罚站 10 分钟后回到班级中时，教师应予以接纳，避免进行任何讽刺或指责。此时，学生应当有一个新的开始。

如何使用应用行为分析来管理更为严重的行为问题

有些行为在操场上可能是合适的，但在课堂上就属违规，前面已经讨论了如何处理这类行为。还有一些行为在任何地方都是不适当的，比如打架斗殴、偷窃、毁坏财物以及极其不尊重教师或其他教职工。相比平常的课堂不良行为，这些行为更少见，但也更为严重。第 5 章讨论的行为主义学习理论可直接有效地用于应对严重的行为问题。简单来说，行为主义学习理论认为，如果行为没有受到强化或惩罚，其出现的频率将会减少。下面将讨论**应用行为分析**（applied behavior analysis）——一种依据行为主义的概念对课堂行为进行分析，并就如何预防和处理不良行为给出具体策略的方法（Alberto & Troutman, 2013; Axelrod, 2012; Rappaport & Minahan, 2012a, b; Scott, Anderson, & Alter, 2012; Walker & Graham, 2013）。

学生的不良行为如何得以维持

行为主义学习理论的一条基本原则是，任何能够保持下去的行为一定是得到了某种强化。要想减少课堂中的不良行为，我们必须首先知道究竟是什么样的强化物在维持不良行为（Alberto & Troutman, 2013; Axelrod, 2012; Rappaport & Minahan, 2012a, b）。

课堂不良行为的最常见的强化物是关注——来自教师或同伴群体，或同时来自这两者。一对一辅导模式下的学生很少表现出不良行为，这是因为学生不仅已经获得了成人的全部关注，而且也没有其他同学在场关注自己的任何不良行为。然而，在传统的课堂中，学生必须想尽一切办法才能得到教师的关注，而且旁观的同学可能会鼓励或赞赏其不良行为。

教师的关注 有时候，学生表现出不良行为是为了赢得教师的关注，即使这种关注带有否定态度。这是导致不良行为的一个普遍原因，其普遍程度超出了许多教师的想象。一名困惑的教师可能会说："我不知道内森怎么了。我得整天和他待在一起，敦促他学习！有时候我气得吼他。可我的话一点作用都没有，被他当成耳旁风。我批评他时，他居然还在笑！"

当学生为了赢得教师的关注而表现出不良行为时，处理方法相对简单一些：当学生行为表现良好时，给予关注；行为不良时，（尽可能地）忽视他。实在无法忽视其不良行为时，强制实施暂时隔离（如让学生站在一个安静的角落）可能会奏效。

InTASC 标准 8

教学策略

同伴的关注 学生产生不良行为的另一个常见原因是为了获得同学的关注和认可。最典型的例子便是班级小丑，他们的所作所为显然是为了逗乐班上的其他同学。然而，还有许多其他形式的不良行为也主要是由同伴的关注和认可引发的——事实上，很少有学生能够完全忽视自己的行为对其他同学的潜在影响。例如，拒绝服从教师要求的学生可能在有意或无意地权衡：他们的挑衅行为在多大程度上影响着自己在同学心目中的地位（Hartup, 2005）。

链接 11.4

若想了解更多有关行为理论的内容，请参见第 5 章。

尽管学龄前儿童和小学低年级学生也可能为了赢得同伴的关注而表现出不良行为，但是从小学三年级前后开始，特别是在初中或高中阶段，学生的不良行为尤为可能与同伴的关注和支持有关。当学生进入青春期时，同伴群体的影响极其重要，而此时的同伴群体规范开始倾向于保持独立，拒绝服从权威。当大龄儿童和青少年参与严重的违法犯罪活动时（如蓄意破坏、偷窃、欺凌和攻击），他们通常是得到了不良同伴群体的支持。

用来减少受到同伴支持的不良行为的策略与处理旨在引起教师关注的不良行为的策略大不相同。如果不良行为受到了同伴的强化，那么忽视这一策略就难以奏效。

例如，一个学生将书顶在头上晃来晃去，还惹得全班哄堂大笑，这种行为就根本无法忽视，因为只要全班同学感兴趣，该行为就会持续下去（并且有可能会怂恿其他人效仿该行为）。再者，斥责只会引起班里更多学生的注意，更糟糕的是，还可能提升该学生在同伴心目中的地位。与此类似，两个交头接耳的学生就是在彼此强化不良行为，教师对这种行为的忽视只会让他们得寸进尺。

对于受到同伴支持的不良行为，如果简单的提醒（例如走近该学生）不起作用，我们可以采取两种主要措施：一种是让违反纪律者离开课堂，使其无法得到同伴的关注；另一种就是使用**群体相倚**（group contingencies）策略，即根据全班（或班里的学生小组）所有成员的表现来决定是否予以奖励。在群体相倚规则下，每个学生都会因其他同学的良好行为表现而受益，因此，同伴对不良行为的支持也就随之消失了。本章后面将更为详尽地讨论群体相倚以及其他针对受到同伴支持的不良行为的管理策略。

摆脱不愉快的状态或活动　不良行为的第三个重要强化物是摆脱乏味、令人沮丧、疲劳或不愉快的活动（Caine & McClintic, 2014）。第 5 章中曾论述，强化物可以表现为逃离或者避免不愉快的刺激。一些学生会认为学校里发生的许多事都是不愉快的、乏味的、令人沮丧或厌倦的。对那些在学校里屡遭失败的学生来讲尤其如此（Fisher, Frey, & Lapp, 2011）。但是，即使是那些能力与学习动机最强的学生，他们也会时常感到乏味或受挫。学生经常只为逃避不愉快的活动而表现出不良行为，明显的例子包括频繁地请求教师允许去喝水、去洗手间或削铅笔等。与进行合作学习或听讲相比，学生在独立完成课堂作业时提出类似上述请求的可能性更大，因为对于那些对自身学业能力缺乏自信的学生而言，课堂作业可能会使其产生受挫感或感到焦虑。试图摆脱乏味、挫折或者疲劳也可能是引起更加严重的不良行为的部分或唯一原因。某个学生表现出不良行为可能就是为了挑起事端。有时，学生表现出不良行为正是期望被逐出教室。显然，命令这样的学生去走廊或校长办公室可能会适得其反。

处理由乏味、挫折或者疲劳等引起的不良行为，最好的办法就是防患于未然。学生在有趣、多样化的参与式课堂中很少会表现出不良行为（Borich, 2014）。学生积极参与课堂活动能够防止由乏味或疲劳引起的不良行为。使用合作学习或其他促使学生积极参与学习的方法也有助于防止学生产生不良行为。教师可以选择能确保所有学生高成功率的学习材料，从而确保学习活动对全体学生都具有挑战性但又不过于困难，最终使学生免于受挫。教师可改变教学和评估方式以帮助学生获得成功，这是处理因受挫而产生的行为问题的有效方法。

应用行为分析的原则

前面概述的行为管理策略（如非言语线索、提醒、轻微但必然的惩罚）可以看作行为主义学习理论的非正式应用。通过使用这些策略，再辅以有效的班级管理和参与式课程来预防不良行为，将足以在大多数课堂中创设一个良好的学习环境。

链接 11.5
若想了解更多分轨教学所带来的问题，请参见第 9 章。

然而，有时还需要更为系统的行为矫正方法。**行为矫正**（behavior modification）是指系统地应用先前刺激和后果来改变行为（Alberto & Troutman, 2013; Mazur, 2013; Miltenberger, 2012; Shea & Bauer, 2012）。例如，积极行为干预和支持（Positive Behavioral Inteventions and Supports, PBIS）是一种得到广泛使用的方法，已有研究发现，学校可以通过使用这一系列策略来改善全校学生的行为和其他结果（Bradshaw et al., 2009; Bradshaw, Waasdorp, & Leaf, 2015; Horner, Sugai, & Anderson, 2010; Scott, Anderson, & Alter, 2012; Walker & Gresham, 2013)。在班级中，如果大多数学生表现良好，只有少数几个学生有顽固的行为问题，那么个体行为管理策略即可奏效；如果许多学生都具有行为问题，尤其是那些受到同伴支持的行为问题，就需要采用全班行为矫正策略或群体相倚策略（Bradshaw, 2012）。这类策略最常用于班上有许多学生成绩较差或者缺乏学习动机的情形，而这类情形常见于特殊教育班级，以及进行分轨教学或其他班级间能力分组教学的学校中。

在建立和使用任何一种应用行为分析程序时，都应遵循从行为观察到程序实施，再到程序评估的一系列步骤（Alberto & Troutman, 2013; Jones & Jones, 2016; Rappaport & Minahan, 2012a, b; Sarafino, 2012; Shea & Bauer, 2012; Walker & Gresham, 2013; Zirpoli, 2016）。从某种程度上讲，任何应用行为分析程序都包含以下步骤：

1. 识别一种或多种目标行为及其强化物；
2. 确立目标行为的基线水平；
3. 选择强化物，确定强化标准；
4. 如有必要，选择惩罚刺激，并确定惩罚标准；
5. 在实施过程中，观察对象的行为表现并将其与基线水平相比较；
6. 当行为管理程序起作用时，减少强化的频率。

针对学校中个别学生顽固的行为问题，个体行为管理策略是有效的。

识别目标行为及其强化物 实施行为管理程序的第一步是观察行为不良的学生，以识别出一种或几种行为，将其作为需要矫正的目标，并观察是哪些强化物在维持不良行为。观察的另一个目的是确定行为的基线水平，以便与此后行为的改进相比较。一项结构化的个人行为管理程序应该旨在仅改变一种行为或者一小组密切相关的行为。一次矫正太多行为会有失败的风险，因为学生无法清晰地了解到自己究竟应该做什么才会受到强化。

确定的第一种目标行为应当是严重的、容易观察的，而且最重要的一点是其发生频率较高。例如，假如某个孩子每隔几天就要在操场上与人打架，而且每小时有好几次擅离自己的座位，那么教师应该首先处理擅离座位的行为问题，之后再处理打架问题。具有讽刺意味的是，某种行为发生的频率越高、持续时间越长，就越容易消除。这是因为教师可以经常运用积极或消极的后果，使学生能够清楚地了解到自己的行为与行为后果之间的联系。

在观察学生的行为时，尽量确定维持目标行为的强化物。假如某个学生与他人在一起时表现出不良行为（如在未经许可的情况下说话、咒骂或取笑他人），或者某个学生的不良行为经常会吸引他人的注意（如扮小丑），那么教师就可以推断这种行为受到了同伴支持。假如某种行为并没有吸引太多同伴的关注，但总是需要教师的关注（如擅离座位），那么教师就可以推断，支持该行为的正是教师本人的关注。

确立基线水平 观察某个学生以了解目标行为发生的频率。在此之前，教师需要明确界定该行为的构成成分。例如，若目标行为是“打扰同学”，那么教师需要确定有哪些具体行为构成了“打扰”（可能是取笑、打断或者拿走他人的东西）。

选择强化物并确定强化标准 典型的课堂强化物包括表扬、特权和物质奖励。对那些试图以不良行为赢得教师关注的学生而言，表扬尤其有效。先从关注并表扬适当的行为入手来实施行为管理程序，以判断该方式是否有效，这种思路通常是可取的。但是，如果表扬不能奏效，就要准备运用更有效的强化物（Alberto & Troutman, 2013; Walker & Gresham, 2013）。教师可能会发现，当学生表现良好时，除了给予表扬，奖励诸如小星星、“笑脸”图标或者其他小奖品也是有效的。一些教师还会用橡皮章给学生的作业盖上表示高质量的特定标记。这些小小的奖励手段可以使教师的表扬更加具体可见，并且学生还可以把作业带回家，进而得到父母的表扬。图 11.2 就如何应用社会强化物和学生偏爱的活动来鼓励良好行为给出了一些建议。

必要时，选择惩罚刺激并确定惩罚标准　行为主义学习理论极力主张要对适当的行为予以强化，但并不赞同惩罚不当行为。这源于现实和伦理方面的考虑。惩罚往往会带来怨恨，因此，即使用惩罚解决了某个问题，也会产生其他问题。尽管惩罚也能像强化一样起作用，但还是应当尽量避免使用，因为惩罚不利于营造愉悦、健康的课堂环境（Dueck, 2014; Walker & Gresham, 2013）。可以通过让学生为其所造成的伤害进行补偿来替代惩罚（Smith, Fisher, & Frey, 2015）。

然而，在某些情况下，给予某种惩罚是必要的。当强化策略无法使用或无效时，应该果断使用惩罚（Losen, 2015）。针对不良行为实施惩罚（如剥夺学生的特权）应当是迫不得已的最后选择，绝不应该作为首选方案，而且绝对不能进行体罚。

惩罚是个体力图避免的任何令人不愉快的刺激。学校里常见的惩罚有训斥、要求离开教室或前往校长办公室、放学后留校或者剥夺课间休息。在美国大部分州和地区，体罚（如打屁股）都是非法的，在其他地区也受到了严格限制，然而无论法律或政策如何，学校都不应该使用体罚。针对不良行为的体罚既非必要，也无效果（Jones & Jones, 2016）。

奥・利里等人（O’Leary & O’Leary, 1972）早已提出了七条有效且人道的惩罚原则：

1. 有节制地使用惩罚；
2. 让儿童明白自己为什么受到惩罚；
3. 向儿童指出另一种可获得积极强化的行为；
4. 强化那些与你希望弱化的行为相反的行为（例如，假如你要惩罚注意力不集中的行为，那么当学生注意力集中时也要给予强化）；
5. 绝不使用体罚；
6. 愤怒或情绪激动时绝不使用惩罚；
7. 在某种行为出现之初而不是结束之后给予惩罚。

一种有效的惩罚方法被称为**暂时隔离**（time out），即教师让有不良行为表现的学生待在教室的某一角落、教室外面的过道、校长或副校长的办公室，或者将他调到另一个班级。如有可能，教师应该让学生去一个没有乐趣且远离同学们视线的地方。暂时隔离的一个优点是被隔离者无法得到其他同学的关注。因此，该方法尤其适用于那些主要为赢得同伴关注而表现出不良行为的学生。第 5 章描述的“坐冷板凳”就是一个很好的暂时隔离示例。再比如，在体育课上，老师要求那些有不良行为表现的学生坐着看计时沙漏 3 分钟。即时且一致地运用这种后果惩罚几乎很快就能消除不良行为（White & Bailey, 1990）。

链接 11.6
若想了解更多有关“坐冷板凳”这一惩罚手段的信息，请参见第 5 章。

教师应当尽量少使用暂时隔离。但是，一旦使用，就要镇静而坚定地执行。学

图 11.2 社会强化物和偏爱的活动

资料来源：*Classroom management: The successful use of behavior modification* by K. D. O'Leary and S. G. O'Leary. published by Wiley, © 1992.

社会强化物

表扬

"你真的很努力！"

"你没有放弃，这很棒。"

"你独立解决了这个问题，我为你骄傲。"

"队伍站得真整齐！"

"我看到有一个学生很好地听从了指示。"

"你在对比方面做得很好。"

"你对化学公式的理解确实进步了！"

接近

坐在教师旁边

帮助教师做事情

在非正式活动中与朋友坐在一起

非言语表达

微笑和点头

竖起大拇指

击掌

眨眼示意

偏爱的活动

延长课间休息时间

延长使用所需设备或技术的时间

当领队

为班级挑选将要共读的故事书

赢得一项特殊活动的举办权，如睡衣日或班级派对

资格认证指南

教师资格认证考试可能要求你阐述如何恰当地运用应用行为分析。

生必须直接去往指定的地方待着，直到规定的时间结束。暂时隔离的时间应当短些，通常 5 分钟左右就足够了。但是，隔离时间应当从学生安定下来后开始算起，如果学生仍在叫嚷或争辩，那么这段时间不应计算在内。暂时隔离期间，任何人都不应与该生交谈。无论是在隔离前、隔离中还是隔离后，教师都不要训斥学生。教师应告诉学生为什么对其实施暂时隔离，但不要针对其他方面进行说教。假如要将学生送到校长办公室，也应当请求校长不要与之交谈。

减少强化频率 在某个强化程序实施一段时间后，一旦学生的行为有所改善并稳定达到新的水平，那么教师就可以减少强化频率。最初，学生每次出现适当行为时都给予强化，随着时间的推移，改为出现两次适当行为时给予一次强化，之后逐渐演变为出现多次适当行为才给予一次强化。减少强化频率有助于长期维持新行为，并且有助于把新行为迁移到其他情境中。

应用行为分析的方案

依托家庭的强化策略和每日报告卡是适用于个别学生的行为矫正方案。而群体相倚则是适用于全班的行为矫正方案。

InTASC 标准 10
领导力与协作

依托家庭的强化　**依托家庭的强化策略**（home-based reinforcement strategies）是最为可行和有效的课堂管理方法之一（Alberto & Troutman, 2013; Scott et al., 2012; Walker & Gresham, 2013）。教师让学生把每日或每周报告卡带回家，家长则按照指示，依据教师的报告为孩子提供某种特权或奖励。依托家庭的强化并不是一种新思想，美国佛蒙特州的一座单室校舍博物馆就陈列着 19 世纪 60 年代的每周报告卡。

与其他同样有效的行为管理策略相比，依托家庭的强化具有一些独特的优势。第一，家长能比学校提供更多有效的奖励和特权。例如，家长决定着孩子是否可以看电视、玩电脑、打电子游戏、逛商场以及与朋友外出。并且家长也知道自己的孩子喜欢什么，因此能比学校提供更加个性化的特权。第二，依托家庭的强化经常为家长提供有关孩子的好消息。通常，那些爱捣乱的孩子的家长只有在孩子犯错误时才会收到学校的通知，这并不利于家长和学校建立良好的关系，还容易导致相互指责。第三，依托家庭的强化易于实施和管理。通过让学生随身携带每日报告卡，教师可以让任何与孩子有交集的成人（如其他教师、校车司机、操场或餐厅管理员等）参与对孩子的行为管理。第四，随着时间的推移，可以用每周报告卡取代每日报告卡，然后更换为双周报告卡，最后变成学校通常使用的 6 周或 9 周报告卡，但报告卡的有效性并不会降低。

每日报告卡　图 11.3 呈现的是某个小学生的每日报告卡。教师在每天教学结束时都会对他的行为表现和作业进行评价。这名学生有责任随身携带自己的报告卡，并确保在每天结束时报告卡已被做好标记。只要他得到至少 3 颗星，父母就同意给他一项特权。比如在睡觉前，父亲给他多讲一个故事，并且他可以比平时晚睡 15 分钟。如果他忘记将报告卡带回家，父母就可以认定他没有达标。假如他是一名初中生或高中生，或者他所在的小学采用分科教学（即在不同的班级上不同科目的课程），那么他就需要让每科教师都在报告卡上打分。显然，这种方法需要教师彼此合作。不过，如果这种每日报告卡确实能显著减少学生的不良行为，提高其学习成绩，那么这些付出都是值得的。有数十项研究已经证实了这种方法的有效性（Barth, 1979）。例如，法比亚诺等人（Fabiano et al., 2010）的研究发现，对于那些患有注意缺陷多动障碍的六年级学生，每日报告卡能够带来实质性的积极影响。

群体相倚程序　**群体相倚程序**（group contingency program）是指根据群体成员的行为来决定是否对整个群体进行奖励。教师经常使用群体相倚程序，例如，“如果所有同学都能停止手头的活动，保持安静，我们就去吃午餐。”教师的这番话意味着：任何一位同学的行为都有可能导致全班同学推迟吃午餐。或者教师可能会说：“如果在明天的测验中，全班平均分不低于 90 分，那么本周剩下的几天里，大家就可以不用写家庭作业了。”这种群体相倚依赖所有成员的平均成绩，而不是某个学生的成绩。

群体相倚的一个主要优点是相对容易实施。大部分情况下，全班要么都得到奖励，要么都得不到奖励，教师不需要针对不同的学生采取不同的措施。例如，教师说：

图 11.3 每日报告卡样例

	周一	周二	周三	周四	周五
听从指令	☆	☆			
完成作业	☆	☆			
不做小动作	☆				
寻求帮助	☆	☆			
父母姓名的首字母	LM	LM			

理论应用于实践

运用每日报告卡系统

建立和运用每日报告卡系统的具体步骤如下：

1. *确定每日报告卡中包括哪些行为*。选择报告卡中要记录的一种行为或者一系列行为。为每种行为设计一个分数等级表，并创建一张标准的报告卡表格。教师所设计的每日报告卡可能多少要比图 11.3 更为复杂。例如，教师或许对行为进行了更为精细的划分，如与他人相处、专注于功课以及遵守课堂纪律等。
2. *向家长解释该程序*。依托家庭的强化程序依赖家长的参与，因此让家长了解该程序并得到他们的配合是关键一环。应当告诉家长每日报告卡意味着什么，而且，如果孩子带回家的报告卡表明他们表现良好，还应当要求家长奖励他们。教师在给家长介绍这一方案时，应当说明父母可以如何奖励孩子。与家长的交流应简短、积极，也不必那么正式，要向家长传达这样一种感觉："我们将一起来完成此事"。这种程序主要用于奖励良好的行为，而不是惩罚不良行为。下面列举的是家长可以在家中使用的一些奖励：

   - 和父母一起进行的特殊活动（如阅读、放风筝、搭积木、逛商店、玩游戏、去动物园）
   - 特殊的食物
   - 烘烤饼干或烹饪
   - 操作通常只能由大人们使用的某些设备（如洗碗机或者吸尘器）
   - 有机会去玩特殊的游戏、玩具，使用特殊的技术或器材

（续）

- 小小的物质奖励（如涂色书、漫画书籍、橡皮或贴纸）
- 增加玩耍、看电视、玩电子游戏以及从事其他类似活动的时间
- 与朋友一同过夜
- 推迟睡觉或回家时间

应鼓励父母选用那些每天都可以给予的奖励（即物美价廉、易于获得）。

最好的奖励是那些能够建立密切的亲子关系的奖励，比如父母与孩子一起参与某项特殊的活动。许多在学校中有行为问题的儿童在家里也会表现出不良行为，并且与父母之间的关系可能不尽如人意。依托家庭的强化程序为父母提供了机会，让他们可以在孩子有值得骄傲的事情时表达对孩子的爱。作为对在校良好行为的奖励，与父亲或母亲共度一段特别有趣、放松的时光尤其有价值，而且它有利于建立良好的亲子关系。

3. *当行为有所改善时，减少报告频率。*当依托家庭的强化程序起作用时，孩子的行为会得到显著的改善。一旦学生的行为有所改善且稳定在某个水平，就应该适时减少向家长报告的频率（当然，要与家长讨论孩子的变化）。每日报告卡可改为每周报告卡（奖励的力度更大，但频率降低）。我们在第 5 章中论述过，保持行为的最好方法就是减少强化程序的实施频次——即增加两次强化之间的时间间隔。

“如果全班同学今天上午都能遵守课堂规则，那么大家可以多休息 5 分钟。”假如全班确实获得了这项奖励，那么所有人都可以休息更久。这样，教师就不必安排几个学生在外面休息更长时间，而把其他学生叫回教室。

群体相倚所隐含的理论观点是：当根据每个成员的行为来决定群体是否受到奖励时，群体成员将会彼此鼓励，共同做出有助于群体获得奖励的行为。群体相倚会将一向支持不良行为的同伴压力转变为反对不良行为的压力。如果只有当所有学生在整个上午都表现良好时，全班才能得到更长时间的课间休息，那么当琼做鬼脸或者奎因对教师言辞无礼时，便没有人会觉得好笑了。

资格认证指南
在教师资格认证考试中，你可能会被要求描述哪些类型的课堂管理程序能使课堂讨论更富有成效。

群体相倚已经被成功地以多种形式用于实现多种目的（Epstein, 2008; Kauffman et al., 2006）。以名为“良好行为游戏”的策略为例，教师将班级分为两个小组，当某一组中的任何一位成员违反课堂规则时，教师就会在白板上为该小组做一个标记。下课时，若小组得到的标记总共不超过 5 个（含 5 个），那么该组的所有成员在当天的课程结束后就可以自由活动。假如两个组的标记都超过 5 个，那么标记较少的那个组可以获得自由活动时间。针对一年级学生的长期追踪研究发现，这种策略不仅在当时有效，而且也能对儿童的生活产生持久的影响（Bradshaw, Zmuda, Kellam, & Ialongo, 2009; Bradshaw, Waasdorp & Leaf, 2015; Flower, McKenna, Bunuan, Muething, & Vega, 2014; Ialongo, Poduska, Wethamer, & Keller, 2001）。

行为方法的伦理道德

本章所描述的行为分析策略是非常有用的。如果得到恰当运用，甚至能将最捣

乱的学生的行为问题控制在可管理的水平。然而，如果教师运用这类策略来过度控制学生，则容易滋生新的问题。教师过分关注让学生坐下来、保持安静、看上去学有所获，以至于忽视了这样一个事实：学校是学习之地，而不是进行社会控制的场所。行为管理系统能够增加学习时间，但除非教学质量、教学适宜性以及学习激励等都

InTASC 标准 3

学习环境

理论应用于实践

建立群体相倚程序

如前所述，群体相倚行为管理程序可以只是一句简单的声明："同学们，假如你们今天上午都能安静地坐在座位上，专注于功课，那么你们课间就可以多休息 5 分钟。"然而，稍加组织与规划的程序能够增强群体相倚的效果。

1. *确定强化哪些行为。*与任何面向全班的行为矫正程序一样，群体相倚程序的第一步是制订一系列班级规则。
2. *建立一个具有发展适宜性的评分系统。*实施群体相倚管理程序的方式基本上有三种。第一种是评价学生在每个教学时段或者每项活动期间的课堂行为。也就是说，小学班级在每堂阅读、语言艺术和数学课后可能会获得 0~5 分。初中班级可能会在一个教学时段结束后获得一个总评分，或者单独的行为评分与作业评分。假如他们的得分超过了预先设定的分数，则全班每天或者每周都将得到奖励。

   建立群体相倚程序的第二种方式是每天多次对全班进行评分。例如，你可以将计时器设定为平均每 10 分钟响一次（但实际间隔从 1 到 20 分钟随机变化）。铃声响时，如果全班都遵守了课堂规则，则班级将得到 1 分。在不使用计时器的情况下，也可以运用该程序。假如所有的学生都遵守课堂规则，那么教师就每隔 10 分钟左右给班级记 1 分。有些教师会准备一袋石子和一个广口瓶，只要全班同学都遵守课堂规则，教师就不时地将石子投入瓶中。每颗石子可以兑换 30 秒钟的课间休息时间。石头落进瓶子的声音会告诉学生，他们做得很好。在初中，延长课间休息是不可能的，但可将每颗石子代表的 30 秒钟的休息时间累计到星期五放学前的休息时段使用。
3. *考虑对严重不良行为扣分。*群体相倚奖励系统本身应当有助于改善学生的行为。然而，仍有必要对偶尔出现的严重不良行为做出反应。例如，由于打架或者对教师的极端不尊重，教师可以从班级得分中扣掉 10 分。当必须扣分时，不要与学生商讨。只需直接扣掉得分，然后向学生解释为什么扣分，并且提醒他们，只要他们遵守课堂规则，仍有可能将分数赢回来。
4. *当行为有所改善时，减少记分和强化的频率。*开始时，每天都应当使用群体相倚程序。当班级的整体行为有所改善并稳定在一个新的水平上大约 1 周时，教师可以改为每周给予 1 次奖励。最终全班可能将不再依赖这种评分奖励系统，但基于课堂行为的反馈和表扬仍要继续。
5. *如有必要，将群体相倚与个人相倚结合。*使用群体相倚与对有需要的学生实施个体相倚并不矛盾。例如，在使用群体相倚的班级中，如果学生仍会表现出行为问题，则应当要求学生将每日或每周报告卡带回家交给父母。

能够得到充分的保障，否则，增加的时间也可能被浪费掉。

一些人反对应用行为分析，他们认为，这种方法是在诱导学生去做他们应当无条件做的事情。然而，所有的课堂都在运用奖励和惩罚（如分数、表扬、训斥、停学等）。应用行为分析只是以更加系统的方式来运用奖励，并且尽可能避免实施惩罚。

只有确认那些改善课堂管理的预防性或非正式方法不足以营造积极的学习环境时，才可以考虑应用行为分析。过度使用这些方法是有悖于伦理的。但是，当这些方法可以避免严重的行为问题而教师却没有使用时，这同样有悖于伦理。例如，对于有行为问题的儿童，教师应先在足够长的时间内使用积极的行为管理方法，看看能否在不采取更加严厉的措施的情况下解决这些儿童的行为问题。如果教师未采用积极的管理方法，上来就让他们接受特殊的管教、暂时停学、将其开除或者让其留级，这是不道德的。

严重行为问题的预防

每个人都会做出不良行为。世界上几乎没有一个人从未明知故犯地做过错事甚至违法的事情。然而，一部分人的不良行为要比其他人更为频繁或者更为严重，这样的学生给教师和学校管理者（更不用说他们的父母和自己了）带来了无休止的麻烦和担忧（Goode, 2011; Osher, Bear, Sprague, & Doyle, 2010; Thio, 2010）。

严重的行为问题在不同的学生身上或者学校中发生的频率是不同的。被认为有严重行为问题的学生大部分为男性。据估计，有严重行为问题的男生人数是女生的 3~8 倍（Perkins & Borden, 2003）。贫困家庭（尤其是在城市地区）的学生的严重违法行为更为普遍。家庭关系不良的学生也远比其他学生更容易出现严重的不良行为与违法行为，学习成绩差和经常旷课的学生也是如此（Hawkins et al., 2000; Herrenkohl, Maguin, Hill, Hawkins, & Abbott, 2001; Perkins & Borden, 2003）。

虽然学校在预防或管理严重的不良行为与违法行为方面起着重要的作用，但是这些行为不仅与学生和学校有关。违法行为经常还会涉及警察、法院、社会服务机构以及学生的家长和同伴（Fowler, 2011）。不过，有一些指导原则可用于预防违法行为和严重的不良行为。

预防方案

如本章前面所述，最容易处理的行为问题是那些从未发生过的行为问题。有证据表明，许多方法可有效预防严重的行为问题。一种方法是创设安全的、亲社会的课堂环境，公开讨论不良行为及其预防方法（Learning First Alliance, 2001; Osher, Dwyer, & Jackson, 2004）。另一种方法是给学生提供机会，让他们在有益于学校和社区的活动中扮演亲社会角色，如志愿者、辅导教师或领导者（Allen, 2003; Freiberg & Lapointe, 2006; Goodwin, 2012b）。在民主的参与式课堂上，学生可通过某些途径在这种积极的环境中获得认可和进行自我控制，从而降低冲动水平（Greene, 2011; Hyman & Snook, 2000）。研究发现，规模较小、人文气氛较好的学校能减少校园欺凌现象和暴力行为（Pellegrini, 2002）。能够提升学业成绩的方案通常也会影响学生的行为（Barr & Parrett, 2001; Greene, 2011）。这类策略将预防性活动融入了学生的日常生活，而不是额外针对某些学生进行专门的训练。

识别不良行为的原因

虽然具有某些特征的学生要比其他学生更容易表现出不良行为，但导致不良行为的并不是这些特征本身。某些学生做出不良行为，是因为他们觉得不良行为要比良好行为带来的奖励更有价值。例如，在学校中没有体验过成功的学生可能认为，因努力学习和表现良好而获得的奖励微不足道，因此他们转而追求来自别处的奖励。有些学生，尤其是那些在许多领域都遭遇失败的学生，可能在奉行轻视学习和其他亲社会行为准则的团体中找到了自己的定位（Wentzel, 2003）。不良同伴群体在维持个体的不良行为中所起的作用绝对不容忽视。青少年的违法乱纪行为通常表现为团伙作案，而这些行为又会受到反社会的同伴群体规则的强化（Gardner & Steinberg, 2005; Perkins & Borden, 2003）。

坚持规则并实施

教师必须始终如一地要求学生遵守学校的规则。例如，要立刻纠正乱涂乱画或者其他破坏行为，这样其他学生就不会以为不良行为是常见的或可接受的。然而，在执行规则时应当宽严相济，死板地实施“零容忍”政策通常会适得其反（Browne-Dianis, 2011; Freiberg & Reyes, 2008）。

加强学生的出勤管理

旷课和不良行为之间存在高相关：当学生游离在学校外面时，经常会在社区制造麻烦。此外，无故旷课也是低学业成就的一个重要预测因素（Gottfried, 2009）。可用来减少学生旷课行为的有效方法有很多种（Casoli-Reardon et al., 2012; Fisher, Frey, & Lapp, 2011; Lehr, Hansen, Sinclair, & Christenson, 2003; Snyder et al., 2010）。在一项经典研究中，布鲁克斯（Brooks, 1975）曾要求有严重旷课问题的高中生带上出勤卡，由任课教师在每节课后签名。学生每出勤一次都可以获得一张奖券，如果在课堂上表现良好且连续 5 天没有旷课则可获得额外的奖券。奖券可用来兑换各种奖品。在实施该方案之前，目标学生的旷课天数高达 60%。在实施该方案的过程中，旷课天数降低至 19%。与此同时，那些有旷课问题但没有参与该方案的学生的旷课天数从 59% 升至 79%。

巴伯等人（Barber & Kagey, 1977）制订了这样一个方案：根据学生的出勤情况来决定他们是否可以参加每月一次的聚会。聚会期间会开展各种活动，基于自身的出勤天数，学生能参加其中的几项或全部活动。这一方案显著提高了整所小学的出勤率。

为了提高长期旷课的初中生的出勤率，菲奥达里索等人（Fiordaliso, Lordeman, Filipczak, & Friedman, 1977）使用了下述方案：若能连续几天按时出勤，学校就将这一好消息通知学生的家长。至于连续出勤多少天才可以通知家长，这取决于学生先前旷课的严重程度。对于那些过去每个月旷课 6 天及以上的学生而言，如果能连续出勤 3 天，就可以通知家长。

理论应用于实践

检查和联系

通过检查和联系这种模式，驻校“监督员”可以与学生、家庭和学校工作人员进行协作，以提高学生的出勤率和参与度。研究表明，这种方案能够显著提升小学生的出勤率（Lehr, Sinclair, & Christenson, 2004），并能有效降低初中生的辍学率，显著改善全校中学生的整体表现（Sinclair, Christenson, Evelo, & Hurley, 1998）。检查和联系包括以下要素（Lehr et al., 2004; Pohl & Storm, 2014; Stout & Pohl, 2012）：

- **建立关系。**承诺长期致力于培养学生的教育成就，借此促进彼此相互信任与开诚布公的交流。
- **对可变指标进行日常监控。**系统地检查退缩行为的警戒信号（出勤、学习表现、行为），这些信号很容易被学校工作人员观察到，并且可以通过干预来改变。
- **个别化的及时干预。**根据学生在校的参与度、家庭和学校的相关影响以及对当地资源的充分利用，为每个学生提供量身定制的支持。
- **长期的承诺。**承诺陪伴学生及其家人至少 2 年，包括在学生升学过渡期间进行追踪，以及横跨不同的学校和项目对高流动性青少年进行追踪。
- **坚持不懈。** 保持稳定的学业动机来源，熟悉学生及其家人的现状，始终向学生传递这一信息：“教育对你的未来十分重要”。
- **问题解决。**促进学生获得那些可建设性地解决冲突的技能并寻求解决方法，而不是将其作为指责的对象。
- **建立对学校和学习的归属感。**丰富学生参加与学校相关的活动和项目的途径，并提高其参与的积极性。

实施干预

应当使用课堂管理策略来减少不良行为，以免其恶化为违法行为。改善学生的在校行为和提高学生的在校成绩有助于预防违法行为（Bender, 2015; Benson, 2014; Campbell Collaboration, 2016; Losen, 2015 ; Walker & Gresham, 2013）。例如，霍金斯等人（Hawkins, Guo, Hill, Battin-Pearson, & Abbott, 2001）运用诸如本章所强调的预防性课堂管理方法以及交互式教学和合作学习，来帮助成绩较差的七年级学生。与控制组的学生相比，参与该实验方案的学生较少被勒令停学和开除，并且这些学生对学校的态度更为积极，更有可能完成高中学业。弗莱贝格和拉庞特（Freiberg & Lapointe, 2006）对这类较有应用前景的预防方法的相关研究进行了综述。其中有一套针对家庭或学校、名为“不可思议的岁月”的方案，主要用于教授社会–情绪调节策略。多项研究发现，该方案能够有效地改善学生的行为（Hutchings, 2012; Webster-Stratton, 2012）。在课堂中运用应用行为分析程序处理不当行为，也有助于预防违法行为（Bradshaw, 2012; Walker & Gresham, 2003）。对那些有违法倾向的学生而言，群体相倚尤为有效，因为这种策略使其不良行为无法得到同伴的支持。

资格认证指南

教师资格认证考试可能要求你进行案例分析并给出建议，帮助学生掌握社会交往技能，以解决案例中所描述的冲突。

邀请家庭参与

邀请学生的家庭共同管理严重不良行为。当学生出现不良行为时，应当告知家长。假如不良行为持续出现，学校应与家长一起制定方案（如依托家庭的强化程序），结合家庭和学校的力量对不良行为进行协同管理（Berger & Riojas-Cortez, 2016; Feil, Frey, & Golly, 2012; Gettinger, Brodhagen, Butler, & Schienebeck, 2013）。有一些较为成熟的项目，如"指导正确选择"（Haggerty & Kosterman, 2012）和"不可思议的岁月"（Webster-Stratton, 2012）等，都已被证明能够帮助父母促进青少年的积极行为，减少其消极行为（Terzian, Hamilton, & Ericson, 2011）。

运用同伴调解

学生可以被训练成为同伴调解员，特别是解决同学之间的冲突。可以要求那些与其他同学有矛盾的学生将其问题交给同伴调解员而不是交给成人去解决。同伴调解员自己也可以积极寻找同学之间存在的人际交往问题，并及时提供帮助。研究发现，同伴调解员能够有效解决从侮辱、不公正感到偷窃，再到肢体暴力等各种人际交往方面的问题（Frey & Nolen, 2010）。然而，要使同伴调解员的工作真正有效，就必须对他们进行精心的培训和督导。图 11.4 是一项冲突管理方案中使用的同伴调解指南。

对抗欺凌

校园欺凌（bullying）是各级学校普遍面临的一个问题，一些学生会反复捉弄弱小的同伴。调查表明，在 6 至 10 年级的学生群体中，有 30% 的学生曾经参与欺凌（Espelage, Holt, & Poteat, 2010）。

1. 自我介绍："你们好。我的名字叫＿＿＿＿＿＿。我是冲突调解员，这是我的同伴＿＿＿＿＿＿。"
2. 询问冲突双方："你们是想和我们还是想和教师一起解决问题？"如有必要，可以移步到一个安静的地方。
3. 向冲突双方说明："首先你们必须同意四条规则"：
   a. 同意解决问题；
   b. 不骂人；
   c. 不打断；
   d. 说实话。
4. 一号冲突调解员问学生甲："发生了什么事情？你有什么感受？"一号冲突调解员主动倾听，重复学生甲所说的话："哦，你说的是……"
5. 二号冲突调解员问学生乙："发生了什么事情？你有什么感受？"二号冲突调解员主动倾听，重复学生乙所说的话："哦，你说的是……"
6. 问学生甲："你有没有解决方案？"问学生乙："你同意这个解决方案吗？"假如不同意，还可以问："你有其他解决方案吗？"依此类推，直到双方就某一解决方案达成一致。
7. 让冲突双方彼此说出刚才达成的协议："你们能否给对方讲讲刚才达成一致的方案？"
8. 祝贺双方："谢谢你们努力解决问题。祝贺你们。"
9. 填写冲突管理报告表。

图 11.4　同伴冲突管理

资料来源：Classroom Law Project, Portland, OR.

欺凌在男生中尤其常见。1998 年，一项由美国国家儿童健康与人类发展研究所进行的调查发现（Nansel, Overpeck, Pilla, Ruan, Simons-Morton, & Scheidti, 2001），男生更有可能报告自己是欺凌者（26%）或被欺凌者（21%），而在女生中这两类情况的比例均为 14%（Levin & Nolan, 2010）。初中和高中阶段的比例要比小学高得多（Sampson, 2002）。在一项调查中，50% 的高中生承认参与过欺凌，而 47% 报告自己曾被欺凌（Goodwin, 2011a）。欺凌对欺凌者和被欺凌者都会产生严重的负面影响，它会演变为不断升级的暴力，并且导致抑郁和焦虑（Espelage et al., 2010）。近些年来，网络欺凌也变得越来越常见，包括贬低他人、恶意谣言以及在社交网站上发布侮辱性图片（Lawner & Terzian, 2013）。

链接 11.7
若想了解有关网络欺凌的更多内容，请参见第 9 章。

研究者在对经历过欺凌的学生的访谈中发现，很少有人能独自解决这些问题。若要制止欺凌，需要告诉成年人或其他同伴（Davis & Nixon, 2011）。这凸显了营造这样一种学校氛围的重要性：举报欺凌行为会得到鼓励，而不会被视为“打小报告”。

预防校园欺凌的有效方法包括以下几个方面（Ansary, Greene, & Green, 2015; Emmer & Evertson, 2012; Farrington & Ttofi, 2009; Lawner & Terzian, 2013; Levin et al, 2016; Murawski, Lockwood, Khalili, & Johnston, 2010; Swearer, Espelage, Vaillancourt, & Hymel, 2010; Weissbourd & Jones, 2012）：

1. 在全校范围内制定并宣传反欺凌政策（Cross, Thompson, & Erceg, 2014）；
2. 在全校范围内开展教育，让学生了解欺凌及其消极后果，引导全校学生共同努力消除欺凌（Lawner & Terzian, 2013; Rodkin, 2011）；
3. 提供社交技能方面的训练，赞赏参与亲社会行为的学生。同理心、冲动控制和愤怒管理是尤其重要的技能（Frey, Hirschstein, & Guzzo, 2000）；
4. 对经常发生欺凌行为的地点和活动进行监控；
5. 规定欺凌者须承担的后果；
6. 让家长一同参与对欺凌问题的讨论并寻求解决方案（Lawner & Terzian, 2013）。

明智而审慎地运用后果法

除非学生有特别严重的不良行为，否则应尽量避免将停学（或者开除）作为惩罚方式。停学通常会加重旷课问题，一方面是学生因此耽误了功课，另一方面是学生有可能在停学期间沾染校外不良习气。校内停课、放学后留校以及其他惩罚更为有效（Benson, 2014; Bender, 2015）。如果某个学生对他人造成了伤害，该生应该有机会以某种形式进行补偿（Mirsky, 2011; Smith, Fisher, & Frey, 2015）。

当学生表现出不良行为时，应当予以惩罚，但是惩罚应当简短。对学生进行暂时隔离是一种常用的惩罚方式，并且对大部分学生都很有效。此外，还可以使用特权剥夺。然而，不管实施哪种惩罚，都不应该持续太长时间。比如，最好是让表现出不良行为的学生两天内不得参与橄榄球训练，而不是勒令其离开球队。原因之一在于，一旦学生离开球队，学校就几乎不能给该生提供其他任何有价值的事物了。每个孩子的天性都有两面，他们既可以表现出良好行为，也可以表现出不良行为。学校必须既与每个孩子的不良行为作斗争，又要支持其良好行为。不允许犯错的学生以与其他同学平等的地位重返教室，这种过于严厉的惩罚可能将学生推向反社会的不良亚文化群体。当一个学生已经受到了诸如失去特权、放学后留校或者其他可能的惩罚来弥补过错时，他 / 她必须被重新完全接纳为班级的一员。

本章概要

有效的学习环境

为了营造有效的学习环境，教师需要运用策略来维持学生的适宜行为，以及应对班级中的不良行为。保持学生的兴趣和参与度，展现教师的热情，这些对于预防不良行为都非常重要。营造有效的学习环境需要的是一系列教师可以学习和应用的技术。

时间对学习产生的影响

最大化分配时间的方法包括避免推迟上课时间和提前结束授课，防止干扰，流畅而快速地处理日常事务，尽量减少用于维持课堂纪律的时间，以及有效地运用投入时间。投入时间，即投入任务时间，是指每个学生真正用于做功课的时间。教师可以通过多种方式来最大限度地增加投入时间，如教授有吸引力的课程、保持教学节奏、保持教学的流畅性、管理过渡环节、维持团体注意以及一心多用。在以学生为中心的课堂上，学生对课堂管理的参与度更高，可以参与制定行为标准。然而，规则仍然是必需的，并且要反复向学生说明规则，始终如一地执行规则。

有助于进行有效课堂管理的做法

促进有效课堂管理的做法主要包括良好的学年开端，以及制定课堂规则和程序。要向学生清楚地解释这些规则与程序，并且应当及时、公正地使用。

管理日常不良行为的策略

课堂纪律的一项原则是管理好日常教学中的不良行为。最小干预原则是指应用最简单但有效的方法。干扰程度从小到大的一系列策略包括：预防不良行为；非言语线索，比如通过眼神交流来阻止轻微的不良行为；表扬与不良行为相对的良好行为；表扬其他表现良好的学生；学生出现不良行为后，立刻给予简单的言语提醒；反复进行言语提醒；当学生拒绝服从时，让其承担后果。针对严重的行为问题，必须立即让学生承担确定的后果。通知学生的家长也是一种有效的方法。

如何使用应用行为分析来管理更为严重的行为问题

对于日常不良行为和严重不良行为，最普遍的强化物是来自教师或同伴的关注。当学生表现出不良行为试图赢得教师的关注时，一种有效的策略是尽可能关注学生正确的行为而忽视其不良行为。训斥往往会强化不良行为。

对那些在学校中有顽固行为问题的学生，个体行为管理策略是有用的。在确立行为的基线水平之后，教师需要选择强化物，如口头表扬或者小的物质奖励，同时也要确定拟使用的惩罚方式，如暂时隔离（让孩子离开能强化其不良行为的环境）。教师还应确立使用强化和惩罚的标准。

依托家庭的强化策略也许要求学生将每日或者每周报告卡带回家，并指导家长如何根据这些报告来提供奖励。实施该方案的步骤包括：确定每日报告卡包括哪些行为，以及向家长解释这项方案。

群体相倚程序是根据群体成员的行为表现来决定是否对整个群体进行奖励。

一种反对行为管理技术的意见认为，它们可能会被用来过度控制学生。无论何时，教师在运用行为管理策略时都应该尽量使用表扬和强化，而将惩罚作为最后的选择。

严重行为问题的预防

几乎没有什么方法可以杜绝违法行为，但有一些基本原则可供参考，包括：清

有意识的教师

运用你所了解的有关有效学习环境的知识来改善教与学

有意识的教师是课堂领导者，他们负责管理时间、活动和行为。作为课堂管理者，其成功的关键在于进行具有强烈吸引力的、有意义的教学。有意识的教师会通过构建积极的、协调一致的课堂环境来充分利用教学时间，这种课堂环境具有合理的纪律要求以及时间安排。他们会积极地预防不良行为，并就可能出现的不良行为预先拟定一系列应对措施。有意识的教师的行为说明他们深知，有效的学习环境源于精心的计划和敏锐的监控。

一位有意识的教师应当：

- 精心安排教学时间，以确保有充足的时间进行高质量的教学；
- 尽量减少干扰和浪费时间的活动；
- 专注于通过教授快节奏的、富有挑战性和吸引力的课程来增加投入时间，而不是依靠纪律策略来维持较高的投入任务时间；
- 实现良好的学年开端，让学生参与制定课堂规则，并建立应对日常管理的有效程序；
- 采用干扰程度最小的有效干预策略来管理日常不良行为；
- 使用积极的、不打断教学的课堂管理方法，例如通过采用有吸引力的方法防止不良行为，使用非语言线索提醒学生，以及表扬达到期望表现的学生；
- 在必要的情况下，采用经过验证的、实用的行为矫正方法来改善学生的行为；这些方法应当重在强化而非惩罚，并且绝不能包含体罚；
- 可能会运用如群体相倚和依托家庭的强化等成熟的方法来解决行为问题；
- 通过让家长参与、使用同伴调解和提高出勤率等方式来预防更严重的行为问题；
- 在行为问题持续存在的情况下，考虑使用温和但明确的后果法。

楚地解释并一以贯之地执行课堂规则，尽可能减少旷课行为，避免采用班级间能力分组，运用预防性课堂管理策略，让家长参与对严重行为问题的处理，运用同伴调解，避免使用停学，运用简短的惩罚，惩罚后重新接纳学生。检查和联系正是一种体现以上多项原则的方案。

关键术语

课堂管理
课程纪律
投入时间
投入任务时间
分配时间
责任心
团体警示
一心多用
非言语线索
应用行为分析
群体相倚
行为矫正
暂时隔离
依托家庭的强化策略
群体相倚程序

自我评估：资格认证练习

指导语：本章开篇案例强调了州级资格认证考试中常出现的一些评价指标。请重读开篇案例，回答下列问题。

1. 卡瓦略女士尽量避免课堂中出现行为问题和教学干扰。下面哪个术语描述了她和马克之间的互动？
   a. 管理
   b. 纪律
   c. 学习环境
   d. 教学
2. 根据有关研究，推测卡瓦略女士是如何在课堂中提高学生成绩的？
   a. 增加分配时间，使之比正常的教学时间多 10%。
   b. 增加投入时间，100% 地利用了分配时间。
   c. 增加投入时间，使之比正常的投入时间多 10%。
   d. 通过推迟上课时间和提前下课来减少分配时间。
3. 即使马克试图打断，卡瓦略女士也能继续教授写作风格课。这被称作：
   a. 投入时间
   b. 分配时间
   c. 教学节奏
   d. 一心多用
4. 卡瓦略女士在课堂中运用了“最小干预原则”。首先，她尽量防止不适当的行为，如果不奏效，就使用非言语线索和言语提醒来处理不当行为。她已经对马克运用了这些策略。假定在他们讨论之后，马克的行为并没有改变。那么她接下来该如何做？
   a. 运用后果法
   b. 表扬适当的行为
   c. 要求学生解决这个问题
   d. 忽视这种行为
5. 每日报告卡、群体相倚程序、依托家庭的强化程序以及个体行为管理程序都是基于：
   a. 坚定的纪律训练
   b. 不良行为预防
   c. 行为主义学习理论
   d. 最小干预原则
6. 讨论运用个体行为管理程序和群体行为管理程序面临的伦理问题。
7. 解释教师应如何预防这些不良行为：随意讲话、取笑他人、打架。

BSIP SA/Alamy Stock Photo

第 12 章

特殊学习者

本章提纲

谁是特殊学习者

“以人为本”的语言

特殊问题的类型以及接受特殊服务的学生人数

智力障碍学生

学习障碍学生

注意缺陷多动障碍学生

言语或语言障碍学生

情绪和行为障碍学生

自闭症谱系障碍学生

感官、身体和健康受损的学生

天才学生

特殊教育

94-142 公法与 IDEA

系列特殊教育服务

响应干预

层级一：预防

层级二：即时干预

层级三：强化干预

学习成果

学完本章后，你应当能够：

12.1 确定需要接受特殊教育的学生中最常见的特殊问题；

12.2 描述界定特殊教育的法规与政策；

12.3 讨论针对特殊学生的有效教育策略，包括响应干预和融合教育；

12.4 描述特殊学习者如何影响有意识的教学。

本章提纲（续）

融合教育

融合教育的有关研究

普通教育中针对残障学生的有效策略

调整教学

教授学习策略并培养元认知意识

预防和早期干预

针对阅读困难者的辅导和小组干预

计算机与残障学生

伙伴系统和同伴辅导

特殊教育团队

残障学生的社会整合

一天，多佛小学的副校长伊莱恩·瓦格纳刚上班就被秘书叫住了。

"早上好，"秘书说，"有位叫海伦·罗斯的女士想见您。她想让孩子到我们学校就读。她正在您的办公室，看上去很焦虑。我给她倒了杯咖啡，让她平静下来。"

"谢谢你，贝丝。"说罢，瓦格纳女士走进自己的办公室，向罗斯女士做了自我介绍。

"非常感谢您能见我，"罗斯女士说，"我们打算明年秋天搬到多佛来，我想在搬来之前先看看学校。我的孩子汤米该上二年级了，安妮该上幼儿园了。我真的很担心汤米。他在现在就读的学校中学得不是很好。都到春天了，他几乎还不会阅读。老师说他可能有学习障碍，学校也想安排他接受特殊教育，可我不喜欢这个建议。他在家中是个正常、快乐的孩子。他若发现自己被当成'异类'，可能会备受打击。我只是希望采取最利于他成长的措施。我来这里主要是想了解，你们会怎样对待像汤米这样的孩子。"

"好的，"瓦格纳女士说，"我可以告诉你的最重要的一点是，我们学校的教育理念是每一个孩子都能学习，我们的工作就是要努力满足每个孩子的需要。当然，因为我还不了解汤米，所以现在还不能准确地告诉你我们将会怎么做，但有几件事情我可以保证。第一，我们会立即关注他的阅读问题。我们相信，如果我们能预防问题，我们一定会竭尽全力。但如果问题仍然会出现，我们会尽早给予最密集的帮助。如果汤米确实有严重的阅读问题，我们可能会给他安排一对一的个别辅导，使他能很快追上其他二年级学生。第二，我们会尽可能把他安排在普通班。如果他确实需要接受特殊教育，我们也会提供。但在这所学校，在安排学生接受特殊教育安置测验以确定他们是否真的需要接受特殊教育之前，我们会用各种方式来尽力解决他们的学习问题。即使汤米确实符合接受特殊教育的标准，我们也会规划他的教育方案，使他尽可能与普通班一起学习。我们会为他制定个性化的教育方案。最后，我还要向你保证：你将能够非常深入地参与所有关于汤米的决策。我们还会经常向你汇报他的进步情况，并请你在家中配合，以确保他学习顺利。"

"瓦格纳女士，这听上去很令人振奋。但是，你如何既为汤米提供他所需要的帮助，又能使他继续留在普通班中呢？"

"不如我带你参观一下我们正在上课的班级，怎么样？"瓦格纳女士说，"也许参观之后，你会明白我所说的意思。"

瓦格纳女士陪同汤米的母亲穿过明净的走廊，走廊的墙上展示着学生的活动项目、艺术作品和作文。她们来到埃斯波西托老师所教的二年级课堂上，那里洋溢着欢乐和兴奋的活动氛围。孩子们正在进行小组活动，测量彼此的身高以及手指和脚的长度。一些孩子正在琢磨着如何测量彼此的头围。另一位名叫帕克的教师正和部分小组一起活动。

瓦格纳女士和罗斯女士返回走廊。瓦格纳女士说："我想让你看看我们是如何把有特殊需求的学生融入普通教学班的。你能分辨出哪些学生有特殊需求吗？"

"不能。"罗斯女士承认道。

"这就是我们希望做到的：创设能让有特殊需要的学生融入其中的课堂，让你无法把他们区分出来。帕克女士是低年级学生的特殊教育老师。在数学和阅读课上，她会和埃斯波西托老师合作，为所有需要特殊教育的二年级学生提供服务。当然，帕克老师会帮助任何有困难的学生，而不只是有特殊需要的学生。因为她的主要职责就是预防学生产生某些特殊问题。有时她会单独与需要帮助的孩子或小组一起学习。她经常提前把要学习的技能教给这些孩子，以便为课上的学习做好充分的准备。比如，在这节课之前，她可能已经和部分孩子一起预习了测量的一些知识，这样上课时他们就比较容易理解这个概念了。”

瓦格纳女士和罗斯女士又来到阅览室旁边的一间小教室。瓦格纳透过窗户指向一位正在教一个孩子的老师：“那是一位个别辅导教师，她正与一名阅读有困难的一年级学生一起学习。如果换作汤米，他也会这样做。我们会竭尽全力，尽量使孩子从一开始就不掉队，这样他们就不需要接受特殊教育，而是与同学们共同进步。”

瓦格纳女士带着罗斯女士参观了整所学校。在一个班级里，一名有视觉障碍的孩子正在阅读计算机上的文章，屏幕上的字母有一英寸之大。在另一个班上，他们看到一位患有唐氏综合征的儿童正在一个合作学习小组中完成科学课上的项目。在第三间教室中，一个坐在轮椅中的儿童正在引导课堂讨论。

罗斯女士看得有些入迷了。

“我没想到学校还可以是这样的。我很高兴我们就要搬到多佛来了。对我的两个孩子来说，你们学校是非常理想的。我真希望两年前我们就搬来了！”

运用你的经验

合作学习 5 人一组，讨论汤米以及与他类似的学生。5 个人分别扮演瓦格纳女士、汤米未来的任课老师埃斯波西托先生、罗斯女士、特殊教育老师帕克女士以及学区的特殊教育负责人。讨论可以通过什么方式来筛查汤米是否具有潜在的阅读学习障碍。如果他确实存在阅读障碍，列出老师可能采取的策略。

合作学习 将小组中的 4 名同学两两配对。让每位同学对搭档进行访谈，询问阅读学习障碍的表现是什么（或者说如何识别阅读障碍），以及教师面对这种情况时应该如何处理。之后请两名访谈者向小组分享从访谈中学到的知识。然后交换角色，重复进行上述活动。

多佛小学主要围绕以下两个关键理念来组织教学活动：一是所有的儿童都能够学习；二是学校有责任设法在普通教育班级中最大限度地满足每个儿童的需要。多佛小学致力于发现儿童的优势与问题，并尽可能为每个儿童提供最好的教育方案。每所学校都有这样的特殊儿童：如果能给予他们学习所需的特殊支持，那么他们便可以在学校中表现得很好。本章描述了特殊儿童以及旨在帮助他们充分发挥潜能的教育方案。

InTASC 标准 1
学习者的发展

InTASC 标准 2
学习差异

InTASC 标准 3
学习环境

谁是特殊学习者

从某种意义上说，每个儿童都是特殊的。没有哪两个儿童在学习、行为方式、活动、偏好、技能和动机等方面是完全一样的。所有学生都会从根据其个人需求量身定制的教育方案中受益。

但从可行性上来说，学校不可能精准地满足每个学生的需要。为了保证效率，学校会将学生分班，实施共同的教学活动。这种教学设计的目的是，以适度的投入使尽可能多的学习者获得最大程度的收益。这种体制对绝大多数学生而言都是比较合理的。然而，某些学生却难以适应这种模式。一些学生有身体或感官残障，如听力或视觉丧失，或肢体缺陷。如果不提供特殊帮助，他们将难以参与到普通班级的课堂活动中去。另外一些学生存在智力障碍，情绪、行为障碍或学习障碍，这使他们很难在缺乏帮助的情况下参与正常的课堂学习。此外，还有一些学生具有超常的天赋，普通班级的教师在缺乏帮助的情况下也难以满足他们的独特需求。

只有那些患有少数几种指定类型的残障或障碍的学生才有条件接受特殊教育服

资格认证指南

教师资格考试将要求你识别学习者的特殊问题范围，包括学习障碍、视觉和感知困难，以及身体层面的具体挑战。

务。诸如“特定学习障碍”“智力障碍”或“肢体损伤”的概括性标签实际上囊括了各种各样的问题。

这类标签通常难以去除，使学生的改变变得困难，而标签本身也可能成为学生发展的障碍。专业教育人员必须避免以非人性化的方式使用标签，以防无意中使学生蒙上污名，将他们从社会意义上的同伴群体中孤立出来，或纵容对他们进行任何形式的歧视（Hehir, 2007）。**特殊学习者**（learners with exceptionalities）这个术语可用来描述任何在身体、心理或行为表现上与常人差异较大（无论更高还是更低），以至于需要额外的服务来满足其需求的个体。

残障和受限这两个术语不可互相替代。**残障**（disability）是指个体的功能局限，这种局限阻碍了个体运用身体或认知能力。**受限**（handicap）是社会、物理环境或本人的态度强行施加给残障者的一种状态。例如，一个使用轮椅的学生会因没有无障碍坡道可用的现实情况而受限（Friend & Bursuck, 2016; Hallahan, Kauffman, & Pullen, 2015; Turnbull, Turnbull, Wehmeyer, & Shogren, 2016）。

“以人为本”的语言

在提及残障人士时，重要的是要确保我们的语言、用词和所用术语传递出应有的尊重。我们要铭记两条基本原则。第一，以人为本。比如，可以把弗朗基称为有某种学习障碍的学生，而不是“学习障碍儿童”。首先要认识到他是一个学生，而他有学习障碍这一事实是次要的。第二，避免把人与残障画等号（Smith et al., 2016）。每个学生都有很多特征，残障只是其中之一。用残障来定义孩子是不公平的。下面几节将讨论学校中最常见的几类有特殊问题的学生的特征。

特殊问题的类型以及接受特殊服务的学生人数

视觉或听觉丧失等特殊问题相对比较容易界定和测量，而智力障碍、学习障碍、自闭症谱系障碍和情绪障碍等则较难界定，并且这些定义会随着时间的推移发生变化。实际上，近几十年来，对特殊学生类型的划分已经发生了巨大的变化（Hallahan et al., 2015）。自 20 世纪 70 年代中期开始，最容易界定的残障类别（如身体损伤）中的儿童人数一直相当稳定。然而，被归为有学习障碍的学生人数在持续增加，被认定为自闭症谱系障碍的学生人数也出现猛增，而对“智力障碍”这一类别的使用则大大减少。

图 12.1（U.S. Department of Education, 2014）显示了从 2013 年至 2014 年，3~21 岁的学生群体中接受各类特殊教育服务的人数百分比。这幅图包含了几条重要信息。首先要注意到的是，接受特殊教育的学生人数占比约为 12.9%。也就是说，每 8 名 3~21 岁的学生中就有 1 人被归入特殊学生之列。其中，人数占比最高的类别是特定学习障碍（占总数的 4.5%），其次是言语或语言损伤（2.7%）。与 1980 年至 1981 年的调查结果相比，存在智力障碍的儿童的比例从 2.0% 下降到 0.9%，而存在特定学习障碍的儿童的比例从 3.6% 上升到 4.5%。这并不一定是源于孩子自身的变化，而可能是源于定义的差异。

图 12.2 显示了 2013—2014 年接受特殊教育的 3~21 岁学生中各类残障学生所占的百分比（U.S. Department of Education, 2014）。特定学习障碍（占残障学生总数的 35%）、言语和语言损伤（20.6%）、智力障碍（6.6%）远比身体或感官残障更常见。

所有残障类型	12.9
特定学习障碍	4.5
言语或语言损伤	2.7
智力障碍	0.8
情绪紊乱	0.7
听力损伤	0.2
肢体损伤	0.1
其他健康损伤	1.5
视觉损伤	0.1
多重残障	0.3
自闭症	1.1
创伤性大脑损伤	0.1
发育迟缓	0.8

图 12.1 2013—2014 年接受特殊教育服务的 3~21 岁学生占公立学校总入学人数的百分比

资料来源：U.S. Department of Education, Office of Special Education Programs, Individuals with Disabilities Education Act (IDEA) (2015). *Digest of Education Statistics table 204.30*. Washington, DC: Author.

所有残障类型	100
特定学习障碍	35
言语或语言损伤	20.6
智力障碍	6.6
情绪紊乱	5.5
听力损伤	1.2
肢体损伤	0.9
其他健康损伤	12
多重残障	2.0
自闭症	8.3
发育迟缓	6.3
其他	1.6

图 12.2 2013—2014 年接受特殊教育服务的 3~21 岁学生占各类残障学生总数的百分比

资料来源：U.S. Department of Education, Office of Special Education Programs, Individuals with Disabilities Education Act (IDEA) (2015). *Digest of Education Statistics table 204.30*. Washington, DC: Author.

在由 25 名学生组成的班级里，平均有 1~2 个有学习障碍的学生和 1 个有言语损伤的学生。相比之下，在由 40 名学生组成的班级里，才会有 1 名听力或视觉丧失者或者有身体残障的学生。

智力障碍学生

根据美国智力和发展障碍协会（the American Association on Intellectual and Developmental Disabilities, AAIDD, 2010）的定义，**智力障碍**（intellectual disabilities）是一种以心智机能和适应性行为两方面都显著受限为特征的障碍。这类个体通常在智力测验中得分较低，也难以在个人独立性和社会责任性等方面达到相应年龄的预期标准（Hallahan et al., 2015; Turnbull et al., 2016）。此类智力以及适应性行为方面的缺陷会在胎儿期到 18 岁之间的某个阶段开始显现。

智力障碍的成因　智力障碍的成因主要包括：遗传；染色体异常，如唐氏综合征（Turner & Alborz, 2003）；胎儿期的母婴传播疾病，如风疹（德国麻疹）和梅毒；母亲在怀孕期间滥用酒精或可卡因导致的胎儿化学物质依赖综合征；分娩事故导致的大脑缺氧；儿童期疾病和事故，如脑炎和创伤性脑损伤；环境毒物污染，如铅中毒（Hallahan et al., 2015）。其中大部分（尤其是铅中毒）极易发生在贫困或缺乏保障的地区（Murphey & Redd, 2014）。

链接 12.1
想了解更多有关智商的内容，请参见第 4 章。

链接 12.2
想了解更多有关智商测验的内容，请参见第 14 章。

智商（IQ）　为了更好地理解确定智力障碍儿童认知受损的严重程度的标准，首先要回忆一下第 4 章中**智商**（intelligence quotient, IQ）这个概念。IQ 来源于标准化测验的分数。一般认为，IQ 在 70 以上是正常的。略多于 2% 的学生的 IQ 低于这个临界值。但是，专业教育人员并不仅仅使用 IQ 这个单一的指标来确定学生认知受损的严重程度。他们通常还会考虑学生在学校和家庭中的表现、在其他测验中的分数以及文化背景等因素。

智力障碍的分类　智力障碍儿童及青少年的主要分类依据是个体的智力功能和适应性技能，以及个体所需的支持（AAIDD, 2010; Turnbull et al., 2016）。表 12.1 界定了智力障碍者可能需要的四类服务及其相应示例。

无论我们如何定义上述类别，那些需要间歇支持或有限支持的轻度智力障碍儿童都很少在入学前被鉴别出来（Hallahan et al., 2015; Heward, 2013）。这类儿童是智力障碍患者中占比最大的群体，并且他们在家里可能表现得完全正常。

越来越多的证据表明，通过改善产前护理，保证充足的营养，预防各种事故、疾病和接触有毒物质（如含铅涂料）以及在儿童早期为其提供安全、刺激丰富的支持性环境等措施，多达 50% 的智力障碍病例本可以避免患病（Heward, 2013）。研究发现，注重给婴儿提供刺激的早期强化干预方案、有效的学前教育方案、父母支持方案以及其他服务会持久影响那些有智力障碍风险的儿童的表现（Bradley et al., 1994; Campbell & Ramey, 1994; Noonan & McCormick, 1993; Ramey & Ramey, 1992）。即使是那些需要普遍支持的智力障碍儿童，也能从早期的强化干预方案中获益匪浅。一项实验发现，在 4 年的时间里，频繁为智商在 40~80 之间的孩子提供一对一

表 12.1　针对智力障碍儿童和青少年的支持强度

支持类型	定义及示例
间歇型	根据需要提供支持。具有偶发性特点，人们并不总是需要支持，或只在生命中的某些过渡期（如失业或急性健康危机）需要短期支持。这种间歇型支持的强度视具体情形可高可低。
有限型	其主要特征是具有长期一致性，有时间限制但并非间歇性的。与更高强度的支持相比，所需的人力和物力相对较少（比如，从上学到成年期间的限时就业培训或过渡性支持）。
扩展型	其主要特征是在某些环境中（如居家工作）给予定期支持（如每天），且没有时间限制（如长期支持和长期居家生活支持）。
普遍型	其主要特征是在各种情境中提供稳定而高强度的、可维持其基本生存的支持。与扩展型支持和有限型支持相比，通常需要更多的人力且具有更强的介入性。

资料来源：AAMR, *Intellectual disabilities: Definitions, Classification, and Systems of Supports*, p. 26. Copyright 2002 by American Association on Mental Retardation. Reprinted by permission.

理论应用于实践

教授适应性行为技能

帮助智力障碍学生习得适应性行为技能的教学目标与那些对所有学生都有价值的教学目标并无太大差异。每个学生都需要应对学校的要求，发展人际关系，学习语言技能，在情绪方面获得成长并关照个人需求。区别在于，智力障碍学生可能在上述方面需要更为明确的指导。为了帮助学生，教师可以通过以下几个方面进行直接指导或提供支持（Cook & Tankersley, 2013; Friend & Bursuck, 2016; Hallahan, Kauffman, & Pullen, 2015; Heward, 2013）。

1. *应对学校的要求*。参与学习任务，安排好有关活动，听从指示，管理时间以及提出问题。
2. *发展人际关系*。学习与他人合作，对环境中的社会线索做出反应，使用社会可接受的语言，对教师的指令和提示做出恰当的回应，增强社会意识。
3. *发展语言技能*。理解指示，交流需求，表达观点，认真倾听，使用恰当的声调和音调。
4. *社会情绪发展*。寻求社会参与和社会互动（减少社交退缩行为），激发任务动机（减少任务回避、拖拉和懈怠）。
5. *自我照料*。养成良好的个人卫生习惯，独立穿衣，保管好个人财物，能够顺利地从一个地点到达另一个地点。

或小组辅导，能够对他们的阅读表现产生显著的积极影响（Allor, Mathes, Roberts, Cheatham, & Al Otaiba, 2014）。

“理论应用于实践”部分列举了几种方式，普通教育班级中的教师可用来帮助智力障碍学生习得适应性行为技能。本章后面的部分将讨论如何为有特殊需求的学生具体调整教学方式。

学习障碍学生

学习障碍（learning disabilities, LD）不单指一种缺陷，而是多种被认为是由脑或中枢神经系统的功能失调引起的特殊障碍。以下定义改编自美国学习障碍联合委员会（National Joint Committee on Learning Disabilities, 1988, p.1）：

> 学习障碍是多种障碍的统称，主要特征是在习得和使用听说读写、推理或计算能力等方面存在严重的困难。这些障碍源自个体本身，在一生中的任何时候都有可能出现。自我调节行为、社会知觉以及社会互动方面的问题可能会伴随学习障碍同时出现，但这些问题本身并不能构成学习障碍。学习障碍可能与其他受限状况一同出现，但并不是这些状况的直接结果。

资料来源：“Learning Disabilities: Issues on Definition.” Published by National Joint Committee on Learning Disabilities © 1988.

InTASC 标准 2

学习差异

识别学习障碍学生 哪些学生应归为学习障碍者？他们应该得到何种支持？根据对学习障碍的各种定义的不同解释，各州和各学区在这两个问题上有着很大的差异（Bender, 2012）。例如，在 2013 年，所有 3~21 岁的残障学生中有 35% 被确定有特定学习障碍（U.S. Department of Education, 2015）。

在某些学区，如果一个学生智商正常，但学习水平比正常学生落后两个年级以上，则该学生可能被认为有学习障碍。学习障碍学生具有以下部分或全部特征：

- 智力正常甚至有天赋；
- 智力与学习成绩不相符；
- 在个别或多个主要科目（如阅读或数学）上表现出成绩落后；
- 注意缺陷或容易分心；
- 多动或冲动；
- 动作协调能力以及空间关系能力较差；
- 难以解决问题；
- 知觉异常，如颠倒字母、单词和数字；
- 难以进行自我激励、自我调节的活动；
- 在完成作业时过度依赖教师和同伴；
- 在记忆、思维或语言方面存在某些特定障碍；
- 社会技能不成熟；
- 学习缺乏条理性。

过去，对学习障碍的界定需要提供证据，以证明学生的实际表现与在一项或多项认知功能测试（如智商测试）中的表现之间存在重大差异（Meyer & Rose, 2000; Siegel, 2003）。在实际操作中，许多儿童之所以被认定为有学习障碍，是由于他们在 IQ 测验的一个分量表与其他分量表之间，或者在一项能力测验与其他能力测验之间的表现存在显著差异。然而，在 20 世纪 90 年代，越来越多的研究者开始质疑这种强调偏差的做法。例如，弗莱彻和同事（Fletcher et al., 1994）调查了有阅读困难的 7.5~9.5 岁儿童。结果发现，某些儿童的 IQ 与他们的实际表现之间存在较大的差异，而另一些儿童的（低）IQ 分数却与他们较差的表现一致。而在之后进行的一系列覆盖范围更广泛的评估中，曾经有差异和“无差异”的两组儿童的表现却几乎完全相同。在这两种测验中，学生缺乏的是与阅读密切相关的技能。研究者在数学障碍学生中也发现了类似的模式（Swanson & Jerman, 2006）。这些研究动摇了先前的观点，即学习障碍的定义相当明确，它与低成就截然不同（Mercer & Pullen, 2009; Stuebing et al., 2002; Wong & Butler, 2013）。

基于这些研究，美国于 2004 年重新修正的主要特殊教育法 IDEA 不再将差异性作为学习障碍定义的一部分，并要求各州将学习障碍重新定义为：未能对基于充分验证的原则而实施的高质量教学做出回应。

学习障碍学生的特征 平均而言，学习障碍学生在学业方面的自尊往往低于那些没有学习障碍的学生，尽管二者在非学业方面的自尊水平是相似的（Elbaum & Vaughn, 2001; Kelly & Norwich, 2004; Manning, Bear, & Minke, 2001）。在大部分社会性维度上，学习障碍儿童与那些低成就学生有着相似的表现（Bender, 2015）。男生比女生更有可能被认定为有学习障碍。在特殊教育班级中，非裔家庭、拉丁裔家庭以及那些家长没上过大学的儿童的比例往往更高，而女生的比例则较少（Harry &

InTASC 标准 7

教学计划

InTASC 标准 8

教学策略

理论应用于实践

针对学习障碍学生的教学

学习障碍有多种类型，而且在教不同年龄的学习障碍学生时会遇到不同的问题。一般而言，适用于正常学生的有效策略同样也适用于学习障碍学生，只不过允许教师犯错误的空间更小。换言之，与其他学生相比，学习障碍学生更难从组织不善的教学中受益。下面是适用于对学习障碍学生进行有效教学的一般概念（Bender, 2015; Brooks, 2005; Cook & Tankersley, 2013; Connor, Alberto, Compton, & O'Connor, 2014; Gersten et al., 2009; Mercer & Pullen, 2009）。

1. 重在预防。许多导致学生被归为学习障碍者的学习缺陷是可以预防的。例如，高质量的儿童早期教育方案和低年级教学可以大大减少被认定为有学习障碍的儿童人数（Conyers et al., 2003; Snow et al., 1998）。对阅读困难的一年级学生进行结构化的一对一或小组辅导，对预防阅读障碍尤为有效（Blachman et al., 2014; May et al., 2015; Slavin, Lake, Davis, & Madden, 2011; Temple, Ogle, Crawford, & Freppon, 2016）。强调字母拼读法的早期阅读策略不仅有益于大部分儿童，对绝大多数有阅读障碍风险的儿童而言也至关重要（Cavanaugh et al., 2004; Galuschka, Ise, Krick, & Schutte-Korne, 2014）。显然，最容易应对的学习障碍是那些从未出现的障碍。

   人们认识到，绝大多数被归为学习障碍者的儿童在阅读方面都存在困难，因此，2004 年发布的 IDEA 修正案鼓励学校为身处风险的学生提供经过科学验证的阅读方案，并允许学校将高达 15% 的 IDEA 经费用于学习障碍的预防和早期干预，以防止学习吃力的学生落后到需要障碍诊断的程度。
2. 教授“学会学习”的技能。许多有学习障碍的学生缺乏有效的学习策略、考试策略等。而这些策略本身是可以传授的。许多研究表明，直接教给学习障碍学生各种学习策略和其他认知策略，可以显著改善他们的学业表现（Gersten, Fuchs, Williams, & Baker, 2001; Harris et al., 2001; Jackson & Lambert, 2010; Jitendra, Edwards, Sacks, & Jacobson, 2004; Swanson, 2001）。
3. 经常给予反馈。与其他学生相比，学习障碍学生不太可能在很少或完全没有得到反馈的情况下长时间进行富有成效的学习。如果教师能够对他们付出的努力给予频繁的反馈，尤其是对于其进步情况以及经过刻苦学习而获得的成就给予反馈，那么他们的表现会有所改善。例如，与需较长时间才能完成的作业相比，学习障碍儿童在完成简短、具体、可立即得到批改的作业时的表现更佳。如果布置的是需较长时间才能完成的项目或报告，教师应该帮助学生设立多个阶段性目标，并就每个目标给予及时反馈（Schunk, 2016）。
4. 运用教学策略，促使学生主动参与课程学习。学习障碍学生尤其难以从教师的长篇大论中学到知识。而当他们主动参与时，通常能学得最好。这意味着当班上有学习障碍学生时，教师应该大量地使用动手操作任务、合作学习或其他主动学习方法，但必须保证这些活动具备良好的结构、清晰的目标和明确的功能（Slavin, Lake, Davis, & Madden, 2011）
5. 运用有效的课堂管理方法。由于在信息加工和语言方面存在困难，许多学习障碍

（续）

学生在学校中会经受大量挫折，并因此表现出或轻或重的不良行为。有效的课堂管理方法，尤其是那些强调预防的方法，可以大大减少这种不良行为。例如，当教学方式多样、节奏明快并提供许多参与活动和得到成功回应的机会时，学习障碍学生更有可能做出积极反应（Bender, 2015; Charles et al., 2014; Jones & Jones, 2016）。

6. *将补充服务与课堂教学协调起来*。许多学习障碍学生需要某些形式的补充服务，如小组辅导、资源教师、一对一辅导或计算机辅助教学等。无论是何种形式的服务，它们都应该与常规的课程教学紧密地保持一致（Vaughn, Bos, & Schumm, 2014）。例如，如果一个学生正在课上学习《金银岛》，那么辅导者也应该帮助学生学习《金银岛》；如果一个学生正在数学课上学习分数，那么资源教师也应帮助学生掌握这部分内容。当然，有时补充服务无法与课堂教学完全协调，例如当学生需要掌握一些学习策略或其他必备技能时。然而，教师应该竭尽所能将两者联系起来，使学生能够在常规教学课堂上看到自己在补充项目中的努力付出所带来的立竿见影的学习回报。不应强求那些在学习中遇到极大困难的学生在这两种完全不同的、涉及不同主题的教学中保持平衡。

InTASC 标准 2
学习差异

InTASC 标准 7
教学计划

Klingner, 2014; O'Connor & Fernandez, 2006; Waitoller, Artiles, & Cheney, 2010）。2004年的 IDEA 修正案要求各州和联邦政府对特殊教育安置中的种族差异问题进行监督，并改变维持这种差异的政策。

注意缺陷多动障碍学生

注意缺陷多动障碍（attention deficit hyperactivity disorder, ADHD）学生由于专注能力有限，所以很难保持注意（Mash & Wolfe, 2003）。ADHD 的症状包括冲动行为和注意缺陷，以及有时会产生的多动行为。这些特征可以将 ADHD 学生与学习障碍学生区分开来，后者是由于其他未知原因而存在注意缺陷（American Psychiatric Association, 2011）。有 ADHD 的学生不一定适合接受特殊教育，除非他们还存在法律规定的符合接受特殊教育条件的某些障碍症状（Friend & Bursuck, 2016; Hallahan et al., 2015; Heward, 2013）。ADHD 是否应被单独划为一个诊断类别，在此问题上存有很大争议（APA, 2011）。据估计，约有 7.8% 的 4~17 岁儿童被诊断为 ADHD（Brown, 2007）。研究表明，患有 ADHD 的男孩比女孩多，其比例为 4:1~9:1 不等（Kauffman & Landrum, 2009）。ADHD 儿童可能会表现得很冲动，不经思考便草率行事，不分场合就随心所欲地行动，他们经常会注意力不集中，可能很难安静地坐着。大量 ADHD 患者在接受药物治疗，研究发现，有许多种药物可以使多动儿童变得更容易管理，并提高其学习成绩（Brown, 2007; Evans et al., 2000）。但它们同时又有副作用，如失眠、体重减轻以及血压变化。因此，只有在尝试过其他帮助儿童集中注意力的策略之后，才能够使用药物治疗。

理论应用于实践

ADHD 学生：教师的作用

注意缺陷多动障碍（ADHD）患者通常会表现出不专心、冲动和多动。从教育的角度来看，ADHD 学生由于缺乏专注能力，可能会产生明显的学习问题、行为问题和社会交往问题。如果班上有 ADHD 学生，普通班级的教师可以参照以下具体建议（Brown, 2007; Kauffman & Landrum, 2009; Rosenberg, Westling, & McLeskey, 2011）：

- 确保学生理解所有的课堂规则和程序；
- 为了预防分心，需仔细考虑 ADHD 学生的座位安排，使其靠近教师；
- 坚决执行第 11 章所述的有效的课堂管理规则；
- 要理解，尽管某些行为是不可取的，但并不意味着学生故意不服从，因为有时他们可能无法控制自己的行为；
- 允许多动的学生有更多的机会去活动；
- 尽量不要采用惩罚或威胁来管理学生的行为，而是强调对其良好行为的认可；对 ADHD 学生而言，使用每日报告卡（见第 11 章）尤为有效；
- 充分考虑分组的意图以及该组中其他成员的需要，从而合理地将 ADHD 学生分组；
- 教导学生管理自己的行为，包括自我监控、自我评价、自我强化和自我指导（Binder et al., 2000; Schunk, 2016）；
- 通过使用每日报告卡或其他工具来传递信息，与学生家庭保持持续沟通（参见第 11 章）；
- 与特殊教育专业人员合作，制订处理注意力问题的行为方案与教学计划。

资格认证指南

在教师认证考试的个案研究中，你可能会被要求给出建议，以帮助一个注意广度有限的学生专心听讲并组织概念。

言语或语言障碍学生

言语和语言问题是最常见的障碍之一。大约每 30 至 40 名学生中就有 1 名学生有严重的交流障碍，需要接受言语治疗或其他特殊教育服务。

尽管*言语*和*语言*这两个术语常常被混用，但二者的含义并不相同。语言是利用符号进行的思想交流，除了口头语言，还包括书面语言、手语、身体姿势以及其他交流方式。言语则是指发音的构成和序列。一个人有言语障碍而没有语言障碍，或者有语言障碍而没有言语障碍，这些情形都是有可能出现的（Bernstein & Tiegerman-Farber, 2009）。

言语障碍学生 **言语障碍**（speech disorders）表现为多种形式（Bernthal, Bankson, & Flipsen, 2013; Fogle, 2013），最常见的是构音（或音韵）障碍，如音节的遗漏、失真或替换。例如，一些学生难以发出 *r* 这个音，把“sorry”说成“sowee”。还有一些人发音时会咬舌，把“*s*”说成“*th*”，比如把“snake”说成“thnake”。

对许多幼儿园和一年级儿童来说，发音错误是很普遍的现象，从发展的角度看，这也是很正常的。经过在学校中的逐年学习，这种问题会迅速减少。不论是否接受言语治疗，中度和重度的构音障碍问题都将随着年级的升高而减少。鉴于此，言语治疗师通常不对有轻度发音问题的学生进行任何治疗。然而，如果某个学生的话语不能被理解，或发音问题给学生造成了心理或社会交往方面的困难（如被嘲弄），那就需要接受言语治疗。

所有类型的言语障碍都是由言语病理学家或言语治疗师进行诊断和治疗的。任课教师在其中的作用不像在帮助其他残障学生时那么重要。然而，任课教师确实有一个关键作用，那就是接纳有言语障碍的学生。大多数言语障碍最终会自愈，持续性的伤害往往不是语音上的，而是心理上的，因为有言语障碍的学生经常会遭受大量的取笑和社会排斥。教师可以通过几种方式来亲身示范如何接纳言语障碍学生。第一，教师应该耐心对待口吃或说话有困难的学生，绝不替这些学生说完他们要说的话，也不允许其他学生这样做。第二，教师应避免让言语障碍学生处于需要快速做出口头言语应答的高压情境中。第三，教师应该避免在课堂上当众矫正学生的发音。

链接 12.3
若想了解因英语水平有限而产生的语言问题，请参见第 4 章。

语言障碍学生　**语言障碍**（language disorders）指理解语言或用母语表达观点的能力受到损伤（Bernstein & Tiegerman-Farber, 2009; Kamhi & Catts, 2012; Vinson, 2012）。母语非英语的学生由于英语口语水平有限（English-speaking proficiency, LEP）而产生的语言问题不应被当成语言障碍。

链接 12.4
若想了解更多帮助处境不利家庭儿童解决问题的学前和小学教育方案，请参见第 9 章。

学生在理解语言方面（接受性语言障碍）或交流方面（表达性语言障碍）存在的问题可能是听力损伤或言语障碍等生理问题导致的，否则就表明他们可能存在智力障碍或学习障碍。许多学生刚入学时似乎表现出接受性或表达性语言障碍，但这实际上是由于他们很少接触标准英语，因为他们的母语要么不是英语，要么是英语的一种方言（Maxwell & Shah, 2012）。研究发现，许多就标准英语基础知识提供丰富的语言经验并采用直接教学的学前教育方案，可以有效地帮助那些来自处境不利家庭的儿童克服特有的语言问题（Vinson, 2012）。

情绪和行为障碍学生

所有学生都有可能在学校生涯中的某个阶段出现情绪问题，但大约有 1% 的学生具有非常严重且持久的广泛性情绪障碍或精神障碍，以至于需要接受特殊教育。与学习障碍的情形相似，有严重情绪和行为障碍的男生人数远远多于女生人数，比例已超过 3:1（Kauffman & Landrum, 2013; U.S. Department of Education, 2005）。

如果学生的教育表现长期受到以下任何状况的严重影响，该生就被界定为有**情绪和行为障碍**（emotional and behavioral disorders）：

1. 并非由智力、感官或健康因素导致的无法学习；
2. 无法与同伴和老师建立或保持相互满足的人际关系；
3. 在正常情况下表现出不适宜的行为或情感；
4. 整体上存在弥散性的不愉快或抑郁情绪；
5. 易产生与个人或学校问题相关的身体症状、疼痛或恐惧。

情绪和行为障碍的成因　长期的严重情绪和行为障碍可能源于多种因素（Hallahan et al., 2015; Kauffman & Landrum, 2013; Yell, Meadows, Drasgow, & Shriner, 2014）。神经功能、心理过程、适应不良的经历、自我概念以及缺乏社会认可等因素都有可能产生影响（Friend & Bursuck, 2016; Rosenberg, Westling, & McLeskey, 2011）。具有攻击性或恃强凌弱的儿童可能经常在家中受到虐待（Lereya, Samara, & Wolke, 2013）。

其中某些因素，如家庭功能失调和虐待，还可能会产生干扰，暂时影响孩子在学校中的学习。

许多对家庭产生影响的因素也会在一段时期内影响孩子的安全感和自我价值感。譬如，家庭结构的变化可能会使孩子感到抑郁、愤怒、孤独，缺乏安全感，处于防备状态。当出现父母离婚、家庭搬迁、父母失业、弟妹出生、继父或继母新加入、家庭成员死亡或罹患重病等情况时，孩子的上述情绪与行为会表现得更为突出。家庭成员或其他人施加的身体、精神或性虐待也会导致孩子出现严重的情感和行为问题，这当中就包括校园欺凌或网络欺凌（Lawner & Terzian, 2013）。

在识别严重的情绪和行为障碍时遇到的一个问题是，该术语涵盖了多种行为类型，从攻击性、多动到退缩、无法交朋友，再到焦虑和恐惧症（Kauffman & Landrum, 2013; Yell et al., 2014）。此外，患有情绪障碍的儿童常伴有其他类型的障碍，如学习障碍或智力障碍，而且通常难以辨别究竟是情绪问题导致学习成绩下降，还是学业失败导致情绪问题。因为学业困境会使学生感到受挫，进而导致焦虑和攻击性（Caine & McClintic, 2014）。

情绪和行为障碍学生的特征 学生的许多特征都与情绪和行为障碍有关（Kauffman & Landrum, 2013; Losen, 2015; Rosenberg et al., 2011; Yell et al., 2014）。重要的是行为问题的严重程度。事实上，任何一种长期表现过度的行为都可能被看作情绪紊乱的标志。然而，大多数被鉴定为有情绪和行为障碍的学生都会表现出某些共同特征，其中包括学习成绩差、人际关系不佳、低自尊。将**品行障碍**（conduct disorders），即产生严重、持续的不良行为，归为情绪和行为障碍的做法是存在争议的。从法律的角度来看，有品行障碍的学生还必须有其他被承认的障碍才能接受相应的特殊教育服务。IDEA 长期以来都在保护那些有情绪和行为障碍的儿童，使他们免受针对其破坏性行为的常规惩罚（如停学）。按照 2004 年重新修正的 IDEA 的规定，与儿童所患障碍有关的行为仍然可以免受惩罚，但无关的行为则不然。

表现出攻击行为的学生 有品行障碍和社会化—攻击行为的学生可能经常打架、偷窃、损坏公物和拒绝服从教师。同学和教师通常都不喜欢他们，有时父母也不喜欢他们。这类学生通常对惩罚或威胁无动于衷，尽管他们可能很擅长逃避惩罚。有攻击性的学生不仅会给学校和同伴造成威胁，而且也将自己置于极度危险之中。这些学生，尤其是男生，在以后的生活中常常表现出严重的情绪问题，难以保住工作，甚至卷入犯罪活动（van Goozen, Fairchild, Snoek, & Harold, 2007）。可针对这些学生实施的有效方法包括行为管理策略，例如第 11 章描述的几种策略（Jones & Jones, 2016; Levin et al., 2016; Yell et al., 2014）。对于任何形式的情绪和行为障碍，最佳方法都是从预防入手，营造快乐的、充满情感支持的课堂氛围，让学生感到自己是受到欢迎的、是成功的（Page & Page, 2011）。然而，针对有严重问题的学生仍然需要实施相应的有效策略（Coren et al., 2013），包括辅导（Tolan et al., 2013），为培养适应性行为开展的依托家庭的强化，以及要求伤害他人的学生以具体方式做出补偿的补偿性实践（Smith, Fisher, & Frey, 2015）。

链接 12.5
若想了解为表现出攻击行为的学生设计的行为管理方案，请参见第 11 章。

行为退缩且不成熟的学生 行为退缩且不成熟、低自尊或抑郁的儿童几乎没有朋友，或只能与比自己小得多的孩子一起玩耍。他们经常沉迷于精心构思的幻想或白日梦之中，自我意象要么非常糟糕，要么不切实际的完美。有些学生会过度担忧自己的健康，当身处压力之中时，他们会真的感到自己病了。还有一些学生表现出学校恐惧症，拒绝上学或者逃学。

当有攻击性的儿童不表现出攻击性行为时，他们看上去是很正常的。但行为退缩且不成熟的儿童则不同，他们始终显得有些古怪或笨拙。他们几乎总是受困于缺乏社交技能。许多这类儿童被认为患有阿斯伯格综合征，下一节将对此进行讨论（Hall, 2013）。

自闭症谱系障碍学生

美国教育部把**自闭症**（autism）定义为一种严重影响个体的社会交往以及言语和非言语交流的发育障碍。这种障碍通常在 3 岁之前就会表现出来，并对孩子的教育成就造成不利影响。自闭症儿童通常极度退缩，并且伴有非常严重的语言困难，甚至完全不说话。他们经常进行一些自我刺激的活动，如摇晃、旋转物体，或者拍打自己的手。然而，他们在某些方面可能具有正常的甚至是过人的能力。

自闭症谱系障碍（Autism spectrum disorder）这个术语涵盖了一系列严重程度不同的自闭症，包括一种被称为**阿斯伯格综合征**（Asperger syndrome）的轻度自闭症（Boutot & Myles, 2011; Hall, 2013; National Research Council, 2001）。患有阿斯伯

理论应用于实践

针对自闭症谱系障碍儿童的干预

爱尔兰国家特殊教育委员会（National Council for Special Education in Ireland）发表了一篇文献综述，就自闭症谱系障碍（ASD）儿童教育干预的研究证据进行了系统阐述（Bond, Symes, Hebron, Humphrey, & Morewood, 2016）。

除其他议题外，该综述考虑了为 ASD 患者提供教育的最佳方式。该综述囊括了 2008 年至 2013 年发表的 85 项具有充分证据支持的实证研究。这些研究在证据质量、方法适宜性和干预有效性等方面至少达到了中等标准。大多数研究聚焦于学龄前儿童和 5~8 岁的儿童。

对于学龄前儿童，有两种干预方案被认定为具有最充分的证据支持：

- 旨在提升联合注意技能的干预方案：这类方案通常包括由教师或家长实施的一对一游戏式 / 话轮转换干预等措施；
- 综合性学前干预项目：这类项目针对行为、社交技能、沟通和学习等领域，为儿童提供全面的教育体验。

对于学龄儿童，有三种被认定为最具支持性证据的干预方案：

- 同伴中介干预：有同伴参与的小组干预，以支持 ASD 儿童的社交技能发展和 / 或帮助同伴实现与 ASD 儿童的成功互动；
- 多成分社会技能干预：包括支持儿童社会技能发展的社会技能培训、学校同伴支持以及父母参与等若干要素；
- 基于行为主义原则的行为干预方案：针对 ASD 儿童存在的挑战性 / 干扰性行为，通常是在初始功能评估的基础上实施具体干预。

格综合征的儿童可能有能力在社会中生活，也可以在学校里取得成功，但是他们在社会关系方面存在严重的问题，比如回避目光接触，误解社交暗示或表现出怪异行为。自 2000 年至 2001 年以来，被确诊为自闭症的儿童数量翻了两番，而被诊断为自闭症谱系障碍的儿童数量的增幅甚至超过了这一数字，但这一增长大部分或完全来源于定义的扩展，而非自闭症的普遍化。出于未知的原因，自闭症更常见于男孩（Friend, 2011; Hall, 2013）。有人认为，自闭症可能是某种脑损伤或其他脑功能失调所致（Volkmar & Pauls, 2003）。

自闭症是无法治愈的，而干预的适宜性取决于儿童的功能水平（Burns, 2013; Hall, 2013; Robison, 2012; Wheeler, Mayton, & Carter, 2015）。研究发现，早期行为干预是有效的（Reichow, Barton, Boyd, & Hume, 2014）。干预的重点应在于教会这些儿童一些对其他孩子来说理所当然的社会技能，比如进行目光接触、微笑、同别人打招呼等。美国国家研究委员会（National Research Council, 2001）在一篇文献综述中得出结论：成功的策略包括以循序渐进的方式系统教授沟通技能、社交技能和认知技能。布鲁因等人（de Bruin, Deppeler, Moore, & Diamond, 2013）的一项综述研究强调了自我管理干预的重要性（如第 5 章所述）。在普通班级的教学中，如果教师能使用更多视觉材料且更具预测性的教学结构，则自闭症谱系障碍儿童将更容易从中获益（Boutot & Myles, 2011; Gunn, 2013; Hall, 2013; Palm, 2013）。此外，自闭症谱系障碍儿童往往兴趣有限，但如果能在课堂教学中调动这些兴趣点会对其学习有所助益（Gunn & Delafield-Butt, 2016）。

感官、身体和健康受损的学生

感官损伤（sensory impairments）是指视觉、听觉或其他通过身体感官接收信息的能力出现问题。身体障碍包括脑瘫、脊柱裂、脊髓损伤和肌营养不良症等情况。健康障碍则包括获得性免疫缺陷综合征（艾滋病）、癫痫、糖尿病、囊性纤维化、镰状细胞贫血以及由物质成瘾、儿童虐待或自杀未遂等其他原因造成的身体损伤。

视觉障碍学生　大多数学生的视力问题可以通过佩戴眼镜或其他矫正镜片加以矫正。只有在无法矫正的情况下，**视力丧失**（vision loss）才会被认为是一种障碍。据估计，每 1000 名儿童中约有 1 名儿童有视觉障碍。这种障碍通常被称为失明或视力损伤。法律上对盲童的界定如下：即使经过矫正，较好的那只眼睛的视力最高也只能达到 20/200，或者该儿童的视野明显比视力正常者狭窄。根据这个分类系统，有部分视力意味着较好的那只眼睛的矫正视力介于 20/70 与 20/200 之间。

认为法律上认定的盲人没有任何视力，这实际上是一种错误观念。80% 以上的盲人学生都可以阅读大字号或常规字号的书籍。相关辅助技术可以将文字材料放大，使其变得更清晰，从而让更多学生可以正常参加班级活动（Boone & Higgins, 2007）。这意味着通过调整常规的教学材料，教师可以教授许多视力丧失的学生。任课教师应该对孩子出现视力问题的信号保持警觉。毫无疑问，看东西有困难的儿童在许多学习领域也会遇到困难，因为课堂教学通常需要使用大量的视觉材料。视力丧失通常有以下几种征兆：（1）儿童经常侧着脑袋；（2）儿童经常揉眼睛；（3）儿童的眼睛发红、发炎、干涩或分泌物过多；（4）儿童在阅读小号字时有困难，或不能分辨字母；（5）儿童在阅读之后，抱怨眩晕或头痛（Sornson, 2001）。如果注意到上述征兆中的任何一种，教师都应该建议学生进行适当的视力检查。在视力问题对学生的学习和动机产生不良影响前，尽早地发现问题是非常重要的。

耳聋或听觉困难的学生 **听觉障碍**（hearing disabilities）包括从完全耳聋到可以通过助听器得到缓解的各种状况（Paul & Whitelaw, 2011）。可以根据恢复听力所需的措施来确定听力受损的个体属于哪一类。对于轻度听力丧失的儿童，只需要让他们坐到教室前面就可以了。许多儿童通过听声音、看唇形就可以与人进行充分的交流。其他儿童可能需要助听器，而那些听力问题较为严重的个体则需要使用非言语的交流形式，如手语（Scheetz, 2012）。阅读教学的方法也需要加以改进（Schirmer & McGough, 2005）。教师通过提高音量或者使用计算机辅助技术使声音清晰响亮，可以让包含听力障碍儿童在内的众多儿童从中受益（Boone & Higgins, 2007）。请牢记以下建议：

1. 让有听力问题的儿童坐在教室前面两侧稍微偏向窗户处，以使他们能在最佳光照条件下看见教师的面孔；
2. 如果学生两只耳朵的听力不同，则应该让其坐在前面靠边的位置上，以便其听力稍好的那只耳朵可以对着教师；
3. 说话时，尽可能地处在学生的视线范围内；
4. 宣布重要信息或进行教学时，应面向全班。说话时应避免背对学生；
5. 说话时，唇部动作不要太夸张；
6. 学会帮助佩戴助听器的儿童。

天才学生

什么样的学生是有天赋、有才能的？几乎在所有父母的眼中，孩子都是自己引以为傲的天才。事实上，许多学生确实在某些领域具有非凡的才能或技能。以往，**天才**（giftedness）几乎完全是根据高智商或展现的能力来界定的，如在数学或棋艺方面的出色表现，但现在这个概念涵盖了在多种活动（如艺术）中能力出众的学生（Colangelo & Davis, 2009; Olszewski-Kubilius & Thomson, 2013; Plucker & Callahan, 2014; Sternberg, 2007）。高智商仍被认为是"天赋"和"才能"的定义中不可缺少的一部分（Steiner & Carr, 2003），大部分被认为是天才的学生的智商都超过了 130。然而，某些群体，如女性、残障学生、成绩较差者以及来自少数族裔群体的学生的天赋和才能往往会被低估（Sternberg, 2007）。大约 3%~5% 的学生被认为是有天赋和才能的（Plucker & Callahan, 2014）。

天才学生的特征 在智力方面具有天赋的儿童通常有强烈的动机（Colangelo & Davis, 2009; Gottfried & Gottfried, 2004）。他们在学业方面相当优秀，通常很早就学会了阅读，并且在学校的大多数领域中都表现得相当出色（Olszewski-Kubilius & Thomson, 2013）。刘易斯·特曼（Lewis Terman）于 1926 年开始对天才儿童进行的研究是该领域中最为重要的研究之一，其研究对象为 1528 名智商超过 140 的儿童。特曼的研究打破了人们过去的成见，即高智商的儿童很聪明，但身体素质和社交能力较差。特曼发现，高智商儿童实际上比其他孩子发育得更加高大强壮，身体的协调性更好，并且会成长为社会适应能力更强、情绪更稳定的成年人（Terman & Oden, 1959）。尽管如此，仍然有不少人固执地认为，天才学生（尤其是男性）很可能存在社会情绪问题（Preckel, Baudson, Krolak-Schwerdt, & Glock, 2015）。

对天才学生的教育　如何教育天才学生是一个饱含争议的问题（Davis, Rimm, & Siegle, 2011; Plucker & Callahan, 2014）。在某些方案中，那些在自然科学或艺术方面有天赋和才能的学生可进入特设中学学习；还有一些方案是在普通学校中为高成就者开设特长班（Olszewski-Kubilius & Thomson, 2013）。围绕天才学生的教育问题存在着加速观与充实观之争。加速观的拥护者（Colangelo, Assouline, & Gross, 2005）认为，应该鼓励天才学生快速地完成学校课程，也许还可以跳级，早一点进入大学深造。而充实观的拥护者（Callahan, Moon, Oh, Azano, & Hailey, 2015; Renzulli & Reis, 2000; VanTassel-Baska & Brown 2007）则认为，为天才学生提供的方案不应当只是让他们快速地完成学校课程，还应当促进他们参与更富有创造性的问题解决活动。

针对天才学生的研究更多地支持了加速方案而不是充实方案（主要根据学生成就的提高幅度）（Rogers, 2009）。不过，这可能是因为充实方案所产生的效果难以测量，如创造力或问题解决能力的提高等。为天才学生设计的**加速方案**（acceleration programs）常常包括提前教授高等数学或其他课程。该方案的一种变式是浓缩课程，即教师可以跳过课程的某些部分，因为能力很强的学生不需要学习这些内容（Brulles & Winebrenner, 2012）。

充实方案（enrichment programs）有很多种形式。伦祖利和赖斯（Renzulli & Reis, 2000）建议要注重三种类型的活动：一般的探究性活动，比如允许学生在活动中自主寻找主题的项目；小组训练活动，比如提高创造力与问题解决技能的游戏和模拟活动；个人或小组对现实问题的调查，比如撰写书籍或文章，采访年长者并记录口述历史，开展地质或考古调查等。

充实方案存在的一个问题是，为天才学生设计的大部分活动实际上可以让所有学生受益（Borland, 2008; Tomlinson & Javius, 2012）。正是因为认识到这一点，目前许多学校都把充实方案特有的许多活动融入了常规课程中。这样，无需与同伴分开，那些天才学生的特殊需求也能得到满足（Colangelo & Davis, 2009; Davis et al., 2011; Rakow, 2012）。这类活动包括更频繁地开展项目式学习、做实验、进行独立研究以及合作学习。同时，许多高中正在广泛提供大学预修课程，尽管这对大学入学或学业表现的增益尚不明确（Roderick & Stoker, 2010）。

特殊教育

特殊教育（special education）指为残障儿童提供的教育方案，以代替或补充常规的课堂教学。近年来，特殊教育实践发生了巨大变化，并且仍处于不断变革之中（Hallahan et al., 2015; Heward, 2013; Smith et al., 2016; Turnbull, Turnbull, Wehmeyer, & Shogren, 2016）。在各州和各学区制订特殊教育服务标准方面，联邦法规起着决定性作用。

94–142 公法与 IDEA

1975 年，美国国会通过了 **94–142 公法**（Public Law 94-142），即《残障儿童教育法案》，特殊儿童教育因此发生了革命性的改变，该法案也对全美的特殊教育和普通教育产生了深刻影响（Hallahan et al., 2015; Heward, 2013; Hulett, 2009）。它规定了所有残障儿童必须接受的服务，并赋予这些孩子及其父母从不曾拥有的合法权益。

94-142 公法的一项基本原则是，每个残障儿童都有权接受符合其需求的公费特殊教育。这意味着学区或州必须为有严重智力障碍或身体残障的儿童提供特殊教育，等等。

有两部法规对 94-142 公法最初的关注点进行了延伸。1986 年，99-457 公法将免费接受适当教育的权利向下延伸至 3~5 岁儿童，同时增加了针对严重残障的婴儿和学步儿的教育方案。1990 年通过的 101-476 公法将《特殊教育法》更名为《**残障个体教育法案**》（Individusals with Disabilities Education Act, IDEA），要求学校在残障青少年满 16 岁时，为他们规划如何进一步接受教育或如何就业，以顺利度过这一生命过渡期。该法案还将残疾儿童这一术语改为残障儿童。

1997 年通过的 105-17 公法，即《残障个体教育法案》1997 年修正案，简称 IDEA'97，加强了最初版本的法律效力（Heward, 2013; Hulett, 2009; National Information Center for Children and Youth with Disabilities, 1998）。该法案的目的包括提高对残障儿童的教育期望，加强父母在残障儿童教育中的作用，确保普通班级教师参与对残障儿童（包括经州和地方评估的残障学生）的教育计划和评估，并支持所有残障儿童教育者的专业发展（U.S. Department of Education, 1998）。

IDEA 在 2004 年又得到了进一步的修正，被称为 108-446 公法，即《残障个体教育促进法案》。该修正案强调预防和早期干预，允许学校花费特殊教育经费，以防儿童的情况恶化到需要特殊教育服务的程度。同时，它从学习障碍的定义中删除了有关智商和成就差异的概念，要求各州监管并纠正特殊教育配置中种族不平等的情况，并协调 IDEA 同其他改革方案，特别是同《不让一个孩子掉队》法案（No Child Left Behind, NCLB）的关系。表 12.2 概括了 2004 年版 IDEA 的主要条款。

表 12.2 《残障个体教育法案》（IDEA）的重点内容（2004）

条款	描述
最少限制的环境	应尽可能地让残障儿童与非残障儿童一起接受教育。
个别化教育方案	必须为每个接受特殊教育的儿童提供个别化教育方案。
正当程序权利	儿童及其父母必须参与特殊教育决策。
正当程序听证	如果在特殊教育服务方面存在冲突，父母和学校可以要求进行公正的听证。
非歧视性评估	应该为学生提供本质上非歧视性的综合评估。
相关服务	如果需要，学校必须提供相关的服务，比如身体治疗、咨询和接送。
免费、适当的公共教育	IDEA 的基本要求是向所有学龄残障儿童提供免费、适当的公共教育。
调解或决议	家长有权寻求调解或召开决议会议来解决与学校的分歧。使用调解不意味着拒绝或拖延父母对正当程序听证的要求。
权利转移	当学生达到州政府规定的成年年龄时，学校应该通知学生家长和学生本人，将各项相关权利从父母那里转交给学生本人。
纪律	如尚未明确儿童的残障与其不当行为有关，残障儿童不能被开除或在一个学年里累计停课 10 天及以上。
州级评估	通过采用恰当的辅助措施，必须将残障儿童纳入全学区或全州范围内的评估方案。必须为不能参与以上方案的学生开发替代评估方案。
过渡	当残障学生年满 16 岁时，必须启动过渡计划和方案。

资料来源：Smith, Tom E.; Polloway. Edward A.; Patton, James R.; Dowdy, Carol A., *Teaching students with special needs in inclusive settings*, 5th Edition © 2008. Reprinted by permission of Pearson Education, Inc., Upper Saddle River, NJ.

最少限制的环境　对普通教育班级的教师来说，IDEA 最重要的理念是，必须将残障学生安置到能满足其需要的**最少限制的环境**（least restrictive environment）中。这项规定为**回归主流**（mainstreaming）这一做法提供了法律基础，该做法现已被改称为**融合**（inclusion）（Friend, 2011; McLeskey, Rosenberg, & Westling, 2013; Mastropieri, 2016; Salend, 2016; Smith, Polloway, Doughty, Patton, & Dowdy, 2016）。这意味着普通任课教师的班上很可能有存在轻度残障（比如学习障碍、轻度智力障碍、身体残障或言语问题）的学生。这些学生或许每天有部分时间会离开班级，去接受特殊教育。这也意味着，普通教育学校会设立面向有严重残障学生的班级，这些学生也可以与无残障的同伴一起参加某些活动。

资格认证指南

在教师资格认证考试中，你应该知道，正是由于人们努力使残障儿童生活正常化，才使得将其安置到限制最少的教育环境中的做法得以确立。

个别化教育方案　IDEA 的另一项重要规定是，必须为每个残障学生提供一项**个别化教育方案**（Individualized Education Program, IEP），以指导如何为他们提供服务。个别化教育方案阐述了学生存在的问题以及解决这些问题的具体行动步骤。一般情况下，该方案是由特殊服务委员会拟定的，该委员会由特殊教育教师、特殊教育督导、学校心理学家、校长、辅导员以及任课教师等学校教育专家组成。特殊服务团队在不同的州有不同的称谓，例如儿童学习团队、评估与审查团队。这种个别化教育方案必须得到学生家长的同意。采用个别化教育方案的思想基础是，给每个关心残障儿童教育的人提供机会，为儿童教育方案的制定献计献策。要求个别化教育方案得到家长的签字认可，其目的是确保家长明白并赞同学校计划对孩子实施的教育方案。如果孩子没有享受到学校承诺的服务，家长可以追究学校的责任。

根据法律规定，当需要确定是否可以安排儿童接受特殊教育方案时，具体的评估应当由合格的专业人员来实施。虽然普通教育班级教师和特殊教育教师通常也会参与到评估过程中，但是一般不允许教师实施用于分班决策的心理测验（如智商测验）。

在特殊教育的安置决定与方案实施方面，IDEA 为残障儿童及其家长提供了法律保障。例如，如果家长认为对孩子的诊断有误，所采用的教育方案不适当，或者对孩子正在接受的服务不满意，那么他们就可以向学区申诉。同时，IDEA 明确规定，应当告知家长所有的安置决定、会议和方案的变动情况。

针对 3 岁以下有特殊需求的儿童，通常会准备一项专门的方案，重点关注儿童及其家庭，该方案被称为个别化家庭服务计划（Individulized Family Service Plan, IFSP）。而在学校教育的最后阶段，通常会为即将年满 17 岁的有特殊需求的青少年制定一份个别化过渡计划（Individualized Transition Plan, ITP）。ITP 可以预测学生从学校生涯向工作以及成人生活过渡时可能产生的需求。

系列特殊教育服务

个别化教育方案的一项重要作用是为学生提供适合其需求的特殊教育方案（Rix et al., 2015; Smith et al., 2016）。每个学区都为那些有特殊需要的儿童提供了一系列灵活的服务，以满足所有学生的独特需求。在实践中，可以按照限制从少到多的顺序组织这一系列服务，如下所示：

1. 为普通教育教师提供直接或间接的咨询和支持；
2. 每天至多 1 小时的特殊教育；
3. 每天 1~3 小时的特殊教育，资源方案；

4. 每天 3 小时以上的特殊教育，自成体系的特殊教育；
5. 特殊的走读学校；
6. 特殊的寄宿学校；
7. 家庭式 / 医院式服务。

一般情况下，与残障程度较轻的学生相比，残障程度较为严重的学生往往需要接受那些限制较多的服务。例如，不宜将有重度智力障碍的学生安排到普通教育班级中去学习，而有言语问题或轻度学习障碍的学生可能大部分或全部时间都在普通教育班级中学习。然而，残障的严重程度并不是安置学生的唯一标准，还需要针对不同学生的不同需求进行恰当的安置。例如，一名因有严重肢体障碍而使用轮椅的学生，如果没有学习方面的问题，就很容易参与普通教育班级的课程，并能从中获益，但听力有缺陷的学生就难以从普通教育班级中受益。

除了那些有身体或感官残障的学生，很少有学生需要在校外接受特殊教育。绝大多数学习障碍学生或言语障碍学生每天部分或大部分时间都在普通教育班级中学习，通常他们会另在特殊教育资源教室里进行 1 小时或更长时间的补充性学习。大多数有身体残障的学生以及近一半有情绪障碍的学生也都是按照这种方式进行学习的。大部分其他有特殊需求的学生也被安置在学校的特殊班级里。下面将按照限制从少到多的顺序来介绍为残障学生提供的系列服务。

安置在普通教育班级　对许多残障学生来说，他们的特殊需要可以在普通教育班级中得到满足，很少甚至不需要外部帮助。例如，针对有轻度视力或听力丧失的学生，安排他们坐到教室前排就可以了。如果教师能够应用各种策略来调整教学以适应学生的个别差异，那么有轻度甚至中度学习障碍的学生的需求在普通教育班级中也能得到满足。譬如，借助助教、辅导教师或家长志愿者的力量，可以使有特殊需求的优秀学生跟上普通教育班级的教学进度。任课教师可以经常地调整教学，使学生更容易获得成功。例如，教师注意到，一位有知觉问题的学生在做算术题时会遇到困难，因为他不能把数字排列整齐。教师给了学生一个有线格的作业本，便解决了此问题。

链接 12.6

根据学生的个体差异调整教学的策略见第 9 章。

研究普遍发现，面对有学习和行为问题的学生，最有效的策略正是那些可在普通教育班级中使用的策略。通常，只有当在普通教育班级中已付出了巨大努力来满足学生的需求但未成功时，才可以考虑选择特殊教育（Salend, 2016; Smith et al., 2016; Vaughn, Bos, & Schumm, 2014）。

InTASC 标准 10

领导力与协作

与咨询教师和其他专业人员协作　**协作**（collaboration）指几名专业人员合作提供教育服务。普通教育班级中的残障学生可以从专业人员处受益，这些专业人员包括资源教室的咨询教师、学校心理学家、言语和语言专家，以及与普通教师合作开发并实施恰当教育活动的其他专业人员。

许多学区会为任课教师配备咨询人员，以帮助教师调整教学，满足残障学生的需求。咨询人员通常都接受过特殊教育以及普通教育方面的专业训练。他们可能会进入课堂，观察学生的行为，但通常情况下，他们只向任课教师提供解决问题的建议，而不是直接处理学生的问题。研究发现，精心设计的咨询模式可以有效地协助任课教师来帮扶那些有轻度残障，尤其是有学习障碍的学生在普通教育班级中跟上进度（Friend & Bursuck, 2016; Mastropieri, 2016）。

对某些类型的残障学生来说，巡回教师每周会为他们提供几次特殊服务。这种巡回服务模式常用于为有言语和语言障碍的学生设计的方案中。

安置在资源教室 许多残障学生大部分在校时间都被安置在普通教育班级中，其他时间则接受资源方案教学。资源方案通常侧重于教授阅读、语言艺术、数学，有时也教授其他科目。一项资源教室方案通常是少数几个学生和一名特殊教育教师一起学习。在理想情况下，资源教师和任课教师能够定期交流，协调彼此的教学方案，资源教师也会就普通教育班级教师如何调整教学提供建议（Salend, 2016; Smith et al., 2016; Vaughn et al., 2014）。

有时，资源教师也在普通教育班级中工作。例如，资源教师可能和某个阅读小组一起学习，而任课教师则与另一个阅读小组一起学习。这种教学安排可以避免将学生调出班级。将学生调出班级既容易导致教学效率低下（因调换地点需要过渡时间），也可能由于在一段时间内将学生排除在课堂之外而伤害其尊严。由普通教

理论应用于实践

准备个别化教育方案

初始筛查建议 准备个别化教育方案的第一个环节是建议学生进行相应的评估。父母、医生、校长或教师均可以提出进行特殊教育评估的建议。任课教师最常建议那些疑似有学习障碍、智力障碍、言语障碍或情绪紊乱的儿童接受测评。大部分其他障碍在学生入学前就会被诊断出来。在大多数学校中，初始筛查建议将提交给校长，由校长与学区负责人进行联系。

筛查与评估 一旦学生被建议去接受测评，就要做出接受或拒绝筛查的初步决定。实际上，几乎所有的建议都被接受了。评估和安置小组可能会查看学生的在校记录，并对任课教师及了解该学生的其他人进行访谈。如果小组成员决定进行测评，他们必须事先征得家长对综合评估的许可。

特殊服务小组的成员包括由校区指派的专业人员和学生家长，如果可行的话，也会包括学生本人。如果评估建议涉及学习或情绪问题，那么常常还需要学校心理学家或辅导咨询师参与进来；如果评估建议涉及言语或语言问题，那么通常要有言语病理学家或言语老师参与。特殊服务小组的工作通常由校长负责，不过校长也可能指定一位特殊教育教师或其他专业人员来全面负责。

之后要对学生进行测查，评估其优势和弱势。对学习和情绪问题的测查通常由学校心理学家进行。专项成就测验（如阅读或数学评估）通常由特殊教育教师或阅读教师施行。任何一项评估都必须得到学生家长的同意。学生的作品档案、教师的评价和长期收集的其他信息也逐渐成为了评估程序的重要组成部分（Smith & Tyler, 2010）。

如果可行，学校可以在建议学生接受特殊教育安置评估前，先尝试进行干预。例如，在确定某阅读困难的儿童有阅读障碍之前，可以先对其进行一段时间的个别辅导。若某个儿童有行为问题，可以先对其实施依托家庭的强化方案或其他行为管理方案。如果这些干预措施奏效，就不必对儿童进行特殊教育，可让他们在普通教育班级中学习。即使儿童确实需要特殊教育服务，评估前的干预也能提供有关最可能奏效的服务类型的重要信息。在当前支持响应干预的政策下，评估前的干预正在变得越来越普遍，这

（续）

InTASC 标准 6

评估

将在后文讨论。

撰写个别化教育方案 完成综合评估之后，特殊服务小组的成员会一起分析怎样安置学生才是最有利的。如果他们认为该学生有必要接受特殊教育，将会准备一份个别化教育方案。图 12.3 是个别化教育方案形成与实施过程的流程图。图 12.4 则是个别化教育方案的一个示例。通常，个别化教育方案是由特殊教育教师与 / 或任课教师来准备。学生家长在安置决定书上签字同意后，该决定才能生效。在许多学区，个别化教育方案也要征得学生家长的签字认可。这意味着家长可以拒绝让孩子接受特殊教育方案（有过拒绝的实例）。个别化教育方案至少应包含以下信息（Smith et al., 2016）。

1. *对儿童目前成就水平的说明。*通常包括专项测验的结果以及对课堂表现的描述。可以利用行为评估核查表、作业或其他观察记录表来说明学生的优势与弱势。
2. *预期达到的年度进步目标。*例如，对某学生的预期目标是，在标准化阅读测验中达到 4 年级水平；改善课堂行为，直至不再受到任何纪律处分；完成职业教育方案中的一门基础课程。
3. *中期（短期）教学目标。*为阅读困难的学生设立短期目标，比如每月完成对若干个性化阅读理解单元的学习。为有情绪和行为问题的学生设立的短期目标可以是改善与同伴的相处情况，避免打架。
4. *说明将要提供的具体特殊教育和相关服务，以及学生对普通教育方案的参与程度。*例如，个别化教育方案可能会具体说明，某学生每周接受两次由言语治疗师实施的治疗，每次30分钟。为学习障碍学生设计的个别化教育方案则可能给出以下说明：资源教师每天进行 45 分钟的阅读教学，以及资源教师和任课教师就如何调整普通课堂教学以满足学生的特殊需求进行协商。某个智力障碍学生可能被安置到自成体系的特殊教育班级中，不过，个别化教育方案可能会说明该生将参与普通班级的体育课。个别化教育方案还会具体说明在普通教育班级中为适应残障学生的需求的任何必要调整，如使用轮椅坡道、大字号课本或光盘等。
5. *服务的预计起始时间及持续时间。*一旦制定好个别化教学方案，就应该让学生在合适的时间内接受服务。不允许把学生列入等候安置名单。学区必须提供指定的服务或与服务提供方签订承包合约。
6. *每年至少考察一次衡量目标进展的评价标准及其程序。*个别化教育方案必须详细说明用于弥补学生缺陷的策略。尤其需要说明学生应该达到的目标，如何实现这些目标，以及如何评估目标是否实现。关键的是，特殊教育服务应该着力实现一系列明确的学习或行为目标，而不是简单地把学生归到某类残障群体中并因此认为他们应该接受某种服务。理想的情形是，轻度残障学生所接受的特殊教育应该是短期的高强度治疗，从而能从中掌握适应普通课堂教育所需的技能。但在更多的情况下，即使最初计划解决的问题已经得到解决，那些被安置在特殊教育班级中的学生仍然会被无限期地留在那里。

个别化教育方案必须至少每年更新一次。这样，服务小组就有机会修改无效方案，并且在学生不再需要接受特殊教育服务时减少或终止服务。

基于个别化教育方案的学生发展和教师教学离不开教育工作者、家长和学生自身之间的成功协作，在这个过程中他们应明确关注学生的需求。

链接 12.7
若想更多地了解依托家庭的强化策略，请参见第 11 章。

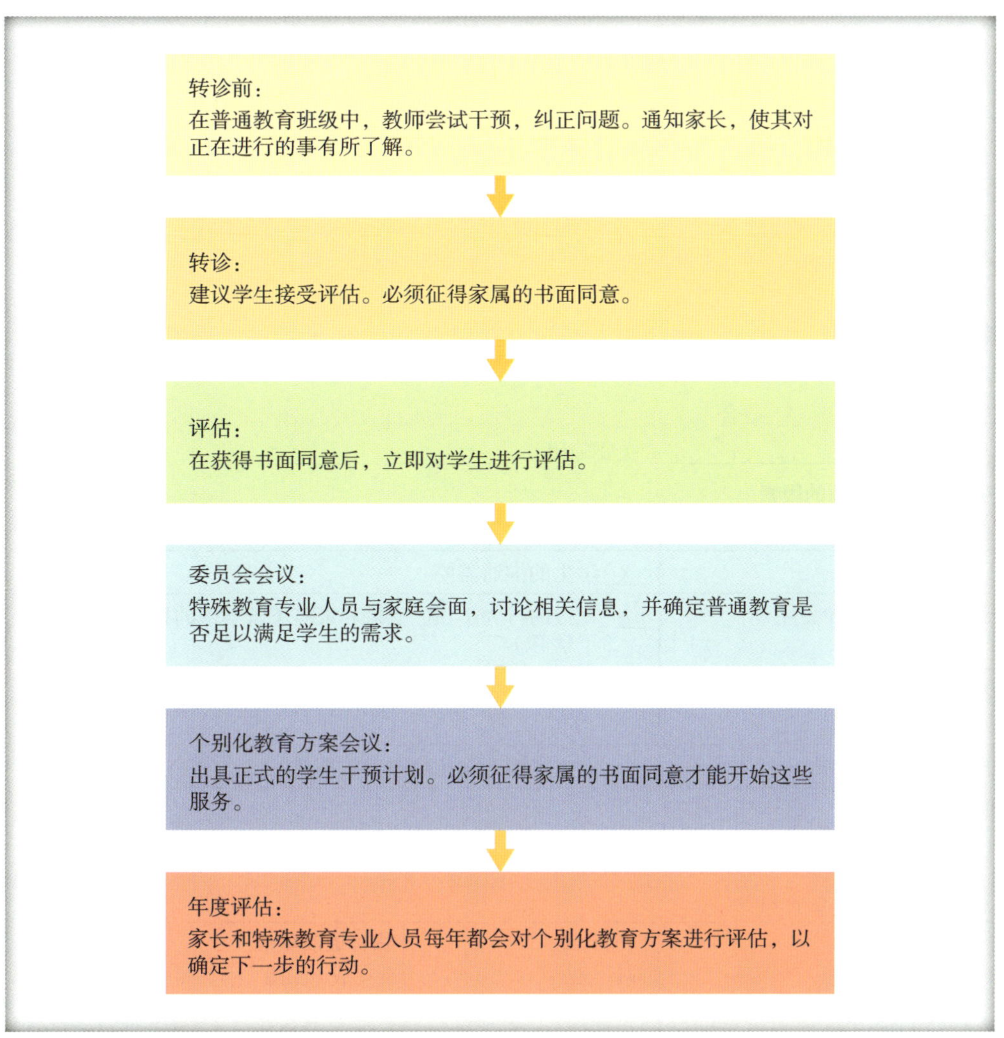

转诊前：
在普通教育班级中，教师尝试干预，纠正问题。通知家长，使其对正在进行的事有所了解。
转诊：
建议学生接受评估。必须征得家属的书面同意。
评估：
在获得书面同意后，立即对学生进行评估。
委员会会议：
特殊教育专业人员与家庭会面，讨论相关信息，并确定普通教育是否足以满足学生的需求。
个别化教育方案会议：
出具正式的学生干预计划。必须征得家属的书面同意才能开始这些服务。
年度评估：
家长和特殊教育专业人员每年都会对个别化教育方案进行评估，以确定下一步的行动。

图 12.3 个别化教育方案的流程图

育教师和特殊教育教师一起进行的团队教学还可以加强教师之间的交流（Friend & Bursuck, 2014; McLeskey et al., 2013; Smith et al., 2016）。

安置在特殊教育班级，部分时间实施融合教育 许多残障学生被安置到由特殊教育教师任教的特殊班级中，但每天又有部分时间与无残障学生一起接受融合教育。通常，在这类残障学生与无残障学生一起学习的融合课程中，音乐课、美术课和体育课较多，而社会调研、自然科学和数学课比较少，阅读课就更少了。这类特殊服务与资源教室模式的一个重要区别是，在资源教室模式中，学生的主要安置点是普通教育班级，任课教师是负责管理和指导学生的老师，对学生的教育方案负主要责任，而资源教师只提供补充性支持。但是，当学生被安置到特殊教育班级，且每天只有部分时间融入普通教育班级中时，情形则完全相反：特殊教育教师是负责管理和指导学生的老师，担负着主要教育责任。

自成体系的特殊教育 自成体系的特殊教育方案指在普通学校中设置独立于普通班级的特殊教育班级。在 20 世纪 70 年代初期的回归主流运动开始之前，这种形式（以及针对智力障碍儿童单独开办的学校）是安置残障学生的典型方式。在自成体系的教育方案中，主要由特殊教育教师进行教学，学生很少有机会参与普通班级的教育活动。

个别化教育方案小组报告：10/01/2016

学生姓：史密斯　名：乔　中间名：_____　出生日期：04/18/2007　年级：4

父（母）姓：史密斯　名：胡安　关系：父亲

母语或其他沟通方式：无　是否需要译员：否

个别化教育方案小组会议的目的是讨论（选择其中一项）：

__ 是否适合特殊教育　X 复审/修正个别化教育方案　__ 重新评估　__ 残障重新评估结果的变化

邀请和联系父母：

联系方式：电话　联系人：校长　日期：09/20/2016　结果：已联系过

是否适合特殊教育：

个别化教育方案小组确定该生：__ 不适合　X 适合

主要障碍：学习障碍/读写障碍　次要障碍：无

提供免费适当的公共教育（FAPE）需要考虑的因素

考虑（标出）下面的每一项：

X 学生的优势	X 学生的沟通需要
X 父母在改善学生教育结果上的投入和关注	n/a 积极的行为干预、支持和策略（若学生的行为妨碍了学习）
X 该生的初评结果或最近一次的重新评估结果	n/a 英语水平有限的学生的语言需要
n/a 当前个别化教育方案的年度目标与进展	n/a 对技术辅助设备或服务的需要
X 学生的预期需求或其他事项	

年度目标和短期目标

用于判定当前学业成就水平和功能表现水平的资料：

评估	评估标准	时间计划	目标进展状态
S：学生的平时作业 D：有记录的观察 R：评定量表 T：标准化测试 O：其他（在上面说明）	__% 准确性 __ 比例 __ 成就水平 其他（在上面说明）	周计划 日计划 月计划 其他（在上面说明）	1 完成 / 保持 2 以足以达成年度目标的速度在进行 3 以低于达成年度目标的速度在进行 4 不适用 5 其他（在上面说明）

年度目标：乔可以独立阅读三年级水平的短篇故事，表现出解码能力和阅读理解技能的进步。

短期目标（至少2个）	评估	标准	时间计划
1. 乔在日常生活中阅读单个自然段和短篇阅读材料（比如广告和笑话等）时，可以在80%的时间里独立运用阅读技能，展现出对阅读技能的理解。	S、D、O（非正式阅读评估）	独立达到80%的正确率	月计划
2. 乔可以独立阅读一段话，并以80%以上的正确率独立回答相关的问题。	S、O（非正式阅读评估）	独立达到80%的正确率	月计划
3. 乔可以在有少量提示的情况下，以80%的正确率回答一些有关一个三段式故事的问题。	S、O（非正式阅读评估）	独立达到80%的正确率	月计划

日期	目标1 进展状态	目标2 进展状态	目标3 进展状态	进展注释和数据
10/01/2016	1	1	2	在阅读1至2个自然段长度的内容时，乔能独立地使用自己的策略。若阅读长文，则需要提示。

报告进度

X 将按照为普通教育学生制定的例行报告周期，书面通知父母该个别化教育方案的目标进度。

额外的报告：　　方式：__________ 时间：__________

补充性帮助/服务/人员支持

X 个别化教育方案小组已考虑补充性帮助、服务和支持。下面列出了需要的服务。

补充性帮助、服务和支持	总时长、频率或条件	地点
专业辅助人员进行的辅导	每周3次，每次20分钟	3号教室

特殊教育方案/相关服务

是否需要有特殊资质的教师？是/否　　　　如果是，请说明：__________

特殊教育方案/服务规则编号	频率和持续时间	开始日期和地点

特殊的接送

X 否 _ 是，请说明：__________

承诺签名

____

学生

____

父母

____

父母

____

公共教育机构负责人或委托人

____

普通教育教师

____

特殊教育教师或者特殊教育提供者

图 12.4　个别化教育方案示例

一些学生会进入单独开办的特殊走读学校。这类学生通常有严重的智力发育迟缓或身体残障等严重残障，或者有可能扰乱普通教育班级，比如那些严重的情绪紊乱者。另外，还有少数残障学生会进入特殊的寄宿制学校，这类学校是专门为那些需要接受特殊治疗的严重残障学生设立的。

相关服务　2004 年版 IDEA 严格要求为残障儿童提供“相关服务”，即残障儿童从普通或特殊教育中获益所需的服务。例如，学校心理学家要参与对残障学生的诊断，有时也需要参与个别化教育方案的拟定（Reschly, 2003）。另外，他们可能会针对行为和学习问题，为学生提供直接咨询或与任课教师协商。言语和语言治疗师通常以一对一的方式与学生一起活动，但他们也可以为有类似问题的学生提供小组指导。这些治疗师也会与教师协商如何解决学生的困难。物理治疗师和职业治疗师可在医生的指导下治疗有运动障碍的学生。学校里的社工和人事工作者是学校和家庭之间的重要纽带，当家庭问题影响到学生在学校中的学习与行为表现时，他们就要参与解决。

任课教师在残障学生的教育中起着重要作用。他们需要对学生是否需要接受特殊服务提出建议，参与对学生的评估，以及准备并实施个别化教育方案。“理论应用于实践”部分将讨论任课教师为学生选择特殊教育服务的过程（Gettinger, Brodhagen, Butler, & Schienebeck, 2013; Hallahan et al., 2015; Smith et al., 2016）。

响应干预

响应干预（Response to Intervention）是 2004 年版 IDEA 重点强调的一种针对学习障碍学生的方法。按照该方法，判断学生是否应接受特殊教育服务的主要依据不是测试结果，而是他们从强度逐渐增大的教学中获益的能力（Addison & Warger, 2011; Brown-Chidsey & Bickford, 2015; Fisher & Frey, 2014; Fuchs & Fuchs, 2006; Gettinger, Brodhagen, Butler, & Schienebeck, 2013; Johnston, 2011; Wixson, 2011）。

具体来说，可以为阅读困难的儿童安排小组矫正、一对一辅导、计算机辅助教学或者其他辅助手段，以帮助他们跟上进度。只有当长期实施高强度干预而没有产生任何效果时，才可以得出儿童可能存在学习障碍的评估结果，而且即使在这个阶段，对诊断而言，儿童对额外辅助的响应也与任何测试分数同等重要（Buffum, Mattos, & Weber, 2010, 2011; Burke & Depka, 2011; Fisher & Frey, 2010）。

响应干预旨在取代长期以来强调智商与表现间差异的评估法，后者在预测实际表现方面是一个非常糟糕的标准（Fuchs & Fuchs, & Compton, 2004）。响应干预的判断标准直接聚焦某些阅读问题，因为大部分筛查建议最初针对的都是这些阅读问题。响应干预还强调即时预防服务，而不是等到儿童已经远远落后才行动。

响应干预为学习吃力的学生提供的服务通常遵循三级模型。图 12.5 阐明了这个概念，下面几段内容分别描述了每个层级。

层级一：预防

在层级一，教师可使用整班策略来帮助所有儿童获得成功。例如，给出清晰简洁的指令来确保所有学生都知道该做什么，教授学习策略和元认知技能，以小组为单位开展合作学习，以及使用有效的课堂管理策略等（Fuchs & Fuchs, 2006; Heward, 2013）。一级干预背后的理念是使用有效的教学方法，并在没有任何特殊干预的情况下让更多学生可以取得成功。也许对于 80% 的学生来说，这些预防策略已经足以满足其需求了。

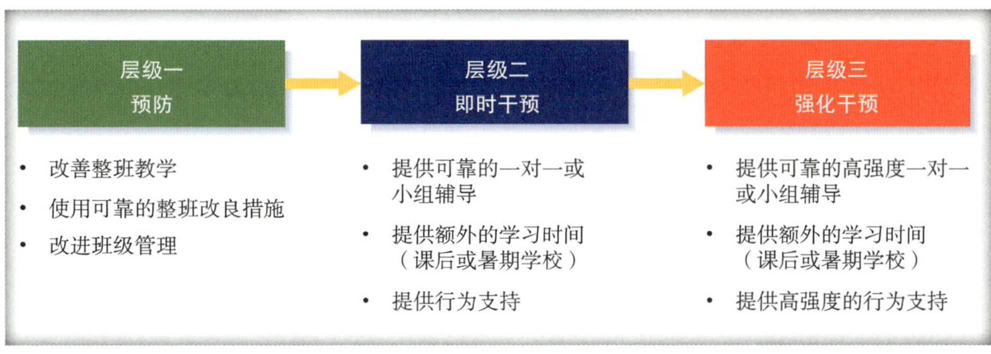

层级一
预防
层级二
即时干预
层级三
强化干预
• 改善整班教学
• 使用可靠的整班改良措施
• 改进班级管理
• 提供可靠的一对一或小组辅导
• 提供额外的学习时间（课后或暑期学校）
• 提供行为支持
• 提供可靠的高强度一对一或小组辅导
• 提供额外的学习时间（课后或暑期学校）
• 提供高强度的行为支持

图 12.5 响应干预：支持的三级模型

层级二：即时干预

尽管竭尽全力进行预防，一些学生仍旧会落后并需要帮助。响应干预的理念是针对这些学生的需求提供帮助，而不是考虑特殊教育。二级干预包括增加学习时间（比如课后或者暑期学校项目），安排学生接受计算机辅助教学或者用于解决眼前问题的其他教学方法。比如，一个有阅读困难的学生可以接受教师、教辅人员或志愿者的单独辅导或小组辅导，以便尽快解决问题，学生也可以在普通班级里继续学习（Gelzheiser et al., 2011; Slavin et al., 2011; Steubing et al., 2015; Wonder-McDowell, Reutzel, & Smith, 2011）。有效的二级干预措施包括为学生提供结构化的、循序渐进的方案，从而帮助他们成功完成计算机任务，比如写作（Lane et al., 2011）或数学问题解决（Slavin & Lake, 2008）。可能有 15% 的学生需要二级干预。

层级三：强化干预

InTASC 标准 2

学习差异

InTASC 标准 3

学习环境

三级干预主要为在一级和二级干预中未能取得充分进步的学生提供进一步的强化干预，这部分学生占学习困难者的 5%。这些学生面临接受特殊教育或留级的风险，而这两种干预都非常昂贵且极具负面影响。因此，三级干预应该尽可能高强度并持久，以达到让学生跟上进度的目的。层级三同层级二中的策略很相似，不同之处仅在于强度和持续时长，具体策略包括由教师或教辅人员提供的一对一辅导、小组强化辅导或者增加学习时间（Slavin et al., 2011）。应当对这些服务的效果进行严格监控，以确保学生取得充分的进步，并迅速识别和解决任何问题。

理论上，作为评估学生是否应接受特殊教育安置的一种替代方案，层级三的服务可以无限期提供。只有当尝试过所有可行的服务但仍不能解决学生问题的时候，才可以考虑实施特殊教育。

融合教育

InTASC 标准 7

教学计划

InTASC 标准 8

教学策略

在 94-142 公法中，最少限制的环境这一条款使特殊教育以及普通教育实践发生了变革。如前所述，该条款要求将特殊学生安置到能满足其需要的最少限制的环境中（Friend & Bursuck, 2016; Karten, 2016; Salend, 2016）。最少限制的环境以及融合教育的定义见图 12.6。这项规定大大增加了残障学生与无残障学生之间的接触机会。总的来说，在系列特殊教育服务中，所有类型的残障学生接受的教育服务都提升了

回归主流：

“以针对不同个体而设计的教育计划与方案的持续进程为基础，使符合条件的特殊儿童与正常的同伴在时间、教学及社交方面实现融合。”（Kaufman et al., 1975, pp. 40–41）

最小限制的环境：

94-142 公法（更名为《残障个体教育法案》，即 IDEA）规定，在可行的情况下，应尽量让残障儿童与无残障同伴一同接受教育。

融合教育：

“学生与同龄和同级的同伴一起进入当地的学校。在特定的学区内，被确定为需要接受特殊服务的学生的比例在所有学校中应该是相对一致的。接受融合教育的学生不会被单独分到校内的特殊班级或特殊分部里。”（National Association of State Boards of Education, 1992, p.12）

完全融合教育：

残障学生或有学业风险的学生在普通教育环境中接受教学；给学生提供支持性服务。

部分融合教育：

学生在大部分情况下都在普通教育环境中接受教学，但若有另一种教学环境能够满足学生的个别化需求，则可以让学生进入该环境接受教育。

图 12.6 术语：融合教育

一至二级。过去被安置在特殊教育学校的学生现在通常都被安置在普通学校中的特殊教育班级里。而过去被安置在普通学校中的特殊班级的学生，尤其是那些有轻度智力障碍或学习障碍的学生，现在大部分都被安置在普通班级中，并且在大部分时间都接受普通教育。

完全融合（full inclusion）运动号召让所有儿童都进入普通教育班级，并为他们提供适宜的帮助（Artiles, Kozleski, Dorn, & Christensen, 2006）。完全融合教育的拥护者认为，在实施个别化教育方案的过程中，调出式方案阻碍了普通教育工作者和特殊教育工作者之间建立有效的合作关系，而且那些接受调出式方案的学生在经历与同学分离的过程后也会被污名化。这些拥护者建议，特殊教育教师或辅助专职人员的团队应该与任课教师合作，在普通教育班级中为学生提供服务（Karten, 2016; McLeskey et al., 2013; Vaughn et al., 2014）。

许多（可能是大多数）任课教师的班级中都有一些残障学生，这些学生通常每天都要有部分时间去接受某种类型的特殊教育服务。他们中的大多数有学习障碍、言语障碍、轻度智力障碍或情绪障碍。高质量的融合模式能够提高这些学生的成绩和自信心。融合教育也使得残障学生能够与同伴互动，并掌握规范行为。然而，融合教育也会带来挑战。当残障学生的成绩低于班中其他同学时，一些教师需要努力调整教学，以适应残障学生的需求。另外一大难题是教师如何消除非残障学生经常对残障学生表现出的消极态度（McLeskey et al., 2013; Smith et al., 2015），这种态度会使将全班融为一个社会整体的努力付诸东流。令人遗憾的是，一些任课教师对自己班上有残障学生感到不适应，还有许多教师会感到自己尚未准备好满足这些学生的需求（Vaughn et al., 2014）。融合教育的确为提供更有效的服务创造了机会，但这并不意味着它能保证实际提供的服务会更好（Kauffman, McGee, & Brigham, 2004; Riehl, 2000）。

融合教育的有关研究

融合教育常被称为*回归主流*。有关融合教育的研究主要关注有学习障碍、轻度智力障碍和轻度情绪障碍的学生，他们所具有的这些缺陷可统称为“轻度学业障碍”（Holloway, 2001; Klingner et al., 2016; McLeskey et al., 2013; Salend, 2016; Smith et al., 2016）。一些研究对特殊教育班级和普通教育班级中有轻度学业障碍的学生进行了对比。当普通教育班级教师使用的教学方法能够兼顾不同学生的能力水平时，轻度障碍学生在普通教育班级中通常远比在特殊教育班级中学得更好。卡尔霍恩和埃利奥特（Calhoun & Elliott, 1977）的研究堪称经典，他们对比了普通教育班级和特殊教育班级中有同等程度的轻度智力障碍和情绪障碍的学生。两种班级使用同样的个别化教学材料，并由相同的教师（受过特殊教育方面的培训）轮班授课，以保证两种班级中的唯一差异是普通教育班有非残障学生。研究结果表明，回归主流的儿童比被单独安排在特殊教育班级的同类群体学得更好，且拥有更高水平的自尊。罗奇和埃利奥特（Roach & Elliott, 2006）的一项研究发现，在对许多因素进行控制后，认知障碍学生能否接触核心课程与其学业成绩密切相关。而其他研究（Gottlieb & Weinberg, 1999; Reynolds & Wolfe, 1999; Saleno & Garrick-Duhaney, 1999）得出的结论更为混杂。

有效融合的一个关键因素是任课教师与特殊教育教师保持密切配合（Friend & Bursuck, 2016; McLeskey et al., 2013; Smith et al., 2016）。富克斯等人（Fuchs, Fuchs, & Fernstrom, 1993）的一项研究表明，两类教师的协作可以提高学生的学习成绩，并且经过一段时间，所有的学习障碍学生都会真正融入普通教育班级。在该研究中，会经常对接受调出式数学方案的儿童进行基于课程的考察，以参照学校的普通数学教育方案评估他们的进步情况。特殊教育教师会考察普通教育班级在数学学习方面的成功标准，然后针对性地帮助学习障碍儿童在普通教育情境中取得成功。当儿童达到相应的技能要求后，就将其转到普通教育班级中并进行后续的随访，以保证他们能顺利地在普通教育班级中学习。在一个学年的时间里，参与研究的 21 名学生全都成功地融入了全日制普通教育班级，他们学到的知识也显著多于控制组的学生。

InTASC 标准 10
领导力与协作

对那些不会被纳入传统主流教育模式的儿童实施完全融合教育方案又会有怎样的效果呢？有关这方面的研究仍然很缺乏。有些研究描述了非常有效的完全融合教育方案（如 Villa & Thousand, 2003），但同时也有研究报告了完全融合教育的失败（如 Baines, Baines, & Masterson, 1994）。然而，把残障程度非常严重的学生也纳入普通教育班级中这一做法的目标是很难评估的（McLeskey et al., 2013）。完全融合教育是一个值得为之奋斗的目标，但必须小心谨慎，灵活行事（Capper, Kampschroer, & Keyes, 2000; Downing, 2001）。

普通教育中针对残障学生的有效策略

在一天中的部分或全部时间，绝大多数残障学生都在普通教育班级学习。教师可以通过使用以下策略帮助这些学生取得成功：调整教学以适应个体需求，教授学习策略，在一开始就使用预防方法来避免学生陷入困境，以及在学习问题刚出现时提供早期强化干预。

调整教学

InTASC 标准 8

教学策略

在普通教育班级中，教师针对残障学生所进行的有效教学实质上能够提高全体学生的成就（Armstrong, 2012; Bender, 2012; Benson, 2014; Klingner et al., 2016）。不过，教师在教学策略方面做出某些调整可以更好地满足残障学生的需求。当学生在学习教学或学习材料遇到困难时，我们通常建议教师调整或修改教学方式或学习材料（Carolan & Guinn, 2007; Giangreco, 2007）。具体的调整要视学生的需求而定，可能是教学形式方面，也可能是教学材料或者其他方面。下面的“理论应用于实践”部分描述了实施融合教育时的四种常见调整方式（also see Heward, 2013; McLeskey et al., 2013; Salend, 2016; Smith et al., 2016; Vaughn et al., 2014）。

理论应用于实践

调整教学以适应有特殊需要的学生

调整书面作业的格式 教师可以调整作业的呈现形式，而不必改变作业本身。采取这种做法的原因有很多种：(1) 作业太长；(2) 页面上的内容太密集，学生无法把注意力集中在每个具体的条目上；(3) 指导语的信息量不足或表述含混不清；(4) 没有提供作业样例，或者所提供的样例有误导作用或不够充分。这里要强调的一个关键概念就是，即使作业及学生的回答保持不变，教师仍可对作业的呈现方式进行调整（Kleinert & Kearns, 2001）。

有时，任务要求或作业要求必须简化。例如，在作业指导语中，应该用“圈出”来代替“在……周围画圈”。教师也可以把指导语中常用的单词教给学生（Bender, 2012）。通过教导学生如何理解这些单词，教师可以帮助他们成为更独立的学习者。同时，还可以改变作业范例或例题，使之能更贴切地反映作业或任务的特征。

调整内容 在某些情况下，教师需要调整所呈现的教学内容。比如，呈现的新信息过多，致使学生无法快速完成加工活动，或者学生缺乏完成某项任务所必需的先决技能或概念。

调整内容量时可采用的一种方法是将每个概念分开进行教学（Bryant, Smith, & Bryant, 2008），并且在教授下一个概念之前，要求学生必须掌握前面所学的每一个概念。尽管在这类调整方式下，学习材料被划分为更小的单元，但最终所涵盖的学习内容都是相同的。

因学生缺乏基本的先决技能而需要调整教学，就如同在教授课程之前解释单词或概念一样简单。但是，如果学生所缺乏的先决技能或概念并不容易被解释清楚，或学生不具有学习这堂课所需要的技能，那么教师就需要进行更复杂的调整。例如，解决数学应用题需要用到分数的乘法，而学生尚未学过这种知识。在这种情况下，教师就应该在要求学生解决应用题之前教授分数的乘法。

调整沟通方式 对于某些学生，教师不仅需要调整其接收信息的方式，在学生展示所获得的具体知识时同样需要做出调整（Bender, 2015; Schultz, 2012）。如果阅读是获得

（续）

信息的唯一途径，那么有些学生将无法获得知识，但如果用其他形式呈现信息，这些学生就能够学到知识。在考虑可能的沟通方式时，教师应该发挥创造性。教师可以让学生观看演示、视频或计算机游戏，也可以让他们听录音、讲座和讨论会或进行辩论。关于任何一个可以想到的主题，互联网上都有成千上万的课程和演示视频，教师或学生可以在其中找到多种途径来学习给定的概念。

如果学生不能按照作业要求作答，则需要进行另一类调整。例如，如果学生在书写方面存在问题，那么教师可以与学生进行个别交谈，要求学生口头表达有关的概念并进行录音，或者让学生在班上做口头报告。教师也可以让学生通过画画、绘制图表，或者制作视频或多媒体报告的方式来展现所掌握的知识。

延长时间　对很多可能仅仅是反应缓慢或者会在测试环境中感到焦虑的学生来说，延长完成活动和测试的时间是非常必要的（Lovett, 2010; Overton, 2016）。

通用学习设计　促进融合教育的一项重要运动被称为“通用学习设计（Universal Design Learning, UDL）”（National Center on Universal Design for Learning, 2011; Rose & Rappolt-Schlichtmann, 2008; Steinfeld & Maisel, 2011）。UDL 的理念是为了满足尽可能多的学习者的需求，创建材料及教学策略。UDL 可以采用多种方式呈现教学内容，包括书面展示、音频、视频以及计算机传输的内容；也可以使用多种方式让学习者展示他们所知道的内容，包括说和写，以及使用语音识别或其他电子设备；还可以运用多种途径促进学习者相互交流并激励学生。随着教育技术的进步，适应情况各异的特殊学习者的需求将变得越来越平常，这将便于教师在同一班级内面向不同类型的学生开展有效教学。

教授学习策略并培养元认知意识

InTASC 标准 8
教学策略

许多学生在学校中的成绩欠佳是由于他们没有学会如何学习。一些方案旨在帮助学生掌握记笔记、概括和记忆方法等策略，这对学习障碍儿童以及青少年都是非常有效的（Deshler, 2005; Jackson & Lambert, 2010; Mastropieri, 2016）。越来越多的研究正在寻找各种策略，以教授学习障碍学生使用元认知策略来理解他们所阅读的内容（Gersten et al., 2001, 2009），并培养学生的“自我决定”技能，如独立学习或工作的能力（Algozzine et al., 2009）。

预防和早期干预

关于学习障碍儿童该接受融合教育还是特殊教育这一争论，主要是围绕着人们对那些学业成绩远低于同龄人的儿童的关注所展开的。然而，如果他们接受过有效的预防方案和早期干预方案，其中的大部分儿童本能够取得学业成功。

有确凿的证据表明，那些正在接受特殊教育的学生假如接受过有效的早期干预，他们中的相当一部分现在就不需要接受特殊教育了。研究发现，一些高质量的儿童早期教育方案，如佩里学前教育方案（Perry Preschool）（Berrueta-Clement et al., 1984）、初学者计划（Abecedarian Project）（Ramey & Ramey, 1992）和密尔沃基计划

(Milwaukee Project)(Garber, 1998)，都能使接受特殊教育的学习障碍和轻度智力障碍儿童的人数明显减少(Siegel, 2003)。为阅读困难的一年级学习障碍学生提供一对一的个别辅导方案，也可以减少这类儿童对特殊教育服务的需求(见下一节)。“让所有人都成功”这一方案将有效的早期教育方案、课程改革以及一对一辅导方案结合了起来，将接受特殊教育的人数减少了一半以上(Borman & Hewes, 2003; Slavin & Madden, 2001)，并显著提高了那些已被认定为需要接受特殊教育服务的儿童的阅读成绩(Ross, Smith, Casey, & Slavin, 1995; Smith, Ross, & Casey, 1994)。这些研究以及其他相关研究都表明，如果能够更为广泛地应用预防和早期干预方案，需要接受特殊教育服务的儿童人数就可以大大减少。

链接 12.8

若想更多地了解“让所有人都成功”的方法，请参见第 9 章。

针对阅读困难者的辅导和小组干预

阅读困难的学生几乎总是被安排接受面向学习障碍者的特殊教育，因此，预防阅读失败并帮助那些在阅读方面已经落后的学生是非常重要的。从第 9 章中可以得知，对各种一对一辅导和小组辅导模式的研究都表明，它们对阅读困难者的阅读成绩产生了显著的积极影响(Amendum, Vernon-Feagans, & Ginsberg, 2011; Gelzheiser et al., 2011; Harn et al., 2012; Slavin, Lake, Davis, & Madden, 2011)。在将儿童评估为可能存在阅读障碍之前，通常应该先尝试对其进行辅导。

计算机与残障学生

计算机为残障学生提供了接受个别化教学的机会。利用计算机来帮助特殊儿童主要有四个方面的优势(Carpenter, Johnston, & Beard, 2015; Marchez, Fischer, & Clark, 2015)。第一，在授课方式、强化的类别和频率、内容呈现的速率以及教学水平等方面，计算机为教师实施个别化教学提供了便利(Anderson-Inman & Horney, 2007; McKenna & Walpole, 2007)。第二，计算机能够给出即时的纠正性反馈，并强调儿童在学习过程中的主动性(Boone & Higgins, 2007)。第三，对那些易于分心的儿童来说，计算机能够吸引其注意力。第四，计算机教学具有激励性和耐性，能够增强学生之间互动的计算机软件(包括模拟、游戏和项目)可以激发学生的动机，并为其提供了获得成功的途径(Darling-Hammond, Zielezinski, & Goldman, 2014)。对那些有身体残障的学生而言，计算机能在学习和交流信息方面提供更多便利。比如，计算机可以为有视觉障碍的儿童放大阅读材料的字号或者朗读文章(Poel, 2007)。

链接 12.9

若想了解更多有关计算机辅助教学的内容，请参见第 9 章。

接受特殊教育方案训练的儿童似乎很喜欢利用计算机进行学习。原本缺乏学习动机的学生也会变得热衷于学习。因为他们所处的学习情境是积极的、富有激励性的，并且不具有威胁性，所以他们的控制感会有所增强。然而，关于计算机辅助教学能否真正地促进残障学生的学习，研究结论并不一致(MacArthur, Ferretti, Okolo, & Cavalier, 2001)。

资格认证指南

当在教师资格认证考试中回答个案研究题时，你应该熟悉用于帮助残障学生的适应性技术。

一种有效使用计算机的方法是为有学业障碍的学生提供可进行探索、建构和交流的活动。文字处理软件就能达到这些目的(Bender, 2012)，还有一些其他方案也是专门为残障儿童设计的(Meyer & Rose, 2000; Wagmeister & Shifrin, 2000)。图 12.7 给出了示例来具体说明如何利用计算机以及其他技术帮助残障学生。另外，第 9 章也描述了技术在教育领域中的多种应用方式。

对于运动控制能力受限的学生

- 光标和鼠标增强技术为那些精细运动控制能力不足而无法使用键盘的学生提供了便利。经过训练，鼠标增强工具可以识别通过鼠标命令做出的手势。其他特性包括高可见度、颜色和动画光标等。
- 学生可以通过键盘定义程序在键盘上自定义功能键，在减少击键次数的情况下完成常见的任务。
- 虚拟键盘软件可以将计算机键盘的图案显示在屏幕上。学生可以使用鼠标、轨迹球或者类似的定点设备在这种虚拟键盘上“打字”，这样就不需要使用通过按键打字的实物键盘。

对于有视觉障碍的学生

- 通过放大软件程序可以在显示器上放大字体（正常字号的 2 到 16 倍），用户也可以根据需要选择前景色和背景色，这样可以使阅读变得轻松。
- 学生可以利用扫描仪扫描文档，然后将其转换成可编辑的文字处理文档和表格文档。这些文档可以在屏幕上放大和编辑，或者用语音合成器大声朗读。
- 语音合成器可以大声读出屏幕上显示的活动窗口的菜单选项或者已录入的文本，也可以以音频文件格式保存文档。有声日历和计算器可以读出每一步操作和数学结果。
- 学生可以通过盲文阅读器和写作软件将普通文字转换成盲文，从而可以创建文档，访问互联网，以及发送和接收电子邮件。

对于有听力障碍的学生

- 语音识别软件可以将话语转换成书面文本。它可以通过编程来执行特殊的指令，比如，只需输入一条简单的声音指令，用户就能登录喜欢的网站。

对于有学习障碍的学生

- 一些文字处理程序中配有文字联想和缩写扩展程序，这样就可以让那些有身体残障和学习障碍的人更顺畅地使用键盘进行书写。这两项功能有助于减少打字所需的击键次数，提高写作效率。
- 概念图软件将知识模型表现为概念图，并通过引导学生对其进行建构、探索、分享和批判来帮助他们理解概念之间的关系。

图 12.7 用于帮助残障学生的适应性技术

伙伴系统和同伴辅导

在普通教育课堂中，满足残障学生需求的一种方式是让没有残障的同学来帮助残障学生，即运用伙伴系统来满足残障学生除教学之外的其他需求，或者运用同伴辅导来帮助他们解决学习上的困难（Mastropieri, 2016）。

充当特殊教育学生的伙伴的志愿者能够帮助这些残障学生应对班级活动中的常规任务。例如，伙伴可以为丧失视觉的学生导盲，或者帮助有学习障碍的学生来理解指导语，或者在某些课上给予必要的提示或引导。在初中和高中阶段，伙伴还可以为丧失听力或有学习障碍的学生记笔记或复印自己的课堂笔记。伙伴还能够帮助残障学生在听课时将课本翻到正确的页面，准备好上课的必要材料。伙伴的主要责任就是帮助有特殊需求的学生适应普通教育的课堂教学，解答问题，并为其活动提供指导。通过运用伙伴资源，普通教育的任课教师可以解决与教学活动相关的更重要的问题。

另一种在普通教育课堂中帮助残障学生的方法就是同伴辅导（Topping et al., 2015; Watkins & Wentzel, 2008）。若要在课堂中运用同伴辅导，教师应该确保这些同伴辅导者是经过精心培训的。这意味着同伴辅导者必须学会如何通过示范和解释来为残障学生提供帮助，如何给予残障学生具体的、积极的纠正性反馈，以及何时允许残障学生单独活动。同伴辅导者和被辅导者都能从中受益：接受特殊教育的学生学到了学术概念，而辅导者也能更好地接纳和理解残障学生。有时，可以让年龄较大的残障学生辅导年龄较小的残障学生，通常双方都能受益。

InTASC 标准 3

学习环境

链接 12.10

若想了解更多有关同伴辅导的内容，请参见第 9 章。

资格认证指南

在教师资格认证考试中，你可能会被要求就如何组织同伴辅导来满足残障学生的需求给出建议。

特殊教育团队

InTASC 标准 10

领导力与协作

当把残障学生安置到普通教育课堂中时，任课教师要经常与一名或多名特殊教育工作者协作，以确保残障学生能够成功地融入普通班级中（Friend & Barron, 2014; Friend & Bursuck, 2016; Kampwirth & Powers, 2016; McLeskey et al., 2013; Salend, 2016; Smith et al., 2016）。任课教师可以与特殊教育工作者一起参加有关的会议，或定期地向特殊教育工作者进行咨询，特殊教育工作者也可能经常出现在课堂中。无论采取哪种形式，任课教师和特殊教育工作者都必须认识到，他们每个人都具有自己的专业知识，而这些知识对于学生的成功至关重要。在日常课堂组织与管理、课程安排以及对学生表现的期望等方面，任课教师是专家；而在熟悉特定残障学生群体的特征、确定回归主流的残障学生在学习和行为上的优势和缺陷，以及针对残障类型运用教学技术等方面，特殊教育工作者才是专家。要使残障学生成功地融入普通教育课堂中，以上各方面知识缺一不可，因此普通教育教师与特殊教育教师间的沟通是不可或缺的（McLeskey et al., 2013; Wilson & Blednick, 2011）。

在学生被安置进普通教育课堂之前，任课教师与特殊教育工作者就应该进行沟通，并贯穿始终。两类教师都必须了解学生在每种情境中的近况，进而开展规划、协作，形成有效的方案。只有做到这点后，才能开始为改善残障学生在普通班级中的成就而设计和开展教学。此外，这也将使得学生在一种情境中习得的技能与行为可以更有效地迁移到另一种情境中。

残障学生的社会整合

将学生安置到普通教育班级中，这只是将学生整合到普通教育环境中的第一步。在进行教学整合的同时，也要对学生进行社会整合（Wilkins, 2000）。任课教师在社

21 世纪的学习

融合所有学习者

不断进步的辅助技术正在彻底改变残障学生接受教育的可能性（Klingner et al., 2016）。可以放大字体的计算机程序长期以来都被用来帮助有视觉障碍的学生，而交互式电子白板和其他全班授课技术如今也越来越普遍，可以轻松地为视觉障碍学生提供放大的字体和图片，使他们能够跟上正常的课堂教学。同样，我们有机会更有效地使用视觉和交互内容来补充课堂教学，为有学习障碍和其他特殊需求的学生在学校取得成功提供替代途径。在 21 世纪，教育成就的标准将会提高，但学生达到这些标准的方式也将会更加多样化。美国大多数州都在采用的共同核心标准非常注重通用学习设计，以使尽可能多的学习者接触到高质量课程（Karten, 2016）。

问题

- 制作一个表格，说明你的学生可能出现的学习障碍类型。哪些技术对某种学生来说似乎尤其适用？

有意识的教师

运用你所了解的有关特殊学习者的知识来改善教与学

有意识的教师会充分发挥创造性，尽心尽责地满足每个学生的需求。他们会创设包容性环境，并致力于促进所有学生的学习。作为专家小组的成员，有意识的教师通过与其他成员进行协作来满足学生的特殊需求。有意识的教师能够：

- 计划如何防止班上的学生出现学习、行为和情绪问题，并运用有效的教学方法、课堂管理方法和满足学生个体需求的手段；
- 与特殊教育教师、辅导员和其他专业人员进行战略性协作，以确保学生的需求获得满足；
- 密切关注学生的学习进展，以便尽早发现学习问题并及时提供干预；
- 在设计授课内容和课堂活动时，考虑到所有学生的需求；
- 利用多种资源，如专业辅助人员、资源教师和计算机等，来解决需要帮助的儿童的任何学习问题；
- 运用响应干预策略来尝试解决学生的学习问题，而不轻易考虑启动特殊教育；
- 在有需要的情况下，与他人合作来创建并实施个别化教育方案（IEPs），从而帮助残障学生在普通教育中获得成功；
- 采用小组和个别辅导、计算机辅助教学以及其他技术应用等策略，帮助学困生达到所在普通教育班级的成就水平；
- 教授所有学生“学会学习”的技能，如学习策略，从而帮助他们成为独立的学习者；
- 组织合作学习和同伴辅导，以帮助不同的学生互助学习；
- 帮助有天赋和才华的学生利用加速策略和充实策略来充分实现潜能；
- 想方设法让受到孤立的学生融入班级。

会整合过程中扮演着重要的角色。有大量的文献论述了教师期望对学生的学习成绩和行为的影响。对残障学生而言，教师对待他们的态度不仅对师生互动非常重要，而且也是班级中非残障学生的榜样。有关对待残障个体的态度的研究提供了几种策略，可能对普通教育班级的任课教师有用——这些教师希望通过影响非残障学生的态度来促进成功的社会整合。其中一种策略就是使用合作学习方法（Nevin, 1998; Stevens & Slavin, 1995b）。研究还发现，社会技能训练能够提高残障儿童的社会接受度（Troop & Asher, 1999）。

链接 12.11
若想更多地了解有关教授适应性技能以促进学生发展社会情绪方面的信息，请参见第 3 章。

本章概要

谁是特殊学习者

特殊学习者是指相对社会或学校的一般标准，那些有特殊教育需求的学生。由于学习者自身的某些原因，他们不能完成正常的学业任务，这使其成为特殊学习者。受限是由环境或自身等因素所施加的一种状态或阻碍。残障是一种功能上的局限，会干扰个体的心理、身体

或感官能力。针对特殊学习者的分类系统常常是随意的，且广受争议。而使用标签也会导致这些学生遭受不当对待，或他们的自我概念受到伤害。

在美国，3~21 岁的学生中大约有 13% 接受特殊教育服务。特殊学习者的特殊问题包括智力障碍、特定学习障碍、言语或语言障碍、情绪和行为障碍、自闭症谱系障碍以及视力或听力丧失。天才学生也被认为是特殊学生，他们可能有资格接受特殊的加速教育方案或充实教育方案。准确地鉴别特殊学习者并调整教学以满足他们的需要，这是一场持久战。

特殊教育

特殊教育方案是为残障儿童提供的服务，用以代替或补充普通课堂教育方案。

99-457 公法（1986 年）对 94-142 公法（1975 年）进行了修正，将有严重残障的学龄前儿童和婴儿也包括进来，现更名为《残障个体教育法案》（IDEA）。该法案规定，每个残障儿童都有权享受公费的、适当的特殊教育。该法案的最新版本，2004 年版 IDEA，号召父母和任课教师更多地投入到对残障儿童的教育中。最少限制的环境这条法规意味着，有特殊需求的学生必须尽可能地融入普通教育班级中。IDEA 要求必须为每名残障学生设计个别化教育方案（IEP）。个别化教育方案的思想基础是，给每个关心残障儿童教育的人提供参与制定儿童教学方案的机会。为特殊学生提供的系列服务包括：为普通教育教师提供支持，让学生每天有部分时间在资源教室中接受特殊教育，在特殊教育班级、特殊走读学校、特殊寄宿制学校以及家庭式或医院式学校中接受每天超过 3 小时的特殊教育。

响应干预

响应干预（RTI）是指在安排学习困难的学生接受特殊教育安置评估之前，在普通教育班级里调整教学或提供强化服务。响应干预方法一般为学习困难的学生提供三个层级的干预：预防（全班），即时帮助（小组或个人）以及额外的强化帮助。

融合教育

融合教育意味着每天至少有部分时间把有特殊需求的学生安置到普通教育课堂中。在提供适当帮助的情况下，使所有儿童完全融入普通教育课堂是一个公认的目标。研究表明，融合教育能有效地提高学生的多项成就水平。当合作学习、伙伴系统、同伴辅导、计算机教学、调整教学以及社会技能培训等成为课堂学习的常规组成部分时，融合教育更为有效。研究还发现，有些障碍，尤其是阅读障碍，是可以通过预防措施和早期干预方案加以预防的。

普通教育中针对残障学生的有效策略

融合课堂中的教师可以通过调整教学、修改学习材料、教授学生具体的学习策略、提供辅导和计算机练习等来帮助残障学生取得成功。

关键术语

特殊学习者
残障
受限
智力障碍
智商（IQ）
学习障碍（LD）
注意缺陷多动障碍（ADHD）
言语障碍
语言障碍
情绪和行为障碍
品行障碍
自闭症

自闭症谱系障碍	94-142 公法
阿斯伯格综合征	《残障个体教育法案》（IDEA）
感官损伤	最少限制的环境
视力丧失	回归主流
听觉障碍	融合
天才	个别化教育方案（IEP）
加速方案	协作
充实方案	响应干预
特殊教育	完全融合

自我评估：资格认证练习

指导语：本章开头案例中强调了州级资格认证考试中常出现的一些评价指标。请重读开头的案例，回答下列问题。

1. 多佛尔小学的副校长伊莱恩・瓦格纳和海伦・罗斯一起讨论了罗斯的儿子汤米的有关问题。汤米目前在另外一所学校上学，遇到了一些困难。瓦格纳向罗斯夫人解释，汤米需要符合某些标准才能接受特殊教育服务。符合下面的哪一项表明学生需要接受特殊教育服务？
   a. 该生的智商必须不高于 120。
   b. 该生至少患有一种符合规定类型的残障。
   c. 该生的学业排名必须低于第 50 百分位数。
   d. 所有要求孩子接受特殊教育服务的家长都必须同意这些服务。
2. 假如你将成为汤米的新教师。如果他的母亲向你询问残障和受限的区别，你将如何回答？
   a. 残障是指个体的认知功能出现问题，而受限是指个体的身体功能出现问题的状况。
   b. 残障是指社会对个人施加阻碍的状况，而受限是指使个体失去某种能力的状况。
   c. 残障是指个体在功能上的局限，这种局限会干扰个体的身体能力或认知能力。而受限是由社会、物理环境或个体自身的态度强加给残障个体的一种状态。
   d. 残障和受限是同义词。
3. 下面哪种公法使得海伦・罗斯这样的父母在决定孩子的教育问题时具有更大的发言权？
   a. 94-142 公法，《残障儿童教育法案》。
   b. 99-457 公法，94-142 公法的修正案。
   c. 101-476 公法，《残障个体教育法案》。
   d. 105-17 公法，《残障个体教育法案（修正案）》。
4. 副校长伊莱恩・瓦格纳告诉海伦・罗斯，即使汤米需要接受特殊教育服务，他也会被安置在“最少限制的环境”中。这对汤米意味着什么？
   a. 汤米将尽可能地被安置在普通教育班级中，只在必要时才将其调去接受特殊教育服务。
   b. 汤米将被安置在一个不限制其活动和学业选择的特殊教育班级中。
   c. 汤米适合接受任何一种或全部的特殊教育服务。
   d. 汤米将获得公共资金来支付私人的特殊教育服务。

5. 汤米的母亲海伦·罗斯对伊莱恩·瓦格纳提问道："你们学校有关融合的理念听起来很适合汤米。为什么不是所有的学校都采纳它呢？有什么弊端吗？"瓦格纳老师了解融合教育的最新知识，她最可能做出何种回答呢？
   a. 资料表明，接受融合教育方案的学生在学业成绩上不如特殊教育班的学生。
   b. 普通教育教师有时缺乏适当的培训和材料，而且大班授课加上支持性服务不足已使他们负担过重。
   c. 特殊教育专家不相信有学习障碍这回事。他们认为所有的学生都应该待在普通教育班级中。
   d. 大多数普通教育班级中的学生的家长认为，为满足残障学生的需求而调整教学是不公平的。
6. 如果汤米被确定为有阅读障碍，你将如何为他制定个别化教育方案（IEP）？
7. 将有特殊需求的学生安置到普通教育班级中，这种做法有什么利弊？

Guerilla/Alamy Stock Photo

第 13 章

评估学生的学习

本章提纲

教学目标以及如何运用教学目标

设计课程目标

使目标和评估相一致

应用教学目标分类法

有关教学目标的研究

为什么评价很重要

作为反馈的评价

作为信息的评价

作为激励的评价

如何评价学生的学习

形成性评价和总结性评价

常模参照评价和标准参照评价

将评价策略与目标相匹配

与他人进行比较的评价

如何编制测验

成就测验的编制原则

使用细目表

编制选择—反应题目

学习成果

学完本章后，你应当能够：

13.1 识别结构良好的教学目标，并解释如何有效地运用它们；

13.2 根据目的区分不同类型的评价；

13.3 描述如何编制公平、有效的测验和不同类型的测验问题；

13.4 解释如何使用真实性评价、档案袋评价和表现性评价来评价学生的作业；

13.5 描述对学生学习的评估如何影响有意识的教学。

本章提纲（续）

编制建构—反应题目

编制和评价写作类题目

编制和评价问题解决题目

真实性评价、档案袋评价和表现性评价

档案袋评价

表现性评价

表现性评价的有效性

表现性评价的评分标准

通过数字游戏和模拟进行评估

如何确定成绩等级

确立评级标准

运用字母等级

表现性评级

其他替代性评级系统

评定成绩等级

沙利文先生给十一年级的学生讲授美国历史课，他的课非常有趣。他正在津津乐道地讲述着南北战争，学生们听得也很开心。沙利文先生描述了这场战争中的各种轶闻趣事，比如一场裸体战（一群南方同盟军在渡河时被发现），绰号为“石墙”的南军将领杰克逊因作战期间打了个盹而战败，以及几个女扮男装参加战斗的故事。他还讲述了南方同盟军（从加拿大）对佛蒙特州一所银行的突袭事件。沙利文先生拿来一些真正的米涅弹和霰弹给学生传看，好奇它们是否杀死过人。实际上，沙利文先生一连几周都在讲述战役、战地歌曲以及将军们的个性及缺陷。最后，他还设计了一项有趣的数学活动，让学生计算在当时要花多少南部政权货币才能买一块面包。在完成这项活动之后，他让学生把所有的材料都收起来，随后进行了一次测验。

测验只有一个问题：阐述美国南北战争爆发的主要原因，以及在此期间发生的主要事件及其结果。面对这道题，学生都感到愕然。

沙利文先生的课堂很有趣，也很吸引人。他采用了多种呈现方式，也整合了其他学科中的一些技能。显然，他的课达到了社会科学课程的一个重要目标：使学生对所学主题产生兴趣。然而，尽管沙利文先生的课堂很吸引人，但他所教内容与测验的内容之间几乎没有联系。他和学生就像正在进行一次愉快的旅行，但是，目的地究竟在何处？

运用你的经验

合作学习 四五个学生组成一组，在纸上画一条线，在线上标出1到100。1代表最差的教学，100代表最好的教学。请大家轮流在这个标尺上标出对沙利文先生的评价。每个人都要解释自己评分的理由。然后，重新查看评分，并酌情修改，使之更为准确。大家一起讨论沙利文先生可以使用哪些更有效的教学和评估方法。

在教授一堂课、一个单元乃至一门课程时，教师怎样才能知道教学目标是什么，以及师生是否达到了这一目标？本章将讨论教学目标和评估、教学目的以及确定教学目的是否达成的方法。目标是关于学生在学完一门课程之后应该知道什么、能够做什么的学习计划，而课程设计应有助于实现这些目标。在课程结束时，对学生的评估必须足以探明学生对这些目标的实际掌握程度（Banks, 2012; McMillan, 2011; Spinelli, 2011）。每个教师都应该清楚全班要达到什么目标，如何达到以及如何知道是否达到。

教学目标以及如何运用教学目标

InTASC 标准 7

教学计划

在当天的授课结束之后，教师希望学生知道什么或能够做什么？在通过一系列课程学完某一主题之后，学生应该知道什么？在这门课结束后，学生应该知道什么？正确回答这些问题是进行有意识高质量教学的重要前提条件（Burke, 2009; Moss & Brookhart, 2012）。教师就像是荒野中的引路人，带领一群新手前行。如果教师没有一张地图或者一份计划来引领团队前往目的地，那么整个团队必然会迷失方向。沙利文先生的学生确实体验到了很多乐趣，但由于教师并没有计划如何通过课程让学生了解与美国南北战争相关的重要概念，学生也就不太可能掌握这些概念。

在一门课开始前确立教学目标是提供适用于每一节课的总体框架的关键环节（Moss, Brookhart, & Long, 2011; Reeves, 2011）。如果缺乏这样的框架，教学就很容易偏离主题，在一些细枝末节上花费过多的时间。一名高中生物教师将一学年的大部分时间都用在了教授生物化学上，学生对 DNA、红细胞、叶绿素、淀粉的化学结构了然于胸，但是对动物学、植物学、解剖学以及高中生物课程中的其他核心问题却知之甚少。到了五月底，该教师开始焦头烂额，因为她意识到全班在学年结束之前必须完成一系列实验练习。在接下来的几天中，学生连续解剖了青蛙、羊的眼球和脑以及猪的胚胎！显然，学生从这些仓促进行的实验中学到的知识有限，他们的生物学知识总体上也没有增长多少。这名教师没有一份总体计划，只是临时决定每周（或是每天）要教什么。因此，她未能把控全局，即在高中生物课程学习中公认的非常重要的知识范围。虽然很少有教师会绝对地按照既定计划进行教学，但是制订计划的过程仍然很有帮助。

教学目标（instructional objective），有时也称为行为目标，是对学生在某个教学阶段结束时应当掌握的技能或概念的陈述。在对教学目标进行陈述时，通常要明确说明如何考核目标的达成情况（Mager, 1997）。下面是教学目标的几个例子：

- 学生能在 3 分钟之内做对 100 道除法题（如，27 除以 3）；
- 当被提问时，学生至少能说出五项所有生命体都具有的功能（如呼吸、繁殖等）；
- 学生能写出一篇对比梵高和高更的艺术风格的文章；
- 给出命题“辨析：美国不应该参加第一次世界大战”，学生能够有理有据地支持或反对这项命题。

要注意的是，虽然所涉及的学习行为类型以及目标能力水平有很大差异，但这些教学目标具有数个共同点。行为目标运动的开创者马杰（Mager, 1997）认为，目标包括三个部分：行为表现、行为条件和行为标准。表 13.1 给出了相关的解释和示例。

链接 13.1

若想更多地了解作为有效教学组成部分的课程计划与课程目标，请参见第 7 章。

表 13.1　一项行为目标陈述的组成部分

	行为表现	行为条件	行为标准
定义	陈述期望学习者做什么	描述行为发生的条件	尽可能地描述可接受的行为表现的标准
要回答的问题	学习者应该能够做什么？	你希望学习者在什么条件下可以做到这一点？	必须做到多好？
示例	正确使用形容词和副词	给出 10 个缺少修饰词的句子	学生至少能在其中 9 个句子中正确选择出形容词或副词

设计课程目标

在实际教学中，一项行为目标的主干包括行为条件、行为表现及行为标准。首先，陈述评价学习的条件，如：

- 给出 10 道测验题，学生能够……
- 在作文中，学生能够……
- 应用指南针和量角器，学生能够……

目标的第二部分通常是一个行为动词，表明学生能做什么，如（Gronlund & Brookhart, 2009）：

- 写出
- 区分
- 识别
- 匹配
- 对比

最后，行为目标通常还需要陈述成功的标准，如：

- ……3 分钟之内完成 100 道乘法题；
- ……写出至少 5 个派遣探险者去新大陆的国家；
- ……写出美国政府在《宪法》和《邦联条例》规定下的相同点和不同点，至少各 3 条。

有时，成功的标准无法用正确答案的数量来表示。即使如此，对成功标准的表述也要尽量清楚明确，如：

- 学生能够写一篇两页纸的论文，对《玩偶之家》中的女性的社会地位进行描述；
- 除了打鸡蛋，学生至少还能想出打蛋器其他 6 种可能的用途。

列出具体的目标　教学目标必须与所教授的学科内容相适应。当学生必须掌握定义明确的技能或有唯一正确答案的知识时，具体的教学目标可以表述为如下形式：

- 给出 10 道有关两个同分母分数相加的题目，学生至少能答对 9 道；
- 给出 10 个缺少动词的句子，学生至少能选对 8 个句子中动词的单复数形式，例如“My cat and I [has，have] birthdays in May. Each of us [want，wants] to go to college.”；
- 假定有一条 4 米长的绳子垂直悬挂在天花板上，学生能在 20 秒内爬到绳子的顶端。

当然，有些教学内容并不适合这种具体的教学目标。在这种情况下，坚持设定采用量化标准的教学目标就不再恰当。例如，将教学目标表述为如下形式：

- 对比美国 20 世纪初的移民境况和当今的移民境况，至少列举出 5 个相同点和 5 个不同点。

请注意，这种教学目标要求学生罗列异同，可它不能证明学生真正理解了所学主题。下面的目标描述虽不太具体，但更有意义：

- 撰写一篇论文，对美国 20 世纪初的移民境况和当今的移民境况进行对比。

这种一般教学目标允许学生更灵活地表达自己对主题的理解，也更能促进学生对主题的领会，而不只是死记硬背某些异同点。

列出明确的目标　教学目标要足够明确才有意义。例如，请思考以下有关移民的教学目标：

- 学生将充分理解对美国社会发展有促进作用的种族多样性。

这种教学目标听起来很好，但是“充分理解”是指什么？这种教学目标既无助于教师备课，也无助于学生理解将要学习的内容以及如何被评价。

进行任务分析　在计划授课内容时，重要的是要考虑教授或分配学生完成的任务所需的技能。例如，教师可以要求学生利用网络，就自己感兴趣的主题写一篇简短的报告。这项任务看上去简单明了，但实际上会涉及各方面的技能：

- 了解如何在网络上查找信息；
- 了解如何判断网络资源的客观性和准确性；
- 从说明性材料中提取主要观点；
- 构思一篇简短的报告或列出写作提纲；
- 撰写说明性段落；
- 理解语言的使用技巧（如大写、标点符号以及习惯用法）。

上述每一项技能又可以分解为子技能。教师必须了解完成每项学习任务所需的子技能，以确保学生知道如何做才能获得成功。在布置网络报告任务之前，教师必须确保学生知道如何使用网络资源，并确保学生能够理解和撰写说明性材料。在让学生利用计算机查找资料之前，教师应该教授或复习这些技能。

同样，在教授任何一项新技能时，考虑构成该技能的所有子技能也是非常重要的。比如，在做分数加法题、写化学反应式或者寻找主题句与支持性细节时所涉及的每一个子步骤。图 13.1 就此列举了利用 MS Word 撰写商务信函所需的各项技能。

这种将任务或目标分解为较简单的组成部分的过程称为**任务分析**（task analysis）。在设计课程时，可以通过三个步骤进行任务分析。

1. 确定先决技能。在讲授新内容之前，学生应先了解什么？例如，在讲授异分母分数加和的知识时，学生需要知道如何找到最小公倍数，如何通过乘法来找到等价分数，如何对同分母分数进行加和，以及如何化简分数。
2. 确定子技能。在实际教学中，要想实现更大的目标，必须先教会学生哪些子技能？就教授分数加法这一例子而言，在教学过程中，必须对每一步进行规划、教授和评价。
3. 计划如何将子技能组合为最终技能。任务分析的最后一步是将各种子技能重新整合为所讲授的完整过程。例如，学生们也许已经掌握了异分母分数加法所需的每一项技能，但这并不意味着他们能将所有技能整合在一起来完成整个任务。教师必须将子技能整合成一个学生可以理解并运用的完整过程。

逆向设计　正如课堂目标不只是一系列具体任务目标的简单累加，课程目标也不只是一系列具体课堂目标的总和。因此，教师首先应该为整门课程列出大致的目标，

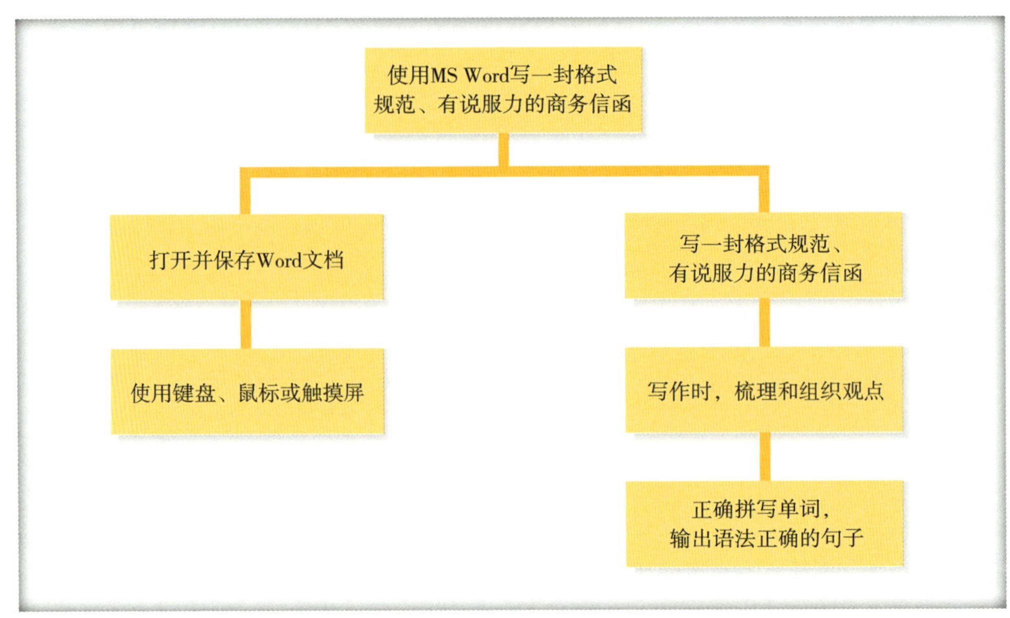

图 13.1 技能层级示例

在练习主要技能（利用 MS Word 写商务信函）之前，学生必须会使用电脑，会写信。在掌握主要技能之前，应先学习这些技能。使用电脑和写信这两种技能彼此独立，习得顺序不分先后。但在写信前，学生必须能够拼写单词和组织书面观点。最后，要使用电脑，学习者首先必须学习如何使用鼠标 / 触摸屏，以及如何打开和保存文件。

然后划分各大单元的教学目标，最后再确定具体的行为目标（Gronlund & Brookhart, 2009），这就是所谓的**逆向设计**（backward planning）。例如，沙利文先生若想把美国南北战争这个单元教好，可以确定这样的教学目标："学生能够理解南北战争爆发的主要原因，期间发生的主要事件及其结果。"然后，他可以列出与原因、事件和结果有关的更为具体的目标，之后再围绕这些目标设计子单元和课时计划。表 13.2 以及后面的"理论应用于实践"专栏都给出了逆向设计的详细实例。

表 13.2 语言艺术课程的目标示例

教师可以根据以下几点分配一门课程的教学时间：（a）确定本学年或本学期的学习主题；（b）确定每一个主题要花费几周的教学时间；（c）选择对应每个主题的单元；（d）确定每个单元要教几天；（e）确定每天的授课内容。

课程目标：分配的周数	单元目标：分配的天数	课时计划
撰写虚构作品：3 周 撰写非虚构作品：3 周 撰写说服性文章：2 周 ……等	故事的组成部分：2 天 细节和完善：3 天 写作、修改和创作过程：3 天 ……等	第 1 节课：故事的组成部分——概述 介绍 背景 主人公 反派角色 情节 结论 第 2 节课：故事的组成部分——样例识别 介绍 背景 主人公
		反派角色 情节 结论

理论应用于实践

课程、单元和课时设计

当设计一门课程时，重要的是在开始教学前就确立长期、中期和短期目标（Diamond, 2008; Dougherty, 2012; Fisher & Frey, 2014c; Reeves, 2015）。在上第一节课之前，教师需要对本学年的教学内容有一个总体规划；对第一单元（一系列相关课程）的教学内容有一个较具体的计划；对第一节课的教学有一个更为具体的计划（如表 13.2 所示）。美国所有州和许多学区均为每个学科确立了标准，这些标准有助于指导教师进行教学设计。

表 13.2 是逆向设计过程的示例。首先，建立课程目标。其次，确定单元目标。最后，设计出具体的每一节课。课程目标列出的是整个学年需要教授的所有主题。教师可以用学年周数除以主要主题的数量，以确定教授每个主题大约需要几周。只要为其他主题留下足够的时间，教某一主题所用的时间便可长可短。表 13.2 中的任何一个主题的内容都可以用一整个学期的时间进行教学，但是在教授生命科学导论课时，这样做就不太恰当。教师在开课之前，必须慎重确定教授每个主题内容所需时间，以免前几个主题用时过多，致使没有充分的时间保证后面主题的高质量教学。一些历史老师似乎总是发现，到了五月中旬自己还在讲授第一次世界大战，因而不得不在最后几周内仓促教完有关 20 世纪的大部分内容!

表 13.2 呈现了对要教授的主题进行的大致时间分配。这种时间分配只是粗略的估计，应根据教学进程随时加以调整。

单元目标和单元测验 确定课程目标之后，下一个任务是确立第一个单元的教学目标以及估算达到每一个目标所需的课时数（Diamond, 2008）。在设计教学时就为每个单元编写一套测验是一个不错的做法。提前编制测验可以帮助教师关注教学中的重点问题。例如，在开始为期四周的南北战争教学单元前，沙利文先生最好已经决定，学生应当学习的最重要的内容是南北战争发生的原因、关于军事战役的若干要点、《解放黑人奴隶宣言》的重要性、林肯遇刺事件以及重建时期的历史。这些主题都应该是南北战争单元测验的重点。编制这样一份测验可以帮助沙利文先生正确看待这一单元应当涵盖的各种内容的重要性。并不是说他不应该给学生讲述趣闻轶事或展示南北战争的武器，但提前编制单元测验有助于将全局统筹于心。

在单元教学结束后实际使用的测验，并不一定就是设计课程之初所编制的测验。教师可以根据实际的教学内容，对原先的测验题目进行修改和增删。但是，这并不会降低提前确定想要实现的目标以及如何评估它们的重要性。

许多教科书都提供了单元教学目标和单元测验，这样可以使教师的工作更轻松些。教师可以从州和地方教育部门获得目标和测验题目的样例，也可以在互联网上找到。但是，即使有现成的目标和测验，教师也要仔细审查其内容，根据自己的教学计划进行必要的调整。

如果教师准备自己编制测验，可以参考本章后面给出的测验编制指南。要确保测验项目涵盖了各种教学目标，并根据各个目标对整体课程的重要性按比例分配题目（也就是说，较重要的目标应该搭配更多的测验题目）。测验不仅要考查事实性知识，也要考查高层次思维能力。

课时计划及其评估 逆向设计的最后一步是每天的课时设计。表 13.2 呈现了如何将一个给定的单元目标分解到每日的课堂教学中。下一步就是设计每节课的内容。每节课的课时计划包括：本节课的目标，知识的呈现计划，学生的练习计划（如果需要的话），以及对学生理解程度的评估。如有必要，教学计划还要包括对没有充分理解所教内容的学生（或全班）重新进行教学。

资格认证指南

在教师资格认证考试中，你可能会被要求从本州的课程标准中选择一条作为目标，并为此设计一个行为目标。

使目标和评估相一致

InTASC 标准 6

评估

由于对教学目标的描述是从如何测查它们的角度进行的，因此目标显然与**评估**（assessment）紧密相关。评估是指测量学生对所设定的学习目标的掌握程度。学校中的大多数评估主要表现为考试和小测验或非正式的口头评估，如课堂提问。但是，学生也可以通过其他方式来展示其学习成果，如写论文、创建多媒体演示文稿、绘画、调试汽车部件或者烤制倒置菠萝蛋糕等。

评估的一个关键原则是，评估内容必须与目标明确地联系在一起（Martone & Sireci, 2009; McAfee, Leong, & Bodrova, 2016）。学生会从教师所教授的内容中学到一部分，而教授的内容和测验内容之间的重叠程度越大，学生在测验中的得分将会越高，教师也能够更准确地确定是否需要进行额外的教学（Lloyd et al., 2013; Popham, 2014a; Russell & Airasian, 2012; Squires, 2009）。教学应该与教学目标紧密相关，而二者又都必须与评估明确相关（Buhle & Blachowicz, 2008/2009）。如果某个教学目标值得为之进行教学，那么它也值得进行测验，反之亦然。

如前所述，为一门课程确定具体目标的一种方法是，在教学开始前就着手编制测验题目（Waugh & Gronlund, 2013）。这样教师就可以列出一般的**授课目标**（teaching objectives）（对期望学生通过教学学到什么的明确阐述），然后将其进一步明确为相当具体的**学习目标**（learning objectives）（学生在几节课结束后应该表现出的具体行为）。举例如下：

教学目标	**具体的学习目标（测验题）**
a. 能够通过一次或二次借位进行三位数减法运算	a1. 237 −184　a2. 412 −298　a3. 596 −448
b. 理解埃德加・爱伦・坡在《乌鸦》中如何运用语言渲染气氛	b1. 爱伦・坡在《乌鸦》的第一节中渲染气氛后，又是如何强化这种气氛的?
c. 能够识别常见物质的化学分子式	写出下列物质的化学分子式： c1. 水________ c2. 二氧化碳________ c3. 煤________ c4. 食盐________

应用教学目标分类法

链接 13.2

有关思维技能和批判性思维的知识，请参见第 8 章。

InTASC 标准 5

学科知识的应用

在编写教学目标和评估内容时，考虑到不同的技能和理解水平是非常重要的。例如，在二年级的科学课上讲授昆虫时，教师也许既想传授知识（各种昆虫的名称），又想培养学生一系列良好的态度（如，意识到昆虫对生态系统的重要性、科学很有趣等）。在其他科目的教学中，教师可能试图教授不同类型的事实和概念。例如，在教授阅读中的主题句时，教师可以先让学生复习主题句的定义，然后要求学生指出每段中的主题句，最后让他们为原始段落创作主题句，每一项活动都代表了学生对“主题句”这个概念的不同程度的理解。如果学生只能完成其中一种活动，就说明他们对这个概念的理解是不充分的。教师可以根据类型和复杂程度的不同，对这些课程目标进行分类。在此，我们介绍一种分类法，或称分类系统，它有助于教师对教学活动进行归类。

布卢姆分类学　1956 年，本杰明·布卢姆（Benjamin Bloom）及其同事（Bloom, Englehart, Furst, Hill, & Krathwohl, 1956）提出了**教育目标分类法**（taxonomy of educational objectives），这对以后的教育研究和教育实践产生了深远的影响。布卢姆及其同事对目标的分类遵循从简单到复杂，或者说从事实到概念的顺序。通常所说的布卢姆认知领域目标分类主要包括以下关键要素（从简单到复杂）（Badgett & Christmann, 2009; Marzano & Kendall, 2007）：

1. *知识（回忆信息）*：这是布卢姆的目标层次中最低水平的目标，包括记忆数学事实或公式、科学原理或动词的词形变化等目标。
2. *领会（对信息进行转换、解释或推断）*：领会目标要求学生既能理解信息，又能够运用所学的信息。例如，解释示意图、曲线图或寓言的含义，推断出某个科学实验的基本原理，或者预测故事将如何发展。
3. *应用（运用原理或抽象概念来解决新奇的或真实生活中的问题）*：应用目标要求学生运用知识或原理解决实际问题。例如，应用几何学原理计算出注满某个已知尺寸的游泳池需要多少升的水；或运用温度和气压之间关系的知识，解释为什么同一个气球在热天的体积要比在冷天大。
4. *分析（将复杂的信息或观点分解为简单的部分，以理解各部分是如何组织和联系起来的）*：分析目标要求学生发现复杂信息或观点的内在结构。例如，对比美国与日本的学校教育，或者确定一则短篇故事的中心思想。
5. *综合（创造先前不存在的事物）*：综合目标需要学生运用技能创造全新的事物。如，写一篇作文，推导一条数学法则，设计一个科学实验以解决某一问题，或者用一个外语单词造一个新句子。
6. *评价（根据某条标准进行判断）*：评价目标要求学生根据某种标准进行价值判断。例如，可以要求学生在灵活性、性能以及可用软件等方面比较两台平板电脑的优劣。

布卢姆的目标分类是从简单到复杂进行排列的，所以有些人将它解释为从不重要（知识）到重要（综合、评价）的目标排列。然而，这并不是布卢姆分类学的真实意图。实际上，不同层次的教学目标适合不同的教学目的以及处于不同发展阶段的学生（Marzano & Kendall, 2007）。例如，你希望你的医生对人体的运作原理有深入的理解，但你也希望她了解人体所有部位的名称，了解其专业领域内所有的药物和器械的名称，即达到知识水平的所有目标！

布卢姆分类学的首要意义在于使我们认识到，应该让学生掌握不同水平的技能。教师常常只关注那些可测量的知识和领会目标，而忘记了并不能在学生可以整合或运用技能之前，就认为他们已经熟练掌握了大量技能（Iran-Nejad & Stewart, 2007）。而有一些教师则走向了另一个极端，即尚未确定学生是否扎实地掌握了基本目标，就仓促地开始较高水平目标的教学。

应用行为内容矩阵　确保教学目标涵盖了不同水平内容的一个方法是使用**行为内容矩阵**（behavior content matrix）。这只是一张简单的图表，展示了如何在不同的认知水平下教授和评估某项概念或技能。行为内容矩阵中的目标示例见表 13.3。需要注意的是，针对每个主题，只列出了对应布卢姆分类学中某些水平的目标，而不是

表 13.3 行为内容矩阵中的目标示例

行为内容矩阵可以提醒教师确立针对不同认知水平技能的教学目标。

目标类型	例 1：圆的面积	例 2：文章的中心思想	例 3：非洲殖民化
知识	给出圆的面积公式	定义中心思想	画一条时间线，显示欧洲人是如何将非洲瓜分为殖民地的
领会		举例说明寻找文章的中心思想的方法	解释一幅能反映欧洲各国殖民非洲的地图
应用	应用圆的面积公式解决生活中的问题		
分析		确定文章的中心思想	对比欧洲各国殖民非洲的不同目的与手段
综合	根据圆的面积和立方体体积的知识，推导出圆柱体的体积公式	根据所读文章的中心思想，创作一篇新文章	从班图族酋长的角度来写一篇有关欧洲殖民非洲的文章
评价		评价这篇文章	

所有水平的目标。有些主题并不适合分类学中的某些水平，也没有必要使每个主题的教学目标涵盖所有水平。但是，在确立目标时，应用行为内容矩阵可以促使教师考虑高于知识和领会水平的目标。

超越基础目标 学习事实和技能并不是教学唯一的重要目标。有时，学生对某门学科或自身技能的感受至少与他们学到了多少知识同等重要。与态度和价值观有关的教学目标叫作**情感目标**（affective objectives）。很多人都认为，美国历史课或公民课的主要目的是提倡爱国主义和公民责任的价值观，而任何数学课的目的之一都是使学生对自己运用数学的能力产生自信。在设计教学时，兼顾情感目标与认知目标非常重要。热爱学习，对学习充满自信，发展亲社会、合作的态度都属于教师需要为学生设立的最重要的目标。斯滕伯格（Sternberg, 2008）建议学校在 3R 目标（reading，'riting，'rithmatic，即阅读，写作，算术）的基础上再补充 3 个 R：推理、韧性与责任感（reasoning, resilience, responsibility）（also see Rothstein & Jacobsen, 2009; Stiggins & Chappuis, 2012）。此外，创造力也是一个值得追寻的目标，即使测量它并不容易（Brookhart, 2013a）。

有关教学目标的研究

之所以要设计、撰写教学目标，主要有三个原因。首先，该做法可以帮助教师组织自己的教学计划。正如马杰（Mager, 1997）指出的，如果教师不能确定自己的教学方向，那么就很可能会偏离教学主线，而自己却全然不知。其次，确立教学目标有助于指导评价。最后，确立教学目标被认为能够提高学生的成绩。

尽管过度地计划或刻板地执行缺乏灵活性的计划都是不明智的做法，但大多数有经验的教师都会创建、应用和重视事先设计好的教学目标与评价方式。就确立清晰的教学目标而言，最具说服力的支持也许是间接性的。库利和莱因哈特（Cooley & Leinhardt, 1980）发现，对于学生的阅读和数学成绩，最具预测力的单一因素是向学生实际教授所考查技能的程度。这说明，当教学目标、实际教学以及评价这三者相互协调时，教学是最有效的。若要确保学生能够通过课堂教学掌握关键技能，即那些需要测查的重要技能，那么，首要的一步就是对清晰的教学目标进行明确的阐述。

重要的是确保传达给学生的教学目标的涵盖面足够广泛，能够包含整节课或整门课程应当教授的全部内容。如果给学生设定的一套教学目标过于狭窄，就很容易使学生仅仅局限于某些信息，而忽视其他事实和概念。

为什么评价很重要

InTASC 标准 6

评估

评价（evaluation）或称评估，是指学校用来正式测量学生表现的所有方法（Lloyd et al., 2013; McMillan, 2011; Popham, 2014; Waugh & Gronlund, 2013），包括课堂小测验、考试、写评语和评分。学校对学生的评价通常聚焦学业成绩，但也有许多学校会对学生的行为和态度进行评价。许多小学会对学生的行为表现进行描述（如，“听从指令”“专心听讲”“与同学合作”“善于利用时间”）。虽然从小学高年级到高中，描述学生行为的报告逐步减少，但许多高中仍在按照某些标准对学生进行评价，如“努力学习”“准备充分”“有责任感”等。

教师为什么要进行测验并评分？这是因为，教师必须用某种方式定期测查学生的学习情况并据此展开沟通。测验和成绩能使教师、学生和家长了解到学生的在校表现。教师可以根据测验来确定自己的教学是否有效，以及哪些学生需要额外的帮助。学生则可以根据测验来检验自己的学习策略是否有效。家长需要知晓成绩以了解孩子的在校表现，成绩通常是学校和家庭进行一致性沟通的方式。学校有时需要根据成绩和测验来对学生进行安排。各州和各学区也需要用测验对学校进行评价，有时还需要评价教师。最终，大学会根据学生的成绩以及标准化测验分数来决定录取名单，而雇主在录用应聘人员时也要参考文凭、证书等各种基于成绩的成就证据。因此，教师必须对学生的学习进行评价，也很少有人对此持反对意见。有关测验使用情况的研究发现，学生在使用测验的课程中比不使用测验的课程中学到得更多（Dempster, 1991; Haynie & Haynie, 2008）。

对学生进行评价主要有六个目的（ Waugh & Gronlund, 2013）：

1. 为学生提供反馈；
2. 为教师提供反馈；
3. 为家长提供信息；
4. 为选拔和认证提供信息；
5. 为问责提供信息；
6. 激励学生不断努力。

作为反馈的评价

假设某商店老板尝试了几种策略来促销。譬如，首先在报纸上登广告，然后向商店附近的住户发传单，最后使用降价这一招。但是，如果老板在尝试了每一种促销策略后，并没有对销售额进行记录和对比，那么该老板对任何一种促销策略的有效性均一无所知，并且很可能浪费了时间与金钱。对教师和学生来讲亦是如此。他们需要尽快知道，自己在某项活动中投入的时间和精力是否在改善学习方面得到了回报。

链接 13.3

若想更多地了解作为有效教学要素之一的反馈，请参见第 7 章。

对学生的反馈 就像商店老板一样，学生同样需要知道自己努力的结果（Fisher & Frey, 2014c; Marzano, Yanoski, Hoegh, & Simms, 2013）。定期评价可以给学生提供反馈，使学生了解自己的优势与不足。例如，教师让学生写作文，然后反馈书面评语。一些学生也许会发现，自己需要在文章的内容上再下点功夫；有些学生则发现，自己在修饰语的使用方面有待改善；还有些学生发现，自己在语言技巧方面存在问题。比起没有任何解释的成绩，上述反馈信息更有助于提高学生的写作水平（Brookhart & Nitko, 2015; Chappuis, Stiggins, Chappuis, & Arter, 2012）。

作为反馈的评价必须尽可能具体才会有效（Quinn, 2012）。例如，克罗斯（Cross & Cross, 1980/1981）发现，与只得到字母等级评定的学生相比，那些既得到等级评定又收到评语反馈的学生，更倾向于相信自己在学校里取得的成功是源于努力而非运气或其他外部因素。

对教师的反馈 对学生的学习情况进行评价，其最重要的（也是经常被忽视的）功能之一是为教师提供有关教学有效性的反馈。如果教师不知道学生是否掌握了课程重点，那就不能认为自己的教学达到了最佳效果。课堂提问以及在学生学习时进行观察，这些都能让教师对学生的学习情况有所了解。但在许多科目中，为了进一步获得反映学生进步情况的详细信息，有必要进行简短而频繁的小测验、写作活动或其他形式的考查。精心设计的问题可以帮助教师理解学生的思维，并发现学生对知识的错误理解（Brookhart, 2014; McTighe & Wiggins, 2013; Salend, 2016; Wiliam & Leahy, 2015）。评价也可以为校长或整个学校提供信息，指出学校、年级或班级需要改进的地方，从而指导整体的教学改革（McTighe & Curtis, 2015; Mertler, 2014; Schimmer, 2016）。带有数字应答装置的电子白板可以为教师提供即时信息，以了解有多少学生已理解自己所教授和评估的各个目标（Magaño & Marzano, 2014）。

作为信息的评价

成绩单之所以被称为报告单，是因为它报告了有关学生进步情况的信息。而评价的报告功能之所以重要，有以下几个原因。

链接 13.4
若想更多地了解为家长提供的信息，请参见第 11 章。

为家长提供信息 首先，许多常规的学校评价（测验分数、彩星、奖状以及成绩单上的等级）能够使家长及时了解孩子在学校的学习情况。例如，如果某个学生的成绩下降了，家长或许能够了解原因，并帮助孩子回到正轨。其次，成绩和其他评价方式能够建立起一种非正式的、依托家庭的强化体系。回忆第 11 章的相关内容，有许多研究发现，定期将学生的好成绩通知给家长，并要求家长对学生的良好表现给予强化，这可显著改善学生的行为，提高学生的成就水平。无须太多提示，大多数家长自然会因孩子取得好成绩而给予强化，成绩也因此成为了一个重要而有效的激励因素。

为选拔提供信息 一些社会学家认为，为学生分配不同的社会角色是学校的一个基本目的：即使学校实际上并不能决定谁会成为屠夫、面包师或烛台制造工人，但学校确实在很大程度上影响着谁将会成为体力劳动者，谁将会成为技术工人，以及谁将会成为白领一族或专业人士。这种分类功能会在多年的学校教育中逐渐地显现出来。在低年级，学生被分到不同的阅读小组，后来到了八年级，一些学生能够学习代数，而另一些学生只能学习预备代数或普通数学。在高中，学生经常被分入某些课程的高级班、基础班或补习班进行学习。而当学生被各种大学或培养项目录取时，最重要的分类或区分就发生了。并且，在整个学校生涯中，一些学生会被选出来接受特别教育，进入天才班或者其他录取名额有限的特殊项目。

与选拔密切相关的是资格认证，即通过测验来证明学生具有升学或从事各种职业活动的资格。例如，在美国的许多州和地方学区，学生要想升入下一年级或者从高中毕业，都必须通过测验。律师资格考试、医学委员会考试，以及全美教师资格考试等针对教师的各种考试，这些都是控制着职业准入资格的认证考试的例子。

提供问责信息　对学生的评价，通常也为评价教师、学校、学区甚至各州提供了资料。美国各州都有某种形式的全州测验方案，各州可以根据学生的成绩对学校进行排名（Banks, 2012; Miller, Linn, & Gronlund, 2013）。测验分数也经常被用来评价校长、教师和督学人员。鉴于此，这类测验的实施一般都是非常严格的。

链接 13.5

若想更多地了解有关能力分组的内容，请参见第 9 章。

作为激励的评价

评价的一项重要功能是激励学生付出最大的努力（Dueck, 2014; Vagle, 2014）。实际上，给予高分、彩星、奖品等是对学生出色成绩的奖励。学生看重成绩和奖品，主要是因为家长看重这些东西。一些高中生也很看重成绩，因为成绩是进入选拔制大学的重要参考。

如何评价学生的学习

评价策略必须适合评价的用途（McMillan, 2011; Penuel & Shepard, 2016; Salend, 2016）。若要了解如何在课堂教学中最有效地使用评价，就需要了解形成性评价和总结性评价之间的差异，了解常模参照解释和标准参照解释之间的差异。

InTASC 标准 6

评估

形成性评价和总结性评价

评价可以分为两类：形成性评价和总结性评价。从本质上讲，形成性评价考查的是："你现在做得怎样？怎样才能做得更好？" 而总结性评价考查的是："你过去这段时间做得怎样？" **形成性评价**（formative evaluation）的目的是告诉教师是否需要进行额外的教学，并告诉学生是否需要进行额外的学习（Gewertz, 2015; Heritage, 2011; Higgins, 2014; Marzano et al., 2013; Tomlinson & Moon, 2013）。形成性或称诊断性测验可用来发现学生在学习中的优势与不足，并对教学节奏或教学内容进行中期调整（Fisher & Frey, 2014a）。形成性评价甚至可以在教学过程中"即兴"实施，如运用口头调查或简短的书面学习测试，或者在学生进行小组学习时关注他们的表现。计算机化练习和游戏也越来越多地被用来为老师和学生提供关于学生学习情况的即时反馈（Phillips & Popovíc, 2012）。形成性评价的有效性取决于评价的信息量、与正在进行的课程的关联性、及时性以及频率（Dunn & Mulvenon, 2009; Fogarty & Kerns, 2009; McMillan, 2011; Popham, 2014a; Spinelli, 2011）。例如，经常在某些课后进行小测验并即时评分可以作为形成性评价，这种做法为教师和学生提供了反馈，有助于师生一起改善学生的学习。本书的第 7 章讨论了如何在课堂上有效地使用形成性评价。

资格认证指南

教师资格认证考试可能会给出一个评价学生成绩的案例，你需要判断这种评价属于形成性评价还是总结性评价。

相比之下，**总结性评价**（summative evaluation）是指在教学单元结束后对学生的知识掌握情况进行的测验（如期末考试）。总结性评价可以经常进行，也可以偶尔进行，但必须具有信度，并且（一般来讲）应该准许在学生之间进行比较。总结性评价也应该与形成性评价以及课程目标紧密相连（Gronlund & Brookhart, 2009; Schimmer, 2016）。

常模参照评价和标准参照评价

链接 13.6
若想进一步了解标准化测验，请参见第 14 章。

对学生的成绩进行解释以使其具有某种程度的价值，这是评价过程中的重要一环。常模参照和标准参照的区别在于如何对学生的分数进行解释。

常模参照解释（norm-referenced interpretations）侧重于将某个学生的分数与其他学生进行比较。例如，在课堂上，教师通常会通过成绩了解某学生的表现相对于班级其他同学如何。学生也可以有一个自己在年级或学校中的排名（Guskey, 2014）。在标准化测验中，学生的分数可以与一个在全国范围内具有代表性的常模群体的成绩进行比较。

资格认证指南
教师资格认证考试可能要求你评价何时使用标准参照测验更恰当，而何时使用常模参照测验更恰当。

标准参照解释（criterion-referenced interpretations）注重评估学生对具体技能的掌握程度，而不考虑其他人在相同技能上的成绩如何。好的标准参照评价应该与具体的教学目标或者当前课程中明确指定的内容紧密相关。表 13.4 对比了常模参照测验和标准参照测验的主要特征和目的（also see Waugh & Gronlund, 2013; Popham, 2014b; Thorndike & Thorndike-Christ, 2010）。

形成性评价几乎总是标准参照评价。例如，在形成性测验中，教师想要知道谁还没有掌握牛顿的热力学定律，但并不关心本班学生在物理知识方面的排名情况（比如排第 1 名、第 15 名或第 30 名的分别是谁）。相比之下，总结性评价既可以是标准参照评价，也可以是常模参照评价。但即使是标准参照评价，教师通常也想知道，在一项总结性测验中每个学生相对其他学生考得如何。

表 13.4 两种成就测验方法的比较

常模参照测验和标准参照测验分别适用于不同的目的，具有不同的特点。

特点	常模参照测验	标准参照测验
主要用途	调查性测验	掌握性测验
侧重点	考查个体之间的成绩差异	描述学生能够完成的任务
结果解释	将学生的成绩与其他学生相比较	将成绩与明确指定的成就领域作比较
覆盖内容	一般包括较广泛的内容	一般集中在有限的学习任务上
测验设计的性质	经常使用细目表	更青睐详细的内容说明
题目选择程序	所选题目应最大程度地区分不同个体（以获得较高的分数变异性）；通常会删除简单的题目	包括所有能充分反映学生成绩的题目；不需要为提高分数变异性而改变题目难度或删除简单题目
成绩标准	成绩水平由学生在某一群体中的相对位置决定（如，在 20 名学生中排名第五）	成绩水平通常由绝对标准决定（如，学生掌握了所有专业术语的 90%）

资料来源：Gronlund, Norman E., *How to make achievement tests and assessment*, 5th Edition, © 1993. Reprinted by permission of Pearson Education, Inc., Upper Saddle River, NJ.

将评价策略与目标相匹配

考虑到迄今为止讨论的所有因素，评价学生的最佳策略是什么？对此的首选答案是：没有单一的最佳策略（Penuel & Shepard, 2016; Popham, 2014a,b）。达成某项评价目标的最佳方法或许并不适用于其他目标。因此，教师必须根据不同的目的，选择不同类型的评价方式。至少应该使用两类评价：一类用于提供激励和反馈，另一类旨在以更大的群体为参照，对学生进行排名。

提供激励和反馈的评价　传统的成绩等级评价往往不足以鼓励学生付出最大的努力，也未能给教师和学生提供充分的反馈（Tomlinson & Moon, 2014; Wiliam, 2014）。成绩评价的主要问题在于：次数太少，相对学生的表现过于滞后，与学生的具体行为联系不够紧密。研究发现，如果教师对学生的课堂测验成绩给予及时反馈，那么这个班级学生的成就比那些延迟反馈的班级明显要高（Duckor, 2014; Tomlinson, 2014a; Wiggins, 2012）。

成绩没有成为理想激励因素的另一个原因是，成绩通常是基于比较性标准而给出的。事实上，能力强的学生很容易得到 A 或 B，而低成就的学生却很难做到。因此，有些高成就的学生并没有倾尽全力去学习，而某些低成就的学生则索性放弃学习。正如第 10 章中所指出的，如果学生认为获得某种奖励过于容易或过于困难，或者认为获取奖励主要取决于智力而非努力，那么这种奖励就不是一种理想的激励因素（Chapman & King, 2005; Wigfield & Eccles, 2000）。

鉴于上述原因，应该把那些旨在更好地提供激励和反馈的评价方式作为传统成绩评价的补充。例如，教师每天让学生做包括 5 到 10 题的小测验，并当堂反馈分数。教师也可以让学生根据课堂上的学习主题撰写每日“小论文”。这些评价给学生和教师提供了必要的信息，以调整其学习或教学策略，并纠正评价过程中暴露的任何缺陷（Shepard, 2005）。如果教师能把每日小测验的分数计入课程成绩，或者对出色完成论文的学生给予某种特殊的认可或奖状，以此来强调小测验的重要性，那么，小测验分数就会成为一种有效的激励因素，能够及时奖励有效的学习行为。很重要的一点是，要设置一系列清晰而客观的标准，使学生有所参照，从而准确了解自己的得分依据。如果对标准加以说明，具体描述不同成就（分数）水平，同时也给出达到最高水平的课业范例（最好能够根据标准说明，列举每种成绩水平的典型例子），那么学生就能够明确地知道，与标准相比，自己的成绩处于何种水平（Stiggins & Chappuis, 2012）。

链接 13.7
有关奖励和激励的讨论，请参见第 5 章。

链接 13.8
若想进一步了解什么样的奖励是糟糕的激励因素，请参见第 10 章。

链接 13.9
若想了解更多有关轻而易举获得奖励的内容，请参见第 10 章。

与他人进行比较的评价

有时，教师需要了解并报告某个学生与他人相比的成绩水平。这类信息对家长（以及学生自身）来说很重要，他们从中可以了解学生的真实表现。例如，在科学方面具有非凡才能的学生应该了解，不仅在班上或学校里，即使放在整个州或全美，自己也是拔尖的。一般来讲，学生需要对自己的优势与不足形成准确的认识，以指导他们对未来的决策。

传统上，比较性评价是通过成绩评定或标准化测验实现的。与提供激励和反馈的评价不同，比较性评价无须经常进行。确切地说，它强调对学生表现的评价必须公平、公正、可信。

21 世纪的学习

共同核心州立标准（在第 14 章中有详细讨论）的出现对课堂评价有着深远的影响。在美国大多数州，基于共同核心的评价被用于提供问责信息。为了公平对待学生（和教师），学生应该有定期参与基于该标准的评估及活动的机会。英语 / 语言标准强调对内容的分析和整合、写作、技术的使用以及协作，这几点都可以、也应该影响课堂评价。数学标准强调问题解决、推理、建构论据以及协作。即使没有共同核心，上述内容也是常规评估中非常有价值的部分，但广泛采用共同核心为教师们提供了一个更好的理由去关注更深层次的学习、多元化内容的整合、技术的使用以及协作（Marzano et al., 2013; Zhao, 2015）。

创造性与真实问题解决

自从一百多年前美国的进步时代开启以来，教育者们就将创造性和真实问题解决技能推崇为教育的关键成果。但由于对这些技能做出可信的评价较为困难且耗时，与其他易于评估的事实性知识和技能相比，它们往往容易被忽视。新的评估软件，尤其是自适应测验的出现，开始使针对创造性和真实问题解决技能的定期评估变得更加可行。这种软件通过计算机呈现可精准反映学生真实能力水平的复杂的开放性问题。这些评价方式既可以用作经常性的基准评估，也可以用作总结性评估。它们很快就可以帮助教师更加关注这些 21 世纪的必备技能，同时监测学生的发展，使他们成长为有创造性的问题解决者。

问题

- 在判断是否有创造性时，存在哪些潜在的困难？
- 当一个学生因被评价为缺乏创造性而受到惩罚时，你认为这合乎道德吗？
- 你认为创造性应计入成绩吗？
- 创造性是一项必需的生活技能吗？
- 缺乏创造性如何会成为工作中的一个问题？

InTASC 标准 5

学科知识的应用

公平起见，针对学生表现的比较性评价和其他总结性评价必须紧扣课程开始时所确立的教学目标，并在形式上与提供激励和反馈的形成性评价相一致。没有一位教师希望看到这样的情况，即学生在每周的评估中成绩都很好，但由于形成性评价与总结性评价的形式不一致，学生在总结性评价中的成绩却较差。例如，如果总结性测验设置了论述题，那么之前的形成性评价也应该包含论述题（Tileston & Darling, 2008）。

链接 13.10

若想了解更多有关成绩等级和标准化测验的内容，请参见第 14 章。

要使总结性评价可信，需要考虑两个关键因素。第一，教师应该进行多次评估（Brookhart & Nitko, 2015; Popham, 2014a）。不能单凭一次测验就给出学生的成绩等级，因为若只进行一次评估，有很大可能会搞错。第二，教师应该在学生的学习结束之后，而不是学习过程中进行测验。在学生学习完某个教学单元时搜集总结性评价的信息，或利用重点单元测验和期末考试，都是比较好的做法。

如何编制测验

一旦教师明确了在学生学习测验中要评估的概念领域，下一步就需要编制测验题目。编制出好的成就测验是有效教学的一项关键技能。本节将介绍编制成就测验的一些基本原则和实用工具（Chappuis, 2015; Miller et al., 2013; Popham, 2014; Salend, 2016; Witte, 2012）。第 14 章还会将成就测验与标准化测验联系起来进行论述。

链接 13.11
若想更多地了解成就测验与标准化测验之间的关系，请参见第 14 章。

成就测验的编制原则

格朗伦德和布鲁克哈特（Gronlund & Brookhart, 2009）提出了编制成就测验应牢记在心的六条原则，具体如下。

1. *成就测验应该考查界定清晰且与教学目标相一致的学习目标*。也许成就测验最重要的一个原则是，测验应该与课程目标以及实际教学相一致（Lloyd et al., 2013; Squires, 2009; Thorndike & Thorndike-Christ, 2010; Waugh & Gronlund, 2013）。成就测验的内容不应使学生感到意外，而是应该考查学生对一节课或一门课应讲授的关键概念或技能的掌握程度。

链接 13.12
若想更多地了解标准化成就测验的特点与应用，请参见第 14 章。

2. *成就测验应该考查教学中具有代表性的学习任务样本*。除了少数情况（如乘法口诀），成就测验并不对学生应该掌握的每项技能或事实性知识都进行评价，而是从所有的学习目标中取样。如果学生事先并不知道测验中会出现什么样的题目，那么为了取得好成绩，他们就必须学习全部的课程内容。不过，测验题目必须能够代表教学所涵盖的所有目标（内容和技能）。例如，在英国文学课中，如果教师用 8 周的时间讲授莎士比亚的作品，用 2 周的时间讲授伊丽莎白时代其他作家的作品，那么有关莎士比亚的测试题量应该约为其他作家的 4 倍。用于代表某一具体目标的题目必须紧扣该目标的核心。成就测验中不允许设置具有诱导性或含混不清的问题。例如，对美国独立战争这一单元进行测验时，考题应该涉及战争的原因、重要事件和战争结局，而不是谁帮助乔治·华盛顿横渡特拉华河（答案：约翰·格洛弗和他指挥的马布尔黑德水手）之类的问题。
3. *成就测验中的题目类型应该最适合考查预期学习结果*。成就测验的题目应该尽可能符合最终的教学目标（Banks, 2012; Schimmer, 2014; Witte, 2012）。例如，在数学问题解决领域，教师的目标之一是使学生能够解决他们在校外将会遇到的类似问题。那么，这类测验就不宜采用配对题或多项选择题的形式。因为在现实生活中，我们不会从一组可能的解决方案中进行选择。
4. *成就测验应该与测验结果的特定用途相匹配*。每种成就测验都有自己的要求。例如，诊断性测验应该关注学生可能需要帮助才能掌握的特定技能。小学数学的诊断性测验应该设置一些被减数中包含零的减法题目（如，307 减去 127），这是许多学生都感到棘手的一项技能。相反，用于预测学生未来成就的测验则应该评估学生的一般能力和知识广度。形成性测验应该与近期的教学内容紧密联系，而总结性测验应该考查更大范围的知识和技能。

链接 13.13
若想了解更多有关成就测验的信度的内容，请参见第 14 章。

5. *成就测验的信度应该尽可能高，但对测验结果的解释仍要谨慎*。如果学生在两次测验中的排名相同，那么测验是可信的。一般来讲，成就测验的编制者可以通过设置相对较大的题量，以及少用几乎所有学生都能答对或会答错的题目来提高测验的信度（O'Connor, 2009）。如果考题的表述清晰，且直接考查实际讲授的教学目标，这类题目也能提高测验的信度。不过，无论测验设计者多么严谨地确保高信度，总会出现一定的测量误差。学生有时心情愉快，有时情绪低落；猜测答案时有时走运，有时不走运。有的学生应试能力强，总能取得好成绩；而有的学生备受考试焦虑困扰，其成绩远不能反映他们已经掌握的实际知识或技能。因此，不宜过于相信任何一项测验的分数。任何测验分数都只是对学生的真实知识和技能的估计，在对结果进行解释时也应表明这一点。

6. *成就测验应该能够改善学生的学习*。各种成就测验，尤其是形成性测验，提供了有关学生进步情况的重要信息（Dueck, 2014; Sousa, 2016）。例如，斯蒂金斯和查普伊斯（Stiggins & Chappuis, 2012）强调，为了学习进行评估要比对学习进行评估更加重要。成就测验应该被看作教学过程的一部分，用于改善教学，指导学生的学习（Chappuis, 2015; Russell & Airasian, 2012）。这就意味着在成就测验结束之后，应该及时将测验的结果反馈给学生。而在形成性测验中，应当及时反馈学生的测验分数。教师应该利用形成性测验和总结性测验的结果来指导教学，发现学生学习中的优势和不足，并据此确定适宜的教学节奏。

InTASC 标准 6

评估

理论应用于实践

确保评估公正

虽然评估要公正是每个人都认可的原则，但对评估的公正性进行界定却并非易事。实际上，最新版的《教育和心理测验标准》（*Standard of Educational and Psychological Testing*）给出了四个定义，并指出在文献中还有更多的定义（AERA/APA/NCME, 1999）。公正是指诚实、无偏袒、不歧视。除了符合伦理道德，公正性还具有良好的教学指导意义。公正的测验会鼓励学生更加努力学习，因为他们认识到，成功只取决于他们所知道的以及能够做到的（Oosterhof, 2009）。

要使评估具有公正性，需要做好四个阶段的测验工作：编制、实施、评分和解释。下面分别论述在此四方面达到公正的具体做法。

测验的编制 评估要以课程目标为依据。学生期望测验内容能涵盖他们所学的知识。另外，测验不应该“诱导”学生得出错误的答案，也不应该让学生仅凭猜测或糊弄就能获得高分。

应避免测验中的问题语境或问题表述方式对某些学生来说更为熟悉，或更可能引发兴趣。编写测验时要解决的一个难题是，确保学生不会因为背景不同而处于不利或有利的地位。例如，与音乐、体育或名人等有关的内容可能只对某些学生有吸引力。如果某些学生比其他学生对语言选择和特定主题更加熟悉或更感兴趣，那么这类语言或主题就不宜使用。如果难以做到这一点，那至少也要有所平衡，确保某些题目对某些学生有利，而另一些题目对其他学生有利。

测验的实施 确保所有的学生有平等的机会学习测验中考查的内容。不管学生是否已经尽力学习，至少他们应该有平等的学习机会。如果只给某些学生提供额外的学习时间或学习材料，那么其他学生就可能认为自己受到了不公平的对待。

（续）

确保学生熟悉测验的作答形式。如果某些学生对评估中的问题类型感到无所适从，他们就没有平等的机会来展示自己的能力。如果存在这种情况，应事先让学生练习作答形式，以帮助他们获得成功。

给予学生充足的作答时间。大多数教育测验都不会考查那些在时间压力下被用到的内容。因此，大多数评估应该看重质量而不是速度。只有留给学生足够的时间，让几乎所有的学生都有机会回答每一个问题，才能避免匆忙答题对成绩造成的不良影响。

测验的评分 确保所使用的评分标准做到：只要答案符合问题要求就给予满分，而不是要求考生再给出题目要求之外的信息才能评满分。如果问题不能引导知识充备的学生针对该题给出满分答案，那么这种题目就需要修改。如果有些学生的答案比题目要求的更丰富，公平起见，也不应给他们奖励更高的分数。由于并没有明确告知学生真正的（也就是隐藏的）题意，因此并不是所有的学生对此都有足够的理解。

测验的解释 要根据总结性的单元末评估而不是形成性评估来评价学生，因为形成性评估主要用于在学习过程中做出决策，旨在进行诊断，以帮助学生完成学习活动。既然成绩是用于证明学生的习得程度，那么成绩就应该根据学习结束之后的评估来确定。

应该综合多种评估形式来对学生的成绩进行评定（McTighe & Wiggins, 2013）。因为不同的学生适合不同的评估形式：一些学生擅长选择—反应测验，一些学生擅长论文测验，一些学生在表现性评价中占优，还有一些学生在论文和科研项目中有优良表现。此外，应基于不同时间点的多次评估来确定成绩等级。应为英语学习者和残障学生提供适当的便利，例如，若有需要，可以为他们延长考试时间（Herrera, Cabral, & Murray, 2013; Voltz, Sims, & Nelson, 2010）。最后，探明导致学生发挥失常的因素，尽可能地降低学生在本次评估中获得分数的权重。如果我们了解到某个学生并没有发挥出真正水平，那么基于这样的测验给出成绩或做出其他重要决策不仅不公平，而且也不准确。

使用细目表

成就测验应该考查清晰具体的学习目标。编制测验的第一步是确定要测量哪些概念领域以及针对每个概念需要设置多少题目。沃夫和格朗伦德（Waugh & Gronlund, 2013）建议教师为每个教学单元建立一份**细目表**（table of specifications），列出各种教学目标以及待评估的不同理解水平（also see Guskey, 2005）。这些理解水平可以与布卢姆的教育目标分类法相对应（Bloom et al., 1956; Marzano & Kendall, 2009）。布卢姆等人（Bloom, Hastings, & Madaus, 1971）建议按照六个类别对每一目标的测验题目进行分类，如表 13.5 所示的社会课中的一个单元细目表。

不同课程的细目表有所不同。细目表与本章前面讨论过的行为内容矩阵几乎相同，事实上也应该如此：行为内容矩阵用于列出课程目标，而细目表则对这些目标进行考查。

教师在编制出与细目表相对应的测验题目后，应全面审查整个测验，并按照下列标准对测验进行评价：

表 13.5 社会课中“妇女参政论者”这一单元的细目表

该细目表根据从术语知识到应用能力等六个类别，将测验题目和目标进行了分类。

A. 术语知识	B. 事实知识	C. 规则和原理知识	D. 使用过程和程序的技能	E. 转换能力	F. 应用能力
选举权	制作选举权运动的大事年表	妇女参政论者打破了哪些法律条文？		制作一个维恩图来对比美国的妇女参政论者和其他被剥夺选举权的群体	从一名十几岁女孩的视角写一篇日记，她的母亲在一次妇女参政论者集会中被捕入狱
平等	列举三个例子，说明女性没有获得与男性平等的权利	比较 1920 年的美国与古代雅典的妇女权利	《独立宣言》所述原则与针对妇女，尤其是非裔美国妇女的法律有何不一致？	将全班学生分为两组，就全校所有学生之间是否平等进行辩论	研究并撰写一份关于当今社会性别不平等的报告。与美国选举权运动时期存在的性别不平等现象进行对比。你如何看待“平等”这个术语？可以有不同程度的平等吗？
选票	简述什么是选票	假设你在 1916 年负责监管一个选票箱，列出你要张贴在箱子上的投票规则	说出一个你现在还会使用选票的场合	选民投出选票后，如何用选票来确定谁赢得了选举？	在许多国家，人们不能投票选举。如果美国不能投票选举，将会如何改变美国的政府和人民的生活？
公民	定义何谓公民	有公民意识意味着什么？	你可以采取什么行动来成为有公民意识的个体？	找出历史上五个有公民意识的人，并解释他们做了什么	设想一个提升公民意识的方案
示威抗议	解释一下示威抗议意味着什么	示威抗议是否合法？	为你想抗议的严重事件制作一个示威抗议牌	找一篇关于示威抗议的报道。据此撰写一两段文字，阐述你是否认为这是当时情境下最有效的抗议方式	为什么示威抗议权是美国民主制度的重要组成部分？

1. 测验的重点考查内容与日常教学中所强调的内容是否一致？（回忆本章开篇案例，沙利文先生是如何忽略了这条常识性规则的。）
2. 是否忽视了某个目标或重要的内容领域，或者对此强调得不够？
3. 测验是否涵盖了课程中所有层次的教学目标？
4. 测验题目的表述方式与课堂中的表述方式以及阅读水平是否一致？
5. 问题的指导语是否足够清晰明确（即使对于那些理解指导语有困难的学生而言）？
6. 测验考查的知识量与学生回答这些内容所需的时间是否得到了合理的平衡？
7. 是否给出了简答题的答案范例或答案要点？每道题目的权重是否反映了它在整个测验中的相对重要性？

如果仅根据从纸笔测验中得到的信息来进行评价，那么此类评价只能提供关于学生在校进步情况的有限信息。教师还必须运用其他资源和策略对学生的课业进行评价，如行为核查表、访谈、课堂模拟、角色扮演活动以及轶事记录等。为了使之系统化，教师可以利用日记或日志来记录每个学生在整个学年的表现，形成简洁而有说服力的评价信息 。

编制选择—反应题目

只需以正确或错误来计分而无须做出解释的测验题目称为**选择—反应题目**（selected-response items）。选择题、是非题、配对题是其中最常见的题型。请注意，这类题目的正确答案就在试题中，学生的任务就是将其选出来，而所选答案是否正确也一目了然。当然，每种题型各有优缺点。

选择题　一些教育者认为，**选择题**（multiple-choice items）是最有用、最灵活的一种测验形式（Badgett & Christmann, 2009; Waugh & Gronlund, 2013），可用于大部分学科的测验中。选择题的基本形式是一个**题干**（stem），附有若干个选项。题干可以是一个问题，或者是一条需要以选项进行补充的不完整陈述。不存在最佳的选项数目，但最常设置的数目为四个或五个——其中一个为正确选项，其他选项为看似正确的错误选项，即**干扰项**（distractors）或**陪衬项**（foils）。

下面是两种类型的选择题的例子。一种是问题式的题干，另一种是需要补全的题干：

1. 将等量的黄色和蓝色颜料混合，会得到什么颜色？
   a. 黑色
   b. 灰色
   c. 绿色（正确选项）
   d. 红色
2. 实际决定美国总统当选的是______。
   a. 所有登记的选民
   b. 国会代表
   c. 选举团（正确选项）
   d. 联邦最高法院

在编写选择题时，应牢记两个目的：第一，有能力的学生应该能够选出正确答案，而不受错误选项的干扰；第二，应该尽量降低不了解学科知识的学生猜对正确答案的可能性。若要达到这两个目的，干扰项就必须能够迷惑不具备相关知识的人，不会因其用词和形式而被轻易识别为错误答案。因此，若要编写一道好的选择题，其任务之一就是确定两到四个貌似合理的干扰项，但这些干扰项不能太棘手。

是非题　选择题的另一种形式为**是非题**（true-false item）。这类题型的主要缺点是学生有 50% 的概率猜对正确答案。因此，测验应该少用这种题型。

配对题　**配对题**（matching items）通常以两列的形式呈现，如 A 列与 B 列。学生必须将 A 列中的每个项目与 B 列中的对应项目配对。指导语应该清楚地描述配对的依据。配对题可涵盖的内容非常广泛，也就是说，大量（但也不能太多）概念可以呈现于两列中。每一列都应该包含相关的内容（对于不同类型的材料，可以使用多套配对题）。配对题考查的主要认知技能是回忆。

教师往往会将两列中的项目设计为一一对应的关系，因此学生可以使用排除法来完成配对题。为了使学生更注意内容而不是形式，教师应该使 B 列中的项目数多于 A 列，或者允许对 B 列中的项目进行重复配对。

理论应用于实践

编制选择题测验（附格式方面的建议）

下面是编制有效的选择题的一些指导原则（Badgett & Christmann, 2009; McMillan, 2011）。

1. 题干本身应足够具体明确，无须附加说明。换言之，题干应该包含足够的信息来为其中的概念创设语境。下面是一个语境信息不充分的题干：

应用行为分析可以是________。

a. 经典性条件作用

b. 惩罚

c. 强化相倚

d. 自我实现

修改后的题干如下：

下列哪个选项是应用行为分析在现代课堂中的应用重点？

a. 经典性条件作用

b. 惩罚

c. 强化相倚（正确答案）

d. 自我实现

2. 避免使用语句冗长而复杂的题干，除非该题目意在测查学生处理新信息或解释段落的能力。题干不应太啰唆，测验不应包含本该在课堂上讲授的教学内容。

3. 题干与每个选项的陈述都应该符合语法。另外，避免在每个选项的开头重复相同的短语或词语，这些重复的内容应该包含在题干中。在每个选项的开头使用相同的语法形式（如动词）也是比较好的做法。例如：

统计学的任务是________。

a. 使得对人类的调查更为准确、严谨

b. 促使社会科学达到像自然科学一样的地位

c. 预测人类行为

d. 精简大量数据，使之易于解释（正确选项）

4. 慎用绝对化词语，如“从不”“全部”“没有”以及“总是”等。它们经常出现于错误选项的陈述中，因为若不允许例外，论断往往会出现错误。在选择题中，这类词语经常给那些善于应试但又没有掌握概念的学生提供线索。诸如“经常”“有时”“很少”“通常”“典型”“一般”“平常”等限定词,经常出现在正确陈述（即正确回答）中，因此，应该尽可能地避免使用这类限定词以及绝对化词语，或至少将其同时用于正确选项和干扰选项的表述中。

5. 避免把正确选项写成唯一有限定条件的选项（如包含“如果”条件从句）。同时，

（续）

正确选项也不应该是所有选项中最长的或最短的（最长的选项容易被猜测为是正确的，因为绝对正确的答案经常要求具有精确性和限定条件）。这些特征会凸显正确选项。

6. 避免出现这种情况：在同一测验中，某些题目的信息为其他题目提供了参考答案。

7. 避免某一选项过度包含其他选项。例如，选项“狗”和选项“塞特猎犬”不宜出现在同一个题目中，因为塞特猎犬也是一种狗。同样，应当谨慎地使用“以上所有答案”作为一个选项，因为这样会将正确答案的可能范围缩小至一个或两个。下面这个例子就说明了学生如何在知之甚少的情况下猜对答案。即使只知道某一个选项是错的，学生也能够将可选答案从四个减至两个：

以下哪种研究方法最适合探讨新的教学方案对数学成绩的影响？

a. 相关研究

b. 实验研究（正确选项）

c. 历史研究

d. 以上所有答案

如果学生知道“历史研究”不是正确答案，那么他就会知道选项 d 也是错误的，所以正确答案肯定是选项 a 或选项 b。

8. 测验结束后，与学生一起讨论测验题目，听取他们对每道试题用词的诠释。学生对某些短语的理解经常会与教师的本意大相径庭。这种反馈有助于教师为下次测验调整试题，也能让教师了解学生对此的理解。

9. 不要设置明显荒谬的选项。在一个没有学习过相关知识的学生眼中，所有的选项看起来都应该是合理的。

除上述指导原则以外，下面还有几条有关试题格式的建议：

- 各选项应纵向排列，不宜并行排列；
- 使用字母而不是数字来标识选项，尤其在科学课程和数学课程的测验中；
- 根据语法规则，题干与各选项的语词结构应彼此吻合，例如，对于不完整的陈述式题干，每个选项都应该以小写字母开头（除非是专有名词）；
- 避免仅在一个选项中重复题干中含有的单词或词组；
- 避免将正确答案过多地以同一字母进行标识，也避免使正确答案的位置呈现任何规律，相反，正确答案的位置应该是随机的。

图 13.2 中的小测验说明了学生如何可以凭借应试“技巧”而不是知识通过考试。

编制建构—反应题目

建构—反应题目（constructed-response items）要求学生填写答案而不是选择答案。填空题是其中最简单的一种形式，它往往可以减少或消除评分的不确定性。但学生令人意想不到的回答可能导致答案模棱两可，使得教师对如何打分感到为难。建构—反应题目也可以采用简答题和论述题的形式。

以下测验关于一个虚构的国家，即测验国度。运用你的应试技巧来猜猜这些题目的答案，它们都是十分糟糕的题目。

1. 测验国度的主要货币是什么？
   a. 美元
   b. 比索
   c. 夸克
   d. 英镑
2. 描述测验国度每年的降雨模式。
   a. 高地多雨，低地干燥
   b. 多雨
   c. 干燥
   d. 多雪
3. 测验国度的每个家庭中有多少孩子？
   a. 从不多于 2 个
   b. 通常为 2—3 个
   c. 总是至少 3 个
   d. 没有
4. 无论这道题问的是什么，正确答案应该放在哪个选项中？
   a.
   b.
   c.
   d.

答案：

1. c（排除法）
2. a（带有限定条件的较长选项通常是正确的）
3. b（带有“总是”和“从不”的选项通常是错误的）
4. d（还未将这一选项设置为正确答案）

图 13.2 “应试技巧”小测验

填空题　当明显只有一个可能的正确答案时，一种值得考虑的题型是完形题，或称“填空题”（fill in the blank items）。如：

1. 德国最大的城市是____________。
2. 198 美元的 15% 是____________。
3. 电阻的计量单位是____________。

完形题（completion items）的一个优点是几乎可以消除应试技巧的影响。例如，比较下面的题目：

1. 缅因州的首府是____________。
2. 缅因州的首府是____________。

a. 萨克拉门托
b. 奥古斯塔
c. 朱诺
d. 波士顿

某个学生即使不知道缅因州的首府，也能够从第二题中选对奥古斯塔，因为其他三个城市很容易被排除。但在第一题中，学生必须知道正确答案才能做对。完形题在数学考试中尤其有用，因为选择题很容易会提示答案，或鼓励学生进行猜测。如：

4037
– 159

a. 4196
b. 4122
c. 3878（正确答案）
d. 3978

如果学生进行减法运算后，没有得到上面所列的任何一个答案，他们就会知道必须重新计算。有时，学生可以通过估算来缩小选择范围，而不必知道如何算出答案。

在编制完形题时，避免模棱两可是很重要的。在某些学科测验中，做到这一点并不容易。因为在不完整的题干未具体限定语境的情况下，可能会有两个或两个以上的答案可以与其适配。下面是两个具体的例子：

1. 黑斯廷斯战役爆发于____________。（是时间还是地点？）
2. “H_2O”表示____________。（是水还是两个氢原子与一个氧原子？）

如果填空题的答案可能存在不确定性，那最好将试题改为选择题型，比如单项选择题。

编制和评价写作类题目

简答题要求学生用自己的语言回答问题。**简答题**（short essay item）最常见的形式是给出一个问题，要求学生回答，答案少则一两句话，多则一页纸，即 100 至 150 个英语单词。**论述题**（long essay item）的答案篇幅更长，也需要更多时间，从而给学生更多机会来表现自己组织和展开观点的能力。虽然简答题和论述题的答案长度有所不同，但其编制和评分的原理是相似的。

写作类题目可以引导学生生成各种各样的答案，如从定义术语到对比重要的概念和事件。这类题目尤其适合评估学生的分析、综合和评价能力。因此，教师可以用这类题目来评价学生在组织材料、应用概念方面的进步，这都是教学目标的最高层次。当然，写作类题目在很大程度上依赖于学生的写作技能以及表达思想的能力。所以，如果教师只使用写作类题目，就有可能低估那些确实掌握了所学内容但不善于写作的学生的知识水平和努力程度。

教师在编制写作题时可能会犯的一个严重错误是，没有明确指出答案所需的详略程度以及答案的理想篇幅。只说明某道写作类题目在整张试卷中占多少分通常不足以让学生明白究竟阐述得多详细才算达标。下面的例子说明了这一点。

糟糕的写作题

论述加拿大总理在政治领域中的作用。

改进后的题目

从三个方面比较加拿大总理和美国总统对各自选民承担的不同义务，并就各方面的差异进行解释。篇幅不超过五段。

请注意，修改后的题目阐明了几方面的具体要求：答案的长度（不超过五段）、需要考虑的问题（总理和总统之间的差异）、答案包含的要点数目（三方面，如果要求“至少三方面”有可能引发不确定性）、要点的选定（对各自选民承担的不同义务）以及论述的方向和详尽程度（具体解释义务有何不同）。这样的题目可以引导学生给出合乎要求的答案，并且使教师能够更明确地向考生说明评分标准。

写作类题目应该给出学生需要论述的具体信息。有些教师不愿意在题目中提及他们希望学生论述的细节，因为他们认为，在题目中提及某个词或短语就透露了太多信息。但是，如果题目不明确，不同的学生会做出不同的解读。其结果是，他们回答的是不同的问题，这样的测验肯定不会对所有人都达到公平。

除了允许学生用自己的语言陈述观点，写作类题目还有许多其他优点。例如，这类题目不容易通过猜测来回答正确。它们要求学生将几个概念整合在一条答案里，因此可以促进高效评估。它们还可用于考查创造能力，如写作天赋或建构假想事件的想象力，也可以用于评估组织能力和熟练程度。

写作类题目的一个缺点是评分时存在信度问题。一些研究发现，让不同的教师对同一道写作题的答案分别进行评分，其结果的差异很大，从优秀到不及格都有（Popham, 2014a）。写作类题目的第二个缺点是评价过程比较费时。编制一道写作题可能比编制数道其他类型的题目节省时间，而这部分时间最终又会消耗在评分上。第三，写作类题目所需要的答题时间通常较长。因此，这类题型不宜用来考查范围广泛的学习内容。但是，通过使用这类题目，教师可以了解学生运用所学材料的熟练程度。写作类题目牺牲了考查的广度以换取深度。

下面是编制写作类题目的其他几点建议。

1. 同其他题型一样，写作类题目应与教学目标相一致。
2. 不要使用笼统的指导语，如“讨论”“阐述你关于……的观点”“写出你知道的有关……的全部知识”。相反，应该慎重地选择指明作答方法的动词，如“比较”“对比”“辨别”“列举并定义”以及“解释差异”等。
3. 在实施测验之前，教师先试着写出一份答案，以此来估计学生答题所需的时间。合理的学生用时大约是教师用时的 4 倍。
4. 修改题目，使学生能够清晰地了解答题要求。
5. 要求所有学生完成全部题目。让学生自己选择做哪些题目似乎易于引发学生的兴趣，但这从根本上来说是不公平的。首先，学生做出最佳选择的能力有差异；其次，不同的题目，难度也不同；最后，如果学生知道可以自由选择做哪些题目，那么他们只要非常认真地学习其中某一部分内容就可以提高成绩了。

编制好写作类题目并清楚、详细地说明要求学生作答的内容后，教师还必须明确如何对学生的回答要点进行评分。为此，教师首先要写出答案范例或详细列出学生需要回答的答案要点，以便将学生的答案与其对照。如果教师打算采用评语而不是字母等级评价，那么答案要点或答案范例也有助于教师准确地指出学生答案中的错误、遗漏以及可取之处。如果使用字母等级进行评价，那么教师就应该将学生回答的内容与答案范例进行对照，并根据标准答案中各要点的相对分值给出适当的等级。

如果可能的话，教师应该请同事对答案范例中的各个要点及其分值的合理性进行评估。再进一步，还可以请这位同事按照所定标准，对一个或多个学生的答案进行评分，以提高评分的信度（Langer & Colton, 2005）。当然，教师也应该主动帮助其他同事做类似的事情！

涉及写作类题目的一条争议是，评分时是否要考虑语法、拼写或其他技术性细节？假如要考虑，那该对它们赋予多大的权重？如果教师确实需要评价这些因素，那么就应该分别对答案内容和技术性细节评分，从而让学生了解评分的依据。

评估在教学中的一种有效用途是生成一套或多套评分标准，并在测验之前就让学生了解。像样例一样，评分标准应该是一般性的，可适用于多种写作题。学生可以了解到其成就的哪些方面有可能获得积极的评价，并且可以通过练习确保他们的答卷能体现这些关键要点。教师可以向学生展示一些往年的（匿名）答卷来阐释评分标准。图 13.3 是一例高中数学的问题解决评分标准。

编制和评价问题解决题目

在数学、自然科学、社会科学等许多学科中，教学目标都包括发展问题解决技能。因此，对学生的问题解决能力进行评估是很重要的（Badgett & Christmann, 2009; McMillan, 2011）。**问题解决评估**（problem-solving assessment）要求学生组织、选择和应用至少包括数个重要步骤或要素的复杂程序。而评价学生在此过程中的表现是

链接 13.14
若想了解更多有关问题解决的内容，请参见第 8 章。

水平 3

能运用合理的策略找到该问题情境的正确答案；表述基本正确；解释和（或）证明合乎逻辑，表述清晰，论证充分、恰当，足以支持结论，没有重大数学错误。答案表明考生对问题的理解透彻，分析充分。

水平 2

运用了合理的策略，但可能不够完备或不够充分，不一定能给出正确的答案；表述基本正确；解释和（或）证明可为答案提供支持，看上去无误，但可能不够充分或完整；答案表明考生对问题有概念性的理解和分析。

水平 1

很少或没有尝试运用合理的策略，或者使用了不恰当的策略，不一定能给出正确答案；表述不完整或有所遗漏；解释和（或）证明中有严重的推理错误，可能不完整或有所遗漏。答案表明考生对问题只有较低程度的理解和分析。

水平 0

答案完全不正确或不相关；也可能没有给出任何答案，或者回答“我不知道”。

图 13.3　马里兰高中数学中简短建构—反应题目的一般标准

资料来源：W. D. Schafer, G. Swanson, N. Bené, & G. Newberry, “Effects of Teacher Knowledge of Rubrics on Student Achievement in Four Content Areas,” *Applied Measurement in Education*, 14, 2001, pp. 151–170.

理论应用于实践

检测学生在论文中是否蒙混过关

没有为写作类测验做好充分准备的学生可能试图在考试中蒙混过关。除非学生给出了问题的具体答案，否则就不应该给分。下面是一些常见的蒙混类型：

1. 学生以陈述句的形式对问题进行重复（只稍加修饰），并说明这一主题有多么重要。（“教学中的评估是极为重要的，很难想象缺乏评估的教学能有效。”）
2. 学生围绕其熟悉的主题作答，并使其看起来符合题目中的问题。（一个学生可能很了解测验，但不太了解表现性评价，当被要求对测验和表现性评价进行比较时，这名学生可能会非常详细地描述测验，并多次指出，表现性评价在评价本测验所评价的学习类型时更优越。）
3. 无论是否理解，学生都会在回答中随意使用基本概念。（要求学生围绕任意一种评估技术来写作，学生可能会在答案中频繁提到“信度”和“效度”的重要性。）
4. 学生尽可能地迎合教师的基本信念。（“在编写或选择此类测验之前，必须从学生的表现方面来表述预期的教学成果。”）

很重要的。

下面是一道七年级的数学题以及某名七年级学生给出的答案。后文有关“评价问题解决”的讨论适用于所有的学科。

InTASC 标准 5
学科知识的应用

InTASC 标准 6
评估

问题

假设 A、B 两个赌徒在玩一个游戏，如果其中一个人输了，他付给对方的钱款应该与对方此时所拥有的钱款等额。假定 A 赢了第一局和第三局，B 赢了第二局。三局结束时，二人各有 12 美元。请问：游戏开始时每人各有多少钱？你是如何得出答案的？

某学生的答案：

第 N 局后	A	B
3	$12.00	$12.00
2	6.00	18.00
1	15.00	9.00
开始	$ 7.50	$16.50

起初我先从第一局开始考虑，思来想去，也找不到一种答案使最后的钱款数额都是 12 美元。

后来，我决定从第三局开始倒推。果然奏效！

教师该如何客观地评价这类回答？与评价简答题的答案类似，教师准备问题解决题答案评价标准的第一步就是写出一个答案范例，或者写出问题解决过程中所必需的关键要素或步骤的大纲，后者可能更可行。与写作类题目相似，问题解决题的答案可能由数种不同的方法得出，但它们都是正确的。所以，答案要点大纲必须要有足够的灵活性，能够兼容所有正确的回答。

理论应用于实践

同伴评价

合作学习中经常使用的一种评价方法是，先让学生根据一组具体的标准进行互评，然后教师以相同标准对学生的作业进行评价，这种方法尤其可用于评价创造性写作以及数学问题解决（不如前者用的多）（Brookhart, 2013a; Erkens, 2015; Reynolds, 2009; Smith, 2009）。同伴评价不会影响学生的分数或成绩等级，但是能为学生提供反馈，用于修改作品或解法。图 13.4 可用于指导学生就对比异同型写作任务进行同伴评价。先由同伴对表格中的各项进行评价，在充分完成的项目上打钩，然后教师也按同样的方式进行评价。同伴和教师也可以直接在学生的文章上做标记，提出修改建议。同伴评价是对写作者的一种形成性评价，同时也给评价者提供了一个宝贵的机会，使他们可以从教师的视角出发，深入了解优秀作文的构成要素。

评价问题解决题目 问题解决过程包含几项适用于大多数学科的重要组成部分，如理解问题、系统地分析问题以及得出合理的答案。下面是一个详细的核查表，列出了大多数问题解决过程中的常见要素，可以指导教师在评价学生的问题解决能力时确定不同要素的权重。

问题解决的评价要素

☐ 1. 问题的组织
  ☐ a. 用表格、曲线图或示意图等来表述。
  ☐ b. 表述方式与问题匹配。
  ☐ c. 对问题有全面的理解。
☐ 2. 程序（数学：试误、逆推、实验过程、经验归纳）
  ☐ a. 尝试了一种可行的方法。
  ☐ b. 所使用的程序最终解决了问题。
  ☐ c. 计算（如果有的话）正确。
☐ 3. 问题的解决（数学：表格、数字、图形、曲线图等）
  ☐ a. 答案合理。
  ☐ b. 答案经过了验证。
  ☐ c. 答案正确。
☐ 4. 针对给定信息的细节或应用的逻辑是合理的。

如果教师希望对包含正确内容的答案给予部分分数，或者想告知学生他们的答案的分值，就必须设计出具备评分一致性的方法。下面是一些建议：

1. 对于论文测验、数学问题解决、实验室作业或其他任何需要分别评价各阶段完成质量的任务，教师都应该先写出答案范例；
2. 详细地向学生解释所给分数的意义，以说明学生所完成工作的价值。

下面的例子描述了数学、社会科学或语文题目中答案范例的大致要素。

（续）

数学案例 向学生提出下面的问题：

在网球单场淘汰赛中，有 40 名选手角逐单打冠军。请问需要进行多少场比赛可以决出冠军？

评价

☐ a. 学生使用图形、表格、方程式等来表述问题，证明学生理解了问题。（3 分）

☐ b. 运用了一种有可能得到正解的解决方法，如系统试误法、经验归纳法、排除法、逆推法等。（5 分）

☐ c. 得出了正确答案。（3 分）

教师根据课程内容以及测验目的确定了所评价的三种要素的权重，从而给它们分配不同的分值。如果教师知道学生有能力在头脑中完成问题解决过程，那么即使这些过程并没有全部反映在学生的答案中，教师也应给正确答案打满分。但重要的一点是防止产生**晕轮效应**（halo effect）。如果教师知道这是某个学生的答案，并且根据对该生的印象而调整评分时，就会出现晕轮效应。无论是谁给出的答案，教师评分时都要一视同仁。在评估中，使用详细的评分标准或评分指南可以使评分更加客观，从而避免产生晕轮效应。

社会科学或语文案例 要求学生就下面的问题写一篇 100 字左右的小论文：

根据因纽特人和纳瓦霍人所生活地区的气候条件，对两个群体的工具发展情况进行对比。

评价

☐ a. 能准确而具体地回忆出因纽特人和纳瓦霍人所生活地区的气候条件（1 分）及其所用工具（1 分）。

☐ b. 论文中的思路连贯，有逻辑性。（3 分）

☐ c. 为两个群体在各自不同的气候条件下使用不同工具提供了准确的理由。（3 分）

☐ d. 对两个群体及其工具发展情况的异同进行了对比分析。（8 分）

☐ e. 有总结和结束语。（1 分）

这两个例子也为其他学科领域的题目评价提供了参照。与仅根据对错进行评分相比，对学生的大部分工作给予一定的分数当然更能全面地评价学生的进步。上述两个例子说明了，当不宜使用选择题、是非题、完形题和配对题等简单的题型来评估结果时，如何有条理地进行客观评价。在评价学生答案中的各部分时，也不一定必须用分值来表示。在许多情况下，使用评语或许更有意义。**评语**（evaluative descriptor）是就学生完成某一试题、某一问题或某一课题过程中的优缺点进行陈述性评价。在上述数学样例中，教师就要素 a 撰写的评语可以是："你制作的图形非常好，这表明你理解了问题。但是你在把几个重要数字填入图中时，好像有些粗心。"

请注意，这些样例如同评分标准一样，可以推广到各种各样的主题中。在教学过程中，如果教师和学生能就这些评分要素进行讨论，学生就能更好地理解学习目标，教师和学生也会形成可用于教学以及形成性评价的共同语言。

标准	同伴	教师
内容 1. 说明了概念有何相似性		
2. 说明了概念有何差异性		
3. 组织良好		
4. 开头很棒		
5. 结尾很精彩		
技术性细节 1. 拼写正确		
2. 语法正确		
3. 标点正确		
4. 至少 2 页纸		

图 13.4　对比异同型写作的同伴评价示例

真实性评价、档案袋评价和表现性评价

InTASC 标准 6
评估

在传统测验受到诸多指责后（Beers, 2011; McTighe & Curtis, 2015; Shepard, 2000; Zhao, 2015），批评者们开发并应用了替代性评价系统，该类系统旨在避免典型的选择测验中存在的问题。替代测评系统所蕴含的核心思想是，要求学生记录自己的学习情况，或者展示自己能够利用在学校里学到的知识和技能来完成的一些实际工作（Brookhart, 2015; Greenstein, 2012; Lewin & Schoemaker, 2011; McTighe & Wiggins, 2013）。例如，要求学生保留档案袋，其中的作品包括设计一种测量风速的方法，绘制某种赛车的比例模型，或者为现实生活中的某个读者群写点东西等。这类测验被称为*真实性评价*或*表现性评价*（McTighe & Wiggins, 2013）。这些“替代性评价”的目的之一是让学生在真实的情境中展示其成就。例如，在阅读领域，真实性评价运动促进了测验的发展，这些测验要求学生阅读并解释较长的段落，以展示对内容的深刻理解；在科学领域，真实性评价可能包括要求学生自己设计并操作一项实验；在写作领域，要求学生撰写真实的信件或新闻报道；在数学领域，学生可以解决一些需要发挥洞察力和创造力的复杂的实际问题。真实性测验有时需要学生整合不同领域的知识，例如，将代数知识用于了解并操作某项科学实验并撰写实验报告。

档案袋评价

替代性评价的一种常见形式是**档案袋评价**（portfolio assessment）：收集和评价学生在较长一段时间内的作品样本（Brookhart, 2015; Greenstein, 2012; McMillan, 2011）。教师可以收集学生的作文、研究项目以及其他能反映其高层次能力的作品，并以此评价学生逐渐取得的进步。例如，许多教师要求学生保留一个写作档案袋，从而可以反映作品从初稿到最终成品的完善过程。档案袋也可以装日记、读书报告、艺术作品、计算机打印稿以及体现问题解决能力发展的论文等（Brookhart, 2015）。保存在计算机中的档案袋材料越来越多，以作为纸质档案的补充（Diehm, 2004; Niguidula,

图 13.5 应用档案袋评价学生写作能力的标准示例

档案袋评价表				
名称：	有待改进之处 1	2	3	优秀表现 4
1. 包括所有作业				
2. 日志表已完成				
3. 最终反思已完成				
4. 以往的薄弱点有所改进				
5. 结合了教师以往的反馈				
6. 整体写作水平得以提高				
其他标准				
7.				
8.				
9.				
10.				
教师评价：				

2005）。图 13.5 是对学生的写作档案袋进行评价的标准示例。

资格认证指南

教师资格认证考试中可能会给出一个案例，要求你设计一种适合该案例的档案袋评价方法。

当教师出于告知家长或其他校内目的对学生进行评价时，档案袋评价就发挥了重要作用。当档案袋评价与按需评价相结合，并与一致的公开的评分标准一起使用时，可以给家长和学生本人提供有关学生在一段时间内进步情况的有力证据（Burke, 2009）。

表现性评价

要求学生在现实生活中实际运用知识或技能的测验叫作**表现性评价**（performance assessments）（Brookhart, 2015; McMillan, 2011; Popham, 2014a; Shavelson, 2013）。例如，可以要求九年级的学生完成一项口述史课题：阅读近期发生的某起重大事件的资料，之后对相关人员进行访谈。这份口述史作业历时数周，其质量可以反映学生对所涉及的社会研究概念的掌握程度。威金斯（Wiggins, 1993）也曾经描述了这样一个评价案例：在学年的最后两周，要求学生运用在该学年中学到的所有知识，分析一堆由各种固体和液体混合而成的污泥。有些学校要求学生提交自己精心制作的“展品”，如花费几个月的时间才得以完成的课题，以证明其学习能力。有一定时间限制的表现性评价可能会要求学生设计实验，回答有关拓展文本的问题，以不同体裁进行写作，或解决实际的数学问题。例如，技术能够支持学生创建复杂的实验，而完成这些实验需要学生对科学或数学知识具有深刻的理解和洞察力（Clarke-Midura, 2014）。

理论应用于实践

在课堂中使用档案袋

计划和组织

- 为学生建立档案袋时要有一个灵活的总体计划。使用档案袋的目的是什么？需要什么样的材料？何时以及如何获得这些材料？采用什么标准来反思和评价这些材料？
- 为学生提供足够的时间去准备和讨论档案袋的内容。评价档案袋要比讲评纸笔测验花费更多的时间进行思考。
- 可以先建立学生在某一方面的学习和成就档案，随着教师和学生对档案袋评价程序的了解程度加深，再逐渐将其他方面的内容加入档案袋。例如，档案袋尤其适用于记录学生的写作过程。
- 档案袋中的材料应能反映学生在一些重要目标上的能力发展情况。能反映多种目标的材料可以使档案袋评价更为高效。
- 至少收集两类材料：必需指标（Arter & McTighe, 2001; Murphy & Underwood, 2000），或称核心材料，以及其他可选的作品样本。针对每个学生都要收集必需指标，即核心材料，它们反映了每个学生的进步状况。而可选的作品样本能够展示每个学生独特的学习方法、兴趣和优势。
- 在每个档案袋前面都要放置一份目标清单以及必需指标清单，并另留出空间，用于记录可选材料。这可以使教师和学生跟踪档案袋里的内容变化情况。

实施

- 为了节省时间，要确保档案袋中的材料是学生的代表性作品。为了提高真实性，应把档案袋项目的研发过程嵌入正在进行的课堂活动中。
- 让学生自己负责档案袋材料的准备、选择、评价、归档以及更新。年幼的学生需要在教师的指导下完成这些活动。
- 就纳入档案袋中的材料给学生示范如何用它们进行反思和自我评价，以帮助他们意识到自己采用了什么样的程序，学到了什么，还需要学习什么以及下次应该如何改善。
- 要有选择性。使用档案袋并不是指随意地将作品样本、录像或录音、图画、网页或其他成果收集起来。相反，应该精选能代表学生学习情况的材料，随意纳入材料很快会使档案袋过于繁杂而无法管理。
- 利用档案袋中的信息来确定学生的技能发展水平。
- 分析档案袋中的材料，以深入了解学生的知识和技能水平。如此一来，教师就能更好地理解学生的优势、需求、思维过程、前科学概念、错误概念、犯错模式以及发展基准。
- 利用档案袋中的信息来记录和赞许学生学到的知识，向学生家长以及其他学校人员分享学生的成就，并改善课堂教学和调整其方向等。如果并未将档案袋用于改善教学，那么它就没有意义。（有关档案袋评价的指导意见，请参见 Brookhart, 2013; McTighe & Wiggins, 2013; Stiggins & Chappuis, 2012。）

表现性评价的有效性

传统的标准化测验面临的一项最严厉的指责是，它们使教师只注重教授恰好会出现在测验中的特定技能，而忽视了广泛的教学内容（Popham, 2004）。如何才能使表现性评价更有效呢？至少从理论上讲，应当编制需要学生对学科内容有广泛理解的测验，这样的测验才值得为之展开教学。

例如，思考一下数学课中的表现性测验（如图 13.6 所示）。假定学生将需要展示他们的报时技能。若想教会学生应对这类测验，唯一的方法是让学生接触各种各样的报时方法。

除了表现性测验在实施和评分时面临的所有可行性问题及费用问题，目前尚不清楚表现性测验能否解决标准化测验存在的所有问题。例如，谢弗森等人（Shavelson, Baxter, & Pine, 1992）对科学课中的表现性评价进行了研究。他们发现，对学生在这类测验中的表现的评分是具有信度的，但不同的表现性评价中的分数模式有着显著差异，并且比起学生实际学到的内容，学生的得分仍然与其能力倾向的关系更为密切。教育考试服务中心（Educational Testing Service, 1995）、林（Linn, 1994）以及苏泼

待评估的能力

- 待评估的目标：用时钟确定时间。
- 涉及的能力类型：规则。

待观察的表现

- 与评估目标相关的任务领域
  - 用数字时钟或模拟时钟报时。
  - 在模拟时钟的表面用数字或其他标记报时。
  - 报出数字时钟或模拟时钟上有秒或无秒的时间。
  - 报出具有不同形状、大小和颜色的钟面的数字时钟或模拟时钟所显示的时间。
- 任务描述：学生查看模拟时钟的钟面并报出显示的时间
  - 关注过程还是结果？结果。
  - 需要验证的先决技能：学生能读懂数字。
- 所需材料
  - 时针和分针可移动的钟面。钟面上应该有表示小时数的数字。这个时钟不应该有秒针。
- 实施指南
  - 设置八种不同的时间，即在每一刻钟内将分针拨动到两个不同的位置。
  - 任意改变时针的位置。
  - 分针和时针在所有设置中都应该清晰可见。
- 指导语
  - 对学生说：“这个时钟显示的时间是几点？”

评分计划

学生的报时偏差在一分钟以内即为正确。

图 13.6 表现性评价活动举例：报时

资料来源：Oosterhof, Albert. *Developing and using classroom assessments* (4th ed.) (c) 2009, p. 186. Reprinted and electronically reproduced by permission of Pearson Education Inc., Upper Saddle River, NJ.

伟茨和布伦南（Supovitz & Brennan, 1997）的研究也发现了相似的结果。

表现性评价的评分标准

通常，表现性评价所依据的评分标准会事先具体说明学生在每种活动中的预期表现（Brookhart, 2013; Burke, 2009; Popham, 2014; Vagle, 2014）。图 13.7 所呈现的评价标准（Taylor, 1994）主要用于考查学生围绕所读故事中人物的性格发展而撰写的论文。

表现性评价任务同写作类题目有一点相似：学生可以采用多种方式解决问题。因此，对表现性测验而言，学生理解其评分标准同样是非常重要的。要确保这一点，可采用的方法之一是编写数种通用的评分标准，这些标准要足够灵活，可以运用于评价学生的各方面表现。图 13.3 举例说明了用于评价高中数学学习效果的通用评分标准。研究者认为，在课堂教学中使用这种标准能够提高学生的成就（Schafer, Swanson, Bené, & Newberry, 2001）。

设计表现性评价比较费时，并且为了防止评分时落入主观陷阱，还需要进行实践。不过，有几种经过深思熟虑、编制完善的表现性测验可供使用，例如针对整个单元的所有或大部分教育目标的总结性评价（见图 13.8）。

资格认证指南

在教师资格认证考试中，你可能会被要求列举一个表现目标的例子，然后撰写一个行为目标、一项活动以及针对学生为达到该目标所进行的学习活动的评价方案。

待评估的表现

有关文学作品中角色塑造的小论文。

表现标准

- 选定作品中的某个角色。
- 至少从三个方面描述该角色在故事中的发展。
- 针对角色塑造的每一个方面，从故事中摘选适当的内容加以佐证。
- 描述该角色对故事情节发展的贡献。
- 从故事中至少摘选三处证据来佐证作者关于该角色在整个故事中所起作用的观点。
- 用于佐证的各种引文资料是恰当的。

评分标准

4 分　论文对角色塑造及其对故事情节的贡献等方面的描述透彻、完整且富有见地。提供了充分的支持性证据，以促进我们思考作者的观点。从作品中摘选的所有内容均有助于我们理解作者关于角色的观点。

3 分　论文完整地描述了角色塑造及其对故事情节的贡献。提供了充分的支持性证据，以促进我们思考作者的观点。从作品中所摘选的大部分内容都有助于我们理解作者关于角色的观点。

2 分　论文完整地描述了角色塑造或者角色对故事情节的贡献。提供了一些支持性证据，以促进我们思考作者的观点。从作品中所摘选的大部分内容都有助于我们理解作者关于论文中涉及的角色特征的观点。

1 分　论文对角色塑造或者角色对故事情节的贡献的描述基本完整。提供了佐证作者观点的证据，但并非都具有说服力。从作品中所摘选的少量内容有助于我们理解作者关于论文中涉及的角色特征的观点。

0 分　论文内容不完整，明显未达到标准中所要求的各种表现，或者跑题。

图 13.7　评分标准样例：待评估的表现、表现标准以及对对应不同分值的表现的描述

资料来源：Catherine Taylor, "Assessment for Measurement or Standards," *American Educational Research Journal*, 31(2), pp. 231–262, 1994.

心理学课题展示的评分标准

✓ **我们的心理学课题……**

□（25 分）提供了背景信息——引用其他研究，解释所感兴趣的主题，并阐述该问题的基本原理。（背景信息越完善、越详细，越“契合”该主题，则分数越高。）

简短的例子：“我们感兴趣的主题是着装如何影响行为。当我们精心打扮时，总是自我感觉更好，同时也会认为‘穿着得体’的人之间较少发生暴力行为。科恩等（Cohen & Cohen, 1987）发现，穿校服的学生的考试成绩要高出 10%，被叫到办公室受训诫的次数也更少。因此我们想进一步探讨这一主题。”

□（25 分）对研究进行描述。（摘要——关于课题的概述，100 词以内。）

简短的例子：“本研究考查了学业成就和校服穿着之间的关系。我们调查了宾夕法尼亚州德里镇三所学校的学生的学业成绩和受训诫次数。结果发现，穿校服的学生会表现出成绩提高以及行为问题减少。”

□（40 分）具有一个可测量的假设，并对特定变量进行了定义和辨析。

□（25 分）至少用一张图、一张表或其他视觉辅助工具来总结数据。别人看到图表后应该能清楚地了解研究的变量及其结果。

□（10 分）附上用于收集数据的调查问卷或量表的清晰副本。

□（40 分）写明研究程序，确切地描述所做的事情。

简短的例子：“我们花了 3 天时间，调查了 100 名学生和 30 位老师。”

□（30 分）解释数据，并说明假设是否正确。

简短的例子：“数据表明我们的假设是正确的：分数提高了 30% 表明当……学生的成绩有所改善。”（同样要进行解释。如果只说“我们是对的”或“我们的假设是正确 / 错误的”，最多只能得到一半分数。）

□（30 分）指出研究的意义——它为什么是重要的。

简短的例子：“这是一项重要的研究，因为它反映了一种许多人都没有意识到的偏见，也指出了一种提高学生成绩和减少行为问题的方法。它进一步……”

□（50 分）具有互动性。也就是说，观察者可以进行测试，观看视频，做小测验等。（可以通过很多方式实现。例如，若测验时间较长，可以让观察者完成其中的一部分，或放映一段关于测验过程的录像。）

满分：275

图 13.8 学期评价

资料来源：Mr. Charles Greiner, Lusher Charter School. New Orleans/Tulane University.

通过数字游戏和模拟进行评估

长期以来，计算机一直被用来评估学生的学习情况，但它主要用于进行简单、快速的评分和记录保存。然而发展到今天，计算机开始被用于评估学生参与游戏、模拟和其他活动时的表现（Schaaf, 2015）。例如，在学生们一起进行科学实验模拟练习时，可以根据他们每个人对实验的贡献来进行数字化评估（Erkens, 2015）。学生可以从电脑游戏中获得乐趣并学习知识，同时他们的反应也可以被记录下来，并根据有关标准进行评估。也许有一天，学生们将不再参加独立于每天的学习活动的考试（McTighe & Curtis, 2015）。

如何确定成绩等级

教师所面临的最为复杂且往往具有争议性的任务是给学生的课业评定等级

（Brookhart & Nitko, 2015; Reeves, 2015; Quinn, 2012; Schimmer, 2016; Scriffiny, 2008）。有必要进行等级评定吗？显然，对学生进行某种形式的总结性评价是有必要的，而且大多数学校都将某种类型的等级评定作为主要的评价形式。

确立评级标准

评级标准有多种类型，但不管教师就职于哪一级学校，大家公认的一点是，教师需要解释他们给出的成绩等级的意义（Brookhart & Nitko, 2015; Stiggins & Chappuis, 2012; Vatterott, 2015）。成绩等级至少应该能够表明学生的学习成就在班级中的相对价值，并帮助学生更好地理解自己应该达到什么水平以及如何改进。它们还可以作为教师与学生和家长进行有效对话的基础（Webber & Wilson, 2012）。

教师和学校在运用字母等级时，通常赋予字母如下含义：

A = 优秀；优异；出色的成就
B = 良好，但尚未达到优秀；中上
C = 有能力，但成果或表现不甚突出；一般
D = 及格线，但显示有严重的不足；中下
F[1] = 不及格；明显有严重的不足

运用字母等级

所有学区都有在成绩单上给出成绩等级的政策或惯例。大多数学区采用 A—B—C—D—F 字母等级，但也有很多学校（尤其是小学）使用优秀—合格—不合格等不同版本的评价系统（Brookhart & Nitko, 2015; Reeves, 2015; Schimmer, 2016）。还有一些学校仅仅报告百分等级。不同学区评定成绩等级的标准有很大的差异。中学通常会针对每门学科分别设定一种评价等级，但大多数小学和个别中学不仅考核成绩表现，也会对学生的努力程度或行为进行评价。

虽然字母等级的设置标准可能是由学校管理部门来制定，但评级标准通常是由教师个人依据非常宽泛的指导原则来确定的。事实上，很少有教师会将一半的学生评为 A 或者将太多学生评为不及格，但在这两个极端之间，教师有相当大的发挥空间（Guskey, 2014; Tomlinson & Moon, 2013）。

绝对评级标准　可以根据绝对或相对标准进行评级。绝对评级标准可以由预先设定的达到某一等级所必需的百分比分数组成。例如：

等级	正确回答的百分比
A	90%—100%
B	80%—89%
C	70%—79%
D	60%—69%
F	低于 60%

绝对标准的另一种形式是标准参照评级，即教师按照学生对教学目标的掌握程

1　译者注：美国学校的成绩等级评定通常是用 A、B、C、D、F，所以此处用 F 更合理。

度预先设定优秀（A）、中上（B）、中等（C）、中下（D）和不及格（F）五个等级。

绝对百分比标准的一个严重缺陷是，学生的分数可能取决于测验的难度。例如，在是非题测验中，一个学生即使只知道 20% 的题目的答案，剩余题目全靠猜测（能随机地正确回答其余 80% 的题目中的一半），也能通过这次考试（假定及格的百分比标准是 60%）。但是，如果测验很难，就不可能靠猜测答对，那么达到 60% 的正确率将是一个很高的分数。所以，绝对百分比标准应该与标准参照等级结合使用。也就是说，在大多数情况下，教师可以使用 60%—70%—80%—90% 的百分比标准。但与此同时，针对学生可能认为较容易的测验，教师要制定较高的标准，针对较难的测验则制定较低的标准，并让学生知道这些标准。

绝对评级标准存在的另一个问题是，每种等级涵盖的表现水平的范围通常差异较大，尤其是 F 级。等级为 F 的学生的实际成绩也许很接近 D 级，也许与“及格”相差甚远。虽然其他等级中也存在这种情况，但由于 F 级的跨度较大（从 0% 到 60%），因而其不确定性就更大。此外，被评为 F 级的后果通常也比较严重。

相对评级标准　教师根据学生在班级或年级中的排名进行评级的系统叫作**相对评级标准**（relative grading standard）。传统的相对评级是指定百分之多少的学生能够得 A、B，等等。其中一种形式叫作*曲线评级*，即根据学生在预先设定的分数分布中的位置来确定他们的分数等级。

使用相对评级标准的好处是可以将学生的分数与其他人的分数联系起来，而不必考虑测验的难度。但是，相对评级标准也存在严重的弊端（Guskey, 2014; O’Connor, 2009）。其一，由于能获得 A 和 B 的人数是确定不变的，因此，与低成就班级中的学生相比，高成就班级中的学生的分数必须要高出很多才能获得 A 或 B——这种情况可能会被认为是不公平的。教师处理该问题的方法通常是给高成就班级分配相对较多的 A 级或 B 级名额。相对评级的另一弊端是，它会引发学生间的竞争。如果一个学生得了 A，就会减少其他学生得 A 的机会。这种竞争可能阻碍学生的互助，损害同学之间的人际关系（Guskey, 2014）。

近年来，严格地进行曲线评级或按照 A、B 级的指定人数进行评级的做法已经逐渐消失。一种表现就是整体上出现了等级通胀：现在得到 A 和 B 的学生人数比过去更多，C 也不再表示原本意义上的中等水平，而是经常代表着中下水平（Goodwin, 2011; Pattison, Grodsky, & Muller, 2013）。安德森（Anderson, 1994）总结了一项针对八年级学生的全美范围的调查，该调查要求这些学生报告自六年级以来的英语成绩。结果如下：

大多是 A：31%
大多是 B：38%
大多是 C：23%
大多是 D：6%
大多是 D 以下：2%

对数学成绩的调查结果与此相似，而且贫困阶层学校对学生的评级仅比中产阶层学校稍低一点。尽管学生自我报告的成绩可能比其实际成绩要高些，他们的平均等级放到现在仍然很可能是 B，而不是 C。

最常用的评级方法包括以下几步：教师综合考虑学生在测验中的得分、测验的难度以及班级的整体表现，然后依据获得 A 和 B 的“合理人数”以及不及格的“合理人数”来对学生进行评级。各位教师在估算具体的合理人数时存在很大的差异，但学校对多少学生应该得 A，多少学生应该不及格通常都有不成文的规定。

表现性评级

传统的评级方式最大的局限性在于它虽然可以表明学生与其他人相比表现如何，但无法提供学生知道什么以及能做什么的信息。在英语课上得到 B 的学生也许很失望，也许会长舒一口气，这取决于她的期望。但这样的分数并不能告诉家长或教师该学生能做什么，需要做些什么以求进步，或者她的优势与劣势是什么（Marzano & Heflebower, 2011; Quinn, 2012）。另外，针对每门学科进行单一的评级可能强化了这样一种观念：学生的能力有高有低，或学习动机有强有弱。而所有的学生都在进步这一理念却被淡化了。

为克服这种局限性，有些学校采用了另外一种评级方法，即*表现性评级*（Guskey, 2014）。在表现性评级中，教师要确定学生知道什么，能够做什么，然后用家长和学生易于理解的方式进行报告（Guskey, 2014）。图 13.9（Wiggins, 1994）是按照五年级结束时学生应达到的语言艺术核心标准而进行的成绩评估实例，即对五年级学生应该掌握哪些内容的期望。家长在看到这类表格之后，就会了解到自己的孩子在学区规定的基本表现方面取得了怎样的进步。值得注意的是，尽管这份表格确实可以说明一个学生与他人相比表现如何，但其重点在于强调学生随着时间的推移所取得的进步。

表现性评级的评分标准 使用表现性评级的一个关键要求是搜集能够表明学生的发展表现水平的作品样本。对学生在课堂中完成的作品（如作文、实验报告、课题）进行搜集和评价叫作*档案袋评价*（Brookhart, 2013, 2014, 2015; McTighe & Wiggins, 2013），本章前面对此已进行过论述。另一种评价方式是让学生完成一些测验，在这些测验中，学生能够展示自己应用和整合知识、技能的能力以及判断能力。大多数表现性评级方案都会以某种方式综合运用档案袋评价与按需进行的表现性测验。无论在哪种情况下，学生的表现通常都是根据一定的标准来评价的，比如运用部分熟练、熟练和精通等词汇来进行描述，或者用某种标准来说明学生的发展水平。

其他替代性评级系统

人们将其他几种评级方法与创新性教学方法结合起来使用。在*合约式评级系统*中，学生可以通过协商来确定究竟需要完成多少任务或达到何种表现水平才能获得某个等级。例如，学生可能一致同意在一个评定期内完成五篇规定长度的读书报告以获得 A。**掌握评级**（mastery grading）则需要建立一个关于掌握程度的标准，如在某项测验中，正确率达到 80% 或 90% 时才算掌握。达到该标准的所有学生都能获得 A。而第一次没有获得 A 的学生可以接受纠正性教学，然后进行补考以努力达到掌握的标准（Fisher, Frey, & Pumpian, 2011; Guskey, 2014）。最后，许多教师在给学生评级时会将学生的进步情况或努力程度作为依据，通常也会结合传统的评级方法。按照这种方式，表现水平稍低于他人的学生仍然可以获得反馈来证实自己正在进步（Tomlinson & Moon, 2013）。

樱桃溪学区，波尔顿社区小学，公平竞争进步成绩单 **学生姓名：__________ 三年级______四年级______**

（语言艺术部分） **教师：__________学年：______**

基于表现的毕业要求主要强调学生对技能的掌握程度。课程以及书面的进步成绩单旨在帮助学生为完成这一任务而做好准备。日期进度（如 3/12）表示按照五年级末的标准，学生的表现处于何种发展水平。

	基本掌握	熟练	精通
语言熟练水平 1			
倾听、解释言语与非言语线索以建构意义。	主动倾听，表达自己的理解，并通过提问和复述来澄清。	有目的地主动倾听，表达自己的理解，并通过提问和复述来澄清。	有目的地主动倾听，表达自己的理解，通过提问和复述来澄清，并对信息进行归类、分析与应用。
语言熟练水平 2	←		→
在正式和非正式的情境中，通过言语来清晰、连贯地进行表达。	以恰当的方式进行解释、论证或告知、说服他人。组织一段发言，并应用词汇来传达信息。	以恰当的方式进行解释、论证或告知、说服他人。组织一段正式的发言，并应用词汇来传达信息。	以恰当的方式进行解释、论证或告知、说服他人。组织一段有细节及过渡的正式发言，要符合主题，用词恰当。根据听众和主题，运用目光接触、手势以及其他恰当的表达方式。
语言熟练水平 3	←		→
在阅读过程中，通过与文本互动、识别各种阅读材料的不同要求、应用增进理解的恰当策略来建构意义。	阅读不同的材料，理解字面意思。通过相关信息回忆和构建知识。开始使用策略来提高阅读流畅性，在阅读不同材料时调整速度。	阅读不同的材料，理解并进行推论，通过相关信息回忆和构建知识。使用策略来提高阅读流畅性，在阅读不同材料时调整速度。	阅读不同的材料，理解字面意思及其引申意义。综合并挖掘信息，进行推论。评判作者的意图，分析材料的意义和价值。使用策略来提高阅读流畅性，在阅读不同材料时调整速度。
语言熟练水平 4	←		→
作文能够表达意图与意义，能运用有效的写作策略，文字可体现书面语规范，从而表达清楚。	恰当地撰写命题作文或自选主题。中心思想清晰，但缺乏细节。文章的开头、中间和结尾较为空洞。句式缺少变化，有错误。	恰当地撰写命题作文或自选主题。中心思想清晰，细节生动，条理清晰，句式多样，进行修改可减少错误。语态和用词恰当。	恰当地撰写命题作文或自选主题。观点、细节和事例相互联系。行文有条理，句式结构有意义，通过修改可消除大部分错误。语态和用词恰当。

与班级中的其他学生相比，您的孩子在语言艺术方面

注：教师每个评分周期都在空格里做记号，以表明学生在语言艺术方面的学习状况。

1	2	3	评分周期
			有突出表现
			发展水平适宜
			需要练习和帮助

图 13.9 表现性评级标准示例

资料来源：“Toward Better Report Cards,” *Educational Leadership*, by Grant Wiggins. Copyright © 1994 reprinted with permission of Grant Wiggins.

让学生补考 许多教师都允许学生补考，尤其是当学生第一次不及格时（Dueck, 2011; Wormeli, 2011）。如果补考能给学生提供一次额外学习和掌握课堂所学内容的机会，这无疑是个好主意。例如，给学生两天的时间来学习刚考过的内容，然后进行另一种形式的考试（这次的考试不应与第一次考试相同，否则会致使学生只学习考过的内容）。由于获得了额外学习的机会，学生可能会获得比其实际考试成绩低一个等级的评分。这样做也会带来一种隐患：如果学生知道自己有机会补考，他们可能会在第一次考试之后才开始努力学习。但一般来讲，这种方式对于那些愿意付出更多努力以提高较差的成绩的学生来说，也是一种好的做法。一些学校会给出 A、B、C 或未完成的等级，并允许给学生提供额外的时间和支持，直到所有学生都至少达到 C 级（Kenkel, Hoelscher, & West, 2006）。

评定成绩等级

大多数学校每年要发布 4~6 次成绩单，也就是每 6 周或每 9 周一次。成绩单上的等级通常由下列几方面共同决定（Brookhart & Nitko, 2015; Reeves, 2015）：

- 小测验和考试的分数
- 论文和课题的分数
- 家庭作业的分数
- 课堂作业的分数
- 课堂参与（学业行为、回答课堂问题等）
- 行为态度（课堂行为、是否拖沓、态度）
- 努力程度

以上排列顺序为从最正式且最可靠的成就测查指标到信度较低的学习指标。前两种因素来自总结性评价，实际上几乎人人都认为它们适用于等级评定。随后的两种来自典型的形成性评价，反映了学习尚未完成时的进展状况。由于形成性评价不能反映学生在教学单元结束时的学习状况，在此处的适用性也就不如总结性评价。最后三个因素可能会影响成绩，但它们本身并不属于学习成绩。如果依据这三个因素进行评级，则可能传达有关学生的错误信息（Guskey, 2014）。教师通常会对不同的因素赋予不同的权重，例如，规定平时小测验占 30%、期末考试占 30%、家庭作业占 20%、课堂参与占 20%。这样做可以让学生知晓教师最看重哪些方面。

当把若干种分数综合起来用于评定成绩时，可能遇到的一个重要问题是如何处理缺少的作业，如家庭作业（O'Connor, 2009; Reeves, 2006, 2015）。一些教师将未交的作业判为 0 分。类似地，他们也可能因某些原因将测验分数判为 0 分。然而，0 分会对学生的学习造成毁灭性影响（即使与及格分数比也相差甚远，因此对学生而言，要填补这个差距几乎是不可能的）。这种做法只能被视为一种惩罚。比较好的一种策略是将等级转换成一套合理的数值（如，A = 4、B = 3 等），对缺少的作业计 0 分。为了说明这两种方法的差异，我们来举个例子。某学生在五次作业中有一次未交，假如她缺少的作业被计为 0 分，那么她的五次作业分数分别是 92、86、0、73、91，平均分数是 68.4，即 60%—70%—80%—90% 的评级体系中的 D。假如将她的分数转化为字母等级，她的平均分则为 2.6 分，可以稳稳达到 C。一些学校采用的另一种解决方案是，在满分 100 分的基础上，给学生最低 50 分，以避免他们因获得了一个 0 分而无法成功。一项在高中进行的相关研究发现，设定最低分数并不会导致分数膨胀，反而有益于学生通过课程（Carey & Carifio, 2012）。

有时，学生在某次考试或小测验中的成绩与其通常的表现相比异常糟糕。这种典型的评估结果或许是受到了一些非学业因素的影响，如家庭或学校中的某些干扰因素。若教师与学生就这次测验进行私下交流，也许能从中发现一些值得关注的问题，也可以给学生补考的机会。一些教师会去掉学生成绩中的最低分，以免因一次偶然失误而使学生遭受惩罚。

成绩评级的一项重要原则是，等级绝不应该使学生感到意外。学生应该知道他们的等级是如何计算出来的，课堂作业和家庭作业是否计算在内，以及是否包括了课堂参与和努力因素等。清晰明了的评分标准可以在很大程度上避免学生因意外低分而对教师产生抱怨，更为重要的是，可以让学生准确地了解到怎样做才能提高自己的成绩（Guskey, 2014; O'Connor & Wormeli, 2011; Reeves, 2015）。

许多学校会在评定期的中期给出一个“临时”等级。这可以使学生及早了解自

有意识的教师

运用你所了解的有关评估学生学习的知识来改善教与学

有意识的教师对学生的评估方式是与教学目标和实际教学相吻合的。他们会运用评估结果来调整自己的教学，为学生、家庭和社区提供重要的反馈。有意识的教师能够意识到，没有任何一种测验能完美地适用于所有的情形。因此，他们会使用不同的评估方式来达到不同的目的，适应不同的情境。有意识的教师：

- 围绕基本目标来设计课程、单元和每节课；
- 严谨地按照教学目标的要求来对学生的学习进行评估；
- 使用教学目标分类法，以确保教学涵盖所有类型的目标，而不仅仅是知识目标和理解目标；
- 不断使用形成性评价来了解学生目前学到了什么，然后利用这些信息指导学生的学习并调整自身的教学水平和教学速度；
- 编制涉及所有学习类型的考试和小测验，并重点考查关键的单元目标；
- 创建信度较高的评估方式，以确定学生是否掌握了基本的概念和技能；
- 在编制测验时运用多种类型的题目，包括建构—反应题以及选择题和填空题；
- 评估高阶技能，如问题解决能力和创造力；
- 为了获得适当的内容，他们收集并评估学生的档案袋作品，以确定学生在真实任务上的进步情况，档案袋的内容可以包括作文、问题解决成果、艺术作品和音乐表演等素材；
- 根据评分标准，公平、可信地给学生打分，并向学生和家长解释评分依据以及需要做些什么来提高成绩；
- 主动让学生和家长参与有关评分的讨论，重点放在已经取得的成就以及有待完善的部分；
- 通过让学生进行额外学习后重新参加类似的考试，给学生提高成绩的机会，或者使用掌握评级系统，让学生有多次机会达到标准。

己的表现，并在学生似乎要出现问题时给予警示。这种做法的一种变式是，只有当学生可能得 D 或 F 时才给出临时等级。与此同时，对临时等级附加一些注释，向学生解释需要怎么做才能获得更高的等级，这可以有效地维持学生的动机，帮助学生提高成绩（Dueck, 2014）。

另一项重要的原则是，成绩应该是私密的。学生没有必要知道其他人的成绩，将分数公开只会导致学生之间的妒忌攀比。最后，重申成绩等级只是对学生进行评价的方法之一，这是非常重要的。书面评语也可以为家长和学生提供一些有用的信息（Marzano, Yanoski, Hoegh, & Simms, 2013）。计算机评分软件目前得到了广泛应用。然而，古斯基（Guskey, 2014）提醒教师，在使用这些省时的软件时应当谨慎，避免让电脑程序做出本应该由教师做出的决定（Mertler, 2014）。

本章概要

什么是教学目标以及如何运用教学目标

研究证实了教学目标（或称行为目标）的作用，这些目标是对学生在一节课、一个单元或一门课程结束时应该知道什么以及能够做什么的明确阐述。这些目标还具体描述了各种表现水平和评估标准。在课程设计中，任务分析有助于制定目标，而逆向设计有助于从一门课程的总体目标中细化出具体目标。目标与评估紧密相关。布卢姆的教育目标分类法将教育目标从简单到复杂进行了分类，包括知识、领会、应用、分析、综合和评价。行为内容矩阵可确保教学目标涵盖了多种水平。

为什么评价很重要

针对学生的表现或学习情况的正式测查标准非常重要，它给学生和教师提供了反馈，为家长提供了信息，为选拔和认证提供了指导标准，也为问责学校提供了数据，同时还可以作为激励学生努力的一种诱因。

如何评价学生的学习

评价策略包括形成性评价、总结性评价、常模参照评价（将一个学生的分数与其他学生的分数进行比较）和标准参照评价（将学生的分数与掌握标准进行比较）。可以通过考试和表现性评价等方式来评价学生。基于评价目的所采用的评价方法才是恰当的。例如，如果测验的目的是要了解学生是否掌握了课堂中的关键概念，那么标准参照的形成性小测验或表现性评价是最为合适的。

如何编制测验

编制测验是为了找出学生的学习状况达到了教学目标的证据。成就测验的编制应该遵循以下六条原则：（1）测量的学习目标应当定义明确；（2）应该考查教学中具有代表性的学习任务样本；（3）题目类型应该最适宜测查预期的学习成果；（4）与测验结果的具体用途相一致；（5）应该尽可能地可信，对结果的解释要谨慎；（6）能促进学生的学习。细目表有助于在编制测验时使其与教学目标保持一致。测验题目的类型包括：选择题、是非题、完形题、配对题、简答题和问题解决题。每种类型的题目都有其最适用的条件，以及优势与不足。例如，如果教师想了解学生如何思考、分析、综合或者评价课程内容的某些方面，那么简答题也许最为合适，前提是教师有时间来实施这种测验和评判学生的答案。

什么是真实性评价、档案袋评价和表现性评价

档案袋评价和表现性评价要求学生通过完成作品或直接解决实际问题来展示其学习状况，这可以避免选择题纸笔测验的某些不足。表现性评价通常根据预先设定期望表现类型的评价标准来进行评分。

如何确定成绩等级

小学和中学的评级体系是不同的。例如，在小学，采用非正式的评估方式可能更为恰当；而在中学，字母等级变得越来越重要。评级标准可以是绝对的，也可以是相对的（曲线评级）。表现性评级是使教师确定学生知道什么、能做什么的一种方法。表现性评级的一条关键要求是，精选能够代表学生的真实表现水平的作品。另一种方法是对学生进行测验，让学生通过测验来展示自己的能力。其他评级体系包括合约式评级和掌握评级。成绩报告单上的总成绩一般是各种分数的平均值，包括测验、家庭作业、课堂作业、课堂参与、行为态度以及努力程度。

关键术语

教学目标
任务分析
逆向设计
评估
授课目标
学习目标
教育目标分类法
行为内容矩阵
情感目标
评价
形成性评价
总结性评价
常模参照解释
标准参照解释
细目表
选择—反应题目
选择题
题干
干扰项
陪衬项
是非题
配对题
完形题
简答题
论述题
问题解决评估
晕轮效应
评语
档案袋评价
表现性评价
相对评级标准
掌握评级

自我评估：资格认证练习

指导语：本章开篇案例中强调了州级资格认证考试中常出现的一些评价指标。请重读开篇案例，回答下列问题。

1. 沙利文先生难以在此次教学中将自己所教的内容与测验内容联系起来。下列哪种评价工具最有可能帮助沙利文先生解决该问题？
   a. 选择测验
   b. 教学目标
   c. 传统的授课策略
   d. 开卷测验
2. 沙利文先生可以用图表来表示如何根据教学目标在学生不同的认知水平上教授概念或技能。该图表称为：
   a. 任务分析
   b. 逆向设计
   c. 行为内容矩阵
   d. 细目表
3. 沙利文先生可以运用下列哪种方法来加强所教内容与所测验的内容之间的联系？
   a. 实施包含所有教学内容的测验
   b. 实施包括是非题、多项选择题、配对题、简答题、论述题、问题解决题等所有题型的测验
   c. 不受教学目标的限制
   d. 根据测验结果的具体用途来设计测验
4. 沙利文先生使用了哪些评价形式？
   a. 总结性评价
   b. 能力倾向评价
   c. 情感评价
   d. 任务分析
5. 沙利文先生为什么要建立一个细目表？
   a. 表明针对不同的教学目标需要评价的学习类型
   b. 依据具体的标准来考查学生的表现
   c. 对学生进行比较
   d. 确定学生的掌握程度
6. 简要论述评价的重要性。
7. 写出教学目标，运用布卢姆的教育目标分类法来设计一个细目表。确立课程计划，并就该学习主题编制一个小测验。

Highwaystarz/Fotolia

第 14 章

标准化测验与问责

本章提纲

学习成果

学完本章后，你应当能够：

14.1 确定不同类型的标准化测验及其用途；

14.2 阐述有关标准化测验和课堂测验的若干问题；

14.3 论述教师如何对学生的成就负责；

14.4 描述关于标准化测验和问责的知识如何促进有意识的教学。

本章提纲（续）

计算机测验的实施
为残障学生调整测验
为英语学习者调整测验

教育者如何对学生的成就负责

每个学生都成功法案（ESSA）
共同核心州立标准
循证改革

如何运用数据来指导教学

基准评估
数据驱动改革
增值评估系统

珍妮弗·特兰是林肯小学五年级的教师。最近她约见了学生安妮塔·麦凯的家长。

见到安妮塔的家长时，特兰老师说："麦凯先生，麦凯太太，你们好！很高兴你们能来。请坐，我们现在就开始吧。首先，我想告诉你们，我为我们班有安妮塔这样的学生而感到高兴。她总是那么快乐，又那么乐于助人。她在大多数科目上都表现得很好，尽管在个别领域我有点担忧。不过，在我们交谈之前，你们有什么问题要问我吗？"

麦凯夫妇表示，他们认为安妮塔这一年表现得不错，他们渴望了解她目前的表现。

"好的。首先，我知道你们已经看过安妮塔的加州成就测验结果，我们把这些测验简称为'CATs'。大多数家长不理解测验分数的含义，所以我会尽量加以解释。我们先看一看她的数学成绩。正如你们所了解的，安妮塔的数学成绩一直很好，她的分数和成绩等级也证明了这一点。她上一份成绩单的总成绩是 A，数学计算成绩处于第 90 百分位数。这就是说，她的成绩好于全美 90% 以上的五年级学生。她的数学概念和应用成绩差不多同样好——处于第 85 百分位数。"

麦凯太太问道："'年级当量'是什么意思？"

"这个分数用来表示某个学生相对于其所在年级的成绩水平。例如，安妮塔的年级当量分数是 6.9，这表示她的得分超过五年级水平一学年还多。"

麦凯先生问道："这是否意味着她可以跳过六年级的数学课？"

特兰老师笑着说："恐怕不行。这不太好解释，年级当量分数 6.9 是指快读完六年级的学生在五年级的测验中应当取得的分数。这并不意味着安妮塔已经掌握了六年级的知识。而且，我们对任何学生的测验成绩都采取谨慎的态度，更多地根据学生的日常表现和课堂测验来判断其学习情况。拿安妮塔来说，这次的标准化 CAT 成绩与她平时在课堂中的表现非常吻合。但是，我可以让你们看看不太吻合的例子。你们肯定清楚，安妮塔的阅读成绩一向是相当不错的。但她的阅读理解分数远远低于她在其他大多数领域的得分，只超过了 30% 的人，这几乎落后于年级水平一年。我感到很吃惊，因为我认为安妮塔的阅读能力很出色。于是我让她做了另一份测验，格雷朗读测验。该测验以个别施测的方式进行，这样能够更好地反映出学生的阅读水平。在格雷朗读测验中，安妮塔的得分达到了年级水平。这个分数更能反映出她在课堂中的真实表现，所以我认为她的阅读理解是不成问题的。"

"但安妮塔在学习中还存在一些令我担忧的问题，这从她的标准化测验中无法反映出来。她在语言技巧和语言表达方面的成绩超过了近 70% 的人。这个分数可能会让你们认为安妮塔的语文成绩很好，事实上她在语言能力的许多方面的确表现不错。然而，我有点担心安妮塔的写作。我保存了学生在这一年中的写作档案，这是安妮塔的。她的写作水平有所进步，但我认为她还可以写得更好。你们可以看一下，她在拼写、运用标点符号和语法方面都很棒，但她写的文章非常短，只是罗列事实。你们知道，我们并不采用字母等级来评价学生的写作，而是使用评分表来描述学生在写作方面的熟练程度。根据她的档案袋材料，我认为她的写作达到了熟练水平，但尚未达到精通水平。我希望她写得更丰富些，并且能真正发挥其想象力。她可以口述很精彩的故事，但由于她太担心在语言技巧方面出现错误，因此在写作时太过保守。在假期里，你们可以鼓励她写日记，或者进行其他任何能够改善其写作的一些练习。"

麦凯太太问道："但如果她在语言标准化测验中取得了很好的成绩，这难道不能说明她的语文能力很强吗？"

"测验分数可以告诉我们一些信息，但不能告诉我们所有的信息。"特兰老师说，"CAT 适用于考查简单的学习内容，比如数学计算和语言技巧。但是如果想通过它了解孩子实际上能够做什么，它就没这么有效了。这就是为什么我用档案袋保存学生在写作、数学问题解决以及科学等科目中的作业。我想了解学生运用习得的技能完成真实任务、解决现实问题的能力究竟发展得如何。事实上，现在我们已经大致了解了安妮塔的成绩以及标准化测验结果，那么让我们来看看她的档案袋材料，我想你们会对她在学校中的表现有更好的了解。”

运用你的经验

合作学习和创造性思维　通过短剧来表演这场家长和教师关于测验分数的面谈。不同的组员自愿扮演麦凯先生、麦凯太太和特兰老师的角色。另一个人来扮演主持人，以澄清面谈中出现的误解，使面谈能够进行下去。

批判性思维　从这个案例中你可以了解到哪些内容？你还想了解什么内容？你从中学到了什么？就安妮塔在写作、数学和科学科目中的标准化测验分数和档案袋评价结果而言，特兰老师是否提供了我们需要知道的一切内容？

InTASC 标准 10

领导力与协作

珍妮弗·特兰和麦凯夫妇的对话说明了成绩和标准化测验的一些作用与局限性。CAT 和格雷朗读测验为特兰老师提供了一些信息，使她能够将安妮塔在某些领域的成绩与全国常模联系起来。安妮塔的成绩也使得特兰老师能够在一定程度上了解她相对于班级其他同学的表现。但无论是标准化测验还是成绩等级，都无法像档案袋以及其他行为观察那样详细、全面地反映安妮塔的学习情况。总之，将经过慎重解释的标准化测验、成绩等级、档案袋以及其他课堂评价结合起来，才可以对安妮塔的表现进行真实的评估。每一种评估方法都有其价值，在做出教育决策时，应该评估各方面的信息。

什么是标准化测验以及如何施测

InTASC 标准 6

评估

你是否还记得参加 SAT、ACT 或其他大学入学考试的情景？你是否想过这些测验是如何编制而成的，这些分数意味着什么，你的得分可以在多大程度上代表你真正知道什么或者真正能做到什么？SAT 和其他大学入学考试都是**标准化测验**（standardized tests）。与第 13 章中所论及的教师自编测验不同，标准化测验通常是针对一定的学生群体设计的，之后在相同的“标准化”条件下对成千上万名背景相似的学生施测。测验编制者可由此建立常模，任何个体的分数都可以与该常模进行比较。比如，一个四年级学生的全国代表性样本在含有 50 道题目的标准化测验中平均答对了 37 道题目，那么 37 就是四年级学生在这项测验中的“全国常模”，该分数即高于与低于“全国常模”的分界线。

传统的标准化测验受到了诸多批评与争议，且如今的人们可以使用许多替代性评估。然而，人们仍然会出于各种目的，将各种标准化测验用于各级各类的教育评估。本章将讨论标准化测验的实施方法与实施原因，以及如何解释测验分数并将其用于重要的教育决策中；还将讨论人们为什么使用标准化测验来敦促学区、学校和教师对学生的表现负责，以及美国联邦政府和州政府强调问责制的政策是如何增加测验风险的；最后将论及对标准化测验的批评以及正在开发的、正在讨论的和已投入使用的替代测验。

标准化测验的目的通常是提供一个衡量学生个体或群体的标准，而这样的标准是教师自编测验无法提供的。例如，家长向教师询问女儿的数学学习情况。教师可能会说："她学得不错，在上次数学测验中，满分 100 分，她得了 81 分。"对于某些目的，这类信息已经足够了。但出于其他目的，家长或许想要了解更多的信息。比如，与班上其他同学的分数相比，81 分意味着什么？与学校、学区、全州甚至全美的其他学生相比，情况又如何呢？在某些情况下，81 分可能意味着这个女孩有资格加入为有数学天赋的学生而开设的特殊课程；而在其他情况下，这个分数可能意味着她需要接受补救教学。再比如，这位教师发现，全班学生在这次数学测验中的平均正确率为 85%。那么该班与其他参与数学测验的班级或全美学生相比，其成绩又如何呢？教师自编测验无法提供诸如此类的信息。

标准化测验的编制往往非常严谨，旨在提供有关学生成就水平的准确信息。通常，课程专家会确定某一年龄的学生在某门学科中应该知道什么或应该会做什么，然后编写题目，以评估学生应当掌握的各种知识或技能。这些题目需要在各类学生群体中进行试测，几乎所有学生都答对或答错的题目通常会被删除。同样，那些让学生感到题意不明或有歧义的题目也会被删除。此外，还要仔细地检查分数的分布形态。如果做对大多数题目的学生在某道题目上的平均得分并未超过总分很低的学生，那么该题目通常也会被删除。

最后，完成测验最终版的编制，并对从美国各地筛选的大型学生群体样本进行施测。人们一般会努力确保样本群体与最终将接受该测验的更大的学生群体保持相似。例如，对于一项针对十一年级学生的几何测验，其学生样本应该抽样于来自城市、乡村和郊区，来自美国不同地区，来自私立和公立学校，以及具有不同数学水平的学生。此外，抽样时还应该将不同社会经济地位及族裔背景的学生考虑在内。这一步是为了建立测验的**常模**（norms），常模代表了中等水平的学生在这项测验上的得分情况（Brookhart & Nitko, 2015; Kaplan & Saccuzzo, 2013; Kubiszyn & Borich, 2010; Popham, 2014a）。新测验的分数可以与以往测验的分数进行比较。最后，要编制一本测验手册，解释如何施测、评分和解释测验结果。至此，这项测验就可以投入广泛使用了。测验的编制过程使其分数的意义超越了特定班级或学校的限制，并可以以多种方式加以应用。标准化测验的重要功能包括学生安置、诊断、评价和学校改进。

选拔和安置

链接 14.1

若想了解更多有关班级间能力分组和班级内能力分组的内容，请参见第 9 章。

标准化测验常用于选拔那些将被录取或被安置到特定教育方案中的学生。比如，你在高中时可能参加过学术能力评估测验（SAT）或美国大学入学考试（ACT），而这些测验可以为大学招生委员会决定是否录取你提供参考。同样，那些有天赋和才能超常的学生能否被特殊项目录取，也可能部分取决于标准化测验分数。标准化测验提供的信息以及其他有关信息可帮助教育者决定是否将学生安置到特殊教育方案中。在小学，可以根据标准化的阅读成绩来决定把哪些学生分到阅读小组中。一些大学会将达到一定的标准化测验分数作为学习某些课程的先决条件。有时，标准化测验还用于考查学生是否具备了某种资格，如升入高年级、高中毕业或职业准入等。比如，美国大部分州将标准化测验成绩作为教师资格认证过程的一部分。部分州和学区还会利用学生的测验成绩以及其他信息来评估教师。

诊　断

标准化测验常被用于诊断个别学生的学习问题或学习特长（Nicoll, Lu, Pignone, & McPhee, 2012）。例如，对学习较差的学生进行一系列测验，以确定其是否有学习障碍。同时，标准化测验也能够识别出需要补救的特殊缺陷。教师经常使用阅读技能的诊断性测验，比如特兰老师使用的格雷朗读测验，来确定学生的具体阅读问题。例如，某项诊断性测验可能表明某个学生的解码能力很强，但阅读理解能力很差；或者某个学生计算能力很强，但缺乏问题解决能力。更为精确的诊断性测验可以给教师提供这类信息：在物理学习中，某学生对物态部分的知识掌握良好，但对科学测量的掌握欠佳；或者在外语学习中，某学生很好地掌握了语法知识，但语言表达能力欠佳。设计精妙的评估有助于教师确定学生对复杂概念的理解深度。

评价和问责

也许标准化测验最普遍的用途是评价学生的进步情况以及学校和教师教学的有效性。例如，各学区和各州通过使用测验来评价学校教育所带来的学生整体表现方面的进步，以使教育者对学生的成就负责。家长通常也希望了解自己的孩子与同年级孩子的典型水平相比，究竟表现如何。对于学生个体而言，教师只有将标准化测验的分数与其他信息（比如学生在学校或其他情境中的真实表现）综合起来考虑，它们在评价过程中才有意义。特兰老师的做法就是一个很好的例子。许多学生在标准化测验中的得分很低，但他们往往在学校、大学或工作中表现得很出色。这或是因为他们不擅长应试，或是因为标准化测验无法测量出他们具备的某些重要技能。不过，也有一些学生在标准化测验中最能展现出自己的成就。关于问责及相关教育政策的进一步论述，请参见本章后面的内容“教育者如何对学生的成就负责？”

学校改进

标准化测验有助于改善教育过程。一些标准化测验的结果为恰当地安置学生提供了信息，也为实施补救教学提供了非常重要的诊断性信息。此外，当发现课程存在某些薄弱环节时，成就测验也能够指导课程的开发和修订（Kallick & Colosimo, 2009）。标准化测验在辅导和咨询中也能够发挥一定的作用。不仅成就测验和能力倾向测验具有这些作用，更为专业化的测量亦是如此，如职业兴趣问卷以及其他用于学生咨询的心理学量表。

学校常常借助学业成就测验来评价竞争性的教育方案或教育策略的相对有效性。例如，假如教师或学校尝试使用一种创新的教学策略，测验就有助于揭示该策略是否比以前的方法更有效。全州和学区范围内的测验结果常常被民众用作判断当地学校教育水平的标准。然而，教育学生是一个复杂的过程，在评价教师、教学方案或者学校时，标准化测验仅能提供一小部分信息。当标准化测验分数被过分强调或被用于与该测验最初设计意图不符的其他目的时，就会出现问题。

资格认证指南

在教师资格认证考试中，你可能会被要求给标准化测验下定义并论述其目的。

标准化测验的类型

学校通常使用三种标准化测验：能力倾向测验、常模参照成就测验以及标准参照成就测验（Kaplan & Saccuzzo, 2013; Popham, 2014a, b; Reynolds & Livingston, 2012; Salkind, 2013）。**能力倾向测验**（aptitude test）主要用于评估学生的能力，其目的是预测学生学习或完成某种特定任务的能力，而不是测量学生已经掌握了多少知识。应用最为广泛的能力倾向测验测量的是一般能力倾向，而其他许多更加具体的测验则会测量特殊能力倾向，比如机械能力、知觉能力或阅读准备度。例如，SAT 的目的是预测个体的大学学习能力。一项能力倾向测验的成功与否取决于其对个体实际表现的预测效果。例如，如果针对幼儿园儿童施测的阅读准备测验不能准确地预测他们在一年级或二年级时的阅读水平，那么它就没什么用处。

成就测验（achievement tests）可用于以下几个方面：（1）预测学生在某门课程中的未来表现；（2）诊断学生存在的困难；（3）作为衡量学生进步情况的形成性测验；（4）作为学习的总结性测验。

常模参照成就测验评估的是学生对特定内容领域的知识的掌握程度，比如数学、阅读或作为外语的法语等。用于参照的常模是从具有代表性的学生样本中得到的结果，可以将学生的得分与之进行比较。编制这些测验的目的是揭示学生之间的差异，而这些差异应当源自教学质量和学生学习质量，而不是学校之间课程设置的差异。因此，常模参照成就测验评估的只是任何一所学校所教授技能中的一部分，而非全部。常模参照成就测验考查的范围不能太宽泛，因为它要在全美范围内施测。而针对任何特定科目开设的课程都因地区而异。例如，假设部分地区的七年级学生学习了二进制算术或维恩图，而其他地区的七年级学生却没有学习这些内容，那么此类内容将不会出现在全国性的数学测验中。

标准参照成就测验也对学生掌握的学科知识进行评估，但它不会将个体学生的成绩与全国常模进行比较，而是意在考查学生对某些特定技能的掌握程度。标准参照测验所提供的信息非常具体："在安大略省，有 37% 的五年级学生可以在地图上填上西欧主要国家的名称。"或者"亚历山大·汉密尔顿高中有 93% 的十二年级学生知道，升高密闭容器中气体的温度将会增大气体的压强。"有时，标准化参照测验的成绩可用来进行学校间或学区间比较，但是通常不会对照具有代表性的常模群体。如果一组课程专家认定伊利诺伊州的每位五年级学生都应当能在地图上填写出南美洲所有国家和地区的名字，那么对学生正确回答这一题目的预期就是 100%。至于伊利诺伊州的五年级学生在该题目上的得分是优于还是差于其他州的学生，这并不重要。更重要的是，从总体上来看，学生在该题目上的表现会逐年进步。

能力倾向测验

链接 14.2

若想进一步了解学生在一般智力、特殊能力倾向、能力和学习风格等方面的差异，请参见第 4 章。

尽管从理论上讲，能力倾向测验、常模参照成就测验和标准参照成就测验互不相同，但实际上它们之间存在相当多的交叉。比如，教育者通常会通过评价个体在一个非常宽泛的领域中的成就来测量其能力倾向。因此，学校学习会影响学生的能力倾向测验分数，并且如果某学生在某种类型的测验中成绩良好，那么该生在另一种测验中的成绩通常也很好（Popham, 2014a）。

一般智力测验　学校中最常见的一种能力倾向测验是**智力**（intelligence）测验，或

称学校学习的一般能力倾向测验（Kaplan & Saccuzzo, 2013; Reynolds & Livingston, 2012）。智力测验中最常用的分数表示方法是智商，即 IQ，当然有时也使用其他类型的分数。

智力测验主要用于提供个体在许多智力活动领域中的能力倾向的一般性指标。智力本身被看作处理抽象信息、学习和解决问题的能力（Sternberg, Jarvin, & Grigorenko, 2009），而智力测验关注的正是这些技能。智力测验给学生呈现了各种各样有待回答和解决的问题。

智商的测量　20 世纪初，法国心理学家艾尔弗雷德·比奈为了鉴定那些因有严重学习障碍而不能从常规课堂教学中受益的儿童，率先提出了智商的测量（Esping & Plucker, 2015）。比奈编制的智力测验量表测查了多种心理特征与技能，如记忆、知识、词汇和问题解决。比奈对大量不同年龄的学生施测，建立了表明学生在测验中整体表现的常模（期望值）。之后，他把 IQ 表示为**心理年龄**（mental age）（特定年龄学生所获得的平均测验分数）与**实际年龄**（chronological age）的比值再乘以 100。例如，某个 6 岁儿童（实际年龄 = 6 岁）的分数处于所有 6 岁儿童的平均水平（心理年龄 = 6 岁），那么这个儿童的 IQ 就是 100（6/6 × 100 = 100）。如果一个 6 岁儿童的分数处于 7 岁儿童的平均水平（心理年龄 = 7 岁），那么这个儿童的 IQ 大约为 117（7/6 × 100=117）。

随着时间的推移，人们逐渐舍弃了用心理年龄与实际年龄的比值来计算智商。现在人们将 IQ 界定为：在任一年龄阶段，IQ 的平均值都是 100 分，标准差为 15（标准差是对分数的离散程度的一种度量指标，本章下文将给出定义）。大多数智商分数落在平均值附近，还有少量分数远离（高于或低于）平均值，形成了一个“钟形曲线”。从理论上讲，大约有 68% 的个体的 IQ 分数分布在距离平均数一个标准差的范围内，也就是介于 85 分（比平均数低一个标准差）与 115 分（比平均数高一个标准差）之间，有 95% 的个体的 IQ 分数落在距离平均数两个标准差的范围内（介于 70 分与 130 分之间）。

智力测验旨在提供个体在许多智力活动领域中的能力倾向的一般性指标。大多数广泛使用的智力测验都包含许多不同的量表，而每个量表又分别测量不同的智力成分。大多数情况下，如果某人在一个量表上的得分较高，那么在其他量表上也会有良好的表现。当然，也并非总是如此。比如，某人可能在整体理解和相似性方面表现优异，但在算术推理方面却表现欠佳，而在区组设计方面的成绩更是惨淡。

智力测验可个别施测，也可团体施测。像奥雷—伦农心理能力测验（Otis-Lennon Mental Ability Test）、洛奇—桑代克智力测验（Lorge-Thorndike Intelligence Test）和加州心理成熟度测验（California Test of Mental Maturity）等，通常作为智力能力倾向的一般性评估，面向大型学生群体进行施测。这些团体测验在准确性或详细程度方面都比不上由训练有素的心理学家进行的个别施测的智力测验，如韦氏儿童智力测验第四版（WISC-IV）或斯坦福—比奈测验。例如，在评估有学习困难的学生以确定其是否需要接受特殊教育时，通常要采用个别施测的测验（最常用的是 WISC-IV），同时结合使用其他类型的测验。

IQ 分数很重要，因为它们与学生的在校成绩具有相关性。也就是说，平均来看，IQ 分数高的学生一般会取得更好的成绩，在成就测验中的得分更高，诸如此类。通常而言，这些教育成就会转化为职业和经济收入方面的成功（Hauser, 2010）。大约到 6 岁时，儿童的 IQ 估计值一般会趋于稳定，而且大多数人的 IQ 在成年后都保持不变。

链接 14.3
关于 IQ 分数在区分特殊学习者或者特殊教育服务方面的用途的探讨，请参见第 12 章。

然而，由于学校教育或其他环境因素的影响，一些人的 IQ 估计值也会发生显著的变化（Ceci, 1991）。

多因素能力倾向测验　能力倾向测验的另一种形式是**多因素能力倾向成套测验**（multifactor aptitude battery），这类测验对技能进行了更为具体详细的分类。目前，这类测验有许多种，其内容领域和侧重点各不相同。这些测验包括学术能力测验，如 SAT；小学和中学测验，如鉴别能力倾向测验、认知能力测验以及认知技能测验；阅读准备测验，如城市地区阅读准备测验；学龄前儿童的各种发展量表。大多数测验不仅仅提供能力倾向的整体分数，至少还提供言语和非言语能力倾向的分测验分数。通常情况下，分测验的分数会被进一步细分，以描述各种更为具体的能力。

常模参照成就测验

能力倾向测验关注学生一般的学习潜能以及在校内外获得的各种知识，成就测验则主要关注传统上在学校中教授的技能或能力。一般而言，标准化成就测验主要有四种类型：成套成就测验、诊断性测验、单科成就测验以及标准参照成就测验（Popham, 2014; Salkind, 2013）。

成套成就测验　加州成就测验、艾奥瓦基本技能测验、基本技能综合测验、斯坦福成就测验以及城市地区成就测验都属于标准化的**成套成就测验**（achievement batteries），用于测量个体或群体在各个学科领域中的成就。成套成就测验包括许多小测验，每个小测验涉及一个不同的学科领域，并且通常会在几天之内对一组学生进行施测。学校中所使用的许多成套成就测验在结构和内容上都是相似的。然而，由于这些测验在教学目标以及子测验所选取的学科内容方面存在细微的差异，所以在选用某项特定的测验之前，有必要仔细地检查该测验与具体的学校课程是否匹配，以及与学校目标是否吻合。通常情况下，成套成就测验有几种不同的形式，分别适用于不同年龄或年级水平的学生，以便在几年的时间内对学生的成就进行监测（Kubiszyn & Borich, 2010; Salkind, 2013）。

美国国家教育进展评估　**美国国家教育进展评估**（National Assessment of Educational Progress, NAEP）是美国教育部对各州学生进行的一项非常重要的测验。它和其他成就测验相似，但主要用于测量全美学生在阅读、数学、科学和写作等方面的进步程度。对于数学和阅读领域，NAEP 每两年才实施一次；而对于科学和写作领域，评估的频率则更低。除了表明学生在一段时间内的成就变化，NAEP 还有助于美国政府比较各州和某些大城市的测验成绩。NAEP 成绩并不用于问责，而是旨在为整个国家提供一个公平的测量标准，因为各州的测验成绩并非用来保持稳定或与其他州进行比较。事实上，州测验通过率最高的州在 NAEP 中往往排名垫底，反之亦然。若想了解各州与各个城市在不同时期的 NAEP 成绩，请访问美国国家教育统计中心的网站。

诊断性测验　与成套成就测验不同，**诊断性测验**（diagnostic tests）通常关注某个具体的内容领域，并强调那些对掌握该学科领域而言很重要的技能，它比其他成就测验提供了更为详细的信息（Nicoll et al., 2012）。比如，一项标准化数学测验常常会提供关于数学计算、概念和应用的分数，而诊断性测验会给出学生在更具体的技能上的得分，如小数的加法或解决两步应用题。诊断性测验大多用于阅读和数学领域，以揭示学生在这两类技能中的具体优势与不足。测验结果可用于指导补救性教学，或用于帮助应掌握该技能的学生构建学习经验。

学科领域成就测验　大多数课堂测验都是由教师编制，以评估学生在特定学科中的技能水平。然而，各个学区可以购买到几乎涵盖所有学科的特定成就测验。这些测验存在的一个问题是，除非它们与特定课程以及教学策略配套，否则就可能无法充分地代表已经教授过的内容。如果要使用标准化成就测验来评价学生在具体学科领域的学习情况，就应当严格地检查测验内容是否与学区的课程、学生所接受的教学以及学区或州的标准和评估方式相匹配。

标准参照成就测验

标准参照测验在许多方面都不同于常模参照测验（McMillan, 2011; Popham, 2014）。标准参照测验也可以采用成套成就测验、诊断性测验或单科测验的形式。常模参照测验适用于那些设置不同课程的学校，而标准参照测验则不同，它最适用于考查有一组明确目标的内容领域。许多测验的具体目标可由学区、学校的管理人员或教师来选择。经过筛选，测验题目可以与具体的教学目标相匹配。通常情况下，可设置 3~5 个题目来测量一个目标。因此，标准参照测验可以表明每个学生或全班学生已经掌握了哪些目标，而测验结果可用于指导后续的教学或补救性教学。鉴于此，标准参照测验有时被称为目标参照测验。

标准参照测验在计分方式和结果解释方式上不同于其他成就测验。在标准参照测验中，学生在每个目标上的得分一般都很重要。例如，测验结果可以表明有多少学生掌握了两位数乘两位数的乘法，或者有多少人能够正确地书写商业信函。此外，标准参照测验在解释学生在总测验或特定目标上的分数时，依据的是某种成绩合格标准，而不是群体的成绩。驾驶员测验和飞行员测验都属于标准参照测验，这些测验旨在确定谁可以驾驶汽车或飞机，而不是确定谁位于驾驶员或飞行员中的前 20%。用于教师的测验也是标准参照测验。

标准参照测验的分数报告方式通常是汇总学生答对每个目标的相关题目的数量。教师可以利用这些数据来评估学生是否已经达到了目标。

链接 14.4
若想了解更多有关常模参照测验和标准参照测验的内容，请参见第 13 章。

标准的设定

当测验被用于确定学生对某门学科或某个主题的掌握程度时，必须使用某种程序来确定测验分数的临界点，以划分高低不同的熟练水平（Kubiszyn & Borich, 2010; McClarty, Way, Porter, Beinters, & Miles, 2013; Popham, 2014a）。大部分用来确立**临界分数**（cutoff score）的方法都依赖于教师以及其他教育者组成的代表小组的专业判断。有资质的专业人员将会检查测验中的每道题目，并判断达到某种熟练水平的学生正确完成该题目的概率。之后，他们会根据这一概率来确定代表掌握程度或熟练程度的临界分数。在资格认证考试以及许多州及学区的问责项目中，类似的标准设定程序很常见。

资格认证指南
在教师资格认证考试中，你可能需要知道，相比常模参照测验，标准参照测验将会更详尽地告诉你每个学生在课程的具体方面学到了多少。

如何解释标准化测验

在完成标准化测验后，学生的试卷通常会被送到阅卷中心或测验发布者处进行计算机评分。学生的原始分数（在每个分项测验中的得分）会被转换成一种或多种**导出分数**（derived scores），如百分位数、年级当量分数或正态曲线当量分数，这些分数可以将每个学生的分数与测验的常模团体的分数联系起来。接下来，我们将描述这些统计量（McMillan, 2011; Popham, 2014a）。

百分位数

百分位数（percentile score），或称百分等级（有时在测验报告中简写成 %ILE），表示常模团体中分数低于某个特定分数的学生的百分比。例如，如果某学生的成绩位于常模团体的中位数位置（即分数高于该生的人数与低于该生的人数相等），那么该生的百分等级为 50，因为其分数超过了常模团体中其他 50% 的人。如果将 30 名学生的测验分数从低到高排序，那么第 25 名学生的分数将位于第 83 百分位数（$25/30 \times 100 = 83.3$）。

年级当量分数

资格认证指南

在教师资格认证考试中，你可能需要知道，若某学生在一项标准化数学测验中的年级当量分数为 7.3，则表明该生的表现同在开学第三个月参加同一项测验的普通七年级学生的表现一样好。但对七年级以下的学生而言，年级当量分数 7.3 并不意味着该生具有完成七年级学业的能力。

年级当量分数（grade-equivalent scores）将学生的分数与处于特定年级水平的学生的平均分数联系了起来。假设在五年级初进行的阅读测验中，某常模团体的原始分数的平均分为 70 分，则这个分数的年级当量分数就被确定为 5.0。如果一个六年级学生的常模团体在 9 月份的测验中的平均分数为 80 分，则该分数的年级当量分数将被定为 6.0。现在假设有一名五年级学生的原始分数为 75 分，介于 5.0 和 6.0 之间，则该生的年级当量分数为 5.5。小数点之后的数字表示“月份”，所以年级当量分数 5.5 就解读为“5 年零 5 个月”。理论上讲，在五年级就读了 3 个月的学生的年级当量分数是 5.3（5 年零 3 个月），以此类推。通常情况下，只计算常规学年的 10 个月，即从头年的 9 月至第二年的 6 月。

年级当量分数的优点是易于解释，直观明了。例如，若一名普通学生每年提高 1 个年级当量分数，我们就认为该生达到了预期水平。如果我们知道了某学生的成绩比年级水平低 2 年（比如，某个九年级学生的分数仅相当于七年级学生的正常水平），则能从中了解该生成绩落后的具体程度。

然而，年级当量分数只应被视为一个粗略的近似值（McMillan, 2011），原因之一是学生的成绩并不会逐月地稳步提高。另外，即使分数与预期的年级水平相差甚远，也并不意味着实际情况便如分数所示。比如，某四年级学生的年级当量分数为 7.4，但这从任何角度都无法证明该生可以开始学习七年级的功课。这个分数只是表明该生已经充分地掌握了四年级的课程，其成绩与七年级学生在四年级测验中的成绩一样好。显然，一名普通的七年级学生所掌握的内容远远多于四年级的测验所能考查的内容。因此，年级当量分数均为 7.4 的四年级学生与七年级学生之间没有真正的可比性。他们各自所接受的测验非常不同。

年级水平期望值的定义会发生变化，这也使对年级当量分数的解释复杂化。在各州的问责测验中，超过 50% 的学生一般都能够达到标准，即使该州的平均分在全国测验中很低。这种“测验通胀”有时被称为“乌比冈湖效应”（在幽默作家盖瑞森·凯勒所虚构的乌比冈湖小镇里，“所有的孩子都在平均水平以上”)。由于不同的测验所使用的常模不同，对于有多少学生达到了某给定水平的结论应该持谨慎态度。更有意义的是关注学生如何随时间的推移而发生变化，或者比较两个学区、学校以及亚组在同一项测验中的成绩（Popham, 2014a）。随着时间的推移，学生和老师会逐渐熟悉测验的形式和重点，州测验的分数也往往会随之提高。当这种情况发生时，各州往往会更改测验，学生的分数就会在一年内大幅下降。然后，在接下来的几年里，新测验的分数会再次提高。

标准分数

还有几种分数根据它们在正态曲线上的位置来描述测验结果。正态曲线描述了分数的分布情况，其中大部分分数位于平均数附近，并在平均数左右两侧对称分布，离平均数越远（即分数越高或越低），分布的分数越少（Salkind, 2013）。**正态分布**（normal distribution）的频数图是一条钟形曲线。例如，图 14.1 的频数分布来自一次平均分数为 50 分的测验。图中的每个叉号（×）代表一名获得某个分数的学生；在 50 分处有 10 个叉号，这表明有 10 名学生获得了这个分数。此外，有 9 名学生获得了 49 分，有 9 名学生获得了 51 分，其他分数以此类推。60 分以上或 40 分以下的学生人数非常少。图 14.2 所示的正态分布在自然界中是很普遍的。例如，普通成人的身高和体重通常服从正态分布。编制标准化测验是为了确保极少有学生做对或做错全部题目，因此，测验分数通常也呈典型的正态分布。

标准差　与正态分布有关的一个重要概念是**标准差**（standard deviation, SD），它是一种度量分数离散程度的指标。粗略地说，标准差是分数与平均数之间的平均差值。例如，请看下面两列分数。

A 列		B 列
85		70
70		68
65	< 平均数 >	65
60		62
45		60
标准差：14.6		标准差：4.1

注意，这两列分数的平均数（65）是相同的，但在其他方面则非常不同。A 列的标准差（14.6）远比 B 列的标准差（4.1）大这一事实可以反映出，A 列的分数比 B 列更分散。一列分数的标准差大小可以表明分数分布的离散程度。当分数或其他数据遵循正态分布时，我们可以预测有多少分数将分布在与平均数相差若干个标准差的范围之内。如图 14.2 所示，在任何正态分布中，大约 34% 的数据分布在平均数与高于平均数一个标准差（+1 SD）的范围之内。同样，大约 34% 的数据分布在平均数与低于平均数一个标准差（–1 SD）的范围之内。如果把范围扩大到距平均数两侧各两个标准差之间，那么大约 95% 的数据会被包括其中。

我们通常根据分数与平均数相差多少个标准差来报告标准化测验的分数。例如，IQ 分数的常模服从平均数为 100，标准差为 15 的正态分布。这表明一个普通人的 IQ 得分是 100 分，IQ 比平均数高一个标准差的人的得分是 115 分，比平均数低一个标

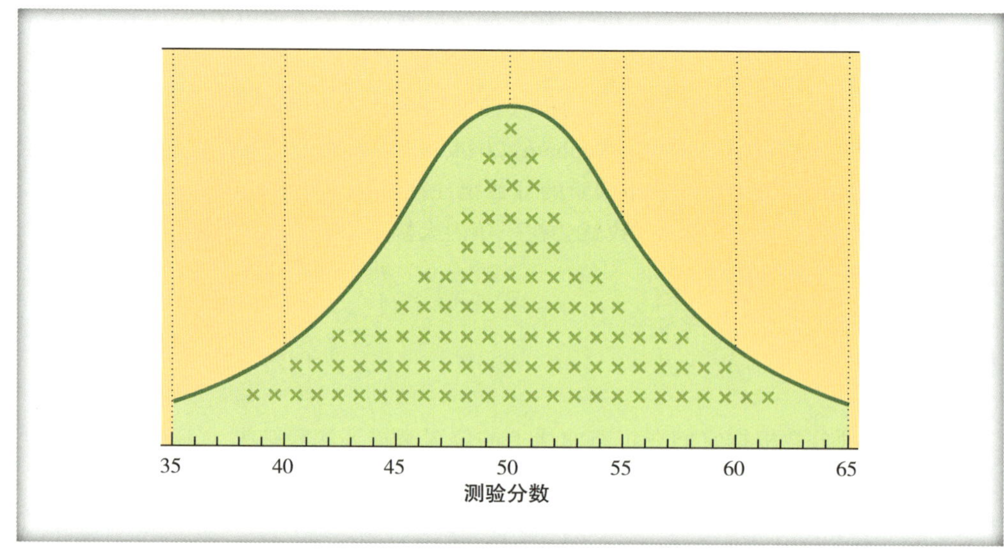

图 14.1 构成正态曲线的分数频率

如果有 100 人参加测验，用叉号将每个人的分数在图上标示出来，结果就构成了一条正态曲线。在正态分布中，大多数分数处于或接近平均水平（本例中的平均数为 50）。距离平均数越远，对应分数的频数就越小。

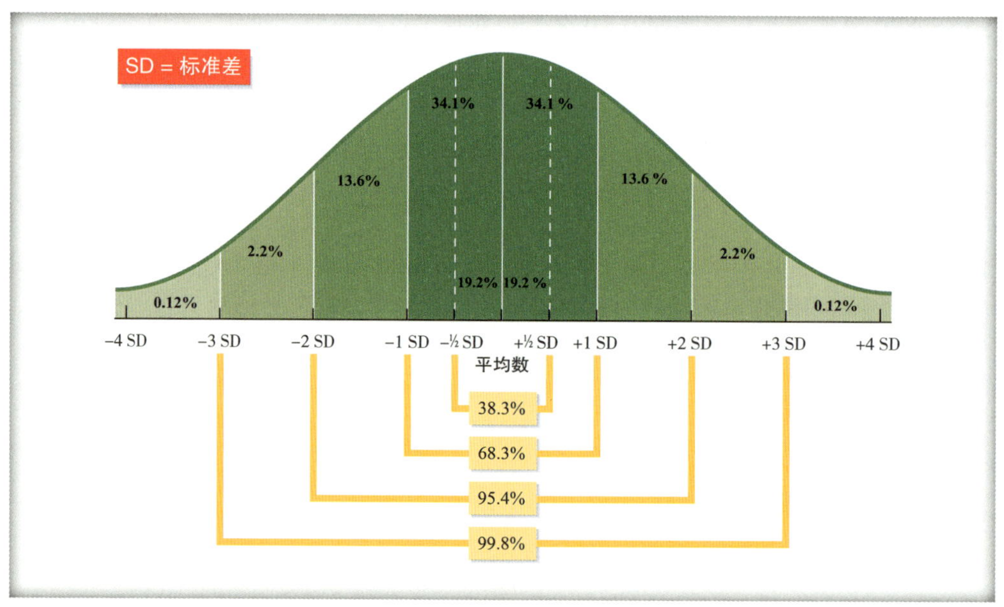

图 14.2 标准差

当测验分数遵循正态分布时，用标准差来表示某个分数与平均数的距离，可以表明高于或低于平均数的分数百分比。

准差的人的得分是 85 分，以此类推。因此，从理论上讲，大约有 68% 的人的 IQ 分数（即稍多于三分之二）分布于 85 分（−1 SD）到 115 分（+1 SD）之间。SAT 分数的常模也是依照标准差构建的，学生在每个量表上的得分服从平均数为 500，标准差为 100 的正态分布。这意味着超过三分之二的学生的分数分布在 400 分到 600 分之间。而 95% 的人的 IQ 分数分布于 70 分（−2 SD）到 130 分（+2 SD）之间。

标准九　有时人们也使用另一种标准分数，即**标准九分数**（stanine score）（stanine 这个单词由 standard 和 nine 两个单词组合而成）。标准九分数的平均数是 5，标准差是 2，所以每个标准九分数代表 0.5 个标准差。标准九分数以整数形式报告，因此标准九分数为 7 分（+1 SD）的人的实际得分落在高于平均数 0.75 SD 至 1.25 SD 的范围内。

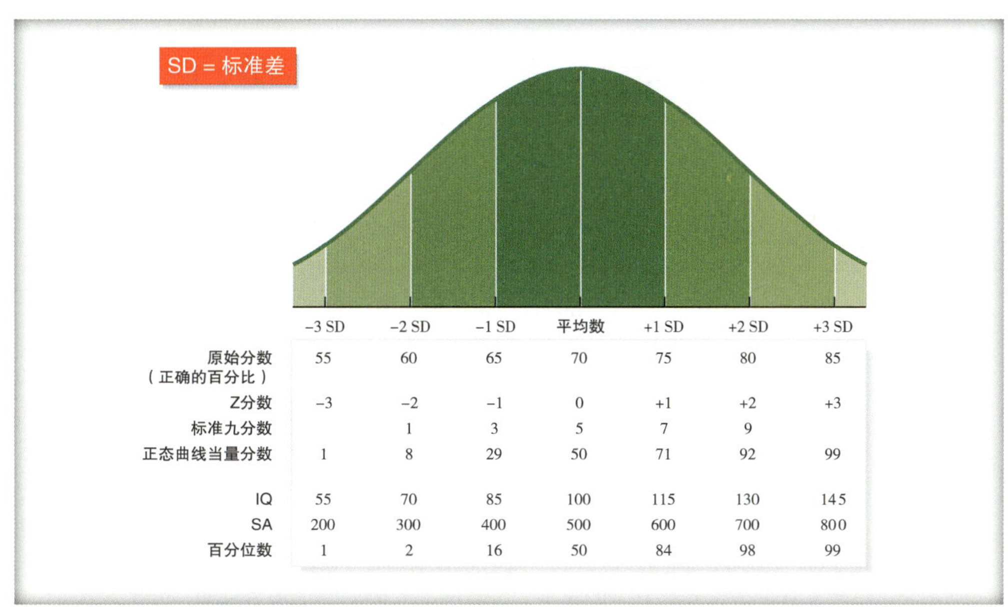

图 14.3 不同类型分数之间的关系

人们可以用多种方法来呈现符合正态分布的原始分数。每种呈现方法都通过平均数、高分和低分之间的极差以及标准差区间来反映分数的特征。

正态曲线当量分数 另一种有时会使用的标准分数形式是**正态曲线当量分数**（normal curve equivalent, NCE）。正态曲线当量分数的变化范围从 1 到 99，平均数是 50，标准差约为 21。NCE 分数之间的间隔是相等的（而百分位数并非如此），除此之外，NCE 分数在许多方面与百分位数都很相似。相比报告标准化测验结果，统计学中另外一种更为常用的标准分数是 **Z 分数**（z-score）。Z 分数服从平均数为 0，标准差为 1 的正态分布。图 14.3 显示了如何用 Z 分数、标准九分数、正态曲线当量分数、百分位数以及 IQ 分数与 SAT 分数来表示一组服从正态分布（平均正确率为 70%、标准差为 5）的原始分数。

注意图中百分位数与所有标准分数（Z 分数、标准九分数、NCE、IQ 和 SAT）之间的差异。百分位数集中在分布的中间部位，因为大多数学生的得分接近平均数。这意味着平均数附近的原始分数的微小变化将会导致百分位数（低于此分数的学生的百分比）产生巨大的变化。相反，远离（高于或低于）平均数的原始分数的变化只会引起百分位数的微小变化。例如，某学生的测验分数从 70 分提高到 75 分，这使得该生从第 50 个百分等级提高到第 84 个百分等级，即提高了 34 个百分点。但是，当分数从 75 分提高到 80 分时，同样提高了 5 分，其百分等级却只提高了 14 个百分点。更为极端的情况是，当分数从 80 分升到 85 分时，这 5 分的提高只使百分等级增加了 1 个百分点，即百分等级从 98 提高到 99。

鉴于百分等级的这种特征，我们在解释百分等级的变化时应该非常谨慎。例如，如果一名教师夸耀："我们班普通学生的成绩提高了 23 个百分等级（从 50 到 73），而你们班的聪明学生也仅提高了 15 个百分等级（从 84 到 99）。我确实把他们教得很好！"实际上，这位自吹者的学生的原始分数只提高了 3 分，即 0.6 个标准差，而另一位教师所教的学生的原始分数却提高了 10 分，也就是提高了 2 个标准差！

资格认证指南

在教师资格认证考试中，你可能要有能力选择、编制和使用与目标学习成果相适配的评估策略和工具。

理论应用于实践

解释标准化测验分数

新领地测验（Terra Nova）是一项被广泛使用的标准化学业成就测验，由麦格劳-希尔教育测评中心（CTB/McGraw-Hill, 2008）发行。下面将介绍该测验报告的解读指南。其他在美国被广泛使用的标准化测验（如加州成就测验、艾奥瓦基本技能测验和斯坦福成就测验）也采用了类似的报告形式。

班级记录单 图 14.4 展示的是法案第一条款项目中，六年级阅读班的学生参与新领地测验过程中的班级记录单的部分内容。

识别信息

首先看表格的顶端。年级水平（6.7）表明在后测时，学生达到六年级第 7 个月（四月，前一年的九月记为第 0 个月）的水平。表格底部左侧标明了测验日期、学校、学区、测验常模和“四分之一月数”（自开学起的周数）。

分数

两栏分别用两种度量指标来表示测验分数：常模参照分数和全国百分等级。A 部分的最右侧一列向我们展示了小组分数的分布范围（例如，阅读分数为 54—90）。C 部分突出显示了全美学生的平均分数，并用图表绘制了琼斯夫人所教班级的分数。

个体档案报告 与大多数标准化测验一样，新领地测验为每个儿童提供了详细的测验结果分析。图 14.5 是一个三年级学生加里·琼斯的例子（报告属实，但名字是虚构的）。

报告单的上方列出了加里在五门科目中的成绩。例如，在阅读方面，加里的基础理解分数是 91 分。美国国家目标成绩指数表明，他在含有 100 道该类问题的测验中有望答对 79 道，这与 91 分存在 12 分的差距（如下一列方框所示）。再下一列的方框显示，他的掌握范围应为 48~70。而加里的表现较之好得多，高达 91 分。所有这些信息都在 B 部分中得到了直观的解释。

关于标准化测验和课堂测验的若干问题

近年来，标准化测验越来越频繁地被用来评估教师、学校和学区。目前美国的大多数州都设有面向全州范围的测验方案，并要求特定年级的学生参加州测验。布什政府颁布的联邦教育法**《不让一个孩子掉队》**（No Child Left Behind, NCLB），要求每年对 3~8 年级和高中某个年级（通常是 11 年级）的学生进行阅读和数学测验。2015 年出台的《每个学生都成功法案》（ESSA）仍然延续了这一点。各州教育部门通过分析这些测验成绩来对该州的教育方案进行总体评估，并对各学区、各学校以及每个教师的表现进行比较，这些都属于问责计划的一部分。问责是与标准化测验的使用和滥用有关的议题之一。有关测验、标准以及其他相关主题的议题在美国教育领域引发了最为激烈的争论（Brookhart & Nitko, 2015）。近年来，测验领域获得了较大发展，涌现出很多改进计划。

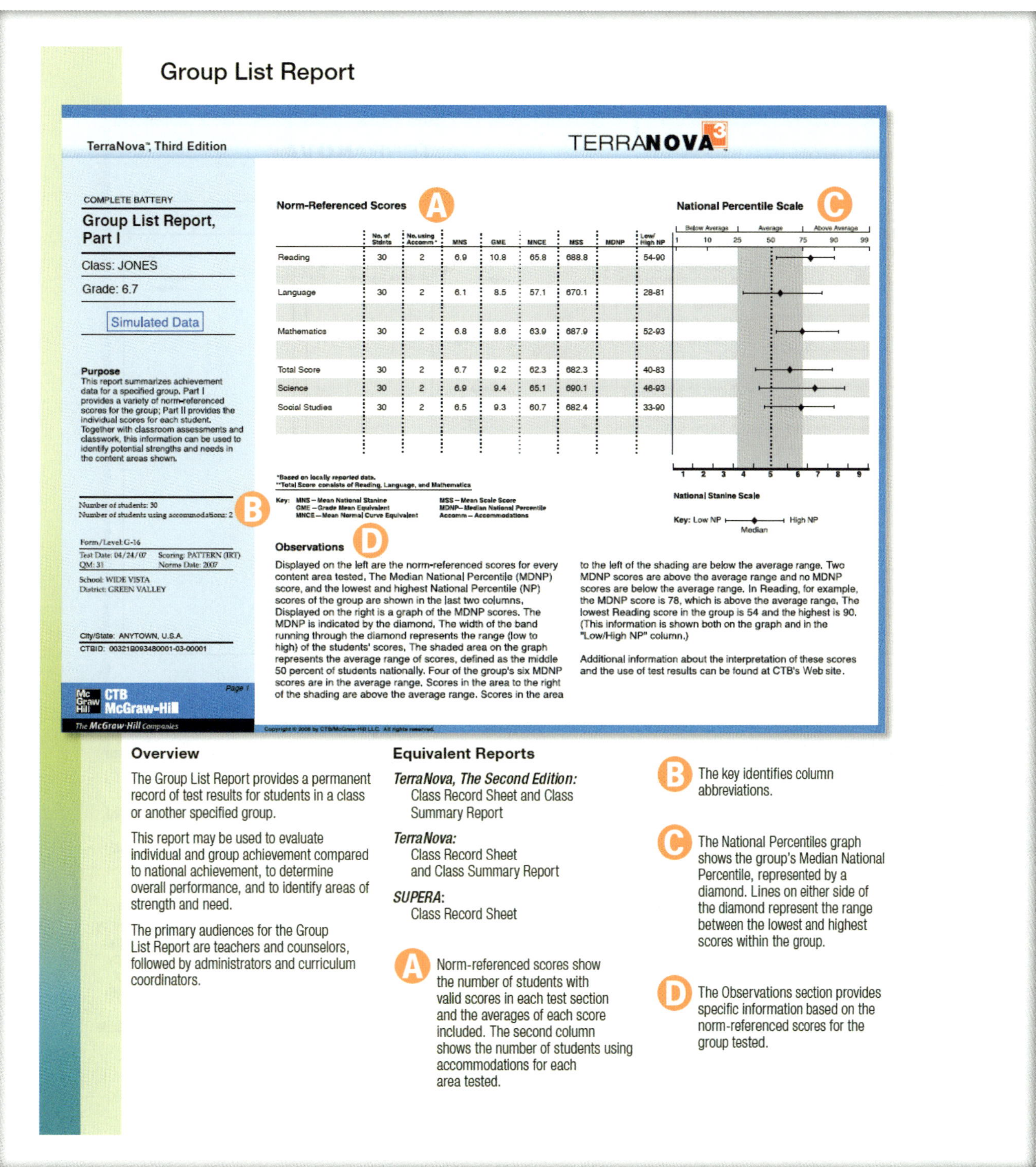

Group List Report

TerraNova™, Third Edition

TERRANOVA 3

COMPLETE BATTERY

Group List Report, Part I

Class: JONES

Grade: 6.7

Simulated Data

Purpose
This report summarizes achievement data for a specified group. Part I provides a variety of norm-referenced scores for the group; Part II provides the individual scores for each student. Together with classroom assessments and classwork, this information can be used to identify potential strengths and needs in the content areas shown.

Number of students: 30
Number of students using accommodations: 2 (B)

Form/Level: G-16
Test Date: 04/24/07　Scoring: PATTERN (IRT)
QM: 31　Norms Date: 2007

School: WIDE VISTA
District: GREEN VALLEY

City/State: ANYTOWN, U.S.A.
CTBID: 00321B093480001-03-00001

Page 1

Mc Graw Hill CTB McGraw-Hill
The McGraw-Hill Companies

Norm-Referenced Scores (A)

	No. of Stdnts	No. using Accomm*	MNS	GME	MNCE	MSS	MDNP	Low/High NP
Reading	30	2	6.9	10.8	65.8	688.8		54-90
Language	30	2	6.1	8.5	57.1	670.1		28-81
Mathematics	30	2	6.8	8.6	63.9	687.9		52-93
Total Score	30	2	6.7	9.2	62.3	682.3		40-83
Science	30	2	6.9	9.4	65.1	690.1		46-93
Social Studies	30	2	6.5	9.3	60.7	682.4		33-90

*Based on locally reported data.
**Total Score consists of Reading, Language, and Mathematics

Key: MNS – Mean National Stanine　MSS – Mean Scale Score
GME – Grade Mean Equivalent　MDNP – Median National Percentile
MNCE – Mean Normal Curve Equivalent　Accomm – Accommodations

Observations (D)

Displayed on the left are the norm-referenced scores for every content area tested, The Median National Percentile (MDNP) score, and the lowest and highest National Percentile (NP) scores of the group are shown in the last two columns, Displayed on the right is a graph of the MDNP scores. The MDNP is indicated by the diamond, The width of the band running through the diamond represents the range (low to high) of the students' scores, The shaded area on the graph represents the average range of scores, defined as the middle 50 percent of students nationally. Four of the group's six MDNP scores are in the average range. Scores in the area to the right of the shading are above the average range. Scores in the area to the left of the shading are below the average range. Two MDNP scores are above the average range and no MDNP scores are below the average range. In Reading, for example, the MDNP score is 78, which is above the average range, The lowest Reading score in the group is 54 and the highest is 90. (This information is shown both on the graph and in the "Low/High NP" column.)

Additional information about the interpretation of these scores and the use of test results can be found at CTB's Web site.

Copyright © 2008 by CTB/McGraw-Hill LLC. All rights reserved.

Overview

The Group List Report provides a permanent record of test results for students in a class or another specified group.

This report may be used to evaluate individual and group achievement compared to national achievement, to determine overall performance, and to identify areas of strength and need.

The primary audiences for the Group List Report are teachers and counselors, followed by administrators and curriculum coordinators.

Equivalent Reports

TerraNova, The Second Edition:
Class Record Sheet and Class Summary Report

TerraNova:
Class Record Sheet and Class Summary Report

SUPERA:
Class Record Sheet

(A) Norm-referenced scores show the number of students with valid scores in each test section and the averages of each score included. The second column shows the number of students using accommodations for each area tested.

(B) The key identifies column abbreviations.

(C) The National Percentiles graph shows the group's Median National Percentile, represented by a diamond. Lines on either side of the diamond represent the range between the lowest and highest scores within the group.

(D) The Observations section provides specific information based on the norm-referenced scores for the group tested.

图 14.4　标准化测验的班级记录单样例

当一个班级的学生参加标准化测验时，可以应用类似于此处所呈现的形式来对比结果。

资料来源：CTB-McGraw Hill (2008). *Introducing Terra Nova, 3rd edition: The new standard in achievement* (p. 4). Reproduced with permission of CTB/McGraw-Hill LLC. Terra Nova and CAT are registered trademarks of the McGraw-Hill Companies, Inc.

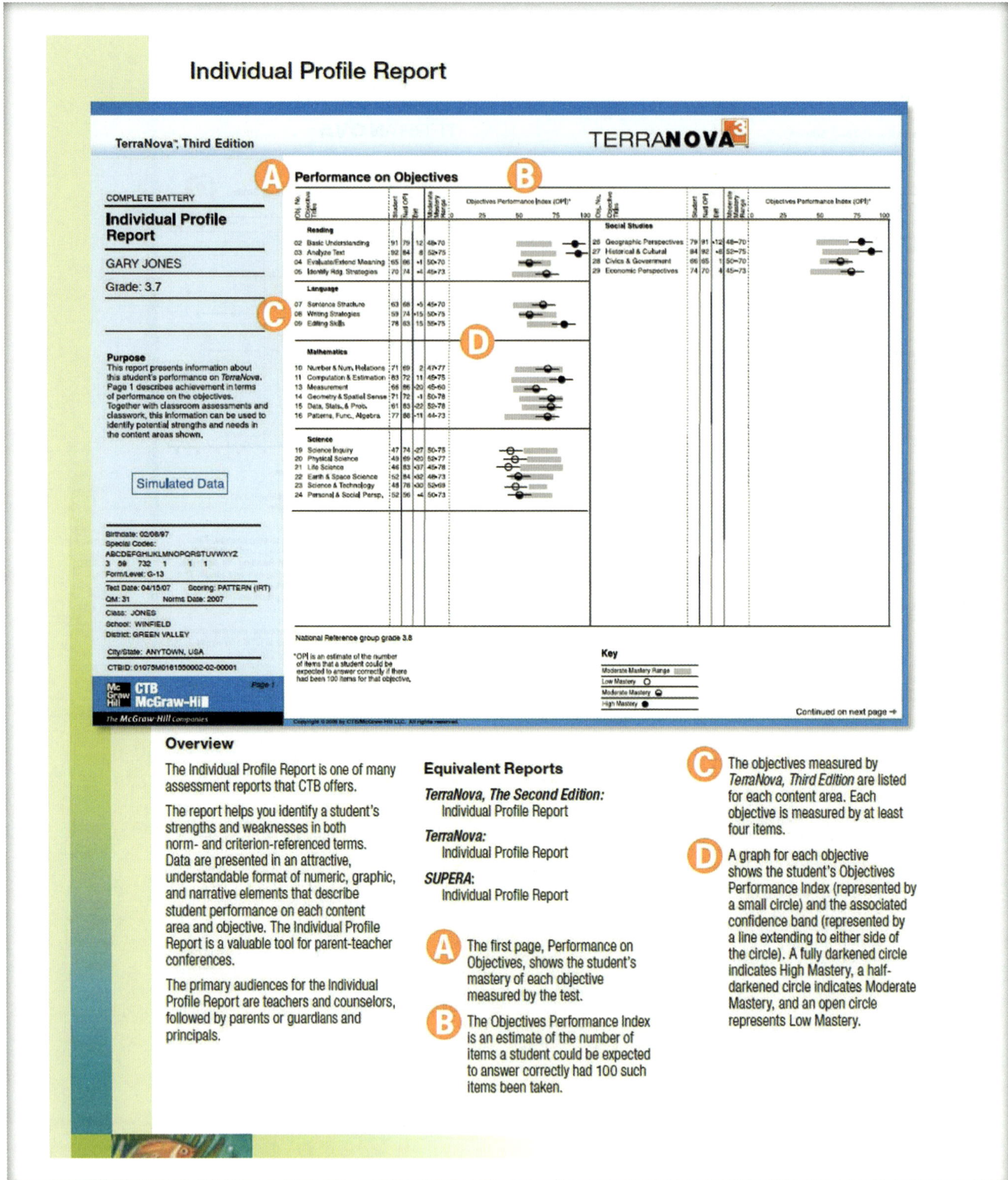

Individual Profile Report

TerraNova®, Third Edition

TERRANOVA 3

COMPLETE BATTERY

Individual Profile Report

GARY JONES

Grade: 3.7

Performance on Objectives

Simulated Data

Continued on next page →

Overview

The Individual Profile Report is one of many assessment reports that CTB offers.

The report helps you identify a student's strengths and weaknesses in both norm- and criterion-referenced terms. Data are presented in an attractive, understandable format of numeric, graphic, and narrative elements that describe student performance on each content area and objective. The Individual Profile Report is a valuable tool for parent-teacher conferences.

The primary audiences for the Individual Profile Report are teachers and counselors, followed by parents or guardians and principals.

Equivalent Reports

TerraNova, The Second Edition:
Individual Profile Report

TerraNova:
Individual Profile Report

SUPERA:
Individual Profile Report

A The first page, Performance on Objectives, shows the student's mastery of each objective measured by the test.

B The Objectives Performance Index is an estimate of the number of items a student could be expected to answer correctly had 100 such items been taken.

C The objectives measured by *TerraNova, Third Edition* are listed for each content area. Each objective is measured by at least four items.

D A graph for each objective shows the student's Objectives Performance Index (represented by a small circle) and the associated confidence band (represented by a line extending to either side of the circle). A fully darkened circle indicates High Mastery, a half-darkened circle indicates Moderate Mastery, and an open circle represents Low Mastery.

图 14.5 标准化测验的个体测验记录样例

个体的标准化测验成绩报告可能包括总分以及在具体内容目标上的分项分数。

资料来源：CTB-McGraw Hill (2008). *Introducing Terra Nova, 3rd edition: The new standard in achievement* (p. 3). Reproduced with permission of CTB/McGraw-Hill LLC. Terra Nova and CAT are registered trademarks of the McGraw-Hill Companies, Inc.

测验效度

我们使用测验分数对接受测量的学生的学习情况进行推测。测验的**效度**（validity）是指这些推论的合理程度（Kubiszyn & Borich, 2010; McMillan, 2011）。各种测验的目的各不相同，因此用于评估测验效度的证据的类型也不同。例如，如果某测验是用于帮助教师和管理者确定哪些学生可能会在某个或多个教学内容的学习上有困难，那么关注的重点就是测验预测未来学业表现的准确性。但是，如果测验目的是描述一组学生目前的成就水平，那么关注的重点就是描述的准确性。简言之，效度所关注的是测验与其既定目的之间的相关性。

由于测验在学校和教育过程中具有多种作用，测验使用者所关心的效度证据可分为三类，它们分别是内容证据、效标证据以及结果证据（Popham, 2014; Reynolds & Livingston, 2012; Salkind, 2013）。

效度的内容证据　测验有用性最重要的一条标准是看它是否评估了使用者希望评估的内容，这在成就测验中尤为重要。这条标准叫作**内容证据**（content evidence），是对所教授（或是应该教的）内容与测验内容之间的重叠程度的一种评估。它是由内容专家通过仔细比较测验内容与州或学区的标准，或者学科或方案的目标后决定的。例如，如果一项测验着重考查历史年代和历史事件，而课程以及州或学区的标准强调主要的历史观念，那么该测验就不能被视为有效。

效度的效标关联证据　**效标关联证据**（criterion-related evidence）是通过观察某测验分数与其他各种测验分数之间的关系而得来的。效标关联证据基于对各种评估方式的理解，将测验结果与预期结果进行比较。例如，某一测验效度的**预测证据**（predictive evidence）可以度量该测验对学生未来行为的预测能力。如果我们使用某项测验来预测学生未来的学业成就，那么检验该测验效度的一种方法就是把该测验的分数与学生后续成就的某些指标联系起来。如果该测验与后续成就之间存在着适当水平的相关性，那么该测验就可以用来为学生提供预测性信息。例如，研究已证明，各科 SAT 和 ACT 的测验分数与大学成绩之间具有相当程度的相关性，因此许多大学的招生负责人会利用这些测验分数（并结合高中成绩以及其他信息）来决定考生的录取与否。

另一种效标关联证据是**同时证据**（concurrent evidence），用于判定一项测验与另一项测验测量的内容领域是否相同。例如，若要用某种团体智商测验代替某种个体智商测验，那么人们首先想要知道的就是，两种测验是否能够得出可比较的分数。如果在同一项研究中让同一组学生参加这两项测验，就可以对两组测验分数之间的关系进行评估。

同时证据的另一种形式叫作**区别证据**（discriminant evidence）。例如，我们可能希望成就测验与某些变量之间具有相对独立性。比如，机械能力倾向测验应该与受测者组装机器的能力相关，而不应该与言语能力倾向或性别存在高相关。因为言语能力倾向是另一种不同的技能，而性别因素与所测技能并无关系。

测验信度

效度涉及测验所要测量的技能和知识，而测验的**信度**（reliability）涉及这些技能和知识的测量结果的准确性（Kaplan & Saccuzzo, 2013; McMillan, 2011; Popham, 2014）。测验分数应当是受测学生所掌握的技能和知识的表现结果。但是，当实施某项测验时，与测验本身和施测环境相关的一些因素可能会导致测验结果不准确。理论上讲，如果让一个学生接受两次平行测验，那么该生在两次测验中的得分应该相同。而这两次分数之间的差异程度就涉及信度这一主题。测验的随机特征（例如，模棱两可的测验题目、题目具体内容的差异、走运或不走运的猜测、不稳定的动机以及焦虑等）都会影响测验分数，并可能导致学生在各项平行测验中得到不同的分数。此外，在论文或者其他表现性测量中，评分者之间的差异也会降低信度。如果观察到个体在两次相同的测验中得到近似的分数，那么就可以认为该测验具有一定的信度。如果分数非常不一致，那么任何一次测验的分数都不太可信。一般来说，测验越长（即题目越多），题目间的相似程度越高，测验信度就越高。

信度一般是以一项理论范围为 0~1 的系数来衡量的。系数越大，测验越可信。通常情况下，良好的标准化成就测验的信度系数应该达到 0.90 及以上。信度反映的是测验对学生的某些方面进行测量时的一致性程度，而效度指的是测验分数在多大程度上反映了我们所关心的内容。因此，一项测验没有信度就不可能有效度，但没有效度却可以有信度。一个有信度而无效度的例子是，如果教师根据学生的身高来决定课程分数的高低，你对此有何反应？教师对身高的评价是高度可信的（身高可以被精确地测量出来），但是基于身高给出的分数并不能有效地说明你所掌握的知识或技能。现在，设想一项要求学生描述开瓶器新用途的创造性测验。如果评价者不能就如何给学生的反应评分达成共识，或者学生在 6 个月后参加同样的测验时得分差异太大，那么该测验就缺少信度，因而也不可能被视为有效。

总而言之，当测验被用于特别重要的目的时，比如安排学生接受特殊教育或留级，或评价教师或学校，信度和效度是最为重要的。为此，采用多种具有高信度和高效度的测量方法是有必要的（Penfield, 2010）。

测验偏差

对传统的标准化测验的一些批评主要与信度和效度有关（Linn, 2000）。批评者们认为，这类测验：

资格认证指南

在教师资格认证考试中，你可能需要理解与测验评估有关的问题，比如测验效度、测验信度、测验偏差和评分问题。

- 会提供有关美国学校中学生学习情况的虚假信息（Bracey, 2003）；
- 对某几类学生来说是不公平的（即存在偏差）（例如，来自不同背景的学生、英语水平有限的学生、女生以及来自低收入家庭的学生）（Lissitz & Schafer, 2002; Orfield & Kornhaber, 2001; Scheurich, Skrla, & Johnson, 2000; Suzuki, Ponterotto, & Meller, 2000）；
- 往往会破坏教学和学习的过程，经常将教学降格为纯粹的应试准备；
- 把学生的时间、精力和注意力都集中在易于测试的简单技能上，而忽略了高阶思维技能和创造性努力（Campbell, 2000; Popham, 2014）。

在解释标准化测验分数时，一个重要的问题是，对于来自低收入家庭或不同背景的学生，测验有可能产生**偏差**（bias）。从某种意义上来说，这是一个关于测验效度的问题：赋予某一类学生不公平优势的测验不能被视为有效。最令人担心的问题是，测验题目所评估的知识或技能对某个群体或某种文化而言可能是尽人皆知的，但在另一个群体或另一种文化中却未必如此，测验就可能由此产生偏差。例如，如果某项测验有一篇关于海滩旅行的阅读理解文章，那么对那些生活环境远离海滩或无法支付海滩旅行费用的学生来说，该测验就可能有失公平。

测验发行者会定期评估测验题目是否存在偏差（称为*题项偏差*）。如果具有某些人口统计学特征（如性别或种族）的学生群体在某些题目上的得分高于或低于测验的总体预期成绩，那么这些题目就要被标示出来进行评估。通常，这些题目会被呈交给一个由广泛的人口群体代表所组成的委员会，且很可能被删除。另一个与此有关的议题是敏感性。毫无疑问，任何带有明显的文化或性别刻板印象色彩的测验项目都是不合格的。例如，如果某项测验总是把医生称为“他”，或者只给底层劳动者起西班牙裔姓名，那么该测验就不宜使用。

计算机测验的实施

利用计算机来实施测验变得越来越普遍。其中最简单的一种形式是，所有的学生都按相同的顺序接受相同的选择题测验，就如同在座位上参加典型的纸笔测验一样。但运用计算机使得根据学生的表现来选择适宜的测验题目成为可能。在**计算机自适应**（computer-adaptive）测验的施测过程中（Olson, 2005），任何一道题目后面会出现什么题目取决于学生是否答对了这道题，如果回答正确就会出现较难的题目，如果回答错误则会呈现较容易的题目。随着测验的进行，对学生在整个测验中的表现的评估也得到了持续更新。利用计算机来呈现测验可以真正地节省时间：在保持相同准确性的情况下，学生完成相同内容所需的时间通常不到纸笔测验所需时间的1/3。而且，计算机自适应测验能够聚焦学生所掌握的最高层次内容中的一系列特定技能，从而给出有关这些技能的更加准确的信息，同时避免学生将时间浪费在那些极其简单或者根本不可能完成的题目上。另外，有研究比较了学生在同样的计算机测验和纸笔测验中的成绩，发现至少在第一年，许多州的学生在纸笔测验中的表现要更好（Herold, 2016）。例如，在罗得岛州的共同核心 PARCC 考试中，有 42.5% 的学生在英语 / 语言艺术方面的纸质测验中达到了“精通”水平，而在计算机测验中，只有 34% 的学生达到了这一水平。然而，在其他州，并未发现纸笔测验和计算机测验存在上述差异。

为残障学生调整测验

残障学生如何参加标准化测验？针对残障学生的某些调整措施是不存在争议的，比如为有视力问题的学生加大字号。而针对学习障碍学生的一些调整措施则存在着相当大的争议，如延长测验时间或者为这些学生念出题目（Lovett, 2010; Voltz, Sims, & Nelson, 2010）。赛雷西及其同事（Sireci et al., 2005）在一篇综述中回顾了多项研究，探讨各种调整方式的影响。结果发现，延长测验时间会提高所有学生的分数（不仅仅是那些残障学生），尽管残障学生比其他学生受益更多。而给学生读测验题目主要会使残障学生受益。鉴于此，对政策制定者来说，重要的是在问责体系中制定明确的指导方针，规定调整措施的适用情况以及禁用情况，从而避免分数出现某种形式的偏差。

为英语学习者调整测验

美国的全国问责运动加强了人们对参加测验的英语学习者的关注。显然，不会说英语的学生不可能在一项用英语呈现的测验中做出有意义的回答，但如果不让英语学习者参加测验，他们的需求就无法得到充分满足（Kieffer, Lesaux, Rivera, & Francis, 2009）。部分州（比如得克萨斯州）的问责体系已经在低年级学生中使用了西班牙语测验。其他调整措施还包括改写测验以简化指导语或者题目，提供额外时间，或者同时以两种语言（英语和考生的母语）呈现测验，并让学生选择作答的语言。

教育者如何对学生的成就负责

近年来，努力让教师、学校和学区对学生的学习负责的趋势日益明显（Klein, 2016）。美国各州、加拿大的大部分省份以及英格兰（和许多其他国家）都实施了常规的标准化测验方案，并且以学校为单位公布结果。很多地区在州测验的基础上又额外补充了其他测验，其中包括每年多次进行的“基准评估”，以帮助指导教学，使之达到州级标准。可想而知，校长和其他管理人员对这些分数的关注就像商人关注利润报表一样。标准化测验正逐渐成为“高风险”测验，这意味着测验结果对教育者的意义非同小可，而且对学生本人也越来越重要。例如，现在许多州和学区都要求学生在州测验中的分数达到一定水平才可以升入高年级或者从高中毕业。许多州和学区会发布学校报告卡，其中列出了测验分数、出勤率、留级率和休学率等数据资料，这些资料可能被刊载于报纸上，或者以其他方式公之于众。测验分数常被用于校长、主管领导，有时还包括教师的聘用、解聘、晋升或调动等方面的决策。

问责运动的兴起部分源于公众对教育失去信心。例如，有些高中毕业生不会阅读或计算，立法者（以及其他人）对这类情况深感忧虑，因此他们要求学校设定更高的标准，且学生必须达到这些标准（McDermott, 2007）。

然而，也有很多人批评问责运动（Hamilton, Stecher, & Yuan, 2008; Rotberg, 2001; Ryan & Shepard, 2008; Schlechty, 2011）。许多人认为，问责制评估会诱导学校只教授测验要考查的内容，例如，强调阅读和数学，而弱化了科学与社会学科等方面的内容（David, 2011; Marx & Harris, 2006）；强调易于测量的目标（如标点符号），而忽视了更重要但难以测量的目标（如作文）（Gallagher, 2010）。许多教育者指出，问责制评估没有考虑到学校面临的挑战各有不同（Barton, 2007/2008; Darling-Hammond et al., 2012）。一所学校或一个班级的测验成绩差可能是由于学生来自处境不利的背景，或者英语还说得不好，而不是由于教学质量差。高度贫困学校的经费总是比其他学校要少，因此学生获得的学习机会可能更少（Orfield & Kornhaber, 2001; Starratt, 2003）。学生流动性高（这在社会经济地位较低的城区尤为普遍）可能意味着学校要为那些只在该校学习了数周或数月的学生负责。学校每年的成绩都在变动，而这些没有统计学意义的微小变化可能会导致学校受到奖励或惩罚（Fuller, Wright, Gesicki, & Kang, 2007; Kelly & Monczunski, 2007）。高风险测验致使学校和学区试图采取一些对策来“操纵系统”，即通过将那些可能得低分的学生从测试群体中剔除来人为地拔高分数，比如将更多的儿童分到特殊教育班级中，把更多的学生划归到英语水平有限之列，或者让更多的学生留级（Booher-Jennings & Beveridge, 2007; Heilig & Darling-Hammond, 2008）。许多观察者注意到，在超乎寻常的压力下，教师有时会使用有悖于职业操守的策略去提高学生的分数（Hamilton et al., 2008; Popham, 2014a）。并且由于教师和管理人员面临提高分数的巨大压力，作弊丑闻层出不穷（Starnes, 2011）。

一些研究者（Amrein & Berliner, 2003; Ellmore & Fuhrman, 2001; Neill, 2003）开始质疑，强化问责力度是否会真正地提升成绩？美国联邦政府会定期对全美学生样本进行测验，这种国家教育进展评估（NAEP）的分数可以与州测验分数相比较。卡诺努瓦和洛布（Carnoy & Loeb, 2002）发现，与其他州相比，采用严格问责制的州在NAEP 中的分数仅有微弱的提升。而尼尔和盖洛（Neill & Gaylor, 2001）以及阿姆瑞恩和伯利纳（Amrein & Berliner, 2003）的研究却发现，同其他州相比，实施严格问责制的州在 NAEP 中的得分更低。美国国家研究委员会的一个顶级专家小组回顾了大量关于高风险问责策略的研究，发现这些策略对学生的学习几乎没有益处（Sparks, 2011a）。另外，英国的一项研究发现，当英格兰继续使用标准化测验而威尔士弃之不用时，威尔士在一些国际测验中的成绩就开始落后于英格兰（McNally, 2014）。

尽管问责运动受到了各种各样的指责，但对问责的需求依然存在（Popham, 2014a）。问责的好处之一是敦促教师和学校关注那些因缺少关注而有可能掉队的学生，去帮助那些最需要帮助的学生。各州被要求报告"分类"分数，这意味着各州均要对诸如来自每个少数族群的学生、英语水平有限的学生的进步担责。这可以促使学校领导想办法确保各类学生都能取得进步（Scheurich et al., 2000）。问责的另一个好处是鼓励学校探寻更有效的教学方法，并确保对学校所尝试的任何教学新举措进行常规评价（Wiliam, 2010）。

各州的问责测验都基于各州的标准展开。如今，在大多数州，这些标准与共同核心州立标准（CCSS）或其他类似于 CCSS 的"大学及职业准备标准"相一致。有关这部分的内容将在本章后面讨论。

无论各州是否采用了 CCSS 或其他的大学及职业准备标准，问责测验所依据的标准通常至少要辅以由不同的利益相关群体（包括教师、家长、雇主和研究者）选择或开发的题项，他们会就应该教授和学习的内容给出自己的判断。经过达成共识的过程，各州将教育者以及非教育者的观点加以汇总，以明确本州通过其评估所要求的教学内容领域。这个过程促使教育领导者和政策制定者明确想要孩子们学习什么内容，从而帮助他们制定与这些目标相一致的政策。

每个学生都成功法案（ESSA）

2015 年 12 月，美国国会通过了一项重要法律的更新版，其中规定了联邦政府在教育中的角色。该法律在 2002—2015 年被称为《不让一个孩子掉队》（NCLB），现在则被称为《每个学生都成功法案》（ESSA）（Klein, 2016）。联邦政府仅为公共教育提供约 7% 的资金（其余来自州和地方的税收），但这 7% 的资金却非常有影响力，特别是对那些为众多处境不利的学生、英语学习者和接受特殊教育的学生提供服务的学校而言。

教师可能会接触到与 ESSA 有关的政策，或者受到 ESSA 的影响。以下是 ESSA 提出的一些关键议题，它们或许对教师很重要（Education Week, 2015）。

1. 问责。ESSA 最为普遍的影响或许主要体现在问责方面（Chenowith, 2016; Rothman & Marion, 2016）。与 NCLB 相同的是，ESSA 规定每年要对 3~8 年级中的每一个年级以及高中某个年级（通常是 11 年级）的学生进行阅读和数学测验。然而，与 NCLB 不同的是，联邦政府不会强迫各州使用特定的测验，也不会强制要求

链接 14.5

若想了解更多有关在讲授元认知意识和学习技巧的背景下教授应试技巧的内容，请参见第 6 章。

理论应用于实践

教授应试技巧

随着标准化测验在评价学生、教师和学校方面所起的作用越来越重要，学生为参加这些测验所做的准备也变得越来越重要。当然，让学生为测验做好准备的最佳方式是做好教学工作（Salend, 2011; Schmidt & Cogan, 2009; Tileston & Darling, 2008）。然而，学校也需要帮助很多学生成为应试高手，这样他们才能在标准化测验中展现出自己真正知晓的东西，并获得尽可能高的分数。

帮助学生在标准化测验中获得出色的表现，这涉及很多伦理问题（Popham, 2014a; Salend, 2016）。比如，帮助学生取得好成绩的一种方式是提前获知测验题目并教给学生答案。很明显，这是在作弊。但当老师们知道考试将涉及的主题并只讲授这些内容的时候，就会出现在伦理上更为模棱两可的情形。比如，如果一项标准化测验并不测查学生对罗马数字的掌握情况，那么数学老师可能就会跳过这部分内容，而将更多的时间投入到那些将会被测试的目标上。这种做法被批评为“应试教学”。然而，也有人会争辩说，考查那些没有被教授过的知识对学生是不公平的，因此，教学应该同测验保持高度一致（Popham, 2014a; Tileston & Darling, 2008）。问题是标准化测验仅能评估全部教学目标中的一小部分，因此，假如根据测验目标来调整教学而排除其他所有内容，就会导致课程覆盖面变得非常狭窄。鉴于这种应试教学导向，维护测验安全是很重要的。在测验实施前，绝不能将具体的测验题目分享给教师。

除了将教学内容与总体的测验目标相匹配，通常还有很多方法可以帮助学生在考试中取得好成绩。研究发现，学生可以通过接受教导而变得善于应对考试，从而提高他们的标准化测验分数（Bangert-Drowns, Kulik, Kulik, & Morgan, 1991）。也可以教给学生一些应对考试焦虑的策略，这些策略有时能帮助孩子以更强的自信和更少的压力来迎接考试（Flippo, 2008）。

也有人对帮助学生准备 SAT 考试的方案的有效性提出质疑。由于 SAT 测量的是认知技能，教学方案或许可以提高分数。研究人员一致认为，针对 SAT 所测量的技能而进行辅导（特别是长期辅导）是有效的，尤其是对低成就的学生而言（Becker, 1990）。

帮助学生为标准化测验做准备的方法包括以下几种（Flippo, 2008; Tileston & Darling, 2008）。

1. 让学生练习题型相似的题目。比如，如果测验中将会出现选择题，教师可以在日常的课堂小测验和考试中让学生做一些类似的练习。如果某一次测验将会使用非常规题型，比如言语类比推理（例如，大：小::诚实：______），则向学生提供包括这种题型的训练。
2. 建议学生先跳过困难或者耗时的题目，之后再回来做这些题目。
3. 如果在测验中用猜测的方式答题不会被扣分，那么建议学生尽量不要空题，填写每一道题目的答案。如果猜测会被扣分，应该鼓励学生先排除一个或多个选项以缩小选择范围，然后再进行猜测。
4. 建议学生在选择某个选项前先阅读选择题中的全部选项。有时正确答案不止一个，但是一定有一个是最佳答案。
5. 建议学生利用所有可用的时间。如果他们提前完成了测验，应该回过头来再检查答案。

不符合州级标准的学校承担特定的后果。各州将被赋予更多的自主权来建立自己的评估和问责系统。

2. *问责目标*。各州不只是衡量学生的成就，还被要求设定“具有挑战性”的标准，并监测其他标准的进展。这些标准包括英语语言水平、高中毕业与否以及至少一项由州政府选择的附加指标，如学生的投入程度、高级课程的选修情况或学校的氛围与安全状况等（Blad, 2016）。
3. *表现不佳的学校*。依照 NCLB，在本州得分最低的 5% 的学校可以申请学校改进补助金。学校可由此获得大量的经费支持，但也必须进行重大改革，比如调离或解聘校长和一半的员工。ESSA 为表现不佳的学校提供了专项资金，方案由州、学区和学校自行设计，但必须有证据表明这些方案是有效的（本章后面将讨论循证改革）。
4. *法案第一条款基金*。依照 NCLB，为许多处境不利的学生提供服务的学校获得了额外的资金支持，以帮助他们提升这些学生的成绩（第九章对法案第一条款进行了描述）。ESSA 延续了法案一条款的资助方案，只是做了一些小小的改动。

链接 14.6
若想了解有关多数族群学生和少数族群学生之间成就差距的内容，请参见第 4 章。

共同核心州立标准

在美国的许多州，测验和问责制正在发生重大变化，其中包括从 2010 年开始被广泛采用的共同核心州立标准以及基于共同核心的州级评估。这些标准是在奥巴马政府的倡导下，由美国国家州长协会和州首席教育官员理事会制定的（U.S. Department of Education, 2015）。最初，有 46 个州签署了协议，同意采用该标准以及与之相匹配的两项测评中的一项：**智能平衡**（Smarter Balanced）评估或**大学及职业准备评估联盟**（Partnership for Assessment of Readiness for College and Career, PARCC）。然而，近年来，许多州已舍弃了这些评估体系，而是制定了自己的评估体系，还有一些州则完全放弃了共同核心标准。

共同核心标准的目的是让所有美国学生和学校朝着相似的目标努力，这在欧洲和亚洲国家也很常见。在国际评估中，欧洲和亚洲国家学生的成绩通常要优于美国。此外，共同核心还力图消除各州在州测验标准和熟练程度标准上的实质性差异。在共同核心标准提出之前，某分数在某个州可能被认为达到了精通水平，但在另一个相邻的州则有可能被判定为远未达到精通（Schneider, 2015）。然而，由于许多州放弃采用共同核心州立标准，上述情形并没有像许多人希望的那样发生很大变化。尽管如此，大多数州还是认同大学及职业准备标准这一更广泛的概念，其评估体系可能基于共同核心州立标准而设计，也可能与共同核心州立标准无关（U.S. Department of Education, 2015）。

共同核心州立标准带来的最大变化在于标准的性质和基于这些标准而设计的评估系统。共同核心非常强调写作、论证、推理和技术使用能力（Doorey, 2014; Herman & Linn, 2014）。尽管这些标准只适用于英语 / 语言艺术和数学领域，但它们鼓励学校将阅读和数学贯穿于全天的课程中。例如，在社会科学课中教授事实性文本的阅读策略，在科学课中教授相关的数学知识。表 14.1 概述了英语 / 语言艺术标准和数学标准。

从标准发布到基于标准而研发测验的这段时间里，许多基于标准的教学指南也应运而生（Allyn, 2013; Cawn, 2015; Evenson et al., 2013a, b; Pearson & Hiebert, 2015; Tomlinson & Imbeau, 2014）。出版商和员工发展组织给学校提供了与共同核心标准相

表 14.1　共同核心州立标准的重点

数学标准
1. 理解问题并坚持解决问题。
2. 进行抽象的和量化的推理。
3. 构建可行的论点，并评判他人的推论。
4. 建立数学模型。
5. 策略性地使用恰当的工具。
6. 注重准确性。
7. 寻找并利用结构。
8. 在反复的推理中寻找并表达规律。
英语 / 语言艺术标准
1. 分析课文中的人物、事件和观点的发展和互动路径及原因。
2. 整合和评估以各种格式及媒介呈现的内容，包括视觉的、量化的内容以及文字性内容。
3. 独立而熟练地阅读和理解复杂的文学类和信息类文本。
4. 根据需要，通过计划、修改、编辑、重写或尝试新方法来发展和完善作品。
5. 使用包括互联网在内的技术来制作和呈现作品，并与他人进行互动与合作。
6. 根据所关注的问题来开展短期或持续的研究项目，以展示对所调查主题的理解。

资料来源：© Copyright 2010. National Governors Association Center for Best Practices and Council of Chief State School Officers. All rights reserved.

一致的材料及培训（Davis, 2014; Jensen & Nickelsen, 2013; Marzano, Yanoski, Hoegh, & Simms, 2013; Tibbals & Bernhardt, 2015; Udelhofen, 2014）。

不出所料，共同核心标准受到了一些批评。波特等人（Porter, McMaken, Hwang & Yang, 2011）对共同核心州立标准与那些测验成绩优异的国家及美国各州的标准进行了对比，发现它们之间几乎没有重叠，而且共同核心标准只是在强调高级技能方面略有改进。对这一判断，有人同意也有人不同意（Beach, 2011; Chandler, Fortune, Lovett, & Scherrer, 2016; Cobb & Jackson, 2011; Dingman, Teuscher, Newton, & Kasmer, 2013; Ohler, 2013）。卡尔菲和威尔逊（Calfee & Wilson, 2016）强烈批评了共同核心的读写标准。迪特尔（Dietel, 2011）注意到了共同核心评估使用表现性评估的意图，并指出了州问责方案中令人失望的表现性评估历史。共同核心标准在适应有特殊需求的学生方面也存在一些问题（Karten, 2016; Shah, 2012）。洛夫莱斯（Loveless, 2012）以及赫斯和麦克沙恩（Hess & McShane, 2013）质疑自 20 世纪 80 年代以来一直主导着教育政策的州立标准和当下的国家标准的各种折腾是否带来了改变，并预测了共同核心标准的惨淡命运。PARCC 考试中使用的计算机测验也受到了很多人的批评（Gullen, 2014），而且有研究发现，学生在计算机测验中取得的分数要比在相同内容的纸笔测验中取得的分数低（Herold, 2016）。

无论这些担忧合理与否，共同核心已经引发了一场全国性的大讨论，即哪些是值得教授的，以及如何让老师超越“我先做，我们一起做，你自己做”这一古老的教学形式（Ferguson, 2013; Phillips & Wong, 2012）。CCSS 评估往往耗时长（长达 10 个小时）、难度高（Doorey, 2014; Gewirtz, 2013; Herman & Linn, 2014），PARCC 测验则要求使用计算机。我们可能还需要一段时间才能知道新的标准和评估体系是否会改善学生的学习成效，但可以确定的是，它们正在改变现状！

理论应用于实践

智能平衡测验和 PARCC 测验

在使用大学及职业准备标准的全国性运动中，一些州采用了两种共同核心评估体系（智能平衡或 PARCC）中的一种，另一些州则根据这两种评估体系构建了本州的评估模型。图 14.6 和图 14.7 分别展示了智能平衡测验中的数学题项和英语 / 语言艺术题项的样例。

四年级数学

Item	Claim	Domain	Target	DOK	CCSS-MC	CCSS-MP
#1	1	OA	A	1	4.OA.A, 4.NBT.B.4	N/A

某烘焙师有 159 杯红糖和 264 杯白糖。该烘焙师总共有多少杯糖?

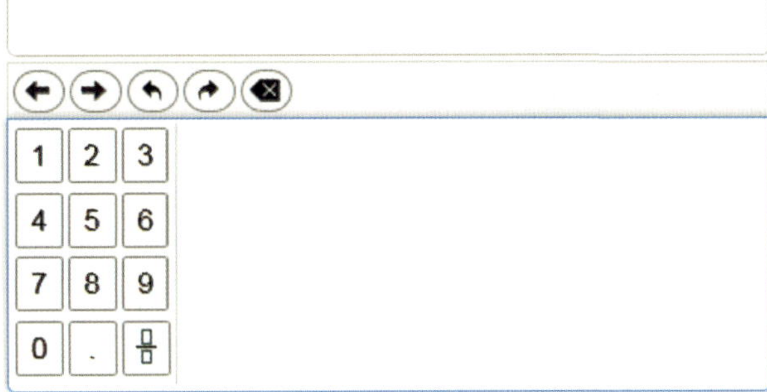

答案：423

评分：（1 分）学生输入正确的数字。

图 14.6　智能平衡测验中的数学问题样例

资料来源：Used by Permission of Smarter Balanced Assessment Consortium, UCLA

（续）

循证改革

教育研究一直在为实践提供深刻的见解及相应建议，而近年来，由研究走向实践的渠道得到了极大的丰富。人们正在越来越多地通过大型实验评估针对各个学科和各个年级水平的具体改革方案，即对使用具体改革方案的学校与继续采用传统做

三年级英语 / 语言艺术

Item	Grade	Claim	Target	DOK	Standard(s)
#14	3	1	14	2	L.5

证据陈述
学生能够根据上下文来确定某个词汇或短语的含义。

阅读段落中的句子：

纳尔逊·科尔曼和他的兄弟们一生都在制作枫糖浆，这是他们的家庭传统。

什么是家庭传统？

Ⓐ 一些家庭的行为方式

Ⓑ 某家庭食用的早餐食品

Ⓒ 某家庭喜欢一起去的地方

Ⓓ 某家庭年复一年做的事情

答案：D

评分：（1 分）学生选择正确的选项。

图 14.7　智能平衡测验中的英语 / 语言艺术问题样例

资料来源：Used by Permission of Smarter Balanced Assessment Consortium, UCLA

法的学校进行比较。学校、教师或学生通常会被随机分配到实验组或对照组。

循证改革产生了许多学校可以放心使用的方案，其中包括针对小学和中学的阅读、数学和科学方案，针对阅读困难者的方案，针对英语学习者的方案，技术应用方案，等等。教育工作者可以在美国政府网站或约翰·霍普金斯大学的网站上找到经过验证的教育方案。这些信息交换中心就像是针对教育工作者的消费者报告，它们帮助教育工作者为学生做出明智的选择，从而提高学生达到共同核心标准以及其他大学及职业准备标准等具有挑战性的目标的概率。

ESSA 鼓励使用那些具有“强有力的”“适度的”或“有前景的”有效性证据的方案。尤其对于那些因成绩极差而获得拨款的学校，所使用的方案必须具备有效性证据。同时，如果来自多个联邦的资助提案提议使用经过验证的方案，那么这些提案就有资格获得额外加分。

如何运用数据来指导教学

问责运动引发了人们的许多尝试，以期利用数据来告知教育工作者：学生、教师和学校的表现是如何超越各州要求的。

基准评估

在沉迷于测验的美国学校里，教师可能会认为最不需要做的事情就是进行更多的测验。然而许多学区和州正在实施**基准评估**（benchmark assessments），每学年评估学生三次、五次甚至八次，通常针对阅读和数学领域。

基准评估的流行是很容易理解的。学校为了提高州测验分数本已承受了巨大的压力，而 NCLB 加重了这种压力。鉴于州测验的实施频率太低，且出分较晚，所以对于调整教学策略或改进实践并没有多大用处。比如，绝大多数州在春季进行测验，而等到公布分数的时候已经是夏季或者秋季了。一所学校可能到七月份才会发现数学分数不容乐观，但此时学校已经为来年分配完资源并制订好计划了。比如，四年级测验分数给出的信息无法使参加测验的四年级学生受益，而且对五年级学生或者下一届四年级学生来说，也可能由于过时而没有多大价值。

教育者很早就认识到了这个问题，也一直试图寻求解决方案。现今，多种多样的基准评估被研发出来，旨在获取关于学生进步情况的有用的早期信息。许多学区甚至教师个人也已经自行设计并应用了基准评估。基准评估可以让教师确定每个学生、班级、亚群体和学校在接受州级评估以及州和学区标准强调的每个评估目标上的表现，这样他们就可以着力于最需要的方面，有的放矢地进行专业发展和改革（Fogarty & Kerns, 2009; Odden & Archibald, 2009）。

学校可以通过基准评估为其成就“把脉”，但如同在医学中一样，把脉不等同于治愈。关键的是医生和患者下一步要做的事情。同理，基准评估可以告诉学校它们需要前进的方向和需要关注的地方，但是尚未有证据表明基准评估本身可以提高学生的学业成就。向学校提供基准评估信息的一些研究发现，基准评估对学生学习具有积极但很微弱的影响（Konstantopoulos, Miller, & VanderPloeg, 2013; Slavin, Cheung, Holmes, Madden, & Chamberlain, 2013）。

基准评估在开明的教育者手中是有用的工具，但它们只是孩子们当前成就的指标。作为学区和学校改革综合策略的一部分，基准评估可以起到关键的辅助作用，但也仅仅是一种辅助作用（Chappuis & Chappuis, 2007/2008）。如果我们打算占用孩子们更多宝贵的课堂时间来实施测验，我们一定要明智且具有前瞻性地运用这些结果，以改进核心教学和学习。

数据驱动改革

运用数据来驱动学校和学区改革是一种广泛的趋势，而基准评估运动是该趋势的一种表现（James-Ward, Fisher, Frey, & Lapp, 2013; Mandinach & Gummer, 2016; Mertler, 2014; Sykes & Wilson, 2016; Venables, 2014）。**数据驱动改革**（data-driven reform）不只是参考各州的测验分数。参与此类改革的学校领导会将来自州测验和基准评估的信息按照分项技能、亚群体、年级水平和其他类别加以整理，并增加关于出勤率或学校实施的辍学者项目的信息，以探寻学校问题的“根源”（Datnow & Park, 2015; Hamilton et al., 2008, 2009; Hess & Mehta, 2013; Mandinach & Gummer, 2016; Smith, Johnson, & Thompson, 2012）。然后，他们要仔细考虑可能的解决方案，理想的方案应该具有强有力的证据来证明其效果（Coalition for Evidence Based Policy, 2003; Odden, 2009; Slavin et al., 2012; Towne, Wise, & Winters, 2005）。接着实施这些解决方案，然后继续监测基准评估以及测验数据，以观察它们是否起作用。

理论应用于实践

数据驱动改革

赫里蒂奇和陈（Heritage & Chen, 2005）就一种数据驱动改革方法进行了论述。该方法使用一种基于网络的工具，即“优质学校档案”（Quality School Portfolio, QSP），来帮助学校领导梳理和理解数据。他们还描述了使用数据来指导学校改革的具体程序。

1. *确定你想知道什么*。基于数据的改革应该从教育者想要解决或回答的问题着手。没有人会关注那些对自己想知道的内容而言毫无价值的数据。
2. *收集数据*。参与基于数据的改革的教育者要整理已有数据并收集新数据，以解答之前提出的问题。这些数据可以包括州测验、基准测验、附加评估（比如州测验中没有涉及的写作或者数学问题解决评估）、关于教师使用的材料和方案的信息、教师和学生的态度，以及其他任何可能影响当前的改革决策的因素（Bernhardt, 2005; Depascale, 2012）。
3. *分析结果*。下一步就是整理数据。首先简单地计算平均数，然后利用数据来检验是什么导致了学校目前着力解决的问题。例如，假定一所学校的数学成绩低于预期，学校委员会审查了州测验分数和季度基准分数，这些分数反映了同一个问题：分数低且没有提高。难道教师们没有把重点放在所有被测查的技能上？委员会查看了测验各部分（如分数、几何、应用题）的分数，发现普遍较低。这个问题会不会只存在于某些亚群体中？委员会又查看了男生和女生以及非裔美国人、西班牙裔和白人的分数，从中发现了一个令人意想不到的现象：女生似乎表现得尤其差。于是委员们到课堂现场考察，以了解究竟发生了什么。当他们回过头来再讨论其发现时，对数据就有了全新、完整的解读。整个学校的教师都在大量使用教科书上所描述的那些传统的授课方式和问题解决方法。在很多班级里，一群活跃的男生主导着各种各样的讨论，而绝大多数女生则感到厌倦，并觉得自己被排除在课堂活动之外。委员们还发现在某些班级里，绝大多数女生根本就没有参与进来，她们在 50 分钟的课堂中一言不发。结合测验所得的定量数据与实际的观察结果，委员们认为问题可能在于教学方法没有吸引全体学生。
4. *设定优先顺序和目标*。在基于数据的改革中，仅了解数据是远远不够的，学校必须基于数据采取行动。首先，学校要对可以尝试的解决方案设定优先顺序和目标。目标应该是可测量的、聚焦学生成就的、现实的且可以达成的（Bernhardt, 2005）。以上述存在数学问题的学校为例，委员会设定了提升全体学生数学成绩的目标，

（续）

应特别关注女生，并拟定了一个计划来密切监测季度基准评估的数据。

5. *制定策略*。数据驱动改革最重要的一步是制定具体的策略来解决已发现的问题。学校领导需要考虑所观察到的问题的潜在解决方案。例如，为解决有关学生学业成就的某个问题，学校可能会查看联邦有效教育策略资料中心（What Works Clearinghouse）的网站或者*最佳证据百科全书*（Best Evidence Encyclopedia）的网站。这两个网站就学前班到 12 年级的教育方案研究进行了科学的综述。

在上述数学成绩欠佳的学校案例中，委员会成员查阅了*最佳证据百科全书*，发现合作学习对小学数学学习的积极影响得到了有力的证据支撑。他们推断，合作学习将会提升所有学生的参与度。他们找到一位当地的培训师来帮助教师们在数学教学中运用合作学习。随着时间的推移，他们开始看到数学基准分数得到提高。再后来，当州测验分数公布后，委员们高兴地看到所有学生的数学成绩都有所提高，其中女生的进步尤其明显，因为所有班级中的女生现在都能够全身心地参与数学学习。

艾伦・奥登及其同事（Odden, 2009; Odden & Archibald, 2009）对在州问责测验中取得优异成绩的学校和学区进行了研究。他们发现，成功的学校和学区遵循的路径与上述情况类似：仔细查阅自己的数据，确定需求领域，挑选并精心实施得到验证的有效方案，并不断利用数据来追踪他们在实施新策略过程中的进步情况。约翰・霍普金斯大学教育研究与改革中心（Center for Research and Reform in Education, CRRE）评估了 7 个州中 59 个高度贫困学区的此类改革方案，并发现了显著的成效，尤其是在阅读方面（Slavin et al., 2012）。然而，这些进步并不是在开始使用数据分析工具时才显现出来的，而是在学区里的学校开始选择并实施得到验证的阅读和数学方案时显现出来的。

增值评估系统

在所有的问责评估中都存在的一个重要问题是如何应对学校生源参差不齐的现实。与服务中产阶层社区的学校相比，那些服务区域里有许多处境不利者或者英语学习者的学校，它们在力求达到标准时可能会面临更大的困难。某些州采用的一种解决方案是关注*增值评估*，即判定一所学校对学生的学习进步有多大贡献。此类方案中最广为人知的是教育增值评估系统（Educational Value-Added Assessment System, EVAAS），该系统首先在田纳西州使用（名为 TVAAS），后来扩展到了其他一些州。其理念是，在让学生通过州考试方面，尽管每一所学校并非面临着同样的挑战，但无论学生从何种基线水平开始学习，都可以根据学校帮助学生提高的幅度来对学校进行更加合理的比较（Jorgenson, 2012; Wiliam, 2010）。尽管这一理念听起来很有吸引力，但增值评估模型在技术层面受到了批评（Amrein-Beardsley, 2008, 2009; Darling-Hammond et al., 2012; McCaffrey, Lockwood, Koretz, Louis, & Hamilton, 2004），比如评估不太准确，未考虑学生的风险因素以及存在其他一些问题。一项研究发现，校长对教师的评价与增值评估模型对教师的评价二者几乎没有相关性（Harris, Ingle, & Rutledge, 2014）。需要注意的是，使用增值评估分数作为问责的基础并无法解决起点不平等的问题，因为低社会经济地位社区的学校在增值指标上取得高分的可能性仍然较小。近些年，增值评估分数开始被用作教师评估的一部分，而不仅是学校评

有意识的教师

运用你所了解的标准化测验知识来改善教与学

有意识的教师知道标准化测验可以提供关于教师、学校和学生当前表现的信息，尽管这些信息有限。有意识的教师能够解释标准化分数，并利用标准化测验的结果来做出决策。有意识的教师会借助其他评估手段来勾画出学生学习情况的复杂全貌。有意识的教师：

- 理解标准化测验的施测方式及原因，并知晓其用途和局限性；
- 理解如何针对不同的目的而使用不同类型的标准化测验；
- 可以解释由标准化测验结果生成的报告；
- 理解如何使测验可靠且有效，以及如何在建构测验时避免产生偏差；
- 理解国家和州政策如何影响问责测验；
- 知道如何帮助学生准备标准化测验，但又不让这种责任主导其教学；
- 知道如何为残障学生和英语学习者调整测验；
- 知道如何使用基准数据来指导教学和学校规划。

估，这引发了更多的技术和政治问题（Darling-Hammond, 2012; Scherrer, 2012; Wolk, 2010）。美国教育研究协会于 2015 年发布了一份关于增值评估模型（VAM）的声明，该声明确立了增值评估模型使用的技术要求。不幸的是，使用增值评估模型的州（如果有的话）很少能达到美国教育协会制定的这些标准。

本章概要

什么是标准化测验以及如何施测

标准化测验是指在内容、实施和评分上都保持统一，从而可以跨班级、跨学校和跨学区比较测验结果的测验。诸如 SAT 和 CTBS 这样的标准化测验，基于针对学区、州或者全美的许多其他学生制定的标准或常模来衡量个体的表现或能力，这些测验也是为这些学生设计的。标准化测验分数可用于选拔和安置，比如升级或大学入学；用于诊断和补救；用于评价学生在各个学科领域的熟练水平或进步程度；用于评价教学策略、教师和学校。

标准化测验的类型

诸如一般智力测验、多因素成套测验等能力倾向测验，主要用于预测学生的一般能力以及学习准备状况。个别施测或团体施测的智商测验旨在测量个体在认知领域的能力倾向。成就测验用于评估学生在各学科领域的熟练程度。诊断性测验关注具体的学科内容，以发现学生在学科学习中的优势和不足。常模参照测验将个体的分数与参加测验的其他人的分数进行比较，以此来解释分数的意义。标准参照测验则基于确定的成绩标准来解释分数。

如何解释标准化测验

将原始分数转换而得到的各种分数主要包括：百分位数，即在常模团体中低于某一特定分数的百分比；年级当量分数，即代表所处时间段的典型表现水平的年级和月份；标准分数，即与分数的正态分布对照的学生成绩。标准分数包括标准九（基于分数的标准差）、正态曲线当量分数（基于分数同正态分布的比较）和 Z 分数（高于或低于平均分的分数位置）。

关于标准化测验和课堂测验的若干问题

测验以及测验题目必须具有效度，即测验对应测内容的测量程度。具有预测效度意味着测验可以准确地预测未来的成就。具有信度则是指在不同地点或时间施测某项测验时，其测验结果是一致的。任何形式的测验偏差都会降低效度。与标准化测验有关的其他问题包括测验内容的伦理性、学生对测验的准备程度、测验分数的用途、测验与课程的关系以及计算机化施测。

教育者如何对学生的成就负责

教育者越来越被要求对学生的成就负责。测验分数经常被用来决定教育者的聘用、解聘和升职。批评者指出：（1）因为学生的起点不同，要求教师为学生的进步负责是不公平的；（2）问责还可能会助长应试化教学或者运用某些手段来人为地抬高标准化分数的风气。问责的一个好处是可以对学校施压，促使其关注那些若缺乏关注就可能掉队的学生。问责测验所依据的标准是基于学生应该学会的内容设定的，所以问责测验有助于明确学习目标。

关键术语

标准化测验
常模
能力倾向测验
成就测验
智力
心理年龄
实际年龄
多因素能力倾向成套测验
成套成就测验
美国国家教育进展评估
诊断性测验
临界分数
导出分数
百分位数
年级当量分数
正态分布
标准差
标准九分数
正态曲线当量分数
Z 分数
《不让一个孩子掉队》（NCLB）
效度
内容证据
效标相关证据
预测证据
同时证据
区别证据
信度
偏差
计算机自适应
智能平衡
大学及职业准备评估联盟（PARCC）
基准评估
数据驱动改革

自我评估：资格认证练习

指导语：本章开篇案例中强调了州级资格认证考试中常出现的一些评价指标。请重读开篇案例，回答下列问题。

1. 特兰女士向安妮塔的家长介绍了多种可用于评价安妮塔学业能力的成就测量方法。特兰女士可能使用下面哪一种评估方式来预测安妮塔未来的成绩？
   a. 安置测验
   b. 成就测验
   c. 能力倾向测验
   d. 诊断性测验
2. 如果安妮塔在标准化测验中的得分正好等于平均分，那么特兰女士将会做出何种解释？
   a. 百分位数＝90，标准九＝0，Z＝20
   b. NCE＝50，Z＝0，百分位数＝50
   c. GE＝7.2，标准九＝5，NCE＝45
   d. Z＝1，NCE＝60，百分位数＝50
3. 特兰女士告诉麦凯夫妇，安妮塔在 CAT 中的年级当量分数为 6.9。这说明了什么？
   a. 安妮塔似乎做好了学习七年级功课的准备
   b. 安妮塔觉得这个测验太简单
   c. 安妮塔的成绩与处于 6 年级学年末的学生一样好
   d. 安妮塔的百分位数是 6.9
4. 特兰女士将她的学生在数学测验中的分数与另一个班级的学生进行对比，发现两个班的数学测验平均分都是 75 分，但是她班上的学生的分数更为离散。这意味着特兰女士所教班级的测验结果有更大的
   a. 平均数
   b. 中数
   c. 标准差
   d. 正态曲线
5. 如果安妮塔在多次 CAT 测验中的得分比较一致，就可以说这个测验有
   a. 预测效度
   b. 内容效度
   c. 结构效度
   d. 信度
6. 写一篇小论文，描述标准化测验的优点以及存在的主要问题。

附　录

可根据此附录内容准备普瑞克西斯（Praxis™）的学与教的原理考试

普瑞克西斯的学与教的原理考试（PLT 测验）涉及的主题	对标普瑞克西斯考试主题的章节内容
Ⅰ. 作为学习者的学生（占全部测验内容的 22.5%）	
A. 学生发展与学习过程	
1. 理解学生学习的理论基础： a. 了解知识是如何被建构的 b. 了解技能获得的各种方式 c. 理解各种认知过程及其是如何发展的	**第 2 章：认知发展** • 儿童是如何发展认知的 • 皮亚杰是如何看待认知发展的 • 维果斯基是如何看待认知发展的 **第 3 章：社会性、道德和情绪发展（整章）** **第 5 章：行为和社会学习理论（整章）** **第 6 章：认知学习理论（整章）** **第 8 章：教学的学生中心取向与建构主义取向（整章）** **与学习理论有关的重要术语：** 第 2 章关键术语 第 5 章关键术语 第 6 章关键术语 第 8 章关键术语
2. 了解重要的理论家对教育的主要贡献。将理论家的工作与教育情境联系起来。 • 班杜拉 • 布鲁纳 • 杜威 • 皮亚杰 • 维果斯基 • 布鲁姆	**第 2 章：认知发展（整章）** **第 3 章：社会性、道德和情绪发展** • 个性和社会性发展的理论观点 　• 埃里克森的心理社会发展阶段 • 道德发展的理论观点 　• 皮亚杰的道德发展理论 　• 科尔伯格的道德推理阶段 • 儿童在社会性与情绪方面是如何发展的 **第 5 章：行为和社会学习理论** • 行为学习理论 　• 巴甫洛夫：经典条件作用 　• 斯金纳：操作性条件作用 • 社会学习理论如何帮助我们理解人类的学习 　• 班杜拉：模仿和观察学习 　• 梅肯鲍姆的自我调节学习模式 **第 6 章：认知学习理论** • 脑研究告诉了我们什么 　• 脑研究在课堂教学中的应用 • 什么使信息有意义 　• 图式理论 • 认知教学策略如何帮助学生学习 　• 激活先验知识，建立知识间的联系

<table>
<tr><th>普瑞克西斯的学与教的原理考试
（PLT 测验）涉及的主题</th><th>对标普瑞克西斯考试主题的章节内容</th></tr>
<tr><td colspan="2">Ⅰ. 作为学习者的学生（占全部测验内容的 22.5%）（续）</td></tr>
<tr><td colspan="2">A. 学生发展与学习过程（续）</td></tr>
<tr><td></td><td>第 8 章：教学的学生中心取向与建构主义取向
● 什么是建构主义的学习观
• 发现学习
• 自我调节学习
● 如何在教学中应用合作学习
第 13 章：评估学生的学习
• 应用教学目标分类法</td></tr>
<tr><td>3. 理解与各种学习理论相关的概念和术语：元认知、图式、迁移、自我效能、自我调节、最近发展区、经典和操作性条件作用。</td><td>第 2 章：认知发展
● 儿童是如何发展认知的
● 皮亚杰是如何看待认知发展的
● 人们今天如何看待皮亚杰的研究
● 维果斯基是如何看待认知发展的
理论应用于实践：维果斯基的理论在课堂上的应用
第 5 章：行为和社会学习理论
● 行为学习理论
• 巴甫洛夫：经典条件作用
• 斯金纳：操作性条件作用
● 行为学习原理
• 行为结果的作用
• 强化物
• 惩罚物
• 行为结果的及时性
• 塑造
• 消退
• 强化程序
• 维持
• 先行事件的作用
● 社会学习理论如何帮助我们理解人类的学习
• 班杜拉：模仿和观察学习
• 梅肯鲍姆的自我调节学习模式
• 行为学习理论的优势与局限
理论应用于实践：强化在课堂上的应用
理论应用于实践：实用的强化物
第 2 章关键术语
第 5 章关键术语</td></tr>
<tr><td>4. 了解人类的认知、生理、社会性和道德等方面在不同发展阶段的显著特征：
a. 描述一个典型儿童的各个方面在不同发展阶段的特征
b. 识别各领域在不同发展阶段的典型和非典型差异</td><td>第 2 章：认知发展
● 儿童是如何发展认知的
第 3 章：社会性、道德和情绪发展
● 个性和社会性发展的理论观点
• 埃里克森的心理社会发展阶段
• 埃里克森理论的意义与局限
● 道德发展的理论观点
• 皮亚杰的道德发展理论</td></tr>
</table>

普瑞克西斯的学与教的原理考试（PLT 测验）涉及的主题	对标普瑞克西斯考试主题的章节内容
Ⅰ. 作为学习者的学生（占全部测验内容的 22.5%）（续）	
A. 学生发展与学习过程（续）	
	• 科尔伯格的道德推理阶段 • 对科尔伯格理论的批评 ● 儿童在社会性与情绪方面是如何发展的 • 学前阶段的社会情绪发展 • 小学阶段的社会情绪发展 • 中学阶段的社会情绪发展 • 促进社会情绪发展
5. 理解学习理论和人的发展如何影响教学过程： a. 描述学习理论与人的发展之间的关系 b. 举例说明学习理论是如何受人的发展影响的 c. 利用学习理论的知识来解决教育问题 d. 利用发展心理学的知识来解决教育问题	**第 2 章：认知发展** ● 儿童是如何发展认知的 • 发展的不同方面 • 有关发展的各种争论 ● 皮亚杰是如何看待认知发展的 • 发展是如何发生的 • 皮亚杰的发展阶段论 ● 人们今天如何看待皮亚杰的研究 • 对皮亚杰理论的批评和修正 • 新皮亚杰主义的发展观 ● 维果斯基是如何看待认知发展的 • 发展是如何发生的 ● 语言和读写能力是如何发展的 • 学前阶段语言和读写能力的发展 • 中小学阶段语言和读写能力的发展 理论应用于实践：皮亚杰理论对教育的启示 理论应用于实践：维果斯基的理论在课堂上的应用 **第 5 章：行为和社会学习理论** ● 行为学习理论 • 巴甫洛夫：经典条件作用 • 斯金纳：操作性条件作用 理论应用于实践：强化在课堂上的应用 ● 行为学习的原理 • 行为结果的作用 • 强化物 • 惩罚物 • 行为结果的即时性 • 塑造 • 消退 • 强化程序 • 维持 • 先行事件的作用 ● 社会学习理论如何帮助我们理解人类的学习 • 班杜拉：模仿和观察学习 • 梅肯鲍姆的自我调节学习模式 • 行为学习理论的优势与局限

普瑞克西斯的学与教的原理考试（PLT 测验）涉及的主题	对标普瑞克西斯考试主题的章节内容
Ⅰ. 作为学习者的学生（占全部测验内容的 22.5%）（续）	
A. 学生发展与学习过程（续）	
	第 6 章：认知学习理论 ● 什么是信息加工模型 • 信息加工原理 • 执行加工 • 感觉登记 • 工作（或短时）记忆 • 长时记忆 • 增强长时记忆的因素 • 其他信息加工模型 ● 脑研究告诉了我们什么 • 脑是如何工作的 • 脑发育 • 脑研究对教育的启示 • 脑研究在课堂教学中的应用 • 教育者需了解的神经迷思与神经线索 ● 记忆或遗忘的原因 • 遗忘和记忆 • 练习 ● 如何教记忆策略 • 言语学习 ● 什么使信息有意义 • 机械学习与意义学习 • 图式理论 ● 元认知技能如何帮助学生学习 ● 有助于学生学习的策略 • 练习性测验 • 记笔记 • 画线 • 概述 • 以写促学 • 列提纲和画概念匹 • PQ4R 法 ● 认知教学策略如何帮助学生学习 • 激活先验知识，建立知识间的联系 • 组织信息 **第 10 章：激发学生的学习动机** ● 动机理论 • 动机与行为学习理论 • 动机与人类需要 • 动机与归因理论 • 动机与思维模式 • 动机与自我调节学习 • 动机与期望理论

普瑞克西斯的学与教的原理考试（PLT 测验）涉及的主题	对标普瑞克西斯考试主题的章节内容
Ⅰ. 作为学习者的学生（占全部测验内容的 22.5%）（续）	
A. 学生发展与学习过程（续）	
	● 影响学生的学习动机的因素 · 动机与目标定向 · 习得性无助 · 教师的期望与学生的成就 · 焦虑与成就 ● 教师如何提高学生的学习动机 · 内部动机与外部动机 · 提高内部动机 · 提供学习的外部诱因的原则 · 有效地运用表扬 · 教会学生自我表扬
B. 作为多元化学习者的学生	
1. 理解影响学生个体的学习与表现的众多变量： a. 识别影响学生如何学习与表现的众多变量，如学习风格、性别、文化、社会经济地位、先前知识与经验、动机、自信 / 自尊、认知发展、成熟、语言 b. 举例说明这些变量如何影响学生的学习与表现	**第 2 章：认知发展** ● 皮亚杰是如何看待认知发展的 · 皮亚杰的发展阶段论 ● 维果斯基是如何看待认知发展的 **第 3 章：社会性、道德和情绪发展** ● 小学阶段的社会情绪发展 · 自我概念和自尊 · 促进自尊的发展 **第 4 章：学生多元化** ● 社会经济地位如何影响学生的成就 ● 族裔和种族如何影响学生的学校生活 ● 语言差异和双语教育如何影响学生的成就 *理论应用于实践：针对英语学习者的教学* ● 性别和性别偏见如何影响学生的学校生活 ● 学生在智力和学习风格上的差异 · 智力的定义 · 学习风格理论 *理论应用于实践：多元智力* **第 6 章：认知学习理论** ● 什么是信息加工模型 · 信息加工原理 ● 如何教记忆策略 · 言语学习 ● 脑研究在课堂教学中的应用 · 教育者需了解的神经迷思与神经线索 **第 9 章：分组、差异化教学与技术** ● 将学生分组以适应不同的成就水平 **第 10 章：激发学生的学习动机** ● 动机理论 ● 影响学生的学习动机的因素 ● 教师如何提高学生的学习动机

<table>
<tr><th>普瑞克西斯的学与教的原理考试
（PLT 测验）涉及的主题</th><th>对标普瑞克西斯考试主题的章节内容</th></tr>
<tr><td colspan="2">Ⅰ. 作为学习者的学生（占全部测验内容的 22.5%）（续）</td></tr>
<tr><td colspan="2">B. 作为多元化学习者的学生（续）</td></tr>
<tr><td></td><td>第 12 章：特殊学习者
● 普通教育中针对残障学生的有效策略
• 教授学习策略并培养元认知意识</td></tr>
<tr><td>2. 识别学生学习中的特殊方面：
a. 鉴定特殊方面
• 认知
• 听觉
• 视觉
• 运动 / 身体
• 言语 – 语言
• 行为
b. 阐释特殊性可能对学生学习产生影响的多种方式</td><td>第 12 章：特殊学习者
● 谁是特殊学习者
• 特殊问题的类型以及接受特殊服务的学生人数
• 智力障碍学生
• 学习障碍学生
• 注意缺陷多动障碍学生
• 言语或语言障碍学生
• 情绪和行为障碍学生
• 自闭症谱系障碍学生
• 感官、身体和健康受损的学生
• 天才学生</td></tr>
<tr><td>3. 理解与特殊学生相关的立法在课堂实践中的影响及应用：
a. 确定与特殊学生相关的立法条款
•《美国残疾人法案》（ADA）
•《残障个体教育法案》（IDEA）
•《康复法案》第 504 条
b. 阐释与特殊学生相关的立法是如何影响课堂实践的</td><td>第 12 章：特殊学习者
● 特殊教育
• 94–142 公法与 IDEA
• 系列特殊教育服务
● 响应干预
● 融合教育
第 14 章：标准化测验与问责
● 教育者如何对学生的成就负责
• 每个学生都成功法案（ESSA）
• 共同核心州立标准</td></tr>
<tr><td>4. 识别有认知天赋的学生的特质、行为和需求。</td><td>第 12 章：特殊学习者
● 谁是特殊学习者
• 天才学生</td></tr>
<tr><td>5. 认识到英语这门语言习得的过程会影响英语学习者的教育体验。</td><td>第 2 章：认知发展
● 语言和读写能力是如何发展的
第 4 章：学生多元化
● 语言差异和双语教育如何影响学生的成就
• 双语教育
理论应用于实践：针对英语学习者的教学</td></tr>
<tr><td>6. 了解在教育的各阶段适应特殊学生的各种方法：
a. 识别有特定适应需要的特殊学生
b. 了解如何通过调整教学、评估和沟通方式来满足特定的需求</td><td>第 4 章：学生多元化
● 语言差异和双语教育如何影响学生的成就
• 双语教育
理论应用于实践：针对英语学习者的教学
第 9 章：分组、差异化教学与技术
● 为身处风险的学生提供的教育方案
• 补偿教育方案
• 早期干预方案
• 学校综合改革方案
• 课后及暑期学校方案
第 12 章：特殊学习者（整章）</td></tr>
</table>

普瑞克西斯的学与教的原理考试（PLT 测验）涉及的主题	对标普瑞克西斯考试主题的章节内容
Ⅰ. 作为学习者的学生（占全部测验内容的 22.5%）（续）	
C. 学生动机与学习环境	
1. 了解重要行为理论家对教育的主要贡献： a. 将行为理论家的工作与教育情境联系起来 • 桑代克 • 华生 • 马斯洛 • 斯金纳 • 埃里克森	**第 2 章：认知发展** ● 有关发展的各种争论 • 天性与教养之争 **第 3 章：社会性、道德和情绪发展** ● 个性和社会性发展的理论观点 • 埃里克森的心理社会发展阶段 ● 儿童在社会性与情绪方面是如何发展的 **第 5 章：行为和社会学习理论** ● 行为学习理论 • 巴甫洛夫：经典条件作用 • 斯金纳：操作性条件作用 **第 10 章：激发学生的学习动机** ● 什么是动机 ● 动机理论 • 动机与行为学习理论 • 动机与人类需要 • 动机与归因理论 • 动机与思维模式 • 动机与自我调节学习 • 动机与期望理论 理论应用于实践：给予学生激励性反馈
2. 理解基本动机理论对教学、学习和课堂管理的启示： a. 阐释与基本动机理论相关的术语 • 自我决定 • 归因 • 外在 / 内在动机 • 认知失调 • 经典条件与操作性条件作用 • 正强化和负强化 b. 将动机理论与教学、学习和课堂管理关联起来	**第 5 章：行为和社会学习理论** ● 行为学习理论 • 巴甫洛夫：经典性条件作用 • 斯金纳：操作性条件作用 ● 行为学习的原理 • 强化物 **第 10 章：激发学生的学习动机** ● 动机与归因理论 ● 如何提高成就动机 ● 教师如何提高学生的学习动机
3. 了解课堂管理的原则与策略： a. 了解如何建立课堂常规和秩序 b. 了解如何保持准确的记录 c. 了解如何设定行为标准 d. 了解如何布置教室空间 e. 识别创设积极学习环境的方法	**第 1 章：教育心理学：教学的基础** 理论应用于实践：教学中的决策 **第 11 章：有效的学习环境** ● 有助于进行有效课堂管理的做法 • 创造良好的学年开端 • 确立课堂规则 ● 管理日常不良行为的策略 • 最小干预原则 • 预防 • 非言语线索

普瑞克西斯的学与教的原理考试（PLT 测验）涉及的主题	对标普瑞克西斯考试主题的章节内容
Ⅰ. 作为学习者的学生（占全部测验内容的 22.5%）（续）	
C. 学生动机与学习环境（续）	
	• 表扬与不良行为相对的行为 • 表扬其他学生 • 言语提醒 • 反复提醒 • 运用后果法 ● 如何使用应用行为分析来管理更为严重的行为问题 • 学生的不良行为如何得以维持 • 应用行为分析的原则 • 应用行为分析的方案 • 行为方法的伦理道德 ● 严重行为问题的预防 • 预防方案 • 识别不良行为的原因 • 坚持规则并实施 • 加强学生的出勤管理 • 实施干预 • 邀请家庭参与 • 运用同伴调解 • 对抗欺凌 • 明智而审慎地运用后果法
4. 了解帮助学生形成自我激励的各种策略： a. 分配有价值的任务 b. 经常提供积极反馈 c. 让学生参与教学决策 d. 淡化分数	**第 10 章：激发学生的学习动机** ● 教师如何提高学生的学习动机 • 内部动机与外部动机 • 提高内部动机 • 提供学习的外部诱因的原则 • 有效地运用表扬 • 教会学生自我表扬 有意识的教师：运用你所了解的动机相关知识来改善教与学 理论应用于实践：帮助学生克服习得性无助
Ⅱ. 教学过程（占全部测验内容的 22.5%）	
A. 教学计划	
1. 理解学区、州和国家的标准及框架在教学计划中的作用： a. 理解基于标准的教学的理论基础 b. 了解可获取学区、州和国家的标准及框架的资源 c. 理解如何将各种标准及框架应用于教学计划中	**第 1 章：教育心理学：教学的基础** ● 怎样才是称职的教师 • 共同核心州立标准 **第 12 章：特殊学习者** ● 谁是特殊学习者 • 94–142 公法与 IDEA ● 响应干预 • 层级一：预防 • 层级二：即时干预 • 层级三：强化干预 **第 14 章：标准化测验与问责** • 每个学生都成功法案（ESSA） • 共同核心州立标准

<table>
<tr><th>普瑞克西斯的学与教的原理考试
（PLT 测验）涉及的主题</th><th>对标普瑞克西斯考试主题的章节内容</th></tr>
<tr><td colspan="2">Ⅱ. 教学过程（占全部测验内容的 22.5%）（续）</td></tr>
<tr><td colspan="2">A. 教学计划（续）</td></tr>
<tr><td>2. 了解如何将主流教育理论的基本概念应用于教学情境：
a. 理解认知主义的基本概念
• 图式
• 信息加工
• 映射
b. 理解社会学习理论的基本概念
• 模仿
• 交互决定论
• 替代性学习
c. 理解建构主义的基本概念
• 学习即体验
• 基于问题的学习
• 最近发展区
• 提供脚手架
• 探究 / 发现学习
d. 理解行为主义的基本概念
• 条件作用
• 内部奖励和外部奖励
• 强化
• 惩罚
e. 了解如何将行为主义、建构主义、社会学习理论和认知主义的基本概念应用于教学情境</td><td>第 1 章：教育心理学：教学的基础
● 怎样才是称职的教师
• 共同核心州立标准
第 2 章：认知发展
● 发展是如何发生的
• 最近发展区
• 提供脚手架
理论应用于实践：皮亚杰理论对教育的启示
理论应用于实践：维果斯基的理论在课堂上的应用
第 5 章：行为和社会学习理论
● 行为学习理论
• 巴甫洛夫：经典性条件作用
• 斯金纳：操作性条件作用
● 行为学习的原理
• 强化物
• 内部和外部强化物
• 惩罚物
● 社会学习理论如何帮助我们理解人类的学习
• 班杜拉：模仿和观察学习
第 6 章：认知学习理论
● 什么是信息加工模型
• 长时记忆
● 有助于学生学习的策略
• 列提纲和画概念图
有意识的教师：基于脑功能知识的教学和学习策略
第 7 章：有效的课堂教学
● 直接教学
● 如何开展直接课堂教学
● 学生如何学习和迁移概念
● 如何在教学中运用讨论
• 全班讨论
• 小组讨论
第 8 章：教学的学生中心取向与建构主义取向
● 什么是建构主义的学习观
• 建构主义的历史渊源
• 最近发展区
• 发现学习
• 提供脚手架
• 学科领域中的建构主义方法
● 如何教问题解决与思维的技能</td></tr>
</table>

普瑞克西斯的学与教的原理考试（PLT 测验）涉及的主题	对标普瑞克西斯考试主题的章节内容
Ⅱ. 教学过程（占全部测验内容的 22.5%）（续）	
A. 教学计划（续）	
3. 理解领域和序列如何影响教学计划： a. 描述领域并举例 b. 描述序列并举例 c. 理解领域和序列与学习标准间的关系 d. 理解领域和序列在课程计划中的作用	**第 7 章：有效的课堂教学** ● 直接教学 ● 如何开展直接课堂教学 ● 学生如何学习和迁移概念 ● 如何在教学中运用讨论 • 全班讨论 • 小组讨论 *有意识的教师：运用你所知的直接教学法改善教与学* **第 8 章：教学的学生中心取向与建构主义取向** ● 什么是建构主义的学习观 • 学科领域中的建构主义方法 ● 如何在教学中应用合作学习 *有意识的教师：采用以学生为中心和建构主义的方法进行教学*
4. 了解如何选择内容来实现课程和单元目标。	**第 2 章：认知发展** *理论应用于实践：皮亚杰理论对教育的启示* *理论应用于实践：维果斯基的理论在课堂上的应用* *理论应用于实践：教儿童阅读* *有意识的教师：根据认知、语言和读写能力的发展原理进行教学* **第 7 章：有效的课堂教学** *有意识的教师：运用你所知的直接教学法改善教与学* **第 8 章：教学的学生中心取向与建构主义取向** *有意识的教师：采用以学生中心和建构主义的方法进行教学* **第 9 章：分组、差异化教学与技术** ● 技术如何应用于教育 • 用于课堂教学的技术 • 对于教师而言的网络 • 用于学习的技术 • 对学生而言的网络 • Web 2.0 • 教学电视和嵌入式多媒体 **第 12 章：特殊学习者** ● 普通教育中针对残障学生的有效策略 • 计算机与残障学生
5. 了解如何在认知、情感和心因运动领域形成可观察和可测量的教学目标： a. 区分不同的学习领域 b. 了解如何运用布鲁姆的分类法来制定教学目标 c. 了解如何描述可观察的行为 d. 了解如何描述可测量的结果	**第 7 章：有效的课堂教学** *理论应用于实践：设计一堂课* *理论应用于实践：向学生阐明学习目标* **第 12 章：特殊学习者** *理论应用于实践：准备个别化教育方案* **第 13 章：评估学生的学习** ● 教学目标以及如何运用教学目标 • 设计课程目标 • 使目标和评估相一致

普瑞克西斯的学与教的原理考试（PLT 测验）涉及的主题	对标普瑞克西斯考试主题的章节内容
Ⅱ. 教学过程（占全部测验内容的 22.5%）（续）	
A. 教学计划（续）	
	• 应用教学目标分类法 • 有关教学目标的研究 理论应用于实践：课程、单元和课时设计
6. 意识到实施计划的充实性活动和补救性活动的需要，并能够识别所需的各种资源： a. 识别何时实施补救性活动是适宜的 b. 识别何时实施充实性活动是适宜的 c. 识别用于查找、调整或创建充实性活动和补救性活动的各种资源	**第 9 章：分组、差异化教学与技术** ● 将学生分组以适应不同的成就水平 • 班级间能力分组 • 非分轨 • 为阅读课和数学课重新分组 • 班级内能力分组 • 留级 ● 差异化教学的方式 • 差异化教学和个性化教学 • 同伴辅导 • 教师辅导 ● 为身处风险的学生提供的教育方案 • 补偿教育方案 • 早期干预方案 • 学校综合改革方案 • 课后及暑期学校方案 **第 11 章：有效的学习环境（整章）** **第 12 章：特殊学习者** ● 谁是特殊学习者 • 天才学生 ● 融合教育 • 融合教育的有关研究 ● 普通教育中针对残障学生的有效策略 • 调整教学 • 通用学习设计 • 教授学习策略并培养元认知意识 • 预防和早期干预 • 针对阅读困难者的辅导和小组干预 • 计算机与残障学生 • 伙伴系统和同伴辅导 • 特殊教育团队 • 残障学生的社会整合
7. 理解资源和材料在学生学习中的支持作用： a. 识别并阐释那些支持学生学习的各种资源和材料的使用 • 计算机、互联网和其他电子资源 • 图书馆馆藏 • 视频、DVD • 器具、模型和教具 • 特邀演讲嘉宾和共同体成员	**第 7 章：有效的课堂教学** ● 学生如何学习和迁移概念 • 概念学习与概念教学 • 为学习迁移而教 ● 如何在教学中运用讨论 • 主观性和争议性的主题 • 复杂和新异的概念 • 情感目标

<table>
<tr><th>普瑞克西斯的学与教的原理考试
（PLT 测验）涉及的主题</th><th>对标普瑞克西斯考试主题的章节内容</th></tr>
<tr><td colspan="2">Ⅱ. 教学过程（占全部测验内容的 22.5%）（续）</td></tr>
<tr><td colspan="2">A. 教学计划（续）</td></tr>
<tr><td>b. 了解如何开发作为某个主题和 / 或跨学科单元部分的课堂
c. 理解主题教学的基本概念
d. 理解主题单元的构成要素
• 选择一个主题
• 设计整合性学习活动
• 选择资源
• 设计评估
e. 理解跨学科教学的基本概念
f. 理解跨学科单元的构成要素
• 合作
• 生成适用的主题
• 构建整合性框架
• 为每一学科设计教学
• 设计整合性评估
• 认识到在教学计划中与教学伙伴合作的作用
g. 识别各类教学计划伙伴
• 特殊教育教师
• 图书馆媒体专家
• 教天才学生的教师
• 个别化教育方案（IEP）小组成员
• 教辅人员
h. 描述每位伙伴在合作活动中承担的角色</td><td>• 全班讨论
• 小组讨论
第 9 章：分组、差异化教学与技术
● 技术如何应用于教育
• 用于课堂教学的技术
• 多媒体教学
• 用于学习的技术
• 对学生而言的网络
• Web 2.0
• 教学电视和嵌入式多媒体
• 所有学生都能上网时的技术应用
理论应用于实践：帮助学生评判网络资源
第 11 章：有效的学习环境
● 有效的学习环境
● 时间对学习产生的影响
第 13 章：评估学生的学习
● 教学目标以及如何运用教学目标
• 设计课程目标
• 使目标和评估相一致
• 应用教学目标分类法
• 有关教学目标的研究</td></tr>
<tr><td colspan="2">B. 教学策略</td></tr>
<tr><td>1. 理解与学习有关的认知过程：
a. 批判性思维
b. 创造性思维
c. 提问
d. 归纳和演绎推理
e. 问题解决
f. 计划
g. 记忆
h. 回忆</td><td>第 2 章：认知发展（整章）
理论应用于实践：皮亚杰理论对教育的启示
理论应用于实践：维果斯基的理论在课堂上的应用
理论应用于实践：促进年幼儿童读写能力的发展
第 5 章：行为和社会学习理论
● 社会学习理论如何帮助我们理解人类的学习
第 6 章：认知学习理论
● 什么是信息加工模型
● 脑研究告诉了我们什么
• 脑是如何工作的
• 脑发育
• 脑研究对教育的启示
• 脑研究在课堂教学中的应用
• 教育者需要了解的神经迷思与神经线索
● 记忆或遗忘的原因
● 如何教记忆策略</td></tr>
</table>

<table>
<tr><th>普瑞克西斯的学与教的原理考试
（PLT 测验）涉及的主题</th><th>对标普瑞克西斯考试主题的章节内容</th></tr>
<tr><td colspan="2">Ⅱ. 教学过程（占全部测验内容的 22.5%）（续）</td></tr>
<tr><td colspan="2">B. 教学策略（续）</td></tr>
<tr><td></td><td>● 什么使信息有意义
• 机械学习与意义学习
• 图式理论
● 元认知技能如何帮助学生学习
● 有助于学生学习的策略
● 认知教学策略如何帮助学生学习
• 激活先验知识，建立知识间的联系
• 组织信息
有意识的教师：基于脑功能知识的教学和学习策略
第 8 章：教学的学生中心取向与建构主义取向
● 如何教问题解决与思维的技能
有意识的教师：采用以学生为中心和建构主义的方法进行教学</td></tr>
<tr><td>2. 理解不同教学模式的区别性特征：
a. 描述各种教学模式
• 直接教学
• 间接教学
• 自主教学
• 体验式教学
• 交互式教学</td><td>第 5 章：行为和社会学习理论
● 行为学习原理
● 社会学习理论如何帮助我们理解人类的学习
• 班杜拉：模仿和观察学习
• 梅肯鲍姆的自我调节学习模式
• 行为学习理论的优势与局限
第 6 章：认知学习理论
● 什么是信息加工模型
● 脑研究告诉了我们什么
第 7 章：有效的课堂教学
理论应用于实践：设计一堂课
● 如何开展直接课堂教学
有意识的教师：运用你所知的直接教学法来改善教与学
第 8 章：教学的学生中心取向与建构主义取向
● 什么是建构主义的学习观
● 如何在教学中应用合作学习
● 如何教问题解决与思维的技能
第 10 章：激发学生的学习动机
● 动机理论</td></tr>
<tr><td>3. 了解与每一种教学模式相关联的各种教学策略：
a. 识别与直接教学有关的教学策略
• 显性教学
• 操练与实践
• 讲授
• 演示
• 引导读、听、看
b. 识别与间接教学有关的教学策略
• 问题解决
• 探究</td><td>第 5 章：行为和社会学习理论
● 行为学习原理
● 社会学习理论如何帮助我们理解人类的学习
理论应用于实践：强化在课堂上的应用
第 6 章：认知学习理论
● 脑研究告诉了我们什么
• 脑研究对教育的启示
• 脑研究在课堂教学中的应用
● 如何教记忆策略
● 元认知技能如何帮助学生学习
● 有助于学生学习的策略</td></tr>
</table>

<table>
<tr><th>普瑞克西斯的学与教的原理考试
（PLT 测验）涉及的主题</th><th>对标普瑞克西斯考试主题的章节内容</th></tr>
<tr><td colspan="2">Ⅱ. 教学过程（占全部测验内容的 22.5%）（续）</td></tr>
<tr><td colspan="2">B. 教学策略（续）</td></tr>
<tr><td>• 案例研究
• 概念图
• 为意义而阅读
• 完形填空法
c. 识别与自主教学有关的教学策略
• 学习契约
• 研究项目
• 学习中心
• 计算机辅助教学
• 远程学习
d. 识别与体验式教学和虚拟教学有关的教学策略
• 研学活动
• 实验
• 模拟
• 角色扮演
• 游戏
• 观察
e. 识别与交互式教学有关的教学策略
• 头脑风暴
• 合作学习小组
• 访谈
• 讨论
• 同伴合作练习
• 辩论</td><td>• 记笔记
• 画线
• 概述
• 以写促学
• 列提纲和画概念图
• PQ4R 法
● 认知教学策略如何帮助学生学习
理论应用于实践：复杂学习的问题探索程序
第 7 章：有效的课堂教学
理论应用于实践：设计一堂课
● 如何开展直接课堂教学
● 如何在教学中运用讨论
• 全班讨论
• 小组讨论
有意识的教师：运用你所知的直接教学法改善教与学
第 8 章：教学的学生中心取向与建构主义取向
● 什么是建构主义的学习观
● 如何在教学中应用合作学习
● 如何教问题解决与思维的技能
第 10 章：激发学生的学习动机
● 动机理论
● 影响学生的学习动机的因素
● 教师如何提高学生的学习动机</td></tr>
<tr><td>4. 了解促进复杂认知过程的各种策略：
a. 识别复杂认知过程
• 概念学习
• 问题解决
• 元认知
• 批判性思维
• 迁移
b. 了解针对复杂认知过程发展的教学活动
• 区分事实与观点
• 比较和对比
• 检测偏差
• 预测
• 分类
• 分析
• 排序
• 总结
• 推理</td><td>第 6 章：认知学习理论
● 脑研究告诉了我们什么
• 脑研究在课堂学习中的应用
● 如何教记忆策略
● 元认知技能如何帮助学生学习
● 有助于学生学习的策略
● 认知教学策略如何帮助学生学习
• 激活先验知识，建立知识间的联系
• 组织信息
理论应用于实践：复杂学习的问题探索程序
第 7 章：有效的课堂教学
● 学生如何学习和迁移概念
• 概念学习与概念教学
• 为学习迁移而教
第 8 章：教学的学生中心取向与建构主义取向
● 什么是建构主义的学习观
● 如何在教学中应用合作学习</td></tr>
</table>

<table>
<tr><th>普瑞克西斯的学与教的原理考试
（PLT 测验）涉及的主题</th><th>对标普瑞克西斯考试主题的章节内容</th></tr>
<tr><td colspan="2">Ⅱ. 教学过程（占全部测验内容的 22.5%）（续）</td></tr>
<tr><td colspan="2">B. 教学策略（续）</td></tr>
<tr><td>• 决策
• 评价
• 综合
• 归纳</td><td>● 如何教问题解决与思维的技能
• 问题解决的过程
• 教创造性问题解决的策略
• 教思维技能
• 批判性思维
第 10 章：激发学生的学习动机
● 教师如何提高学生的学习动机</td></tr>
<tr><td>5. 了解支持学生学习的各种策略：
a. 识别和解释对支持学生学习的策略的使用
• 模仿
• 发展自我调节技能
• 提供脚手架
• 差异化教学
• 指导性练习
• 辅导</td><td>第 2 章：认知发展（整章）
第 4 章：学生多元化
• 学校、家庭和社区的合作关系
• 支持低收入家庭儿童的成就
理论应用于实践：家长参与
第 5 章：行为和社会学习理论
● 行为学习原理
• 强化物
• 塑造
● 社会学习理论如何帮助我们理解人类的学习
• 班杜拉：模仿和观察学习
• 梅肯鲍姆的自我调节学习模式
理论应用于实践：强化在课堂上的应用
第 6 章：认知学习理论
● 脑研究告诉了我们什么
• 脑研究在课堂教学中的应用
● 如何教记忆策略
● 元认知技能如何帮助学生学习
● 有助于学生学习的策略
● 认知教学策略如何帮助学生学习
• 激活先验知识，建立知识间的联系
• 组织信息
理论应用于实践：关键词记忆术
理论应用于实践：教给学生 PQ4R 法
理论应用于实践：复杂学习的问题探索程序
第 8 章：教学的学生中心取向与建构主义取向
• 自我调节学习
• 提供脚手架
第 9 章：分组、差异化教学与技术
● 将学生分组以适应不同的成就水平
● 差异化教学的方式
第 10 章：激发学生的学习动机
● 动机理论
● 影响学生的学习动机的因素
● 教师如何提高学生的学习动机
理论应用于实践：给予学生激励性反馈
理论应用于实践：帮助学生克服习得性无助</td></tr>
</table>

<table>
<tr><th>普瑞克西斯的学与教的原理考试
（PLT 测验）涉及的主题</th><th>对标普瑞克西斯考试主题的章节内容</th></tr>
<tr><td colspan="2">Ⅱ. 教学过程（占全部测验内容的 22.5%）（续）</td></tr>
<tr><td colspan="2">B. 教学策略（续）</td></tr>
<tr><td>6. 了解用于促进学生形成自我调节技能的基本策略：
a. 了解如何在以下方面为学生提供支持
• 设定目标
• 管理时间
• 组织信息
• 监控进程
• 反思结果
• 创设富有成效的学习环境
b. 理解不同的学习分组形态的设计
c. 描述不同的分组形态
• 整班
• 小组
• 独立学习
• 一对一
• 结对 / 分享</td><td>第 8 章：教学的学生中心取向与建构主义取向
• 自我调节学习
• 合作学习方法
第 9 章：分组、差异化教学与技术
● 将学生分组以适应不同的成就水平
● 差异化教学的方式
第 10 章：激发学生的学习动机
• 帮助学生做出选择并设立自己的目标
第 11 章：有效的学习环境（整章）</td></tr>
<tr><td>7. 理解不同分组技术和策略的用途及启示：
a. 解释各种分组技术的用途、优势和不足
• 合作学习
• 协作学习
• 异质分组
• 同质分组
• 混龄分组
• 按性别分组</td><td>第 7 章：有效的课堂教学
● 如何在教学中运用讨论
• 全班讨论
• 小组讨论
第 8 章：教学的学生中心取向与建构主义取向
● 如何在教学中应用合作学习
第 9 章：分组、差异化教学与技术
● 将学生分组以适应不同的成就水平
• 班级间能力分组
• 非分轨
• 为阅读课和数学课重新分组
• 班级内能力分组
• 留级
● 差异化教学的方式
有意识的教师：基于分组与差异化研究的教学</td></tr>
<tr><td>8. 知道如何选择适宜的策略来实现教学目标。</td><td>第 7 章：有效的课堂教学（整章）
理论应用于实践：向学生阐明学习目标
第 13 章：评估学生的学习
● 教学目标以及如何运用教学目标
• 设计课程目标
• 使目标和评估相一致
• 应用教学目标分类法
• 有关教学目标的研究
理论应用于实践：课程、单元和课时设计</td></tr>
</table>

普瑞克西斯的学与教的原理考试（PLT 测验）涉及的主题	对标普瑞克西斯考试主题的章节内容
Ⅱ. 教学过程（占全部测验内容的 22.5%）（续）	
B. 教学策略（续）	
9. 理解根据学生反馈来监控和调整教学的概念： a. 阐释监控和调整教学的教育目的 b. 了解监控和调整教学的策略	**第 13 章：评估学生的学习** ● 为什么评价很重要 • 作为反馈的评价 • 作为信息的评价 • 作为激励的评价 ● 如何评价学生的学习 • 将评价策略与目标相匹配
10. 认识到反思、分析和评估教学策略有效性的目的。	**第 7 章：有效的课堂教学** 理论应用于实践：设计一堂课 理论应用于实践：以评促学 有意识的教师：运用你所知的直接教学法改善教与学 **第 13 章：评估学生的学习** ● 教学目标以及如何运用教学目标 • 设计课程目标 • 使目标和评估相一致 • 应用教学目标分类法 • 有关教学目标的研究 ● 为什么评价很重要 • 作为反馈的评价 • 作为信息的评价 • 作为激励的评价 ● 如何评价学生的学习
11. 了解不同类型记忆的特征及其对教学计划和学生学习的启示： a. 区分不同类型的记忆 • 短时记忆 • 长时记忆 b. 在规划教学时要考虑记忆特征及其对学生学习的影响	**第 6 章：认知学习理论** ● 什么是信息加工模型 • 信息加工原理 • 执行加工 • 感觉登记 • 工作（或短时）记忆 • 长时记忆 • 增强长时记忆的因素 ● 记忆或遗忘的原因 • 遗忘和记忆 • 练习 ● 如何教记忆策略 • 言语学习 理论应用于实践：关键词记忆术 理论应用于实践：教给学生 PQ4R 法
12. 认识到教育契机在教学中的作用： a. 识别教育契机并举例 b. 理解教育契机的用途	有意识的教师（全部）

普瑞克西斯的学与教的原理考试（PLT 测验）涉及的主题	对标普瑞克西斯考试主题的章节内容
Ⅱ. 教学过程（占全部测验内容的 22.5%）（续）	
C. 提问技术	
1. 了解有效提问的构成要素： • 留出思考 / 等待的时间 • 帮助学生表达个人观点 • 尊重学生的答案 • 应对错误答案 • 鼓励参与 • 创设非批评性的课堂环境	**第 6 章：认知学习理论** • 认知教学策略如何帮助学生学习 • 使用提问技术 **第 7 章：有效的课堂教学** ● 如何开展直接课堂教学 • 评价表现并提供反馈 • 提问 • 等待时间 理论应用于实践：以评促学 理论应用于实践：需要避免的提问策略 **第 13 章：评估学生的学习** ● 为什么评价很重要 • 作为反馈的评价 • 作为信息的评价 • 作为激励的评价
2. 理解提问的用途： a. 解释不同提问的目的并举例 • 培养兴趣并激励学生 • 评估学生的准备状况 • 回顾已学课程 • 帮助学生设定符合现实的期望 • 鼓励学生参与讨论 • 确认先前知识 • 让学生为要学的内容做好准备 • 引导思考 • 培养批判性和创造性思维能力 • 检查学生领会或理解的水平 • 总结信息 • 激励学生自主追求知识	**第 7 章：有效的课堂教学** ● 如何开展直接课堂教学 • 进行学习检测 • 评价表现并提供反馈 • 提问 理论应用于实践：以评促学 **第 13 章：评估学生的学习** ● 教学目标以及如何运用教学目标 • 设计课程目标 • 使目标和评估相一致 • 应用教学目标分类法 • 有关教学目标的研究 ● 为什么评价很重要 • 作为反馈的评价 • 作为信息的评价 • 作为激励的评价 ● 如何评价学生的学习 • 将评价策略与目标相匹配
3. 了解支持学生表达观点的策略： a. 解释支持学生表达观点的策略并举例 • 言语和非言语提示 • 重述 • 反映性倾听陈述 • 等待时间	**第 7 章：有效的课堂教学** ● 如何开展直接课堂教学 • 评价表现并提供反馈 • 提问 • 等待时间 **第 13 章：评估学生的学习** ● 如何编制测验 • 使用细目表

<table>
<tr><th>普瑞克西斯的学与教的原理考试
（PLT 测验）涉及的主题</th><th>对标普瑞克西斯考试主题的章节内容</th></tr>
<tr><td colspan="2">Ⅱ. 教学过程（占全部测验内容的 22.5%）（续）</td></tr>
<tr><td colspan="2">C. 提问技术（续）</td></tr>
<tr><td></td><td>● 真实性评价、档案袋评价和表现性评价
• 档案袋评价
• 表现性评价
• 表现性评价的有效性
• 表现性评价的评分标准
理论应用于实践：在课堂中使用档案袋</td></tr>
<tr><td>4. 了解促进高阶思维的方法：
a. 阐释促进学生高阶思维的方法并提供示例，进而引导学生
• 反思
• 质疑假设
• 寻找关系
• 确定信息的相关性和有效性
• 设计替代方案
• 得出结论
• 迁移知识</td><td>第 6 章：认知学习理论
● 有助于学生学习的策略
● 认知教学策略如何帮助学生学习
第 7 章：有效的课堂教学
● 学生如何学习和迁移概念
第 8 章：教学的学生中心取向与建构主义取向
● 什么是建构主义的学习观
• 同伴互动
• 发现学习
• 提供脚手架
● 如何教问题解决与思维的技能
• 问题解决的过程
• 教创造性问题解决的策略
• 教思维技能
• 批判性思维</td></tr>
<tr><td>5. 了解促进安全、开放的论坛讨论的策略：
a. 了解创建和维持讨论行为标准的基本技术
• 吸引所有学习者参与
• 创设协作环境
• 尊重不同的观点
• 支持冒险精神</td><td>第 5 章：行为和社会学习理论
● 行为学习原理
第 7 章：有效的课堂教学
● 如何在教学中运用讨论
第 8 章：教学的学生中心取向与建构主义取向
● 如何在教学中应用合作学习
第 11 章：有效的学习环境
● 有助于进行有效课堂管理的做法
● 管理日常不良行为的策略
● 严重行为问题的预防</td></tr>
<tr><td colspan="2">D. 沟通技巧</td></tr>
<tr><td>1. 理解各种言语和非言语沟通模式：
a. 解释下述言语和非言语沟通并举例
• 身体语言
• 手势
• 语气、重音和音调变化
• 目光接触
• 面部表情
• 个人空间</td><td>第 2 章：认知发展（整章）
● 语言和读写能力是如何发展的
理论应用于实践：促进年幼儿童读写能力的发展
第 3 章：社会性、道德和情绪发展
● 儿童在社会性与情绪方面是如何发展的
理论应用于实践：发展社会—情绪技能
第 7 章：有效的课堂教学
● 如何在教学中运用讨论
有意识的教师：运用你所知的直接教学法改善教与学</td></tr>
</table>

普瑞克西斯的学与教的原理考试（PLT 测验）涉及的主题	对标普瑞克西斯考试主题的章节内容
Ⅱ. 教学过程（占全部测验内容的 22.5%）（续）	
D. 沟通技巧（续）	
	第 8 章：教学的学生中心取向与建构主义取向 ● 什么是建构主义的学习观 有意识的教师：采用以学生为中心和建构主义的方法进行教学 **第 11 章：有效的学习环境** ● 有助于进行有效课堂管理的做法 ● 管理日常不良行为的策略 • 预防 • 非言语线索 • 表扬与不良行为相对的行为 • 表扬其他学生 • 言语提醒
2. 认识文化和性别是如何影响交流的。	**第 4 章：学生多元化** ● 文化对教与学的影响 ● 社会经济地位如何影响学生的成就 ● 族裔和种族如何影响学生的学校生活 ● 语言差异和双语教育如何影响学生的成就 ● 性别和性别偏见如何影响学生的学校生活 理论应用于实践：在教学中避免性别偏见 理论应用于实践：在文化多元的学校里教学
3. 了解如何使用有助于丰富学习环境的多种交流工具： a. 视听教具 b. 文本和数字资源 c. 网络和其他基于计算机的工具	**第 9 章：分组、差异化教学与技术** ● 技术如何应用于教育 • 用于课堂教学的技术 • 多媒体教学 • 用于学习的技术 • 对学生而言的网络 • Web 2.0 • 教学电视和嵌入式多媒体 理论应用于实践：帮助学生评判网络资源 **第 12 章：特殊学习者** ● 普通教育中针对残障学生的有效策略
4. 理解有效的倾听策略： a. 阐释主动倾听策略并举例 • 关注演讲者 • 重申要点 • 提问 • 解释信息 • 提供支持性反馈 • 尊重他人	**第 10 章：激发学生的学习动机** ● 教师如何提高学生的学习动机 有意识的教师：运用你所了解的动机相关知识来改善教与学

<table>
<tr><th>普瑞克西斯的学与教的原理考试（PLT 测验）涉及的主题</th><th>对标普瑞克西斯考试主题的章节内容</th></tr>
<tr><td colspan="2">Ⅲ. 评估（约占全部测验内容的 15%）</td></tr>
<tr><td colspan="2">A. 评估和评价策略</td></tr>
<tr><td>1. 理解正式和非正式评估在指导教学过程中的作用：
a. 阐明正式和非正式评估模式的用途并举例
b. 阐明各种将正式和非正式评估的结果用于教学决策的方式</td><td>第 13 章：评估学生的学习
● 教学目标以及如何运用教学目标
• 使目标和评估相一致
• 应用教学目标分类法
● 为什么评价很重要
• 作为反馈的评价
• 作为信息的评价
• 作为激励的评价
● 如何评价学生的学习
• 形成性评价和总结性评价
• 常模参照评价和标准参照评价
• 将评价策略与目标相匹配
● 真实性评价、档案袋评价和表现性评价
• 档案袋评价
• 表现性评价
• 表现性评价的有效性
• 表现性评价的评分标准
第 14 章：标准化测验与问责
● 什么是标准化测验以及如何施测
• 选拔和安置
• 诊断
• 评价和问责
• 学校改进
有意识的教师：运用你所了解的标准化测验知识来改善教与学</td></tr>
<tr><td>2. 理解不同类型评估之间的区别。
• 描述形成性评价、总结性评价和诊断性评价的用途并举例</td><td>第 13 章：评估学生的学习
● 如何评价学生的学习
• 形成性评价和总结性评价
• 常模参照评价和标准参照评价
• 将评价策略与目标相匹配
● 如何编制测验
• 成就测验的编制原则
• 使用细目表
• 编制选择—反应题目
• 编制建构—反应题目
• 编制和评价写作类题目
• 编制和评价问题解决题目
● 真实性评价、档案袋评价和表现性评价
• 档案袋评价
• 表现性评价
• 表现性评价的有效性
• 表现性评价的评分标准
理论应用于实践：确保评估公正</td></tr>
</table>

普瑞克西斯的学与教的原理考试（PLT 测验）涉及的主题	对标普瑞克西斯考试主题的章节内容
Ⅲ. 评估（约占全部测验内容的 15%）（续）	
A. 评估和评价策略（续）	
	理论应用于实践：同伴评价 理论应用于实践：在课堂中使用档案袋 **第 14 章：标准化测验与问责** ● 如何运用数据来指导教学 • 基准评估 • 数据驱动改革 • 增值评估系统 ● 标准化测验的类型 • 能力倾向测验 • 常模参照成就测验 • 标准参照成就测验 • 标准的设定
3. 了解如何创建和选择适宜的评估方式，以满足特定的教学目标。 • 了解如何创建多种形式的评估 • 能选出满足特定教学目标的评估方式	**第 13 章：评估学生的学习** ● 教学目标以及如何运用教学目标 • 使目标和评估相一致 ● 如何评价学生的学习 • 形成性评价和总结性评价 • 常模参照评价和标准参照评价 • 将评价策略与目标相匹配 ● 如何编制测验 • 成就测验的编制原则 • 使用细目表 • 编制选择—反应题目 • 编制建构—反应题目 • 编制和评价写作类题目 • 编制和评价问题解决题目 ● 真实性评价、档案袋评价和表现性评价 • 档案袋评价 • 表现性评价 • 表现性评价的有效性 • 表现性评价的评分标准 理论应用于实践：确保评估公正 理论应用于实践：编制选择题测验 理论应用于实践：同伴评价 理论应用于实践：在课堂中使用档案袋
4. 了解如何选择各种评估工具以评估学生的表现： a. 了解各种评估工具及其用途、优势和局限 • 评估准则 • 分析性核查表 • 评分指南	**第 13 章：评估学生的学习** ● 教学目标以及如何运用教学目标 • 使目标和评估相一致 ● 如何评价学生的学习 • 形成性评价和总结性评价 • 常模参照评价和标准参照评价 • 将评价策略与目标相匹配

<table>
<tr><th>普瑞克西斯的学与教的原理考试
（PLT 测验）涉及的主题</th><th>对标普瑞克西斯考试主题的章节内容</th></tr>
<tr><td colspan="2">Ⅲ. 评估（约占全部测验内容的 15%）（续）</td></tr>
<tr><td colspan="2">A. 评估和评价策略（续）</td></tr>
<tr><td>• 轶事记录
• 持续记录
b. 能选择适宜的评估工具来量化具体评估的结果</td><td>● 如何编制测验
• 成就测验的编制原则
• 使用细目表
• 编制选择—反应题目
• 编制建构—反应题目
• 编制和评价写作类题目
• 编制和评价问题解决题目
● 真实性评价、档案袋评价和表现性评价
• 档案袋评价
• 表现性评价
• 表现性评价的有效性
• 表现性评价的评分标准</td></tr>
<tr><td>5. 了解学生自我评价和同伴评价背后的原理及用途：
a. 描述学生自我评价模式的用途并举例
b. 描述同伴评价模式的用途并举例说明
c. 解释自我评价和同伴评价模式的优势和局限性</td><td>第 8 章：教学的学生中心取向与建构主义取向
● 如何在教学中应用合作学习
第 10 章：激发学生的学习动机
● 提高内部动机
● 帮助学生做出选择并设立自己的目标
第 13 章：评估学生的学习
● 教学目标以及如何运用教学目标
• 使目标和评估相一致
● 真实性评价、档案袋评价和表现性评价
• 档案袋评价
• 表现性评价
• 表现性评价的有效性
• 表现性评价的评分标准
理论应用于实践：同伴评价</td></tr>
<tr><td>6. 了解如何使用各类评估方式：
a. 描述和提供各类评估的用途、优势和局限
• 论文
• 选择—反应题目
• 档案袋
• 研讨
• 观察
• 表现
b. 能选出适合特定教育情境的评估方式</td><td>第 13 章：评估学生的学习
● 教学目标以及如何运用教学目标
• 使目标和评估相一致
● 如何评价学生的学习
• 形成性评价和总结性评价
• 常模参照评价和标准参照评价
• 将评价策略与目标相匹配
● 如何编制测验
• 成就测验的编制原则
• 使用细目表
• 编制选择—反应题目
• 编制建构—反应题目
• 编制和评价写作类题目
• 编制和评价问题解决题目</td></tr>
</table>

普瑞克西斯的学与教的原理考试（PLT 测验）涉及的主题	对标普瑞克西斯考试主题的章节内容
Ⅲ. 评估（约占全部测验内容的 15%）（续）	
A. 评估和评价策略（续）	
	● 真实性评价、档案袋评价和表现性评价 · 档案袋评价 · 表现性评价 · 表现性评价的有效性 · 表现性评价的评分标准 理论应用于实践：检测学生在论文中是否蒙混过关
B. 评估工具	
1. 理解标准化测验的类型和目的： a. 解释不同类型标准化测验的用途 · 成就测验 · 能力倾向测验 · 能力测验 b. 识别由不同类型标准化测验提供的数据	**第 14 章：标准化测验与问责** ● 什么是标准化测验以及如何施测 · 选拔和安置 · 诊断 · 评价和问责 · 学校改进 ● 标准化测验的类型 · 能力倾向测验 · 常模参照成就测验 · 标准参照成就测验 · 标准的设定 ● 如何解释标准化测验 · 百分位数 · 年级当量分数 · 标准分数 ● 如何运用数据来指导教学
2. 理解常模参照评分和标准参照评分的区别。 · 解释常模参照测验和标准参照测验的用途 · 解释常模参照测验和标准参照测验提供的数据	**第 13 章：评估学生的学习** ● 如何评价学生的学习 · 常模参照评价和标准参照评价 **第 14 章：标准化测验与问责** ● 标准化测验的类型 · 常模参照成就测验 · 标准参照成就测验
3. 了解与测验和评分相关的术语： a. 描述和解释与测验及评分相关的术语 · 效度 · 信度 · 原始分数 · 标准分数 · 百分位数 · 标准差 · 平均数、众数和中位数 · 年级当量分数 · 年龄当量分数	● 关键术语：第 13 章和 14 章

普瑞克西斯的学与教的原理考试（PLT 测验）涉及的主题	对标普瑞克西斯考试主题的章节内容
Ⅲ. 评估（约占全部测验内容的 15%）（续）	
B. 评估工具（续）	
4. 理解整体性和分析性评分的区别： **a. 描述整体性评分和分析性评分** **b. 识别每种评分适用的教育情境**	**第 13 章：评估学生的学习** ● 如何评价学生的学习 • 形成性评价和总结性评价 • 常模参照评价和标准参照评价 • 将评价策略与目标相匹配 ● 如何编制测验 • 成就测验的编制原则 • 使用细目表 • 编制选择—反应题目 • 编制建构—反应题目 • 编制和评价写作类题目 • 编制和评价问题解决题目 ● 真实性评价、档案袋评价和表现性评价 • 档案袋评价 • 表现性评价 • 表现性评价的有效性 • 表现性评价的评分标准 ● 如何确定成绩等级 • 确立评级标准 • 运用字母等级 • 表现性评级 • 其他替代性评级系统 • 评定成绩等级 **第 14 章：标准化测验与问责** ● 什么是标准化测验以及如何施测 • 选拔和安置 • 诊断 • 评价和问责 • 学校改进 ● 标准化测验的类型 • 能力倾向测验 • 常模参照成就测验 • 标准参照成就测验 • 标准的设定 ● 如何解释标准化测验 • 百分位数 • 年级当量分数 • 标准分数

普瑞克西斯的学与教的原理考试（PLT 测验）涉及的主题	对标普瑞克西斯考试主题的章节内容
Ⅲ. 评估（约占全部测验内容的 15%）（续）	
B. 评估工具（续）	
5. 知道如何解释评估结果并将其意义传达给学生、学生家长和学校工作人员： a. 了解分数和测验数据表明的学生的能力、能力倾向和表现 b. 能使用适宜的语言向听众解释评估结果	**第 13 章：评估学生的学习** ● 如何确定成绩等级 • 确立评级标准 • 运用字母等级 • 表现性评级 • 其他替代性评级系统 • 评定成绩等级 **第 14 章：标准化测验与问责** ● 如何解释标准化测验 • 百分位数 • 年级当量分数 • 标准分数 理论应用于实践：智能平衡测验和 PARCC 测验
Ⅳ. 专业发展、领导力和共同体（约占全部测验内容的 15%）	
1. 了解专业发展的相关事宜及资源。 • 专业文献 • 专业协会 • 工作坊 • 会议 • 学习共同体 • 研究生课程 • 独立研究 • 实习 • 导师 • 学习小组	**第 1 章：教育心理学：教学的基础** • 资格认证之外的其他方面 • 寻求督导 • 寻求专业发展 • 交流教学 • 专业出版物与协会
2. 理解关于教学实践活动的研究、观点、想法和争论的意义： a. 了解可获取有关教学实践活动的研究、观点、想法和争论的资源 b. 解释从相关教学实践活动的研究中获得的数据、结果和结论 c. 能将从研究和/或观点、想法及争论中获取的数据、结果、结论与各种教育情境关联起来	**第 1 章：教育心理学：教学的基础** ● 怎样才是称职的教师 • 共同核心州立标准 ● 研究在教育心理学中有何作用 **第 12 章：特殊学习者** ● 特殊教育 **第 14 章：标准化测验与问责** ● 教育者如何对学生的成就负责 • 每个学生都成功法案（ESSA） • 共同核心州立标准 • 循证改革 有意识的教师（全部）

普瑞克西斯的学与教的原理考试（PLT 测验）涉及的主题	对标普瑞克西斯考试主题的章节内容
Ⅳ. 专业发展、领导力和共同体（约占全部测验内容的 15%）（续）	
3. 认识到反思性实践对专业化成长的作用： a. 描述反思性实践的目的 b. 了解支持反思性实践的各类活动 • 反思日志 • 自我评价与同伴评价 • 事件分析 • 档案袋 • 同伴观察 • 诤友	**第 1 章：教育心理学：教学的基础** ● 资格认证之外的其他方面 • 寻求督导 • 寻求专业发展 • 交流教学 • 专业出版物与协会 **第 13 章：评估学生的学习** ● 教学目标以及如何运用教学目标 • 设计课程目标 • 使目标和评估相一致 • 应用教学目标分类法 • 有关教学目标的研究 ● 为什么评价很重要 • 作为反馈的评价 • 作为信息的评价 • 作为激励的评价 ● 如何评价学生的学习 ● 整本书中讨论同辈辅导的段落
4. 了解协助学生、教师和家庭的学校支持人员： a. 指导顾问 b. IEP 小组成员 c. 特殊教育教师 d. 言语、物理和职业治疗师 e. 图书馆媒体专家 f. 教天才学生的教师 g. 教辅人员	**第 1 章：教育心理学：教学的基础** ● 如何成为一名有意识的教师 • 资格认证之外的其他方面 **第 12 章：特殊学习者** ● 特殊教育 • 系列特殊教育服务
5. 理解教师和学校作为教育领导者在更大共同体中的作用。 • 教师在职业塑造和倡导中的作用 • 对教师的认知 • 与儿童父母及家庭成员合作 • 与社区的联盟关系	**第 4 章：学生多元化** ● 社会经济地位如何影响学生的成就 • 学校和社区因素 • 提升处境不利学生的心理韧性 • 学校、家庭和社区的合作关系 • 支持低收入家庭儿童的成就 • 处境不利儿童成就问题的校外解决方案 理论应用于实践：家长参与

普瑞克西斯的学与教的原理考试（PLT 测验）涉及的主题	对标普瑞克西斯考试主题的章节内容
Ⅳ. 专业发展、领导力和共同体（约占全部测验内容的 15%）（续）	
6. 了解与同事、管理者、其他学校人员、家长 / 照顾者以及支持教育活动的社区建立合作关系的基本策略： a. 了解成功合作的要素 • 制订行动计划 • 确认利益相关者 • 确定合作目的 • 支持有效的沟通 • 寻求支持	**第 4 章：学生多元化** ● 社会经济地位如何影响学生的成就 • 学校和社区因素 • 提升处境不利学生的心理韧性 • 学校、家庭和社区的合作关系 • 支持低收入家庭儿童的成就 • 处境不利儿童成就问题的校外解决方案 理论应用于实践：家长参与 **第 12 章：特殊学习者** ● 特殊教育 • 系列特殊教育服务 • 与咨询教师协作 ● 普通教育中针对残障学生的有效策略 • 特殊教育团队 理论应用于实践：准备个别化教育方案
7. 理解与学生和教师有关的主要法规以及法庭裁定的意义。 • 机会均等 • 隐私和保密 • 第一修正案议题 • 智识自由 • 儿童忽视 / 虐待强制报告 • 正当程序 • 责任	**第 12 章：特殊学习者** ● 特殊教育 • 94–142 公法与 IDEA • 系列特殊教育服务 ● 响应干预 • 层级一：预防 • 层级二：即时干预 • 层级三：强化干预 ● 融合教育 • 融合教育的有关研究 **第 14 章：标准化测验与问责** ● 教育者如何对学生的成就负责 • 每个学生都成功法案（ESSA） • 共同核心州立标准

术语表

加速方案

acceleration programs Rapid promotion through advanced studies for students who are gifted or talented.

顺应

accommodation Modifying existing schemes to fit new situations.

成套成就测验

achievement batteries Standardized tests that include several subtests designed to measure knowledge of particular subjects.

成就动机

achievement motivation The desire to experience success and to participate in activities in which success depends on personal effort and abilities.

成就测验

achievement tests Standardized tests measuring how much students have learned in a given context.

责任心

accountability The degree to which people are held responsible for their task performances or decision outcomes.

适应

adaptation The process of adjusting schemes in response to the environment by means of assimilation and accommodation.

先行组织者

advance organizers Activities and techniques that orient students to the material before reading or class presentation.

情感目标

affective objectives Objectives that have to do with student attitudes and values.

分配时间

allocated time Time during which students have the opportunity to learn.

共同回答

all-pupil responses Responses made by the entire class.

杏仁核

amygdala The part of the brain that regulates basic emotions.

类比

analogies Images, concepts, or narratives that compare new material to information students already understand.

先行刺激

antecedent stimuli Events that precede behaviors.

应用行为分析

applied behavior analysis The application of behavioral learning principles to understanding and changing behavior.

能力倾向测验

aptitude test A test designed to measure general abilities and to predict future performance.

能力倾向—教学处理的交互作用

aptitude–treatment interaction Interaction of individual differences in learning with particular teaching methods.

阿斯伯格综合征

Asperger syndrome A mild disorder of social and communication skills.

评估

assessment A measure of the degree to which instructional objectives have been attained.

同化

assimilation Understanding new experiences in terms of existing schemes.

联合游戏

associative play Play that is much like parallel play but with increased levels of interaction in the form of sharing, turn-taking, and general interest in what others are doing.

注意

attention Active focus on certain stimuli to the exclusion of others.

注意缺陷多动障碍

attention deficit hyperactivity disorder (ADHD) A disorder characterized by difficulties maintaining attention because of a limited ability to concentrate; includes impulsive actions and hyperactive behavior.

归因理论

attribution theory A theory of motivation that focuses on how people explain the causes of their own successes and failures.

自闭症

autism A category of disability that significantly affects social interaction, verbal and nonverbal communication, and educational performance.

自闭症谱系障碍

autism spectrum disorder Any of a continuum of disorders involving social and communication difficulties.

自动化

automaticity A level of rapidity and ease such that tasks can be performed or skills utilized with little mental effort.

自律道德

autonomous morality In Piaget's theory of moral development, the stage at which a person understands that people make rules and that punishments are not automatic.

厌恶性刺激

aversive stimulus An unpleasant consequence that a person tries to avoid or escape.

逆向设计

backward planning Planning instruction by first setting long-range goals, then setting unit objectives, and finally planning daily lessons.

行为内容矩阵

behavior content matrix A chart that classifies lesson objectives according to cognitive level.

行为矫正

behavior modification Systematic application of antecedents and consequences to change behavior.

行为学习理论

behavioral learning theories Explanations of learning that emphasize observable changes in behavior.

基准评估

benchmark assessments Brief tests given every few months to help a teacher know whether students are on track toward success on state standards.

班级间能力分组

between-class ability grouping The practice of grouping students in separate classes according to ability level.

偏差

bias An undesirable characteristic of tests in which item content discriminates against certain students.

双语教育

bilingual education Instructional program for students who speak little or no English in which some instruction is provided in the native language.

生物生态学取向

bioecological approach A model of human development proposed by Urie Bronfenbrenner, who focuses on the social and institutional influences on a child's development, from family, schools, places of worship, and neighborhoods, to broader social and political influences, such as mass media and government.

混合式学习

blended learning Strategies wherein ordinary teaching is combined with a wide range of digital applications.

脑干

brain stem The part of the brain that controls basic functions common to all animals.

点名顺序

calling order The order in which students are called on by the teacher to answer questions during the course of a lesson.

光盘只读存储器

CD-ROM A computer database designed for "read-only memory" that provides massive amounts of information, including pictures and audio; it can be of particular importance to students doing projects and research activities.

集中化

centration Paying attention to only one aspect of an object or situation.

小脑

cerebellum The part of the brain that controls smooth, coordinated movement.

大脑皮层

cerebral cortex The main part of the brain, which carries out the highest mental functions.

齐声回答

choral response Responses spoken by an entire class in unison.

实际年龄

chronological age The age of an individual in years.

经典条件作用

classical conditioning The process of repeatedly associating a previously neutral stimulus with an unconditioned stimulus in order to evoke a conditioned response.

课堂管理

classroom management Methods used to organize classroom activities, instruction, physical structure, and other features to make effective use of time; to create a happy and productive learning environment; and to minimize behavior problems and other disruptions.

认知学徒

cognitive apprenticeship The process by which a learner gradually acquires expertise through interaction with an expert, either an adult or an older or more advanced peer.

认知行为矫正

cognitive behavior modification Procedures based on both behavioral and cognitive principles for changing one's own behavior by means of self-talk and self-instruction.

认知发展

cognitive development Gradual, orderly changes by which mental processes become more complex and sophisticated.

认知学习理论

cognitive learning theories Explanations of learning that focus on mental processes.

协作

collaboration Process in which professionals work cooperatively to provide educational services.

大学及职业准备标准

College- and Career-Ready Standards Assessments intended to indicate how students are moving toward success in college and careers, and to move teachers and schools toward innovative approaches to teaching in line with the needs of colleges and the workplace in the 21st century.

共同核心州立标准

Common Core State Standards A set of academic performance standards being adopted by most U.S. states.

补偿教育

compensatory education Programs designed to prevent or remediate learning problems among students from communities where lower socioeconomic status predominates.

完形题

completion items Fill-in-the-blank test items.

计算机自适应

computer-adaptive An approach to assessment in which a computer is used to present items, and each item presented is chosen to yield the best new information about the examinee based on prior responses to earlier items.

计算机辅助教学

computer-assisted instruction (CAI) Individualized instruction administered by computer.

概念

concept An abstract idea that is generalized from specific examples.

画概念图

concept map Diagramming main ideas and the connections between them.

具体运算阶段

concrete operational stage Stage at which children develop the capacity for logical reasoning and understanding of conservation but can use these skills only in dealing with familiar situations.

同时证据

concurrent evidence A type of criterion-related evidence of validity that exists when scores on a test are related to scores from another measure of the same or a very similar trait.

条件刺激

conditioned stimulus A previously neutral stimulus that evokes a particular response after having been paired with an unconditioned stimulus.

品行障碍

conduct disorders Socioemotional and behavioral disorders that are indicated in individuals who, for example, are chronically disobedient or disruptive.

结果

consequences Pleasant or unpleasant conditions that follow behaviors and affect the frequency of future behaviors.

守恒

conservation The concept that certain properties of an object (such as weight) remain the same regardless of changes in other properties (such as length).

建构主义

constructivism View of cognitive development that emphasizes the active role of learners in building their own understanding of reality.

建构主义学习理论

constructivist theory of learning Theories that state learners must individually discover and transform complex information, checking new information against old rules and revising rules when they no longer work.

内容证据

content evidence A measure of the match between the content of a test and the content of the instruction that preceded it.

内容整合

content integration Teachers' use of examples, data, and other information from a variety of sources.

相倚性表扬

contingent praise Praise that is effective because it refers directly to specific task performances.

连续发展理论

continuous theory of development Theories based on the belief that human development progresses smoothly and gradually from infancy to adulthood.

道德的习俗水平

conventional level of morality Stages 3 and 4 in Kohlberg's model of moral reasoning, in which individuals make moral judgments in consideration of others.

合作统整阅读与写作法

Cooperative Integrated Reading and Composition (CIRC) A comprehensive program for teaching reading and writing in the upper elementary grades; students work in four-member cooperative learning teams.

合作学习

cooperative learning Instructional approaches in which students work in small mixed-ability groups.

合作游戏

cooperative play Play in which children join together to achieve a common goal.

合作性提要

cooperative scripting A study method in which students work in pairs and take turns orally summarizing sections of material to be learned.

胼胝体

corpus callosum Structure that connects the two hemispheres of the brain and coordinates their functioning.

标准参照解释

criterion-referenced interpretations Assessments that rate how thoroughly students have mastered specific skills or areas of knowledge.

效标关联证据

criterion-related evidence A type of evidence of validity that exists when scores on a test are related to scores from another measure of an associated trait.

批判性思维

critical thinking The ability to make rational decisions about what to do or what to believe.

跨年龄辅导

cross-age tutoring Tutoring of a younger student by an older one.

提示线索

cue Signals about which behavior(s) will be reinforced or punished.

文化

culture The language, attitudes, ways of behaving, and other aspects of life that characterize a group of people.

临界分数

cutoff score The score designated as the minimum necessary to demonstrate mastery of a subject.

网络欺凌

cyberbullying Threats or insults that one person directs at another via instant or text messaging or over e-mail.

数据库

database Computer programs that contain large volumes of information, such as encyclopedias and atlases.

数据驱动改革

data-driven reform School reform strategies emphasizing careful analysis of data and implementation of proven programs to strengthen areas of need.

缺失需要

deficiency needs Basic requirements for physical and psychological well-being as identified by Maslow.

树突

dendrites Branched projections at the end of a neuron that help conduct information in a brain cell.

导出分数

derived scores Values computed from raw scores that relate students' performances to those of a norming group (e.g., percentiles and grade equivalents).

桌面排版系统

desktop publishing A computer application for writing compositions that lends itself to revising and editing. See word processing.

发展

development Orderly and lasting growth, adaptation, and change over the course of a lifetime.

发展适宜性教育

developmentally appropriate education Instruction adapted to the current developmental status of children (rather than to their age alone).

诊断性测验

diagnostic tests Tests of specific skills used to identify students' needs and to guide instruction.

差异化教学

differentiated instruction An approach to teaching that adapts the content, level, pace, and products of instruction in regular classes to accommodate different needs of diverse students.

残障

disability The limitation of a function, such as cognitive processing or physical or sensory abilities.

课堂纪律

discipline Methods used to prevent behavior problems from occurring or to respond to behavior problems so as to reduce their occurrence in the future.

数码视频和数码照片

digital video and photographs Video and photographs that can be loaded into a computer and shared electronically.

直接教学

direct instruction Approach to teaching in which the teacher transmits information directly to the students; lessons are goal oriented and structured by the teacher.

不连续发展理论

discontinuous theory of development Theories describing human development as occurring through a fixed sequence of distinct, predictable stages governed by inborn factors.

发现学习

discovery learning A constructivist approach to teaching in which students are encouraged to discover principles for themselves.

区别证据

discriminant evidence A type of evidence of validity shown when scores on a test are related or unrelated to scores from one or more measures of other traits when educational or psychological theory about these traits predicts they should be related or unrelated.

辨别

discrimination Perception of and response to differences in stimuli.

干扰项

distractors Incorrect responses that are offered as alternative answers to a multiple-choice question. See foils.

分散练习

distributed practice Technique in which items to be learned are repeated at intervals over a period of time.

练习与实践

drill and practice Application of computer technology to provide students with practice of skills and knowledge.

记忆双重编码理论

dual code theory of memory Theory suggesting that information coded both visually and verbally is remembered better than information coded in only one of those two ways.

早期干预

early intervention Programs that target infants and toddlers who are at risk to prevent possible later need for remediation.

教育心理学

educational psychology The study of learning and teaching.

自我中心

egocentric Believing that everyone views the world as one views it oneself.

精细加工

elaboration The process of connecting new material to information or ideas already in the learner's mind.

电子应答设备（答题器）

electronic response devices (clickers) Electronic devices on which students enter answers to questions and have them registered on a computer or interactive whiteboard.

嵌入式多媒体

embedded multimedia Video content woven into teachers' lessons.

读写萌发

emergent literacy Knowledge and skills related to reading that children usually develop from experience with books and other print media before the beginning of formal reading instruction in school.

情绪和行为障碍

emotional and behavioral disorders Exceptionalities characterized by problems with learning, interpersonal relationships, and control of feelings and behavior.

赋权的学校文化

empowering school culture A school culture in which the institution's organization and practices are conducive to the academic and emotional growth of all students.

亲历

enactment A learning process in which individuals physically carry out tasks.

投入时间或投入任务时间

engaged time or time on task Time students spend actively engaged in learning the task at hand.

英语学习者

English learner (EL) Students in U.S. schools who are not native speakers of English.

充实方案

enrichment programs Programs in which assignments or activities are designed to broaden or deepen the knowledge of students who master classroom lessons quickly.

情景记忆

episodic memory A part of long-term memory that stores images of our personal experiences.

平衡作用

equilibration The process of restoring balance between present understanding and new experiences.

公平教学法

equity pedagogy Teaching techniques that facilitate the academic success of students from different ethnic and social class groups.

族群

ethnic group A group within a larger society that sees itself as having a common history, social and cultural heritage, and traditions, often based on race, religion, language, or national identity.

族裔

ethnicity A history, culture, and sense of identity shared by a group of people.

评价

evaluation Measurement of student performance in academic and, sometimes, other areas; used to determine appropriate teaching strategies.

评语

evaluative descriptors Statements describing strong and weak features of a response to an item, question, or project.

《每个学生都成功法案》

Every Student Succeeds Act (ESSA) Main federal education law, which replaced No Child Left Behind in December, 2015. Specifies federal testing and accountability policies, funding for Title I, special education, and other purposes, and much more.

期望理论

expectancy theory A theory of motivation based on the belief that people's efforts to achieve depend on their expectations of reward.

期望—效价模型

expectancy–valence model A theory that relates the probability and the incentive value of success to motivation.

消退

extinction The weakening and eventual elimination of a learned behavior as reinforcement is withdrawn.

消退爆发

extinction burst The increase in levels of a behavior in the early stages of extinction.

外部诱因

extrinsic incentive A reward that is external to the activity, such as recognition or a good grade.

外部强化物

extrinsic reinforcers Praise or rewards given to motivate people to engage in behavior that they might not engage in otherwise.

反馈

feedback Information on the results of one's efforts.

固定时距程序

fixed-interval (FI) schedule Reinforcement schedule in which desired behavior is rewarded following a constant amount of time.

固定比率程序

fixed-ratio (FR) schedule Reinforcement schedule in which desired behavior is rewarded following a fixed number of behaviors.

闪光灯记忆

flashbulb memory Important events that are fixed mainly in visual and auditory memory.

翻转课堂

flipped classroom A classroom where class time is free for use on cooperative learning, project-based learning, or other activities that require the presence of other students and teachers. Teachers prepare digital lessons and make them available to students online. Students are expected to view the lessons at home and perhaps send answers to questions digitally.

陪衬项

foils Incorrect responses that are offered as alternative answers to a multiple-choice question. See distractors.

早闭

foreclosure An adolescent's premature establishment of an identity based on parental choices, rather than on his or her own desires.

形式运算阶段

formal operational stage Stage at which one can deal abstractly with hypothetical situations and reason logically.

形成性评价

formative evaluation Evaluations designed to determine whether additional instruction is needed.

自由回忆学习

free-recall learning Learning of a list of items in any order.

完全融合

full inclusion Arrangement whereby students who have disabilities or are at risk receive all their instruction in a general education setting; support services are brought to the student.

性别偏见

gender bias Stereotypical views and differential treatment of males and females, often favoring one gender over the other.

泛化

generalization Carryover of behaviors, skills, or concepts from one setting or task to another.

天才

giftedness Exceptional intellectual ability, creativity, or talent.

年级当量分数

grade-equivalent scores Standard scores that relate students' raw scores to the average scores obtained by norming groups at different grade levels.

坚毅

grit High achievement motivation.

团体警示

group alerting Questioning strategies that encourage all students to pay attention during lectures and discussions.

群体相倚

group contingency Class rewards that depend on the behavior of all students.

群体相倚程序

group contingencies program A program in which rewards (or punishments) are given to a class as a whole for adhering to (or violating) rules of conduct.

成长需要

growth needs Needs for knowing, appreciating, and understanding, which people try to satisfy after their basic needs are met.

晕轮效应

halo effect Bias due to carryover of a general attitude about a respondent, as when a teacher knows which student wrote which response, and his or her opinion of the student affects grading.

受限

handicap A condition imposed on a person with disabilities by society, the physical environment, or the person's attitude.

听觉障碍

hearing disabilities Degree of deafness; uncorrectable inability to hear well.

他律道德

heteronomous morality In Piaget's theory of moral development, the stage at which children think that rules are unchangeable and that breaking them leads automatically to punishment.

海马

hippocampus Part of the brain that controls transfer of information from short-term to long-term memory.

依托家庭的强化策略

home-based reinforcement strategies Behavior modification strategies in which a student's school behavior is reported to parents, who supply rewards.

超文本和超媒体

hypertext and hypermedia Related information that appears when a computer user clicks on a word or picture.

下丘脑

hypothalamus The portion of the brain that controls the release of hormones, and functions such as sleep, hunger, and thirst.

同一性获得

identity achievement A state of consolidation reflecting conscious, clear-cut decisions about occupation and ideology.

同一性弥散

identity diffusion Inability to develop a clear direction or sense of self.

表象

imagery Mental visualization of images to improve memory.

融合

inclusion The temporal, instructional, and social integration of eligible children who have exceptionalities with peers who do not have exceptionalities based on an ongoing, individually determined educational planning and programming process. *See* mainstreaming.

独立练习

independent practice Component of instruction in which students work by themselves to demonstrate and rehearse new knowledge.

个别化教育方案

Individualized Education Program (IEP) A program tailored to the needs of a learner with exceptionalities.

《残障个体教育法案》

Individuals with Disabilities Education Act (IDEA) The main federal law concerning the education of all children and adolescents with disabilities.

惰性知识

inert knowledge Learned information that could be applied to a wide range of situations but whose use is limited to restricted, often artificial, applications.

内隐实质

inferred reality The meaning of stimuli in the context of relevant information.

信息加工理论

information-processing theory Cognitive theory of learning that describes the processing, storage, and retrieval of knowledge in the mind.

首字母策略

initial-letter strategies Strategies for learning in which initial letters of items to be memorized are made into a more easily remembered word or phrase.

教学游戏

instructional games Drill and practice exercises presented in a game format.

教学目标

instructional objective A statement of skills or concepts that students should master after a given period of instruction.

整合学习系统

integrated learning systems Entire packages of hardware and software that schools purchase. They can form many links and teachers can monitor individual student work this way, and also connect to students who have to learn in distant locations.

智力障碍

intellectual disabilities Disorders, usually present at birth, that result in below-average intellectual skills and poor adaptive behavior.

智力

intelligence General aptitude for learning, often measured by the ability to deal with abstractions and solve problems.

智商

intelligence quotient (IQ) An intelligence test score that for people of average intelligence should be near 100.

意向性

intentionality Doing things for a purpose; teachers who practice intentionality plan their actions on the basis of the outcomes they want to achieve.

交互式电子白板

interactive whiteboard Large touchscreen that teachers can use to display and modify digital content for an entire class.

干扰

interference Inhibition of recall of certain information by the presence of other information in memory.

互联网

Internet A large and growing telecommunications network of computers around the world that communicate electronically.

内部诱因

intrinsic incentive An aspect of an activity that people enjoy and therefore find motivating.

内部强化物

intrinsic reinforcers Behaviors that a person enjoys engaging in for his or her own sake, without any other reward.

拼图法

Jigsaw A cooperative learning model in which students are assigned to six-member teams to work on academic material that has been broken down into sections for each member.

乔普林计划

Joplin Plan A regrouping method in which students are grouped across grade lines for reading instruction.

关键词法

keyword method A strategy for improving memory by using images to link pairs of items.

可汗学院

Khan Academy A series of lessons in many subjects provided online at no cost. The lessons consist of explanations by a teacher, followed by exercises. Students proceed through the lessons at their own pace. An elaborate system of awards and badges rewards students' progress.

知识建构

knowledge construction Helping students understand how the knowledge we take in is influenced by our origins and points of view.

语言障碍

language disorder Impairments in one's ability to understand language or to express ideas in one's native language.

语言少数族裔

language minority In the United States, native speakers of any language other than English.

规律

laws Principles that have been thoroughly tested and found to apply in a wide variety of situations.

习得性无助

learned helplessness The expectation, based on experience, that one's actions will ultimately lead to failure.

特殊学习者

learners with exceptionalities Individuals whose physical, mental, or behavioral performance is so different from the norm—either higher or lower—that additional services are required to meet their needs.

学习

learning A change in an individual that results from experience.

学习障碍

learning disabilities (LD) Disorders that impede academic progress of people who are not mentally retarded or emotionally disturbed.

学习目标

learning goals The goals of students who are motivated primarily by desire for knowledge acquisition and self-improvement. Also called *mastery goals*.

学习目标

learning objectives Specific behaviors that students are expected to exhibit at the end of a series of lessons.

学习检测

learning probe A method, such as questioning, that helps teachers find out whether students understand a lesson.

共同学习

Learning Together A cooperative learning model in which students in four- or five-member heterogeneous groups work together on assignments.

最少限制的环境

least restrictive environment Provision in IDEA that requires students with disabilities to be educated alongside peers without disabilities to the greatest extent appropriate.

课程设计

lesson planning Procedure that includes stating learning objectives, such as what the students should know or be able to do after the lesson; what information, activities, and experiences the teacher will provide; how much time will be needed to reach the objective; what books, materials, and media support the teacher will provide; and what instructional method(s) and participation structures will be used.

加工水平理论

levels-of-processing theory Explanation of memory that links recall of a stimulus to the amount of mental processing it receives.

女同性恋者、男同性恋者、双性恋者、跨性别者

LGBT (lesbian/gay/bisexual/transgender) Collectively, people in any of these categories. Q (to denote "questioning") is sometimes added, for LGBTQ.

边缘系统

limbic system Layer immediately above the brainstem, composed of the thalamus, hypothalamus, hippocampus, and amygdala.

英语水平有限

limited English proficient (LEP) Possessing limited mastery of English.

位置法

loci method A strategy for remembering lists by picturing items in familiar locations.

控制点

locus of control A personality trait that determines whether people attribute responsibility for their own failure or success to internal or external factors.

论述题

long essay item A test question requiring an answer of more than a page.

长时记忆

long-term memory The components of memory in which large amounts of information can be stored for long periods of time.

回归主流

mainstreaming The temporal, instructional, and social integration of eligible children who have exceptionalities with peers who do not have exceptionalities based on an ongoing, individually determined educational planning and programming process. *See* inclusion.

维持

maintenance Continuation (of behavior).

集中练习

massed practice Technique in which facts or skills to be learned are repeated often over a concentrated period of time.

掌握评级

mastery grading Grading that requires an established standard of mastery, such as 80 or 90 percent correct on a test. Students who do not meet that standard the first time may receive corrective instruction and then retake the test to try to achieve mastery.

配对题

matching items Test items that are presented in two lists, each item in one list matching one or more items in the other list.

意义学习

meaningful learning Mental processing of new information that relates to previously learned knowledge.

手段—目的分析

means–ends analysis A problem-solving technique that encourages identifying the goal (ends) to be attained, the current situation, and what needs to be done (means) to reduce the difference between the two conditions.

中介性学习

mediated learning Assisted learning; an approach in which the teacher guides instruction by means of scaffolding to help students master and internalize the skills that permit higher cognitive functioning.

中介

mediation Exposing learners to more advanced ways of thinking and solving problems.

心理年龄

mental age The average test score received by individuals of a given chronological age.

心理定势

mental set Students' attitude of readiness to begin a lesson.

元认知

metacognition Knowledge about one's own learning or about how to learn ("thinking about thinking").

元认知技能

metacognitive skills Methods for learning, studying, or solving problems.

思维模式

mindset Student theories about their successes and failures.

记忆术

mnemonic Devices or strategies for aiding the memory.

模仿

modeling Imitation of others' behavior.

道德困境

moral dilemmas In Kohlberg's theory of moral reasoning, hypothetical situations that require a person to consider values of right and wrong.

同一性延缓

moratorium Experimentation with occupational and ideological choices without definite commitment.

动机

motivation The influence of needs and desires on the intensity and direction of behavior.

多元文化教育

multicultural education Education that teaches the value of cultural diversity.

多因素能力倾向成套测验

multifactor aptitude battery A test that predicts ability to learn a variety of specific skills and types of knowledge.

多媒体

multimedia Electronic material such as graphics, video, animation, and sound, which can be integrated into classroom projects.

选择题

multiple-choice items Test items that usually consist of a stem followed by choices or alternatives.

多元智力

multiple intelligences In Gardner's theory of intelligence, a person's nine separate abilities: logical/mathematical, linguistic, musical, naturalist, spatial, bodily/kinesthetic, interpersonal, intrapersonal, and existential.

负强化物

negative reinforcer Release from an unpleasant situation, given to strengthen behavior.

神经神话

neuromyth Statements about educational implications of neuroscience that either are not yet justified or are untrue.

神经元

neuron A long cell in the brain that helps transmit information.

中性刺激

neutral stimulus Stimuli that have no effect on a particular response.

《不让一个孩子掉队》

No Child Left Behind (NCLB) *See* Every Student Succeeds Act (ESSA).

非言语线索

nonverbal cues Eye contact, gestures, physical proximity, or touching that a teacher uses to communicate without interrupting verbal discourse.

正态曲线当量分数

normal curve equivalent A set of standard scores ranging from 1 to 99, having a mean of 50 and a standard deviation of about 21.

正态分布

normal distribution A bell-shaped symmetrical distribution of scores in which most scores fall near the mean, with progressively fewer occurring as the distance from the mean increases.

常模参照解释

norm-referenced interpretations Assessments that compare the performance of one student against the performance of others.

常模

norms Standards that are derived from the test scores of a sample of people who are similar to those who will take the test and that can be used to interpret scores of future test takers.

记笔记

note-taking A study strategy that requires decisions about what to write.

客体永久性

object permanence Understanding that an object exists even when it is out of sight.

观察学习

observational learning Learning by observation and imitation of others.

操作性条件作用

operant conditioning The use of pleasant or unpleasant consequences to control the occurrence of behavior.

一心多用

overlapping A teacher's ability to respond to behavior problems without interrupting a classroom lesson.

列提纲

outlining Representing the main points of material in hierarchical format.

配对联想学习

paired-associate learning Learning of items in linked pairs so that when one member of a pair is presented, the other can be recalled.

平行游戏

parallel play Play in which children engage in the same activity side by side but with very little interaction or mutual influence.

大学及职业准备评估联盟

PARCC (Partnership for Assessment of Readiness for College and Career) A state assessment aligned with the Common Core State Standards.

教学法

pedagogy The study of teaching and learning with applications to the instructional process.

同伴互助学习策略

peer-assisted learning strategy (PALS) A structured cooperative learning method in which students work in pairs, taking turns as teacher and learner, using specific metacognitive strategies.

同伴

peers People who are equal in age or status.

同伴辅导

peer tutoring Tutoring of one student by another.

词栓法

pegword method A strategy for memorization in which images are used to link lists of facts to a familiar set of words or numbers.

百分位数

percentile score A derived score that designates what percentage of the norming group earned raw scores lower than a particular score.

知觉

perception A person's interpretation of stimuli.

表现性评价

performance assessments Assessments of students' ability to perform tasks in real-life contexts rather than just showing knowledge. Also called *authentic assessments*.

表现目标

performance goals The goals of students who are motivated primarily by a desire to gain recognition from others and to earn good grades.

档案袋评价

portfolio assessment Assessment of a collection of a student's work to show growth, self-reflection, and achievement.

正强化物

positive reinforcer Pleasurable consequence given to strengthen behavior.

道德的后习俗水平

postconventional level of morality Stages 5 and 6 in Kohlberg's model of moral reasoning, in which individuals make moral judgments in relation to abstract principles.

PQ4R 法

PQ4R method A study strategy that has students preview, question, read, reflect, recite, and review material.

道德的前习俗水平

preconventional level of morality Stages 1 and 2 in Kohlberg's model of moral reasoning, in which individuals make moral judgments in their own interests.

预测证据

predictive evidence A type of criterion-related evidence of validity demonstrated when scores on a test are related to scores from a measure of a trait that the test could be used to predict.

减少偏见

prejudice reduction A critical goal of multicultural education; involves development of positive relationships and tolerant attitudes among students of different backgrounds.

普雷马克原理

Premack Principle Rule stating that enjoyable activities can be used to reinforce participation in less enjoyable activities.

前运算阶段

preoperational stage Stage at which children learn to represent things in the mind.

呈现性惩罚

presentation punishment An aversive stimulus following a behavior, used to decrease the chances that the behavior will occur again.

首因效应

primacy effect The tendency for items at the beginning of a list to be recalled more easily than other items.

一级强化物

primary reinforcer Food, water, or other consequence that satisfies a basic need.

原理

principle Explanation of the influences of various factors on student outcomes, guided by theory.

自言自语

private speech Children's self-talk, which guides their thinking and action; eventually internalized as silent inner speech.

前摄促进

proactive facilitation Increased ability to learn new information based on the presence of previously acquired information.

前摄抑制

proactive inhibition Decreased ability to learn new information, caused by interference from existing knowledge.

问题解决

problem solving The application of knowledge and skills to achieve certain goals.

问题解决评估

problem-solving assessment Test that calls for organizing, selecting, and applying complex procedures that have at least several important steps or components.

问题解决程序

problem-solving program Program designed specifically to develop students' critical-thinking skills.

程序记忆

procedural memory A part of long-term memory that stores information about how to do things.

过程—结果研究

process–product studies Research approach in which the teaching practices of effective teachers are recorded through classroom observation.

项目式学习

project-based learning When students work in groups to produce a product that represents their learning.

亲社会行为

prosocial behaviors Actions that show respect and caring for others.

心理社会危机

psychosocial crisis According to Erikson, the set of critical issues that individuals must address as they pass through each of the eight life stages.

心理社会理论

psychosocial theory A set of principles that relates social environment to psychological development.

青春期

puberty Developmental stage at which a person becomes capable of reproduction.

94-142 公法

Public Law 94-142 Federal law enacted in 1975 requiring provision of special-education services to eligible students.

惩罚

punishment Unpleasant consequences used to weaken behavior.

QAIT 模型

QAIT model A model of effective instruction that focuses on elements that teachers can directly control: quality, appropriateness, incentive, and time.

种族

race Visible genetic characteristics of individuals that cause them to be seen as members of the same broad group (e.g., African, Asian, Caucasian).

阅读恢复

Reading Recovery A program in which specially trained teachers provide one-to-one tutoring to first-graders who are not reading adequately.

近因效应

recency effect The tendency for items at the end of a list to be recalled more easily than other items.

交互式教学

reciprocal teaching A small-group teaching method based on principles of question generation; through instruction and modeling, teachers foster metacognitive skills primarily to improve the reading performance of students who have poor comprehension.

反思

reflectivity The tendency to analyze oneself and one's own thoughts.

反射

reflexes Inborn automatic responses to stimuli (e.g., eye blinking in response to bright light).

重新分组

regrouping A method of ability grouping in which students in mixed-ability classes are assigned to reading or math classes on the basis of their performance levels.

复述

rehearsal Mental repetition of information, which can improve its retention.

强化物

reinforcer A pleasurable consequence that maintains or increases a behavior.

相对评级标准

relative grading standard Grades given according to a student's rank in his or her class or grade.

信度

reliability A measure of the consistency of test scores obtained from the same students at different times.

移除性惩罚

removal punishment Withdrawal of a pleasant consequence that may be reinforcing a behavior, designed to decrease the chances that the behavior will recur.

反应代价

response cost Procedure of charging misbehaving students against their free time or other privileges.

响应干预

Response to Intervention Policies in which struggling children are given increasing levels of assistance and evaluated for possible special-education services only if they fail to respond.

倒摄促进

retroactive facilitation Increased comprehension of previously learned information because of the acquisition of new information.

倒摄抑制

retroactive inhibition Decreased ability to recall previously learned information, caused by learning of new information.

可逆性

reversibility The ability to perform a mental operation and then reverse one's thinking to return to the starting point.

机械学习

rote learning Memorization of facts or associations that might be essentially arbitrary.

简易信息聚合或丰富站点摘要

RSS (Real Simple Syndication or Rich Site Summary) RSS lets users know when something new is posted on a blog, wiki, or RSS-capable website in which they're interested.

规—例—规

rule–example–rule Patterned teaching of concepts that involves first presenting a rule or definition, then giving examples, and finally showing how examples illustrate the rule.

脚手架

scaffolding Support for learning and problem solving; might include clues, reminders, encouragement, breaking the problem down into steps, providing an example, or anything else that allows the student to grow in independence as a learner.

强化程序

schedule of reinforcement The frequency and predictability of reinforcement.

图式

schemata Mental networks of related concepts that influence understanding of new information; the singular is *schema.*

图式理论

schema theory Theory stating that information is stored in longterm memory in schemata (networks of connected facts and concepts), which provide a structure for making sense of new information.

图式

schemes Mental patterns that guide behavior.

课堂作业

seatwork Work that students are assigned to do independently during class.

二级强化物

secondary reinforcer A consequence that people learn to value through its association with a primary reinforcer.

选择—反应题目

selected-response items Test items in which respondents can select from one or more possible answers, such that the scorer is not required to interpret their response.

自我实现

self-actualization A person's ability to develop his or her full potential.

自我概念

self-concept A person's perception of his or her own strengths, weaknesses, abilities, attitudes, and values.

自尊

self-esteem The value each of us places on our own characteristics, abilities, and behaviors.

自我提问策略

self-questioning strategies Learning strategies that call on students to ask themselves *who*, *what*, *where*, and *how* questions as they read material.

自我调节的学习者

self-regulated learner Students who have knowledge of effective learning strategies and how and when to use them.

自我调节

self-regulation The ability to think and solve problems without the help of others.

语义记忆

semantic memory A part of long-term memory that stores facts and general knowledge.

感知运动阶段

sensorimotor stage Stage during which infants learn about their surroundings by using their senses and motor skills.

感官损伤

sensory impairments Problems with the ability to receive information through the body's senses.

感觉登记

sensory register Component of the memory system in which information is received and held for very short periods of time.

系列学习

serial learning Memorization of a series of items in a particular order.

序列化

seriation Arranging objects in sequential order according to one aspect, such as size, weight, or volume.

性别角色行为

sex-role behavior Socially approved behavior associated with one gender as opposed to the other.

塑造

shaping The teaching of a new skill or behavior by means of reinforcement for small steps toward the desired goal.

简答题

short essay item A test question the answer to which may range from a sentence or two to a page of 100 to 150 words.

短时记忆

short-term memory The component of memory in which limited amounts of information can be stored for a few seconds. Sometimes called *working memory.*

符号系统

sign systems Symbols that cultures create to help people think, communicate, and solve problems.

仿真软件

simulation software Computer programs that model real-life phenomena to promote problem-solving abilities and motivate interest in the areas concerned.

斯金纳箱

Skinner box An apparatus developed by B. F. Skinner for observing animal behavior in experiments that involved operant conditioning.

小组讨论

small-group discussion A discussion among four to six students in a group working independently of a teacher.

智能平衡

Smarter Balanced A state assessment aligned with the Common Core State Standards.

社会比较

social comparison The process of comparing oneself to others to gather information and to evaluate and judge one's abilities, attitudes, and conduct.

社会学习理论

social learning theories Learning theories that emphasize not only reinforcement but also the effects of cues on thought and of thought on action.

社会经济地位

socioeconomic status (SES) A measure of prestige within a social group that is most often based on income and education.

单独游戏

solitary play Play that occurs alone.

特殊教育

special education Programs that address the needs of students with mental, emotional, or physical disabilities.

言语障碍

speech disorders Oral articulation problems, occurring most frequently among children in the early elementary school grades.

电子表格

spreadsheets Computer programs that convert data into tables, charts, and graphs.

标准差

standard deviation A statistical measure of the degree of dispersion in a distribution of scores.

标准化测验

standardized tests Tests that are usually commercially prepared for nationwide use and designed to provide accurate and meaningful information on students' performance relative to that of others at their age or grade level.

标准九分数

stanine score A type of standardized score ranging from 1 to 9, having a mean of 5 and a standard deviation of 2.

题干

stem A question or partial statement in a test item that is completed by one of several choices.

刺激

stimuli Environmental conditions that activate the senses; the singular is *stimulus*.

学生团队—成就区分法

Student Teams–Achievement Divisions (STAD) A cooperative learning method for mixed-ability groupings that involves team recognition and group responsibility for individual learning.

风险学生

students at risk Students who are subject to school failure because of their own characteristics and/or because of inadequate responses to their needs by school, family, or community.

让所有人都成功

Success for All A comprehensive approach to instruction and supportive services for preschool, kindergarten, and grades 1 through 8, with one-to-one tutoring, family support services, and changes in instruction designed to prevent students from falling behind.

概述

summarizing Writing brief statements that represent the main idea of the information being read.

总结性评价

summative evaluation Final evaluations of students' achievement of an objective.

突触

synapses Tiny branches on the end of a dendrite that receive stimuli and pass them on to other neurons or to the brain.

细目表

table of specifications A list of instructional objectives and expected levels of understanding that guides test development.

任务分析

task analysis Breaking tasks down into fundamental subskills.

教育目标分类法

taxonomy of educational objectives Bloom's ordering of objectives from simple learning tasks to more complex ones.

教师效能感

teacher efficacy The degree to which teachers feel that their own efforts determine the success of their students.

授课目标

teaching objectives Clear statements of what students are intended to learn through instruction.

丘脑

thalamus Structure that receives information from all senses except smell and passes the information on to the rest of the brain.

理论

theory A set of principles that explains and relates certain phenomena.

投入任务时间

time on task The time a student is actually engaged in learning.

暂时隔离

time out Removal of a student from a situation in which misbehavior was being reinforced.

法案第一条款
Title I Federal funding provided to schools that serve many children from low-income homes to help them improve their academic achievement.

分轨
tracks Curriculum sequences to which students of specified achievement or ability level are assigned.

学习迁移
transfer of learning The application of knowledge acquired in one situation to new situations.

传递性
transitivity A skill learned during the concrete operational stage of cognitive development whereby individuals can mentally arrange and compare objects.

是非题
true–false items A form of multiple-choice test items, most useful when a comparison of two alternatives is called for.

辅导程序
tutorial programs Computer programs that teach new material, varying their content and pace according to the student's responses.

无条件反应
unconditioned response A behavior that is prompted automatically by a stimulus.

无条件刺激
unconditioned stimulus A stimulus that naturally evokes a particular response.

弱势群体
underrepresented group An ethnic or social group whose members are less likely than the members of other groups to experience economic security or power.

非分轨
untracking A focus on teaching students in mixed-ability groups and holding them to high standards, but also providing many ways for students to reach those standards.

效度
validity A measure of the degree to which a test is appropriate for its intended use.

可变时距程序
variable-interval (VI) schedule Reinforcement schedule in which desired behavior is rewarded following an unpredictable amount of time.

可变比率程序
variable-ratio (VR) schedule Reinforcement schedule in which desired behavior is rewarded following an unpredictable number of behaviors.

言语学习
verbal learning Learning of words (or facts expressed in words).

替代性学习
vicarious learning Learning based on observation of the consequences of others' behavior.

视力丧失
vision loss Degree of uncorrectable inability to see well.

等待时间
wait time Length of time that a teacher waits for a student to answer a question.

Web 2.0
Web 2.0 Web 2.0 denotes the modern use of the World Wide Web that incorporates free collaborative online communication using a template for users to enter their comments and responses.

全班讨论
whole-class discussion A discussion among all the students in the class with the teacher as moderator.

维基
wiki A website, such as Wikipedia, containing content to which the user can add or make modifications.

班级内能力分组
within-class ability grouping A system of accommodating student differences by dividing a class of students into two or more ability groups for instruction in certain subjects.

文字处理
word processing A computer application for writing compositions that lends itself to revising and editing. See desktop publishing.

工作（或短时）记忆
working (or short-term) memory The component of memory in which limited amounts of information can be stored for a few seconds.

最近发展区
zone of proximal development Level of development immediately above a person's present level.

Z 分数
***z*-score** A standard score having a mean of 0 and a standard deviation of 1.

参考文献

Abdul Jabbar, A., & Felicia, P. (2015). Gameplay engagement and learning in game-based learning: A systematic review. *Review of Educational Research, 85*(4), 740–779.

Aber, L., Brown, J., Jones, S., & Roderick, T. (2010). SEL: The history of a research–practice partnership. *Better: Evidence-based Education, 2*(2), 14–15.

Abilock, D. (2012). True—or not? *Reading: The core skill, 6*(69), 70–74.

Abrami, P., Bernard, R., Borokhovski, E., Waddington, D., Wade, C., & Persson, T. (2014). Strategies for teaching students to think critically: A meta-analysis. *Review of Educational Research, 85*(2), 275–314.

Academy for Educational Development. (2010). *ISA outcome evaluation: Final report*. New York: Author.

Ackerman, P., Beier, M., & Boyle, M. (2005). Working memory and intelligence: The same or different constructs? *Psychological Bulletin, 131*(1), 30–60.

Adams, A., Carnine, D., & Gersten, R. (1982). Instructional strategies for studying content area texts in the intermediate grades. *Reading Research Quarterly, 18*, 27–53.

Adams, J. L. (1974). *Conceptual blockbusting*. San Francisco, CA: Freeman.

Addison, P., & Warger, C. (2011). *Building your school's capacity to implement RTI: An ASCD action tool*. Alexandria, VA: ASCD.

Adesope, O., Lavin, T., Thompson, T., & Ungerleider, C. (2009, April). *A systematic review and meta-analysis on the cognitive benefits of bilingualism*. Paper presented at the annual meeting of the American Educational Research Association, San Diego, CA.

AERA (2015). AERA statement on use of value-added models (VAM) for the evaluation of educators and educator preparation programs. *Educational Researcher, 44*(8), 448–452.

AERA/APA/NCME. (1999). *Standards for educational and psychological testing*. Washington, DC: American Educational Research Association.

Aikens, N., & Barbarin, O. (2008). Socioeconomic differences in reading trajectories: The contribution of family, neighborhood, and school contexts. *Journal of Educational Psychology, 100*(2), 235–251.

Alberto, P. A., & Troutman, A. C. (2013). *Applied behavior analysis for teachers* (9th ed.). Upper Saddle River, NJ: Pearson.

Alexander, K., Entwisle, D., & Olson, L. (2014). *The long shadow: Family, background, disadvantaged urban youth, and the transition to adulthood*. New York, NY: The Russell Sage Foundation.

Algozzine, B., Marr, M., Kavel, R., & Dugan, K. (2009). Using peer coaches to build oral reading fluency. *Journal of Education for Students Placed at Risk, 14*(3), 256–270.

Allen, C., Chen, Q., Willson, V., & Hughes, J. (2009). Quality of research design moderates effects of grade retention on achievement: A meta-analytic, multilevel analysis. *Educational Evaluation and Policy Analysis, 31*(4), 480–499.

Allen, J., & Allen, C. (2010). The big wait. *Educational Leadership, 68*(1), 22–26.

Allen, L. K., Jacovina, M. E., & McNamara, D. S. (2015). Computer-based writing instruction. In C. A. MacArthur, S. Graham, & J. Fitzgerald (Eds.), *Handbook of writing research* (2nd ed.). New York: Guilford Press.

Allen, L., & Seth, A. (2004). Bridging the gap between poor and privileged. *American Educator, 28*(2), 34–42.

Allen, R. (2003). The democratic aims of service learning. *Educational Leadership, 60*(6), 51–54.

Allensworth, E. (2005). Dropout rates after high-stakes testing in elementary school: A study of the contradictory effects of Chicago's efforts to end social promotion. *Evaluation and Policy Analysis, 27*(4), 341–364.

Allensworth, E., & Nagaoka, J. (2010). Issues in studying the effects of retaining students with high-stakes promotion tests: Findings from Chicago. In J. Meece & J. Eccles (Eds.), *Handbook of research on schools, schooling, and human development* (pp. 327–341). New York, NY: Routledge.

Allington, R. (2011). *What really matters for struggling readers* (3rd ed.). New York: Addison-Wesley.

Allington, R., McGill-Franzen, A., Camilli, G., Williams, L., Graff, J., Zeig, J., Zmach, C., & Nowak, R. (2010). Addressing summer reading setback among economically disadvantaged elementary students. *Reading Psychology, 31*(5), 411–427.

Allor, J., Mathes, P., Roberts, J., Cheatham, J., & Al-Otaiba, S. (2014). Is scientifically-based reading instruction effective for students with below-average IQs? *Exceptional Children, 80*(3), 287–306.

Allspach, J., & Breining, K. (2005). *Gender differences and trends over time for the SAT reasoning test*. Princeton, NJ: Educational Testing Service.

Allyn, P. (2013). *Before ready: Powerful effective steps to implementing and achieving the Common Core State Standards*. Upper Saddle River, NJ: Pearson.

Al-Namlah, A. S., Fernyhough, C., & Meins, E. (2006). Sociocultural influences on the development of verbal mediation: Private speech and phonological decoding in Saudi Arabian and British samples. *Developmental Psychology, 42*, 117–131.

Amendum, S., Vernon-Feagans, L., & Ginsberg, M. (2011). The effectiveness of a technologically facilitated classroom-based early reading intervention. *The Elementary School Journal, 112*(1), 107–131.

American Association of University Women. (2002). *Harrassment-free hallways: How to stop sexual harassment in schools*. Washington, DC: Author.

American Association on Intellectual and Developmental Disabilities (AAIDD). (2010). *Intellectual disability: Definition, classification, and systems of support* (11th ed.). Washington, DC: Author.

American Psychiatric Association. (2011). *DSM-V development: Attention deficit/hyperactivity disorder*. Washington, DC: Author.

American Psychological Association. (2016). *Answers to your questions about transgender people, gender identity, and gender expressions*.

Amrein, A., & Berliner, D. (2003). The effects of high-stakes testing on student motivation and learning. *Educational Leadership, 60*(5), 32–38.

Amrein-Beardsley, A. (2008). Methodological concerns about the education value-added assessment system. *Educational Researcher, 37*(2), 65–75.

Amrein-Beardsley, A. (2009). The unintended, pernicious consequences of staying the course. *International Journal of Education Policy and Leadership, 4*(6), 1–13.

Ancheta, A. (2006). Civil rights, education research, and the courts. *Educational Researcher, 35*(1), 26–29.

Anderman, E. M., Anderman, L. H., & Griesinger, T. (1999). The relation of present and possible academic selves during early adolescence to grade point average and achievement goals. *The Elementary School Journal, 100*(1), 3–18.

Anderman, E., & Dawson, H. (2011). Learning with motivation. In R. Mayer & P. Alexander (Eds.), *Handbook of research on learning and instruction* (pp. 219–242). New York, NY: Routledge.

Anderman, E., & Mueller, C. (2010). Middle school transitions and adolescent development. In J. Meece & J. Eccles (Eds.), *Handbook of research on schools, schooling, and human development* (pp. 198–215). New York, NY: Routledge.

Anderman, E., Gray, D., & Chang, Y. (2013). Motivation and classroom learning. In W. Reynolds, G. Miller, & I. Weiner (Eds.) *Handbook of psychology* (Vol. 7, 2nd ed., pp. 99–116). Hoboken, NJ: Wiley.

Anderson, J. (1994). *What do student grades mean? Differences across schools.* Washington, DC: U.S. Department of Education, Office of Educational Research and Improvement.

Anderson, J. R. (2005). *Cognitive psychology and its implications* (6th ed.). New York: Worth.

Anderson, J. R., Greeno, J. G., Reder, L. M., & Simon, H. (2000). Perspectives on learning, thinking, and activity. *Educational Researcher, 29*(4), 11–13.

Anderson, J. R., Reder, L. M., & Simon, H. A. (1996). Situated learning and education. *Educational Researcher, 25*(4), 5–11.

Anderson-Inman, L., & Horney, M. (2007). Supported eText: Assistive technology through text transformations. *Reading Research Quarterly, 42*(1), 153–160.

Andrews, D. (2014). In search of feasible fidelity. In R. E. Slavin (Ed.), *Classroom management and assessment* (pp. 50–55). Thousand Oaks, CA: Corwin.

Ansary, N., Elias, M., Greene, M., & Green, S. (2015). Guidance for schools selecting antibullying approaches: Translating evidence-based strategies to contemporary implementation realities. *Educational Researcher, 44*(1), 27–36.

Anthony, J. L., & Lonigan, C. J. (2004). The nature of phonological awareness: Converging evidence from four studies of preschool and early grade school children. *Journal of Educational Psychology, 96*(1), 43–55.

Anthony, J., Williams, J., Zhang, Z., Landry, S., & Dunkelberger, M. (2014). Experiential evaluation of the value added by Raising a Reader and supplemental parent training in shared reading. *Early Education and Development, 25*(4), 493–514.

Antil, L., Jenkins, J., Wayne, S., & Vadasy, P. (1998). Cooperative learning: Prevalence, conceptualizations, and the relation between research and practice. *American Educational Research Journal, 35*(3), 419–454.

Antonetti, J. V., & Garver, J. R. (2015). *17,000 classroom visits can't be wrong: Strategies that engage students, promote active learning, and boost achievement.* Alexandria, VA: ASCD.

Archer, J. (2007). Information exchange. *Technology counts 2007, 37*–41.

Arends, R. I. (2004). *Learning to teach* (6th ed.). New York, NY: Worth.

Armony, J., Chochol, C., Fecteau, S., & Belin, P. (2007). Laugh (or cry) and you will be remembered. *Psychological Science, 18,* 1027–1029.

Armstrong, T. (2009). *Multiple intelligences in the classroom* (3rd ed.). Alexandria, VA: ASCD.

Armstrong, T. (2012). *Neurodiversity in the classroom: Strength-based strategies to help students with special needs succeed in school and life.* Alexandria, VA: ASCD.

Arnold, M. L. (2000). Stage, sequence, and sequels: Changing conceptions of morality, post-Kohlberg. *Educational Psychology Review, 12,* 365–383.

Aronson, E., Blaney, N., Stephan, C., Sikes, J., & Snapp, M. (1978). *The jigsaw classroom.* Beverly Hills, CA: Sage.

Aronson, J., & Steele, C. (2005). Stereotypes and the fragility of human competence, motivation, and self-concept. In C. Dweck & E. Elliot (Eds.), *Handbook of competence and motivation.* New York, NY: Guilford Press.

Arter, J., & McTighe, J. (2001). *Scoring rubrics in the classroom.* Thousand Oaks, CA: Corwin.

Artiles, A., Kozleski, E., Dorn, S., & Christensen, C. (2006). Chapter 3: Learning in inclusive education research—Re-mediating theory and methods with a transformative agenda. *Review of Research in Education, 30*(1), 65–108.

Arzubiaga, A., Noguerón, S., & Sullivan, A. (2009). The education of children in immigrant families. *Review of Research in Education, 33,* 246–271.

Ash, K. (2012a, August 29). Educators evaluate "flipped classrooms." *Education Week, 32*(2), s6–s8.

Ash, K. (2012b, May 9). Growing use of digital games in K-8 fueled by teachers, survey finds. *Education Week,* 12–13.

Ashcraft, M. H., & Radvansky, G. A. (Eds.). (2010). *Cognition* (5th ed.). Boston, MA: Prentice Hall.

Asher, N. (2007). Made in the (multicultural) U.S.A.: Unpacking tensions of race, culture, gender, and sexuality in education. *Educational Researcher, 36*(2), 65–73.

Atkins, J., & Ellsesser, J. (2003). Tracking: The good, the bad, and the questions. *Educational Leadership, 61*(2), 44–47.

Atkinson, J. W. (1958). Towards experimental analysis of human motivation in terms of motive, expectancies and incentives. In J. W. Atkinson (Ed.), *Motives in fantasy, action, and society.* Princeton, NJ: Van Nostrand.

Atkinson, J. W. (1964). *An introduction to motivation.* Princeton, NJ: Van Nostrand.

Atkinson, R. C., & Raugh, M. R. (1975). An application of the mnemonic keyword method to the acquisition of Russian vocabulary. *Journal of Experimental Psychology: Human Learning and Memory, 104,* 126–133.

Atkinson, R. C., & Shiffrin, R. M. (1968). Human memory: A proposed system and its component processes. In K. Spence & J. Spence (Eds.), *The psychology of learning and motivation* (Vol. 2). New York, NY: Academic Press.

Atkinson, R. K., Derry, S. J., Renkl, A., & Wortham, D. (2000). Learning from examples: Instructional principles from the worked examples research. *Review of Educational Research, 70*(2), 181–214.

Atkinson, R., Levin, J., Atkinson, L., Kiewra, K., Meyers, T., Kim, S., Renandya, W., & Hwang, Y. (1999). Matrix and mnemonic text-processing adjuncts: Comparing and combining their components. *Journal of Educational Psychology, 91*(2), 342–357.

August, D., & Shanahan, T. (Eds.). (2006a). *Developing literacy in second-language learners.* Mahwah, NJ: Erlbaum.

August, D., & Shanahan, T. (2006b). Synthesis: Instruction and professional development. In D. August & T. Shanahan (Eds.), *Developing literacy in second-language learners* (pp. 351–364). Mahwah, NJ: Erlbaum.

Austin, V. L., & Sciarra, D. T. (2010). *Children and adolescents with emotional and behavioral disorders.* Upper Saddle River, NJ: Pearson.

Ausubel, D. P. (1963). *The psychology of meaningful verbal learning.* New York, NY: Grune & Stratton.

Ausubel, D. P., & Youssef, M. (1963). Role of discriminability in meaningful parallel learning. *Journal of Educational Psychology, 54,* 331–336.

Axelrod, S. (2012). Dealing with classroom management problems. *Better: Evidence-based Education, 5*(1), 16–17.

Axford, N., Lehtonen, M., Kaoukji, D., Tobin, K., & Berry, V. (2012). Engaging parents in parenting programs: Lessons from research and practice. *Children and Youth Services Review, 34*(10), 2061–2071.

Azzam, A. (2009). Why creativity now? A conversation with Sir Ken Robinson. *Educational Leadership, 67,* 22–26.

Azzam, A. (2014). Motivated to learn: A conversation with Daniel Pink. *Educational Leadership, 72*(1), 12–17.

Badgett, J., & Christmann, E. (2009). *Designing elementary instruction and assessment.* Thousand Oaks, CA: Corwin.

Badke, W. (2009). Stepping beyond Wikipedia. *Educational Leadership, 66*(6), 54–58.

Badli, T., & Dzulkifli, M. A. (2013). The effect of humour and mood on memory recall. *Procedia-Social and Behavioral Sciences, 97,* 252–257.

Bailey, F., & Pransky, K. (2014). *Memory at work in the classroom: Strategies to help underachieving students.* Alexandria, VA: ASCD.

Bailey, J., & Burch, M. (2005). *Ethics for behavior analysis.* Mahwah, NJ: Erlbaum.

Baillargeon, R. (2002). The acquisition of physical knowledge in infancy: A summary in eight lessons. In U. Goswami (Ed.), *Blackwell handbook of childhood cognitive development* (pp. 47–83). Malden, MA: Blackwell.

Baines, E., Blatchford, P., & Chowne, A. (2007). Improving the effectiveness of collaborative groupwork in primary schools: Effects on science attainment. *British Educational Research Journal, 33*(5), 663–680.

Baines, L., Baines, C., & Masterson, C. (1994). Mainstreaming: One school's reality. *Phi Delta Kappan, 76*(1), 39–40, 57–64.

Baker, S., Gersten, R., & Lee, D. S. (2002). A synthesis of empirical research on teaching mathematics to low-achieving students. *The Elementary School Journal, 103*(1), 51–73.

Baker, S., Lesnaux, N., Jayantahi, M., Dimino, J., Proctor, C., Morris, J., Gersten, R., … & Neweman-Conchar, R. (2014). *Teaching academic content and literacy to English learners in elementary and middle school. (NCEE 2014-4012).* Washington, DC: IES, USDOE.

Balfanz, R. (2011). Back on track to graduate. *Educational Leadership, 68*(7), 54–58.

Balfanz, R., Jordan, W., & Legters, N. (2004). *Catching Up: Impact of the Talent Development ninth grade instructional interventions in reading and mathematics in high-poverty high schools.* Center for Research on the Education of Students Placed at Risk, Johns Hopkins University.

Balfanz, R., & MacIver, D. (2000). Transforming high-poverty urban middle schools into strong learning institutions: Lessons from the first five years of the Talent Development Middle School. *Journal of Education for Students Placed at Risk, 5*(1 & 2), 137–158.

Bali, V., Anagnostopoulos, D., & Roberts, R. (2005). Toward a political explanation of grade retention. *Evaluation and Policy Analysis, 27*(3), 133–155.

Ball, D., & Forzani, F. (2007). What makes education research "educational"? *Educational Researcher, 36*(9), 529–540.

Ball, D., & Forzani, F. (2010). Teaching skillful learning. *Educational Leadership, 68*(4), 40–45.

Bandalos, D. L., Yates, K., & Thorndike-Christ, T. (1995). Effects of math self-concept, perceived self-efficacy, and attributions for failure and success on test anxiety. *Journal of Educational Psychology, 87*(4), 611–623.

Bandura, A. (1965). Influence of models' reinforcement contingencies on the acquisition of imitative responses. *Journal of Personality and Social Psychology, 28*(2), 117–148.

Bandura, A. (1986). *Social foundations of thought and action: A social-cognitive theory.* Englewood Cliffs, NJ: Prentice-Hall.

Bandura, A. (1997). *Self-efficacy: The exercise of control.* New York, NY: Freeman.

Bandura, A. (2001). Social cognitive theory: An agentic perspective. *Annual Review of Psychology, 52,* 1–26.

Bandura, A. (2006). Toward a psychology of human agency. *Perspectives on Psychological Science, 1,* 2–10.

Bandura, A. (2012). On the functional properties of perceived self-efficacy revisited. *Journal of Management, 38,* 9–44.

Bandy, T., & Moore, K. (2011). What works for promoting and enhancing positive social skills: Lessons from experimental evaluations of programs and interventions.

Banerjee, R., Weare, K., & Farr, W. (2013). Working with "Social and Emotional Aspects of Learning" (SEAL): Associations with school ethos, pupil social experiences, attendance, and attainment. *British Educational Research Journal, 40*(4), 718–742.

Bangert-Drowns, R. L., Hurley, M., & Wilkinson, B. (2004). The effects of school-based writing-to-learn interventions on academic achievement: A meta-analysis. *Review of Educational Research, 74*(1), 29–58.

Bangert-Drowns, R. L., Kulik, C. C., Kulik, J. A., & Morgan, M. (1991). The instructional effect of feedback in test-like events. *Review of Educational Research, 61*(2), 213–238.

Banks, J. (2015). *Cultural diversity and education: Foundations, curriculum, and teaching.* Boston, MA: Pearson.

Banks, J. A. (2008). *An introduction to multicultural education* (4th ed.). Boston, MA: Pearson.

Banks, S. (2012). *Classroom assessment: Issues and practices* (2nd ed.). Long Grove, IL: Waveland.

Barab, S., Gresalfi, M., & Arici, A. (2009). Why educators should care about games. *Educational Leadership, 67*(1), 76.

Barber, B., Eccles, J., & Stone, M. (2001). Whatever happened to the jock, the brain, and the princess? Young adult pathways linked to adolescent activity involvement and social identity. *Journal of Adolescent Research, 16,* 429–455.

Barber, R. M., & Kagey, J. R. (1977). Modification of school attendance for an elementary population. *Journal of Applied Behavior Analysis, 10,* 41–48.

Barnes, M. (2013a). *Role reversal: Achieving uncommonly excellent results in the student-centered classroom.* Alexandria, VA: ASCD.

Barnes, M. (2013b). *The five-minute teacher: How do I maximize time for learning in my classroom?* Alexandria, VA: ASCD.

Barr, R. D., & Parrett, W. H. (2001). *Hope fulfilled for at-risk and violent youth* (2nd ed.). Boston, MA: Allyn & Bacon.

Barth, R. (1979). Home-based reinforcement of school behavior: A review and analysis. *Review of Educational Research, 49,* 436–458.

Barton, P. (2003). *Parsing the achievement gap: Baselines for tracking progress.* Princeton, NJ: Educational Testing Service.

Barton, P. (2007/2008). The right way to measure growth. *Educational Leadership, 65*(4), 70–73.

Barton, P. (2010). National education standards: To be or not to be? *Educational Leadership, 67*(7), 22–29.

Basye, D., Grant, P., Hausman, S., & Johnston, T. (2015). *Get active: Reimagining learning spaces for student success.* Arlington, VA: ISTE.

Battistich, V. (2010). School contexts that promote students' positive development. In J. Meece & J. Eccles (Eds.), *Handbook of research on schools, schooling, and human development* (pp. 111–127). New York, NY: Routledge.

Battistich, V., Watson, M., Solomon, D., Lewis, C., & Schaps, E. (1999). Beyond the three R's: A broader agenda for school reform. *The Elementary School Journal, 99*(5), 415–432.

Baumert, J., Kunter, M., Blum, W., Brunner, M., Voss, T., Jordan, A., . . . Tsai, Y. (2010). Teachers' mathematical knowledge, cognitive activation in the classroom, and student progress. *American Educational Research Journal, 47*(1), 133–180.

Bawden, D., & Robinson, L. (2009). The dark side of information: Overload, anxiety, and other paradoxes and pathologies. *Journal of Information Science, 35*(2), 180–191.

Beach, R. (2011). Issues in analyzing alignment of language arts Common Core Standards with state standards. *Educational Researcher, 40*(4), 179–182.

Beck, I., & McKeown, M. (2001). Inviting students into the pursuit of meaning. *Educational Psychology Review, 13*(3), 225–242.

Beck, I., & McKeown, M. (2007). Increasing young low-income children's oral vocabulary repertoires through rich and focused instruction. *The Elementary School Journal, 107*(3), 251–272.

Beck, I., McKeown, M., & Kucan, L. (2002). *Bringing words to life: Robust vocabulary instruction.* New York, NY: Guilford Press.

Becker, B. E., & Luthar, S. S. (2002). Social-emotional factors affecting achievement outcomes among disadvantaged students: Closing the achievement gap. *Educational Psychologist, 37*(4), 197–214.

Becker, C., & Lee, M. (2009). *The interactive whiteboard revolution: Teaching with IWBs.* Victoria, Australia: ACER Press.

Becker, H. J. (1990). Coaching for the scholastic aptitude test: Further synthesis and appraisal. *Review of Educational Research, 60*(3), 373–417.

Beckwith, S., & Murphey, D. (2016). *5 things to know about boys.* Washington, DC: ChildTrends.

Bee, H., & Boyd, D. (Eds.). (2010). *The developing child* (12th ed.). Boston, MA: Allyn & Bacon.

Beebe-Frankenberger, M., Bocian, K. L., MacMillan, D. L., & Gresham, F. M. (2004). Sorting second grade students with academic deficiencies: Characteristics differentiating those retained in grade from those promoted to third grade. *Journal of Educational Psychology, 96,* 204–215.

Beers, S. (2011). *Teaching 21st century skills: An ASCD action tool.* Alexandria, VA: ASCD.

Beghetto, R., & Kaufman, J. (2013). Fundamentals of creativity. *Educational Leadership, 70*(5), 11–15.

Bender, W. (2015). *20 disciplinary strategies for working with challenging students.* West Palm Beach, FL: Learning Sciences International.

Bender, W. N. (2012). *Differentiating instruction for students with learning disabilities* (3rd ed.). Thousand Oaks, CA: Corwin.

Benner, A., & Crosnoe, R. (2011). The racial/ethnic composition of elementary schools and young children's academic and socioemotional functioning. *American Educational Research Journal, 48*(3), 621–646.

Bennett, C. I. (2015). *Comprehensive multicultural education* (8th ed). Boston, MA: Pearson.

Benson, J. (2014). *Hanging in: Strategies for teaching the students who challenge us most.* Alexandria, VA: ASCD.

Berger, E. H., & Riojas-Cortez, M. (2016). *Parents as partners in education* (9th ed). Boston, MA: Pearson.

Berger, K. (2012). *The developing person through childhood and adolescence* (8th ed.). New York, NY: Worth.

Bergin, D. (2016). Social influences on interest. *Educational Psychologist, 51* (1), 7-22.

Bergin, D., Bergin, C., Van Dover, T., & Murphy, B. (2013). Learn more: Show what you know. *Phi Delta Kappan, 95*(1), 54–60.

Bergmann, J., & Sams, A. (2012). *Flip your classroom: Reach every student in every class every day.* Alexandria, VA: ASCD.

Berk, L. (2013). *Development through the lifespan* (6th ed.). Upper Saddle River, NJ: Pearson.

Berko, J. (1985). The child's learning of English morphology. *Word, 14,* 150–177.

Bernard-Powers, J. (2001). Gender effects in schooling. In C. F. Diaz (Ed.), *Multicultural education for the 21st century.* New York, NY: Longman.

Bernhardt, V. (2005). Data tools for school improvement. *Educational Leadership, 62*(5), 66–69.

Bernstein, D. K., & Tiegerman-Farber, E. (Eds.) (2009). *Language and communication disorders in children* (6th ed.). Boston, MA: Allyn & Bacon.

Bernthal, J. E., Bankson, N. W., & Flipsen, P. (2013). *Articulation and phonological disorders: Speech sound disorders in children* (7th ed.). Upper Saddle River, NJ: Pearson.

Berrueta-Clement, J. R., Schweinhart, L. J., Barnett, W. S., Epstein, A. S., & Weikart, D. P. (1984). *Changed lives.* Ypsilanti, MI: High/Scope.

Berry, B., & Hess, F. (2013). Expanded learning, expansive teacher leadership. *Phi Delta Kappan, 94*(5), 58–61.

Berry, B., Bernett, J., Betlach, K., C'de Baca, S., Highley, S., Holland, J., … Wasserman, L. (2011). *Teaching 2030.* New York, NY: Teachers College Press.

Bertsch, S., Pesta, B. J., Wiscott, R., & McDaniel, M. A. (2007). The generation effect: A meta-analytic review. *Memory & Cognition, 35,* 201–210.

Bettmann, E. H., & Friedman, L. J. (2004). The Anti-Defamation League's A Word of Difference Institute. In W. G. Stephan & W. P. Vogt (Eds.), *Education programs for improving intergroup relations.* New York, NY: Teachers College Press.

Biancarosa, C., & Snow, C. E. (2006). *Reading next—A vision for action and research in middle and high school literacy: A report to Carnegie Corporation of New York* (2nd ed.). Washington, DC: Alliance for Excellent Education.

Biddle, B., & Berliner, D. (2002). Unequal school funding in the United States. *Educational Leadership, 59*(8), 48–59.

Binder, L. M., Dixon, M. R., & Ghezi, P. M. (2000). A procedure to teach self-control to children with attention deficit hyper-activity disorder. *Journal of Applied Behavior Analysis, 33,* 233–237.

Birney, D., Citron-Pousiy, J., Lutz, D., & Sternberg, R. (2005). The development of cognitive and intellectual abilities. In M. Borstein & M. Lamb (Eds.), *Developmental science: An advanced textbook* (5th ed., pp. 327–358). Hillsdale, NJ: Erlbaum.

Bitter, G. G., & Legacy, J. M. (2008). *Using technology in the classroom* (7th ed.). Boston, MA: Pearson.

Blachman, B. A., Tangel, D. M., Ball, E. W., Black, R. S., McGraw, C. (1999). Developing phonological awareness and word recognition skills: A two-year intervention with low-income, inner-city children. *Reading and Writing: An Interdisciplinary Journal, 11,* 239-273.

Blachman, B., Fletcher, J., Minger, K., Schatschneider, C., Murray, M., & Vaughn, M. (2014). Intensive reading remediation in grade 2 or 3: Are there effects a decade later? *Journal of Educational Psychology, 106*(1), 46–57.

Blachman, B., Schatschneider, C., Fletcher, J., Francis, D., Clonan, S., Shaywitz, B., & Shaywitz, C. (2004). Effects of intensive reading remediation for second and third graders and a one year follow-up. *Journal of Educational Psychology, 96*(3), 444–461.

Blachowicz, C. L. Z., & Fisher, P. J. (2006). *Teaching vocabulary in all classrooms* (3rd ed.). Boston, MA: Pearson.

Black, P., Harrison, C., Lee, C., Marshall, B., & Wiliam, D. (2003). Working inside the black box: Assessment for learning in the classroom. *Phi Delta Kappan, 86*(1), 8–21.

Black, P., Harrison, C., Lee, C., Marshall, B., & Wiliam, D. (2004). *Assessment for learning.* New York, NY: Open University Press.

Blackwell, L., Trzesniewski, K., & Dweck, C. (2007). Theories of intelligence and achievement across the junior high school transition: A longitudinal study and an intervention. *Child Development, 78,* 246–263.

Blad, E. (2016). Moving beyond just academics as a way to assess effectiveness. *Education Week, 35*(16), 16–17.

Blair, C. (2004). Learning disability, intelligence, and fluid cognitive functions of the prefrontal cortex: A developmental neuroscience approach. *Learning Disabilities: A Contemporary Journal, 2*(1), 22–29.

Blazar, D., & Kraft, M. A. (2015). *Teacher and teaching effects on students' academic behaviors and mindsets (Working paper #41).* Washington, DC: Mathematica Policy Reesarch.

Blevins, W. (2011). *Teaching phonics.* New York, NY: Scholastic.

Bligh, D. (2000). *What's the use of lectures*? San Francisco: Jossey-Bass.

Block, C., & Duffy, G. (2008). Research on teaching comprehension. In C. Block & S. Parris (Eds.), *Comprehension instruction: Research-based best practices* (2nd ed., pp. 19–37). New York, NY: Guilford Press.

Bloom, B. S. (1986). Automaticity: The hands and feet of genius. *Educational Leadership, 43,* 70–77.

Bloom, B. S., Englehart, M. B., Furst, E. J., Hill, W. H., & Krathwohl, O. R. (1956). *Taxonomy of educational objectives: The classification of educational goals. Handbook 1: The cognitive domain.* New York, NY: Longman.

Bloom, B. S., Hastings, J. T., & Madaus, G. F. (1971). *Handbook on formative and summative evaluation of student learning.* New York, NY: McGraw-Hill.

Bloom, H. S., & Unterman, R. (2012). *Sustained positive effects on graduation rates produced by New York City's Small Public High Schools of Choice.* New York, NY: MDRC.

Bluestein, J. (2011). What's so hard about win-win? *Educational Leadership, 69*(1), 30–34.

Bluestein, J. (2014). *Managing 21st century classrooms: How do I avoid ineffective classroom management practices?* Alexandria, VA: ASCD.

Blumenfeld, P. C., Marx, R. W., Soloway, E., & Krajcik, J. (1996). Learning with peers: From small group cooperation to collaborative communities. *Educational Researcher, 25*(8), 37–40.

Bodovski, L., & Farkas, G. (2007). Mathematics growth in early elementary school: The roles of beginning knowledge, student engagement, and instruction. *The Elementary School Journal, 108*(2), 115–131.

Bodrova, E., & Leong, D. J. (2007). *Tools of the mind: The Vygotskian approach to early childhood education* (2nd ed.). Columbus, OH: Merrill/Prentice Hall.

Boekaerts, M. (2006). Self-regulation and effort investment. In E. Sigel & K. A. Renninger (Eds.), *A handbook of child psychology: Vol. 4. Child psychology in practice* (pp. 345–377). Hoboken, NJ: Wiley.

Boekaerts, M., Pintrich, P. R., & Zeidner, M. (Eds.). (2000). *Handbook of self-regulation.* San Diego, CA: Academic Press.

Bokosmaty, S., Sweller, J., & Kalyuga, S. (2015). Learning geometry problem solving by studying worked examples: Effects of learner guidance and expertise. *American Educational Research Journal, 52*(2), 307–333.

Bolhuis, S. (2003). Towards process-oriented teaching for self-directed life-long learning: A multidimensional perspective. *Learning and Instruction, 13,* 327–347.

Boom, J., Brugman, D., & van der Heijden, P. G. M. (2001). Hierarchical structure of moral stages assessed by a sorting task. *Child Development, 72,* 535–548.

Bond, C., Symes, W., Hebron, J., Humphrey, N., & Morewood, G. (2016). *Educating persons with Autism Spectrum Disorder: A systematic literature review.* Ireland: National Council for Special Education.

Bondie, R., Gaughran, L., & Zusho, A. (2014). Fostering English learners' confidence. *Educational Leadership, 72*(3), 42–43.

Bong, M., & Skaalvik, E. (2003). Academic self-concept and self-efficacy: How different are they really? *Educational Psychology Review, 15*(1), 1–40.

Bonney, C., & Sternberg, R. (2011). Learning to think critically. In R. Mayer & P. Alexander (Eds.), *Handbook of research on learning and instruction* (pp. 166–196). New York, NY: Routledge.

Booher-Jennings, J., & Beveridge, A. (2007). Who counts for accountability? High-stakes test exemptions in a large urban school district. In A. Sadovnik, J. O'Day, G. Bohrnstedt, & K. Borman (Eds.), *No Child Left Behind and the reduction of the achievement gap: Sociological perspectives on federal education policy.* New York, NY: Routledge.

Boone, R., & Higgins, K. (2007). The role of instructional design in assistive technology research and development. *Reading Research Quarterly, 42*(1), 134–160.

Borich, G. D. (2014). *Effective teaching methods: Research-based practice* (8th ed). Boston, MA: Pearson.

Borko, H. (2004). Professional development and teacher learning: Mapping the terrain. *Educational Researcher, 33*(8), 3–15.

Borland, J. H. (2008). Gifted students. In T. L. Good (Ed.), *21st century learning* (Vol. 2, pp. 141–149). Thousand Oaks, CA: Sage.

Borman, G. (2002/2003). How can Title I improve achievement? *Educational Leadership, 60*(4), 49–53.

Borman, G. D. (1997). *A holistic model of the organization of categorical program students' total educational opportunities.* Unpublished doctoral dissertation, University of Chicago.

Borman, G. D., & Boulay, M. (2004). *Summer learning: Research, policies, and programs.* Mahwah, NJ: Erlbaum.

Borman, G. D., & D'Agostino, J. V. (2001). Title I and student achievement: A quantitative synthesis. In G. D. Borman, S. C. Stringfield, & R. E. Slavin (Eds.), *Title I: Compensatory education at the crossroads* (pp. 25–57). Mahwah, NJ: Erlbaum.

Borman, G. D., & Overman, L. T. (2004). Academic resilience in mathematics among poor and minority students. *The Elementary School Journal, 104*(3), 177–195.

Borman, G. D., D'Agostino, J. V., Wong, K. K., & Hedges, L. V. (1998). The longitudinal achievement of Chapter I students: Preliminary evidence from the Prospects study. *Journal of Education for Students Placed at Risk, 3*(4), 363–399.

Borman, G. D., Goetz, M., & Dowling, N. (2009). Halting the summer achievement slide: A randomized field trial of the kindergARTen summer camp. *Journal of Education for Students Placed at Risk, 14*(2), 133–147.

Borman, G. D., Hewes, G. M., Overman, L. T., & Brown, S. (2003). Comprehensive school reform and achievement: A meta-analysis. *Review of Educational Research, 73*(2), 125–230.

Borman, G. D., Slavin, R. E., Cheung, A., Chamberlain, A., Madden, N. A., & Chambers, B. (2007). Final reading outcomes of the national randomized field trial of Success for All. *American Educational Research Journal, 44*(3), 701–731.

Borman, G., & Dowling, N. M. (2006). Longitudinal achievement effects of multiyear summer school: Evidence from the Teach Baltimore randomized field trial. *Educational Evaluation and Policy Analysis, 28*(1), 25–48.

Borman, G., & Hewes, G. (2002). Long-term effects and cost effectiveness of Success for All. *Educational Evaluation and Policy Analysis, 24*(2), 243–266.

Borman, G., & Kimball, S. (2005). Teacher quality and educational quality: Do teachers with higher standards-based evaluation ratings close student achievement gaps? *The Elementary School Journal, 106*(1), 3–20.

Borman, G., Benson, J., & Overman, L. (2005). Families, schools, and summer learning. *The Elementary School Journal, 106*(2), 131–150.

Borman, G., Stringfield, S., & Slavin, R. (Eds.). (2001). *Title I: Compensatory education at the crossroads.* Mahwah, NJ: Erlbaum.

Bornstein, P. H. (1985). Self-instructional training: A commentary and state-of-the-art. *Journal of Applied Behavior Analysis, 18,* 69–72.

Boss, S. (2015). *Real-world projects: How do I avoid ineffective classroom management practices?* Alexandria, VA: ASCD.

Bottge, B. A. (2001). Using intriguing problems to improve math skills. *Educational Leadership, 58*(6), 68–72.

Bottoms, J. E., Feagin, C. H., & Han, L. (2005). *Making high schools and middle grades schools work.* Atlanta, GA: Southern Regional Education Board.

Boutot, E. A., & Myles, B. S. (2011). *Autism spectrum disorders: Foundations, characteristics, and effective strategies.* Upper Saddle River, NJ: Pearson.

Bower, G. H., & Karlin, M. B. (1974). Depth of processing pictures of faces and recognition memory. *Journal of Experimental Psychology, 103,* 751–757.

Bower, G. H., Clark, M. C., Lesgold, A. M., & Winzenz, D. (1969). Hierarchical retrieval schemes in recall of categorized word lists. *Journal of Verbal Learning and Verbal Behavior, 8,* 323–343.

Boyd, B. (2012). Five myths about student discipline. *Educational Leadership, 70*(2), 62–66.

Boyd, D., & Bee, H. (2012). *Lifespan development* (6th ed.). Boston, MA: Allyn & Bacon.

Boykin, A. W. (2000). The talent development model of schooling: Placing students at promise for academic success. *Journal of Education for Students Placed at Risk, 5*(1 & 2), 3–25.

Boykin, A., & Noguera, P. (2011). *Creating the opportunity to learn: Moving from research to practice to close the achievement gap*. Alexandria, VA: ASCD.

Bracey, G. (2003). The 13th Bracey report on the condition of education. *Phi Delta Kappan, 84*(8), 616–621.

Bradley, R. H., Whiteside, L., Mundfrom, D. J., Casey, P. H., Caldwell, B. M., & Barrett, K. (1994). Impact of the Infant Health and Development Program (IHDP) on the home environments of infants born prematurely and with low birthweight. *Journal of Educational Psychology, 80,* 531–541.

Bradshaw, C. (2012). Positive behavioral interventions and supports. *Better: Evidence-based education, 5*(1), 20–21.

Bradshaw, C., Waasdorp, T., & Leaf, P. (2015). Examining variation in the impact of school-wide positive behavioral interventions and supports: Findings from a randomized controlled effectiveness trial. *Journal of Educational Psychology, 107*(2), 546–557.

Bradshaw, C., Zmuda, J., Kellam, S., & Ialongo, N. (2009). Longitudinal impact of two universal preventive interventions in first grade on educational outcomes in high school. *Journal of Educational Psychology, 101*(4), 926–937.

Bransford, J. D., & Stein, B. S. (1993). *The ideal problem solver* (2nd ed.). New York, NY: Freeman.

Bransford, J. D., Burns, M. S., Delclos, V. R., & Vye, N. J. (1986). Teaching thinking: Evaluating evaluations and broadening the data base. *Educational Leadership, 44*(2), 68–70.

Brasof, M. (2011). Student input improves behavior, fosters leadership. *Phi Delta Kappan, 93*(2), 20–24.

Bretzing, B. B., & Kulhavy, R. W. (1981). Note taking and passage style. *Journal of Educational Psychology, 73,* 242–250.

Broden, M., Hall, R. V., Dunlap, A., & Clark, R. (1970). Effects of teacher attention and a token reinforcement system in a junior high school special education class. *Exceptional Children, 36,* 341–349.

Bronfenbrenner, U. (1999). Environments in development perspective: Theoretical and operational models. In *Measuring environment across the lifespan: Emerging models and concepts* (1st ed., pp. 3–28). Washington, DC: American Psychological Association.

Bronfenbrenner, U., & Evans, G. (2000). Developmental science in the 21st century: Emerging questions, theoretical models, research designs and empirical findings. *Social Development, 9*(1), 115–125.

Bronfenbrenner, U., & Morris, P. A. (2006). The bioecological model of human development. In W. Damon & R. M. Lerner (Eds.), *Handbook of child psychology, Vol. 1: Theoretical models of human development* (6th ed., pp. 793–828). New York: Wiley.

Bronski, M., Pellegrini, A., & Amico, M. (2013). *You can tell by looking and 20 other myths about LGBT life and people.* Boston, MA: Beacon Press.

Brookes-Gunn, J., & Duncan, G. (1997). The effects of poverty on children. *Children and Poverty, 7*(2), 55–71.

Brookhart, S. (2007/2008). Feedback that fits. *Educational Leadership, 65*(4), 54–59.

Brookhart, S. (2010). *How to assess higher-order thinking skills in your classroom.* Alexandria, VA: ASCD.

Brookhart, S. (2013a). Assessing creativity. *Educational Leadership, 70*(5), 28–34.

Brookhart, S. (2013b). *Grading and group work: How do I assess individual learning when students work together?* Alexandria, VA: ASCD.

Brookhart, S. (2013c). *How to create and use rubrics for formative assessment and grading.* Alexandria, VA: ASCD.

Brookhart, S. (2014). *How to design questions and tasks to assess student thinking.* Alexandria, VA: ASCD.

Brookhart, S. (2015). Performance assessment: Showing what students know and can do. West Palm Beach, FL: Learning Sciences International.

Brookhart, S., & Nitko, A. (2015). *Educational assessment of students.* Boston, MA: Pearson.

Brookhart, S., Moss, C., & Long, B. (2008). Formative assessment that empowers. *Educational Leadership, 66*(3), 52–57.

Brooks, B. D. (1975). Contingency management as a means of reducing school truancy. *Education, 95,* 206–211.

Brooks, R. (2005). Creating a positive school climate for students with learning disabilities: The power of mindsets. In G. Sideritis & T. Citro (Eds.), *Research to practice: Effective interventions in learning disabilities* (pp. 1–20). Weston, MA: Learning Disabilities Worldwide.

Brown, F., Emmons, C., & Comer, J. (2010). The broader picture. *Better: Evidence-based Education, 2*(2), 18–19.

Brown, J., Jones, S., LaRusso, M., & Aber, J. L. (2010). Improving classroom quality: Teacher influences and experimental impacts of the 4Rs program. *Journal of Educational Psychology, 102*(1), 153–167.

Brown, K., Morris, D., & Fields, M. (2005). Intervention after grade 1: Serving increased numbers of struggling readers effectively. *Journal of Literacy Research, 37*(1), 61–94.

Brown, T. (2007). A new approach to attention deficit disorder. *Educational Leadership, 64*(5), 22–28.

Brown-Chidsey, R., & Bickford, K. (2015). *Practical handbook of multi-tiered systems of support.* New York, NY: Guilford Press.

Browne-Dianis, J. (2011). Stepping back from zero tolerance. *Educational Leadership, 69*(1), 24–28.

Brulles, D. & Winebrenner, S. (2012). Clustered for success. *Educational Leadership, 69*(5), 41–45.

Bruner, J. S. (1966). *Toward a theory of instruction.* New York, NY: Norton.

Bruning, R. H., Schraw, G. J., Norby, M. M., & Ronning, R. R. (2004). *Cognitive psychology and instruction* (4th ed.). Columbus, OH: Merrill.

Bryant, D. P., Smith, D. D., & Bryant, B. R. (2008). *Teaching students with special needs in inclusive classrooms.* Boston, MA: Allyn & Bacon.

Budhai, S., & Taddei, L. (2015). *Teacing the 4Cs with technology: How do I use 21st century tools to teach 21st century skills?* Alexandria, VA: ASCD.

Buffum, A., Mattos, M., & Weber, C. (2010). The why behind RTI. *Educational Leadership, 68*(2), 10–16.

Buffum, A., Mattos, M., & Weber, C. (2011). *Simplifying response to intervention.* Bloomington, IN: Solution Tree.

Buffum, A., Mattos, M., Weber, E., & Hierck, T. (2014). *Uniting academic and behavior interventions.* Bloomington, IN: Solution Tree.

Buhle, R., & Blachowicz, C. (2008/2009). The assessment double play. *Educational Leadership, 66*(4), 42–47.

Bulgren, J. A., Lenz, B. K., Schumaker, J. B., Deshler, D. D., & Marquis, J. G. (2002). The use and effectiveness of a comparison routine in diverse secondary content classrooms. *Journal of Educational Psychology, 94*(2), 356–371.

Bulgren, J., Deshler, D., Schumaker, J., & Lenz, B. (2000). The use and effectiveness of analogical instruction in diverse secondary content classrooms. *Journal of Educational Psychology, 92*(3), 426–441.

Bulgren, J., Marquis, J., Lenz, B., Deshler, D., & Schumaker, J. (2011). The effectiveness of a question-exploration routine for enhancing the content learning of secondary students. *Journal of Educational Psychology, 103*(3), 578–593.

Bunce, D. M., Flens, E. A., & Neiles, K. Y. (2010). How long can students pay attention? A study of student attention decline using clickers. *Journal of Chemical Education, 87*(2), 1438–1443.

Burden, P., & Boyd, D. (2016). *Methods for effective teaching* (7th ed.). Boston, MA: Pearson.

Burkam, D., LoGerfo, L., Ready, D., & Lee, V. (2007). The differential effects of repeating kindergarten. *Journal of Education for Students Placed at Risk, 12*(2), 103–136.

Burke, K. (2009). How to assess authentic learning (5th ed.). Thousand Oaks, CA: Corwin.

Burke, R., Oats, R., Ringle, J., Fichtner, L., & DelGaudio, M. (2011). Implementation of a classroom management program with urban elementary schools in low-income neighborhoods: Does program fidelity affect student behavior and academic outcomes? *Journal of Education for Students Placed at Risk, 16*(3), 201–218.

Burkee, K., & Depka, E. (2011). *Using formative assessment in the RTI framework*. Bloomington, IN: Solution Tree.

Burns, M. (2013). New views into the science of educating children with autism. *Phi Delta Kappan, 94*(4), 8–12.

Burns, R. B. (1984). How time is used in elementary schools: The activity structure of classrooms. In L. W. Anderson (Ed.), *Time and school learning: Theory, research, and practice*. London, England: Croom Helm.

Burr, E., Haas, E., & Ferriere, K. (2015). *Identifying and supporting English learner students with learning disabilities: Key issues in the literature and practice*. Washington, DC: USDOE.

Burris, C., Heubert, J., & Levin, H. (2004). Math acceleration for all. *Educational Leadership, 61*(5), 68–71.

Burris, C., Heubert, J., & Levin, H. (2006). Accelerating mathematics achievement using heterogeneous grouping. *American Educational Research Journal, 43*(1), 105–136.

Bussey, K. (1992). Lying and truthfulness: Children's definitions, standards, and evaluative reactions. *Child Development, 63*, 129–137.

Butcher, K. (2006). Learning from text with diagrams: Promoting mental model development and inference generation. *Journal of Educational Psychology, 98*(1), 182–197.

Bywater, T., & Sharples, J. (2012). Effective evidence-based interventions for emotional well-being: Lessons for policy and practice. *Research Papers in Education, 27*(4), 389–408.

Caine, R., & McClintic, C. (2014). *Handling student frustrations: How do I help students manage emotions in the classroom?* Alexandria, VA: ASCD.

Calderón, M. (1999). Teacher learning communities for cooperation in diverse settings. *Theory into Practice, 38*(2), 94–99.

Calderón, M. (2007). *Teaching reading to English language learners, grades 6–12*. Thousand Oaks, CA: Corwin.

Calderón, M. (2011). *Teaching reading and comprehension to English learners, K-5*. Bloomington, IN: Solution Tree.

Calderón, M. E., & Minaya-Rowe, L. (2003). *Designing and implementing two-way bilingual programs*. Thousand Oaks, CA: Corwin.

Calderón, M., & Minaya-Rowe, L. (2011). *Preventing long-term ELs: Transforming schools to meet core standards*. Thousand Oaks, CA: Corwin.

Calderón, M., August, D., Slavin, R. E., Durán, D., Madden, N. A., & Cheung, A. (2004). *The evaluation of a bilingual transition program for Success for All*. Baltimore, MD: Johns Hopkins University, Center for Research on the Education of Students Placed at Risk.

Calderón, M., Hertz-Lazarowitz, R., & Slavin, R. E. (1998). Effects of bilingual cooperative integrated reading and composition on students making the transition from Spanish to English reading. *Elementary School Journal, 99*(2), 153–165.

Calderón, M., Slavin, R., & Sanchez, M. (2011). Effective instruction for English learners. *The future of children, 21*(1), 103–127.

Calfee, R. C., & Wilson, K. M. (2016). *Assessing the Common Core: What's gone wrong—and how to get back on track*. New York, NY: Guilford Press.

Calhoon, M., Al Otaiba, S., Cihak, D., King, A., & Avalos, A. (2007). The effects of a peer-mediated program on reading skill acquisition for two-way bilingual first-grade classrooms. *Learning Disability Quarterly, 30*(3), 169–184.

Calhoun, G., & Elliott, R. (1977). Self-concept and academic achievement of educable retarded and emotionally disturbed children. *Exceptional Children, 44*, 379–380.

California Department of Education. (2012). *Improving education for English learners: Research-based approaches*. Sacramento, CA: CDE Press.

Callahan, C., Moon, T., Oh, S., Azano, A., & Hailey, E. (2015). What works in gifted education: Documenting the effects of an integrated curricular/instructional model for gifted students. *American Educational Research Journal, 52*(1), 137–167.

Callahan, R., Wilkinson, L., & Muller, C. (2010). Academic achievement and course taking among language minority youth in U.S. schools: Effects of ESL placement. *Educational Evaluation and Policy Analysis, 32*(1), 84–117.

Callender, A., & McDaniel, M. (2009). The limited benefits of rereading educational texts. *Contemporary Educational Psychology, 34*(1), 30–41.

Cameron, J. (2001). Negative effects of reward on intrinsic motivation—a limited phenomenon: Comment on Deci, Koestner, and Ryan (2001). *Review of Educational Research, 71*(1), 29–42.

Cameron, J., & Pierce, W. D. (1994). Reinforcement, reward, and intrinsic motivation: A meta-analysis. *Review of Educational Research, 64*, 363–423.

Cameron, J., & Pierce, W. D. (1996). The debate about rewards and intrinsic motivation: Protests and accusations do not alter the results. *Review of Educational Research, 66*(1), 39–51.

Cameron, J., Pierce, W. D., Banko, K., & Gear, A. (2005). Achievement-based rewards and intrinsic motivation: A test of cognitive mediators. *Journal of Educational Psychology, 97*(4), 641–655.

Campbell Collaboration. (2016). *Effects of school-based interventions to improve student behavior: A review of six Campbell systematic reviews*. Oslo, Norway: Author.

Campbell, D. (2000). Authentic assessment and authentic standards. *Phi Delta Kappan, 81*(5), 405–407.

Campbell, F. A., & Ramey, C. T. (1994). Effects of early intervention on intellectual and academic achievement: A follow-up study of children from low-income families. *Child Development, 65*, 684–698.

Campbell, J., & Mayer, R. E. (2004, April). *Concrete manipulatives: For whom are they beneficial?* Paper presented at the annual meeting of the American Educational Research Association, San Diego, CA.

Campbell, L., Campbell, B., & Dickerson, D. (2004). *Teaching and learning through multiple intelligences*. Boston, MA: Pearson.

Canter, L. (2014). *Classroom management for academic success.* Bloomington, IN: Solution Tree.

Cappella, E., & Weinstein, R. (2001). Turning around reading achievement: Predictors of high school students' academic resilience. *Journal of Educational Psychology, 93*(4), 758–771.

Capper, C. A., Kampschroer, E. F., & Keyes, M. W. (2000). *Meeting the needs of students of all abilities: How leaders go beyond inclusion.* Bloomington, IN: Phi Delta Kappan.

Caprara, G., Fida, R., Vecchione, M., Del Bove, G., Vecchio, G., Barbaranelli, C., & Bandura, A. (2008). Longitudinal analysis of the role of perceived self-efficacy for self-regulated learning in academic continuance and achievement. *Journal of Educational Psychology, 100*(3), 525–534.

Card, J. J., & Benner, T. A. (2008). *Programs for adolescent sexual health.* New York, NY: Springer.

Carey, T., & Carifio, J. (2012). The minimum grading controversy: Results of a quantitative study of seven years of grading data from an urban high school. *Educational Researcher, 41*(6), 201–208.

Carlisle, J., Kelcey, B., Rowan, B., & Phelpa, G. (2011). Teachers' knowledge about early reading: Effects on students' gains in reading achievement. *Journal of Research on Educational Effectiveness, 4*(4), 289–321.

Carlo, M. S., August, D., McLaughlin, B., Snow, C. E., Dressler, C., Lippman, D., Lively, T., & White, C. (2004). Closing the gap: Addressing the vocabulary needs of English language learners in bilingual and mainstream classrooms. *Reading Research Quarterly, 39*(2), 188–215.

Carlson, G., & Raphael, R. (2015). *Let's get social.* Arlington, VA: ISTE.

Carney, R. N., & Levin, J. R. (1998). Do mnemonic memories fade as time goes by? Here's looking anew! *Contemporary Educational Psychology, 23*(3), 276–297.

Carney, R. N., & Levin, J. R. (2002). Pictorial illustrations still improve students' learning from text. *Educational Psychology Review, 14*(1), 5–26.

Carney, R., Stratford, B., Anderson, K., Rojas, A., & Daneri, M. (2015). *What works for reducing problem behaviors in early childhood: Lessons from experimental evaluations.* Bethesda, MD: ChildTrends.

Carnoy, M., & Loeb, S. (2002). Does external accountability affect student outcomes? A cross-state analysis. *Educational Evaluation and Policy Analysis, 24*(4), 305–331.

Carolan, J., & Guinn, A. (2007). Differentiation: Lessons from master teachers. *Educational Leadership, 64*(5), 44–47.

Carpenter, L. B., Johnston, L. B., & Beard, L. A. (2015). *Assistive technology: Access for all students.* Boston, MA: Pearson.

Carpenter, S., & Pashler, H. (2007). Testing beyond words: Using tests to enhance visuospatial map learning. *Psychonomic Bulletin & Review, 14,* 474–478.

Carpenter, T., Fennema, E., Frank, M., Levi, L., & Empson, S. (2014). *Children's mathematics: Cogntively Guided Instruction.* Heinemann.

Carroll, J. B. (1963). A model of school learning. *Teachers College Record, 64,* 723–733.

Carroll, J. B. (1989). The Carroll model: A 25-year retrospective and prospective view. *Educational Researcher, 18,* 26–31.

Carter, L. F. (1984). The sustaining effects study of compensatory and elementary education. *Educational Researcher, 13*(7), 4–13.

Carter, P., & Darling-Hammond, L. (2016). Teaching diverse learners. In D. Gitomer & C. Bell (Eds.), *Handbook of research on teaching* (5th ed.). (pp. 593–638). Washington, DC: AERA.

Casbergue, R. M., & Strickland, D. (2015). *Reading and writing in preschool.* New York, NY: Guilford Press.

Casoli-Reardon, M., Rappaport, N., Kulick, D., & Reinfeld, S. (2012). Ending school avoidance. *Educational Leadership, 70*(2), 50–55.

Cassady, J. C., & Johnson, R. E. (2002). Cognitive anxiety and academic performance. *Contemporary Educational Psychology, 27,* 270–295.

Castagno, A., & Brayboy, B. (2008). Culturally responsive schooling for indigenous youth: A review of the literature. *Review of Educational Research, 78*(4), 941–993.

Cavanaugh, C., Kim, A.-H., Wanzek, J., & Vaughn, S. (2004). Kindergarten reading interventions for at-risk students: Twenty years of research. *Learning Disabilities: A Contemporary Journal, 2*(1), 1–8.

Cawn, B. (2015). *Texts, tasks, and talk: Instruction to meet the Common Core in grades 9–12.* Bloomington, IN: Solution Tree.

Ceci, S. J. (1991). How much does schooling influence general intelligence and its cognitive components? A reassessment of the evidence. *Developmental Psychology, 27,* 703–722.

Ceci, S., & Williams, W. (Eds.). (2009). *Why aren't more women in science? Top researchers debate the evidence* (pp. 47–55). Washington, DC: American Psychological Association.

Center for Public Education. (2008). *High-performing, high-poverty schools: Research review.* Fairfax, VA: Caliber Associates.

Center on Education Policy. (2010). *Are there differences in achievement between boys and girls?* Washington, DC: Author.

Center, Y. (2005). *Beginning reading.* New South Wales, Australia: Allen & Unwin.

Cepeda, N. J., Pashler, H., Vul, E., Wixted, J. T., & Rohrer, D. (2006). Distributed practice in verbal recall tasks: A review and quantitative synthesis. *Psychological Bulletin, 132,* 354–380.

Chambers, B., Cheung, A., & Slavin, R. (in press). Literacy and language outcomes of balanced and developmental-constructivist approaches to early childhood education: A systematic review. *Educational Research Review.*

Chambers, B., Cheung, A., Madden, N., Slavin, R. E., & Gifford, R. (2006). Achievement effects of embedded multimedia in a Success for All reading program. *Journal of Educational Psychology, 98*(1), 232–237.

Chambers, B., Cheung, A., Slavin, R., Smith, D., & Laurenzano, M. (2010). *Effective early childhood programmes: A best-evidence synthesis.* York, England: Institute for Effective Education, University of York.

Chambers, B., de Botton, O., Cheung, A., & Slavin, R. (2013). Effective early childhood education programs for disadvantaged children: A systematic review and case studies. *Handbook of research on the education of young children* (pp. 322–331). New York, NY: Routledge.

Chambers, B., de Botton, O., Cheung, A., Slavin, R. E. (2012). Effective early childhood programs for children at risk of school failure. In O. N. Saracho & B. Spodek (Eds.), *Handbook of research on the education of young children* (3rd ed., pp. 322–331). New York, NY: Routledge.

Chambers, B., Slavin, R. E., Madden, N. A., Abrami, P. C., Tucker, B. J., Cheung, A., & Gifford, R. (2008). Technology infusion in Success for All: Reading outcomes for first graders. *Elementary School Journal, 109*(1), 1–15.

Chambers, B., Slavin, R., Madden, N., Abrami, P., Logan, M., & Gifford, R. (2011). Small-group, computer-assisted tutoring to improve reading outcomes for struggling first and second graders. *The Elementary School Journal, 111*(4), 625–640.

Chander, K., Fortune, N., Lovett, J., & Scherrer, J. (2016). What should Common Core assessments measure? *Phi Delta Kappan, 97*(5), 60–65.

Chapman, C., & King, R. (2005). *Differentiated assessment strategies.* Thousand Oaks, CA: Corwin.

Chapman, E. (2001, April). *More on moderations in cooperative learning outcomes.* Paper presented at the annual meeting of the American Educational Research Association, Montreal, Canada.

Chapman, J., Tunmer, W., & Prochnow, J. (2000). Early reading-related skills and performance, reading self-concept, and the development of academic self-concept: A longitudinal study. *Journal of Educational Psychology, 92*(4), 703–708.

Chappell, S., Nunnery, J., Pribesh, S., & Hager, J. (2011). A meta-analysis of supplemental education services provider effects on student achievement. *Journal of Education for Students Placed at Risk, 16*(1), 1–23.

Chappuis, J. (2015). *Seven strategies of assessment for learning.* Boston, MA: Pearson.

Chappuis, J., Stiggins, R., Chappuis, S., & Arter, J. (2012). Classroom assessment for student learning: Doing it right—doing it well (2nd ed.). Upper Saddle River, NJ: Pearson.

Chappuis, S., & Chappuis, J. (2007/2008). The best value in formative assessment. *Educational Leadership, 65*(4), 14–19.

Charles, C. M., Senter, G., & Charles, M. (2014). *Building classroom discipline* (11th ed.). Upper Saddle River, NJ: Pearson.

Chatterji, M. (2006). Reading achievement gaps, correlates, and moderators of early reading achievement: Evidence from the Early Childhood Longitudinal Study (ECLS) kindergarten to first grade sample. *Journal of Educational Psychology, 98*(3), 489–507.

Chen, J.-Q. (2004). Theory of multiple intelligences: Is it a scientific theory? *Teachers College Record, 106,* 17–23.

Chen, Z., & Daehler, M. (2000). External and internal instantiation of abstract information facilitates transfer in insight problem solving. *Contemporary Educational Psychology, 25*(4), 423–449.

Chenoweth, K. (2009). *How it's being done: Urgent lessons from unexpected schools.* Cambridge, MA: Harvard Education Press.

Chetty, R., Friedman, J. N., & Rockoff, J. E. (2014). Measuring the impact of teachers II: Teacher value-added and student outcomes in adulthood. *American Economic Review, 104*(9), 2633–2679.

Cheung, A., & Slavin, R. (2012a). Effective reading programs for Spanish-dominant English language learners in the elementary grades: A best-evidence synthesis. *Review of Educational Resarch, 82*(4), 351–395.

Cheung, A., & Slavin, R. (2012b). How features of educational technology programs affect student reading outcomes: A meta-analysis. *Educational Research Review,* 7(3), 198–215.

Cheung, A., & Slavin, R. (2013). The effectiveness of educational technology applications for enhancing mathematics achievement in K-12 classrooms. *Educational Research Review, 9,* 88–113.

Cheung, A., & Slavin, R. E. (2005). Effective reading programs for English language learners and other language-minority students. *Bilingual Research Journal, 29*(2), 241–267.

Chi, M., & VanLehn, K. (2012). Seeing deep structure from the interactions of surface features. *Educational Psychologist, 47*(3), 177–188.

Children's Defense Fund. (2009). *Child poverty.* Washington, DC: Author.

Chmielewski, A., Dumont, H., & Trautwein, U. (2013). Tracking effects depend on tracking type: An international comparison of students' mathematics self-concept. *American Educational Research Journal, 50*(5), 925–957.

Cho, M.-H., & Bergin, D. (2009, April). *Review of self-regulated learning models and implications for theory development.* Paper presented at the annual meeting of the American Educational Research Association, San Diego, CA.

Chorzempa, B., & Graham, S. (2006). Primary-grade teachers' use of within-class ability grouping in reading. *Journal of Educational Psychology, 98*(3), 529–541.

Christenbury, L. (2010). The flexible teacher. *Educational Leadership, 68*(4), 46–50.

Christian, D., & Genesee, F. (Eds.). (2001). *Bilingual education.* Alexandria, VA: TESOL.

Christopher, S. (2007/2008). Homework: A few practice arrows. *Educational Leadership, 65*(4), 74.

Clark, D., Tanner-Smith, E., & Killingsworth, S. (2016). Digital games, design, and learning: A systematic review and meta-analysis. *Educational Evaluation and Policy Analysis, 37* (4), 79–122.

Clark, D., Tanner-Smith, E., Killingsworth, S., & Bellamy, S. (2013). *Digital games for learning: A systematic review and meta-anlaysis.* Menlo Park, CA: SRI International.

Clark, J. M., & Paivio, A. (1991). Dual coding theory and education. *Educational Psychology Review, 3*(3), 149–210.

Clark, K. (2009). The case for structured English immersion. *Educational Leadership, 66*(7), 42–47.

Clarke, J. (2012). Invested in inquiry. *Educational Leadership, 69*(5), 60–64.

Clarke-Midura, J. (2014). The role of technology in science assessments. In R. E. Slavin (Ed.), *Science, technology, & mathematics (STEM)* (pp. 48–51). Thousand Oaks, CA: Corwin.

Cleary, T. J., & Zimmerman, B. J. (2004). Self-regulation empowerment program: A school-based program to enhance self-regulated and self-motivated cycles of student learning. *Psychology in the Schools, 41,* 537–550.

Cleveland, K. (2011). *Teaching boys who struggle in school: Strategies that turn underachievers into successful learners.* Alexandria, VA: ASCD.

Coalition for Evidence-Based Policy. (2003). *Identifying and implementing educational practices supported by rigorous evidence: A user friendly guide.* Washington, DC: U.S. Department of Education.

Cobb, P., & Jackson, K. (2011). Assessing the quality of the Common Core State Standards for mathematics. *Educational Researcher, 40*(4), 183–185.

Cochran-Smith, M., & Power, C. (2010). New directions for teacher preparation. *Educational Leadership, 67*(5), 7–13.

Cohen, D., Peurach, D., Glazer, J., Gates, K., & Goldin, S. (2014). *Improvement by design: The promise of better schools.* Chicago, IL: The University of Chicago Press.

Cohen, E. G. (2004). Producing equal-status interaction amidst classroom diversity. In W. G. Stephan & W. P. Vogt (Eds.), *Education programs for improving intergroup relations.* New York, NY: Teachers College Press.

Cohen, E., & Lotan, R. (2014). *Designing groupwork: Strategies for the heterogeneous classroom* (3rd ed.). New York, NY: Teachers College Press.

Cohen, L. B., & Cashon, C. H. (2003). Infant perception and cognition. In R. M. Lerner, M. A. Easterbrooks, & J. Mistry (Eds.), *Handbook of psychology: Vol. 6. Developmental psychology* (pp. 65–89). Hoboken, NJ: Wiley.

Colangelo, N., & Davis, G. A. (Eds.). (2009). *Handbook of gifted education* (3rd ed.). Boston, MA: Allyn & Bacon.

Colangelo, N., Assouline, S., & Gross, M. U. M. (2005). *A nation deceived: How schools hold back America's brightest students.* Iowa City, IA: International Center for Gifted Education and Talent Development.

Colby, C., & Kohlberg, L. (1984). Invariant sequence and internal consistency in moral judgment stages. In W. Kurtines & J. Gewirts (Eds.), *Morality, moral behavior, and moral development.* New York, NY: Wiley-Interscience.

Coles, G. (2004). Danger in the classroom: "Brain Glitch" research and learning to read. *Phi Delta Kappan, 85*(5), 344–357.

Collins, M., Friedman, D., Repka, M., Owoeye, J., Mudie, L., Anglemeyer, K., Slavin, R., & Corcoran R. (2015, May). *Preliminary results from the Baltimore Reading and Eye Disease Study (BREDS).* Paper presented at the annual meeting of the Association for Research in Vision and Ophthalmology, Seattle, WA.

Comer, J. (2005). Child and adolescent development: The critical missing focus in school reform. *Phi Delta Kappan, 86*(10), 757–763.

Comer, J. (2010). The Yale Child Study Center school development program. In J. Meece & J. Eccles (Eds.), *Handbook of research on schools, schooling, and human development* (pp. 419–433). New York, NY: Routledge.

Connolly, B., & Smith, M. W. (2002). Teachers and students talk about talk: Class discussions and the way it should be. *Journal of Adolescent and Adult Literacy, 46*(1), 16–26.

Connor, C. M., Son, S. H., Hindman, A. H., & Morrison, F. J. (2004). *Teacher qualifications, classroom practices, and family characteristics: Complex effects on first-graders' vocabulary and early reading outcomes.* Ann Arbor, MI: University of Michigan, Department of Psychology.

Connor, C., Alberto, P., Compton, D., & O'Connor, R. (2014). *Improving reading outcomes for students with or at risk of reading disabilities: A synthesis of the contributions from the IES Research Centers.* Washington, DC: IES, USDOE.

Conyers, L., Reynolds, A., & Ou, S. (2003). The effect of early childhood intervention and subsequent special education services: Findings from the Chicago child–parent centers. *Educational Evaluation and Policy Analysis, 25*(1), 75–95.

Cook, A., & Tashlik, P. (2004). *Talk, talk, talk: Discussion based classrooms.* New York, NY: Teachers College Press.

Cook, B. G., & Tankersley, M. (2013). *Research-based practices in special education.* Upper Saddle River, NJ: Pearson.

Cooley, W. W., & Leinhardt, G. (1980). The instructional dimensions study. *Educational Evaluation and Policy Analysis, 2,* 7–26.

Cooper, H., & Valentine, J. C. (2001). Using research to answer practical questions about homework. *Educational Psychologist, 36*(3), 143–153.

Cooper, H., Borman, G., & Fairchild, R. (2010). School calendars and academic achievement. In J. Meece & J. Eccles (Eds.), *Handbook of research on schools, schooling, and human development* (pp. 342–355). New York, NY: Routledge.

Cooper, H., Charlton, K., Valentine, J. C., & Muhlenbruck, L. (2000). Making the most of summer school: A meta-analytic and narrative review. *Monographs of the Society for Research in Child Development, 65*(1, Serial No. 260), 1–118.

Cooper, H., Robinson, J. C., & Patall, E. (2006). Does homework improve academic achievement? *Review of Educational Research, 76*(1), 1–62.

Cooper, K. (2014). Eliciting engagement in the high school classroom: A mixed-methods examination of teaching practices. *American Educational Research Journal, 51*(2), 363–402.

Cooper, R. (1998). Urban school reform: Student responses to detracking in a racially mixed high school. *Journal of Education for Students Placed at Risk, 4*(3), 259–275.

Cooper, R., & Slavin, R. E. (2004). Cooperative learning: An instructional strategy to improve intergroup relations. In W. G. Stephan & W. P. Vogt (Eds.), *Education programs for improving intergroup relations.* New York, NY: Teachers College Press.

Corbett, D., Wilson, B., & Williams, B. (2005). No choice but success. *Educational Leadership, 62*(6), 8–13.

Coren, E., Hossain, R., Pardo, J., Veras, M., Chakrabordy, K., Harris, H., & Martin, A. (2013). Interventions for promoting reintegration and reducing harmful behavior and lifestyles in street-connected children and young people: A systematic review. *Campbell Systematic Reviews.* doi:10.4073/csr.2013.6

Corkill, A. J. (1992). Advance organizers: Facilitators of recall. *Educational Psychology Review, 4,* 33–67.

Corkum, P., Humphries, K., Mullane, J., & Theriault, F. (2008). Private speech in children with ADHD and their typically developing peers during problem-solving and inhibition tasks. *Contemporary Educational Psychology, 33*(1), 97–115.

Cornelius-White, J. (2007). Learner-centered teacher-student relationships are effective: A meta-analysis. *Review of Educational Research, 77*(1), 113–143.

Cornell, D., Gregory, A., Huang, F., & Fan, X. (2013). Perceived prevalence of teasing and bullying predicts high school dropout rates. *Journal of Educational Psychology, 105*(1), 138–149.

Corno, L. (2000). Looking at homework differently. *The Elementary School Journal, 100*(5), 529–548.

Corpus, J., McClintic-Gilbert, M., & Hayenga, A. (2009). Within-year changes in children's intrinsic and extrinsic motivational orientations: Contextual predictors and academic outcomes. *Contemporary Educational Psychology, 34*(2), 154–166.

Corrin, W., Parise, L., Cerna, O., Haider, Z., & Somers, M. (2015). *Case management for students at risk of dropping out.* New York, NY: MDRC.

Costa, A. (2008). The thought-filled curriculum. *Educational Leadership, 65*(5), 20–25.

Council of Chief State School Officers. (2011). *The Interstate New Teacher Assessment and Support Consortium (INTASC) model core teaching standards: A resource for state dialogue.* Washington, DC: Author.

Council of Chief State School Officers (2015). *College- and career-ready standards.*

Cowan, N. (2001). The magical number 4 in short-term memory: A reconsideration of mental storage capacity. *Behavioral and Brain Sciences, 24,* 87–185.

Craik, F. I. M. (2000). Memory: Coding processes. In A. Kazdin (Ed.), *Encyclopedia of psychology.* Washington, DC: American Psychological Association.

Crévola, C. A., & Hill, P. W. (1998). Evaluation of a whole-school approach to prevention and intervention in early literacy. *Journal of Education for Students Placed at Risk, 3*(2), 133–157.

Crisp, R. J., & Turner, R. N. (2011). Cognitive adaptation to the experience of social and cultural diversity. *Psychological Bulletin, 137,* 242–266.

Cross, D., Thompson, S., & Erceg, E. (2014). *Friendly schools plus evidence for practice: Whole-school strategies to enhance students' social skills and reduce bullying.* Bloomington, IN: Solution Tree.

Cross, L. H., & Cross, G. M. (1980/1981). Teachers' evaluative comments and pupil perception of control. *Journal of Experimental Education, 49,* 68–71.

Crutcher, R. J., & Ericsson, K. A. (2003). The effects of practice on mnemonic encodings involving prior knowledge and semantic memory. *Journal of Experimental Psychology: Learning Memory and Cognition, 29*(6), 1387–1389.

Cummings, E. M., Braungart-Rieker, J. M., & Du Rocher-Schudlich, T. (2003). Emotion and personality development in childhood. In R. M. Lerner, M. A. Easterbrooks, & J. Mistry (Eds.), *Handbook of psychology: Vol. 6. Developmental psychology* (pp. 211–239). Hoboken, NJ: Wiley.

Curwin, R. (2010). *Meeting students where they live: Motivation in urban schools.* Alexandria, VA: ASCD.

Curwin, R. (2013). *Affirmative classroom management: How do I develop effective rules and consequences in my school?* Alexandria, VA: ASCD.

Curwin, R. (2014). Can assessments motivate? *Educational Leadership, 72*(1), 38–40.

Cushman, K. (2006). Help us care enough to learn. *Educational Leadership, 63*(5), 34–37.

Cutshall, S. (2009). Clicking across cultures. *Educational Leadership, 67*(1), 40–44.

Daccord, T., & Reich, J. (2015). How to transform teaching with tablets. *Educational Leadership, 72*(8), 18–23.

Daniels, H., Cole, M., & Wertsch, J. V. (Eds.) (2007). *The Cambridge companion to Vygotsky.* New York, NY: Cambridge University Press.

Danielson, C. (2010). Evaluations that help teachers learn. *Educational Leadership, 68*(4), 35–39.

Darling-Hammond, L. (2006). Securing the right to learn: Policy and practice for powerful teaching and learning. *Educational Researcher, 35*(7), 13–24.

Darling-Hammond, L. (2008). Teacher quality definition debates: What is an effective teacher? In T. L. Good (Ed.), *21st century learning* (Vol. 2, pp. 12–22). Thousand Oaks, CA: Sage.

Darling-Hammond, L. (2012, March 14). Value-added teacher evaluation: The harm behind the hype. *Education Week,* 32.

Darling-Hammond, L., & Ifill-Lynch, O. (2006). If they'd only do their work! *Educational Leadership, 63*(5), 8–13.

Darling-Hammond, L., & Richardson, N. (2009). Teacher learning: What matters? *Educational Leadership, 66*(5), 46–55.

Darling-Hammond, L., Amrein-Beardsley, A., Haertel, E., & Rothstein, J. (2012). Evaluating teacher evaluation. *Phi Delta Kappan, 93*(6), 8–15.

Darling-Hammond, L., Ancess, J., & Ort, S. W. (2002). Reinventing high school: Outcomes of the Coalition Campus Schools Project. *American Educational Research Journal, 39*(3), 639–673.

Darling-Hammond, L., Zielezinski, M., & Goldman, S. (2014). *Using technology to support at-risk students' learning.* Washington, DC: Alliance for Excellent Education.

Datnow, A., & Park, V. (2015). Data use for equity. *Educational Leadership, 72*(5), 48–54.

Datnow, A., Lasky, S., Stringfield, S., & Teddlie, C. (2005). Systemic integration for educational reform in racially and linguistically diverse contexts: A summary of the evidence. *Journal of Education for Students Placed at Risk, 10*(4), 441–453.

David, J. (2008). Project-based learning. *Educational Leadership, 65*(5), 80–84.

David, J. (2009). Teaching media literacy. *Educational Leadership, 66*(6), 84–86.

David, J. (2010a). Some summer programs narrow learning gaps. *Educational Leadership, 68*(3), 78–80.

David, J. (2010b). Using value-added measures to evaluate teachers. *Educational Leadership, 67*(8), 81–82.

David, J. (2011). High-stakes testing narrows the curriculum. *Educational Leadership, 68*(6), 78–80.

Davis, B. M. (2014). *Cultural literacy for the Common Core.* Bloomington, IN: Solution Tree.

Davis, G. A., Rimm, S. B., & Siegle, D. (2011). *Education of the gifted and talented* (6th ed.). Upper Saddle River, NJ: Pearson.

Davis, H. (2008). Development: 3–5. In T. L. Good (Ed.), *21st century learning* (Vol. 1, pp. 82–92). Thousand Oaks, CA: Sage.

Davis, S., & Nixon, C. (2011). What students say about bullying. *Educational Leadership, 69*(1), 18–23.

Dawson, T. L. (2002). New tools, new insights: Kohlberg's moral judgment stages revisited. *International Journal of Behavioral Development, 26,* 154–166.

Day, S., & Goldstone, R. (2012). The import of knowledge export: Connecting findings and theories of transfer of learning. *Educational Psychologist, 47*(3), 153–176.

de Boer, H., Bosker, R., & van der Werf, M. (2010). Sustainability of teacher expectation bias effects on long-term student performance. *Journal of Educational Psychology, 102*(1), 168–179.

de Bruin, C. L., Deppeler, J. M., Moore, D. W., & Diamond, N. T. (2013). Public school-based interventions for adolescents and young adults with an autism spectrum disorder: A meta-analysis *Review of Educational Research, 83*(4), 521–550.

De Jong, T. (2011). Instruction based on computer simulations. In R. Mayer & P. Alexander (Eds.), *Handbook of research on learning and instruction* (pp. 446–466). New York, NY: Routledge.

De La Paz, S., & Graham, S. (2002). Explicitly teaching strategies, skills, and knowledge: Writing instruction in middle school classrooms. *Journal of Educational Psychology, 94*(2), 687–698.

De La Paz, S., & McCutchen, D. (2011). Learning to write. In R. Mayer & P. Alexander (Eds.), *Handbook of research on learning and instruction* (pp. 32–54). New York, NY: Routledge.

De Vivo, K. (2011). A comprehensive approach to adolescent literacy intervention. *Better: Evidence-based Education, 4*(1), 20–21.

Dean, C., Hubbell, E., Pitler, H., & Stone, B. (2012). *Classroom instruction that works: Research-based strategies for increasing student achievement* (2nd ed.). Alexandria, VA: ASCD.

DeBacker, T., & Nelson, R. M. (1999). Variations on an expectancy-value model of motivation in science. *Contemporary Educational Psychology, 24*(2), 71–94.

Deci, E. L., & Ryan, R. M. (Eds.). (2002). *Handbook of self-determination research.* Rochester, NY: University of Rochester Press.

Deci, E., Koestner, R., & Ryan, R. (2001). Extrinsic rewards and intrinsic motivation in education: Reconsidered once again. *Review of Educational Research, 71*(1), 1–27.

Decristan, J., Klieme, E., Kunter, M., Hochweber, J., Buttner, G., Fauth. B...& Hardy, I. (2015). Embedded formative assessment and classroom process quality: How do they interact in promoting science understanding? *American Educational Research Journal, 52*(6), 1133–1159.

Dee, T. (2015). Social identity and achievement gaps: Evidence from an affirmative intervention. *Journal of Research on Educational Effectiveness, 8*(2), 149–168.

Dekker, S., Lee, N., Howard-Jones, P., & Jolles, J. (2012). Neuromyths in education: Prevalance and predictors of misconceptions among teachers. *Frontiers of Psychology, 18,* 429.

Delamont, S. (2002). Gender and education. In D. L. Levinson, P. W. Cookson, Jr., & A. R. Sadovnik (Eds.), *Education and sociology: An encyclopedia* (pp. 273–279). New York, NY: Routledge.

Dembo, M., & Eaton, M. (2000). Self-regulation of academic learning in middle-level schools. *The Elementary School Journal, 100*(5), 472–490.

Dempster, F. N. (1991). Synthesis of research on reviews and tests. *Educational Leadership, 72*(8), 71–76.

Dempster, F. N., & Corkill, A. J. (1999). Interference and inhibition in cognition and behavior: Unifying themes for educational psychology. *Educational Psychology Review, 11*(1), 1–74.

Denham, S., Zinsser, K., & Brown, C. (2013). The emotional basis of learning and development in early childhood education. *Handbook of research on the education of young children* (pp. 67–88). New York, NY: Routledge.

Denton, C. A., Anthony, J. L., Parker, R., & Hasbrouck, J. E. (2004). Effects of two tutoring programs on the English reading development of Spanish-English bilingual students. *The Elementary School Journal, 104*(4), 289–305.

Depascale, C. (2012). Managing multiple measures. Principal, *91*(5), 6–10.

Deshler, D. D. (2005). Adolescents with learning disabilities. *Learning Disabilities Quarterly, 28*(2), 122–123.

Deshler, D., Palincsar, A., Biancarosa, G., & Nair, M. (2007). *Informed choices for struggling adolescent readers.* Newark, DE: International Reading Association.

Devonshire, V., Morris, P., & Fluck, M. (2013). Spelling and reading development: The effect of teaching children multiple levels of representation in their orthography. *Learning and Instruction, 25,* 85–94.

DeVries, R. (2008). Piaget and Vygotsky: Theory and practice in early education. In T. L. Good (Ed.), *21st century learning* (Vol. 1, pp. 184–193). Thousand Oaks, CA: Sage.

deWinstanley, P. A., & Bjork, E. L. (2004). Processing strategies and the generation effect: Implications for making a better reader. *Memory & Cognition, 32*(6), 945–955.

Diamond, K., Justice, L., Siegler, R., & Snyder, P. (2013). *Synthesis of IES research on early intervention and early childhood education.* Washington, DC: USDOE.

Diamond, R. M. (2008). *Designing and assessing courses and curricula: A practical guide* (3rd ed.). New York, NY: Wiley.

Díaz-Rico, L. T., & Weed, K. Z. (2010). *The crosscultural, language, and academic development handbook: A complete K–12 reference guide* (4th ed.). Boston, MA: Allyn & Bacon.

DiCerbo, P. A., Anstrom, K. A., Baker, L. L., & Rivera, C. (2014). A review of the literature on teaching academic English to English language learners. *Review of Educational Research, 84*(3), 446.

Dick, W., Carey, L., & Carey, J. (2015). *The systematic design of instruction.* Boston, MA: Pearson.

Dickerson, A., & Popli, G. (2012). *Pesistent poverty and children's cognitive development: Evidence from the UK Millennium Cohort Study.* London, England: CLS.

Diehm, C. (2004). From worn-out to web-based: Better student portfolios. *Phi Delta Kappan, 85*(10), 792–795.

Dietel, R. (2011). Testing to the top. *Phi Delta Kappan, 92*(8), 32–36.

Dingman, S., Teuscher, D., Newton, J., & Kasmer, L. (2013). Common mathematics standards in the United States. *The Elementary School Journal, 113*(4), 541–565.

Dlott, A. (2007). A (pod)cast of thousands. *Educational Leadership, 64*(7), 80–82.

Dobbertin, C. (2012). "Just how I need to learn it." *Educational Leadership, 69*(5), 66–70.

Domitrovich, C. E., Cortes, R., & Greenberg, M. T. (2007). Improving young children's social and emotional competence: A randomized trial of the preschool PATHS program. *Journal of Primary Prevention, 28*(2), 67–91.

Dong, Y. (2009). Linking to prior learning. *Educational Leadership, 66*(7), 26–31.

Dooling, D. J., & Lachman, R. (1971). Effects of comprehension on retention of prose. *Journal of Experimental Psychology, 8,* 216–222.

Doorey, N. (2014). The Common Core assessments: What you need to know. *Educational Leadership, 71*(6), 57–61.

Dotterer, A., McHale, S., & Crouter, A. (2009). The development and correlates of academic interests from childhood through adolescence. *Journal of Educational Psychology, 101*(2), 509–519.

Doubet, K., & Hockett, J. (2015). *Differentiation in middle and high school: Strategies to engage all learners.* Alexandria, VA: ASCD.

Dougherty, E. (2012). *Assignments matter: Making the connections that help students meet standards.* Arlington, VA: ASCD.

Downing, J. E. (2001). *Including students with severe and multiple disabilities in typical classrooms.* Baltimore, MD: Brookes.

Drabman, R., Spitalnik, R., & O'Leary, K. (1973). Teaching self-control to disruptive children. *Journal of Abnormal Psychology, 82,* 10–16.

Drapeau, P. (2014). *Sparing student creativity: Practical ways to promote innovative thinking and problem solving.* Alexandria, VA: ASCD.

Driscoll, M. P. (2005). *Psychology of learning for instruction* (3rd ed.). Boston, MA: Allyn & Bacon.

Dubinsky, J., Roehrig, G., & Varma, S. (2013). Infusing neuroscience into teacher professional development. *Educational Researcher, 42*(6), 317–329.

Duckor, B. (2014). Formative assessment in seven good moves. *Educational Leadership, 71*(6), 28–33.

Duckworth, A. L., Gendler, T. S., & Gross, J. J. (2014). Self-control in school-age children. *Educational Psychologist, 49*(3), 199–217.

Duckworth, A. L., & Steinberg, L. (2015). Understanding and cultivating self-control in children and adolescents. *Child Development Perspectives, 9*(1), 32–37.

Duckworth, A., White, R., Gross, J., Matteucci, A., & Shearer, A. (2016). A stitch in time: Strategic self-control in high school and college students. *Educational Psychology, 108*(3), 329–341.

Dueck, M. (2011). How I broke my own rule and learned to give retests. *Educational Leadership, 69*(3), 72–75.

Dueck, M. (2014). *Grading smarter, not harder: Assessment strategies that motivate kids and help them learn.* Alexandria, VA: ASCD.

Duell, O. K. (1994). Extended wait time and university student achievement. *American Educational Research Journal, 31*(2), 397–414.

Duke, N. K. (2000). For the rich it's richer: Print experiences and environments offered to children in very low- and very high-socioeconomic status first-grade classrooms. *American Educational Research Journal, 37*(2), 441–478.

Duke, N. K., & Carlisle, J. F. (2011). The development of comprehension. In M. L. Kamil, P. D. Pearson, E. B. Moje, & P. Afflerbach (Eds.), *Handbook of Reading Research* (Vol. IV, pp. 199–228). London, England: Routledge.

Duncan, G., & Murnane, R. (2014a). Growing income inequality threatens American education. *Phi Delta Kappan, 95*(6), 8–14.

Duncan, G., & Murnane, R. (2014b). *Restoring opportunity: The crisis of inequality and the challenge for American education.* Cambridge, MA: Harvard University Press.

Dunlosky, J., Rawson, K., Marsh, E., Nathan, M., & Willingham, D. (2013). Improving students' learning with effective learning techniques: Promising directions from cognitive and educational psychology. *Psychological Science in the Public Interest, 14*(1), 4–58.

Dunn, K., & Mulvenon, S. (2009). A critical review of research on formative assessment: The limited scientific evidence of the impact of formative assessment in education. *Practical Assessment, Research & Evaluation, 14*(7), 1–11.

Dunn, L. (2011). Making the most of your class website. *Educational Leadership, 68*(5), 60–62.

Durlak, J., Weissberg, R., Dymnicki, A., Taylor, R., & Schellinger, K. (2011). The impact of enhancing students' social and emotional learning: A meta-analysis of school-based universal interventions. *Child Development, 82*(1), 405–432.

Duschl, R., & Hamilton, R. (2011). Learning science. In R. Mayer & P. Alexander (Eds.), *Handbook of research on learning and instruction* (pp. 78–107). New York, NY: Routledge.

Dweck, C. (2007). The perils and promises of praise. *Educational Leadership, 65*(2), 34–39.

Dweck, C. S. (2006). *Mindset: The new psychology of success.* New York, NY: Random House.

Dweck, C. S. (2010). Even geniuses work hard. *Educational Leadership, 68*(1), 16–20.

Dweck, C.S. (2013). Social development. In P. Zelazo (Ed.), *Oxford handbook of developmental psychology.* New York, NY: Oxford University Press.

Dynarski, M., & Kaenz, K. (2015). *Why federal spending on disadvantaged students (Title I) doesn't work.* Washington, DC: Brookings.

Dynarski, M., Agodini, R., Heaviside, S., Novak, T., Carey, N., Campuzzano, L., … Sussex, W. (2007). *Effectiveness of reading and mathematics software products: Findings from the first student cohort.* Washington, DC: Institute of Education Sciences.

Early, D. M., Berg, J. K., Alicea, S., Si, Y., Aber, L., Ryan, R. M., & Deci, E. L. (2016). The impact of Every Classroom, Every Day on high school student achievement: Results from a school-randomized trial. *Journal of Research on Educational Effectiveness, 9*(1), 3–29.

Ebeling, D. G. (2000). Adapting your teaching to any learning style. *Phi Delta Kappan, 82*(3), 247–248.

Eccles, J. S., Wigfield, A., & Byrnes, J. (2003). Cognitive development in adolescence. In R. M. Lerner, M. A. Easterbrooks, & J. Mistry (Eds.), *Handbook of psychology: Vol. 6. Developmental psychology* (pp. 325–350). Hoboken, NJ: Wiley.

Echevarria, J., Vogt, M. E., & Short, D. (Eds.). (2013). *Making content comprehensible for elementary English learners: The SIOP model* (2nd ed.). Columbus, OH: Pearson.

Education Week. (2015). *The Every Student Succeeds Act: Explained.*

Educational Testing Service. (1995). *Performance assessment: Different needs, difficult answers.* Princeton, NJ: Author.

Educational Testing Service. (2012). *Praxis II overview.*

Edwards, A., Esmonde, I., & Wagner, J. (2011). Learning mathematics. In R. Mayer & P. Alexander (Eds.), *Handbook of research on learning and instruction* (pp. 55–77). New York, NY: Routledge.

Edwards, J. (2014). *Time to teach: How do I get organized and work smarter?* Alexandria, VA: ASCD.

Efklides, A. (2011). Interactions of metacognition with motivation and affect in self-regulated learning: The MASRL model. *Educational Psychologist, 46*(1), 6–25.

Egan, K. (2008). Learning in depth. *Educational Leadership, 66*(3), 58–64.

Ehri, L. C., Dreyer, L. G., Flugman, B., & Gross, A. (2007). Reading Rescue: An effective tutoring intervention model for language-minority students who are struggling readers in first grade. *American Educational Research Journal, 44,* 414–448.

Einerson, M. (1998). Fame, fortune, and failure: Young girls' moral language surrounding popular culture. *Youth and Society, 30,* 241–257.

Eisenberg, N. (2001). The core and correlates of affective social competence. *Social Development, 10,* 120–124.

Eisenberger, R., & Cameron, J. (1998). Reward, intrinsic interest, and creativity: New findings. *American Psychologist, 53*(6), 676–679.

Eisenberger, R., Pierce, W. D., & Cameron, J. (1999). Effects of rewards on intrinsic motivation—negative, neutral, and positive: Comment on Deci, Koestner, and Ryan (1999). *Psychological Bulletin, 125,* 677–691.

Eisner, E. (2006). The satisfactions of teaching. *Educational Leadership, 63*(6), 44–47.

Elbaum, B., & Vaughn, S. (2001). School-based interventions to enhance the self-concept of students with learning disabilities: A meta-analysis. *The Elementary School Journal, 101*(3), 303–330.

Elias, L. J., & Saucier, D. M. (2006). *Neuropsychology: Clinical and experimental foundations.* Boston, MA: Allyn & Bacon.

Eliot, L. (2012). *Pink brain, blue brain: How small differences grow into troublesome gaps—and what we can do about it.* Oxford, UK: One World Publications.

Ellis, A. K. (2001b). Cooperative learning. In A. K. Ellis (Ed.), *Research on educational innovations.* Larchmont, NY: Eye on Education.

Ellis, A. K. (2001c). Innovations from brain research. In A. K. Ellis (Ed.), *Research on educational innovations.* Larchmont, NY: Eye on Education.

Ellmore, R. F., & Fuhrman, S. H. (2001). Holding schools accountable: Is it working? *Phi Delta Kappan, 83*(1), 67–72.

Else-Quest, N., Shibley, J., Goldsmith, H., & Van Hulle, C. (2006). Gender differences in temperament: A meta-analysis. *Psychological Bulletin, 132*(1), 33–72.

Emerson, M. J., & Miyake, A. (2003). The role of inner speech in task switching: A dual-task investigation. *Journal of Memory and Language, 48,* 148–168.

Emmer, E. T., & Evertson, C. M. (2012). *Classroom management for middle and high school teachers* (9th ed.). Upper Saddle River, NJ: Pearson.

Emmer, E. T., & Gerwels, M. C. (2002). Cooperative learning in elementary classrooms: Teaching practices and lesson characteristics. *The Elementary School Journal, 103*(1), 75–91.

Emmer, E. T., & Stough, L. M. (2008). Responsive classroom management. In T. L. Good (Ed.), *21st century learning* (Vol. 1, pp. 140–148). Thousand Oaks, CA: Sage.

Engel, S. (2013). The case for curiosity. *Educational Leadership, 70*(5), 36–40.

Engelkamp, J., & Dehn, D. M. (2000). Item and order information in subject-performed tasks and experimenter-performed tasks. *Journal of Experimental Psychology: Learning, Memory, & Cognition, 26,* 671–682.

Englander, E. (2015). What's behind bad behavior on the web? *Educational Leadership, 72*(8), 30–34.

Englert, C. S., Raphael, T. E., Anderson, L. M., Anthony, H. M., & Stevens, D. D. (1991). Making strategies and self-talk visible: Writing instruction in regular and special education classrooms. *American Educational Research Journal, 28,* 337–372.

Ennemoser, M., & Schneider, W. (2007). Relations of television viewing and reading: Findings from a 4-year longitudinal study. *Journal of Educational Psychology, 99*(2), 349–368.

Entwisle, D., Alexander, K., & Olson, L. (2010). Socioeconomic status: Its broad sweep and long reach in education. In J. Meece & J. Eccles (Eds.), *Handbook of research on schools, schooling, and human development* (pp. 237–255). New York, NY: Routledge.

EPE Research Center. (2012). Graduation rates in the United States. *Education Week, 31*(4), p. 26.

Epstein, A. (2008). An early start on thinking. *Educational Leadership, 65*(5), 38–43.

Epstein, J. L., & Van Voorhis, F. L. (2001). More than minutes: Teachers' roles in designing homework. *Educational Psychologist, 36*(3), 181–193.

Epstein, J. L., Sanders, M. G., Salinas, K., Simon, B., Van Voorhis, F., & Jansorn, N. (2002). *School, family and community partnerships: Your handbook for action* (2nd ed.). Thousand Oaks, CA: Corwin.

Erberber, E., Stephens, M., Memedova, S., Ferguson, S., & Kroeger, T. (2015, March). Socioeconomically disadvantaged students who are academically successful: Examining academic resilience cross-nationally. *IEA's Policy Brief Series, No. 5.* Amsterdam: IEA.

Erikson, E. H. (1963). *Childhood and society* (2nd ed.). New York, NY: Norton.

Erikson, E. H. (1968). *Identity, youth and crisis.* New York, NY: Norton.

Erikson, E. H. (1980). *Identity and the life cycle* (2nd ed.). New York, NY: Norton.

Erkens, C. (2015). *Collaborative common assessments.* Bloomington, IL: Solution Tree.

Espelage, D., Holt, M., & Poteat, P. (2010). Individual and contextual influences on bullying: Perpetration and victimization. In J. Meece & J. Eccles (Eds.), *Handbook of research on schools, schooling, and human development* (pp. 146–160). New York, NY: Routledge.

Esping, A., & Plucker, J. (2015). Alfred Binet and the children of Paris. In S. Goldstein, D. Princiotta, & J. A. Naglieri (Eds.). *Handbook of Intelligence.* New York: Springer.

Espy, K. A., Molfese, D. L., Molfese, V. J., & Modglin, A. (2004). Development of auditory event-related potentials in young children and relations to word-level reading abilities at age 8 years. *Annals of Dyslexia, 54*(1), 9–38.

Estes, T., & Mintz, S. (2016). *Instruction: A models approach.* Boston, MA: Pearson.

Estrada, V., Gómez, L., & Ruiz-Escalante, J. (2009). Let's make dual language the norm. *Educational Leadership, 66*(7), 54–58.

Evans, J. (2015). More verbs, fewer nouns: SpeakUp surveys give insight into how students want to learn. *Educational Leadership, 72*(8), 10–12.

Evans, S. W., Pelham, W. E., Smith, B. H., Bukstein, O., Gnagy, E. M., Greiner, A. R., Altenderfer, L., & Baron-Myak, C. (2000). Dose-response effect of methylphenidate on ecologically valid measures of academic performance and classroom behavior in adolescents with ADHD. *Experimental and Clinical Psychopharmacology, 9*(2), 163–175.

Evenson, A., McIver, M., Ryan, S., Schwols, A., & Kendall, J. (2013a). *Common Core standards for elementary grades K–2 math and English language arts: A quick-start guide.* Arlington, VA: ASCD.

Evenson, A., McIver, M., Ryan, S., Schwols, A., & Kendall, J. (2013b). *Common Core standards for elementary grades 3–5 math and English language arts: A quick-start guide.* Arlington, VA: ASCD.

Everson, H., Tobias, S., Hartman, H., & Gourgey, A. (1993). Test anxiety and the curriculum: The subject matters. *Anxiety, Stress, and Coping, 6,* 1–8.

Evertson, C. M., & Poole, I. R. (2008). Proactive classroom management. In T. L. Good (Ed.), *21st century learning* (Vol. 1, pp. 131–139). Thousand Oaks, CA: Sage.

Evertson, C. M., & Randolph, C. H. (1995). Classroom management in the learning-centered classroom. In A. C. Ornstein (Ed.), *Teaching: Theory into practice.* Boston, MA: Allyn & Bacon.

Evertson, C. M., & Emmer, E.T. (2013). *Classroom management for elementary teachers* (9th ed.). Saddle River, NJ: Pearson.

Evertson, E., Emmer, E., & Worsham, M. (2009). *Classroom management for middle and high school teachers.* Boston, MA: Allyn & Bacon.

Fabiano, G., Vujnovic, R., Pelham, W., Waschbusch, D., Massetti, G., Pariseau, M., … Volker, M. (2010). Enhancing the effectiveness of special education programming for children with attention deficit hyperactivity disorder using a daily report card. *School Psychology Review, 3*(2), 219–230.

Fahey, J. A. (2000). Who wants to differentiate instruction? We did. … *Educational Leadership, 58*(1), 70–72.

Fantuzzo, J. W., King, J. A., & Heller, L. R. (1992). Effects of reciprocal peer tutoring on mathematics and school adjustment: A component analysis. *Journal of Educational Psychology, 84,* 33–39.

Fantuzzo, J., LeBoeuf, W., Chen, C., Rouse, H., & Culhane, D. (2012). The unique and combined effects of homelessness and school mobility on the educational outcomes of young children. *Educational Researcher, 41*(9), 393–402.

Farbman, D. (2012). *The case for improving and expanding time in school.*

Farr, S. (2010). Leadership: Not magic. *Educational Leadership, 68*(4), 28–33.

Farrell, T. (2009). *Teaching reading to English language learners: A reflective guide.* Thousand Oaks, CA: Corwin.

Farrington, D., & Ttofi, M. (2009). School-based programs to reduce bullying and victimization. *Campbell Systematic Reviews,* 10.4073/csr.2009.6.

Fashola, O. S. (2002). *Building effective after school programs.* Thousand Oaks, CA: Corwin.

Feil, E., Frey, A., & Golly, A. (2012). First Step to Success for preschool children. *Better: Evidence-based Education, 5*(1), 22–23.

Feldman, R. S. (2012). *Understanding psychology.* New York, NY: McGraw-Hill.

Fellows, N. J. (1994). A window into thinking: Using student writing to understand conceptual changes in science learning. *Journal of Science Teaching, 31,* 985–1001.

Ferguson, M. (2013). When the (education) revolution comes . . . *Phi Delta Kappan, 95*(2), 68–69.

Ferguson, R., & Mehta, J. (2004). An unfinished journey: The legacy of Brown and the narrowing of the achievement gap. *Phi Delta Kappan, 85*(9), 656–669.

Ferlazzo, L. (2015). Apps, apps everywhere. Are any good, you think? *Educational Leadership, 72*(8), 67–69.

Ferriter, B. (2009a). Learning with blogs and wikis. *Educational Leadership, 66*(5), 34–39.

Ferriter, B. (2009b). Taking the digital plunge. *Educational Leadership, 67*(1), 85.

Ferriter, W. (2011). A pen that remembers. *Educational Leadership, 68*(8), 88–89.

Fielding, L. G., Anderson, R. C., & Pearson, P. D. (1990). *How discussion questions influence children's story understanding* (Tech. Rep. No. 490). Champaign, IL: University of Illinois, Center for the Study of Reading.

Fine, C. (2010). *Delusions of gender: How our minds, society, and neurosexism create differencs.* New York, NY: Norton.

Finn, J. D., Pannozzo, G. M., & Achilles, C. M. (2003). The "whys" of class size: Student behavior in small classes. *Review of Educational Research, 73*(3), 321–368.

Fiordaliso, R., Lordeman, A., Filipczak, J., & Friedman, R. M. (1977). Effects of feedback on absenteeism in the junior high school. *Journal of Educational Research, 70,* 188–192.

Fisch, S., & Truglio, R. (2000). *G is for growing: 30 years of research on* Sesame Street. Mahwah, NJ: Erlbaum.

Fisher, D. (2006). Keeping adolescents "alive and kickin" it: Addressing suicide in schools. *Phi Delta Kappan, 87*(10), 784–786.

Fisher, D., & Frey, N. (2007). Checking for understanding: Formative assessment techniques for your classroom. Alexandria, VA: ASCD.

Fisher, D., & Frey, N. (2010). *Enhancing RTI: How to ensure success with effective classroom instruction and intervention.* Alexandria, VA: ASCD.

Fisher, D., & Frey, N. (2011). *The purposeful classroom: How to structure lessons with learning goals in mind.* Alexandria, VA: ASCD.

Fisher, D., & Frey, N. (2013). *Better learning through structured teaching: A framework for the gradual release of responsibility* (2nd ed.). Alexandria, VA: ASCD.

Fisher, D., & Frey, N. (2014a). *Checking for understanding: Formative assessment techniques for your classroom* (2nd ed.). Arlington, VA: ASCD.

Fisher, D., & Frey, N. (2014b). Conversational moves. *Educational Leadership, 72*(3), 84–85.

Fisher, D., & Frey, N. (2014c). Midcourse corrections. *Educational Leadership, 72*(2), 80–81.

Fisher, D., Frey, N., & Lapp, D. (2011). Focusing on the participation and engagement gap: A case study on closing the achievement gap. *Journal of Education for Students Placed at Risk, 16*(1), 56–64.

Fisher, D., Frey, N., & Pumpian, I. (2011). No penalities for practice. *Educational Leadership, 69*(3), 46–51.

Fisher, M. (2013). *Digital learning strategies: How do I assign and assess 21st century work?* Alexandria, VA: ASCD.

Fishman, B., & Dede, C. (2016). Teaching and technology: New tools for new times. In D. Gitomer & C. Bell (Eds.), *Handbook of research on teaching* (5th ed.). (pp. 1335–1388). Washington, DC: AERA.

Fitzgerald, J., & Graves, M. (2004/2005). Reading supports for all. *Educational Leadership, 62*(4), 68–71.

Flavell, J. (2004). Theory-of-mind development: Retrospect and prospect. *Merrill-Palmer Quarterly, 50,* 21–45.
Flavell, J. H. (1986, January). Really and truly. *Psychology Today, 20*(1), 38–44.
Fleischman, S. (2006). Moving to evidence-based professional practice. *Educational Leadership, 63*(6), 87–90.
Fleischman, S. (2014). Before choosing, ask three questions. In R. E. Slavin (Ed.), *Classroom management and assessment* (pp. 55–59). Thousand Oaks, CA: Corwin.
Fletcher, A. (2012). Addressing school effects on drug use. *Better: Evidence-based Education, 4*(3), 16–17.
Fletcher, J. M., Shaywitz, S. E., Shankweiler, D. P., Katz, L., Liberman, I. Y., Stvebing, K. K., … Shaywitz, B. A. (1994). Cognitive profiles of reading disability: Comparisons of discrepancy and low achievement definitions. *Journal of Educational Psychology, 86,* 6–23.
Flippo, R. (2008). *Preparing students for testing and doing better in school.* Thousand Oaks, CA: Corwin.
Florez, I. R. (2008). Early childhood education: The developmentally appropriate practice debate. In T. L. Good (Ed.), *21st century learning* (Vol. 1, pp. 396–404). Thousand Oaks, CA: Sage.
Flouri, E., & Buchanan, A. (2004). Early father's and mother's involvement and child's later educational outcomes. *British Journal of Educational Psychology, 74*(2), 141–153.
Flower, A., McKenna, J., Bunuan, R., Muething, C., & Vega, R. (2014). Effects of the Good Behavior Game on challenging behavior in school settings. *Review of Educational Research, 84*(4), 546–571.
Fogarty, R., & Kerns, G. (2009). *inFormative assessment: When it's not about a grade.* Thousand Oaks, CA: Corwin.
Fogle, P. E. (2013). *Essentials of communication sciences and disorders.* Stamford, CT: Cengage.
Fonesca, B., & Chi, M. (2011). Instruction based on self-explanation. In R. Mayer & P. Alexander (Eds.), *Handbook of research on learning and instruction* (pp. 296–321). New York, NY: Routledge.
Forness, S. R., & Kavale, K. A. (2000). What definitions of disabilities say and don't say: A critical analysis. *Journal of Learning Disabilities, 33*(3), 239–256.
Fosnot, C. (Ed.). (2005). *Constructivism: Theory, perspectives, and practice* (2nd ed.). New York, NY: Teachers College Press.
Fowler, D. (2011). School discipline feeds the "pipeline to prison." *Phi Delta Kappan, 93*(2), 14–19.
Fox, E., & Alexander, P. (2011). Learning to read. In R. Mayer & P. Alexander (Eds.), *Handbook of research on learning and instruction* (pp. 7–31). New York, NY: Routledge.
Fredricks, J. A., Blumenfeld, P. C., & Paris, A. H. (2004). School engagement: Potential of the concept, state of the evidence. *Review of Educational Research, 74*(1), 59–109.
Freeman, J., & Simonsen, B. (2015). Examining the impact of policy and practice interventions on high school dropout and school completion rates: A systematic review of the literature. *Review of Educational Research, 85*(2), 205–248.
Freiberg, H. J., & Driscoll, A. (Eds.). (2005). *Universal teaching strategies* (4th ed.). Boston, MA: Pearson.
Freiberg, H. J., & Reyes, A. (2008). Zero tolerance: A reconsideration of practice and policy. In T. L. Good (Ed.), *21st century learning* (Vol. 1, pp. 149–160). Thousand Oaks, CA: Sage.
Freiberg, H. J., Connell, M. L., & Lorentz, J. (2001). Effects of consistency management on student mathematics achievement in seven Chapter I elementary schools. *Journal of Education for Students Placed at Risk, 6*(3), 249–270.
Freiberg, H., & Lamb, S. (2009). Dimensions of person-centered classroom management. *Theory into Practice, 48,* 99–105.
Freiberg, H., & Lapointe, J. (2006). Research-based programs for preventing and solving disciplinary problems. In C. Evertson & C. Weinstein (Eds.), *Handbook of classroom management: Research, practice, and contemporary issues.* Mahwah, NJ: Erlbaum.
Freiberg, H., Huzinec, C., & Templeton, S. (2009). Classroom management—a pathway to student achievement: A study of fourteen inner-city elementary schools. *The Elementary School Journal, 110*(1), 63–80.
Freiberg, J. (2012). From tourists to citizens. *Better: Evidence-based education, 5*(1), 12–13.
Freiberg, J. (2014). From tourists to citizens. In R. E. Slavin (Ed.), *Classroom management and assessment* (pp. 80–84). Thousand Oaks, CA: Corwin.
Frey, K., & Nolen, S. (2010). Taking "steps" toward positive social relationships: A transactional model of intervention. In J. Meece & J. Eccles (Eds.), *Handbook of research on schools, schooling, and human development* (pp. 478–496). New York, NY: Routledge.
Frey, K., Hirschstein, M., & Guzzo, B. (2000). Second step: Preventing aggression by promoting social competence. *Journal of Emotional and Behavioral Disorders, 8,* 102–112.
Frey, N., & Fisher, D. (2014). Implementing response to instruction and intervention with older students. In R. E. Slavin (Ed.), *Classroom management and assessment* (pp. 126–130). Thousand Oaks, CA: Corwin.
Frey, N., Fisher, D., & Gonzalez, A. (2013). *Teaching with tablets: How do I integrate tablets with effective instruction?* Alexandria, VA: ASCD.
Friedman, L. (2003). Promoting opportunity after school. *Educational Leadership, 60*(4), 79–82.
Friend, M. (2011). *Special education: Contemporary perspectives for school professionals* (3rd ed.). Columbus, OH: Merrill.
Friend, M., & Barron, T. (2014). Co-teaching: Inclusion and increased student achievement. In R. E. Slavin (Ed.), *Classroom management and assessment* (pp. 121–125). Thousand Oaks, CA: Corwin.
Friend, M., & Bursuck, W. D. (2016). *Including students with special needs* (7th ed.). Boston, MA: Pearson.
Friend, R. (2001). Effects of strategy instruction on summary writing of college students. *Contemporary Educational Psychology, 26*(1), 3–24.
Fries, S., Dietz, F., & Schmid, S. (2008). Motivational interference in learning: The impact of leisure alternatives on subsequent self-regulation. *Contemporary Educational Psychology, 33*(2), 119–133.
Frontier, T., & Rickabaugh, J. (2014). *Five letters to improve learning: How to prioritize for powerful results in your school.* Alexandria, VA: ASCD.
Fuchs, D., & Fuchs, L. (2006). Introduction to response to intervention: What, why, and how valid is it? *Reading Research Quarterly, 41*(1), 92–128.
Fuchs, D., & Fuchs, L. S. (1997). Peer-assisted learning strategies: Making classrooms more responsive to diversity. *American Educational Research Journal, 34*(1), 174–206.
Fuchs, D., Fuchs, L. S., & Compton, D. L. (2004). Identifying reading disability by responsiveness to instruction: Specifying measures and criteria. *Learning Disability Quarterly, 27,* 216–227.
Fuchs, D., Fuchs, L. S., & Fernstrom, P. (1993). A conservative approach to special education reform: Mainstreaming through transenvironmental programming and curriculum-based measurement. *American Educational Research Journal, 30,* 149–177.
Fuchs, L. S., Fuchs, D., & Karnes, K. (2001). Enhancing kindergartners' mathematical development: Effects of peer-assisted learning strategies. *The Elementary School Journal, 101*(5), 495–510.
Fuchs, L., Compton, D., Fuchs, D., Hamlett, C., DeSelms, J., Seethaler, P., … & Changas, P. (2013). Effects of first-grade number knowledge tutoring with contrasting forms of practice. *Journal of Educational Psychology, 105*(1), 58–77.

Fuchs, L., Fuchs, D., Finelli, R., Courey, S., & Hamlett, C. (2003). Expanding schema-based transfer instruction to help third graders solve real-life mathematical problems. *American Educational Research Journal, 41*(2), 419–445.

Fuchs, L., Fuchs, D., Finelli, R., Courey, S., Hamlett, C., Sones, E., & Hope, S. (2006). Teaching third graders about real-life mathematical problem solving: A randomized controlled study. *The Elementary School Journal, 106*(4), 293–312.

Fuchs, L., Powell, S., Hamlett, C., Fuchs, D., Cirino, P., & Fletcher, J. (2008). Remediating computational deficits at third grade: A randomized field trial. *Journal of Research on Educational Effectiveness, 1*(1), 2–32.

Fuller, B., Wright, J., Gesicki, K., & Kang, E. (2007). Gauging growth: How to judge NCLB? *Educational Researcher, 36*(5), 268–278.

Fulton, K. (2012). 10 reasons to flip. *Phi Delta Kappan, 94*(2), 20–24.

Gabler, I. C., & Schroeder, M. (2003). *Constructivist methods for the secondary classroom*. Boston, MA: Allyn & Bacon.

Gabrieli, C. (2010). More time, more learning. *Educational Leadership, 67*(7), 38–44.

Gaddy, M. L. (1998, April). *Reading and studying from highlighted text: Memory for information highlighted by others.* Paper presented at the annual meeting of the American Educational Research Association, San Diego, CA.

Galambos, N. L., & Costigan, C. L. (2003). Emotional and personality development in adolescence. In R. M. Lerner, M. A. Easterbrooks, & J. Mistry (Eds.), *Handbook of psychology: Vol. 6. Developmental psychology* (pp. 351–372). Hoboken, NJ: Wiley.

Gallagher, K. (2010, November 17). Why I will not teach to the test. *Education Week,* 36.

Galuschka, K., Ise, E., Krick, K., & Schulte-Korne, G. (2014). Effectiveness of treatment approaches for children and adolescents with reading disabilities: A meta-analysis of randomized controlled trials. *PLoS ONE, 9*(2), e899000.

Gambrell, L., Morrow, L. M., & Pressley, M. (Eds.) (2007). *Best practices in literacy instruction*. New York, NY: Guilford Press.

Gamoran, A., Nystrand, M., Berends, M., & LePore, P. C. (1995). An organizational analysis of the effects of ability grouping. *American Educational Research Journal, 32,* 687–715.

Garber, H. L. (1988). *The Milwaukee Project: Preventing mental retardation in children at risk.* Washington, DC: American Association on Mental Retardation.

Garcia, E., Jensen, B., & Scribner, K. (2009). The demographic imperative. *Educational Leadership, 66*(7), 8–13.

Garcy, A. (2009). The longitudinal link between student health and math achievement scores. *Journal of Education for Students Placed at Risk, 14*(4), 283–310.

Gardner, H. (2000). *Intelligence reframed: Multiple intelligences for the 21st century.* New York, NY: Basic Books.

Gardner, H. (2004). *Multiple intelligences: New horizons, in theory and practice.* New York, NY: Basic Books.

Gardner, H., & Moran, S. (2006). The science of multiple intelligences theory: A response to Lynn Waterhouse. *Educational Psychologist, 41*(4), 227–232.

Gardner, M., & Steinberg, L. (2005). Peer influence on risk taking, risk preference, and risky decision making in adolescence and adulthood: An experimental study. *Developmental Psychology, 41,* 625–635.

Gathercole, S. E., Pickering, S. J., Ambridge, B., & Wearing, H. (2004). The structure of working memory from 4 to 15 years of age. *Developmental Psychology, 40,* 177–190.

Gay, Lesbian, and Straight Education Network (GLSEN) (2011). *2011 National School Climate Survey.*

Gaydos, M. (2015). Seriously considering design in educational games. *Educational Researcher, 44*(9), 478–483.

Gee, J., & Levine, M. (2009). Welcome to our virtual worlds. *Educational Leadership, 66*(6), 48–53.

Gelman, R. (2000). Domain specificity and variability in cognitive development. *Child Development, 71,* 854–856.

Gelzheiser, L., Scanlon, D., Vellutino, F., Hallgren-Flynn, L., & Schatschneider, C. (2011). Effects of the interactive strategies approach-extended. *The Elementary School Journal, 112*(2), 280–306.

Gentner, D., Loewenstein, J., & Thompson, L. (2002). Learning and transfer: A general role for analogical encoding. *Journal of Educational Psychology, 94*(2), 393–408.

Gerard, L., Ryoo, K., McElhaney, K., Liu, O., Rafferty, A., & Linn, M. (2016). Automated guidance for student inquiry. *Educational Psychology, 108*(1), 60–81.

Gerdes, D., & Ljung, E. J. (2009). The students have the answers. *Educational Leadership, 67*(1), 71–75.

Germeroth, C., & Day-Hess, C. (2013). *Self-regulated learning for academic success: How do I help students manage their thoughts, behaviors, and emotions?* Alexandria, VA: ASCD.

Gersten, R., Baker, S., Shahahan, T., Linan-Thompson, S., Collins, P., & Scarcella, R. (2007). *Effective literacy and English language instruction for English learners in the elementary grades* (NCEE 2007–4011). Washington, DC: Institute of Education Sciences, U.S. Department of Education.

Gersten, R., Chard, D., Jayanthi, M., & Baker, S. (2006). *Experimental and quasi-experimental research on instructional approaches for teaching mathematics to students with learning disabilities: A research synthesis.* Signal Hill, CA: Center on Instruction/RG Research Group.

Gersten, R., Chard, D., Jayanthi, M., Baker, S., Morphy, P., & Flojo, J. (2009). Mathematics instruction for students with learning disabilities: A meta-analysis of instructional components. *Review of Educational Research, 79*(3), 1202–1242.

Gersten, R., Fuchs, L. S., Williams, J. P., & Baker, S. (2001). Teaching reading comprehension strategies to students with learning disabilities: A review of research. *Review of Educational Research, 71*(2), 279–320.

Gersten, R., Rolfhus, E., Clarke, B., Decker, L, Wilkins, C., & Dimino, J. (2015). Intervention for first graders with limited number knowledge: Large-scale replication of a randomized controlled trial. *American Educational Research Journal, 52*(3), 516–546.

Gess-Newsome, J. (2012). Pedagogical content knowledge. In J. Hattie & E. Anderman (Eds.), *International handbook of student achievement.* New York, NY: Routledge.

Gettinger, M., Brodhagen, E., Butler, M., & Schienebeck, C. (2013). School psychology. In W. Reynolds, G. Miller, & I. Weiner (Eds.) *Handbook of psychology* (Vol. 7, 2nd ed., pp. 365–388). Hoboken, NJ: Wiley.

Gewertz, C. (2013, March 13). Common-Core tests to take students up to 10 hours. *Education Week, 32*(24), 10.

Gewertz, C. (2015, November 11). Searching for clarity on formative assessment.

Giangreco, M. (2007). Extending inclusive opportunities. *Educational Leadership, 64*(5), 34–38.

Gibbs, L. (2009). Stimulating evidence-based reform. *Better: Evidence-based Education, 1*(1) 22–23.

Giedd, J. N. (2004). Structural magnetic resonance imaging of the adolescent brain. In R. E. Dahl & L. P. Spear (Eds.), *Adolescent brain development. Vulnerabilities and opportunities. Annals of the New York Academy of Sciences* (Vol. 1021). New York, NY: New York Academy of Science.

Gilligan, C. (1982). *In a different voice: Sex differences in the expression of moral judgment.* Cambridge, MA: Harvard University Press.

Gilligan, C., & Attanucci, J. (1988). Two moral orientations: Gender differences and similarities. *Merrill-Palmer Quarterly, 34,* 223–237.

Ginsburg-Block, M., Rohrbeck, C., & Fantuzzo, J. (2006). A meta-analytic review of social, self-concept, and behavioral outcomes of peer-assisted learning. *Journal of Educational Psychology, 98*(4), 732–749.

Giorgis, C., & Glazer, J. I. (2009). *Literature for young children: Supporting emergent literacy, ages 0–8* (6th ed.). Boston, MA: Allyn & Bacon.

Glantz, M. D., Johnson, J., & Huffman, L. (Eds.). (2002). *Resilience and development: Positive life adaptations.* New York, NY: Kluwer.

Glaser, C., & Brunstein, J. (2007). Improving fourth-grade students' composition skills: Effects of strategy instruction and self-regulation procedures. *Journal of Educational Psychology, 99*(2), 297–310.

Glazer, J. L. (2009). External efforts at district-level reform: The case of the National Alliance for Restructuring Education. *Journal of Educational Change, 4,* 295–314.

Gleason, J. B., & Ratner, N. B. (Eds.). (2009). *The development of language* (7th ed.). Boston, MA: Pearson.

Goddard, R. D., Hoy, W. K., & Woolfolk Hoy, A. (2004). Collective efficacy beliefs: Theoretical developments, empirical evidence, and future directions. *Educational Researcher, 33*(3), 1–13.

Goldman, R., Black, J., Maxwell, J., Plass, J., & Keitges, M. (2013). Engaged learning with digital media: The points of viewing theory. In W. Reynolds, G. Miller, & I. Weiner (Eds.) *Handbook of psychology* (Vol. 7, 2nd ed., pp. 321–364.). Hoboken, NJ: Wiley.

Goldsmith, P. R. (2011). Coleman revisited: School segregation, peers, and frog ponds. *American Educational Research Journal, 48*(3), 508–535.

Gollnick, D. M., & Chinn, P. C. (2017). *Multicultural education in a pluralistic society* (10th ed.). Boston, MA: Pearson.

Good, T., & Brophy, J. (2008). *Looking in classrooms* (10th ed.). Boston, MA: Allyn & Bacon.

Good, T., Grouws, D., & Ebmeier, H. (1983). *Active mathematics teaching.* New York, NY: Longman.

Goode, E. (2011). *Deviant behavior* (9th ed.). Upper Saddle River, NJ: Pearson.

Goodman, J. (2013). *The digital divide is still leaving Americans behind.*

Goodwin, B. (2011a). Bullying is common—and subtle. *Educational Leadership, 69*(1), 82–83.

Goodwin, B. (2011b). Grade inflation: Killing with kindness. *Educational Leadership, 69*(3), 80–81.

Goodwin, B. (2011c). *Simply better: Doing what matters most to change the odds for student success.* Alexandria, VA: ASCD.

Goodwin, B. (2012a). Address reading problems early. *Educational Leadership, 69*(5), 80–81.

Goodwin, B. (2012b). For positive behavior, involve peers. *Educational Leadership, 70*(2), 82–83.

Goodwin, B. (2014). Curiosity is fleeting, but teachable. *Educational Leadership, 72*(1), 73–74.

Goodwin, B. (2015). Simple interventions boost self-esteem. *Educational Leadership, 72*(6), 74–75.

Goodwin, B., & Miller, K. (2013). Creativity requires a mix of skills. *Educational Leadership, 70*(5), 80–83.

Goodwin, B., & Miller, K. (2013). Teaching self-regulation has long-term benefits. *Educational Leadership, 70*(8), 80–81.

Gordon, P. (1957). *The social system of the high school: A study in the sociology of adolescence.* Glencoe, IL: Free Press.

Gorski, P. (2013). Building a pedagogy of engagement for students in poverty. *Phi Delta Kappan, 95*(1), 48–52.

Goslin, D. (2003). *Engaging minds: Motivation and learning in America's schools.* Lanham, MD: Scarecrow.

Gottfried, A. E., & Fleming, J. S. (2001). Continuity of academic intrinsic motivation from childhood through late adolescence: A longitudinal study. *Journal of Educational Psychology, 93*(1), 3–13.

Gottfried, A. E., & Gottfried, A. W. (2004). Toward the development of a conceptualization of gifted motivation. *Gifted Child Quarterly, 48*(2), 121–132.

Gottfried, M. (2009). Excused versus unexcused: How student absences in elementary school affect academic achievement. *Educational Evaluation and Policy Analysis, 31*(4), 392–415.

Gottlieb, J., & Weinberg, S. (1999). Comparison of students referred and not referred for special education. *The Elementary School Journal, 99*(3), 187–200.

Gould, M., & Gould, H. (2003). A clear vision for equity and opportunity. *Phi Delta Kappan, 85*(4), 324–328.

Graham, S. (2006). Strategy instruction and the teaching of writing: A meta-analysis. In C. MacArthur, S. Graham, & J. Fitzgerald (Eds.), *Handbook of writing research* (pp. 187–207). New York, NY: Guilford Press.

Graham, S., Harris, K., & Chambers, A. B. (2015). Evidence-based practice in writing instruction: A review of reviews. In C.A. MacArthur, S. Graham, & J. Fitzgerald (Eds.), *Handbook of writing research* (2nd ed.). New York: Guilford Press.

Graham, S., MacArthur, C., & Schwartz, S. (1995). Effects of goal setting and procedural facilitation on the revising behavior and writing performance of students with writing and learning problems. *Journal of Educational Psychology, 87*(2), 230–240.

Grant, P., & Basye, D. (2014). *Personalized learning.* Arlington, VA: ISTE.

Graseck, S. (2009). Teaching with controversy. *Educational Leadership, 67*(1), 45–49.

Graves, M. (2007). Conceptual and empirical bases for providing struggling readers with multifaceted and long-term vocabulary instruction. In B. M. Taylor & J. E. Ysseldyke (Eds.), *Effective instruction for struggling readers, K–6* (pp. 55–83). New York, NY: Teachers College Press.

Graves, M., August, D., & Carlo, M. (2011). Teaching 50,000 words. *Better: Evidence-based Education, 3*(2), 6–7.

Gredler, M. E. (2009). Hiding in plain sight: The stages of mastery/self-regulation in Vygotsky's cultural-historical theory. *Educational Psychologist, 44,* 1–19.

Gredler, M. E., & Shields, C. (2008). *Vygotsky's legacy. A foundation for research and practice.* New York, NY: Guilford Press.

Greenberg, M. T., Weissberg, R., O'Brien, M., Zins, J., Fredericks, L., Resnick, H., & Elias, M. (2003). Enhancing school-based prevention and youth development through coordinated social, emotional, and academic learning. *American Psychologist, 58,* 466–474.

Greene, B. A., Miller, R. B., Crowson, M., Duke, B. L., & Akey, K. L. (2004). Predicting high school students' cognitive engagement and achievement: Contributions of classroom perceptions and motivation. *Contemporary Educational Psychology, 29*(4), 462–482.

Greene, D., & Lepper, M. R. (1974). How to turn play into work. *Psychology Today, 8,* 49–54.

Greene, J. P. (1997). A meta-analysis of the Rossell & Baker review of bilingual education research. *Bilingual Research Journal, 21,* 2–3.

Greene, J., & Azevedo, R. (2007). A theoretical review of Winne and Hadwin's model of self-regulated learning: New perspectives and directions. *Review of Educational Research, 77*(3), 334–372.

Greene, R. (2011). Collaborative problem solving can transform school discipline. *Phi Delta Kappan, 93*(2), 25–29.

Greene, R. L. (2008). Repetition and spacing effects. In J. Byrne (Ed.), *Learning and memory* (pp. 65–78). Oxford, England: Elsevier.

Greenfield, P. M. (2004). Culture and learning. In C. Casey & R. Edgerton (Eds.), *A companion to psychological anthropology: Modernity and psychocultural change.* Oxford, England: Blackwell.

Greenstein, L. (2012). *Assessing 21st century skills: A guide to evaluating mastery and authentic learning.* Thousand Oaks, CA: Corwin.

Greenwood, C. R., Terry, B., Utley, C. A., Montagna, D., & Walker, D. (1993). Achievement, placement, and services: Middle school benefits of Classwide Peer Tutoring used at the elementary level. *School Psychology Review, 22*(3), 497–516.

Gregory, G., & Kaufeldt, M. (2015). *The motivated brain: Improving student attention, engagement, and perseverance.* Alexandria, VA: ASCD.

Griffin, K., & Botvin, G. (2012). LifeSkills training and educational performance. *Better: Evidence-based Education, 4*(3), 18–19.

Grimes, S., & Fields, D. (2012). *Kids online: A new research agenda for understanding social networking forums.* New York, NY: Joan Ganz Cooney Center.

Gronlund, N. (1993). *How to make achievement tests and assessments* (5th ed.). Boston, MA: Pearson.

Gronlund, N., & Brookhart, S. (2009). *Writing instructional objectives* (8th ed.). Upper Saddle River, NJ: Pearson.

Guay, F., Marsh, H. W., & Boivin, M. (2003). Academic self-concept and academic achievement: Developmental perspectives on their causal ordering. *Journal of Educational Psychology, 95*(1), 124–136.

Guernsey, L., & Levine, M. (2015). *Tap, click, read: Growing readers in a world of screens.* San Francisco, CA: Jossey-Bass.

Guillaume, A. (2016). *K-12 classroom teaching: A primer for new professionals.* Boston, MA: Pearson.

Gullen, K. (2014). Are our kids ready for computerized tests? *Educational Leadership, 71*(6), 68–72.

Gunn, A. (2013). Caring encounters. *Phi Delta Kappan, 94*(4), 21–23.

Gunter, M. A., Estes, T. H., & Schwab, J. (2003). *Instruction: A models approach* (4th ed.). Boston, MA: Allyn & Bacon.

Gura, M. (2016). *Make, learn, succeed.* Arlington, VA: ISTE.

Gura, M. (Ed.). (2014). *Teaching literacy in the digital age.* Arlington, VA: ISTE.

Gureasko-Moore, S., DuPaul, G., & White, G. (2006). The effects of self-management in general education classrooms on the organizational skills of adolescents with ADHD. *Behavior Modification, 30,* 159–183.

Guskey, T. (2005). Mapping the road to proficiency. *Educational Leadership, 63*(3), 32–37.

Guskey, T. (2010). Lessons of mastery learning. *Educational Leadership, 68*(2), 53–57.

Guskey, T. (2011). Five obstacles to grading reform. *Educational Leadership, 69*(3), 16–21.

Guskey, T. R. (2014). *On your mark: Challenging the conventions of grading and reporting.* Bloomington, IN: Solution Tree.

Guskey, T., & Anderman, E. (2008). Students at bat. *Educational Leadership, 66*(3), 8–15.

Guthrie, J. T. (Ed.). (2008). *Engaging adolescents in reading.* Thousand Oaks, CA: Corwin.

Guthrie, J. T., & Cox, K. (2001). Classroom conditions for motivation and engagement in reading. *Educational Psychology Review, 13*(3), 283–302.

Gutiérrez, L. (2013). Student-centered in a 21st century classroom. In G. Solomon & L. Schrum (Eds.), *Web 2.0: How to for educators* (pp. 22–24). Washington, DC: International Society for Technology in Education.

Gutiérrez, R., & Slavin, R. E. (1992). Achievement effects of the nongraded elementary school: A best evidence synthesis. *Review of Educational Research, 62*(4), 333–376.

Hadwin, A. F. (2008). Self-regulated learning. In T. L. Good (Ed.), *21st century learning* (Vol. 1, pp. 175–183). Thousand Oaks, CA: Sage.

Haggerty, K., & Kosterman, R. (2012). Helping parents prevent problem behavior. *Better: Evidence-based Education, 4*(3), 22–23.

Hakuta, K. (2011). Educating language minority students and affirming their equal rights: Research and practical perspectives. *Educational Researcher, 40*(4), 163–174.

Hakuta, K., Butler, Y. G., & Witt, D. (2000). *How long does it take English learners to attain proficiency?* University of California Linguistic Minority Research Institute, Policy Report 2000/1.

Halford, G., & Andrews, G. (2006). Reasoning and problem solving. In D. Kuhn & R. Siegler (Eds.), *Handbook of child psychology* (Vol. 2, 6th ed., pp. 557–608). Hoboken, NJ: Wiley.

Halford, G., Baker, R., McCredden, J., & Bain, J. (2005). How many variables can your mind process? *Psychological Science, 16*(1), 70–76.

Hall, L. J. (2013). *Autism spectrum disorders: From theory to practice* (2nd ed.). Upper Saddle River, NJ: Pearson.

Hall, R., & Greeno, J. (2008). Conceptual learning. In T. L. Good (Ed.), *21st century learning* (Vol. 1, pp. 212–224). Thousand Oaks, CA: Sage.

Hallahan, D., Kauffman, J., & Pullen, P. (2015). *Exceptional learners: An introduction to special education* (13th ed.). Boston, MA: Pearson.

Hallinan, M. T. (2004). *The detracking movement.* Palo Alto, CA: Stanford University, Hoover Institute.

Halpern, D. F., Hansen, C., & Riefer, D. (1990). Analogies as an aid to understanding and memory. *Journal of Educational Psychology, 82,* 298–305.

Halpern, D., Aronson, J., Reimer, N., Simpkins, S., Star, J., & Wentzel, K. (2007). *Encouraging girls in math and science: IES practice guide* (NCER 2007–2003). Washington, DC: Institute of Education Sciences, U.S. Department of Education.

Halpern, J. M., & Schulz, K. P. (2006). Revisiting the role of the prefrontal cortex in the pathophysiology of ADHD. *Psychological Bulletin, 132,* 560–581.

Hamilton, L., Halverson, R., Jackson, S., Mandinach, E., Supovitz, J., & Wayman, J. (2009). Using student achievement data to support instructional decision making (NCEE 2009-4067). Washington, DC: NCES, USDOE.

Hamilton, L., Stecher, B., & Yuan, K. (2008). *Standards-based reform in the United States: History, research, and future directions.* Washington, DC: Center on Education Policy.

Hamm, J., & Zhang, L. (2010). School contexts and the development of adolescents' peer relations. In J. Meece & J. Eccles (Eds.), *Handbook of research on schools, schooling, and human development* (pp. 128–145). New York, NY: Routledge.

Hamman, D., Berthelot, J., Saia, J., & Crowley, E. (2000). Teachers' coaching of learning and its relation to students' strategic learning. *Journal of Educational Psychology, 92*(2), 342–348.

Hamre, B., & Pianta, R. (2010). Classroom environments and developmental processes: Conceptualization and measurement. In J. Meece & J. Eccles (Eds.), *Handbook of research on schools, schooling, and human development* (pp. 25–41). New York, NY: Routledge.

Harackiewicz, J., Barron, K., Tauer, J., & Carter, S. (2000). Short-term and long-term consequences of achievement goals: Predicting interest and performance over time. *Journal of Educational Psychology, 92*(2), 316–330.

Hardin, C. (2012). *Effective classroom management: Models and strategies for today's classrooms* (3rd ed.). Boston, MA: Allyn & Bacon.

Hareli, S., & Weiner, B. (2002). Social emotions and personality inferences: A scaffold for a new direction in the study of achievement motivation. *Educational Psychologist, 37*(3), 183–189.

Harmon, K., & Marzano, R. (2015). *Practicing skills, strategies, and processes: Classroom techniques to help students develop proficiency.* West Palm Beach, FL: Learning Sciences International.

Harn, B., Chard, D., Biancarosa, G., & Kame'enui, E. (2012). Coordinating instructional supports to accelerate at-risk first-grade readers' performance. *The Elementary School Journal, 112*(2), 332–355.

Harris, C., & Marx, R. (2014). Teaching practices that matter in middle school science. In R. E. Slavin (Ed.), *Science, technology, & mathematics (STEM)* (pp. 83–91). Thousand Oaks, CA: Corwin.

Harris, D., Ingle, W., & Rutledge, S. (2014). How teacher evaluation methods matter for accountability: A comparative analysis of teacher effectiveness ratings by principals and teacher value-added measures. *American Educational Research Journal, 51*(1), 73–112.

Harris, K. R., Graham, S., & Mason, L. (2006). Improving the writing, knowledge, and motivation of struggling young writers: Effects of self-regulated strategy development with and without peer support. *American Educational Research Journal, 43*(2), 295–340.

Harris, K. R., Graham, S., & Pressley, M. (2001). Cognitive strategies in reading and written language. In N. N. Singh & I. Beale (Eds.), *Current perspectives in learning disabilities: Nature, theory and treatment.* New York, NY: Springer-Verlag.

Harrison, J. R., Bunford, N., Evans, S. W., and Owens, J. S. (2013). Educational accommodations for students with behavioral challenges: A systematic review of the literature. *Review of Education Research, 83*(4), 551–597. doi:10.3102/0034654313497517

Harry, B., & Klingner, J. (2014). *Why are so many minority students in special education?* (2nd ed.). New York, NY: Teachers College Press.

Hart, B., & Risley, R. T. (1995*). Meaningful differences in the everyday experience of young American children.* Baltimore, MD: Brookes.

Harter, S. (1998). The development of self-representations. In W. Damon (Ed.), *Handbook of child psychology* (Vol. 3, pp. 553–618). New York, NY: Wiley.

Hartup, W. W. (2005). Peer interaction: What causes what? *Journal of Abnormal Child Psychology, 33,* 387–394.

Haspe, H., & Baddeley, J. (1991). Moral theory and culture: The case of gender. In W. Kurtines & J. L. Gewirtz (Eds.), *Handbook of moral behavior and development* (Vol. 1, pp. 223–250). Mahwah, NJ: Erlbaum.

Hauser, R. (2010). Causes and consequences of cognitive functioning across the life course. *Educational Researcher, 39*(2), 95–109.

Hauser-Cram, P., Sirin, S. R., & Stipek, D. (2003). When teachers' and parents' values differ: Teachers' ratings of academic competence in children from low-income families. *Journal of Educational Psychology, 95*(4), 813–820.

Hawkins, J. D., Guo, J., Hill, K., Battin-Pearson, S., & Abbott, R. (2001). Long-term effects of the Seattle social development intervention on school bonding trajectories. *Applied Developmental Sciences, 5,* 225–236.

Hawkins, J. D., Herrenkohl, T. I., Farrington, D. P., Brewer, D., Catalano, R. F., Harachi, T. W., & Cothern, L. (2000). *Predictors of youth violence.* Washington, DC: Office of Juvenile Justice and Delinquency Prevention.

Hawkins, J., Kosterman, R., Catalano, R., Hill, K., & Abbott, R. (2008). Effects of social development intervention in childhood fifteen years later. *Archives of Pediatrics and Adolescent Medicine, 162,* 1133–1141.

Hawkins, J., Kuklinski, M., & Fagan, A. (2012). Reducing barriers to learning with Communities That Care. *Better: Evidence-based Education, 4*(2) 8–9.

Hawley, W., & Nieto, S. (2010). Another inconvenient truth: Race and ethnicity matter. *Educational Leadership, 68*(3), 66–71.

Hay, D., Payne, A., & Chadwick, A. (2004). Peer relations in childhood. *Journal of Child Psychology and Psychiatry, 45,* 84–108.

Haycock, K. (2001). Closing the achievement gap. *Educational Leadership, 58*(6), 6–11.

Haynie, W., III, & Haynie, G. (2008). *Effects of test taking on retention learning: A meta-analysis of eight quasi-experiments.* Paper presented at the annual meeting of the American Educational Research Association, San Diego, CA.

Headley, K. (2008). Improving reading comprehension through writing. In C. Block & S. Parris (Eds.), *Comprehension instruction: Research-based best practices* (2nd ed., pp. 214–225). New York, NY: Guilford Press.

Hehir, T. (2007). Confronting ableism. *Educational Leadership, 64*(5), 8–15.

Heilig, J., & Darling-Hammond, L. (2008). Accountability Texas-style: The progress and learning of urban minority students in a high-stakes testing context. *Educational Evaluation and Policy Analysis, 30*(2), 75–110.

Hempenstall, K. (2008). Corrective reading: An evidence-based remedial reading intervention. *Australasian Journal of Special Education, 32*(1), 23–54.

Henson, K. T. (2004). *Constructivist teaching strategies for diverse middle-level classrooms.* Boston, MA: Pearson.

Herbert, J., & Stipek, D. (2005). The emergence of gender differences in children's perceptions of their academic competence. *Applied Developmental Psychology, 26,* 276–295.

Heritage, M. (2011). Formative assessment: An enabler of learning. *Better: Evidence-based Education, 3*(3), 18–19.

Heritage, M. (2014). Formative assessment: An enabler of learning. In R. E. Slavin (Ed.), *Classroom management and assessment* (pp. 35–38). Thousand Oaks, CA: Corwin.

Heritage, M., & Chen, E. (2005). Why data skills matter in school improvement. *Phi Delta Kappan, 86*(9), 707–710.

Herman, J., & Linn, R. (2014). New assessments, new rigor. *Educational Leadership, 71*(6), 34–38.

Hernandez, D. (2012). *Double jeopardy: How third-grade reading skills and poverty influence high school graduation.* Baltimore, MD: Annie E. Casey Foundation.

Herold, B. (2016). Seven studies comparing paper and computer test scores. *Education Week, 35*(22), 8.

Herrell, A., & Jordan M. (2016). *50 strategies for teaching English language learners* (5th ed.). Boston, MA: Pearson.

Herrenkohl, T. I., Maguin, E., Hill, K. G., Hawkins, J. D., & Abbott, R. D. (2001). Developmental risk factors for youth violence. *Journal of Adolescent Health, 26,* 176–186.

Herrera, S. G., Cabral, R. M., & Murry, K. G. (2013). *Assessment accommodations for classroom teachers of culturally and linguistically diverse students* (2nd ed.). Upper Saddle River, NJ: Pearson.

Hersh, R. (2009). A well-rounded education for a flat world. *Educational Leadership, 67*(1), 50–53.

Hess, F., & McShane, M. (2013). Common Core in the real world. *Phi Delta Kappan, 95*(3), 61–66.

Hess, F., & Mehta, J. (2013). Data: No deus ex machine. *Educational Leadership, 70*(5), 71–75.

Hetland, L. (2013). Connecting creativity to understanding. *Educational Leadership, 70*(5), 65–70.

Heward, W. L. (2013). *Exceptional children: An introduction to special education* (10th ed.). Columbus, OH: Merrill.

Heymann, S. J., & Earle, A. (2000). Low-income parents: How do working conditions affect their opportunity to help school-age children at risk? *American Educational Research Journal, 37*(3), 833–848.

Heyns, B. (2002). Summer learning. In D. L. Levinson, P. W. Cookson, Jr., & A. R. Sadovnik (Eds.), *Education and sociology: An encyclopedia* (pp. 645–650). New York, NY: Routledge.

Hicks, T. (2015). *Assessing students' digital writing.* New York, NY: Teachers College Press.

Hicks-Bartlett, S. (2004). Forging the chain: "Hands across the campus" in action. In W. G. Stephan & W. P. Vogt (Eds.), *Education programs for improving intergroup relations.* New York, NY: Teachers College Press.

Hidi, S., & Harackiewicz, J. M. (2000). Motivating the academically unmotivated: A critical issue for the 21st century. *Review of Educational Research, 70*(2), 151–179.

Hiebert, E. (1983). An examination of ability groupings for reading instruction. *Reading Research Quarterly, 18,* 231–255.

Hiebert, E. H. (1996). Revisiting the question: What difference does Reading Recovery make to an age cohort? *Educational Researcher, 25*(7), 26–28.

Hiebert, E., & Reutzel, R. (Eds.). (2010). *Revising silent reading.* Newark, DE: International Reading Association.

Hiebert, J., & Grouws, D. A. (2014). Which instructional methods are most effective for mathematics? In *Proven practices in education: STEM* (pp. 14–17). Corwin. [Reprinted from Hiebert, J., & Grouws, D. (2009). Which teaching methods are most effective for maths? *Better: Evidence-based Education, 2*(1), 10–11.]

Higgins, S. (2014). Formative assessment and feedback to learners. In R. E. Slavin (Ed.), *Classroom management and assessment* (pp. 11–15). Thousand Oaks, CA: Corwin.

Hill, J., & Miller, K. (2013). *Classroom instruction that works with English language learners* (2nd ed.). Alexandria, VA: ASCD.

Hill, N. E. (2001). Parenting and academic socialization as they relate to school readiness: The roles of ethnicity and family income. *Journal of Educational Psychology, 93*(4), 686–697.

Hindman, A., & Wasik, B. (2012). Unpacking an effective language and literacy coaching intervention in Head Start. *The Elementary School Journal, 113*(1), 131–154.

Hinduja, S., & Patchin, J. (2011). High-tech cruelty. *Educational Leadership, 68*(5), 48–52.

Hinnant, J., O'Brien, M., & Ghazarian, S. (2009). The longitudinal relations of teacher expectations to achievement in the early school years. *Journal of Educational Psychology, 101*(3), 662–670.

Hirsh, S. A., & Hord, S. M. (2008). Role of professional learning in advancing quality teaching and student learning. In T. L. Good (Ed.), *21st century learning* (Vol. 2, pp. 337–350). Thousand Oaks, CA: Sage.

Hoachlander, G., & Yanofsky, D. (2011). Making STEM real. *Educational Leadership, 68*(6), 60–65.

Hodgkinson, H. (2008). *Demographic trends and the federal role in education.* Washington, DC: Center on Education Policy.

Höffler, T., & Leutner, D. (2006). *Instructional animation versus static picture: A meta-analysis.* Poster presented at the annual meeting of the American Educational Research Association, San Francisco, CA.

Hoerr, T. (2009). How book groups bring change. *Educational Leadership, 66*(5), 80–84.

Hoerr, T. (2012). Got grit? *Educational Leadership, 69*(5), 84–85.

Hoerr, T. (2013). *Fostering grit: How do I prepare my students for the real world?* Alexandria, VA: ASCD.

Hoffman, D. (2009). Reflecting on social emotional learning: A critical perspective on trends in the United States. *Review of Educational Research, 79*(2), 533–556.

Hogan, T., Rabinowitz, M., & Craven, J. A., Ⅲ. (2003). Representation in teaching: Inferences from research of expert and novice teachers. *Educational Psychologist, 38*(4), 235–247.

Hollingsworth, J., & Ybarra, S. (2009). *Explicit Direct Instruction (EDI): The power of the well-crafted, well-taught lesson.* Thousand Oaks, CA: Corwin.

Holloway, J. H. (2001). Inclusion and students with learning disabilities. *Educational Leadership, 58*(6), 88–89.

Holmes, J., & Kiernan, K. (2013). Persistent poverty and children's development in the early years of childhood. *Policy and Politics, 41*(1), 19–41.

Holt, D. G., & Willard-Holt, C. (2000). Let's get real: Students solving authentic corporate problems. *Phi Delta Kappan, 82*(3), 243–246.

Hong, G., & Raudenbush, S. (2005). Effects of kindergarten retention policy on children's cognitive growth in reading and mathematics. *Evaluation and Policy Analysis, 27*(3), 205–244.

Hong, G., & Yu, B. (2007). Early-grade retention and children's reading and math learning in elementary years. *Educational Evaluation and Policy Analysis, 29*(4), 239–261.

Hong, L. K. (2001). Too many intrusions on instructional time. *Phi Delta Kappan, 82*(9), 712–714.

Hood, M., Conlon, E., & Andrews, G. (2008). Preschool home literacy practices and children's literacy development: A longitudinal analysis. *Journal of Educational Psychology, 100*(2), 252–271.

Hook, C., & Farah, M. (2012). Neuroscience for educators: What are they seeking, and what are they finding? *Neuroethics.* doi: 10.1007/512152-012-9159-3

Horn, S. S., Drill, K. L., Hochberg, M. J., Heinze, J., & Frank, T. (2008). Development: 6–8. In T. L. Good (Ed.), *21st century learning* (Vol. 1, pp. 93–102). Thousand Oaks, CA: Sage.

Horner, R., Sugai, G., & Anderson, C. (2010). Examining the evidence base for Positive Schoolwide Behavioral Support. *Focus on Exceptional Children, 42*(8), 1–16.

Howard, T. C. (2014). *Black male(d): Peril and promise in the education of African American males.* New York, NY: Teachers College Press.

Howard-Jones, P. (2014a). *Neuroscience and education: A review of educational interventions and approaches informed by neuroscience.* Milbank, England: EEF.

Howard-Jones, P. A. (2014b). Neuroscience and education: Myths and messages. *Nature Reviews Neuroscience, 15,* 817–824.

Hruby, G., & Hynd, G. (2006). Decoding Shaywitz: The modular brain and its discontents. [Review of the book *Overcoming dyslexia: A new and complete science-based program for reading problems at any level.*] *Reading Research Quarterly, 41*(4), 544–566.

Hsueh, J., Lowenstein, A., Morris, P., Mattea, S., & Bangser, M. (2014). *Impacts of social-emotional curricula on three-year-olds.* New York, NY: MDRC.

Huang, C. (2012). Discriminant and criterion-related validity of achievement goals in predicting academic achievement: A meta-analysis. *Journal of Educational Psychology, 104*(1), 48–73.

Hubbard, L., & Mehan, H. (1998). Scaling up an untracking program: A co-constructed process. *Journal of Education for Students Placed at Risk, 4*(1), 83–100.

Huber, C. (2010). Professional learning 2.0. *Educational Leadership, 67*(8), 41–46.

Huebner, T. (2008). Balancing the concrete and the abstract. *Educational Leadership, 66*(3), 86–88.

Huebner, T. (2009). Encouraging girls to pursue math and science. *Educational Leadership, 67*(1), 90–92.

Hughes, F. (2010). *Children, play, and development.* Thousand Oaks, CA: Sage.

Hughes, J., Kwok, O., & Im, M. (2013). Effect of retention in first grade on parents' educational expectations and children's academic outcomes. *American Educational Research Journal, 50*(6), 1336–1359.

Huguet, P., & Regner, I. (2007). Stereotype threat among schoolgirls in quasi-ordinary classroom circumstances. *Journal of Educational Psychology, 99,* 345–360.

Hulett, K. E. (2009). *Legal aspects of special education.* Upper Saddle River, NJ: Pearson.

Hulleman, C., Durik, A., Schweigert, S., & Harackiewicz, J. (2008). Task values, achievement goals, and interest: An integrative analysis. *Journal of Educational Psychology, 100*(2), 398–416.

Hunter, P. (2012). *It's not complicated! What I know for sure about helping our students of color become successful readers.* New York, NY: Scholastic.

Hurley, E. (2000, April). *The interaction of culture with math achievement and group processes among African American and European American children.* Paper presented at the annual meeting of the American Educational Research Association, New Orleans, LA.

Hurn, C. J. (2002). IQ. In D. L. Levinson, P. W. Cookson, Jr., & A. R. Sadovnik (Eds.), *Education and sociology: An encyclopedia* (pp. 399–402). New York, NY: Routledge.

Hurry, J., & Sylva, K. (2007). Long-term outcomes of early reading intervention. *Journal of Research in Reading, 30*(3), 227–248.

Husman, J., & Lens, W. (1999). The role of the future in student motivation. *Educational Psychologist, 34*(2), 113–125.

Hustedt, J., Epstein, D., & Barnett, W. (2013). Early childhood education programs in the public schools. *Handbook of research on the education of young children* (pp. 403–413). New York, NY: Routledge.

Hutchings, J. (2012). Support for teachers around the world. *Better: Evidence-based education, 5*(1), 18–19.

Hyde, J., & Mertz, J. (2009). Gender, culture, and mathematics performance. *Proceedings of the National Academy of Sciences, 106*(8), 801–807.

Hyman, I. A., & Snook, P. A. (2000). Dangerous schools and what you can do about them. *Phi Delta Kappan, 81*(7), 488–501.

Ialongo, N., Poduska, J., Wethamer, L., & Keller, S. (2001). The digital impact of two first-grade preventive interventions on conduct problems and disorder in early adolescence. *Journal of Emotional and Behavioral Disorders, 9*(3), 146–160.

Igo, L. B., Bruning, R., & McCrudden, M. (2005). Exploring differences in students' copy-and-paste decision making and processing: A mixed-methods study. *Journal of Educational Psychology, 72*(3), 165–178.

IMPAQ International (2016). *The impact of the Institute for Student Achievement on African American male students' high school outcomes.*

Inhelder, B., & Piaget, J. (1958). *The growth of logical thinking from childhood to adolescence.* New York, NY: Basic Books.

Internet World Statistics. (2015). *Internet users in the world by regions, November 2015.*

Iran-Nejad, A., & Stewart, W. (2007, April). *What's wrong with Bloom's cognitive taxonomy of educational objectives?* Paper presented at the annual meeting of the American Educational Research Association, Chicago, IL.

Ireson, J., & Hallam, S. (2001). *Ability grouping in education.* London, England: Sage.

Ivey, G., & Fisher, D. (2006). Then thinking skills trump reading skills. *Educational Leadership, 64*(2), 16–21.

Jackson, L. A., Witt, E.-A., Games, A., Fitzgerald, H., VanEye, E., & Zhao, Y. (2012). Information technology use and creativity: Findings from the Children and Technology Project. *Computers in Human Behavior, 28*(2), 370–376.

Jackson, R. (2009). *Never work harder than your students and other principles of great teaching.* Alexandria, VA: ASCD.

Jackson, R. (2011). *How to motivate reluctant learners.* Alexandria, VA: ASCD.

Jackson, R. (2011). *How to plan rigorous instruction.* Alexandria, VA: ASCD.

Jackson, R., & Lambert, C. (2010). *How to support struggling students.* Alexandria, VA: ASCD.

Jackson, R., & Zmuda, A. (2014). 4 (secret) keys to student engagement. *Educational Leadership, 72*(1), 18–24.

Jacob, R. T., Armstrong, C., & Willard, J. (2015). *Mobilizing volunteer tutors to improve student literacy.* New York, NY: MDRC.

Jacobs, J., Lanza S., Osgood, D., Eccles, J., & Wigfield, A. (2002). Changes in children's self-competence and values: Gender and domain differences across grades one through twelve. *Child Development, 73,* 509–527.

Jaffee, S., & Hyde, J. S. (2000). Gender differences in moral orientation: A meta-analysis. *Psychological Bulletin, 126,* 703–726.

Jagers, R. J., & Carroll, G. (2002). Issues in educating African American children and youth. In S. Stringfield & D. Land (Eds.), *Educating at-risk students* (pp. 48–65). Chicago, IL: National Society for the Study of Education.

James, A. (2007). *Teaching the male brain: How boys think, feel, and learn in school.* Thousand Oaks, CA: Corwin.

James, A. (2009). *Teaching the female brain: How girls learn math and science.* Thousand Oaks, CA: Corwin.

James, W. (1912). *Talks to teachers on psychology: And to students on some of life's ideals.* New York, NY: Holt.

James-Ward, C., Fisher, D., Frey, N., & Lapp, D. (2013). *Using data to focus instructional improvement.* Alexandria, VA: ASCD.

Janzen, J. (2008). Teaching English language learners in the content areas. *Review of Educational Research, 78*(4), 1010–1038.

Jenkins, J. R., Peyton, J. A., Sanders, E. A., & Vadasy, P. F. (2004). Effects of reading decodable texts in supplemental first-grade tutoring. *Scientific Studies of Reading, 8,* 53–85.

Jennings, P., & Greenberg, M. (2009). The prosocial classroom: Teacher social and emotional competence in relation to student and classroom outcomes. *Review of Educational Research, 79*(1), 491–525.

Jensen, E. (2000). Brain-based learning: A reality check. *Educational Leadership, 57*(7), 76–80.

Jensen, E. (2013). *Engaging students with poverty in mind: Practical strategies for raising achievement.* Alexandria, VA: ASCD.

Jensen, E. P. (2009). *Teaching with poverty in mind: What being poor does to kids' brains and what schools can do about it.* Alexandria, VA: ASCD.

Jensen, E., & Nickelsen, L. (2008). *Deeper learning: Seven powerful strategies for in-depth and longer-lasting learning.* Thousand Oaks, CA: Corwin.

Jensen, E., & Nickelson, L. (2013). *Bringing the Common Core to life in K-8 classrooms: 30 strategies to build literacy skills.* Bloomington, IN: Solution Tree.

Jetton, T. L., & Alexander, P. A. (2001). Interest assessment and the content area literacy environment: Challenges for research and practice. *Educational Psychology Review, 13*(3), 303–318.

Jeynes, W. (2012). A meta-analysis of the efficacy of different types of parental involvement programs for urban students. *Urban Education, 47*(4), 706–742.

Jimerson, S. R., Anderson, G. E., & Whipple, A. D. (2002). Winning the battle and losing the war: Examining the relation between grade retention and dropping out of high school. *Psychology in the Schools, 39,* 441–457.

Jitendra, A., Edwards, L., Sacks, G., & Jacobson, L. (2004, April). *What research says about vocabulary instruction for students with learning disabilities.* Paper presented at the annual meeting of the American Educational Research Association, San Diego, CA.

Jitendra, A., Star, J., Starosta, K., Leh, J., Sood, S., Caskie, G., Hughes, C., & Mack, T. (2009). Improving seventh grade students' learning of ratio and proportion: The role of schema-based instruction. *Contemporary Educational Psychology, 34*(3), 250–264.

Joe, S., Joe, E., & Rowley, L. (2009). Consequences of physical health and mental illness risks for academic achievement in grades K–12. *Review of Research in Education, 33,* 283–309.

Joët, G., Usher, E., & Bressoux, P. (2011). Sources of self-efficacy: An investigation of elementary school students in France. *Journal of Educational Psychology, 103*(3), 649–663.

Johnson, D. (2012). On board with BYOD. *Educational Leadership, 70*(2), 84–85.

Johnson, D. (2015). Helping to close the digital divide. *Educational Leadership, 72*(5), 81–82.

Johnson, D. W., & Johnson, R. T. (1999). *Learning together and alone: Cooperative, competitive, and individualistic learning.* Boston, MA: Allyn & Bacon.

Johnson, J., Sevimli-Celik, S., & Al-Mansour, M. (2013). Play in early childhood education. *Handbook of research on the education of young children* (pp. 265–274). New York, NY: Routledge.

Johnson, P. (2009). The 21st century skills movement. *Educational Leadership, 67*(1), 8–15.

Johnson, S., Riley, A., Granger, A., & Riis, J. (2012). The science of early life toxic stress for pediatric practice and advocacy. *Pediatrics, 131*(2), 319–327.

John-Steiner, V., & Mahn, H. (1996). Sociocultural approaches to learning and development: A Vygotskian framework. *Educational Psychologist, 31*(3 & 4), 191–206.

John-Steiner, V., & Mahn, H. (2003). Sociocultural contexts for teaching and learning. In W. M. Reynolds & G. E. Miller (Eds.), *Handbook of psychology: Vol. 7. Educational psychology* (pp. 125–151). Hoboken, NJ: Wiley.

Johnston, P. (2011). Response to intervention in literacy: Problems and possibilities. *The Elementary School Journal, 111*(4), 511–534.

Jonas, P. M. (2010.) *Laughing and learning: An alternative to shut up and listen.* Lanham, MD: Rowman & Littlefield.

Jones, M., Levin, M., Levin, J., & Beitzel, B. (2000). Can vocabulary-learning strategies and pair-learning formats be profitably combined? *Journal of Educational Psychology, 92*(2), 256–262.

Jones, S., & Dindia, K. (2004). A meta-analytic perspective on sex equity in the classroom. *Review of Educational Research, 74*(4), 443–472.

Jones, V., & Jones, L. (2016). *Comprehensive classroom management* (11th ed.). Boston, MA: Pearson.

Jordan-Young, R. M. (2010). *Brainstorm: The flaws in the sicence of sex differences.* Cambridge, MA: Harvard University Press.

Jorgenson, O. (2012). What we lose in winning the test score race. *Principal, 91*(5), 13–15.

Journell, W. (2012). Walk, don't run—to online learning. *Phi Delta Kappan, 93*(7), 46–50.

Joyce, B. R., Weil, M., & Calhoun, E. (2004). *Models of teaching* (7th ed.). Boston, MA: Allyn & Bacon.

Jung, J. (2010). *Alcohol, other drugs, and behavior* (2nd ed.). Thousand Oaks, CA: Sage.

Jussim, L., & Harber, K. D. (2005). Teacher expectations and self-fulfilling prophecies: Knowns and unknowns, resolved and unresolved controversies. *Personality and Social Psychology Review, 9,* 131–155.

Juvonen, J. (2000). The social functions of attributional face-saving tactics among early adolescents. *Educational Psychology Review, 12*(1), 15–32.

Juvonen, J., & Gross, E. (2008). Extending the school grounds? Bullying experiences in cyberspace. *Journal of School Health, 78,* 496–505.

Kafele, B. (2013). *Closing the attitude gap: How to fire up your students to strive for success.* Alexandria, VA: ASCD.

Kafele, B. (2009). *Motivating black males to achieve in school and in life.* Alexandria, VA: ASCD.

Kagan, S., & Kagan, M. (2012). *Kagan cooperative learning* (2nd ed.). San Clemente, CA: Kagan.

Kagan, S., Kyle, P., & Scott, S. (2004). *Win-win discipline.* San Clemente, CA: Kagan.

Kahneman, D. (2011). *Thinking fast and slow.* New York, NY: Penguin.

Kallick, B., & Colosimo, J. (2009). *Using curriculum mapping and assessment data to improve learning.* Thousand Oaks, CA: Corwin.

Kallison, J. M. (1986). Effects of lesson organization on achievement. *American Educational Research Journal, 23,* 337–347.

Kalogrides, D., & Loeb, S. (2013). Different teachers, different peers: The magnitude of student sorting within schools. *Educational Researcher, 42*(6), 304–316.

Kamhi, A. G., & Catts, H. W. (2012). Language and reading disabilities (3rd ed.). Boston, MA: Allyn & Bacon.

Kamil, M. L., Borman, G. D., Dole, J., Kral, C. C., & Salinger, T. (2008). *Improving adolescent literacy: Effective classroom and intervention practices* (NCEE 2008-4027). Washington, DC: Institute of Education Sciences, U.S. Department of Education.

Kamil, M. L., Intrator, S. M., & Kim, H. S. (2000). The effects of other technologies on literacy and literacy learning. In M. L. Kamil, P. B. Mosenthal, P. D. Pearson, & R. Barr (Eds.), *Handbook of reading research* (Vol. 3, pp. 771–788). Mahwah, NJ: Erlbaum.

Kampwirth, T. J., & Powers, K. M. (2016). *Collaborative consultation in the schools* (5th ed). Boston, MA: Pearson.

Kane, M. S., Hambrick, D. Z., & Conway, A. R. A. (2005). Working memory capacity and fluid intelligence are strongly related concepts: Comment on Ackerman, Beier, & Boyle (2005). *Psychological Bulletin, 131*(1), 66–71.

Kaplan, R., & Saccuzzo, D. (2013). *Psychological testing: Principles, applications, and issues* (8th ed.). Wadsworth.

Kapur, S., Craik, F. I. M., Tulving, E., Wilson, A. A., Hoyle, S., & Brown, G. M. (1994). Neuroanatomical correlates of encoding in episodic memory: Levels of processing effect. *Proceedings of the National Academy of Sciences, 91,* 2008–2011.

Karpicke, J. D., & Roediger, H. L. (2007). Repetition during retrieval is the key to long-term retention. *Journal of Memory and Language, 43,* 508–529.

Karten, T. J. (2016). *Inclusion & CCSS supports.* West Palm Beach, FL: Learning Sciences International.

Karweit, N. L., & Slavin, R. E. (1981). Measurement and modeling choices in studies of time and learning. *American Educational Research Journal, 18,* 157–171.

Katz, L. (2015). Reducing inequality: Neighborhood and social interventions. *Focus, 31*(2), 12–17.

Katzir, T., & Paré-Blagoev, J. (2006). Applying cognitive neuroscience research to education: The case of literacy. *Educational Psychologist, 41*(1), 53–74.

Kauffman, J. M., Mostert, M. P., Trent, S. C., & Pullen, P. L. (2006). *Managing classroom behavior: A reflective case-based approach* (4th ed.). Boston, MA: Allyn & Bacon.

Kauffman, J., & Landrum, T. J. (2013). *Characteristics of emotional and behavioral disorders of children* (10th ed.). Upper Saddle River, NJ: Pearson.

Kauffman, J., McGee, K., & Brigham, M. (2004). Enabling or disabling? Observations on changes in special education. *Phi Delta Kappan, 85*(8), 613–620.

Kauffman, J., Pullen, P., Mostert, M., & Trent, S. (2011). *Managing classroom behavior: A reflective case-based approach* (5th ed.). New York, NY: Merrill.

Kaufman, J., Gottlieb, J., Agard, J., & Kukic, M. (1975). *Project PRIME: Mainstreaming toward an explication of the construct. Project No IM-71-001.* Washington, DC: U.S. Office of Education, Bureau of Education for the Handicapped.

Kazdin, A. E. (2001). *Behavior modification in applied settings* (6th ed.). Belmont, CA: Wadsworth.

Keen, L. (2011, April 26). LGBTs comprise 3.5% of US adult population. *Gay San Diego.*

Keenan, T., & Evans, S. (2010). *An introduction to child development.* Thousand Oaks, CA: Sage.

Kelly, N., & Norwich, B. (2004). Pupils' perceptions of self and of labels: Moderate learning difficulties in mainstream and special schools. *British Journal of Educational Psychology, 74*(3), 411–435.

Kelly, S., & Monczunski, L. (2007). Overcoming the volatility in school-level gain scores: A new approach to identifying value added with cross-sectional data. *Educational Researcher, 36*(5), 279–287.

Kemple, J. J. (1997). *Career academies: Communities of support for students and teachers: Further findings from a 10-site evaluation.* New York, NY: MDRC.

Kendall, J. (2011). *Understanding Common Core State Standards.* Alexandria, VA: ASCD.

Kenkel, S., Hoelscher, S., & West, T. (2006). Leading adolescents to mastery. *Educational Leadership, 63*(7), 33–37.

Kennedy, M. M. (2008). Teachers thinking about their practice. In T. L. Good (Ed.), *21st century learning* (Vol. 1, pp. 21–30). Thousand Oaks, CA: Sage.

Kerr, M., Stattin, H., Biesecker, G., & Ferrer-Wreder, L. (2003). Relationships with parents and peers in adolescence. In R. M. Lerner, M. A. Easterbrooks, & J. Mistry (Eds.), *Handbook of psychology: Vol. 6. Developmental psychology* (pp. 395–419). Hoboken, NJ: Wiley.

Khan, S. (2012). *The one world school house: Education reimagined.* New York, NY: The Hachette Book Group.

Khan, S., & Slavitt, E. (2013). A bold new math class. *Educational Leadership, 70*(6), 28–31.

Kidron, Y., & Darwin, M. (2007). A systematic review of whole-school improvement models. *Journal of Education for Students Placed at Risk, 12*(1), 9–35.

Kidron, Y., & Fleischman, S. (2006). Promoting adolescents' prosocial behavior. *Educational Leadership, 63*(7), 90–91.

Kidron, Y., & Lindsay, J. (2014). *What does the research say about increased learning time and student outcomes?* Washington, DC: USDOE.

Kieffer, M. (2011). Converging trajectories: Reading growth in language minority learners and their classmates, kindergarten to grade 8. *American Educational Research Journal, 48*(5), 1187–1225.

Kieffer, M., Lesaux, N., Rivera, M., & Francis, D. (2009). Accommodations for English language learners taking large-scale assessments: A meta-analysis on effectiveness and validity. *Review of Educational Research, 79*(3), 1168–1201.

Kim, J. (2006). Effects of a voluntary summer reading intervention on reading achievement: Results from a randomized field trial. *Educational Evaluation and Policy Analysis, 28*(4), 335–355.

Kim, J. S., & Quinn, D. M. (2013). The effects of summer reading on low-income children's literacy achievement from kindergarten to grade 8: A meta-analysis of classroom and home interventions, *Review of Educational Research, 83*(3), 386-431.

Kim, S. E. (2001, April). *Meta-analysis of gender differences in test performance using HLM.* Paper presented at the annual meeting of the American Educational Research Association, Seattle, WA.

Kim, S., & Hill, N. (2015). Including fathers in the picture: A meta-analysis of parental involvement and students' academic achievement. *Journal of Educational Psychology, 107*(4), 919–934.

King, A. (1992). Facilitating elaborative learning through guided student-generated questioning. *Educational Psychologist, 27,* 111–126.

King, A. (1999). Teaching effective discourse patterns for small-group learning. In R. J. Stevens (Ed.), *Teaching in American schools.* Upper Saddle River, NJ: Merrill/Prentice-Hall.

King, E. W. (2002). Ethnicity. In D. L. Levinson, P. W. Cookson, Jr., & A. R. Sadovnik (Eds.), *Education and sociology: An encyclopedia* (pp. 247–253). New York, NY: Routledge.

King, K., Gurian, M., & Stevens, K. (2010). Gender-friendly schools. *Educational Leadership, 68*(3), 38–42.

King, R., & McInerney, D. (2014). Culture's consequences on student motivation: Capturing cross-cultural universality and variability through personal investment theory. *Educational Psychologist, 49*(3), 175–198.

Kirschner, P., & van Merrienboer, J. J. G. (2008). In T. L. Good (Ed.), *21st century learning* (Vol. 1, pp. 244–253). Thousand Oaks, CA: Sage.

Kirschner, P., & van Merrienboer, J. (2013). Do learners really know best? Urban legends in education. *Educational Psychologist, 48*(3), 169–183.

Kirschner, P., Sweller, J., & Clark, R. (2006). Why minimal guidance during instruction does not work: An analysis of the failure of constructivist, discovery, problem-based, experiential, and inquiry-based teaching. *Educational Psychologist, 41*(2), 75–86.

Kist, W. (2015). *Getting started with blended Learning: How do I integrate online and face-to-face instruction?* Alexandria, VA: ASCD.

Klahr, D., & Nigam, M. (2004). The equivalence of learning paths in early science instruction: Effects of direct instruction and discovery learning. *Psychological Science, 15*(10), 661–667.

Klein, A. (2016). Path to accountability taking bold new turns. *Education Week, 35*(16), 4–6.

Klein, J. D., & Schnackenberg, H. L. (2000). Effects of informal cooperative learning and the affiliation motive on achievement, attitude, and student interactions. *Contemporary Educational Psychology, 25*(1), 332–341.

Klein, P. D. (1999). Reopening inquiry into cognitive processes in writing-to-learn. *Educational Psychology Review, 11*(3), 203–270.

Kleinert, H. L., & Kearns, J. F. (2001). *Alternate assessment: Measuring outcomes and supports for students with disabilities.* Baltimore, MD: Brookes.

Knapp, M. S., & Woolverton, S. (1995). Social class and schooling. In J. A. Banks & C. A. M. Banks (Eds.), *Handbook of research on multicultural education.* New York, NY: Macmillan.

Knobel, M., & Wilber, D. (2009). Let's talk 2.0. *Educational Leadership, 66*(6), 20–25.

Kobayashi, K. (2005). What limits the encoding effect of note-taking? A meta-analytic examination. *Contemporary Educational Psychology, 30*(2), 242–262.

Koch, J. (2003). Gender issues in the classroom. In W. M. Reynolds & G. E. Miller (Eds.), *Handbook of psychology: Vol. 7. Educational psychology* (pp. 259–281). Hoboken, NJ: Wiley.

Kohlberg, L. (1963). The development of children's orientations toward moral order. I: Sequence in the development of human thought. *Vita Humana, 6,* 11–33.

Kohlberg, L. (1969). Stage and sequence: The cognitive–developmental approach to socialization. In D. A. Golsin (Ed.), *Handbook of socialization theory and research* (pp. 347–380). Chicago, IL: Rand McNally.

Kohlberg, L. (1978). Revisions in the theory and practice of moral development. In W. Damon (Ed.), *New directions for child development* (No. 2, pp. 83–87). San Francisco, CA: Jossey-Bass.

Kohlberg, L. (1980). High school democracy and educating for a just society. In M. L. Mosher (Ed.), *Moral education: A first generation of research and development* (pp. 20–57). New York, NY: Praeger.

Kolb, B., & Whishaw, I. (2011). *An introduction to brain and behavior* (3rd ed.). New York, NY: Worth.

Kolbe, T., Partridge, M., & O'Reilly, F. (2013). Time and learning in schools: A national profile.

Konstantopoulos, S., & Chung, V. (2009). What are the long-term effects of small classes on the achievement gap? Evidence from the lasting benefits study. *American Journal of Education, 116* (1), 125–154.

Konstantopoulos, S., Miller, S., & van der Ploeg, A. (2013). The impact of Indiana's system of interim assessments on mathematics and reading achievement. *Educational Evaluation and Policy Analysis, 35*(4), 481–499.

Koppelman, K., & Goodhart, L. (2008). *Understanding human differences: Multicultural education for a diverse America* (2nd ed.). Boston, MA: Pearson.

Kornhaber, M., Fierros, E., & Veenema, S. (2004). *Multiple intelligences: Best ideas from research and practice.* Boston, MA: Allyn & Bacon.

Korpershoek, H., Harms, T., de Boer, H., van Jukik, M., & Doorlaard, S. (2016). A meta-analysis of the effects of classroom management strategies and classroom managementprograms on students' academic, behavioral, emotional, and motivational outcomes. *Review of Educational Research, 86* (3), 643-680.

Kosterman, R., Haggerty, K., & Hawkins, J. (2010). Long-term effects of social development intervention. *Better: Evidence-based Education, 2* (2), 6–7.

Kraft, M., & Dougherty, S. (2013). The effect of teacher-family communication on student engagement: Evidence from a randomized field experiment. *Journal of Research on Educational Effectiveness, 6*(3), 199–222.

Kramarski, B., & Mevarech, Z. R. (2003). Enhancing mathematical reasoning in the classroom: The effects of cooperative learning and metacognitive training. *American Educational Research Journal, 40*(1), 281–310.

Kratochwill, T. (2012). What works in classroom management. *Better: Evidence-based education, 5*(1), 10–11.

Krinsky, R., & Krinsky, S. G. (1996). Pegword mnemonic instruction: Retrieval times and long-term memory performance among fifth grade children. *Contemporary Educational Psychology, 21*(2), 193–207.

Kroesbergen, E. H., Van Luit, J. E. H., & Maas, C. J. M. (2004). Effectiveness of explicit and constructivist mathematics instruction for low-achieving students in the Netherlands. *The Elementary School Journal, 104*(3), 233–251.

Kubiszyn, T., & Borich, G. (2010). *Educational testing and measurement: Classroom application and practice* (9th ed.). New York, NY: Wiley.

Kugler, E., & Albright, E. (2005). Increasing diversity in challenging classes. *Educational Leadership, 62*(5), 42–45.

Kuhara-Kojima, K., & Hatano, G. (1991). Contribution of content knowledge and learning ability to the learning of facts. *Journal of Educational Psychology, 83*(2), 253–263.

Kuhn, D. (2006). Do cognitive changes accompany developments in the adolescent brain? *Perspectives on Psychological Science, 1*(1), 59–67.

Kulik, J., & Fletcher, J. (2016). Effectiveness of intelligent tutoring systems: A meta-analytic review. *Review of Educational Research, 86* (1), 42-78.

Kumar, R., & Maehr, M. (2010). Schooling, cultural diversity, and student motivation. In J. Meece & J. Eccles (Eds.), *Handbook of research on schools, schooling, and human development* (pp. 308–324). New York, NY: Routledge.

Kutnick, P., Ota, C., & Berdondini, L. (2008). Improving the effects of group working in classrooms with young school-aged children: Facilitating attainment, interaction and classroom activity. *Learning and Instruction, 18*(1), 83–95.

Kyle, P., & Rogien, L. (2004). *Opportunities and options in classroom management.* Boston, MA: Pearson.

Ladd, G. W., & Troop-Gordon, W. (2003). The role of chronic peer difficulties in the development of children's psychological adjustment problems. *Child Development, 55,* 1958–1965.

Ladd, G., & Sechler, C. (2013). Young children's peer relations and social competence. *Handbook of research on the education of young children* (pp. 33–66). New York, NY: Routledge.

Ladson-Billings, G. (2006). From the achievement gap to the education debt: Understanding achievement in U.S. schools. *Educational Researcher, 35*(7), 3–12.

Lampert, M. (1986). Knowing, doing, and teaching multiplication. *Cognition and Instruction, 3,* 305–342.

Land, D., & Legters, N. (2002). The extent and consequences of risk in U.S. education. In S. Stringfield & D. Land (Eds.), *Educating at-risk students* (pp. 1–28). Chicago, IL: National Society for the Study of Education.

Landrum, T. J., & McDuffie, K. A. (2008). Learning: Behavioral. In T. L. Good (Ed.), *21st century learning* (Vol. 1, pp. 161–167). Thousand Oaks, CA: Sage.

Landrum, T., Scott, T., & Lingo, A. (2011). Classroom misbehavior is predictable and preventable. *Phi Delta Kappan, 93*(2), 30–34.

Lane, K., Harris, K., Graham, S., Driscoll, S., Sandmel, K., Morphy, P., ... & Schatschneider, C. (2011). Self-regulated strategy development at Tier 2 for second-grade students with writing and behavioral difficulties: A randomized controlled trial. *Journal of Journal of Research on Educational Effectiveness, 4*(4), 322–353.

Langer, G., & Colton, A. (2005). Looking at student work. *Educational Leadership, 62*(5), 22–27.

Lapkoff, S., & Li, R. (2007). Five trends for schools. *Educational Leadership, 64*(6), 8–17.

Larmer, J. (2014). Boosting the power of projects. *Educational Leadership, 72*(1), 42–46.

Larmer, J., Mergendoller, J., & Boss, S. (2015). *Setting the standard for project-based learning.* Alexandria, VA: ASCD.

Larson, L. (2015). The learning potential of e-books. *Educational Leadership, 72*(8), 42–46.

Lauer, P. A., Akiba, M., Wilkerson, S., Apthorp, H., Snow, D., & Martin-Glenn, M. L. (2006). Out-of-school-time programs: A meta-analysis of effects for at-risk students. *Review of Educational Research, 76*(2), 275–313.

Lave, J. (1988). *Cognition in practice.* Boston, MA: Cambridge Press.

Lawner, E., & Terzian, M. (2013). *What works for bullying programs: Lessons from experimental evaluations of programs and interventions.* Bethesda, MD: ChildTrends.

Lawson, M., & Alameda-Lawson, T. (2012). A case study of school-linked, collective parent engagement. *American Educational Research Journal, 49*(4), 651–684.

Learning First Alliance. (2001). *Every child learning: Safe and supportive schools.* Washington, DC: Author.

Lee, C. (2008). Synthesis of research on the role of culture in learning among African American youth: The contributions of Asa G. Hillard, III. *Review of Educational Research, 78*(4), 797–827.

Lee, C. D. (2000, April). *The state of knowledge about the education of African Americans.* Paper presented at the annual meeting of the American Educational Research Association, New Orleans, LA.

Lee, J. (2004). Multiple facets of inequity in racial and ethnic achievement gaps. *Peabody Journal of Education, 79*(2), 51–73.

Lee, J., & Bowen, N. (2006). Parent involvement, cultural capital, and the achievement gap among elementary school children. *American Educational Research Journal, 43*(2), 193–218.

Lee, O. (2014). Diversity and equity in science education. In R. E. Slavin (Ed.), *Science, technology, & mathematics (STEM)* (pp. 98–102). Thousand Oaks, CA: Corwin.

Lee, V. E., & Burkam, D. T. (2003). Dropping out of high school: The role of school organization and structure. *American Educational Research Journal, 40*(2), 353–393.

Lehr, C. A., Hansen, A., Sinclair, M. F., & Christenson, S. L. (2003). Moving beyond dropout prevention to school completion: An integrative review of data-based interventions. *School Psychology Review, 32,* 342–364.

Lehr, C. A., Sinclair, M. F., & Christenson, S. L. (2004). Addressing student engagement and truancy prevention during the elementary school years: A replication study of the Check & Connect model. *Journal of Education for Students Placed at Risk, 9*(3), 279–301.

Leinhardt, G., & Steele, M. D. (2005). Seeing the complexity of standing to the side: Instructional dialogues. *Cognition and Instruction, 23,* 87–163.

Lemov, D. (2010). *Teach like a champion.* San Francisco, CA: Jossey-Bass.

Lepper, M. R. (1983). Extrinsic reward and intrinsic motivation: Implications for the classroom. In J. M. Levine & M. C. Wang (Eds.), *Teacher and student perceptions: Implications for learning* (pp. 281–317). Hillsdale, NJ: Erlbaum.

Lepper, M. R. (1998). A whole much less than the sum of its parts. *American Psychologist, 53*(6), 675–676.

Lepper, M. R., Greene, D., & Nisbett, R. E. (1973). Undermining children's intrinsic interest with extrinsic rewards: A test of the overjustification hypothesis. *Journal of Personality and Social Psychology, 28,* 129–137.

Lereya, S., Samara, M., & Wolke, D. (2013) Parenting behavior and the risk of becoming a bully/victim: A meta-analysis study. *Child Abuse and Neglect, 37*(12), 1091–1108.

Lesaux, N., Kieffer, M., Kelley, J., & Harris, J. (2014). Effects of academic vocabulary instruction for linguistically diverse adolescents: Evidence from a randomized field trial. *American Educational Research Journal, 51*(6), 1159–1194.

Lesnick, J., Goerge, R., Smithgall, C., & Gwynne J. (2010). *Reading on grade level in third grade: How is it related to high school performance and college enrollment?* Chicago, IL: Chapin Hall at the University of Chicago.

Lessow-Hurley, J. (2005). *The foundations of dual language instruction.* Boston, MA: Pearson.

Levenstein, P., Levenstein, S., & Oliver, D. (2002). First grade school readiness of former participants in a South Carolina replication of the Parent-Child Home Program. *Journal of Applied Developmental Psychology, 23,* 331–353.

Lever-Duffy, J., & McDonald, J. (2015). *Teaching and learning with technology.* Boston, MA: Pearson.

Levin, J. R., O'Donnell, A. M., & Kratochwill, T. R. (2003). Educational/psychological intervention research. In W. M. Reynolds & G. E. Miller (Eds.), *Handbook of psychology: Vol. 7. Educational psychology* (pp. 557–581). Hoboken, NJ: Wiley.

Levin, J., & Nolan, J. (2010). *Principles of classroom management: A professional decision-making model* (6th ed.). Upper Saddle River, NJ: Pearson.

Levin, J., Nolan, J., Kerr, J., Elliott, A., & Bajovic, M. (2016). *Principles of classroom management: A professional decision-making model.* Ontario, CN: Pearson.

Levine, C., Kohlberg, L., & Hewer, A. (1985). The current formulation of Kohlberg's theory and a response to critics. *Human Development, 28,* 94–100.

Levine, M. (2004). Celebrating diverse minds. *Educational Leadership, 61* (2), 12.

Levine, M., & Gershenfeld, A. (2011, November 9). The video game-learning link. *Education Week,* 24–25.

Levitt, S., List, J., Neckermann, S., & Sadoff, S. (2012). *The behaviorist goes to school: Leveraging behavioral economics to improve educational performance.* Cambridge, MA: NBER.

Levy, S. (2008). The power of audience. *Educational Leadership, 66*(3), 75–79.

Lewin, L., & Shoemaker, B. J. (2011). *Great performances: Creating classroom-based assessment tasks* (2nd ed.). Alexandria, VA: ASCD.

Li, G., & Wang, W. (2008). English language learners. In T. L. Good (Ed.), *21st century learning* (Vol. 2, pp. 97–104). Thousand Oaks, CA: Sage.

Lin, T., & Anderson, R. (2008). Reflections on collaborative discourse, argumentation, and learning. *Contemporary Educational Psychology, 33*(3), 443–448.

Lin-Siegler, X., Dweck, C., & Cohen, G. (2016). Instructional interventions that motivate classroom learning. *Educational Psychology, 108*(3), 295-299.

Lindeman, B. (2001). Reaching out to immigrant parents. *Educational Leadership, 58*(6), 62–66.

Lindholm-Leary, K. (2004/2005). The rich promise of two-way immersion. *Educational Leadership, 62*(4), 56–59.

Lindsey, L. L. (2015). *Gender rules* (6th ed.). Boston, MA: Pearson.

Linebarger, D., Kosanic, A., Greenwood, C., & Doku, N. (2004). Effects of viewing the television program *Between the Lions* on the emergent literacy skills of young children. *Journal of Educational Psychology, 96,* 297–308.

Linn, R. L. (1994). Performance assessment: Policy promises and technical measurement standards. *Educational Researcher, 23*(9), 4–14.

Linn, R. L. (2000). Assessments and accountability. *Educational Researcher, 29*(2), 4–15.

Lissitz, R., & Schafer, W. (2002). *Assessment in educational reform: Both means and ends.* Boston, MA: Allyn & Bacon.

Lloyd, J. W., Landrum, T. J., Cook, B. G., & Tankersley, M. (2013). *Research-based approaches for assessment.* Upper Saddle River, NJ: Pearson.

Lomawaima, K. T., & McCarty, T. L. (2002). When tribal sovereignty challenges democracy: American Indian education and the democratic ideal. *American Educational Research Journal, 39*(2), 279–305.

Lomawaima, T., & McCarty, T. (2006). *To remain an Indian: Lessons in democracy from a century of Native American education.* New York, NY: Teachers College Press.

Losen, D. J. (Ed.) (2015). *Closing the school discipline gap.* New York, NY: Teachers College Press.

Lou, Y., Abrami, P. C., & d'Apollonia, S. (2001). Small group and individual learning with technology: A meta-analysis. *Review of Educational Research, 71*(3), 449–521.

Loury, G. C. (2002). *The anatomy of racial inequality.* Cambridge, MA: Harvard University Press.

Loveless, T. (2012, April 18). Does the common core matter? *Education Week,* 32.

Lovett, B. (2010). Extended time testing accommodations for students with disabilities: Answers to five fundamental questions. *Review of Educational Research, 80*(4), 611–638.

Lowe, J. (2011, December 7). Want to boost learning? Start with emotional health. *Education Week,* 40.

Lowther, D., Ross, S., & Morrison, G. (2003). *When each one has one: The influences on teaching strategies and student achievement of using laptops in the classroom.* Paper presented at the annual meeting of the American Educational Research Association, Seattle, WA.

Loyens, S., & Rikers, R. (2011). Instruction based on inquiry. In R. Mayer & P. Alexander (Eds.), *Handbook of research on learning and instruction* (pp. 361–381). New York, NY: Routledge.

Lucas, S. R., & Gamoran, A. (2002). Tracking and the achievement gap. In J. E. Chubb & T. Loveless (Eds.), *Bridging the achievement gap* (pp. 171–198). Washinton, DC: Brookings.

Lyons, C. A., Pinnell, G. S., & DeFord, D. E. (1993). *Partners in learning: Teachers and children in reading recovery.* New York, NY: Teachers College Press.

Lyytinen, H., Guttorm, T. K., Huttunen, T., Hamalainen, J., Leppanen, P. H. T., & Vesterinen, M. (2005). Psychophysiology of developmental dyslexic: A review of findings including studies of children at risk for dyslexia. *Journal of Neurolinguistics, 18,* 167–195.

Maag, J. (2001). Rewarded by punishment: Reflections on the disuse of positive reinforcement in schools. *Exceptional Children, 67,* 173–186.

MacArthur, C., Ferretti, R., Okolo, C., & Cavalier, A. (2001). Technology applications for students with literacy problems: A critical review. *The Elementary School Journal, 101*(3), 273–302.

MacArthur, C. A., Graham, S., & Fitzgerald, J. (Eds.). (2015). *Handbook of writing research* (2nd ed.). New York, NY: Guilford Press.

MacIver, D., Ruby, A., Balfanz, R., Jones, L., Sion, F., Garriott, M., & Brynes, V. (2010). The Talent Development Middle Grades model: A design for improving early adolescents' developmental trajectories in high-poverty schools. In J. Meece & J. Eccles (Eds.), *Handbook of research on schools, schooling, and human development* (pp. 446–462). New York, NY: Routledge.

MacKenzie, A. A., & White, R. T. (1982). Fieldwork in geography and long-term memory. *American Educational Research Journal, 19,* 623–632.

Madden, N. A., & Slavin, R. E. (2015). *Evaluations of technology-assisted small-group tutoring for struggling readers.* Baltimore, MD: Success for All Foundation.

Maehara, Y., & Saito, S. (2007). The relationship between processing and storage in working memory span. *Journal of Memory and Language, 56*(2), 212–228.

Magaño, S., & Marzano, R. (2014). Using polling technologies to close feedback gaps. *Educational Leadership, 71*(6), 82–84.

Mager, R. F. (1997). *Preparing instructional objectives.* Atlanta, GA: CEP.

Maguire, E. A., Gadian, D. G., Johnsrude, I. S., Good, C. D., Ashburner, J., Frackowiak, R. S. J., & Frith, C. D. (2000). Navigation-related structural change in the hippocampi of taxi drivers. *Proceedings of the National Academy of Sciences, 97*(8), 4398–4403.

Maher, F. A., & Ward, J. V. (2002). *Gender and teaching.* Mahwah, NJ: Erlbaum.

Mahn, H., & John-Steiner, V. (2013). Vygotsky and sociocultural approaches to teaching and learning. In W. Reynolds, G. Miller, & I. Weiner (Eds.), *Handbook of psychology* (Vol. 7, 2nd ed., pp. 117–146.). Hoboken, NJ: Wiley.

Maloy, R., Verock-O'Loughlin, R-E., Edwards S., & Woolf, B. (2014). *Transforming learning with new technologies.* Boston, MA: Pearson.

Mandinach, E. (2012). A perfect time for data use: Using data-driven decision making to inform practice. *Educational Psychologist, 47*(2), 71–85.

Mandinach, E., & Gummer, E. (2016). Every teacher should succeed with data literacy. *Phi Delta Kappan, 97* (8), 43-46.

Manna, P. (2008). *Federal aid to elementary and secondary education: Premises, effects, and major lessons learned.* Washington, DC: Center on Education Policy.

Manning, B. H. (1988). Application of cognitive behavior modification: First and third graders' self-management of classroom behaviors. *American Educational Research Journal, 25,* 193–212.

Manning, M. A., Bear, G. G., & Minke, K. M. (2001, April). *The self-concept of students with learning disabilities: Does educational placement matter?* Paper presented at the annual meeting of the American Educational Research Association, Seattle, WA.

Manning, M. L., & Baruth, L. G. (2009). *Multicultural education of children and adolescents* (5th ed.). Boston, MA: Pearson.

Manning, M. L., & Bucher, K. T. (2013). *Classroom management: Models, applications, and cases* (3rd ed.). Saddle River, NJ: Pearson.

March, J., Gershwin, D., Kirby, S., & Xia, N. (2009). *Retaining students in grade: Lessons learned regarding policy design and implementation.* Arlington, VA: RAND.

Marchez, M. A., Fischer, T. A., & Clark, D. M. (2015). *Assistive technology for children and youth with disabilities.* Boston, MA: Pearson.

Marcia, J. E. (1991). Identity and self-development. In R. M. Lerner, A. C. Petersen, & E. J. Brooks-Gunn (Eds.), *Encyclopedia of adolescence* (Vol. 1, pp. 527–531). New York, NY: Garland.

Mares, M-L, & Pan, Z. (2013). The effects of Sesame Street: A meta-analysis of children's learning in 15 countries. *Journal of Applied Developmental Psychology, 34*(3), 140–151.

Markovitz, C. E., Hernandez, M. W., Hedberg, E. C., & Silberglitt, B. (2014). *Impact evaluation of the Minnesota Reading Corps K-3 program.* Chicago, IL: NORC.

Marks, H., Doane, K., & Secada, W. (1998). Support for student achievement. In F. Newmann & Associates (Eds.), *Restructuring for student achievement: The impact of structure and culture in 24 schools.* San Francisco, CA: Jossey-Bass.

Marsh, H. W. (1993). The multidimensional structure of academic self-concept: Invariance over gender and age. *American Educational Research Journal, 30,* 841–860.

Martella, R., Nelson, J., Marchand-Martella, N., & O'Reilley, M. (2012). *Comprehensive behavior management.* Thousand Oaks, CA: Sage.

Martin, A. J., Marsh, H. W., & Debus, R. L. (2001). Self-handicapping and defensive pessimism: Exploring a model of predictors and outcomes from a self-protection perspective. *Journal of Educational Psychology, 93*(1), 87–102.

Martin, A., & Dowson, M. (2009). Interpersonal relationships, motivation, engagement, and achievement: Yields for theory, current issues, and educational practice. *Review of Educational Research, 79*(1), 327–365.

Martin, G., & Pear, J. (2011). *Behavior modification: What it is and how to do it* (9th ed). Upper Saddle River, NJ: Pearson.

Martin, K., Sharp, C., & Mehta, P. (2013). *The impact of the summer schools programme on pupils.* London, England: Department for Education.

Martone, A., & Sireci, S. G. (2009). Evaluating alignment between curriculum, assessment, and instruction. *Review of Educational Research, 79*(4), 1332–1361.

Marulis, L., & Neuman, S. (2013). How vocabulary interventions affect young children at risk: A meta-analytic review. *Journal of Research on Educational Effectiveness, 6*(3), 223–262.

Marx, R., & Harris, C. (2006). No Child Left Behind and science education: Opportunities, challenges, and risks. *The Elementary School Journal, 106*(5), 467–478.

Marzano, R. (2009). *Teaching basic and advanced vocabulary: A framework for Direct Instruction.* Alexandria, VA: ASCD.

Marzano, R. (2010a). *Formative assessment & standards-based grading.* Bloomington, IN: Marzano Research Laboratory.

Marzano, R. (2010b). Summarizing to comprehend. *Educational Leadership, 67*(6), 83–84.

Marzano, R. (2010c). Using games to enhance student achievement. *Educational Leadership, 67*(5), 71–72.

Marzano, R. (2010d). When students track their progress. *Educational Leadership, 67*(4), 87–88.

Marzano, R. (2011). Objectives that students understand. *Educational Leadership, 68*(8), 86–87.

Marzano, R. (2011). The inner world of teaching. *Educational Leadership, 68*(7), 90–93.

Marzano, R. (2011). The perils and promises of Discovery Learning. *Educational Leadership, 69*(1), 86–87.

Marzano, R. (2013). Asking questions–at four different levels. *Educational Leadership, 70*(5), 76–77.

Marzano, R. J., Pickering, D. J., & Pollock, J. E. (2001). *Classroom instruction that works: Research-based strategies for increasing student achievement.* Alexandria, VA: ASCD.

Marzano, R. J., Yanoski, D. C., Hoegh, J. K., & Simms, J. A. (2013). *Using Common Core Standards to enhance classroom instruction and assessment.* Bloomington, IN: Solution Tree.

Marzano, R., & Heflebower, T. (2011). Grades that show what students know. *Educational Leadership, 69*(3), 34–39.

Marzano, R., & Heflebower, T. (2012). *Teaching and assessing 21st century skills.* Bloomington, IN: Marzano Research Laboratory.

Marzano, R., & Kendall, J. (2007). *The new taxonomy of educational objectives* (2nd ed.). Thousand Oaks, CA: Corwin.

Marzano, R., & Pickering, D. (2007). The case for and against homework. *Educational Leadership, 64*(6), 74–79.

Mash, E. J., & Wolfe, D. A. (2003). Disorders of childhood and adolescence. In G. Stricker & T. A. Widiger (Eds.), *Handbook of psychology: Vol. 8. Clinical psychology* (pp. 27–64). Hoboken, NJ: Wiley.

Maslow, A. H. (1954). *Motivation and personality.* New York, NY: Harper & Row.

Mason, D. A., & Good, T. L. (1993). Effects of two-group and whole-class teaching on regrouped elementary students' mathematics achievement. *American Educational Research Journal, 30*(2), 328–360.

Mason, L. H. (2004). Explicit self-regulated strategy development versus reciprocal questioning: Effects on expository reading comprehension among struggling readers. *Journal of Educational Psychology, 96*(2), 283–296.

Massey, C. (2008). Development: PreK–2. In T. L. Good (Ed.), *21st century learning* (Vol. 1, pp. 73–81). Thousand Oaks, CA: Sage.

Master, A., Cheryan, S., & Meltzoff, A. (2016). Computing whether she belongs: Stereotypes undermine girls' interest and sense of belonging in computer science. *Educational Psychology, 108*(3), 424–437.

Mastropieri, M. A. (2016). *The inclusive classroom* (5th ed.). Boston, MA: Pearson.

Mathes, P. G., Denton, C. A., Fletcher, J. M., Anthony, J. L., Francis, D. J., & Schatschneider, C. (2005). The effects of theoretically different instruction and student characteristics on the skills of struggling readers. *Reading Research Quarterly, 40*(2), 148–182.

Mathes, P. G., Torgesen, J. K., Clancy-Menchetti, J., Santi, K., Nicholas, K., Robinson, C., & Grek, M. (2003). A comparison of teacher-directed versus peer-assisted instruction to struggling first-grade readers. *The Elementary School Journal, 103*(5), 461–479.

Mathes, P. G., Torgeson, J. K., & Allor, J. H. (2001). The effects of peer-assisted literacy strategies for first-grade readers with and without additional computer-assisted instruction in phonological awareness. *American Educational Research Journal, 38*(2), 371–410.

Mathes, P., & Babyak, A. (2001). The effects of peer-assisted literacy strategies for first-grade readers with and without additional mini-skills lessons. *Learning Disabilities Research & Practice, 16*(1), 28–44.

Matthews, J., Ponitz, C., & Morrison, F. (2009). Early gender differences in self-regulation and academic achievement. *Journal of Educational Psychology, 101*(3), 689–704.

Mattingly, D. J., Prislin, R., McKenzie, T. L., Rodriguez, J. L., & Kayzar, B. (2002). Evaluating evaluations: The case of parent involvement programs. *Review of Educational Research, 72*(4), 549–576.

Maxwell, L. (2012, March 28). 'Dual' classes see growth in popularity. *Education Week,* pp. 1, 16.

Maxwell, L., & Shah, N. (2012, August 29). Evaluating ELLs for special needs a challenge. *Education Week, 32*(2), 1, 12.

May, H., Goldsworthy, H., Armijo, M., Gray, A., Sirinides, P., Blalock, T., ... & Sam, C. (2015). *Evaluation of the i3 scale-up of Reading Recovery: Year 2 report.* Philadelphia, PA: CPRE.

Mayer, R. (2008a). Applying the science of learning: Evidence-based principles for the design of multimedia instruction. *American Psychologist, 63*(8), 757–769.

Mayer, R. (2008b). Information processing. In T. L. Good (Ed.), *21st century learning* (Vol. 1, pp. 168–174). Thousand Oaks, CA: Sage.

Mayer, R. (2011a). *Applying the science of learning.* Boston, MA: Pearson.

Mayer, R. (2011b). Instruction based on visualizations. In R. Mayer & P. Alexander (Eds.), *Handbook of research on learning and instruction* (pp. 427–445). New York, NY: Routledge.

Mayer, R. E. (2009). *Multimedia learning* (2nd ed). New York, NY: Cambridge University Press.

Maynard, A. E. (2008). What we thought we knew and how we came to know it: Four decades of cross-cultural research from a Piagetian point of view. *Human Development, 51*(1), 56–65.

Mazur, J. E. (2013). *Learning and behavior* (7th ed.). Upper Saddle River, NJ: Pearson.

Mbwana, K., Terzian, M., & Moore, K. (2009). What works for parent involvement programs for children: Lessons from experimental evaluations of social interventions.

McAfee, O., Leong, D., & Bodrova, E. (2016). *Assessing and guiding young children's development and learning.* Boston, MA: Pearson.

McCaffrey, D. F., Lockwood, J. R., Koretz, D., Louis, T. A., & Hamilton, L. (2004). Models for value-added modeling of teacher effects. *Journal of Educational and Behavioral Statistics, 29*(1), 67–101.

McClarty, K., Way, W., Porter, A., Beimers, J., & Miles, J. (2013). Evidence based standard setting: Establishing a validity framework for cut scores. *Educational Researcher, 42*(2), 78–88.

McComb, E. M., & Scott-Little, C. (2003). *After-school programs: Evaluations and outcomes.* Greensboro, NC: SERVE.

McCombs, B. (2010). Learner-centered practices: Providing the context for positive learner development, motivation, and achievement. In J. Meece & J. Eccles (Eds.), *Handbook of research on schools, schooling, and human development* (pp. 60–74). New York, NY: Routledge.

McCombs, J. S., Kirby, S. N., & Mariano, L. T. (2009). *Ending social promotion without leaving children behind: The case of New York City.* Arlington, VA: RAND.

McCormick, C. B. (2003). Metacognition and learning. In W. M. Reynolds & G. E. Miller (Eds.), *Handbook of psychology: Vol. 7. Educational psychology* (pp. 79–102). Hoboken, NJ: Wiley.

McCormick, C. B., Dimmitt, C., & Sullivan, F. (2013). Metacognition, learning, and instruction. In W. Reynolds, G. Miller, & I. Weiner (Eds.) *Handbook of psychology* (Vol. 7, 2nd ed., pp. 69–98). Hoboken, NJ: Wiley.

McDaniel, M., Roediger, H., & McDermott, K. (2007). Generalized test-enhanced learning from the laboratory to the classroom. *Psychonomic Bulletin and Review, 14,* 200–206.

McDermott, K. (2007). "Expanding the moral community" or "Blaming the victim"? The politics of state education accountability policy. *American Educational Research Journal, 44*(1), 77–111.

McDevitt, T., & Ormrod, J. (2016). *Child development and education.* Boston, MA: Pearson.

McElvany, N., & Artelt, C. (2009). Systematic reading training in the family: Development, implementation, and initial evaluation of the Berlin Parent-Child Reading Program. *Learning and Instruction, 19*(1), 79–95.

McGarry, R. (2013). Build a curriculum that includes everyone. *Phi Delta Kappan, 94*(5), 27–31.

McGill-Franzen, A., & Allington, R. (2006). Contamination of current accountability systems. *Phi Delta Kappan, 87*(10), 762–766.

McHale, S. M., Dariotis, J. K., & Kauh, T. J. (2003). Social development and social relationships in middle childhood. In R. M. Lerner, M. A. Easterbrooks, & J. Mistry (Eds.), *Handbook of psychology: Vol. 6. Developmental psychology* (pp. 241–265). Hoboken, NJ: Wiley.

McKenna, M., & Walpole, S. (2007). Assistive technology in the reading clinic: Its emerging potential. *Reading Research Quarterly, 42*(1), 140–145.

McKeown, M. G., & Beck, I. L. (2004). Transforming knowledge into professional development resources: Six teachers implement a model of teaching for understanding text. *The Elementary School Journal, 104*(5), 391–408.

McLeskey, J., Rosenberg, M. S., & Westling, D. L. (2013). *Inclusion: Effective practices for all students* (2nd ed.). Upper Saddle River, NJ: Pearson.

McLoyd, V. C. (1998). Economic disadvantage and child development. *American Psychologist, 53*(2), 185–204.

McMillan, J. H. (2011). *Classroom assessment principles and practice for effective standards-based instruction* (5th ed.). Upper Saddle River, NJ: Pearson.

McNally, S. (2014). England vs. Wales: Education performance and accountability. In R. E. Slavin (Ed.), *Classroom management and assessment* (pp. 45–49). Thousand Oaks, CA: Corwin.

McPartland, J. M., Balfanz, R., Jordan, W. J., & Legters, N. (2002). Promising solutions for the least productive American high schools. In S. Stringfield & D. Land (Eds.), *Educating at-risk students* (pp. 148–170). Chicago, IL: National Society for the Study of Education.

McTighe, J., & Curtis, G. (2015). *A blueprint for vision-driven schools.* Bloomington, IN: Solution Tree.

McTighe, J., & March, T. (2015). Choosing apps by design. *Educational Leadership, 72*(8), 36–41.

McTighe, J., & Wiggins, G. (2013). *Essential questions: Opening doors to student understanding.* Alexandria, VA: ASCD.

McVee, M., Dunsmore, K., & Gavelek, J. (2005). Schema theory revisited. *Review of Educational Research, 75*(4), 531–566.

MDRC (2013). *Reforming underperforming high schools.* New York, NY: Author.

Mead, S. (2006). *The truth about boys and girls.* Washington, DC: Education Sector.

Means, B., Toyama, Y., Murpny, R., Bakia, M., & Jones, K. (2010). *Evaluation of evidence-based practices in on-line learning studies.* Washington, DC: U.S. Department of Education, Office of Planning, Evaluation, and Policy Development.

Meece, J. L., & Daniels, D. H. (2008). *Child and adolescent development for educators* (3rd ed.). New York, NY: McGraw-Hill.

Meek, C. (2003). Classroom crisis: It's about time. *Phi Delta Kappan, 84*(8), 592–595.

Meichenbaum, D. (1977). *Cognitive behavior modification: An integrative approach.* New York, NY: Plenum.

Mendler, A. (2012). *When teaching gets tough: Smart ways to reclaim your game.* Alexandria, VA: ASCD.

Mendler, A. N., & Mendler, B. D. (2011). *Power struggles: Successful techniques for educators.* Bloomington, IN: Solution Tree.

Mercer, C. D., & Pullen, P. C. (2009). *Students with learning disabilities* (7th ed.). Upper Saddle River, NJ: Pearson.

Merickel, A., Linquanti, R., Parrish, T. B., Pérez, M., Eaton, M., & Esra, P. (2003). *Effects of the implementation of Proposition 227 on the education of English language learners, K–12: Year 3 report.* San Francisco, CA: WestEd.

Mertler, C. (2014). *The data-driven classroom: How do I use data to improve my instruction?* Alexandria, VA: ASCD.

Meyer, A., & Rose, D. H. (2000). Universal design for individual differences. *Educational Leadership, 58*(3), 39–43.

Meyer, E., & Van Klaveren, C. (2013). The effectiveness of extended day programs: Evidence from a randomized field experiment in the Netherlands. *Economics of Education Review, 36,* 1–11.

Mickelson, R. (2015). The cumulative disadvantages of first- and second-generation segregation for middle school achievement. *American Educational Research Journal, 52*(4), 657–692.

Mickelson, R. A. (2002). Race and education. In D. L. Levinson, P. W. Cookson, Jr., & A. R. Sadovnik (Eds.), *Education and sociology: An encyclopedia* (pp. 485–494). New York, NY: Routledge.

Midkiff, B., & Cohen-Vogel, L. (2015). Understanding local instructional responses to federal and state accountability mandates: A typology of extended learning time. *Peabody Journal of Education, 90*(1), 9–26.

Miller, D. (2013). Got it wrong? Think again. And again. *Phi Delta Kappan, 94*(5), 50–52.

Miller, D., Partelow, L., & Sen, A. (2004, April). *Self-regulatory reading processes in relation to fourth-graders' reading literacy.* Paper presented at the annual meeting of the American Educational Research Association, San Diego, CA.

Miller, M. D., Linn, R. L., & Gronlund, N. E. (2013). *Measurement and assessment in teaching* (11th ed.). Upper Saddle River, NJ: Pearson.

Miller, P. H. (2011). Piaget's theory. In U. Goswami (Ed.), *The Wiley-Blackwell handbook of childhood cognitive development* (2nd ed.). Oxford, England: Wiley-Blackwell.

Miller, S., Connolly, P., & Macguire, L. (2013). Well-being, academic buoyancy, and educational achievement in primary school students. *International Journal of Educational Research, 62,* 239–248.

Miller, T. R. (2015). Project outcomes of nurse-family partnership home visitation during 1996–2013, USA. *Prevention Science, 16*(6), 765–777.

Miltenberger, R. G. (2012). *Behavior modification: Principles and procedures* (5th ed.). Belmont, CA: Wadsworth.

Mirsky, L. (2011). Building safer, saner schools. *Educational Leadership, 69*(1), 45–49.

Mitchell, K. J., & Johnson, M. K. (2009). Source monitoring 15 years later: What have we learned from fMRI about the neural mechanisms of source memory? *Psychological Bulletin, 135*(4), 638–677.

Moore, W. (2010). *The other Wes Moore: One name, two fates.* New York, NY: Spiegel & Grau.

Moors, A., & De Houwer, J. (2006). Automaticity: A theoretical and conceptual analysis. *Psychological Bulletin, 132*(2), 297–326.

Mora, J. (2009). From the ballot box to the classroom. *Educational Leadership, 66*(7), 14–19.

Moran, C., & Young, C. (2015). Questions to consider before flipping. *Phi Delta Kappan, 97*(2), 42–46.

Moran, S., Kornhaber, M., & Gardner, H. (2006). Orchestrating multiple intelligences. *Educational Leadership, 64*(1), 22–29.

Morris, D., Tyner, B., & Perney, J. (2000). Early steps: Replicating the effects of a first-grade reading intervention program. *Journal of Educational Psychology, 92,* 681–693.

Morrow, L. M. (2009). *Literacy development in the early years: Helping children read and write* (6th ed.). Boston, MA: Pearson.

Morrow, L. M., Roskos, K. A., & Gambrell, L. B. (2015). *Oral language and comprehension in preschool.* New York, NY: Guilford Press.

Morrow-Howell, N., et al. 2009. *Evaluation of Experience Corps: Student reading outcomes.* St. Louis, MO: Washington University in St. Louis.

Mosenthal, J., Lipson, M., Torncello, S., Russ, B., & Mekkelsen, J. (2004). Contexts and practices of six schools successful in obtaining reading achievement. *The Elementary School Journal, 104*(5), 343–368.

Moser, S., West, S., & Hughes, H. (2012). Trajectories of math and reading achievement in low-achieving children in elementary school: Effects of early and later retention in grade. *Journal of Educational Psychology, 104*(3), 603–621.

Moss, C., & Brookhart, S. (2012). *Learning targets: Helping students aim for understanding in today's lesson.* Alexandria, VA: ASCD.

Moss, C., Brookhart, S., & Long, B. (2011). Knowing your learning target. *Educational Leadership, 68*(6), 66–69.

Munakata, Y. (2006). Information processing approaches to development. In W. Damon & R. Lerner (Series Eds.) & D. Kuhn & R. S. Siegler (Vol. Eds.), *Handbook of child psychology: Vol 2: Cognition, perception, and language* (6th ed., pp. 426–463). New York, NY: Wiley.

Muñoz, M. A., Dossett, D., & Judy-Gullans, K. (2004). Educating students placed at risk: Evaluating the impact of Success for All in urban settings. *Journal of Education for Students Placed at Risk, 9*(3), 261–277.

Munoz, M., Chang, F., & Ross, S. (2012). No Child Left Behind and tutoring in reading and mathematics: Impact of supplemental educational services on large-scale assessment. *Journal of Education for Students Placed at Risk, 17*(3), 186–200.

Murawski, W., Lockwood, J., Khalili, A., & Johnston, A. (2010). A bully-free school. *Educational Leadership, 67*(4), 75–78.

Murayama, K., & Elliot, A. (2009). The joint influence of personal achievement goals and classroom goal structures on achievement-relevant outcomes. *Journal of Educational Psychology, 101*(2), 432–447.

Murdock, T. B., & Anderman, E. (2006). Motivational perspectives on student cheating: Toward an integrated model of academic dishonesty. *Educational Psychologist, 41*(3), 129–145.

Murdock, T. B., Hale, N. M., & Weber, M. J. (2001). Predictors of cheating among early adolescents: Academic and social motivations. *Contemporary Educational Psychology, 26*(1), 96–115.

Murphey, D. (2014). *The academic achievement of English language learners.* Bethesda, MD: ChildTrends.

Murphey, D., & Redd, Z. (2014). *Five ways poverty harms children.* Bethesda, MD: ChildTrends.

Murphy, J. (2011). Homeless children and youth at risk: The educational impact of displacement. *Journal of Education for Students Placed at Risk, 16*(1), 38–55.

Murphy, S., & Smith, M. A. (2015). *Uncommonly good ideas: Teaching writing in the Common Core era.* New York, NY: Teachers College Press.

Murphy, S., & Underwood, T. (2000). *Portfolio practices: Lessons from schools, districts, and states.* Norwood, MA: Christopher-Gordon.

Nansel T. R., Overpeck M., Pilla R. S., Ruan W., Simons-Morton B., & Scheidt P. (2001). Bullying behaviors among U. S. youth: Prevalence and association with psychosocial adjustment. *JAMA.* 285 (16):2094-2100. doi:10.1001/jama.285.16.2094.

Nasir, N., & Hand, V. (2006). Exploring sociocultural perspectives on race, culture, and learning. *Review of Educational Research, 76*(4), 449–476.

National Association of State Boards of Education (1992). *Winners All: A call for inclusive schools.* Alexandria, VA: Author.

National Center for Education Statistics (NCES). (2013). *The condition of education.* Washington, DC: Author.

National Center for Education Statistics (NCES). (2015). *National assessment of educational progress.* Washington, DC: Author.

National Center for Education Statistics (NCES). (2004). *Language minorities and their educational and labor market indicators—recent trends.* Washington, DC: U.S. Department of Education.

National Center for Education Statistics (NCES). (2011). *National assessment of educational progress.* Washington, DC: U.S. Department of Education.

National Center on Universal Design for Learning. (2011). *UDL principles and practice.* Wakefield, MA: Author.

National Information Center for Children and Youth with Disabilities. (1998). *Office of Special Education Programs' IDEA amendments of 1997 curriculum.*

National Institute for Literacy. (2008). *Developing early literacy.* Jessup, MD: Author.

National Institute of Allergy and Infectious Diseases. (2002). *HIV infection in adolescents: Fact sheet.* Rockville, MD: National Institutes of Health.

National Institute on Drug Abuse. (2005). *Marijuana abuse.* Bethesda, MD: Author.

National Joint Committee on Learning Disabilities. (1988). (Letter to NJCLD member organization). Washington, DC: Author.

National Reading Panel. (2000). *Teaching children to read: An evidence-based assessment of the scientific research literature on reading and its implications for reading instruction.* Rockville, MD: National Institute of Child Health and Human Development.

National Research Council. (2000). *Improving intergroup relations among youth.* Washington, DC: Author.

National Research Council. (2001). *Educating children with autism.* Washington, DC: National Academies Press.

Natriello, G. (2002). At-risk students. In D. L. Levinson, P. W. Cookson, Jr., & A. R. Sadovnik (Eds.), *Education and sociology: An encyclopedia* (pp. 49–54). New York, NY: Routledge.

Neill, M. (2003). Leaving children behind: How No Child Left Behind will fail our children. *Phi Delta Kappan, 85*(3), 225–228.

Neill, M., & Gaylor, K. (2001). Do high-stakes graduation tests improve learning outcomes? Using state-level NAEP data to evaluate the effects of mandatory graduation tests. In G. Orfield & M. L. Kornhaber (Eds.), *Raising standards or raising barriers? Inequality and high-stakes testing in public education* (pp. 107–126). New York, NY: Century Foundation Press.

Neisser, U., Boodoo, G., Bouchard, T. J., Boykin, A. W., Brody, N., Ceci, S. J., … Urbina, S. (1996). Intelligence: Knowns and unknowns. *American Psychologist, 51,* 77–101.

Nesbit, J., & Adesope, O. (2006). Learning with concept and knowledge maps: A meta-analysis. *Review of Educational Research, 76*(3), 413–448.

Neufield, B., & Roper, D. (2003). *Coaching: A strategy for developing instructional capacity.* Providence, RI: Annenberg Institute.

Neuman, S. (2007). Changing the odds. *Educational Leadership, 65*(2), 16–21.

Neuman, S. (2008). *Educating the other America: Top experts tackle poverty, literacy, and achievement in our schools.* Baltimore, MD: Brookes.

Neuman, S. (2010). Empowered—after school. *Educational Leadership, 67*(7), 30–36.

Neuman, S. (2014). Content-rich instruction in preschool. *Educational Leadership, 72*(2), 36–41.

Nevin, A. (1998). Curriculum and instructional adaptations for including students with disabilities in cooperative groups. In J. W. Putnam (Ed.), *Cooperative learning and strategies for inclusion* (pp. 49–66). Baltimore, MD: Brookes.

Ng, J., Lee, S., & Park, Y. (2007). Contesting the model minority and perpetual foreigner stereotypes: A critical review of literature on Asian Americans in education. *Review of Research in Education, 31,* 95–130.

Niaz, M. (1997). How early can children understand some form of "scientific reasoning"? *Perceptual and motor skills, 85,* 1272–1274.

Nicoll, D., Lu, C., Pignone, M., & McPhee, S. (2012). *Pocket guide to diagnostic tests* (6th ed.). New York, NY: McGraw-Hill.

Nieto, S. (2009). From surviving to thriving. *Educational Leadership, 66*(5), 8–13.

Nieto, S., & Bode, P. (2008). *Affirming diversity: The sociopolitical context of multicultural education* (5th ed.). Boston, MA: Pearson.

Niguidula, D. (2005). Documenting learning with digital portfolios. *Educational Leadership, 63*(3), 44–47.

Nitsch, K. E. (1977). *Structuring decontextualized forms of knowledge.* Unpublished doctoral dissertation, Vanderbilt University.

Noddings, N. (2008). All our students thinking. *Educational Leadership, 65*(5), 8–13.

Noguera, P. (2012). Saving black and Latino boys. *Phi Delta Kappan, 93*(5), 8–11.

Nolan, J., Preston, M., & Finkelstein, J. (2012). Can you DIG/IT? *Phi Delta Kappan, 94*(2), 42–46.

Nomi, T., & Allensworth, E. (2013). Sorting and supporting: Why double-dose algebra led to better test scores but more course failures. *American Educational Research Journal, 50*(4), 756–788.

Nomi, T., (2010). The effects of within-class ability grouping on academic achievement in early elementary years. *Journal of Research on Educational Effectiveness, 3*(1),56–92.

Noonan, M. J., & McCormick, L. (1993). *Early intervention in natural environments.* Pacific Grove, CA: Brooks/Cole.

Novak, S. (2014). *Student-led discussions: How do I promote rich conversations about books, videos, and other media?* Alexandria, VA: ASCD.

Nussbaum, E. (2008). Collaborative discourse, argumentation, and learning: Preface and literature review. *Contemporary Educational Psychology, 33*(3), 345–359.

Nzinga-Johnson, S., Baker, J., & Aupperlee, J. (2009). Teacher–parent relationships and school involvement among racially and educationally diverse parents of kindergartners. *The Elementary School Journal, 110*(1), 81–91.

O'Connor, C., & Fernandez, S. D. (2006). Race, class, and disproportionality: Reevaluating the relationship between poverty and special education placement. *Educational Researcher, 35*(6), 6–11.

O'Connor, C., Hill, L., & Robinson, S. (2009). Who's at risk in school and what's race got to do with it? *Review of Research in Education, 33,* 1–34.

O'Connor, K. (2009). *How to grade for learning, K–12* (3rd ed.). Thousand Oaks, CA: Corwin.

O'Connor, K., & Wormeli, R. (2011). Reporting student learning. *Educational Leadership, 69*(3), 40–44.

O'Donnell, A. M. (2006). The role of peers and group learning. In P. A. Alexander & P. H. Winne (Eds.), *Handbook of Educational Psychology* (2nd ed., pp. 781–802). Mahway, NJ: Erlbaum.

O'Donnell, A. M., Dansereau, D. F., & Hall, R. H. (2002). Knowledge maps as scaffolds for cognitive processing. *Educational Psychology Review, 14*(1), 71–86.

O'Donnell, J., Hawkins, J. D., Catalano, R. F., Abbott, R. D., & Day, L. E. (1995). Preventing school failure, drug use, and delinquency among low-income children: Long-term intervention in elementary schools. *American Journal of Orthopsychiatry, 65*(1), 87–100.

O'Leary, K. D., & O'Leary, S. G. (1972). *Classroom management: The successful use of behavior modification.* New York, NY: Pergamon.

Oakes, J. (2005). *Keeping track: How schools structure inequality* (2nd ed.). New Haven, CT: Yale University.

Oakes, J., & Lipton, M. (2006). *Teaching to change the world* (3rd ed.). New York, NY: McGraw-Hill.

Oakes, J., Quartz, K., Ryan, S., & Lipton, M. (2000). *Becoming good American schools: The struggle for civic virtue in school reform.* San Francisco, CA: Jossey-Bass.

Odden, A. (2009). *IO strategies for doubling student performance.* Thousand Oaks, CA: Sage.

Odden, A., & Archibald, S. J. (2009). *Doubling student performance and finding the resources to do it.* Thousand Oaks, CA: Corwin.

Ogbu, J. (2004). Collective identity and the burden of "acting white" in black history, community, and education. *The Urban Review, 36*(1), 1–35.

Ohler, J. (2006). The world of digital storytelling. *Educational Leadership, 63*(4), 44–47.

Ohler, J. (2013). The uncommon core. *Educational Leadership, 70*(5), 42–46.

Olds, D. L., et al. (2007). Effect of nurse home visiting on maternal and child functioning: Age nine follow-up of a randomized trial. *Pediatrics, 120,* 832–845.

Oliver, R. (2012). Classroom management: What teachers should know. *Better: Evidence-based Education, 5*(1), 8–9.

Olson, A. (2005). Improving schools one student at a time. *Educational Leadership, 62*(5), 37–41.

Olson, J., & Mokhtari, K. (2010). Making science real. *Educational Leadership, 67*(6), 56–62.

Olszewski-Kubilius, P., & Thomson, D. (2013). Gifted education programs and procedures. In W. Reynolds, G. Miller, & I. Weiner (Eds.) *Handbook of psychology* (Vol. 7, 2nd ed., pp. 389–410). Hoboken, NJ: Wiley.

Online Safety and Technology Working Group. (2010). *Youth safety on a living Internet.*

Oosterhof, A. (2009). *Developing and using classroom assessments* (4th ed.). Upper Saddle River, NJ: Pearson.

Orfield, G. (2014). Tenth annual Brown Lecture in education research: A new civil rights agenda for American education. *Educational Researcher, 43*(6), 273–292.

Orfield, G., & Frankenberg, E. (2007). The integration decision. *Education Week, 26*(43), 34, 44.

Orfield, G., & Kornhaber, M. L. (Eds.). (2001). *Raising standards or raising barriers? Inequality and high-stakes testing in public education.* New York, NY: Century Foundation Press.

Orfield, G., Frankenberg, E., & Siegel-Hawley, G. (2010). Integrated schools finding a new path. *Educational Leadership, 68*(3), 22–27.

Ormrod, J. (2016). *Human learning.* Boston, MA: Pearson.

Osher, D., Bear, G., Sprague, J., & Doyle, W. (2010). How can we improve school discipline? *Educational Researcher, 39*(1), 48–58.

Osher, D., Dwyer, K., & Jackson, S. (2004). *Safe, supportive and successful schools step by step.* Longmont, CO: Sopris West.

Ostroff, W. (2012). *Understanding how young children learn: Bringing the science of child development to the classroom.* Alexandria, VA: ASCD.

Overton, T. (2016). Assessing learners with special needs: An applied approach. (8th ed.). Boston, MA: Pearson.

Owens, R. (2016). *Language development: An introduction* (9th ed). Boston, MA: Pearson.

Packard, B., & Babineau, M. E. (2008). Development: 9–12. In T. L. Good (Ed.), *21st century learning* (Vol. 1, pp. 103–112). Thousand Oaks, CA: Sage.

Padrón, Y. N., Waxman, H. C., & Rivera, H. H. (2002). Issues in educating Hispanic students. In S. Stringfield & D. Land (Eds.), *Educating at-risk students* (pp. 66–88). Chicago, IL: National Society for the Study of Education.

Page, R. M., & Page, T. S. (2011). *Promoting health and emotional well-being in your classroom.* Columbus, OH: Jones & Bartlett Learning.

Page-Voth, V., & Graham, S. (1999). Effects of goal setting and strategy use on the writing performance and self-efficacy of students with writing and learning problems. *Journal of Educational Psychology, 91*(2), 230–240.

Pahomov, L. (2014). *Authentic learning in the digital age: Engaging students through inquiry.* Alexandria, VA: ASCD.

Pajares, F., Britner, S. L., & Valiante, G. (2000). Relation between achievement goals and self-beliefs of middle school students in writing and science. *Contemporary Educational Psychology, 25*(4), 406–422.

Palincsar, A. S., & Herrenkohl, L. (2002). Designing collaborative learning environments. *Theory into Practice, 41*(1), 26–32.

Palm, M. (2013). First, do no harm. *Phi Delta Kappan, 94*(4), 13–15.

Palmer, E. (2015). *Researching in a digital world: How do I teach my students to conduct quality online research?* Alexandria, VA: ASCD.

Pang, V., Han, P., & Pang, J. (2011). Asian American and Pacific Islander students: Equity and the achievement gap. *Educational Researcher, 40*(8), 378–389.

Parillo, V. N. (2008). *Understanding race and ethnic relations* (3rd ed.). Boston, MA: Allyn & Bacon.

Paris, S., Cross, D., & Lipson, M. (1984). Informal strategies for learning: A program to improve children's reading awareness and comprehension. *Journal of Educational Psychology, 76,* 1239–1252.

Parkay, F. W. (2006). *Social foundations for becoming a teacher.* Boston, MA: Allyn & Bacon.

Parke, R. D., & Clarke-Stewart, C. (2011). *Social development.* Hoboken, NJ: Wiley.

Parrett, W., & Budge, K. (2012). *Turning high-poverty schools into high-performing schools.* Alexandria, VA: ASCD.

Parsons, S., Dodman, S., & Burrowbridge, S. (2013). Broadening the view of differentiated instruction. *Phi Delta Kappan, 95*(1), 38–42.

Parten, M. (1932). Social participation among preschool children. *Journal of Abnormal and Social Psychology, 27,* 243–269.

Pasquinelli, E. (2012). Neuromyths: Why do they exist and persist? *Mind Brain Education, 6,* 89–96.

Patall, E. A., Cooper, H., & Allen, A. B. (2010). Extending the school day or school year: A systematic review of research (1985–2009). *Review of Educational Research, 80*(3), 401–436.

Patall, E., Cooper, H., & Robinson, J. (2008). Parent involvement in homework: A research synthesis. *Review of Educational Research, 78*(4), 1039–1101.

Patrick, B., Hisley, J., & Kempler, T. (2000). "What's everybody so excited about?": The effects of teacher enthusiasm on student intrinsic motivation and vitality. *Journal of Experimental Education, 68,* 217–236.

Patterson, G. (2012). An interview with Michael Horn: Blending education for high-octane motivation. *Phi Delta Kappan, 94*(2), 14–18.

Pattison, E., Grodsky, E., & Muller, C. (2013). Is the sky falling? Grade inflation and the signaling power of grades. *Educational Researcher, 42*(5), 259–265.

Paul, P. V., & Whitelaw, G. M. (2011). *Hearing and deafness.* Columbus, OH: Jones & Bartlett Learning.

Pearson, P. D., & Hiebert, E. H. (Eds.) (2015). *Research-based practices for teaching Common Core literacy.* New York, NY: Teachers College Press.

Pellegrini, A. D. (2002). Bullying, victimization, and sexual harassment during the transition to middle school. *Educational Psychologist, 37*(3), 151–163.

Pellegrini, A. D., & Bartini, M. (2000). A longitudinal study of bullying, victimization, and peer affiliation during the transition from primary school to middle school. *American Educational Research Journal, 37*(3), 699–725.

Penfield, R. (2010). Test-based grade retention: Does it stand up to professional standards for fair and appropriate test use? *Educational Researcher, 39*(2), 110–119.

Penuel, W., & Shepard, L. (2016). Assessment and teaching. In D. Gitomer & C. Bell (Eds.), *Handbook of research on teaching* (5th ed.). (pp. 851–916). Washington, DC: AERA.

Perfetti, C. A. (2003). The universal grammar of reading. *Scientific Studies of Reading, 7*(1), 3–24.

Perfetto, G. A., Bransford, J. D., & Franks, J. J. (1983). Constraints on access in a problem solving context. *Memory and Cognition, 11,* 24–31.

Perkins, D. F., & Borden, L. M. (2003). Positive behaviors, problem behaviors, and resiliency in adolescence. In R. M. Lerner, M. A. Easterbrooks, & J. Mistry (Eds.), *Handbook of psychology: Vol. 6. Developmental psychology* (pp. 373–394). Hoboken, NJ: Wiley.

Perkins, D., & Salomon, G. (2012). Knowledge to go: A motivational and dispositional view of transfer. *Educational Psychologist, 47*(3), 248–258.

Perks, K., & Middleton, M. (2014). Navigating the classroom current. *Educational Leadership, 72*(1), 48–52.

Peterson, L. R., & Peterson, M. J. (1959). Short-term retention of individual verbal items. *Journal of Experimental Psychology, 58,* 193–198.

Petrill, S. A., & Wilkerson, B. (2000). Intelligence and achievement: A behavioral genetic perspective. *Educational Psychology Review, 12*(2), 185–199.

Peverly, S., Ramaswamy, V., Brown, C., Sumouski, J., Alidoust, M., & Garner, J. (2007). What predicts skill in lecture note taking? *Journal of Educational Psychology, 99*(1), 167–180.

Pew Research Center. (2015). *Teen relationships survey.* Washington, DC: Author.

Pew Research Center. (2015). *Modern immigration wave brings 59 million to U.S., driving population growth and change through 2065: Views of immigration's impact on U.S. society mixed.* Washington, D.C.: September.

Phillips, V., & Popovic, Z. (2012). More than child's play: Games have potential learning and assessment tools. *Phi Delta Kappan, 94*(2), 26–30.

Phillips, V., & Wong, C. (2012). Teaching to the Common Core by design, not accident. *Phi Delta Kappan, 93*(7), 31–37.

Piaget, J. (1952a). *The language and thought of the child.* London, England: Routledge and Kegan-Paul.

Piaget, J. (1964). *The moral judgment of the child.* New York, NY: Free Press.

Pianta, R. C., Barnett, W. S., Justice, L. M., & Sheridan, S. M. (Eds.). (2015). *Handbook of early childhood education.* New York, NY: Guilford Press.

Pietsch, J., Walker, R., & Chapman, E. (2003). The relationship among self-concept, self-efficacy, and performance in mathematics during secondary school. *Journal of Educational Psychology, 95*(3), 589–603.

Pine, J., & Aschbacher, P. (2006). Students' learning of inquiry in "inquiry" curricula. *Phi Delta Kappan, 88*(4), 308–313.

Pink, D. (2009). *Drive: The surprising truth to what motivates us.* New York, NY: Riverhead.

Pinnell, G. S., Lyons, C. A., DeFord, D. E., Bryk, A. S., & Seltzer, M. (1994). Comparing instructional models for the literacy education of high risk first graders. *Reading Research Quarterly, 29,* 8–38.

Pinquart, M., & Teubert, D. (2010). Effects of parenting education with expectant and new parents: A meta-analysis. *Journal of Family Psychology, 24*(3), 316–327.

Pintrich, P. R. (2003). A motivational science perspective on the role of student motivation in learning and teaching contexts. *Journal of Educational Psychology, 95*(4), 667–686.

Pintrich, P. R., & Schunk, D. H. (2002). *Motivation in education: Theory, research, and applications* (2nd ed.). Upper Saddle River, NJ: Merrill/Prentice-Hall.

Pitler, H., Hubbell, E., & Kuhn, M. (2012). *Using technology with classroom instruction that works.* Alexandria, VA: ASCD.

Pittard, V., Bannister, P., & Dunn, J. (2003). *The big picture: The impact of ICT on attainment, motivation, and learning.* London, England: Department for Education and Skills.

Plucker, J. A., Beghetto, R. A., & Dow, G. T. (2004). Why isn't creativity more important to educational psychologists? Potential, pitfalls, and future directions in creativity research. *Educational Psychologist, 39*(2), 83–96.

Plucker, J., & Callahan, C. M. (Eds.). (2014). *Critical issues and practices in gifted education: What the research says.* (2nd ed.). Waco, TX: Prufrock Press.

Plucker, J., & Esping, A. (2014). *Intelligence 101.* New York, NY: Springer.

Poel, E. (2007). Enhancing what students can do. *Educational Leadership, 64*(5), 64–67.

Pohl, A., & Storm, K. (2014). Promoting engagement with Check & Connect. In R. E. Slavin (Ed.), *Classroom management and assessment* (pp. 85–89). Thousand Oaks, CA: Corwin.

Polite, L., & Saenger, E. B. (2003). A pernicious silence: Confronting race in the elementary classroom. *Phi Delta Kappan, 85*(4), 274–278.

Pollock, J., Ford, S., & Black, M. (2012). *Minding the achievement gap one classroom at a time.* Alexandria, VA: ASCD.

Pomerantz, E. M., Altermatt, E. R., & Saxon, J. L. (2002). Making the grade but feeling distressed: Gender differences in academic performance and internal distress. *Journal of Educational Psychology, 94*(2), 396–404.

Pomerantz, E., Moorman, E., & Litwack, S. (2007). The how, whom, and why of parents' involvement in children's academic lives: More is not always better. *Review of Educational Research,* 77(3), 373–410.

Poole, I., & Evertson, C. (2012). Am I the only one struggling with classroom management? *Better: Evidence-based education, 5*(1), 6–7.

Popham, W. J. (2014a). *Classroom assessment: What teachers need to know* (7th ed.). Upper Saddle River, NJ: Pearson.

Popham, J. (2014b). Criterion-referenced measurement: Half a century wasted? *Educational Leadership, 71*(6), 62–67.

Popham, W. J. (2004). "Teaching to the test": An expression to eliminate. *Educational Leadership, 62*(3), 82–83.

Porowski, A., & Passa, A. (2011). The effect of communities in schools on high school dropout and graduation rates: Results from a multiyear, school-level quasi-experimental study. *Journal of Education for Students Placed at Risk, 16*(1), 24–37.

Porter, A., McMaken, J., Hwang, J., & Yang, R. (2011). Assessing the common core standards: Opportunities for improving measures of instruction. *Educational Researcher, 40*(4), 186–188.

Powell, W., & Kusuma-Powell, O. (2011). *How to teach now: Five keys to personalized learning in the global classroom.* Alexandria, VA: ASCD.

Preckel, F., Baudson, T., Krolak-Schwerdt, S., & Glock, S. (2015). Gifted and maladjusted? Implicit attitudes and automatic associations related to gifted children. *American Educational Research Journal, 52*(6), 1160–1184.

Premack, D. (1965). Reinforcement theory. In D. Levine (Ed.), *Nebraska symposium on motivation.* Lincoln, NE: University of Nebraska Press.

Pressley, M., Harris, K. R., & Marks, M. B. (1992). But good strategy instructors are constructivists! *Educational Psychology Review, 4,* 3–31.

Pressley, M., Raphael, L., & Gallagher, J. (2004). Providence St. Mel School: How a school that works for African American students works. *Journal of Educational Psychology, 96*(2), 216–235.

Pressley, M., Roehrig, A. D., Raphael, L., Dolezal, S., Bohn, C., Mohan, L., ... Hogan, K. (2003). Teaching processes in elementary and secondary education. In W. M. Reynolds & G. E. Miller (Eds.), *Handbook of psychology: Vol. 7. Educational psychology* (pp. 153–175). Hoboken, NJ: Wiley.

Pressley, M., Tannenbaum, R., McDaniel, M. A., & Wood, E. (1990). What happens when university students try to answer prequestions that accompany textbook material? *Contemporary Educational Psychology, 15,* 27–35.

Price, H. (2008). Mobilizing the community to help students succeed. Alexandria, VA: ASCD.

Prichard, J., Bizo, L., & Stratford, R. (2006). The educational impact of team skills training: Preparing students to work in groups. *British Journal of Educational Psychology, 76,* 119–148.

Pugh, K., & Bergin, D. (2006). Motivational influences on transfer. *Educational Psychologist, 41*(3), 147–160.

Puma, M. J., Jones, C. C., Rock, D., & Fernandez, R. (1993). *Prospects: The congressionally mandated study of educational growth and opportunity* (Interim Report). Bethesda, MD: Abt Associates.

Purves, D. (2010). *Brains: How they seem to work.* Upper Saddle River, NJ: Pearson.

Quinn, T. (2012). A crash course on giving grades. *Phi Delta Kappan, 93*(6), 57–59.

Quint, J. C., Zhu, P., Balu, R., Rappaport, S., & DeLaurentis, M. (2015). *Scaling up the Success for All model of school reform.* New York, NY: MDRC.

Quiroga, C., Janosz, M., Bisset, S., & Morin, A. (2013). Early adolescent depression symptoms and school dropout: Mediating processes involving self-reported academic competence and achievement. *Journal of Educational Psychology, 105*(2), 552–560.

Rakow, S. (2012). Helping gifted learners soar. *Educational Leadership, 69*(5), 34–39.

Ramey, C. T., & Ramey, S. L. (1992). *At risk does not mean doomed.* Birmingham, AL: Civitan International Research Center, University of Alabama.

Ramey, C. T., & Ramey, S. L. (1998). Early intervention and early experience. *American Psychologist, 53*(2), 109–120.

Ramirez, A., & Soto-Hinman, I. (2009). A place for all families. *Educational Leadership, 66*(7), 79–82.

Rappaport, N., & Minahan, H. (2012a). *The behavior code: A practical guide to understanding and teaching the most challenging students.* Cambridge, MA: Harvard Education Press.

Rappaport, N., & Minahan, J. (2012b). Cracking the behavior code. *Educational Leadership, 70*(2), 18–25.

Rasinski, T., & Zutell, J. (2010). *Essential strategies for word study.* New York, NY: Scholastic.

Raudenbush, S. W., Rowan, B., & Cheong, Y. F. (1993). Higher order instructional goals in secondary schools: Class, teacher, and school influences. *American Educational Research Journal, 30*(3), 523–553.

Redd, Z., Boccanfuso, C., Walker, K., Princiotta, D., Knewstub, D., & Moore, K. (2012). *Expanding time for learning both inside and outside the classroom: A review of the evidence base.* Bethesda, MD: ChildTrends.

Reed, S. (2006). Cognitive architectures for multimedia learning. *Educational Psychologist, 41*(2), 87–98.

Reeves, A. (2011). *Where great teaching begins: Planning for student thinking and learning.* Alexandria, VA: ASCD.

Reeves, D. (2006). Preventing 1,000 failures. *Educational Leadership, 64*(3), 88–89.

Reeves, D. (2009). Three challenges of Web 2.0. *Educational Leadership, 66*(6), 87–88.

Reeves, D. (2015). *Elements of grading.* Bloomington, IN: Solution Tree.

Reich, J., Murnane, R., & Willett, J. (2012). The state of wiki usage in U. S. K–12 schools: Leveraging Web 2.0 data warehouses to assess quality and equity in online learning environments. *Educational Researcher, 41*(1), 7–15.

Reichow, B., Barton, E. E., Boyd, B. A., & Hume, K. (2014). Early intensive behavioral intervention (EIBI) for young children with autism spectrum disorders (ASD): A systematic review. *Campbell Systematic Reviews 2014*:9. doi:10.4073/csr.2014.9

Reid, D., & Knight, M. (2006). Disability justifies exclusion of minority students: A critical history grounded in disability studies. *Educational Researcher, 35*(6), 18–23.

Reid, R., & Lienemann, T. O. (2006). Self-regulated strategy development for written expression with students with attention deficit hyperactivity disorder. *Exceptional Children, 73,* 53–68.

Rekrut, M. D. (1992, April). *Teaching to learn: Cross-age tutoring to enhance strategy acquisition.* Paper presented at the annual meeting of the American Educational Research Association, San Francisco, CA.

Relijic, G., Ferring, D., & Martin, R. (2014). A meta-analysis on the effectiveness of bilingual programs in Europe. *Review of Educational Research.*

Renkl, A. (2011). Instruction based on examples. In R. Mayer & P. Alexander (Eds.), *Handbook of research on learning and instruction* (pp. 272–295). New York, NY: Routledge.

Renninger, K., & Hidi, S. (2011). Revisiting the conceptualization, measurement, and generation of interest. *Educational Psychologist, 46*(3), 168–184.

Renzetti, C. M., Curran, D. J., & Maier, S. L. (2012). *Women, men, and society.* Boston, MA: Pearson.

Renzulli, J. S., & Reis, S. M. (2000). The schoolwide enrichment model. In K. A. Heller, F. J. Mönks, R. Subotnik, & R. J. Sternberg (Eds.), *International handbook of giftedness and talent* (2nd ed., pp. 367–382). New York, NY: Pergamon.

Reschly, D. J. (2003). School psychology. In W. M. Reynolds & G. E. Miller (Eds.), *Handbook of psychology: Vol. 7. Educational psychology* (pp. 431–453). Hoboken, NJ: Wiley.

Reynolds, A. (2009). Why every student needs critical friends. *Educational Leadership, 67*(3), 54–57.

Reynolds, A., & Wolfe, B. (1999). Special education and school achievement: An exploratory analysis with a central-city sample. *Educational Evaluation and Policy Analysis, 21*(3), 249–269.

Reynolds, A., Magnuson, K., & Ou, S. (2010). Preschool-to-third grade programs and practices: A review of research. *Children and Youth Services Review, 32,* 1121–1131.

Reynolds, A., Temple, J., Robertson, D., & Mann, E. (2002). Age 21 cost-benefit analysis of the Title I Chicago child–parent centers. *Educational Evaluation and Policy Analysis, 24*(4), 267–303.

Reynolds, C., & Livingston, R. (2012). *Mastering modern psychological testing: Theory and methods.* Upper Saddle River, NJ: Pearson.

Rice, F. P., & Dolgin, K. G. (Eds.). (2008). *The adolescent: Development, relationships, and culture* (12th ed.). Boston, MA: Pearson Education Group.

Richardson, W. (2009). Becoming network-wise. *Educational Leadership, 66*(6), 26–31.

Richardson, W. (2012). Preparing students to learn without us. *Educational Leadership, 69*(5), 22–26.

Richardson, W. (2013). Students first, not stuff. *Educational Leadership, 70*(6), 10–14.

Rideout, V. (2014). *Learning at home: Families' educational media use in America.* New York, NY: The Joan Ganz Cooney Center.

Rideout, V., & Katz, V. (2016). *Opportunity for all? Technology and learning in lower-income families.* New York, NY: The Joan Ganz Cooney Center at Sesame Workshop.

Ridnouer, K. (2011). *Everyday engagement: Making students and parents your partners in learning.* Alexandria, VA: ASCD.

Riehl, C. (2006). Feeling better: A comparison of medical research and education research. *Educational Researcher, 35*(5), 24–29.

Riehl, C. J. (2000). The principal's role in creating inclusive schools for diverse students: A review of normative, empirical, and critical literature on the practice of educational administration. *Review of Educational Research, 70*(1), 55–81.

Rifkin, J. (1998). The sociology of the gene. *Phi Delta Kappan, 79*(9), 649–657.

Rijlaarsdam, G., Van den Bergh, H., Couzijn, M., Janssen, T., Braaksma, M., Tillema, M., Van Steendam, E., & Raedts, M. (2010). Writing. In S. Graham, A. Bus, S. Major, & L. Swanson (Eds.). *Application of educational psychology to learning and teaching.* APA Handbook. Vol. 3 (pp. 189–228). Washington, DC: American Psychological Association.

Rimm-Kaufman, S. (2010). The responsive classroom approach for improving interactions with children. *Better: Evidence-based Education, 2*(2) 10–11.

Ritchhart, R., & Perkins, D. (2008). Making thinking visible. *Educational Leadership, 65*(5), 57–63.

Rix, J., Sheehy, K., Fletcher-Campbell, F., Crisp, M., & Harper, A. (2015). Moving from a continuum to a community: Reconceptualizing the provision of support. *Review of Educational Research, 85*(3), 319–352.

Roach, A., & Elliott, S. (2006). The influence of access to general education curriculum on alternate assessment performance of students with significant cognitive disabilities. *Educational Evaluation and Policy Analysis, 28*(2), 181–194.

Robelen, E. (2012, March 28). More states retaining 3rd graders. *Education Week, 1,* 15.

Robelen, E., Adams, C., & Shah, N. (2012, March 7). Data show retention disparities, *Education Week, 1,* 18–19.

Robinson, D. H., Katayama, A. D., Beth, A., Odom, S., & Hsieh, Y. P. (2004). *Training students to take more graphic notes: A partial approach.* Austin, TX: University of Texas.

Robinson, D. H., Robinson, S. L., & Katayama, A. D. (1999). When words are represented in memory like pictures: Evidence for spatial encoding of study materials. *Contemporary Educational Psychology, 24*(1), 38–54.

Robinson, F. P. (1961). *Effective study.* New York, NY: Harper & Row.

Robinson, J. P., & Lubienski, S. T. (2011). The development of gender achievement gaps in mathematics and reading during elementary and middle school: Examining direct cognitive assessments and teacher ratings. *American Educational Research Journal, 48*(2), 268–302.

Robinson, J., & Espelage, D. (2011). Inequities in educational and psychological outcomes between LGBTQ and straight students in middle and high school. *Educational Researcher, 40*(7), 315–330.

Robinson, J., & Espelage, D. (2012). Bullying explains only part of LGBTQ–heterosexual risk disparities: Implications for policy and practice. *Educational Researcher, 41*(8), 309–319.

Robison, J. (2012). Call me different, not difficult. *Educational Leadership, 70*(2), 40–44.

Roblyer, M. (2016). *Integrating educational technology into teaching* (7th ed.). Boston, MA: Pearson.

Roblyer, M. D., & Doering, A. H. (2012). *Integrating educational technology into teaching* (6th ed.). Boston, MA: Allyn & Bacon.

Roderick, M., & Nagaoka, J. (2005). Retention under Chicago's high-stakes testing program: Helpful, harmful, or harmless? *Evaluation and Policy Analysis, 27*(4), 309–340.

Roderick, M., & Stoker, G. (2010). Bringing rigor to the study of rigor: Are advanced placement courses a useful approach to increasing college access and success for urban and minority youths? In J. Meece & J. Eccles (Eds.), *Handbook of research on schools, schooling, and human development* (pp. 216–234). New York, NY: Routledge.

Rodkin, P. (2011). Bullying—and the power of peers. *Educational Leadership, 69*(1), 10–17.

Roeser, R., Eccles, J., & Sameroff, A. (2000). School as a context of early adolescents' academic and social-emotional development: A summary of research findings. *The Elementary School Journal, 100*(5), 443–472.

Rogers, K. B. (2009, April). *Academic acceleration and giftedness: The research from 1990 to the present: A best-evidence synthesis.* Paper presented at the annual meeting of the American Educational Research Association, San Diego, CA.

Rogoff, B. (2003). *The cultural nature of human development.* London, England: Oxford University Press.

Rohrbeck, C. A., Ginsburg-Block, M. D., Fantuzzo, J. W., & Miller, T. R. (2003). Peer-assisted learning interventions with elementary school students: A meta-analytic review. *Journal of Educational Psychology, 94*(2), 240–257.

Rohrer, D., & Pashler, H. (2010). Recent research on human learning challenges conventional instructional strategies. *Educational Researcher, 39*(5), 406–412.

Rolfhus, E., Gersten, R., Clarke, B., Decker, L., Wilkins, C., and Dimino, J. (2012). *An evaluation of Number Rockets: A Tier-2 intervention for Grade 1 students at risk for difficulties in mathematics.* Washington, DC: NCES, USDOE.

Rolland, R. (2012). Synthesizing the evidence on classroom goal structures in middle and secondary schools: A meta-analysis and narrative review. *Review of Educational Research, 82*(4), 396–435.

Roscoe, R., & McNamara, D. (2013). Writing pal: Feasibility of an intelligent writing strategy tutor in the high school classroom. *Journal of Educational Psychology, 105,* 110–125.

Rose, A., & Rudolph, K. (2006). A review of sex differences in peer relationship processes: Potential tradeoffs for the emotional and behavioral development of girls and boys. *Psychological Bulletin, 132*(1), 98–131.

Rose, D. H., & Rappolt-Schlichtmann, G. (2008). Applying universal design for learning with children living in poverty. In S. B. Neumann (Ed.), *Educating the other America.* Baltimore, MD: Brookes.

Rose, M. (2010). Reform: To what end? *Educational Leadership, 67*(7), 6–11.

Rosen, L. (2011). Teaching the igeneration. *Educational Leadership, 68*(5), 10–15.

Rosenberg, M. S., Westling, D. L., & McLeskey, J. (2011). *Special education for today's teachers: An introduction.* Columbus, OH: Merrill.

Rosenfield, D., Folger, R., & Adelman, H. F. (1980). When rewards reflect competence: A qualification of the overjustification effect. *Journal of Personality and Social Psychology, 39,* 368–376.

Rosenshine, B. (2008). Systematic instruction. In T. L. Good (Ed.), *21st century learning* (Vol. 1, pp. 235–243). Thousand Oaks, CA: Sage.

Roseth, C., Johnson, D., & Johnson, R. (2008). Promoting early adolescents' achievement and peer relationships: The effects of cooperative, competitive, and individualistic goal structures. *Psychological Bulletin, 134*(2), 223–246.

Roseth, C., Saltarelli, A., & Glass, C. (2011). Effects of face-to-face and computer-mediated constructive controversy on social interdependence, motivation, and achievement. *Journal of Educational Psychology, 103*(4), 804–820.

Roskosky, J. (2010). Targeted tutoring. *Educational Leadership, 68*(2), 68.

Ross, S. M., Smith, L. J., Casey, J., & Slavin, R. E. (1995). Increasing the academic success of disadvantaged children: An examination of alternative early intervention programs. *American Educational Research Journal, 32,* 773–800.

Ross, S. M., Smith, L. J., Lohr, L., & McNelis, M. (1994). Math and reading instruction in tracked first grade classes. *The Elementary School Journal, 95*(2), 105–119.

Rotberg, I. C. (2001). A self-fulfilling prophecy. *Phi Delta Kappan, 83*(2), 170–171.

Roth, W.-M., & Lee, Y.-J. (2007). "Vygotsky's neglected legacy": Cultural-historical activity theory. *Review of Educational Research, 77*(2), 186–232.

Rotherham, A., & Willingham, D. (2009). 21st century skills: The challenges ahead. *Educational Leadership, 67*(1), 16–21.

Rothstein, R. (Ed.). (2004). *Class and schools: Using social, economic, and educational reform to close the black–white achievement gap.* Washington, DC: Economic Policy Institute.

Rothstein, R., & Jacobsen, R. (2009). Measuring social responsibility. *Educational Leadership, 66*(8), 14–19.

Rotter, J. (1954). *Social learning and clinical psychology.* Englewood Cliffs, NJ: Prentice-Hall.

Rowan, B. & Correnti, R. (2009). Studying reading instruction with teacher logs: Lessons from the Study of Instructional Improvement. *Educational Researcher, 38*(2), 120–131.

Rowan, B., Correnti, R., & Miller, R. (2002). *What large-scale, survey research tells us about teacher effects on student achievement: Insights from the Prospects study of elementary schools.* Philadelphia, PA: Consortium for Policy Research in Education, University of Pennsylvania.

Rowan, B., Correnti, R., Miller, R. J., & Camburn, E. M. (2009). *School improvement by design: Lessons from a study of comprehensive school reform programs.* Ann Arbor, MI: Consortium for Policy Research in Education.

Rowley, S., Kurtz-Costes, B., & Cooper, S. (2010). The schooling of African American children. In J. Meece & J. Eccles (Eds.), *Handbook of research on schools, schooling, and human development* (pp. 275–292). New York, NY: Routledge.

Rubie-Davies, C. (2008). Teacher expectations. In T. L. Good (Ed.), *21st century learning* (Vol. 1, pp. 254–264). Thousand Oaks, CA: Sage.

Rubie-Davies, C. M. (2007, September). *Teacher expectations, student achievement, and perceptions of student attitudes.* Paper presented at the Biennial Conference of the Educational Association for Research in Learning and Instruction, Budapest, Hungary.

Rubin, B. C. (2003). Unpacking detracking: When progressive pedagogy meets students' social worlds. *American Educational Research Journal, 40*(2), 539–573.

Rumberger, R. (2011, October 26). Solving the nation's dropout crisis. *Education Week,* p. 28.

Rummel, N., Levin, J. R., & Woodward, M. M. (2002). Do pictorial mnemonic text-learning aids give students something worth writing about? *Journal of Educational Psychology, 94*(2), 327–334.

Russell, M., & Airasian, P. (2012). *Classroom assessment* (7th ed.). New York, NY: McGraw-Hill.

Ryan, K., & Ryan, A. (2005). Psychological processes underlying stereotype threat and standardized math test performance. *Educational Psychologist, 40*(1), 53–63.

Ryan, K., & Shepard, L. (2008). *The future of test-based educational accountability.* New York, NY: Routledge.

Ryan, R. M., & Deci, E. L. (2000). Intrinsic and extrinsic motivations: Classic definitions and new directions. *Contemporary Educational Psychology, 25*(1), 54–67.

Ryan, R., Fauth, R., & Brooks-Gunn, J. (2013). Childhood poverty: Implications for school readiness and early childhood education. *Handbook of research on the education of young children* (pp. 301–321). New York, NY: Routledge.

Sachs, J. (2000). The activist professional. *Journal of Educational Change, 1*(1), 77–95.

Sackett, P., Kuncel, N., Arneson, J., Cooper, S., & Waters, S. (2009). Does socioeconomic status explain the relationship between admissions tests and post-secondary academic performance? *Psychological Bulletin, 135*(1), 1–22.

Sadker, D., & Zittleman, K. (2009). *Still failing at fairness: How gender bias cheats girls and boys and what we can do about it.* New York, NY: Charles Scribner.

Sadker, D.M., Zittleman, K., & Sadker, M.P. (2013). *Teachers, schools, and society* (10th ed.). New York, NY: McGraw-Hill.

Safer, N., & Fleischman, S. (2005). How student progress monitoring improves instruction. *Educational Leadership, 62*(5), 81–83.

Sahadeo-Turner, T., & Marzano, R. (2015). *Processing new information: Classroom techniques to help students engage with content.* West Palm Beach, FL: Learning Sciences International.

Sahlberg, P. (2012, January 12). Finland's success is no miracle. *Education Week,* 41.

Saleh, M., Lazonder, A., & De Jong, T. (2007). Structuring collaboration in mixed-ability groups to promote verbal interaction, learning, and motivation of average-ability students. *Contemporary Educational Psychology, 32*(3), 314–331.

Salend, S. (2011). Creating student-friendly tests. *Educational Leadership, 69*(3), 52–58.

Salend, S. (2016). *Creating inclusive classrooms: Effective, differentiated, and reflective practices.* Boston, MA: Pearson.

Saleno, S., & Garrick-Duhaney, L. (1999). The impact of inclusion on students with and without disabilities and their educators. *Remedial and Special Education, 20*(2), 114–126.

Salinger, T., & Fleischman, S. (2005). Teaching students to interact with text. *Educational Leadership, 64*(1), 90–93.

Salkind, N. J. (2013). *Tests and measurement for people who (think they) hate tests and measurement* (2nd ed.). Thousand Oaks, CA: Sage.

Sampson, R. (2002). *Bullying in schools.* Washington, DC: U.S. Department of Justice.

Sams, A., & Bergmann, J. (2013). Flip your students' learning. *Educational Leadership, 70*(6), 16–20.

Sanders, M. G., Allen-Jones, G. L., & Abel, Y. (2002). Involving families and communities in the education of children and youth placed at risk. In S. Stringfield & D. Land (Eds.), *Educating at-risk students* (pp. 171–188). Chicago, IL: National Society for the Study of Education.

Sansone, C., & Harackiewicz, J. M. (Eds.). (2000). *Intrinsic and extrinsic motivation.* Orlando, FL: Academic Press.

Sarafino, E. (2012). *Applied behavior analysis: Principles and procedures in behavior modification.* Boston, MA: Wiley.

Savage, T. V., & Savage, M. K. (2010). *Successful classroom management and discipline: Teaching self-control and responsibility* (3rd ed.). Thousand Oaks, CA: Sage.

Savage, T., & Harley, D. (2009). A place at the blackboard: LGBTIQ. *Multicultural Education, 16*(4), 2–9.

Sawchuk, S. (2012, January 12). Among top-performing nations, teacher quality, status entwined. *Education Week,* 12–14.

Scalise, K., & Felde, M. (2017). *Why neuroscience matters in the classroom: Principles of brain-based instructional design for teachers.* Boston, MA: Pearson.

Schaaf, R. L. (2015). *Using digital games as assessment and instruction tools.* Bloomington, IN: Solution Tree.

Schacter, J. (2000). Does individual tutoring produce optimal learning? *American Educational Research Journal, 37*(3), 801–829.

Schad, L. (2014). *Bring your own learning.* Arlington, VA: ISTE.

Schafer, W. D., Swanson, G., Bené, N., & Newberry, G. (2001). Effects of teacher knowledge of rubrics on student achievement in four content areas. *Applied Measurement in Education, 14,* 151–170.

Scharf, M., & Hertz-Lazarowitz, R. (2003). Social networks in the school context: Effects of culture and gender. *Journal of Personal Relationships, 20*(6), 843–859.

Scheetz, N. A. (2012). *Deaf education in the 21st century: Topics and trends.* Boston, MA: Allyn & Bacon.

Scherrer, J. (2012). What's the value of VAM? *Principal, 91*(5), 58–60.

Scheuermann, B. K., & Hall, J. A. (2016). *Positive behavioral supports for the classroom* (3rd ed.). Boston, MA: Pearson.

Scheurich, J., Skrla, L., & Johnson, J. (2000). Thinking carefully about equity and accountability. *Phi Delta Kappan, 82*(4), 293–299.

Schimmer, T. (2014). *Ten things that matter from assessment to grading.* Upper Saddle River, NJ: Pearson.

Schimmer, T. (2016). *Grading from the inside out.* Bloomington, IN: Solution Tree.

Schirmer, B., & McGough, S. (2005). Teaching reading to children who are deaf: Do the conclusions of the National Reading Panel apply? *Review of Educational Research, 75*(1), 84–117.

Schlechty, P. (2011). The threat of accountabilism. *Educational Leadership, 69*(1), 80–81.

Schmidt, R., & Marzano, R. (2015). *Recording and representing knowledge: Classroom techniques to help students accurately organize and summarize content.* West Palm Beach, FL: Learning Sciences International.

Schmidt, W. H., & Houang, R. (2012). Curricular coherence and the Common Core State Standards for Mathematics. *Educational Researcher, 41,* 294–308.

Schmidt, W., & Cogan, L. (2009). The myth of equal content. *Educational Leadership, 67*(3), 44–47.

Schmoker, M. (2011). *Focus: Elevating the essentials to radically improve student learning.* Alexandria, VA: ASCD.

Schmoker, M. (2012a). The madness of teacher evaluation frameworks. *Principal, 91*(5), 70–71.

Schmoker, M. (2012b). The stunning power of good, traditional lessons. *Phi Delta Kappan, 93*(6), 70–71.

Schneider, B. (2002). Social capital: A ubiquitous emerging conception. In D. L. Levinson, P. W. Cookson, Jr., & A. R. Sadovnik (Eds.), *Education and sociology: An encyclopedia* (pp. 545–550). New York, NY: Routledge.

Schneider, B. (2015). The college ambition program: A realistic transition strategy for traditionally disadvantaged students. *Educational Researcher, 44*(7), 394–403.

Schneider, J. (2011, October 5). Tech for all? *Education Week,* 24.

Schnotz, W. (2002). Towards an integrated view of learning from text and visual displays. *Educational Psychology Review, 14*(1), 101–120.

Schoenfeld, A. (2014). What makes for powerful classrooms, and how can we support teachers in creating them? A story of research and practice, productively intertwined. *Educational Researcher, 43*(8), 404–412.

Schott Foundation. (2010). *Yes, we can: The 2010 Schott 50-state report on public education of black males.* Cambridge, MA: Author.

Schraw, G., Flowerday, T., & Lehman, S. (2001). Increasing situational interest in the classroom. *Educational Psychology Review, 13*(3), 211–224.

Schultz, F. (2012, March 7). New technologies engage students with disabilities. *Education Week,* 14.

Schunk, D. (2016). *Learning theories: An educational perspective* (7th ed.). Boston, MA: Pearson.

Schunk, D. H., & Pajares, F. (2004, April). *Self-efficacy in education: Issues and future directions.* Paper presented at the annual meeting of the American Educational Research Association, San Diego, CA.

Schunk, D., & Zimmerman, B. (2013). Self-regulation and learning. In W. Reynolds, G. Miller, & I. Weiner (Eds.), *Handbook of psychology* (Vol. 7, 2nd ed. pp. 45–69). Hoboken, NJ: Wiley.

Schunk, D., Pintrich, P., & Meece, J. (2008). *Motivation in education: Theory, research, and applications* (3rd ed.). Columbus, OH: Merrill.

Schutz, A. (2006). Home is a prison in a global city: The tragic failure of school-based community engagement strategies. *Review of Educational Research, 76*(4), 691–744.

Schwanenflugel, P. J., & Knapp, N. F. (2015). *The psychology of reading.* New York, NY: Guilford Press.

Schwartz, D., Chase, C., & Bransford, J. (2012). Resisting overzealous transfer: Coordinating previously successful routines with needs for new learning. *Educational Psychologist, 47*(3), 204–214.

Schwartz, D., Chase, C., Oppezzo, M., & Chin, D. (2011). Practicing vs. inventing with contrasting cases: The effects of telling first on learning and transfer. *Journal of Educational Psychology, 103*(4), 759–775.

Schwartz, N. H., Ellsworth, L. S., Graham, L., & Knight, B. (1998). Assessing prior knowledge to remember text: A comparison of advance organizers and maps. *Contemporary Educational Psychology, 23*(1), 65–89.

Schweinhart, L. J., & Weikart, D. P. (1998). High/Scope Perry Preschool Program effects at age twenty-seven. In J. Crane (Ed.), *Social programs that work* (pp. 148–162). New York, NY: Russell Sage Foundation.

Scott, J., Skobel, B., & Wells, J. (2008). *The word-conscious classroom: Building the vocabulary readers and writers need.* New York, NY: Scholastic.

Scott, T., Anderson, C., & Alter, P. (2012). *Managing classroom behavior using positive behavior supports.* New York, NY: Merrill.

Scriffiny, P. (2008). Seven reasons for standards-based grading. *Educational Leadership, 66*(2), 70–74.

See, B., & Gorard, S. (2003). *What do rigorous evaluations tell us about the most promising parental involvement interventions?* London, England: Nuffield Foundation.

Seifert, K. (2013). Cognitive development and the education of young children. In O. Saracho & B. Spodek (Eds.), *Handbook of research on the education of young children* (pp. 19–32). New York, NY: Routledge.

Sénéchal, M., & Young, L. (2008). The effect of family literacy interventions on children's acquisition of reading from kindergarten to grade 3: A meta-analytic review. *Review of Educational Research, 78*(4), 880–907.

Senko, C., & Miles, K. (2008). Pursuing their own learning agenda: How master-oriented students jeopardize their class performance. *Contemporary Educational Psychology, 33*(4), 561–583.

Senko, C., Hulleman, C., & Harackiewicz, J. (2011). Achievement goal theory at the crossroads: Old controversies, current challenges, and new directions. *Educational Psychologist, 46*(1), 26–47.

Senn, D., & Marzano, R. (2015). *Organizing for learning: Classroom techniques to help students interact within small groups.* West Palm Beach, FL: Learning Sciences International.

Sethi, S., Drake, M., Dialdin, D. A., & Lepper, M. R. (1995, April). *Developmental patterns of intrinsic and extrinsic motivation: A new look.* Paper presented at the annual meeting of the American Educational Research Association, San Francisco, CA.

Shah, N. (2012, June 6). Challenges seen in testing special ed. pupils on Common Core. *Education Week,* 7.

Shanahan, T. (1998). On the effectiveness and limitations of tutoring reading. In P. D. Pearson & A. Iran-Nejad (Eds.), *Review of research in education* (pp. 217–234). Washington, DC: American Educational Research Association.

Sharan, S., & Shachar, C. (1988). *Language and learning in the cooperative classroom.* New York, NY: Springer.

Shavelson, R. (2013). An approach to testing and modeling competence. *Educational Psychologist, 48*(2), 73–86.

Shavelson, R. J., Baxter, G. P., & Pine, J. (1992). Performance assessments: Political rhetoric and measurement reality. *Educational Researcher, 21*(4), 22–27.

Shaywitz, S. (2003). *Overcoming dyslexia: A new and complete science-based program for reading problems at any level.* New York, NY: Knopf.

Shaywitz, S., & Shaywitz, B. (2004). Reading disability and the brain. *Educational Leadership, 61*(3), 7–11.

Shaywitz, S., & Shaywitz, B. (2007). What neuroscience really tells us about reading instruction: A response to Judy Willis. *Educational Leadership, 64*(5), 74–78.

Shea, T., & Bauer, A. (2012). *Behavior management: A practical approach for educators* (10th ed.). Upper Saddle River, NJ: Pearson.

Sheard, M., & Chambers, B. (2011). *Self-paced learning: Effective technology-supported formative assessment.*

Sheard, M., & Ross, S. (2012). Improving social-emotional learning. *Better: Evidence-based Education, 4*(2),14–15.

Sheard, M., Chambers, B., Slavin, R., & Elliott, L. (2012). *Effects of self-paced learning devices on achievement in elementary grammer.* York, England: IEE, University of York.

Shepard, L. (2005). Linking formative assessment to scaffolding. *Educational Leadership, 63*(3), 66–71.

Shepard, L. A. (2000). The role of assessment in a learning culture. *Educational Researcher, 29*(7), 4–14.

Shih, M., & Sanchez, D. (2005). Perspectives and research on the positive and negative implications of having multiple racial identities. *Psychological Bulletin, 131*(4), 569–591.

Shin, H. B., & Kominski, R. (2010). *Language use in the United States: 2007, American Community Survey Reports, ACS-12.* U.S. Census Bureau, Washington, DC.

Shonkoff, J., et al. (2012). The lifelong effects of early childhood adversity and toxic stress. *Pediatrics, 129,* 232–246.

Shore, R. (2008). *The power of pow! Wham!* New York, NY: Sesame Workshop.

Shuler, C. (2007). *D is for digital.* New York, NY: Sesame Workshop.

Shulman, L. S. (2000). Teacher development: Roles of domain expertise and pedagogical development. *Journal of Applied Developmental Psychology, 21,* 129–135.

Shute, V. J. (2008). Focus on formative feedback. *Review of Educational Research, 78*(1), 153–189.

Siegel, L. S. (2003). Learning disabilities. In W. M. Reynolds & G. E. Miller (Eds.), *Handbook of psychology: Vol. 7. Educational psychology* (pp. 455–486). Hoboken, NJ: Wiley.

Siegler, R. (2006). Microgenetic analyses of learning. In D. Kuhn & R. Siegler (Eds.), *Handbook of child psychology* (Vol. 2, 6th ed., pp. 464–510). Hoboken, NJ: Wiley.

Siegler, R. S., & Svetina, M. (2006). What leads children to adopt new strategies? A microgenetic/cross-sectional study of class inclusion. *Child Development, 77,* 997–1015.

Silver, H. (2010). *Compare & contrast: Teaching comparative thinking to strengthen student learning.* Alexandria, VA: ASCD.

Silver, H., Dewing, R., & Perini, M. (2012). *Inference: Teaching students to develop hypotheses, evaluate evidence, and draw logical conclusions.* Alexandria, VA: ASCD.

Silver, H., Jackson, J., & Moirao, D. (2011). *Task rotation: Strategies for differentiating activities and assessments by learning style.* Alexandria, VA: ASCD.

Silver, H., Perini, M., & Dewing, R. (2012). *The core six: Essential strategies for achieving excellence with the Common Core.* Alexandria, VA: ASCD.

Silver, H., Strong, R., & Perini, M. (2007). *The strategic teacher: Selecting the right research-based strategy for every lesson.* Alexandria, VA: ASCD.

Silvia, S., Blitstein, J., Williams, J., Ringwalkt, C., Dusenbury, L., & Hansen, W. (2011). *Impacts of a violence prevention program for middle schools: Findings after 3 years of implementation.* Washington, DC: NCES, USDOE.

Sinclair, M. F., Christenson, S. L., Evelo, D. L., & Hurley, C. (1998). Dropout prevention for high-risk youth with disabilities: Efficacy of a sustained school engagement procedure. *Exceptional Children, 65*(1), 7–21.

Singer, J., Marx, R. W., Krajcik, J., & Chambers, J. C. (2000). Constructing extended inquiry projects: Curriculum materials for science education reform. *Educational Psychologist, 35*(4), 165–178.

Sins, P., van Joolingnen, W., Savelsbergh, E., & van Hout-Wolters, B. (2008). Motivation and performance within a collaborative computer-based modeling task: Relations between students' achievement goal orientation, self-efficacy, cognitive processing, and achievement. *Contemporary Educational Psychology, 33*(1), 58–77.

Sio, U., & Ormerod, T. (2009). Does incubation enhance problem solving? A meta-analytic review. *Psychological Bulletin, 135*(1), 94–120.

Sireci, S., Scarpati, S., & Li, S. (2005). Test accommodations for students with disabilities: An analysis of the interaction hypothesis. *Review of Educational Research, 75*(4), 457–490.

Sirin, S. (2005). Socioeconomic status and academic achievement: A meta-analytic review of research. *Review of Educational Research, 75*(3), 417–453.

Skinner, E., & Greene, T. (2008). Perceived control, coping, and engagement. In T. L. Good (Ed.), *21st century learning* (Vol. 1, pp. 121–130). Thousand Oaks, CA: Sage.

Slama, R. (2014). Investigating whether and when English learners are reclassified into mainstream classrooms in the United States: A discrete-time survival analysis. *American Educational Research Journal, 51*(2), 220–252.

Slates, S., Alexander, K., Entwisle, D., & Olson, L. (2012). Counteracting summer slide: Social capital resources within socioeconomically disadvantaged families. *Journal of Education for Students Placed at Risk, 17*(3), 165–185.

Slavich, G., & Zimbardo, P. (2012). Transformational teaching: Theoretical underpinnings, basic principles, and core methods. *Educational Psychology Review.* doi:10.1007/s10648-012-9199-6

Slavin, R. (2011). Instruction based on cooperative learning. In R. Mayer & P. Alexander (Eds.), *Handbook of research on learning and instruction* (pp. 344–360). New York, NY: Routledge.

Slavin, R. (2013). Cooperative learning and achievement: Theory and research. In W. Reynolds, G. Miller, & I. Weiner (Eds.), *Handbook of psychology* (Vol. 7, 2nd ed., pp.199–212.). Hoboken, NJ: Wiley.

Slavin, R. (2014). Making cooperative learning powerful. *Educational Leadership, 72*(2), 22–27.

Slavin, R. E. (1986). The Napa evaluation of Madeline Hunter's ITIP: Lessons learned. *Elementary School Journal, 87,* 165–171.

Slavin, R. E. (1987b). Grouping for instruction in the elementary school. *Educational Psychologist, 22,* 109–127.

Slavin, R. E. (1990). Ability grouping and student achievement in secondary schools: A best-evidence synthesis. *Review of Educational Research, 60,* 471–499.

Slavin, R. E. (1995a). *Cooperative learning: Theory, research, and practice* (2nd ed.). Boston, MA: Allyn & Bacon.

Slavin, R. E. (1994). *Using student team learning* (4th ed.). Baltimore, MD: Johns Hopkins University, Center for Research on Elementary and Middle Schools.

Slavin, R. E. (1995b). Cooperative learning and intergroup relations. In J. Banks (Ed.), *Handbook of research on multicultural education.* New York, NY: Macmillan.

Slavin, R. E. (1997/1998). Can education reduce social inequality? *Educational Leadership, 55*(4), 6–10.

Slavin, R. E. (2002). The intentional school: Effective elementary education for all children. In S. Stringfield & D. Land (Eds.), *Educating at-risk students* (pp. 111–127). Chicago, IL: National Society for the Study of Education.

Slavin, R. E. (2008). Comprehensive school reform. In C. Ames, D. Berliner, J. Brophy, L. Corno, & M. McCaslin (Eds.), *21st century education: A reference handbook* (pp. 259–266). Thousand Oaks, CA: Sage.

Slavin, R. E. (2010). Cooperative learning. In P. Peterson, E. Baker, & B. McGaw (Eds.), *International encyclopedia of education* (3rd ed.). Oxford, England: Elsevier.

Slavin, R. E. (2011). Instruction based on cooperative learning (pp. 344–360). In R. Mayer & P. A. Alexander (Eds.), *Handbook of research on learning and instruction.* New York, NY: Routledge.

Slavin, R. E., & Cheung, A. (2005). A synthesis of research on language of reading instruction. *Review of Educational Research, 75*(2), 247–284.

Slavin, R. E., & Karweit, N. L. (1982, August). *School organizational vs. developmental effects on attendance among young adolescents.* Paper presented at the annual convention of the American Psychological Association, Washington, DC.

Slavin, R. E., & Karweit, N. L. (1984, April). *Within-class ability groupings and student achievement: Two field experiments.* Paper presented at the annual convention of the American Educational Research Association, New Orleans, LA.

Slavin, R. E., & Madden, N. A. (2015). Success for All: Design and implementation of whole school reform at scale. In C. Meyers & W. C. Brandt (Eds.), *Implementation fidelity in education research: Designer and evaluator considerations.* (pp. 132–153.). New York, NY: Routledge.

Slavin, R. E., & Madden, N. A. (Eds.). (2001). *One million children: Success for All.* Thousand Oaks, CA: Corwin.

Slavin, R. E., Cheung, A., Groff, C., & Lake, C. (2008). Effective reading programs for middle and high schools: A best-evidence synthesis. *Reading Research Quarterly, 43*(3), 290–322.

Slavin, R. E., Lake, C., & Groff, C. (2009). Effective programs in middle and high school mathematics: A best-evidence synthesis. *Review of Educational Research, 79*(2), 839–911.

Slavin, R. E., Lake, C., Chambers, B., Cheung, A., & Davis, S. (2009). Effective reading programs for the elementary grades: A best-evidence synthesis. *Review of Educational Research, 79*(4), 1391–1465.

Slavin, R. E., Lake, C., Davis, S., & Madden, N. (2011). Effective programs for struggling readers: A best-evidence synthesis. *Educational Research Review, 6,* 1–26.

Slavin, R. E., Lake, C., Hanley, P., & Thurston, P. (2012). *Effective programs for elementary science: A best-evidence synthesis.* Baltimore, MD: Johns Hopkins University, Center for Research and Reform in Education.

Slavin, R. E., Madden, N. A., Chambers, B., & Haxby, B. (Eds.). (2009). *Two million children: Success for All.* Thousand Oaks, CA: Corwin.

Slavin, R., & Lake, C. (2008). Effective programs in elementary mathematics; A best-evidence synthesis. *Review of Educational Research, 78*(3), 427–515.

Slavin, R., Cheung, A., Holmes, G., Madden, N., & Chamberlain, A. (2013). Effects of a data-driven district reform model on state assessment outcomes. *American Educational Research Journal, 50*(2), 371–396.

Slavin, R., Madden, N., Calderon, M., Chamberlain, A., & Hennessy, M. (2011). Reading and language outocmes of a multiyear randomized evaluation of transitional bilingual education. *Educational Evaluation and Policy Analysis, 33*(1), 47–58.

Slavin, R. E. (2013). Overcoming the four barriers to evidence-based education. *Education Week, 32*(29), 24.

Slesaransky-Poe, G. (2013). Adults set the tone for welcoming all students. *Phi Delta Kappan, 94*(5), 40–44.

Smaldino, S., Lowther, D., Mims, C., & Russell, J. (2015). *Instructional technology and media for learning.* Boston, MA: Pearson.

Small, M. (2010). Beyond one right answer. *Educational Leadership, 68*(1), 28–32.

Smith, D. D. (2001). *Introduction to special education: Teaching in an age of opportunity.* Boston, MA: Allyn & Bacon.

Smith, D. D., & Tyler, N. C. (2010). *Introduction to special education: Making a difference* (7th ed.). Columbus, OH: Merrill.

Smith, D., Fisher, D., & Frey, N. (2015). *Better than carrots or sticks: Restorative practices for positive classroom management.* Alexandria, VA: ASCD.

Smith, H., Higgins, S., Wall, K., & Miller, J. (2005). Interactive whiteboards: Boon or bandwagon? A critical review of the literature. *Journal of Computer-Assisted Learning, 21,* 91–101.

Smith, K. (2009). From test takers to test makers. *Educational Leadership, 67*(3), 26–31.

Smith, L. (2011/2012). Slowing the summer slide. *Educational Leadership, 69*(4), 60–63.

Smith, L. J., Ross, S. M., & Casey, J. P. (1994). *Special education analyses for Success for All in four cities.* Memphis, TN: University of Memphis, Center for Research in Educational Policy.

Smith, R., Johnson, M., & Thompson, K. (2012). Data, our GPS. *Educational Leadership, 69*(5), 56–59.

Smith, S. (2013). Would you step through my door? *Educational Leadership, 70*(8), 76–78.

Smith, S. S. (2002). Desegregation. In D. L. Levinson, P. W. Cookson, Jr., & A. R. Sadovnik (Eds.), *Education and sociology: An encyclopedia* (pp. 141–149). New York, NY: Routledge.

Smith, T., Polloway, E., Doughty, T., Patton, J., & Dowdy, C. (2016). *Teaching students with special needs in inclusive settings* (7th ed.). Boston, MA: Pearson.

Snipes, J., Fancali, C., & Stoker, G. (2012). *Student academic mindset interventions: A review of the current landscape.* Sausalito, CA: Stupski Foundation.

Snow, C. (2006). Cross-cutting themes and future research directions. In D. August & T. Shanahan (Eds.), *Developing literacy in second-language learners* (pp. 631–652). Mahwah, NJ: Erlbaum.

Snow, C. E., Burns, S. M., & Griffin, P. (Eds.). (1998). *Preventing reading difficulties in young children.* Washington, DC: National Academies Press.

Snyder, F., Flay, B., Vuchinich, S., Acock, A., Washburn, I., Beete, M., & Li, K-K. (2010). Impact of a social-emotional and character development program on school-level indicators of academic achievement, absenteeism, and disciplinary outcomes: A matched-pair, cluster-randomized, controlled trial. *Journal of Research on Educational Effectiveness, 3*(1),26–55.

Solso, R. L., Maclin, O. H., & Maclin, M. K. (2007). *Cognitive Psychology* (6th ed.). Allyn and Bacon.

Sornson, N. (2001). Vision and learning. In B. Sornson (Ed.), *Preventing early learning failure.* Alexandria, VA: ASCD.

Sousa, D. (2011). *How the brain learns* (4th ed.). Thousand Oaks, CA: Corwin.

Sousa, D. A. (2016). *Engaging the rewired brain.* West Palm Beach, FL: Learning Sciences International.

Sparks, S. (2011a, December 7). Learning declines linked to moving to middle school. *Education Week,* 1, 23.

Sparks, S. (2011a, June 8). Panel finds few learning benefits in high-stakes exams. *Education Week,* 1, 6.

Sparks, S. (2011b, September 28). Schools "flip" for lesson model promoted by Khan Academy. *Education Week,* 1, 14.

Sparks, S. (2012, August 8). Study suggests timing is key in rewarding students. *Education Week,* 18.

Specht, L. B., & Sandling, P. K. (1991). The differential effects of experiential learning activities and traditional lecture classes in accounting. *Simulation and Games, 2,* 196–210.

Spencer, M. B., Noll, E., Stoltzfus, J., & Harpalani, V. (2001). Identity and school adjustment: Revisiting the "acting white" assumption. *Educational Psychologist, 36*(1), 21–30.

Spiegel, D. L. (2005). *Classroom discussion: Strategies for enhancing all students, building higher-level thinking skills, and strengthening reading and writing across the curriculum.* New York, NY: Scholastic.

Spielberger, C., & Vagg, P. (Eds.). (1995). *Test anxiety: Theory, assessment, and treatment.* Washington, DC: Taylor & Francis.

Spinelli, C. G. (2011). *Linking assessment to instructional strategies: A guide for teachers.* Boston, MA: Allyn & Bacon.

Sporer, N., Brunstein, J., & Kieschke, U. (2009). Improving students' reading comprehension skills: Effects of strategy instruction and reciprocal teaching. *Learning and Instruction, 19*(3), 272–286.

Sprenger, M. (2009). Focusing the digital brain. *Educational Leadership, 67*(1), 34–39.

Squires, D. A. (2009). *Curriculum alignment: Research-based strategies for increasing student achievement.* Thousand Oaks, CA: Corwin.

Squires, J., Pribble, L., Chen, C., & Pomes, M. (2013). Early childhood education: Improving outcomes for young children and families. In W. Reynolds, G. Miller, & I. Weiner (Eds.), *Handbook of psychology* (Vol. 7, 2nd ed., pp. 99–116.). Hoboken, NJ: Wiley.

Staker, H., & Horn, M. B. (2012). *Classifying K–12 blended learning.*

Stallings, J., & Krasavage, E. M. (1986). Program implementation and student achievement in a four-year Madeline Hunter follow-through project. *Elementary School Journal, 87,* 117–138.

Stansbury, M. (2009, July 21). *What educators can learn from brain research.*

Starnes, B. (2011). Superstars, cheating, and surprises. *Phi Delta Kappan, 93*(1), 70–71.

Starnes, B. A. (2006). Montana's Indian education for all: Toward an education worthy of American ideals. *Phi Delta Kappan, 88*(3), 184–189.

Starratt, R. (2003). Opportunity to learn and the accountability agenda. *Phi Delta Kappan, 85*(4), 298–303.

Steel, P. (2007). The nature of procrastination: A meta-analytic and theoretical review of quintessential self-regulatory failure. *Psychological Bulletin, 133*(1), 65–94.

Steele, C. (2010). Inspired responses. *Educational Leadership, 68*(4), 64–68.

Stein, B. S., Littlefield, J., Bransford, J. D., & Persampieri, M. (1984). Elaboration and knowledge acquisition. *Memory and Cognition, 12,* 522–529.

Stein, N. (2000). Listening to—and learning from—girls. *Educational Leadership, 57*(4), 18–20.

Steinberg, L. (2011). Demystifying the adolescent brain. *Educational Leadership, 68*(7), 42–46.

Steiner, H. H., & Carr, M. (2003). Cognitive development in gifted children: Toward a more precise understanding of emerging differences in intelligence. *Educational Psychology Review, 15*(3), 215–246.

Steinfeld, E., & Maisel, J. (2011). *Universal design: Creating inclusive environments*. Boston, MA: Wiley.

Stephan, W. G., & Vogt, W. P. (Eds.). (2004). *Education programs for improving intergroup relations.* New York, NY: Teachers College.

Sternberg, R. (2008). Applying psychological theories to educational practice. *American Educational Research Journal, 45*(1), 150–165.

Sternberg, R. (2011). Ethics from thought to action. *Educational Leadership, 68*(6), 34–39.

Sternberg, R. J. (2002). Raising the achievement of all students: Teaching for successful intelligence. *Educational Psychology Review, 14*(4), 383–393.

Sternberg, R. J. (2007). Who are the bright children? The cultural context of being and acting intelligent. *Educational Researcher, 36*(3), 148–155.

Sternberg, R., Jarvin, L., & Grigorenko, E. (2009). *Teaching for wisdom, intelligence, creativity, and success.* Thousand Oaks, CA: Corwin.

Steubing, K., Barth, A., Trahan, L., Reddy, R., Miciak, J., & Fletcher, J. (2015). Are child cognitive characteristics strong predictors of responses to intervention? A meta-analysis. *Review of Educational Research, 85*(3), 395–429.

Stevens, R. J., & Slavin, R. E. (1995a). The cooperative elementary school: Effects on students' achievement, attitudes, and social relations. *American Educational Research Journal, 32,* 321–351.

Stevens, R. J., & Slavin, R. E. (1995b). The effects of Cooperative Integrated Reading and Composition (CIRC) on academically handicapped and non-handicapped students' achievement, attitudes, and metacognition in reading and writing. *Elementary School Journal, 95*(3), 241–262.

Stewart, V. (2010). Raising teacher quality around the world. *Educational Leadership, 68*(4), 16–20.

Stiefel, L., Schwartz, A., & Wiswall, M. (2015). Does small high school reform lift urban districts? Evidence from New York City. *Educational Researcher, 44*(3), 161–172.

Stiggins, R., & Chappuis, J. (2012). *An introduction to student-involved assessment for learning* (6th ed.). Upper Saddle River, NJ: Pearson.

Stinson, D. (2006). African American male adolescents, schooling (and mathematics): Deficiency, rejection, and achievement. *Review of Educational Research, 76*(4), 477–506.

Stipek, D. (2002). *Motivation to learn: Integrating theory and practice* (4th ed.). Boston, MA: Allyn & Bacon.

Stipek, D., de la Sota, A., & Weishaupt, L. (1999). Life lessons: An embedded classroom approach to preventing high-risk behaviors among preadolescents. *The Elementary School Journal, 99*(5), 433–452.

Stoet, G., & Geary, D. (2013). Sex differences in mathematics and reading achievement are inversely related: Within- and across-nation assessment of 10 years of PISA data. *PLOS One.*

Stout, K., & Pohl, A. (2012). Promoting engagement with Check & Connect. *Better: Evidence-based education, 5*(1), 14–15.

Strand, S., Deary, I. J., & Smith, P. (2006). Sex differences in cognitive abilities test scores: A UK national picture. *British Journal of Educational Psychology, 76,* 463–480.

Strout, M. (2005). Positive behavioral support on the classroom level: Considerations and strategies. *Beyond Behavior, 14,* 3–8.

Stuebing, K. K., Fletcher, J. M., LeDoux, J. M., Lyon, G. R., Shaywitz, S. E., & Shaywitz, B. A. (2002). Validity of IQ discrepancy classifications of reading disabilities: A meta-analysis. *American Educational Research Journal, 39*(2), 469–518.

Stumbo, C., & McWalters, P. (2010). Measuring effectiveness: What will it take? *Educational Leadership, 68*(4), 10–15.

Stumpf, H., & Stanley, J. C. (1996). Gender-related differences on the College Board's advanced placement achievement tests 1982–1992. *Journal of Educational Psychology, 88*(2), 353–364.

Summers, J. (2006). Effects of collaborative learning in math on sixth graders' individual goal orientations from a socioconstructivist perspective. *The Elementary School Journal, 106*(3), 273–290.

Superfine, B. (2010). Court-driven reform and equal educational opportunity: Centralization, decentralization, and the shifting judicial role. *Review of Educational Research, 80*(1), 108–137.

Supovitz, J. A., & Brennan, R. T. (1997). Mirror, mirror on the wall, which is the fairest test of all? An examination of the equitability of portfolio assessment relative to standardized tests. *Harvard Educational Review, 67*(3), 474–505.

Susman, E. J., Dorn, L. D., & Schiefelbein, V. L. (2003). Puberty, sexuality, and health. In R. M. Lerner, M. A. Easterbrooks, & J. Mistry (Eds.), *Handbook of psychology: Vol. 6. Developmental psychology* (pp. 295–324). Hoboken, NJ: Wiley.

Sutherland, K., Wehby, J., & Copeland, S. (2000). Effect of rates of varying behavior-specific praise on the on-task behavior of students with EBD. *Journal of Emotional and Behavioral Disorders, 8,* 2–8, 26.

Suzuki, L. A., Ponterotto, J. G., & Meller, P. J. (Eds.). (2000). *Handbook of multicultural assessment* (2nd ed.). San Francisco, CA: Jossey-Bass.

Swann, W., Chang-Schneider, C., & McClarty, K. (2007). Do people's self-views matter? *American Psychologist, 62*(2), 84–94.

Swanson, C. (2012). *Diplomas count.*

Swanson, H. (2001). Research on interventions for adolescents with learning disabilities: A meta-analysis of outcomes related to higher-order processing. *The Elementary School Journal, 101*(3), 331–348.

Swanson, H., & Jerman, O. (2006). Math disabilities: A selective meta-analysis of the literature. *Review of Educational Research, 76*(2), 249–274.

Swartz, E. (2009). Diversity: Gatekeeping knowledge and maintaining inequalities. *Review of Educational Research, 79*(2), 1044–1083.

Swearer, S., Espelage, D., Vaillancourt, T., & Hymel, S. (2010). What can be done about school bullying? Linking research to educational practice. *Educational Researcher, 39*(1), 38–47.

Swisher, K., & Schoorman, D. (2001). Learning styles: Implications for teachers. In C. F. Diaz (Ed.), *Multicultural education in the 21st century.* New York, NY: Longman.

Sykes, G., & Wilson, S. (2016). Can policy (re)form instruction? In D. Gitomer & C. Bell (Eds.), *Handbook of research on teaching* (5th ed.). (pp. 917-950). Washington, DC: AERA.

Takacs, Z., Swart, E., & Bus, A. (2015). Benefits and pitfalls of multimedia and interactive features in technology-enhanced storybooks: A meta-analysis. *Review of Educational Research, 85*(4), 698–739.

Tangney, J., & Dearing, R. (2002). Gender differences in morality. In R. Bornstein & J. Masling (Eds.), *The psychodynamics of gender and gender role.* Washington, DC: American Psychological Association.

Tate, W., IV. (2008). "Geography of opportunity": Poverty, place, and educational outcomes. *Educational Researcher, 37*(7), 397–411.

Taylor, C. (1994). Assessment for measurement or standards: The peril and promise of large-scale assessment reform. *American Educational Research Journal, 31*(2), 231–262.

Taylor, E. (2014). *Spending more of the school dayin math class: Evidence from a regression discontinuity in middle school.* Stanford, CA: Center for Education Policy Analysis, Stanford University.

Temple, C., Ogle, D., Crawford, A., & Freppon, P. (2016). *All children read: Teaching for literacy in today's diverse classrooms.* Boston, MA: Pearson.

Temple, E., Deutsch, G., Poldrack, P., Miller, S., Tallal, P., Merzenech, M., & Gabrielli, J. (2003). Neural deficits in children with dyslexia ameliorated by behavioral remediation: Evidence from functional MRI. *Proceedings of the National Academy of Sciences, 100*, 2860–2865.

Tenenbaum, H., & Ruck, M. (2007). Are teachers' expectations different for racial minority than for European American students? A meta-analysis. *Journal of Educational Psychology, 99*(2), 253–273.

Terman, L. M., & Oden, M. H. (1959). The gifted group in mid-life. In *Genetic studies of genius* (Vol. 5). Stanford, CA: Stanford University Press.

Terzian, M., Hamilton, K., & Ericson, S. (2011). *What works to prevent or reduce internalizing problems or social-emotional difficulties in adolescents: Lessons from experimental evaluations of social interventions.*

Texas Center for Educational Research. (2007). *Evaluation of the Texas technology immersion pilot: Findings from the second year.* Austin, TX: Author.

Thio, A. (2010). *Deviant behavior* (10th ed.). Upper Saddle River, NJ: Pearson.

Thomas, D., & Stevenson, H. (2009). Gender risks and education: The particular classroom challenges for urban low-income African American boys. *Review of Research in Education, 33,* 160–180.

Thomas, E. L., & Robinson, H. A. (1972). *Improving reading in every class: A sourcebook for teachers.* Boston, MA: Allyn & Bacon.

Thomas, M. D., & Bainbridge, W. L. (2001). "All children can learn": Facts and fallacies. *Phi Delta Kappan, 82*(9), 660–662.

Thompson, R. A., Easterbrooks, M. A., & Padilla-Walker, L. M. (2003). Social and emotional development in infancy. In R. M. Lerner, M. A. Easterbrooks, & J. Mistry (Eds.), *Handbook of psychology: Vol. 6. Developmental psychology* (pp. 91–112). Hoboken, NJ: Wiley.

Thompson, W., & Hickey, J. (2011). *Society in focus.* Boston, MA: Pearson.

Thorndike, R., & Thorndike-Christ, T. (2010). Measurement and evaluation in psychology and education (8th ed.). Upper Saddle River, NJ: Pearson.

Thorsen, C. (2009). *Tech tactics: Technology for teachers* (3rd ed). Boston, MA: Pearson.

Thousand, J. S., & Villa, R. A. (1994). *Creativity and collaborative learning: A practical guide to empowering students and teachers.* Baltimore, MD: Brookes.

Thurlings, M., Evers, A., & Vermeulen, M. (2015). Toward a model of explaining teachers' innovative behavior: A literature review. *Review of Educational Research, 85*(3), 430–471.

Thurston, A. (2010). Engaging students in science with cooperative learning. *Better: Evidence-based Education, 2*(3), 14–15.

Thurston, A. (2014). Using cooperative learning to engage students in science. In R. E. Slavin (Ed.), *Science, technology, & mathematics (STEM)* (pp. 79–82). Thousand Oaks, CA: Corwin.

Thurston, A., Tymms, P., Merrell, C., & Conlin, N. (2012). Improving achievement across a whole district with peer tutoring. *Better: Evidence-based Education, 4*(2) 18–19.

Tibbals, C. Z., & Bernhardt, V. L. (2015). *Shifting to Common Core literacy.* Bloomington, IN: Solution Tree.

Tileston, D., & Darling, S. (2008). *Teaching strategies that prepare students for high-stakes tests.* Thousand Oaks, CA: Corwin.

Tingley, J. (2001). Volunteer programs: When good intentions are not enough. *Educational Leadership, 68*(7), 53–55.

Tishman, S., Perkins, D. N., & Jay, E. (1995). *The thinking classroom.* Boston, MA: Allyn & Bacon.

Tobias, S. (1992). The impact of test anxiety cognition in school learning. In K. A. Hagtvet & T. B. Johnsen (Eds.), *Advances in test anxiety research* (Vol. 7, pp. 18–31). Amsterdam, Netherlands: Swets & Zeitlinger.

Toga, A. W., & Thompson, P. M. (2005). Genetics of brain structure and intelligence. *Annual Review of Neuroscience, 28,* 1–23.

Tolan, P., Henry, D., Schoeny, M., Bass, A., Lovegrove, P., & Nichols, E. (2013). *Mentoring interventions to affect juvenile delinquency and associated problems: A systematic review.* Oslo, Norway: The Campbell Collection.

Tolchinsky, L. (2015). From text to language and back: The emergence of written language. In C. A. MacArthur, S. Graham, & J. Fitzgerald (Eds.), *Handbook of writing research* (2nd ed.). New York, NY: Guilford Press.

Tollefson, N. (2000). Classroom applications of cognitive theories of motivation. *Educational Psychology Review, 12*(1), 63–84.

Tomassini, J. (2012, May 9). Educators weight e-textbook cost comparisons. *Education Week, 1,* 18–19.

Tomlinson, C, & Imbeau, M. (2014). *A differential approach to the Common Core: How do I help a broad range of learners succeed with challenging curriculum?* Alexandria, VA: ASCD.

Tomlinson, C. (2008). The goals of differentiation. *Educational Leadership, 66*(3), 26–31.

Tomlinson, C. (2014a). The bridge between today's lesson and tomorrow's. *Educational Leadership, 71*(6),10–15.

Tomlinson, C. (2014b). *The differentiated classroom: Responding to the needs of all learners* (2nd ed.). Alexandria, VA: ASCD.

Tomlinson, C. A. & Moon, T. R. (2013). *Assessment and student success in a differentiated classroom.* Alexandria, VA: ASCD.

Tomlinson, C., & Javius, E. (2012). Teach up for excellence. *Educational Leadership, 69*(5), 28–33.

Tomlinson, C., & Moon, T. (2014). Assessment in a differentiated classroom. In R. E. Slavin (Ed.), *Classroom management and assessment* (pp. 1–5). Thousand Oaks, CA: Corwin.

Tong, F., Lara-Alecio, R., Irby, B., Mathes, P., & Kwok, O. (2008). Accelerating early academic oral English development in transitional bilingual and structured English immersion programs. *American Educational Research Journal, 45*(4), 1011–1044.

Toppo, G. (2015). *The game believes in you: How digital play can make our kids smarter.* New York, NY: St. Martin's Press.

Topping, K., Duran, D., & Van Keer, H. (Eds.). (2015). *Using peer tutoring to improve reading skills.* New York, NY: Routledge.

Topping, K., Samuels, J., & Paul, T. (2007). Does practice make perfect? Independent reading quantity, quality, and student achievement. *Learning and Instruction, 17*(3), 253–264.

Torrance, M., & Fidalgo, R. (2011). Learning writing strategies. *Better: Evidence-based Education, 4*(4), 18–19.

Torrance, M., Fidalgo, R., & Garcia, J.-N. (2007). The teachability and effectiveness of cognitive self-regulation in sixth-grade writers. *Learning and Instruction, 17*(3), 265–285.

Towne, L., Wise, L., & Winters, T. (2005). *Advancing scientific research in education.* Washington, DC: National Academies Press.

Trammel, D. L., Schloss, P. J., & Alper, S. (1994). Using self-recording evaluation and graphing to increase completion of homework assignments. *Journal of Learning Disabilities, 27,* 75–81.

Trautwein, U. (2007). The homework-achievement relation reconsidered: Differentiating homework time, homework frequency, and homework effort. *Learning and Instruction, 17*(3), 372–388.

Trautwein, U., Marsh, H., Nagengast, B., Ludtke, O., Nagy, G., & Konkmann, K. (2012). Probing for the multiplicative term in modern expectancy-value theory: A latent interaction modeling study. *Journal of Educational Psychology, 104*(3), 763-777.

Trawick-Smith, J. (2014). *Early childhood development: A multicultural perspective* (6th ed.). Boston, MA: Pearson.

Traylor, F. (2012). Bringing early childhood into the education system: Pre-K to 3rd. In S. Kagan & K. Kauerz (Eds.), *Early childhood systems: Transforming early learning.* New York, NY: Teachers College Press.

Trefil, J., & O'Brien-Trefil, W. (2009). The science students need to know. *Educational Leadership, 67*(1), 28–33.

Troop, W. R., & Asher, S. R. (1999). Teaching peer relationship competence in schools. In R. J. Stevens (Ed.), *Teaching in American schools.* Upper Saddle River, NJ: Merrill/Prentice-Hall.

Trotter, A. (2009, January 6). Students turn their cellphones on for classroom lessons. *Education Daily.*

Tucker, M. (2012). Teacher quality: What's wrong with U.S. strategy? *Educational Leadership, 69*(4), 42–46.

Tulving, E., & Craik, F. I. M. (Eds.). (2000). *The Oxford handbook of memory.* New York, NY: Oxford University Press.

Turiel, E. (2006). The development of morality. In N. Eisenberg (Ed.), *Handbook of Child Psychology* (Vol. 3, 6th ed., pp. 789–857). Hoboken, NJ: Wiley.

Turkeltaub, P. E., Gareau, L., Flowers, D. L., Zeffiro, T. A., & Eden, G. F. (2003). Development of neural mechanisms for reading. *Nature Neuroscience, 6,* 767–773.

Turnbull, A., Turnbull, R., Wehmeyer, M., & Shogren, K. (2016). *Exceptional lives: Special education in today's schools* (8th ed.). Boston, MA: Pearson.

Turner, L. A., & Johnson, B. (2003). A model of mastery motivation for at-risk preschoolers. *Journal of Educational Psychology, 95*(3), 495–505.

Turner, S., & Alborz, A. (2003). Academic attainments of children with Down's syndrome: A longitudinal study. *British Journal of Educational Psychology, 73*(4), 563–583.

Tyson, K., Darity, J., & Castellino, D. (2005). It's not a "black thing": Understanding the burden of acting white and other dilemmas of high achievement. *American Sociological Review, 70*(4), 582–605.

U.S. Administration for Children and Families Office of Planning, Research, and Evaluation (2014). *Home visiting programs: Reviewing evidence of effectiveness.* OPRE Report.

U.S. Census Bureau. (2013). *Annual social and economic supplement to the current population survey.*

U.S. Census Bureau. (2014). *Projected 2020-2060 data.*

U.S. Department of Education, Office of Special Education and Rehabilitation Services. (1998, September). *IDEA '97 general information.*

U.S. Department of Education. (2000). *The 22nd annual report to Congress on the implementation of the Indivials with Disabilities Education Act.* Washington, DC: U.S. Government Printing Office.

U.S. Department of Education. (2005). *Annual report to Congress on the implementation of the Individuals with Disabilities Education Act.* Washington, DC: Author.

U.S. Department of Education (2015). *College- and career-ready standards.*

U.S. Department of Education. (2015). *Digest of education statistics.* Washington, DC: Author.

Udelhofen, S. (2014). *Building a Common Core-based curriculum.* Bloomington, IN: Solution Tree.

University of Wisconsin-Madison. (2009, June 2). Culture, not biology, underpins math gender gap. *Science Daily.*

Unsworth, N., & Engle, R. (2007). On the division of short-term and working memory: An examination of simple and complex span and their relation to higher order abilities. *Psychological Bulletin, 133*(6), 1038–1066.

Urdan, T., & Mestas, M. (2006). The goals behind performance goals. *Journal of Educational Psychology, 98*(2), 354–365.

Usher, A., & Kober, N. (2012). *Student motivation: An overlooked piece of school reform.* Washington, DC: CEP.

Vacca, R. (2006). They can because they think they can. *Educational Leadership, 63*(5), 56–59.

Vadasy, P. F., Sanders, E. A., & Tudor, S. (2007). Effectiveness of paraeducator-supplemented individual instruction: Beyond basic decoding skills. *Journal of Learning Disabilities, 40*(6), 508–525.

Vagle, N. D. (2014). *Design in five: Essential phases to create engaging assessment practice.* Bloomington, IN: Solution Tree.

Valentino, R., & Reardon, S. (2015). Effectiveness of four instructional programs designed to serve English learners: Variation by ethnicity and initial English proficiency. *Educational Evaluation and Policy Analysis, 37*(4), 612-637.

Valenza, J., & Stephens, W. (2012). Reading remixed. *Educational Leadership, 69*(5), 75–78.

Vamosi, R. (2005, February 18). *Alarm over pharming attacks: Identity theft made even easier.*

van Goozen, S., Fairchild, G., Snoek, H., & Harold, G. (2007). The evidence for a neurobiological model of childhood antisocial behavior. *Psychological Bulletin, 133*(1), 149–182.

van IJzendoorn, M. H., Juffer, F., & Klein Poelhuis, C. W. (2005). Adoption and cognitive development: A meta-analytic comparison of adopted and nonadopted children's IQ and school performance. *Pyschological Bulletin, 131*(2), 301–316.

Van Keer, H., & Vanderlinde, R. (2013). A book for two. *Phi Delta Kappan, 94*(8), 54–58.

Van Laar, C. (2001). Understanding the impact of disadvantage on academic achievement. In F. Salili & R. Hoosain (Eds.), *Multicultural education: Issues, policies, and practices.* Greenwich, CT: Information Age.

Van Meter, P. (2001). Drawing construction as a strategy for learning from text. *Journal of Educational Psychology, 93*(1), 129–140.

VanTassel-Baska, J., & Brown, E. (2007). Towards best practice: An analysis of the efficacy of curriculum models in gifted education. *Gifted Child Quarterly*. Fall, Volume 51, No. 4, 342-358.

Van Voorhis, F., Maier, M., Epstein, J., & Lloyd, C. (2013). *The impact of family involvement on the education of children 3–8.*New York, NY: MDRC.

Vander Ark, T. (2012). *Getting smart: How digital learning is changing the world.* San Francisco: Jossey-Bass.

VanLehn, K. (2011). The relative effectiveness of human tutoring, intelligent tutoring systems, and other tutoring systems. *Educational Psychologist, 46,* 197–221.

Vansteenkiste, M., Lens, W., & Deci, E. (2006). Intrinsic vs. extrinsic goal contents in self-determination theory: Another look at the quality of academic motivation. *Educational Psychologist, 41*(1), 19–31.

Varma, S., McCandliss, B., & Schwartz, D. (2008). Scientific and pragmatic challenges for bridging education and neuroscience. *Educational Researcher, 37*(3), 140–152.

Vatterott, C. (2014). Student-owned homework. *Educational Leadership, 71*(6), 39–43.

Vatterott, C. (2015). *Rethinking grading: Meaningful assessment for standards-based learning.* Alexandria, VA: ASCD.

Vaughn, S., & Fletcher, J. (2011). Reading interventions for secondary students. *Better: Evidence-based Education, 4*(1), 8–9.

Vaughn, S., Bos, C., & Schumm, J. (2014). *Teaching students who are exceptional, diverse, and at risk in the general education classroom*. Boston, MA: Pearson.

Vaughn, S., Cirino, P., Tolar, T., Fletcher, J., Cardenas-Hagan, E., Carlson, C., & Francis, D. (2008). Long-term follow-up of Spanish and English interventions for first-grade English language learners at risk for reading problems. *Journal of Research on Educational Effectiveness, 3*(2), 179–214.

Vaughn, S., Levy, S., Coleman, M., & Bos, C. S. (2002). Reading instruction for students with LD and EBD: A synthesis of observation studies. *Journal of Special Education, 36*(1), 2–13.

Vavrus, M. (2008). Culturally responsive teaching. In T. L. Good (Ed.), *21st century learning* (Vol. 2, pp. 49–57). Thousand Oaks, CA: Sage.

Veenman, M. (2011). Learning to self-monitor and self-regulate. In R. Mayer & P. Alexander (Eds.), *Handbook of research on learning and instruction* (pp. 197–218). New York, NY: Routledge.

Vekiri, I. (2002). What is the value of graphical displays in learning? *Educational Psychology Review, 14*(3), 261–312.

Vellutino, F. R., Scanlon, D. M., Sipay, E. R., Small, S. G., Chen, R., Pratt, A., & Denckla, M. B. (1996). Cognitive profiles of difficult-to-remediate and readily remediated poor readers: Early intervention as a vehicle for distinguishing between cognitive and experiential deficits as basic causes of specific reading disability. *Journal of Educational Psychology, 88*(4), 601–638.

Venables, D. (2014). *How teachers can turn data into action*. Alexandria, VA: ASCD.

Vernon-Feagans, L., & Ginsberg, M. (2011). Teaching struggling readers in the classroom. *Better: Evidence-based Education, 4*(1), 6–7.

Villa, R., & Thousand, J. (2003). Making inclusive education work. *Educational Leadership, 61*(2), 19–23.

Villanueva, A. B., Rudd, P., Elliot, L., Chambers, B., & Blower, S. (2016). *Flipped learning evaluation*. York, England: University of York.

Villegas, A., & Lucas, T. (2007). The culturally responsive teacher. *Educational Leadership, 64*(6), 28–33.

Vinson, B. P. (2012). *Preschool and school-age language disorders*. Stamford, CT: Cengage.

Voight, A., Shinn, M., & Nation, M. (2012). The longitudinal effects of residential mobility on the academic achievement of urban elementary and middle school students. *Educational Researcher, 41*(9), 385–392.

Vokoun, M., & Bigelow, T. (2008). Dude, what choice do I have? *Educational Leadership, 66*(3), 70–74.

Volkmar, F., & Pauls, D. (2003). Autism. *Lancet, 362,* 1133–1141.

Voltz, D., Sims, M., & Nelson, B. (2010). *Connecting teachers, students, and standards*. Arlington, VA: ASCD.

Vuilleumeir, P. (2005). How brains beware: Neural mechanisms of emotional attention. *Trends in Cognitive Sciences, 9,* 585–594.

Vygotsky, L. S. (1978). *Mind in society*. (M. Cole, V. John-Steiner, S. Scribner, & E. Souberman, Eds.). Cambridge, MA: Harvard University Press.

Wade, S. E. (2001). Research on importance and interest: Implications for curriculum development and future research. *Educational Psychology Review, 13*(3), 243–261.

Wadsworth, B. (2004). *Piaget's theory of cognitive and affective development* (5th ed.). Boston, MA: Pearson.

Wagmeister, J., & Shifrin, B. (2000). Thinking differently, learning differently. *Educational Leadership, 58*(3), 45–48.

Waitoller, F., Artiles, A., & Cheney, D. (2010). The miner's canary: A review of overrepresentation research and explanations. *Journal of Special Education, 44*(1), 29–49.

Walker, H. M., & Gresham, F. M. (2003). School-related behavior disorders. In W. M. Reynolds & G. E. Miller (Eds.), *Handbook of psychology: Vol. 7. Educational psychology* (pp. 511–530). Hoboken, NJ: Wiley.

Walker, H., & Gresham, F. (2013). The school-related behavior disorders field: A source of innovation and best practices for school personnel who serve students with emotional and behavioral disorders. In W. Reynolds, G. Miller, & I. Weiner (Eds.), *Handbook of psychology* (Vol. 7, 2nd ed., pp. 411–440). Hoboken, NJ: Wiley.

Walker, J. E., Shea, T. M., & Bauer, A. M. (2011). *Behavior management: A practical approach for educators* (10th ed.). Upper Saddle River, NJ: Pearson.

Walker, J. M. T., & Hoover-Dempsey, K. V. (2001, April). *Age-related patterns in student invitations to parental involvement in homework*. Paper presented at the annual meeting of the American Educational Research Association, Seattle, WA.

Walker, J., & Hoover-Dempsey, K. V. (2008). Parent involvement. In T. L. Good (Ed.), *21st century learning* (Vol. 2, pp. 382–391). Thousand Oaks, CA: Sage.

Walker, L. J. (2004). Progress and prospects in the psychology of moral development. *Merrill-Palmer Quarterly, 50,* 546–557.

Wallace-Broscious, A., Serafica, F. C., & Osipow, S. H. (1994). Adolescent career development: Relationships to self-concept and identity status. *Journal of Research on Adolescence, 4*(1), 122–149.

Walsh, J. A., & Sattes, B. D. (2005). *Quality questioning: Research-based practice to engage every learner.* Thousand Oaks, CA: Corwin.

Wang, A. Y., & Thomas, M. H. (1995). Effect of keywords on long-term retention: Help or hindrance? *Journal of Educational Psychology, 87,* 468–475.

Wanzek, J., Vaughn, S., Scammacca, N., Metz, K, Murray, C., Roberts, G., & Danielson, L. (2013). Extensive reading interventions for students with reading difficulties after grade 3. *Review of Educational Research, 83*(2), 163–195.

Warikoo, N., & Carter, P. (2009). Cultural explanations for racial and ethnic stratification in academic achievement: A call for a new and improved theory. *Review of Educational Research, 79*(1), 366–394.

Warren, J., & Saliba, J. (2012). First through eighth grade retention rates for all 50 states: A new method and initial results. *Educational Researcher, 41*(8), 320–329.

Warren, J., Hoffman, E., & Andrew, M. (2014). Patterns and trends in grade retention rates in the United States, 1995–2010. *Educational Researcher, 43*(9), 433–443.

Wasley, P. A. (2002). Small classes, small schools: The time is now. *Educational Leadership, 59*(3), 6–10.

Waterhouse, L. (2006). Multiple intelligences, the Mozart Effect, and emotional intelligence: A critical review. *Educational Psychologist, 4*(4), 207–225.

Watkins, D., & Wentzel, K. (2008). Training boys with ADHD to work collaboratively: Social and learning outcomes. *Contemporary Educational Psychology, 33*(4), 625–646.

Watkins, M., & Canivez, G. (2004). Temporal stability of WISC-III composite strengths and weaknesses. *Psychological Assessment, 16,* 6–16.

Watson, J. (1930). *Behaviorism*. New York, NY: Norton.

Watson, J., Murin, A., Vashaw, L., Gemin, B., & Rapp, C. (2011). *Keeping pace with K–12 online learning: An annual review of policy and practice.* Evergreen, CO: Evergreen Education Group.

Watson, N., & Breedlove, S. (2012). The mind's machine: Foundations of brain and behavior. Sunderland, MA: Sinauer.

Watt, K. M., Powell, C. A., & Mendiola, I. D. (2004). Implications of one comprehensive school reform model for secondary school students underrepresented in higher education. *Journal of Education for Students Placed at Risk, 9*(3), 241–259.

Waugh, C. K., & Gronlund, N. E. (2013). *Assessment of student achievement* (10th ed.). Upper Saddle River, NJ: Pearson.

Waxman, H. C., Gray, J. P., & Padron, N. (2002). Resiliency among students at risk of academic failure. In S. Stringfield & D. Land (Eds.), *Educating at-risk students* (pp. 29–48). Chicago, IL: National Society for the Study of Education.

Weaver-Hightower, M. (2003). The "boy turn" in research on gender education. *Review of Educational Research, 73*(4), 471–498.

Webb, N. M. (2008). Learning in small groups. In T. L. Good (Ed.), *21st century learning* (Vol. 1, pp. 203–211). Thousand Oaks, CA: Sage.

Webb, N., & Mastergeorge, A. (2003). Promoting effective helping behavior in peer-directed groups. *International Journal of Educational Research, 39,* 73–97.

Webber, J., & Wilson, M. (2012). Do grades tell parents what they want and need to know? *Phi Delta Kappan, 94*(1), 30–35.

Webster-Stratton, C. (2012). Incredible years: Nurturing children's social, emotional, and academic competence.

Weinberger, E., & McCombs, B. L. (2001, April). *The impact of learner-centered practices on the academic and non-academic outcomes of upper elementary and middle school students.* Paper presented at the annual convention of the American Educational Research Association, Seattle, WA.

Weiner, B. (2000). Intrapersonal and interpersonal theories of motivation from an attributional perspective. *Educational Psychology Review, 12*(1), 1–14.

Weiner, B. (2010). The development of an attribution-based theory of motivation: A history of ideas. *Educational Psychologist, 45*(1), 28–36.

Weinstein, C. S. (2007). *Middle and secondary classroom management: Lessons from research and practice* (3rd ed.). New York, NY: McGraw-Hill.

Weinstein, C., & Mignano, A. (1993). *Organizing the elementary school classroom: Lessons from research and practice.* New York, NY: McGraw-Hill.

Weinstein, C., & Mignano, A. (2007). *Elementary classroom management: Lessons from research and practice* (4th ed.). New York, NY: McGraw-Hill.

Weinstein, R. S. (1996). High standards in a tracked system of schooling: For which students and with what educational supports? *Educational Researcher, 25*(8), 16–19.

Weinstein, R. S., Madison, S. M., & Kuklinski, M. R. (1995). Raising expectations in schooling: Obstacles and opportunities for change. *American Educational Research Journal, 32,* 121–159.

Weisberg, D., Hirsh-Pasek, K., & Golinkoff, R. (2013). Guided play: Where curricular goals meet a playful pedagogy. *Mind, Brain, and Education,* 7 (2), 104–113.

Weissberg, R., & Cascarino, J. (2013). Academic learning + social-emotional learning = national priority. *Phi Delta Kappan, 95*(2), 8–13.

Weissbourd, R., & Dodge, T. (2012). Senseless extravagance, shocking gaps. *Educational Leadership, 69*(5), 74–78.

Weissbourd, R., & Jones, S. (2012). Joining hands against bullying. *Educational Leadership, 70*(2), 26–31.

Wells, A. S., Hirshberg, D., Lipton, M., & Oakes, J. (1995). Bounding the case within its context: A constructivist approach to studying detracking reform. *Educational Researcher, 24*(5), 18–24.

Welner, K. (2006). K–12 race-conscious student assignment policies: Law, social science, and diversity. *Review of Educational Research, 76*(3), 349–382.

Wentzel, K. (2010). Students' relationships with teachers. In J. Meece & J. Eccles (Eds.), *Handbook of research on schools, schooling, and human development* (pp. 75–91). New York, NY: Routledge.

Wentzel, K. R. (2003). School adjustment. In W. M. Reynolds & G. E. Miller (Eds.), *Handbook of psychology: Vol. 7. Educational psychology* (pp. 235–258). Hoboken, NJ: Wiley.

Wentzel, K. R., & Brophy, J. (2014). *Motivating students to learn* (4th ed.). New York, NY: Routledge.

Wentzel, K. R., & Wigfield, A. (Eds.) (2009). *Handbook of motivation at school.* New York, NY: Routledge.

Wentzel, K. R., Barry, C. M., & Caldwell, K. A. (2004). Friendships in middle school: Influences on motivation and school adjustment. *Journal of Educational Psychology, 96*(2), 195–203.

Wentzel, K., & Watkins, D. (2011). Instruction based on peer interactions. In R. Mayer & P. Alexander (Eds.), *Handbook of research on learning and instruction* (pp. 322–343). New York, NY: Routledge.

Wertsch, J. V. (2007). Mediation. In H. Daniels, M. Cole, & J. V. Wertsch (Eds.), *The Cambridge companion to Vygotsky* (pp. 178–192). New York, NY: Cambridge University Press.

Wessler, S. (2011). Confronting racial and religious tensions. *Educational Leadership, 69*(1), 36–39.

Westwater, A., & Wolfe, P. (2000). The brain-compatible curriculum. *Educational Leadership, 58*(3), 49–52.

Wheeler, J. J., & Richey, D. D. (2014). *Behavior management: Principles and practices of positive behavior supports* (3rd ed). Boston, MA: Pearson.

Wheeler, J. J., Mayton, M. R., & Carter, S. L. (2015). *Methods for teaching students with autism spectrum disorders.* Boston, MA: Pearson.

White, A. G., & Bailey, J. S. (1990). Reducing disruptive behaviors of elementary physical education students with sit and watch. *Journal of Applied Behavior Analysis, 3,* 353–359.

Whitehurst, G., Crone, D., Zevenbergen, A., Schultz, M., Velting, O., & Fischel, J. (1999). Outcomes of an emergent literacy intervention from Head Start through second grade. *Journal of Educational Psychology, 91*(2), 261–272.

Whitman, S., Williams, C., & Shah, A. (2004). *Sinai Health System's community health survey: Report 1.* Chicago, IL: Sinai Health System.

Wigfield, A., & Eccles, J. (1989). Test anxiety in elementary and secondary students. *Educational Psychologist, 24,* 159–183.

Wigfield, A., & Eccles, J. (2000). Expectancy-value theory of achievement motivation. *Contemporary Educational Psychology, 25*(1), 68–81.

Wigfield, A., & Guthrie, J. (2010). The impact of concept-oriented reading instruction on students' reading motivation, reading engagement, and reading comprehension. In J. Meece & J. Eccles (Eds.), *Handbook of research on schools, schooling, and human development* (pp. 463–477). New York, NY: Routledge.

Wigfield, A., Byrnes, J., & Eccles, J. (2006). Development during early and middle adolescence. In P. Alexander & P. Winne (Eds.), *Handbook of educational psychology* (2nd ed., pp. 87–114). Mahwah, NJ: Erlbaum.

Wigfield, A., Tonks, S., & Klauda, S. (2009). Expectancy-value theory. In K. R. Wentzel & A. Wigfield (Eds.), *Handbook of motivation at school.* (pp. 55–75). New York, NY: Routledge.

Wiggan, G. (2007). Race, school achievement, and educational inequality: Toward a student-based inquiry perspective. *Review of Educational Research, 77*(3), 310–333.

Wiggins, G. (1993). Assessment: Authenticity, context, and validity. *Phi Delta Kappan, 75*(3), 200–214.

Wiggins, G. (1994). Toward better report cards. *Educational Leadership, 52*(2), 28–37.

Wiggins, G. (2012). Seven keys to effective feedback. *Educational Leadership, 70*(1), 10–16.

Wiggins, G., & McTighe, J. (2007). *Schooling by design: Mission, action, and achievement.* Alexandria, VA: ASCD.

Wijekumar, K., Meyer, B., Lei, P., Lin, Y., Johnson, L., Spielvogel, J., Shurmatz, K., … & Cook, M. (2014). Multisite randomized controlled trial examining intelligent tutoring of structure strategy for fifth-grade readers. *Journal of Research on Educational Effectiveness,* 7(4), 331–357.

Wiles, J., & Bondi, J. (2015). *Curriculum development: A guide to practice.* Boston, MA: Pearson.

Wiliam, D. (2007). Content then process: Teacher learning communities in the service of formative assessment. In D. B. Reeves (Ed.), *Ahead of the curve: The power of assessment to transform teaching and learning.* Bloomington, IN: Solution Tree.

Wiliam, D. (2007/2008, December/January). Informative assessment. *Educational Leadership, 65*(4), 36–42.

Wiliam, D. (2009). *Assessment for learning: Why, what, and how?* London, England: University of London, Institute of Education.

Wiliam, D. (2010). Standardized testing and school accountability. *Educational Psychologist, 45*(2), 107–122.

Wiliam, D. (2014). The right questions, the right way. *Educational Leadership, 71*(6), 16–19.

Wiliam, D., & Leahy, S. (2015). *Embedding formative assessment: Practical techniques for K–12 classrooms.* West Palm Beach, FL: Learning Sciences Intenrational.

Wilkins, C., Gersten, R., Decker, L., Grunden, L., Brasiel, S., Brunnert, K., & Jayanthi, M. (2012). *Does a summer reading program based on lexiles affect reading comprehension*? (NCEE 2012-4006). Washington, DC: NCEER, IES, USDOE.

Wilkins, J. (2000). *Group activities to include students with special needs.* Thousand Oaks, CA: Corwin.

Williams, D., & Dixon, P. (2013). Impact of garden-based learning on academic outcomes in schools: Synthesis of research between 1990 and 2010. *Review of Educational Research, 83*(2), 211–235.

Williams, R. (2009). Black-white biracial students in American schools: A review of the literature. *Review of Educational Research, 79*(2), 776–804.

Willingham, D. (2003). Students remember what they think about. *American Educator, 27*(2), 37–41.

Willingham, D. T. (2004). Practice makes perfect—but only if you practice beyond the point of perfection. *American Educator, 28*(1), 31–33.

Willingham, D. T. (2006). Brain-based learning: More fiction than fact. *American Educator, 30*(3), 30–37.

Willingham, D., & Daniel, D. (2012). Teaching to what student have in common. *Educational Leadership, 69*(5), 16–21.

Willis, J. (2007). *Brain-friendly strategies for the inclusion classroom.* Alexandria, VA: ASCD.

Willis, J. A. (2006). Research-based teaching strategies for improving learning success. California Association of Independent Schools (CAIS) Faculty Newsletter.

Willoughby, T., Porter, L., Belsito, L., & Yearsley, T. (1999). Use of elaboration strategies by students in grades two, four, and six. *The Elementary School Journal, 99*(3), 221–232.

Wilson, G., & Blednick, J. (2011). *Teaching in tandem: Effective co-teaching in the inclusive classroom.* Alexandria, VA: ASCD.

Winsler, A. (2003). Vygotskian perspectives in early childhood education. *Early Education and Development, 14*(3), 253–270.

Witte, R. (2012). Classroom assessment for teachers. New York, NY: McGraw-Hill.

Wittwer, J., & Renkl, A. (2008). Why instructional explanations often do not work: A framework for understanding the effectiveness of instructional explanations. *Educational Psychologist, 43*(1), 49–64.

Wixson, K. (2011). A systemic view of RTI research. *Elementary School Journal, 111*(4), 503–510.

Wolfe, P. (2010). *Brain matters: Translating research into classroom practice* (2nd ed.). Alexandria, VA: ASCD.

Wolk, R. (2010). Education: The case for making it personal. *Educational Leadership, 67*(7), 16–21.

Wonder-McDowell, C., Reutzel, D., & Smith, J. (2011). Does instructional alignment matter? *The Elementary School Journal, 112*(2), 259–279.

Wong, B., & Butler, D. L. (2013). *Learning about learning disabilities* (4th ed.). New York, NY: Elsevier.

Wong, H., & Wong, R. (2004). *The first days of school: How to be an effective teacher.* Mountain View, CA: Wong.

Woolfolk, A., & Perry, N. (2015). *Child and adolescent development.* Boston, MA: Pearson.

Woolfolk, A., Winne, P., & Perry, N. (2015). *Educational Psychology* (6th ed.). Upper Saddle River, NJ: Pearson.

Woolfolk-Hoy, A., Hoy, W. K., & Davis, H. (2009). Teachers' self-efficacy beliefs. In K. Wentzel & A. Wigfield (Eds.), *Handbook of motivation in school.* Mahwah, NJ: Erlbaum.

Woolley, M., Rose, R., Orthner, D., Akos, P., & Jones-Sanpei, H. (2013). Advancing academic achievement through career relevance in the middle grades: A longitudinal evaluation of CareerStart. *American Educational Research Journal, 50*(6), 1309–1335.

Worden, J., Hinton, C., & Fischer, K. (2011). What does the brain have to do with learning? *Phi Delta Kappan, 92*(8), 8–13.

Wormeli, R. (2011). Redos and retakes done right. *Educational Leadership, 69*(3), 22–26.

Wormeli, R. (2014). Motivating young adolescents. *Educational Leadership, 72*(1), 26–31.

Wright, J. C., Huston, A. C., Murphy, C., St. Peters, M., Pinon, M., Scantlin, R. M., & Kotler, J. A. (2001). The relations of early television viewing to school readiness and vocabulary of children from low-income families: The Early Window Project. *Child Development, 72,* 1347–1366.

Wulczyn, F., Smithgall, C., & Chen, L. (2009). Child well-being: The intersection of schools and child welfare. *Review of Research in Education, 33,* 35–62.

WWC (2014a). *Energize instruction to maintain or increase academic engagement.*

WWC (2014b). *Preventing and addressing behavior problems: Tips from the What Works Clearinghouse.*

WWC (2015). *Check and Connect: WWC intervention report.* Washington, DC: Author.

Wyra, M., Lawson, M., & Hungi, N. (2007). The mnemonic keyword method: The effects of bidirectional retrieval training and of ability to image on foreign language vocabulary recall. *Learning and Instruction, 17*(3), 360–371.

Xu, J., & Corno, L. (2003). Family help and homework management reported by middle school students. *The Elementary School Journal, 103*(5), 503–517.

Yeager, D., Walton, G., & Cohen, G. (2013). Addressing achievement gaps with psychological interventions. *Phi Delta Kappan, 94*(5), 62–65.

Yeager, S., & Dweck, C. (2012). Mindsets that promote resilience: When students believe that personal characteristics can be developed. *Educational Psychologist, 47*(4), 302–314.

Yeager, D., Romero, C., Paunesku, D., Hulleman, C., Schneider, B., Hinojosa, C., … & Dweck, C. (2016). Using design thinking ot improve psychological interventions: The case of the growth mindset during the transition to high school. *Educational Psychology, 108*(3), 374–391.

Yeager, D.S., & Walton, G.M. (2011). Social-psychological interventions in education: They're not magic. *Review of Educational Research, 81*(2), 267–301.

Yell, M. L., Meadows, N. B., Drasgow, E., & Shriner, J. G. (2014). *Evidence-based practices for educating students with emotional and behavioral disorders* (2nd ed.). Upper Saddle River, NJ: Pearson.

Yeung, J., Linver, M., & Brooks-Gunn, J. (2002). How money matters for young children's development: Human capital and family process. *Child Development, 73,* 1861–1879.

Yoder, N. (2014). *Teaching the whole child: Instructional practices that support social-emotional learning in three teacher evaluation frameworks.* Washington, DC: AIR.

Yonezawa, S., Wells, A. S., & Serna, I. (2002). Choosing tracks: "Freedom of choice" in detracking schools. *American Educational Research Journal, 39*(1), 37–67.

York-Barr, J., Sommerness, J., & Hur, J. (2008). Teacher leadership. In T. L. Good (Ed.), *21st century learning* (Vol. 1, pp. 12–20). Thousand Oaks, CA: Sage.

Yoshikawa, H., Weiland, C., Brooks-Gunn, J., Burchinal, M., Espinosa, L.,…& Zaslow, M. (2013). *Investing in our future: The evidence base on preschool education (Vol 9).* Society for Research in Child Development and Foundation for Child Development.

Zettergren, P. (2003). School adjustment in adolescence for previously rejected, average and popular children. *British Journal of Educational Psychology,* 72(3), 207–221.

Zhao, Y. (2009). Needed: Global villagers. *Educational Leadership, 67*(1), 60–65.

Zhao, Y. (2015). (Ed.). *Counting what counts: Reframing education outcomes.* Bloomington, IN: Solution Tree.

Zigler, E., Pfannenstiel, J., & Seitz, V. (2008). The Parents as Teachers program and school success: A replication and extension. *Journal of Primary Prevention, 29*(2), 103–120.

Zimmerman, B. (2013). From cognitive modeling to self-regulation: A social cognitive career path. *Educational Psychologist, 48*(3), 135–147.

Zimmerman, B. J., & Schunk, D. H. (Eds.) (2011). *Handbook of self-regulation of learning and performance.* New York, NY: Routledge.

Zimmerman, S., Rodriguez, M., Rewey, K., & Heidemann, S. (2008). The impact of an early literacy initiative on the long-term academic success of diverse students. *Journal of Education for Students Placed at Risk, 13*(4), 452–481.

Zirpoli, T. (2016). *Behavior management: Positive application for teachers* (7th ed.). Boston, MA: Pearson.

Zittleman, K., & Sadker, D. (2003). The unfinished gender revolution. *Educational Leadership, 60*(4), 59–62.

Zmuda, A. (2008). Springing into active learning. *Educational Leadership, 66*(3), 38–43.

Zmuda, A. (2010). *Breaking free from myths about teaching and learning: Innovation as an engine for student success.* Alexandria, VA: ASCD.

Zohar, A., & Peled, B. (2008). The effects of explicit teaching of metastrategic knowledge on low- and high-achieving students. *Learning and Instruction, 18*(4), 337–353.

Zvoch, K., & Stevens, J. (2013). Summer school effects in a randomized field trial. *Early Childhood Research Quarterly, 28*(1), 24–32.